世界宗教理念史 卷二

從釋迦牟尼到基督宗教的興起

Histoire des croyances et des idées religieuses/ II

De Gautama Bouddha au triomphe du christianisme

默西亞・埃里亞德（Mircea Eliade）著

廖素霞、陳淑娟　譯

作者簡介

默西亞‧埃里亞德（Mircea Eliade, 1907-1986）

羅馬尼亞宗教史家。一九二八年在布加勒斯特大學（University of Bucharest）獲得哲學碩士學位。論文是關於義大利文藝復興時期的哲學家，從費奇諾（Marcilio Ficino）到布魯諾（Giordano Burno）。之後獲得獎學金到印度留學，在加爾各達大學（University of Calcutta）跟隨 Surendranath Dasgupta（1885-1952）研究梵文和印度哲學，在喜瑪拉雅山的 Rishikesh 隱修院住了半年。一九三三年，埃里亞德回到羅馬尼亞完成其博士論文《瑜伽：論印度神祕主義之起源》，獲得博士學位，並在布加勒斯特大學擔任助理教授，教授亞里斯多德和庫薩努斯的形上學、宗教史和印度哲學。

二次大戰之後，埃里亞德到索邦高等研究院（École Pratique des Hautes Études）擔任客座教授，至此他便以法文寫作。一九五六年，埃里亞德到美國芝加哥大學執教，一九五八年接任宗教系系主任。創辦《宗教史》（History of Religions）和《宗教雜誌》（The Journal of Religion）等期刊，並且擔任《宗教百科全書》（Macmillan's Encyclopedia of Religion）主編。

埃里亞德逝世於一九八六年四月二十六日，他所主編的《宗教百科全書》是世界最重要的宗教百科。主要作品有《宗教史論叢》（Traité d'histoire des religions, 1949）、《永恆回歸的神話》（Le Mythe de l'éternel retour, 1951）、《聖與俗》（Le Sacré et le Profane, 1956）和《薩滿教》（Le Chamanisme er les techniques archaïques de l'extase, 1961）。

譯者簡介

廖素霞

政治大學新聞系碩士。加拿大英屬哥倫比亞大學人社系博士班。譯有《不得立法侵犯》、《世界宗教理念史卷二》、《人，生而平等》、《粉紅色童話》、《貪瀆者》等書。

陳淑娟

英國 University of Warwick 社會學博士，前佛光大學社會學系專任助理教授，專長靈性與宗教社會學、情緒社會學。代表著作含專書 Contemporary New Age Transformation in Taiwan（2008）、專書文章 "Theorising Emotions in New Age Practices"（2013），以及中文專論數篇等。二〇一二年中辭去教職，隨夫定居美國康乃迪克州諾瓦克（Norwalk, Connecticut）。目前是全球中國比較研究會(CCPN Global)的副研究員暨編譯、全球漢語教學總會（IATCSOL）授證的華語教師。閒暇時間除推廣華語外，並以翻譯書籍及寫作等方式，繼續從事社會實踐。

世界宗教理念史卷二：從釋迦牟尼到基督宗教的興起

目　錄

239. 在太陽神與「汝可憑此徽號克敵」之間
240. 巴士停在埃勒烏西斯

〈出版緣起〉

朝聖者的信仰之旅　　　　　　　　林宏濤

　　台灣社會正面臨各種矛盾的新衝擊。醜陋的資本主義經濟和環保的覺醒在做拉鋸戰；教育和資訊之普及是史上未有的，而精神世界卻也愈加的空洞。在宗教信仰上，人們都只殘留著原始的無知。我們從歷史和傳統中失了根，在和宗教的對話上，我們失去了應該有的精神底蘊，就像我們和自然、社會以及個人的互動越來越疏離一樣。在某方面，我們的文化是後退到某個蒙昧時代的原點上。

　　然而人類對超越界的渴望和上古史一樣的久遠，也始終存在於深層的靈魂之中。在遠古時代，或是現代的某些部落裡，宗教不只是人與超越者的關係，也是對於世界乃至宇宙的認知進路。文明化的歷程使得人類朝聖的動機更加多元化；無論是在集體潛意識中遺傳下來的衝動、對崇高的造物者的震懾或受造感、或是對生命終極關懷的探索、苦難的解脫，甚至只是在紛擾的現代生活中尋找一個桃花源，儘管這些內在的聲音在城市和慾望的喧囂中顯得特別微弱，但是人們對超越界的追尋卻始終沒有停止過。

　　在彼岸的是諸神，在塵世的是人類，而宗教是人和神相遇的地方。它也是神人互動的歷程。在這朝聖之旅當中，我們有說不完的感動、恐懼和迷惑；而世界不同角落的人們也以不同的方式和不同形式的神祇溝通交往。因為宗教既是社會的，也是個人內心的；宗教曾經既是社會結構的穩定性形式，也是個人心靈的寄託。在個人主義的現代社會裡，宗教更是內在化為生命意義和存在故鄉的自覺探索。

　　除了生命價值和根源的追尋以外，道德的實踐，人格的成就，和淑世的理想，更是宗教的存在根據。從字源學看 religio（拉丁文的宗教）的可

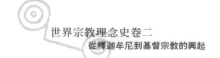

能意義，可以了解宗教的倫理面向，它可能是 religere（忠誠的事奉和歸屬），或是religare（與自身的源泉或終點相連），而因為人可能遠離他的故鄉，所以它也可能是 reeligere（重新選擇去活在這源泉或終點裡）。如此我們便形構了一個生動的宗教圖式：人虔誠的遵循神的誡命，藉以與神同在，而人也會墮落，因此也會悔罪回頭。在許多宗教，如佛教、耆那教、拜火教、猶太教、基督教、以至於伊斯蘭教，倫理一直是他們的重要課題。法句經說：「諸惡莫作，眾善奉行，自淨其意，是諸佛教。」釋迦牟尼觀察緣起法的生死流轉，依八正道而解脫，以世間正行端正自己，清淨自己的行為而得正覺，這是人類精神自由的完美典範。理性主義興起後，宗教的道德意義由德性的實踐到道德良知根源的反省，進而推及生命的愛，新的人文主義從這堅實的倫理世界獲得源頭活水，或許也是宗教的新生。

《人與宗教》系列叢書，就像每個朝聖之旅一樣，試著從宗教的各個面向去體會人和宗教的對話歷史，使人們從各種信仰思維中沉澱下來，理性地思考「宗教是什麼」的基本問題。我們將介紹宗教學的經典作品，從神學、宗教心理學、宗教社會學、宗教哲學、比較宗教學到宗教史，為有興趣研究宗教現象的讀者基礎的文獻；另一方面，我們也想和讀者一起分享在世界每個角落裡的朝聖者的經驗，可能是在修院、寺廟、教會裡，也可能在曠野、自然、城市中，也包括他們在工作和生活當中對生命的體會。

在各個宗教裡，朝聖有個重要的意義，那就是暫時遠離生活的世界，經過旅行的困頓和考驗，最後到達聖地，那裡是個神聖的地方，是心靈的歸鄉。我們希望在《人與宗教》的每一本書裡，都能和讀者走過一次朝聖者之旅。

前言

　　由於意外的情況使得《世界宗教理念史》卷二延遲付梓。我卻趁這個延誤來完成某些章節的書目，使我可以引述 1977-1978 年出版的那些作品。這些書目太過冗長，因為我堅持要把一些對非專業人士較不熟悉的問題之相關資訊加以多元化（比如說，中國、克爾特、日耳曼和色雷斯的史前宗教；煉金術；天啟教派；諾斯替教派等）。

　　為了不要過度增加本書的篇幅，我把有關西藏、日本、中亞和北亞等宗教的部分移到下一冊。因此必須把卷三分成兩部，各約 350 頁：第一部，從伊斯蘭教的入侵、坦特羅教的風行到約雅敬（Jaochim de Flore），12-13世紀的千禧年主義運動；第二部，從中美洲宗教的發現直到當代的無神論神學。

　　我謹向我的朋友和同事表示感謝：呂格爾（Paul Ricoeur）、拉寇克（André Lacocque）和彼杜巴佑（M. Jean-Luc Pidoux-Payot），他們費心閱讀並審訂本卷各個不同的章節。如同以往，如果沒有愛妻的參與、愛和犧牲，這個作品將無法完成。

芝加哥大學
1978 年 5 月

默西亞・埃里亞德

第十六章
古代中國的宗教

126. 新石器時代的宗教信仰

(9)　　　對於文化史家和宗教史家而言，中國是個非常有趣的研究領域。例如說，中國最早的考古文獻可追溯到西元前 5000-6000 年前，而且在某些文化裡，我們甚至可能追溯不同的史前文化的連續性，說明這些文化對於中國古代文明的形成有何貢獻。正如中華民族起源於許多不同的民族融合，中國的文化也是個複雜而有原創性的綜合，我們在其中可以發現若干源頭的貢獻。

　　　最早的新石器文化是仰韶文化，這是根據1921年發現彩繪陶器的村落命名的。其後的新石器文化，以黑陶為代表，是 1928 年在龍山附近發現的。但是直到 1950 年，因為那 30 年來許多文物的出土，才真正劃分出中國新石器文化的各個階段和輪廓，並透過放射性碳測定其年代。仰韶文化的最早遺址是在半坡（陝西省），測定出約在西元前 4115-4365 年。在西元前 5000 年時，這個遺址大概有人居住了將近 600 年。但半坡並不是仰韶文化的最早階段①。根據何柄棣（中國上古史學者）的說法，西元前 6000

(10) 年的農業習俗是地區性的發明，就像畜牧、製陶和冶銅一樣②。最近的學者則認為中國新石器時代文化及青銅器時代的發展是發源自古代近東的農業和冶金中心。我們不想捲入這個論爭，但是中國確實發明過或徹底改造過某些技術。而源自西方、經由西伯利亞和北中亞草原傳佈的文化元素，可能也影響到原史時代的中國。

　　　雖然考古文獻可以提供有關某些宗教信仰的資料，但是如果據此而斷定那就是史前時期人們的所有宗教信仰，那就大錯特錯了。他們的神話學、神學、祭典的架構和形態，很難單憑考古學的發現去判定。在仰韶文化發現的宗教文獻裡，幾乎都是關於聖地、豐收和死亡的概念。村落裡的公共建築坐落在遺址的中央，周邊圍繞著半穴居的小房子。不僅是村落的

①　　Ping-ti Ho（何柄棣）, *The Cradle of the East*, pp.16 sq.。

②　　Ibid., pp. 43 sq., 91 sq., 121 sq., 177 sq..

方位，就連房屋的結構、中間的泥坑和煙洞的設計，都顯示出新石器時代及傳統社會所共有的宇宙論（參照第 12 節）。在古墓中發現使用器皿與食品證實有靈魂不滅的信仰。還有小孩子的甕棺埋在房子的附近，棺蓋打開，以便靈魂進出。③換言之，那甕棺是亡者的「寓所」，這種觀念大多是青銅器時代（商朝）祖先所遺留下來的祭典傳統。

有些漆著紅色且裝飾成所謂的死亡形態的陶器特別引人注意。④三種圖像式主題（三角形、棋盤式及瑪瑙貝）僅在埋葬的容器發現。而這些主 (11) 題也都和複雜的象徵有關：性交、出生、回春和重生等觀念。我們可以這樣假設：這類裝飾代表著人們對彼岸世界的生命延續和重生的期望。

有個描繪有兩條魚及兩個擬人神形的圖案，也許代表著某種超自然的存在，抑或是所謂的「神職人員」，即巫師或祭司等⑤。但是這詮釋仍然有疑義。兩條魚當然有個象徵意義：和性愛以及曆法有關（漁穫季節對應於特定的時節）。因而這四種圖像的配置可能是某種宇宙論的意象。

根據何柄棣的研究，仰韶時期所遵循的是母系社會的法則。相反的，接下來的階段（龍山文化）則過渡到父系社會，以祖先崇拜爲其特色。和其他的學者一樣，何氏把某些石製品以及彩繪花瓶的形象解釋爲陽具的符號。就像卡爾格蘭（Karlgren）把「祖」這個字解釋爲男性生殖器的圖像，何氏認爲雄性圖像的增多意味著祖先崇拜的重要性日增。⑥「死亡形態」，如我們所見，確實和性愛象徵有關。但漢徹（Carl Hentze）卻說，各種不同的「陽物崇拜」對象和圖像代表「靈魂的住所」；某些仰韶的陶器代表的小茅屋模型（同時是甕棺）可以和歐洲上古史類似的考古資料以及蒙古

③ Ibid., pp. 279 sq.。類似的信仰與習俗在近東及東歐地區的某些史前文化也有所發現。

④ J. G. Anderson, *Children of the Yellow Earth*, pp. 315; Kwang-Chih Chang（張光直）, *The Archaeology of Ancient China*, p.103; Hanna Rydh, *Symbolism in Mortuary Ceramics*。

⑤ Ping-ti Ho, *The Cradle of the East,* p.154, fig. 9.

⑥ Ibid., p. 282; B Karlgren, *Some Fecundity Symbols in Ancient China*, pp.18 sq..

包的形態相比較。這些中國史前史裡大量發掘的「靈魂小屋」是各個歷史時期的「祖先牌位」的前身。⑦

　　簡言之，仰韶與龍山文化揭露了其他新石器時代的典型信仰：生命、多產、死亡以及和來世之間的縮結，甚至是宇宙循環的概念，在曆法和祭典裡都得到說明；其次是祖先崇拜，巫術和宗教力量的來源；以及對立的和諧的「奧祕」（如「死亡形態」），這是預示著宇宙生命之「混沌」譯①的理念，而成爲其後各個時期的重要概念。我們要補充說：大部分新時器時代的遺產，直到近代都仍然保存在中國鄉村的宗教傳說和習俗裡，雖然難免會有所不同。

(12)

127. 青銅器時代的宗教：天和祖先

　　自商朝以降（約西元前 1751-1082 年），我們對於中國歷史才有比較確定的認識。商朝可以說是中國的上古史和古代史的開始。其特色是冶銅術、城市中心和都會、武士貴族和王室制度的出現以及書寫文字的開始。至於這個時期的宗教生活，則有相當豐富的文獻。首先是我們擁有豐富的圖像，華麗的青銅祭器就是最好的例證。此外，王塚也提供了與某些宗教習俗相關的資料。而特別是那些刻在獸骨或龜甲上的無數卜辭，更是珍貴的材料。⑧最後，被卡爾格蘭稱爲「擺脫傳統的周朝文本」的後期作品（例如《詩經》）也包含許多古代資料。⑨然而，我要補充說：這些資料提供

---

⑦ Carl Hentze, *Bronzegerät, Kultbauten, Religion im ältesten China der Shangzeit*, pp. 49 sq., 88 sq.; ibid., *Das Haus als Weltort der Seele*, pp. 123 sq. fig. 10-12。這兩本著作提供了許多在歷史及形態學上和中國古代文明相似的文化。

⑧ 這是占卜法的例證。占卜在北亞地區相當普遍：提出問題、把獸骨和龜殼加熱、占卜師詮釋最後表面龜裂的形狀。而後將問題和答案刻在裂痕旁邊。

⑨ Bernhard Karlgren, *Legends and Cults in Ancient China*, p. 344。

譯①：法文原文爲 unité /totalité，直譯爲「統一性和整體性」，之所以翻爲「混沌」，是因爲在下文，作者具體的用「混沌」二字來指稱這個詞。實際上就意義而言，譯爲「一」更好，因爲「一」同時具有整體和統一之意。

給我們的只是有關於商朝宗教的某些側面，基本上只是王室信仰與祭典；正如新石器時代一樣，神話學及神學方面大部分是不可知的。

對這些圖像文獻的詮釋並不總是確定的。學者們都承認這和仰韶的彩 (13) 陶文化的主題⑩，以及後來時期的宗教象徵很類似。漢徹（*Bronzegerät*, pp. 215 sq.）認為兩極符號的結合，是在說明和時代的更新以及靈魂的重生有關的宗教觀念。同樣重要的是，蟬和饕餮的象徵，暗示了出生和重生的循環、從黑暗和死亡中創發的光和生命的循環。我們也要注意，各種對反形象的結合（長羽毛的蛇、蛇和鷹等等），是對立者的辯證以及道家和神祕主義者所說的「對立的統一」（coincidentia oppositorum）。青銅器皿象徵著甕棺或骨灰罈⑪。它們的形式不是源自陶器就是源於木頭的原形⑫。那些在青銅器上令人讚嘆的動物圖案，可能是以木刻為模型。⑬

卜辭告訴我們的某種宗教概念，在新石器時代文獻中付之闕如（或是沒有辨識出來？），那就是至高無上的天神；這裡指的是「帝」或「上帝」。「帝」支配宇宙的律動和各種自然現象（風、雨、乾旱等）；他授與君王的勝利，並庇佑五穀豐收，相反的，他也帶來災難或降下病痛和死亡。對於「帝」的獻祭有兩種：一是在祖祠，一是在野外。但是，和其他古代天神的例子一樣（見卷一第 14 節以下），「帝」的祭典的宗教重要性日漸沒落。我們發現，比起王室祖先，「帝」比較疏遠也不活躍，相關的祭典也比較少。但是在豐收（祈雨）和戰事的祭典裡，則只會向他祈請，這是君王的兩項任務。

無論如何，「帝」的地位仍是崇高至上的。其他所有的神和王室祖先

---

⑩　火神、虎、龍等仍在中國通俗藝術的繪畫裡出現，他們早在新石器時代末期就已經記載的宇宙論象徵。Hentze, *Bronzegerät, Kultbauten, Religion im ältesten China der Shangzeit*, pp. 40 sq., 55 sq., 132 sq., 165 sq.。

⑪　Hentze, *Das Haus als Weltort der Seele*, pp. 14 sq., et passim.

⑫　Li Chi（李濟）, *The Beginnings Chinese Civilization*, p. 32.

⑬　Ibid., p. 35.

(14) 都臣屬於他。只有君王祖先才能夠向「帝」祈禱；而君王可以和祖先溝通，因為他是所謂的「予一人」。⑭君王藉著祖先的幫助來鞏固其威權；對於祖先的巫術宗教力量的信仰，更使商朝政權合法化。祖先悅納子孫供奉給他們的穀物、牲血及牲肉。⑮某些學者錯誤地假設⑯：祭祖對於攝政的貴族是重要的事，所以漸漸地就被其他社會階層沿用。其實這種祭儀早在新石器時代就已經深植在社會裡，而非常流行。如同我們剛剛看到的，這是最初的農耕者的宗教系統裡的本質（以天人合一的結構為基礎）。這個古老的崇拜，因為君王的特權（其祖先被認為是帝的後裔），而有了政治上的功能。

君王會主持兩種獻祭：祭祖以及祭拜「帝」和其他天神。時間有時長達 300 天或 600 天。在儀式中，「祀」這個字有「年」的意思譯②，因為一年的周期被認為是完整的祭祀。這也支持了曆法的重要性，因為曆法可以使時節的消息盈虛有個規則。在安陽附近的王塚挖掘發現：除了獸骨外，還有許多犧牲者，推測是獻給君王的陪葬品。陪葬者（臣、僕、犬、馬）的選擇則是強調了狩獵（儀式性的狩獵？）對武士貴族和王室的重要性。⑰卜辭上保存的問題總是關於君王開疆拓土的建言及其成功機會。

⑭ 在甲骨文裡記錄著「予一人」（或者是「我，第一人」）的說法。David N. Keightley, *Shang Theology and Genesis of Chinese Political Culture*, p. 213, n. 6。譯者案：關於「予一人」的自稱，在《尚書‧商書》〈湯誓〉〈盤庚〉（上、下）皆有出現。

⑮ 如 Keightley 所指出的（ibid., pp. 214 sq.），祭祖強調皇室血統為神權政治的根源。「天命」的觀念通常被認為是周朝的發明，其實在商朝的神學裡早已根深柢固了。

⑯ Ping-ti Ho, *The Cradle of the East*, p. 320.

⑰ Li Chi, *The Beginnings Chinese Civilization*, pp. 21 sq. 作者注意到銅器上所裝飾之動物（虎、牛）主題（p. 33）。我們可以補充說：這些是象徵性的動物，具有相當複雜的宇宙論和太初的象徵。

譯② 祀是祭祀之意。《尚書》〈洪範〉有八政，三曰祀。而在殷代稱年曰祀。《尚書》〈伊訓〉：「惟元祀，十有二月，乙丑，伊尹祀於先王。」注：「祀，年也。夏曰歲，商曰祀，周曰年，唐虞曰載。」

這些王塚和甕棺有相同的宇宙論象徵和功用：他們都是死者的住所。 (15)
新建築落成時，特別是廟宇或宮殿，也有活人祭的類似習俗。這些犧牲者
的靈魂會保佑建築的耐久；也就是說這個建築是靈魂們的「新身體」。⑱
然而，人們也爲了其他目的而行活人祭，但是關於這點我們的資料並不充
足；可以這樣假設：他們所祈求的是歲時的更新和王朝的創新。

儘管這些歷史的空白，我們還是可以清楚辨識出商朝的宗教的主要線
索。「天」和祖先崇拜的重要性是無庸置疑的。祀典（和宗教曆法有密切
關係）及占卜技術的複構預設了「神職人員」（卜者、祭司、薩滿）的階
級的存在。最後，祭器紋飾告訴我們各種象徵的複雜表現（宇宙論和解脫
論），至今我們仍然無法完全了解，但是似乎是古代中國主要的宗教概念
的先驅。

128. 粲然大備的朝代：周朝

約西元前 1028 年，武王伐紂。在著名的誓師辭裡⑲，武王說他接受天
命，討伐禍國殃民的政權，以正當化他的背叛商王譯③，這是最早的天命
說。勝利的諸侯成了周朝的君王，他開創了中國歷史上最久的朝代（西元
前 1028-256）。我們不想贅述周朝的盛衰。⑳我們只要指出：撇開戰爭和 (16)

---

⑱　*De Zalmoxis à Gengis-Khan*, pp. 182 sq..
⑲　《書經》，見 Karlgren, *Shu Ching: The Book of Documents*, p.55。譯案：《尚書·
　　周書》〈牧誓〉。
⑳　以下是重要的時間點：西周到西元前 771 年，隨後是東周（西元前 771-256）。
　　從西元前 400-200 年，戰爭不斷；這就是所謂的戰國時代，最後被秦始皇統一。
譯③：《尚書》〈牧誓〉：「王曰。古人有言曰。牝雞無晨。牝雞之晨。惟家之索。
　　今商王受。惟婦言是用。昏棄厥肆祀。弗荅。昏棄厥遺王父。母弟。不迪。乃
　　惟四方之多罪逋逃。是崇是長。是信是使。是以爲大夫卿士。俾暴虐于百姓。
　　以姦宄于商邑。今予發。惟恭行天之罰。」

內亂外患不談，西元前 8-3 世紀可以說是傳統中華文明開花結果和哲學思想達到巔峰的時代。㉑

在周朝初期，「天」或「上帝」有擬人神或人格神的特性。他在穹頂的大熊星座裡。許多文獻表現了他的天神結構：天俯察萬物；他是全視全能的；他的命令是不會錯的。在盟誓和契約裡，經常會祈請「天」和「上帝」。後來的孔子和諸子百家也都歌頌「天」的全知全能。但對於他們而言，「天」或「上帝」逐漸失去宗教的本質，而成為宇宙秩序的原理、道德法則的根據。最高神的抽象化和理性化，在宗教史裡是經常發生的（比較梵天、宙斯、希臘化時代哲學家的神，以及猶太教、基督教和伊斯蘭教的上帝）。

但是天仍然是周朝的保護者。君主是「天子」、「上帝的代理人」。㉒這就是為什麼原則上只有君主可以獻祭。他要對宇宙的規律運行負責；如有天災（旱澇之災），君王必須告罪於天。因為四季各有天神職司，所以「天」在豐年祭裡也扮演重要的角色。而在春耕夏耘、秋收冬藏的各個時節裡，君王都必須代表他（參照第 130 節）。

(17) 　　一般說來，周朝的祖先崇拜延續商朝的結構（但我們的資料只及於貴族的儀式而已）。他們以牌位取代甕棺，子孫把牌位安放在祠堂裡。每年有四次相當複雜的祭祀；熟食、穀類和各種酒類，向祖先的靈魂祝禱。靈魂會附身在某個子孫身上，通常是死者的孫子，由他悅納祭品。在亞洲和其他地方也有類似的祭典；死者附身在某個子孫身上的儀式很可能在商朝

㉑　種種「經書」就是在這個時候編成的。如 Hentze, *Funde in Alt-China*, p. 222 所說，在周朝，我們看到寫作活動逐漸去神聖化。寫作的原初功能（規範天地、人神之間的關係）被系譜學和歷史學的取向所取代。總之，寫作成為政治宣傳的工具。

㉒　Legge, *Shu-Ching*, p. 426。人們認為周朝是后稷的後裔。后稷在《詩經》裡被歌頌為「在上帝的命令下賦與大麥和小麥」。我們可以補充說：在商朝的帝王陵墓中有文獻記載的活人祭，在周朝完全消失了。譯者案：見《詩經》〈周頌〉〈思文〉：「思文后稷，克配彼天。立我蒸民，莫匪爾極，貽我來牟。帝命率育，無此疆界爾，陳常時於夏。」

就有了（即使不是早在原史時代）。㉓

　　社祭譯④有很長的歷史，但是關於這點我們所知不多。我們只知道：在被表現為大地之母以前，「大地」被認為是沒有性別或是雙性的宇宙力量。㉔格拉涅（Marcel Granet）說，大地之母的形象最早是表現為「沒有性別的聖地」。後來「土地神被賦予母親的形象和育養萬物的原理」。㉕在古代，死者被埋在村裡，那裡也是保存種子的地方。長久以來，都是由女人守護種子。「在周朝，要在王田播種的種子，並不是保存在天子的宮殿裡，而是在王后的住所。」（Granet, p. 200）後來隨著父系家庭和封建制度的建立，太陽才成為神。周朝有許多土地神，各有層級組織：家庭、村莊、諸侯和王室的土地神。祭壇是露天的，但是有石碑和樹，這是奉獻大地之母（象徵宇宙的力量）的原始儀式的遺緒。各個節氣的農民祭典，(18)可能是宇宙宗教的最早形式。因為，我們會看到（第130節），他們認為土地神不只是豐收的來源而已。土地也是天神的互補力量，是宇宙全體的不可或缺的部分。

　　我們還要補充一點：我們所描述的宗教結構並不能代表周朝的豐富文獻（考古證據，特別是為數眾多的文獻）。我們必須談到宇宙創造論的神

㉓　在陶器浮雕上描繪的「高舉著雙臂的人們」之肖像，最有可能代表祖先或祭祖典禮中的祭師（Hentze, *Funde im Alt-China*, p.224, pl. XL）。這種圖像主題在新石器時代和商朝都有文獻記載（id., fig. 29, 30）。關於祖先這個主題的民俗化，可見於周朝中期的某個青銅器：蓋子上以自然主義的風格描繪著一男一女面對面坐著（ibid., p. 228 et pl. LIII）。

㉔　Eliade, "La Terre-Màre et les hiérogamies cosmiques"(in: *Mythe, rêves et mystères*)，p. 228.

㉕　M. Granet, Le Dépôt de l'enfant sur le sol"(in: *Études sociologiques sur la Chine*)，p. 201。「當新生嬰兒或垂死之人被放在地上，就是對她（地）說，這初生者或垂死者是可養活的一樣……放在地上這個儀式隱含著種族和土地等同的理念。」（ibid., pp. 192-93, 197-98）。

譯④：社，土地之神。《詩經》〈小雅‧甫田〉：「以我齊明，與我犧羊，以社以方。」社祭是祭地神，《周禮》〈地官‧鼓人〉：「以雷鼓鼓神祀，以靈鼓鼓社祭。」

話和基本的形上學理念。我們現在只要指出：近來學者們都已經同意古代中國在文化和宗教的複雜性。如同其他民族，中國的各個民族並不是同源的。他們自始就沒有統一的語言、文化或宗教的體系。艾伯哈特（Wolfram Eberhard）提到中國的周圍民族如何影響到中國文化的形成：泰族、通古斯族、突厥和蒙古族、藏族等等。㉖對於宗教史家來說，這些影響是非常珍貴的：他們使我們特別了解到北方薩滿教對於中國宗教和某些道教習俗的「起源」有什麼影響。

中國的史家刻意把他們的古代文明和「蠻族」的信仰和習俗區別開來。但是在這些「蠻族」裡，我們經常發現民族部分或整個被同化，他們的文化最後成為中國文明的一部分。我們舉個例子：楚國文明。楚國在西元前 1100 年就已經建國。然而楚國（吸收了羌族的文化）是蒙古種，而且楚國的宗教特色也是薩滿和出神技術。㉗漢朝統一天下後，楚國文化雖然成為昨日黃花，卻也把他們的文化信仰和習俗散播到整個中國。他們的宇宙論神話和宗教習俗很可能融入中國文化；正如他們的出神技術在道教裡重新出現一樣。

129. 世界的源始與組織

(19)　　狹義的說，中國沒有留下什麼宇宙創造的神話，但是我們可以在中國的史學傳統以及傳說裡辨識出某些造物神，無論是把神話給歷史化或是俗世化。據說盤古（原始的擬人神）生在「天地混沌如雞子」的時代譯⑤。當盤古死後，「他的頭變成神聖的山峰，他的眼睛變成太陽和月亮，他的

㉖　Eberhard, *Kultur und Siedlung der Randvölker Chinas; Lokalkulturen im alten China*。

㉗　John S. Major, *Research Priorities in the Studies of Ch'u Religion*, spéc, pp. 231 sq.。

譯⑤：《太平御覽》説：「天地渾沌如雞子。盤古生其中。萬八千歲，天地開闢，陽
　　清為天，陰濁為地，盤古在其中。一日九變，神於天，聖於地。天日高一丈，
　　地日厚一丈，盤古日長一丈。」

血變成河流和海洋，他的頭髮以及身體變成樹木以及其他植物。」㉘譯⑥，在這裡我們可以看到相同的神話特色，也就是犧牲原始存有者以成就世界的創造：提阿瑪特（第 21 節）、原人（第 75 節）和耶米（第 173 節）。我們從《書經》可能證明，古代中國裡許多民族和不同的文化也有其他的宇宙創造論。「皇帝（上帝）指派重黎去阻斷天地的交通，所以諸神不再下凡。」㉙譯⑦這種特殊的詮釋（諸神到人間去迫害人類）是後出的，因為在中國，這個神話的許多異本（以及其他文化的異本）都是歌頌原始時代天堂般的至樂：那時候，天地非常接近，諸神會降臨人間，而人們也可以爬山、攀樹或爬梯子，甚至騎乘飛鳥到天上。經過某個神話事件（某個「儀式的過犯」）之後，天和地分裂，樹木和藤蔓被砍斷，摩天的山頂被鏟平，然而有特權的人（薩滿、神巫、英雄、君王等）可以透過出神經驗升天，因而重建「彼時」（illo tempore）分裂的交通。㉚在整個中國歷史裡，我們發現「天堂的鄉愁」，也就是希望透過出神而重建「太初的情境」；這個太初的情境就是「混沌」，或者說是人類能夠和神明直接交通的時代。 (20)

　　第三個神話則是伏羲和女媧兩兄妹的故事，他們是蛇的化身，在繪畫裡經常是尾巴互相纏繞。「當洪水氾濫，女媧用五色石頭修補藍色的天，

㉘　Max Kaltenmark, *La naissance du monde en Chine*, pp. 456-57; Norman Giradot, *The Problem of Creation Mythology*, pp. 98 sq..

㉙　Henri Maspéro, *Les religions Chinoiscs*, pp. 186-87。這個插曲稍後透過混亂（這個混亂是由於「精靈們」的占領所引起的）來詮釋。Derek Bodde, *Myths of Ancient China*, pp. 289 sq.。譯案：《尚書・呂刑》：「皇帝……乃命重黎，絕地天通，罔有降格。」

㉚　*Mythe, rêves et mystères*, pp. 55 sq.; *Le Chamanisme*, pp. 215 sq..

譯⑥：《述異記》：「昔，盤古之死也，頭為四岳，目為日月，脂膏為江海，毛髮為草木。秦漢間傳説：盤古頭為東岳，腹為中岳，左臂為南岳，右臂為北岳，足為西岳。」

譯⑦：《尚書》〈呂刑〉：「皇帝哀矜庶戮之不辜。報虐以威。遏絕苗民。無世在下。乃命重黎。絕地天通。罔有降格。」

斬斷大烏龜的爪，在四方豎起四根柱子，殺死黑龍（共工）拯救世界，堆砌蘆葦和樹木，阻止洪水的氾濫。」㉛譯⑧其他的文獻則說，在天和地的創造之後，女媧以黃土（代表貴族）和泥漿（代表貧窮和不幸）創造人類。㉜

大禹時代的傳說也有宇宙創造的主題。在帝堯的神話時代，「天下猶未平，洪水氾濫。」譯⑨禹不同於他的父親，他以疏濬的方式治水，「掘地而注之海，驅蛇龍而放之菹。」㉝這主題（洪水淹沒大地、龍蛇肆虐）有宇宙創造論的結構。大禹扮演造物神和文明英雄的角色。中國學者認為，世界秩序的整頓和人類制度的建立，相當於世界的創造。當大禹把惡的勢力放逐到四方，自己統治中國，使社會井然有序，這就是「創造」世界。

但是老子和道家則關心世界的起源和形成的問題，這蘊含著古代宇宙創造論的思想。老子及其徒經常引用古代的神話傳說，其他學派也使用相同的語彙，這證明道教的起源非常古老，而且是中國原創的宗教。我們會看到，老子學說裡的世界起源問題（以形上的語言闡述的），是重複「天地混沌如雞子」的古代宇宙創造論的主題。㉞

(21)

㉛　《列子》。

㉜　《淮南子》。

㉝　《孟子》。

㉞　Norman Girardot, *Myth and Meaning in the Tao Te Ching*, pp.299 sq..

譯⑧：在這裡，《列子》原文是：「物有不足，故昔者女媧氏煉五色石以補其缺，斷鼇之足以立四極，其後共工氏，與顓頊爭為帝，怒而觸不周之山，折天柱，絕地維 ⋯⋯」與原典引文有所出入，特別是將共工誤為黑龍之名。反倒是《淮南子》的文字幾乎完全符合原典譯文：「⋯⋯水浩洋而不息⋯⋯於是女媧煉五色石以補天，斷鼇足以立四極，殺黑龍以濟冀州，積蘆灰以止淫水。」看來作者誤將《列子》的文字（特別共工一段）和《淮南子》的文字（特別是黑龍一段）相混。當然也有可能是 Kaltenmark 的誤譯，而 Eliade 引用之。

譯⑨：《孟子・滕文公上》：「當堯之時，天下猶未平，洪水橫流，氾濫於天下。草木暢茂，禽獸繁殖，五穀不登，禽獸偪人。獸蹄鳥跡之道，交於中國。堯獨憂之，舉舜而敷治焉。舜使益掌火，益烈山澤而焚之，禽獸逃匿。禹疏九河，瀹濟漯，而注諸海；決汝漢，排淮泗，而注之江，然後中國可得而食也。」

　　至於宇宙的結構和律動，從商朝到 1911 年的革命，他們的基本概念形成完整而連續性的整體。宇宙的傳統形象是：有個世界的中心，其中垂直軸貫穿穹蒼和深淵，而向四個方位展開。天圓（形似雞蛋）地方。穹廬覆蓋著大地。大地被形容為馬車的方形車體，中央的柱子撐起高台，和天一樣的圓。世界的五行（四個方位和中央）都有其對應的顏色、味道、聲音和特別的符號。中國座落在世界的中心，王都在國土的中央，而皇宮又在王都的中央。

　　通常王都和任何城市一樣，代表著世界的中心。這很類似古代的近東、古印度、伊朗的觀念㉟。就像其他城市文明一樣，中國的其他城市也是從儀式中心發展出來的㊱。換句話說，城市就是「世界的中心」，因為在那裡，天地才可以交通。完美的王都應該是在宇宙的中心，那裡有棵神奇的樹木，連接天地。「在正午的時候，任何事物靠近他垂直站著，都不會有影子。」㊲

　　根據中國的傳統，在首都裡會有個「明堂」譯⑩，那是舉行祭典的地方，也是「世界形象」（imago mundi）和曆法的象徵，「明堂」建於方形的基地（相當於大地），於其上建造圓形的屋頂（相當於天）。在各個時節，君王會分別住在皇宮不同方位的宮室裡；他住在合於時宜的宮室，以促使季節的推移。君王的服色、食物、言行舉止，都是配合各種時節。在每年暮夏月底時，皇帝居住在明堂中央，彷彿他是歲時的樞紐。㊳就像其 (22)

㉟　Eliade, *Le mythe de l'éternel retour*, pp. 23 sq..

㊱　Paul Wheatley, *The Pivot of the Four Quarters*, pp. 33sq., 411 sq..

㊲　Marcel Granet, *La pensée chinoise*, p. 324.

㊳　Granet op. cit., pp. sq.; id., *Danses et légendes de la Chine ancienne*, pp. 116 sq.。這種在明堂的方位儀式似乎對應「古代族長必須在住所隱居的儀式」。「進行六天或十二天的儀式和典禮，可以預測畜牧和收穫。」（*La pensée chinoise*, p. 107）十二天代表十二個月的預言，這是在近東和其他地方的古老概念。（Eliade, *Le mythe de l'éternel retour*, pp. 78 sq.。

譯⑩：「明堂，古代帝王宣明政教的地方。凡朝會、祭祀、慶賞、選士、養老、教學等大典，均在此舉行。其後宮室健備，另在近郊東南建明堂，以存古制。」（《辭源》）

他「世界的中心」的象徵（樹、聖山、九重塔等等），君王在某個意義上是「世界之軸」，也是天地之間的連結點。這個「世界中心」的時空象徵非常普遍；在世界許多古老文化和都市文明都有文獻記載。[39]我們必須補充的是：就和王宮一樣，即使是中國最卑微的原始的建築物都有著相同的宇宙論象徵：也就是說，它們構成一個「世界的意象」。[40]

130. 陰陽消長和相生相成

我們看到，五行是萬物分類的模型。世界萬物都有個井然有序的類別或族群，從而分受該類別的各種屬性和德行。這是大宇宙和小宇宙之間完美的對應體系的創新，也就是在許多宗教都可以看到的普遍性類比理論。而中國思想的原創性在於他們把這個大宇宙和小宇宙的架構整合到更大的分類系統：也就是陰和陽的對立而互補的原理。這個以各種形態的兩極性、二元消長和「對立的統一」為基礎的典範體系，在各個文化裡都可以發現。[41]陰陽對偶的重要性在於：這概念不只是世界的分類模式，同時也發展成某種宇宙論；這個宇宙論既系統化且證實各種身心的訓練，也啟發了嚴密且系統性的哲學思想。

我們看到（第 127 節），在商朝的青銅器紋飾裡有許多兩極對立和消長的象徵。兩極對立的符號的排列則突顯他們的相生相成；例如，貓頭鷹或其他代表黑暗的動物，經常有「太陽眼」；然而光的象徵卻是以夜晚的符號來表示。[42]根據漢徹的說法，陰陽的符號在最早的祭器上便可以發現，比文字還要古老[43]。格拉涅要我們注意：在《詩經》裡，「陰」這個字意

(23)

---

[39]　Eliade, "*Centre du Monde, Temple, Maison*," pp. 67 sq..

[40]　R. A. Stein, "*Architecture et pensée religieuse en Extrême-Orinet*".

[41]　Eliade, "Remarques sur le dualisme religieux: dyades et polarités"(in: *Le nostalgie des origines*, pp. 249-338).

[42]　Carl Hentze, *Bronzegerät, Kultbauten, Religion im ältesten China der Shnagzeit*, pp. 192 sq..

[43]　Carl Hentze, *Das Haus als Weltort der Seele*, pp. 90 sq..

指「寒冷和多雲的天氣」，並且指「內部」；而「陽」則指「晴朗和溫暖的天氣」。換言之，陰陽暗示時節的具體而對立的觀念。㊹《易經》以陰陽分晝夜，其後的莊子也說：「四時迭起，萬物循生。一盛一衰，文武倫經。一清一濁，陰陽調和，流光其聲。蟄蟲始作，吾驚之以雷霆。其卒無尾，其始無首。一死一生，一僨一起，所常無窮，而一不可待。」（Gra-net, *La pensée chinoise*, p. 132）世界是各種現象的消息盈虛所構成的循環體系。（ibid., p. 127）消長的觀念超越了對立的觀念。我們從歲時的結構便可以看出來。哲學家們認為，在冬天，「地下泉水被凍結的大地之下，陽被陰給制住了，經歷了一年的考驗。在春天的開始，陽從囚牢中脫出，用它的腳跟敲打地面：就是那時冰融化而流水醒來。」（ibid., p. 135）因此，宇宙是循環交替的對立形式所構成的現象。 (24)

陰陽支配的宇宙律動和兩性活動的互補性交替，具有完美的對稱存在。而因為所有屬於「陰」的事物都被賦予女性的本質，而所有屬於「陽」的東西則有男性的本質，所以陰陽和合也表現宇宙和宗教的面向。兩性的儀式性對立，既透露兩種生活形式的互補和對立，也表現陰和陽這兩種宇宙原理的消長。在春季和秋季的祭典裡（這是古代重要的農業祭典），兩個對立的合唱隊，互相以詩歌考驗對方。「陽喚、陰答」；「男孩呼喊、女孩回答」。這兩種原理是可以互換的。他們既是宇宙的也是社會的律動㊺。對立的合唱隊互相對峙，就好像黑暗和光明的對立。而他們聚會的場地就成為整個宇宙空間，而會眾則是象徵所有人類和天地萬物（p. 143）。集體性的陰陽和合使祭典圓滿完成，在世界各處都有這類的儀式。而在其他時節裡主宰自然和社會的兩極對立，就在儀式裡消失或被超越。

「一陰一陽之謂道，」《易經》〈繫辭〉如是說㊻。換句話說，宇宙因為陰陽交替而生生不息，這是道的外顯。但是當我們想要把握「道」的存有學結構時，會遇到許多困難。我們先回想狹義的「道」：「道」是

㊹　*La pensée chinoise*, pp. 117 sq..

㊺　Granet, *Danses et légendes de la Chine ancienne*, p. 43: *La pensée chinoise*, p. 141.

㊻　《易經‧繫辭傳》。

「道路」、「言說」或「教義」。「道」，「首先是應該遵循的道路」以及「主宰行為和道德法則的觀念」；但是「道」也是指「使天地的神聖力量和人類溝通的方法」，這就是卜者、巫師和君王的巫術宗教力量[47]。作為一般性的哲學和宗教思想，「道」是宇宙秩序的原理，存在於所有存有者的領域；也有所謂的「天道」和「地道」（這兩者時而以陰陽相對）以及「人道」（君王服從的行為法則，使得他得以成為天人之間的中保。）[48]

其中有些意義是源自太初的「混沌」和宇宙創造的概念。老子關於世界起源的思想和「天地混沌如雞子」的宇宙創造神話有關。《道德經》四十二章說：「道生一，一生二，二生三，三生萬物，萬物負陰而抱陽。」[49]在這裡，我們看到老子如何為傳統的宇宙創造神話賦予新的形上學面向。「一」是「全體」，指涉太初的混沌，這是許多神話學都熟悉的主題。注釋說：天和地（他們是「二」）的結合產生萬物，這是眾所周知的神話場景。但是老子認為，「一」（太初的混沌）就已經是創造的階段，因為「一」是由一個神祕的而無法理解的原則（道）所產生的。

在其他宇宙創造的段落（二十五章），「道」是「有物混成，先天地生。寂兮寥兮，獨立而不改，周行而不殆，可以為天下母。吾不知其名，字之曰道，強為之名曰大。」[50]西元前二世紀的注釋家解釋這個「混沌」說：「洞同天地，渾沌為樸，未造而成物，謂之太一。」[51]所以「道」是

[47] Max Kaltenmark, *Lao tseu et le taoïsme*, p. 30; cf. Granet, *La pensée chinoise*, pp. 300 sq..

[48] Kaltenmark, op. cit., p. 33：「這種道表現了孔子的理想，他說：『朝聞道，夕死可矣』。」

[49] Kaltenmark, "La naissance du monde en Chine," p. 463。這個系列生產的框架幾乎被所有的哲學學派所使用，從《易經》到宋明新儒家。見 Wing-Tsit Chan（陳榮捷），*The Way of Lao Tzu*, p. 176; Norman Giraadot, "Myth and meaning in the Tao Te Ching," pp. 311 sq.。

[50] Kaltenmark, *Lao Tseu*, p. 39.

源初的全體性，流行不息並且有創造力，但是沒有形式也沒有名稱。「無名，天地之始；有名，萬物之母。」這段話所說的宇宙創造的「母親」，在其他地方卻是指「道」本身。「谷神不死，是謂玄牝。玄牝之門，是謂天地根。」(52)

「道」的不可名狀也有其他別名，這些別名延續了（也渲染了）太初宇宙創造的意象：「混沌」。我們列出其中最重要的觀念：「虛」、「無」、「大」、「一」。(53)我們在分析道家的學說時，必須回到這些名詞，但是我們要注意：道家和追求長生不死的術士，追求的是重構這原始的天堂情境，特別是原始的完美和自然。我們可以在這個太初情境的鄉愁裡看到古代農業儀式的重新詮釋；青年男女（代表陰陽）集體（代表混沌）的結合，而在儀式裡成就「全體化」。所有道家學派的基本元素，是頌揚文明勝利以前的人類源初的情境。但是許多努力要建立以聖王為模範的公義社會的人，卻反對這種「回歸自然」。

131. 孔子：祭祀的力量

我們可以這麼說：在古代中國，所有宗教思想的派別都有某些共同的基本觀念。我們首先要指出，「道」作為萬物的泉源和原理的觀念、陰陽律動支配的萬物消長的觀念、以及大宇宙和小宇宙的類比理論。這個理論 (27)
適用於人類存在和社會的各個層面：人類的解剖學、生理學和心理學，社

(51) 《淮南子》，見 Girardot, "Myth and meaning in the Tao Te Ching," p. 307。對莊子而言，當帝王「混沌」被鑿竅（他應該像所有人一樣有臉孔和七竅）之後，完美統一的原初狀況就消失了；然而「混沌」在被鑿了七天的竅之後就死了。見 James Legge, *The Texts of Taoism, I* (SBE, vol. XXXiX), p. 267。譯案：關於「混沌」故事原文出自《莊子．應帝王》：「南海之帝為儵，北海之帝為忽，中央之帝為混沌。儵與忽時相遇於渾沌之地，渾沌待之甚善。儵與忽謀報渾沌之德，曰：『人皆有七竅以視聽食息，此獨無有，當試鑿之。』日鑿一竅，七日而渾沌死。」

(52) Kaltenmark, p. 50.

(53) Girardot, p. 304.

會的種種制度，乃至住所和神聖的空間（城市、宮殿、祭壇、寺廟和房舍）。有些思想家（特別是道家）主張只有在「太初」（也就是在社會制度和文明出現之前）裡才可能實現符合「道」的法則和宇宙的和諧律動的存在，但是其他思想家卻認為這種形式的存在必須在公義和教化的社會裡才能實現。

在第二種主張裡，最有名而且最具有影響力的，當然就是孔子（西元前 551-479）[54]。孔子身處於混亂和不義的時代，憂心世界的苦難和不幸，他明白唯一的解決之道，是澈底改革政府，而這必須有開明的統治者和盡責的官僚。他無法被諸侯重用，便授徒講學，他是開創私人講學的人。雖然他在教育上是成功的；但是在孔子死前卻認為其志未竟。他的學說要旨透過門徒代代相傳，而在他死後 250 年的漢朝（西元前 206-20 年）皇帝決定罷黜百家獨尊儒術。自此，孔子的學說便指導著文官和政府政策達兩千年。

正確地說，孔子不是個宗教領袖。[55]他的觀念，特別是宋明理學家的觀念，通常在哲學史裡被人探討。但是孔子對中國的宗教影響卻非常深遠，無論是直接或間接的。事實上，他的道德和政治改革是源自宗教的觀念。而他也沒有拒絕任何重要的傳統觀念，如道、天、祭祖。此外，他讚美且重新詮釋這些儀式和風俗的宗教價值。

(28)　　　對孔子而言，道是建立在天命之上；「道之將行也與，命也。」依道而行就是順應天命。孔子承認「天」的重要地位。對他而言，沒有所謂「退位神」（deus otiosus）；上天會眷顧每個人而且幫助人們去行善。「天生德於予。」「五十而知天命。」孔子相信上天賦予他使命去實踐。就像和同時代的許多人一樣，他認為文明的英雄（堯和舜）以及周朝的君主（文王和武王）都是天道的例證。

---

[54]　他的族姓是「孔」。Confucius 是「孔夫子」的拉丁寫法。

[55]　但孔子很快就被賦與文明英雄才具有的典型德性和特質；見 Granet, *La Pensée chinoise*, pp. 477 sq.。

　　孔子認為，人們必須尊重獻祭和其他傳統儀式，因為這是君子生活的一部分。天悅納祭祀；但是他同樣喜歡道德的行為，特別是德政。關於「天和死後生命」的形上學和神學思想是沒有意義的。「君子」首先必須關懷具體的人類存在，因為他是活在當下。

　　關於鬼神，孔子不否認他們的存在，但是他質疑他們的重要性。孔子雖然尊敬他們，卻說：「敬鬼神而遠之，可謂知矣。」至於服事鬼神，孔子說：「未能事人，焉能事鬼？」

　　孔子心中的道德和政治改革，構成了「全人教育」，換言之，那是使人成為君子的方法。每個人都可以作個「真實的人」，只要他依照「道」學習儀禮，換言之，就是禮的正確實踐。然而，這個實踐並不容易掌握，那既不是外在的儀式主義，也不是在儀式裡造作的情感。每個合宜的祭祀行為都會有不容忽視的巫術和宗教力量。[56]孔子回憶著名的哲學家皇帝虞舜時說：「無為而治者，其舜也與。夫何為哉？恭己正南面而已矣！」（換言之，國家的事務都是遵循規範去進行。）因為巫術和宗教的力量既支配著宇宙和社會，也會支配人們。「其身正，不令而行。」「為政以德，譬如北辰，居其所而眾星共之。」 (29)

　　合乎禮的行為是宇宙和諧的重新顯現。能夠如此行為的人，就不再是原來未受教育的凡人；他的存在模式徹底改變；他是個「聖人」。這個學說要人們發乎自然地把行為舉止「轉化」為儀式，這顯然有宗教的意圖和結構[57]。從這個觀點來看，孔子的方法類似老子和道家的學說，他們認為透過他們的學說和技術可以返回自然。孔子的原創性在於他努力要使這個繁複的而且高度階級化的社會規範「轉化」為自發性的儀式行為。

　　對孔子而言，德行不是天生的，而是透過教育得到的。人必須透過教育和善良的本性才能成為君子。智、仁、勇是君子的德行。最高的快樂在於成就個人的德行：「仁者不憂。」然而，君子學而優則仕。孔子和柏拉

---

⑤⑥　Herbert Fingarette, *Confucius: The Secular as Sacred.*

⑤⑦　例如坦特羅教派，猶太教卡巴拉教派（Cabala）和禪宗。

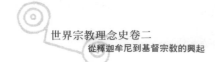
圖都認為，治國之道是使人民得到和平和幸福的方法。但是我們知道，為政和其他技能或行為一樣，是教育和學習的結果，而這個過程本質上是宗教性的。孔子推崇文明英雄和周朝的聖王；他們是他的模範。「述而不作，信而好古，竊比於我老彭。」有些學者在孔子的喟嘆裡看見某種鄉愁：對於不再回來的時代的鄉愁。然而在重新賦予公共行為某種儀式的功能裡，孔子開創了新的道路；他告訴我們，在俗世事務和社會活動裡重新發現宗教的向度是有必要的，而且也是可能的。

(30)

132. 老子和道家

　　司馬遷在《史記》裡說：「孔子適周，將問禮於老子。老子曰：子所言者，其人與骨皆已朽矣，獨其言在耳。且君子得其時則駕，不得其時則蓬累而行。吾聞之，良賈深藏若虛，君子盛德容貌若愚。去子之驕氣與多欲，態色與淫志，是皆無益於子之身。吾所以告子，若是而已。孔子去，謂弟子曰：鳥，吾知其能飛；魚，吾知其能游；獸，吾知其能走。走者可以為罔，游者可以為綸，飛者可以為矰。至於龍，吾不能知其乘風雲而上天。吾今日見老子，其猶龍邪！」[58]

　　正如司馬遷記錄的許多傳說，這次的會面必然是偽造的。但是這個故事簡單而幽默地說明這兩位偉大宗教人物的不相容。司馬遷還說：「老子修道德，其學以自隱無名為務。」但是消極避世完全違反孔子的君子理想。老子的「自隱無名」正可以解釋為什麼關於他的生平資料缺如。根據

---

[58]　Kaltenmark, *Lao Tseu*, p. 17。譯案：《史記‧老子韓非列傳》：孔子適周，將問禮於老子。老子曰：「子所言者，其人與骨皆已朽矣，獨其言在耳。且君子得其時則駕，不得其時則蓬累而行。吾聞之，良賈深藏若虛，君子盛德容貌若愚。去子之驕氣與多欲，態色與淫志，是皆無益於子之身。吾所以告子，若是而已。」孔子去，謂弟子曰：「鳥，吾知其能飛；魚，吾知其能游；獸，吾知其能走。走者可以為罔，游者可以為綸，飛者可以為矰。至於龍，吾不能知，其乘風雲而上天。吾今日見老子，其猶龍邪！」

傳說，老子是周朝的史官，但是由於周王室的衰微，他棄官向西行去。當他旅行至函谷關時，應關令的要求寫下其學說。因此他著「書上下篇，言道德之意五千餘言而去，莫知其所終。」在敘述他生平所學之後，司馬遷說：「世莫知其然否。老子，隱君子也。」 (31)

這部「五千餘言」的《道德經》，在中國文學裡以深奧難解而聞名。關於其作者以及出書年代，意見不僅眾說紛紜，而且相互矛盾[59]。然而學者們都同意：現存的這個文本不可能是孔子同時代的人所著；可能是西元前三世紀的作品。其中有各種原始道家學派的格言以及溯自西元前六世紀的詩篇[60]。儘管沒有系統性的特質，《道德經》卻表現出一致且原創性的思想。如康德謨所說的，「我們必須承認有個哲學家的存在，即使這個哲學家不是《道德經》的直接作者，但是這個大師對於這部作品的形成有重要的影響。所以我們無妨繼續稱他為老子。」[61]

弔詭的是，《道德經》裡有許多治術和軍事的論述。老子和孔子都相信，君王只有依道而行（無為而治），才能夠成功治國。因為「道常無為而無不為。」[62]這就是為什麼道家絕不會干涉事件的發展。「侯王若能守之，萬物將自化。」就像真正的道家一樣，「太上，不知有之。」因為 (32)
「天之道，不爭而善勝。」獲得力量最有效率的方法就是無為和不爭。[63]

------

[59] 至少有四種不同的立場：一、老子和西元前六世紀的老聃是同一個人，因而可能曾經和孔子見過面；二、老子生於所謂春秋時代（約西元前 774-481），但他不是《道德經》的作者；三、他生活於戰國時代（約西元前 404-221），但不能確定他曾著《道德經》；四、他不是歷史人物。見 Wing-Tsit Chan, *The Way of Lao tsu*, pp. 35 sq.; Jan Yün-Hua（詹云華）, *Problems of Tao and Tao Te Ching*, p. 209（作者概述了馮友蘭論老子和道家的最近觀點，pp. 211sq.。）

[60] Max Kaltenmark, *Lao Tseu*, pp. 19 sq..

[61] Ibid., p. 22。相同的情形也曾在其他傳統的文獻中被發現：被認為是某個智者或沉思者所作，通常都是由其弟子增補。在某種意義下，作者成為「匿名的」。

[62] 法文本譯文根據 Kaltenmark, *Lao Tseu*。Wing-Tsit Chan, *The Way of Lao Tzu*，其註釋和註解具有價值；Arthur Waley, *The Way and Its Power*，由於其文學品質而著名。

[63] 「將欲取天下而為之，吾見其不得已。」「善為士者不武，善戰者不怒，善勝敵者不爭……是謂不爭之德，……是謂配天，古之極。」

「柔弱勝剛強。」（「弱者道之用。」）

　　簡言之，和孔子一樣（致力於向君王和任何希望學習的人們宣講他的「聖人」理想），老子也建議國君和將領以道家的方式去整軍治國，也就是接受道的法則。不過這是兩位大師唯一相似的地方。老子批評並拒絕儒家的體系，他不相信禮的重要性、也鄙視社會價值和理性主義。「絕聖棄智，民利百倍；絕仁棄義，民復孝慈……。」對於儒家而言，仁義是最崇高的德行。然而老子卻認為，因為仁義是由人創造的，所以是無用的，是危險的。「故失道而後德，失德而後仁，失仁而後義，失義而後禮。夫禮者，忠信之薄，而亂之首。」老子也批判社會價值，認為社會價值是虛幻的，總之是有害的。言詮知識會摧毀存有的統一性，把絕對的價值給相對化，而造成思想的混亂⑭。「是以聖人處無為之事，行不言之教。」

　　總之，道家只信奉唯一的典範，那就是道。「道」指出最終極的、最
(33)　神祕且不可理解的實在，是所有創造的「泉與源」（fons et origo），所有存在的基礎。當我們分析其宇宙創造的功能時，我們便指出了道的不可名狀。《道德經》的第一句話說：「道可道，非常道。」這就等於說：老子所說的道，道家的典範，不是常道（恆久或至高無上的道）⑮。「常道」是由全體實在者所構成的，超越了萬有的模式，從而是知識活動所無法把握的。老子不會、莊子也不會嘗試要去證明道的存在，這樣的態度是許多神祕主義者的共同特色。在所有的可能性中，「玄之又玄」就指向典型的道家忘我經驗，而這點我們是將要回歸的。

　　所以老子所說的是「第二層的」、有條件的道；但是即使這個有條件的道也是不能理解的。「視之不見，名曰夷；聽之不聞，名曰希。……故混而為一。繩繩不可名……。」⑯但某些意象和隱喻透露出某些有意義的

----

⑭　「天下皆知美之為美，斯惡已；皆知善之為善，斯不善已。」「長短相形，高下相傾。」

⑮　「或更好說是『玄』，再更好說是『玄之又玄』，因為探究深入奧祕本身沒有終點。」（Kaltenmark, p. 45）。

結構。我們已經指出，這個「第二層的」道被稱爲「天下母」。不會死的「谷神」和「玄牝」是其象徵⑥。山谷的意象暗示虛無的觀念，同時也暗示水的容器，也就是女性生殖器的觀念。「無」和「虛」既和多產和母性的觀念有關，也指感官性質的缺如（道的特殊模式）。「三十輻，共一轂」，這個意象創發出特別豐富的象徵，顯然表現在「聖人抱一爲天下式」，我們也可以在道家身上看到：「致虛極，守靜篤，吾以其復。」

　　順應「第二層」的道的模式，爲道者激發其女性潛能，首先是「柔弱」、謙虛、不抵抗。「知其雄，守其雌，爲天下谿。爲天下谿，常德不離，復歸於嬰兒。」從某個觀點來說，道家企圖要達到雌雄同體的模式，也就是古代完美人類的理想⑧。兩性的統合可以回到嬰兒的狀態，也就回到個人存在之「始」；這種返回也促進生命的周期性重生。我們現在更能了解道家之「恢復到源初狀態」、「自始」就存在的狀態。對道家而言，生命的豐盈、自然和至樂只有在「創造」之始或新生命的顯現才能看得見。⑨ (34)

　　道始終是對立的統一；在其「混沌」裡，陰陽是共存的。但是我們知道，在上古史時期之初，青年男女（象徵著陰和陽）的集體結合，周期性地重現宇宙和社會的「混沌」。而道家也受到遠古宗教的行爲模式的啓發。我們要補充一點：道家對女性的態度是顯然和封建中國的主流意識形態相悖。

　　中國「宇宙循環」的觀念在《道德經》中扮演很重要的角色。道是「周行而不殆」。萬物的生死也透過陰陽消長來解釋：「陽」刺激生命的

⑥　另一個章節將「道」呈現爲「道之爲物，惟恍惟惚」卻又「其中有」象、物、精和信（21 章）。

⑥　這「玄牝」這個詞「暗示著道的神祕生產力的同時也暗示它和山脈的山谷與空穴的觀念有所關聯」（Kaltenmark, p. 51）。在這方面的道，見 Ellen Marie Chen（陳艾倫）, *Nothingness and Mother Principle in Early Chinese Taoism*。

⑥　Eliade, *Méphistophélès et l'androgyne*, pp. 128 sq..

⑥　當然這是所有傳統社會的共通理念：完美屬於（宇宙或「歷史」）循環的開始，而「墮落」接踵而至。

能量，而「陰」使生命休養生息。然而，聖人希望能擺脫宇宙的生死律動；透過個人的「虛靜」而遠離這個循環。老子說，「以其無死地。」「含德之厚，比於赤子。」道家熟悉各種長生術，甚至得到「不死之身」。追求長生形成了追求道的部分形式。但是老子並不曾說他相信有肉身不死或或死後的生命。《道德經》在這個問題的態度並不是很明確。⑦

(35)　　　要將問題放在適當的脈絡去考慮，我們必須記得道家的出神技術在起源和結構上都很類似薩滿⑦。我們知道在出神狀態中，薩滿的靈魂會離開身體而神遊在宇宙中。莊子有段軼事說，孔子有一天發現老子「熱然似非人。」在等待了一段段時間後，孔子對老子說：「丘也眩與？其信然與？向者先生形體掘若槁木，似遺物離人而立於獨也。」老子回答：「吾遊心於物之初」。（《莊子‧田子方》）康德謨說（p. 82），「遊心於物之初」總結了道家神祕經驗的本質。這個出神之旅是回歸萬物的「太初」，將自己從時空中解放出來，使得精神回復到超越生死的永恆現在。這是重新詮釋且深刻化了薩滿的出神技術。在其他出神狀態裡，薩滿也會超脫時空：他飛向「世界的中心」；他重新建構「墮落」之前的天堂；在當時，人們是可以昇天並且和諸神親近。但老子的「遊心於物之始」卻是不同類型的神祕經驗；因爲他完全超越人類條件的限制，從而徹底地改變其存有秩序。

　　　關於第二位道家的大師莊子的生平，我們所知非常少。他或許生於西元前五世紀；如果是這樣，他的某些格言甚至比現有的《道德經》章句還要早。和老子一樣，莊子既拒絕俗世的意見，也拒絕論理的知識。神遊的經驗是唯一完美的知識，因爲這個知識不會落入實在的二元性。這就是爲什麼莊子等同生死：生死是終極實在的兩種樣態和面向⑦。道家經常討論

---

⑦　Kaltenmark, *Lao Tseu*, p. 82; Ellen Marie Chen, "Is There a Doctrine of Physical Immortality in the Tao te Ching?".

⑦　Granet, *La pensée chinoise*, pp. 501 sq.; Eliade, *Le chamanisme*, pp. 350 sq..

⑦　在《莊子》〈至樂〉可以見到動人的故事。

這個生死統一的問題。有段著名的軼事闡述莊子「意識狀態的相對性」的 (36)
概念⑦：「昔者莊周夢爲胡蝶，栩栩然胡蝶也。自喻適志與！不知周也。
俄然覺，則蘧蘧然周也。不知周之夢爲胡蝶與？胡蝶之夢爲周與？」⑦換
句話說，在道的循環過程中，意識的種種狀態是可以互換的。

聖人（已經虛其心，並且在道的「混沌」中顯現）活在整全的出神境
界中。如同某些瑜祇，這個世間存在的弔詭模式，有時會表現爲神的全
能。「至人神矣！大澤焚而不能熱，河漢冱而不能寒，疾雷破山、飄風振
海而不能驚。若然者，乘雲氣，騎日月，而遊乎四海之外。死生無變與
己，而況利害之端乎！」⑦根據某些道家作者的說法，神遊其實是內在的
旅程。⑦如同其他流行薩滿教的民族（突厥和蒙古族），薩滿在出神之旅
的考驗和冒險激發出詩的靈感，並且在史詩裡被歌頌。⑦

133. 長生之術

在中文裡，通常會區分道家和道教⑦。有些論者認爲這個區分是合理 (37)
而且必要的；他們認爲老子和莊子的道家是「純粹的哲學」，有別於追求

---

⑦　「我與這個頭蓋骨」，列子向弟子說；「我們知道：實際上沒有生，實際上也沒
　　有死。」「死與生，只是去與回：在這裡死，我們怎知不是在那裡生呢？」
　　（Henri Maspéro, *Le Taoisme*, p. 240）譯者案：出自《列子·天瑞》：子列子適
　　衛，食於道，從者見百歲髑髏，攓蓬而指，顧謂弟子百豐曰：「唯予與彼知而未
　　嘗生未嘗死也。」《列子·天瑞》：「死之與生，一往一反。故死於是者，安知
　　不生於彼？」
⑦　Maspéro, ibidem.
⑦　Kaltenmark, *Lao Tseu*, pp. 117-118.
⑦　「內觀者，取足於身。」（Kaltenmark, p. 118）
⑦　Kaltenmark, p. 120; Eliade, *Le chamansime*, pp. 325 sq.（論中國的民間傳說和薩滿
　　文學），pp. 177 sq.（論韃靼史詩中的薩滿教式的結構）。
⑦　Sivin 認爲，這個區別是現代歷史學創造出來的。見氏著, *On the Word "Taoist,"* pp.
　　340 sq.。

長生不死的術士，而這正是「道教」的中心目標⑦。也有學者主張道家有歷史的統一性⑧。而無論是「形上學家」、「神祕主義者」甚至是追求長生不死的術士，都相信「道」的弔詭概念，也都努力達到相同的結果：他們以身體力行的方式，統一終極實在的兩種開顯（陰陽、身心、生死）。但是「道家」和「道教」的區分還是有用而值得保留的。

為道者的終極目標是要得到身體的不死。不死者的表意文字（仙），是一個人和一座山，有隱士的意思；但是這個字的早期形式（僊），則是舞者揮動衣袖，猶如振翅的鳥。在獲得長生不死的過程中，為道者披覆羽毛，翅膀從肩出。⑧「羽化登天」是成聖的原則。第二種仙人則是在人間仙境住了幾百年的仙人：仙島或聖山（如崑崙山）。⑧他們時常回到塵世去，傳授後人長生不死之術。第三種仙人則是死後才到仙境去的術士。譯⑪但是這種死亡只是表面的：他們會在棺材裡留下拐杖、劍或草鞋，然後把他們變成人形。這叫「屍解」⑧。仙人有時會描繪成有大得不成比例的頭蓋骨，象徵其中有充沛的陽氣。

術士有許多長生之術。基本原則在於「養性」。因為大宇宙和人體之

(38)

---

⑦ A. C. Graham, *The Book of Lieh-tzu*, pp. 10 sq., 16 sq.; Herrlee G. Creel, *What is Taoism?*, pp. 1-24.

⑧ 最重要的是 Maspéro、Granet、Kaltenmark、Schipper。有關這兩種立場的討論，見 Girardot, Part of the Way, pp. 320-324。

⑧ 關於翅膀、柔毛、用法術飛行以及道教，見 Kaltenmark, *Le Lie-sien Tchouan*, pp. 12 sq.。眾所周知的是：羽毛是「薩滿教的飛行」最常用的象徵，見 Eliade, *Le chamanisme*（用法術飛行）。

⑧ 我們這裡有這種仙境典型的意像：它不在時間的控制之下，而且只有方家能夠得其門而入。司馬遷說，西紀前四五世紀的許多君王都曾派出探險隊來找尋這些超自然的小島。

⑧ Maspéro, pp. 84-85。

譯⑪：根據法文本和英譯本文意：這段是說，仙（或不死者）的定義或範疇有三：一、能白晝升天的人，二、住在仙境的人並能自由出入的人，三、生前不進入仙境但死後可才進入的人。這應是來自葛洪的〈論仙〉：「上士舉形昇虛，謂之天仙。中起遊於名山，謂之地仙。下士先死後蛻，謂之屍解仙。」

間具有完美的對應關係，所以精氣會從身體的九個孔竅譯⑫出入，而必須
要謹慎照顧九竅。道教徒將身體區分為三個部分，稱為丹田⑭。上丹田是
在腦部（泥丸、百會穴），中丹田接近心臟（絳宮、膻中穴），下丹田是
在肚臍之下（氣穴、臍下三寸）。飲食習慣有特定的目的：用含有適合各
臟腑的「元氣」的食物和藥草來滋養臟腑。我們要記得，身體內部並不只
是神靈的寓所，也會有邪惡的東西：「三蟲」住三丹田裡，吞食術士的精
氣。要驅除他們，術士必須放棄日常的食物（穀物、肉類和酒等）。而服
食藥草和礦物可以殺死這三個魔蟲⑮。

　　為了使自己從三個魔蟲解脫，仙人開始飲露吸風（宇宙的「氣
息」）；他吸入的不只是空氣，而且也是日月星辰的菁華。根據西元三世
紀文獻記錄的祕術，太陽的光華必須在正午吸收（正當太陽在頭頂），而
月的光華（太陰）則要在子夜採集。但最重要的是要閉息；透過內觀和凝
神，仙人可以觀息並導入丹田。如此閉息到特定的時間（例如說 1000 次呼
吸），他就得到不死之身⑯。

　　有個特別的程序稱為「胎息」。譯⑬這是內在而封閉循環的「呼吸」
（內氣），類似胎兒在母親子宮裡的呼吸⑰。「久久行之，口鼻俱無喘息，　(39)
如嬰兒在胎以臍通氣，故謂之胎息。」⑱「胎息」並不等同於瑜伽的調息

----

⑭　丹砂（硫化汞）是鍊金士準備「長生不老藥」的基本元素。

⑮　Maspéro, pp. 98 sq..

⑯　Maspéro, *Les procédés de 'nourrir le principe vital' dans la religion taoïste ancienne*, pp.
　　203 sq.; Maspéro, *Le Taoïsme*, pp. 107 sq..

⑰　Maspéro, *Les procédés de 'nourrir le principe vital' dans la religion taoïste ancienne*, pp.
　　198 sq.; Eliade, *Le Yoga*, pp. 53 sq.。我們也許可以補充：「忘我」中這種「深而
　　靜」的呼吸類似動物冬眠期間的呼吸，對中國人而言，動物生命的滿盈和渾然天
　　成證明了宇宙圓滿和諧的存在。

⑱　《胎息口訣》〈序〉，見 Maspéro, Les procédés de 'nourrir le principe vital' dans la
　　religion taoïste ancienne, p. 198。

譯⑫：「九竅」指的是雙眼、雙耳、兩鼻孔、嘴巴、生殖器和肛門等九處。

譯⑬：《抱朴子》〈釋滯〉：「得胎息者，能不以鼻口噓吸，如在胞胎之中，則道成
　　　矣。」

（prāṇāyāma）（見第 143 節），那是靜坐的基本練習。然而胎息的練習是要獲某種經驗。《太平經》（西元三世紀）說，可以透過內觀而鑒視臟腑裡的神靈。而且這些神靈和大宇宙的神是相同的。透過冥想，術士可以和大宇宙的神溝通，令他們來訪，而加強他自己的身體。[89]

另一個長生不死的方法則和房中術有關，那同時也是某種儀式和冥想方式。房中術，如中國人所說的，可追溯到非常古老的時代。房中術的目的是在增強生命力、長壽和生男。但是道教仙人容成（西元一世紀）的「陰道」，在於還精補腦，而這也是典型的道教理想「攖寧」，避免生命元氣外泄。術士必須交而時不泄精，使積蓄的精液上補腦神。正常的情況下，雙方都會獲益。西元五世紀的文獻說：「靜觀守中，……神化通靈。」透過靜觀凝神，男女會失去內外意識。然後，男子意守腰部，女子則凝神心臟。「此不死之術也。」[90]

(40)　　仙人容成公關於「補導」的方法是完美的。他「取精於玄牝，其要谷神不死，守生養氣者也。髮白復黑，齒落復生。」他的方法和老子相同。據說他還曾經是「老子的老師」。[91]有些術士使用「採補」的方法，但是人們斥爲旁門左道。採補是吸取交媾女子的精元：「這種來自生命泉源的精元，可以長生不老。」[92]

道教房中術的主要目的，就是在下丹田煉精化氣，並且在下丹田形成聖胎。聖胎以純陽之氣滋養，發展爲「純身」，在術士看似死亡的時候，元神會從屍體中脫離而回到仙列。爲了「補腦」，術士要吸收大量的陰氣；這就是他爲什麼要常更換伴侶。這種習俗發展爲男女合氣之術，經常

----

[89]　關於道教諸神居住在人類體內的情況，見 Maspéro, *Le Taoïsme*, pp. 116 sq., 137 sq.; M. Strickmann, *The Longest Taoist Scripture*, p. 341。

[90]　Maspéro, *Les procédés de 'nourrir le principe vital' dans la religion taoïste ancienne*, pp. 386-87; ibid., p. 388.

[91]　Kaltenmark, *Le Lie-sien tchouan*, pp. 55-56。譯者案：原文是：容成公者，自稱黃帝師，見於周穆王。能善補導之事。取精於玄牝，其要，谷神不死，守生養氣者也。髮白更黑，齒落更生，事與老子同。亦云老子師也。

[92]　Kaltenmark, ibid., p. 57.

遭到批評,特別是佛教徒的抨擊。但這種「狂歡典禮」有嚴格的儀式,甚
至可以溯自上古史時代的農業祭典(見第 130 節)。

在道教的房中術中,可以看到印度方面的影響,特別是坦特羅教,他
們曾經發展出自然抑制氣息和射精的瑜伽方法[93]。而道教房中術的語彙同
時指涉心靈的修煉和神祕經驗。

134. 道教和煉丹術

煉丹術重新詮釋了冶金匠的某些儀式和神話。古代認爲礦物從大地的 (41)
子宮裡誕生、金屬會化爲黃金、黃金具有神祕價值、鐵匠和入會禮的兄弟
會或職業祕密有關,這些古老的概念都在煉丹術者的教義裡重新出現。

關於中國煉丹術的起源,學者們並沒有一致的意見;提到煉丹術起源
的文獻年代仍有爭論。中國和其他地方一樣,煉丹術有兩種信仰:一、相
信金屬會化爲黃金;二、相信這種服食丹藥可以成仙,具有解脫論的價
值。在西元前四世紀的中國文獻裡,就明確提到這兩種信仰。學者普遍同
意鄒衍(和孟子同時代)是煉丹術的「創立者」[94]。在西元前二世紀,劉
安和其他作者譯[14]都提到金丹和長生不死的關係[95]。

中國的煉丹術是獨立的學說,其組成爲:一、傳統的宇宙論信仰;
二、關於不死藥和神仙的神話;三、方術(長生不死以及形神的至樂自
然)。這三個元素,原理、神話和方術,部分是原史時代的文化遺產。但
是我們不要誤以爲最早的文獻記錄的年代就是他們的起源年代。煉金、獲
得不死藥和成仙之間的關係很模糊。欒大對漢武帝說,「黃金可成,而河

---

[93]　*Le Yoga*, pp. 253 sq..

[94]　H. Dubs, *The Beginnings of Alchemy*, p. 77; Joseph Needham(李約瑟),*Science and Civilization in China*, vol. V: 2, p. 12.

[95]　Needham, ibid., p. 13.

譯[14]:《抱朴子》〈仙藥〉:「爲神丹既成,不但長生,又可以作黃金。」

(42) 決可塞，不死之藥可得，仙人可致也。」⑯並且向他保證他可以實現這三個奇蹟，結果證實他只是吹牛而已⑰。術士李少君對漢武帝說：「祠灶皆可致物，致物而丹沙可化爲黃金，黃金成以爲飲食器則益壽，益壽而海中蓬萊僊者乃可見之，以封禪則不死，黃帝是也。臣嘗游海上，見安期生，安期生食臣棗，大如瓜。安期生僊者，通蓬萊中，合則見人，不合則隱。」⑱

煉金也蘊含著靈性的追求。黃金有王者性格：黃金出現於「正土」，和「缺」（雄黃或硫）、黃澒（水銀）以及黃泉有神祕的關係。譯⑮這是《淮南子》（西元 122 年）的敘述，我們在書裡也看到加速金屬的化學反應的記載⑲。所以術士只是加速金屬的成長。就像西方的煉金學家，中國的術士以加速時間的律動而參與自然的造化。黃金和玉屬於陽性，能防止身體腐化。同理，黃金容器可以使生命無限延長⑩。《列仙傳》說，魏伯陽調製「不死丹」，他和弟子以及身邊的狗吞下不死丹，就留下肉身而成仙去了。⑪譯⑯

....

⑯ 《史記‧封禪書》，另見《漢書‧郊祀志》。

⑰ 《史記‧封禪書》，另見《漢書‧郊祀志》。

⑱ 秦始皇（西元前 219 年）以及漢武帝（西元前 110 年）都熱中於尋求住在遙遠島上的仙人。

⑲ Dubs, pp. 71-72。這個文獻可能是鄒衍門人所作（ibid., p. 74）。相信金屬自然的形態變化，在中國是相當古老的。見 Needham, vol. V: 2, pp. 93 sq.。

⑩ M. Eliade, *Forgerons et Alchimistes*, pp. 96 sq.。譯案：此即漢代以來丹士流行的說法：「服金者壽如金，服玉者壽如玉。」

⑪ Lionel Giles, *A Gallery of Chinese Immortals*, pp. 67 sq.。服用丹藥可以達到「肉身不死」；見 Needham, vol 5: 2, pp. sq.。

譯⑮：《淮南子》〈墜形訓〉：「正土之氣也御乎埃天，埃天五百歲生缺，缺五百歲生黃埃，黃埃五百歲生黃澒，黃澒五百歲生黃金，黃金千歲生黃龍，黃龍入藏生黃泉，黃泉之埃上爲黃雲，陰陽相薄爲雷，激揚爲電，上者就下，流水就通，而合於黃海。」

譯⑯：關於魏伯陽的這個故事，在劉向的《列仙傳》並未記載，這個故事實際上是記載在葛洪的《神仙傳》（卷一）裡。

　　大宇宙和小宇宙的同質化，把宇宙論的五行（水、火、木、金、土）
和人體的五臟相連：心屬火、肝屬木、肺屬金、腎屬水、脾屬土。人體的 (43)
小宇宙也用煉丹術的術語來詮釋：「心火紅色如硃砂，腎水黑如鉛。」[102]
因此，人體裡就具有宇宙的元素和使身體週期性重生的生命力。所以丹術
只是強化生命本質而已。因此，丹藥的重要性不在於其顏色（血的顏色象
徵生命的原則），而是在於以火提煉煉丹砂而產生汞。因此，煉丹術隱然蘊
含著透過死亡而重生的奧祕（因為燃燒象徵死亡）。從而，丹砂能使人體
不斷新生，也就是能夠不死。偉大的術士葛洪（283-343）說：「十小神丹
方，用真丹三斤，白蜜六斤攪合，日暴煎之，令可丸，旦服如麻子許十
丸，未一年，髮白者黑，齒落者生，身體潤澤，長服之，老翁成少年，長
生不死矣。」[103]

　　但丹砂也可以從人體內創造出來（即內丹）。首先是在丹田內保精
氣。百會穴所在的腦部也稱為崑崙。譯[17]但是崑崙是在傳說中在西海的
山，是諸仙的寓所。透過凝神靜觀進入「混沌」的狀態，類似世界源初、
至樂、無意識的、未創的狀態。[104]

　　我們注意到這兩個元素：一、把腦部也稱為崑崙；二、透過煉精化
氣、煉氣化神、煉神還虛而臻至的「混沌」狀態。崑崙山有兩層：下層是 (44)
倒立的圓錐形，其上正立的圓錐形，[105]也就是形如葫蘆，正如術士的丹爐
和腦部的祕密區域。至於丹術達到的「混沌」狀態，則類似西方煉金術的

---

[102]　M. Eliade, *Forgerons et Alchimistes*, p. 99.

[103]　James R. Ware, *The Nei P'ien of Ko Hung*, pp. 74 sq.。硃砂作為長生的丹藥於西元前
　　　一世紀就在道教仙人的傳奇傳記全集《列仙傳》中提到。在服用硃砂多年之後，
　　　一位大師「再度變回少年」，另一位大師「則能飛行而遊」等等；見 Kaltenmark,
　　　Lien-sien tchouan, p. 271, pp. 146-47 sq.。

[104]　Roef Stein, "Jardins en miniature d'Extreme-Orient," p. 54; Granet, *Le pensée chinoise*,
　　　pp. 357 sq..

[105]　Hentze, *Tod, Auferstehung, Weltordnung*, pp. 33 sq, 160 sq..

譯[17]：道家稱腦部為崑崙，《雲笈七籤》十二〈太上黃庭外景經〉：「子欲不死崑
　　　崙。」

「初質」（materia prima）或「混沌物質」（massa confusa）。⑩初質並不只是實體的源初結構，而且是術士的內在經驗。把物質還原爲泯除差異的源初狀態，就是回到胚胎的狀態。而我們知道，回到子宮（regressus ad uterum）而得到回春和長生這個主題是道教的基本目的。最常使用的方法是「胎息」，但是術士也會透過煉丹術的元素化合而達到聖胎的狀態。⑩

(45)　　　長期以來，外丹被認爲是顯教，而類似瑜伽的內丹則是祕教。內丹之所以成爲祕教，是因爲不死藥是以複雜的生理學方法在人體裡煉成的，而不用藉助礦物和植物。純質的金屬（或他們的靈魂）被等同於各個身體部分，而煉丹的過程並不是在丹房進行，而是在修行者的身體和意識裡。整個身體就成爲坩鍋，在其中，純汞、純鉛、陽精和「氣」循環並融合。

陰陽調和回到「聖胎」狀態（「方藥」、「黃花」），仙人最終會從頭部出竅而升天。內丹是類似「胎息」的技術，不同的是，整個內丹的過程是用祕教煉丹術的術語來描述的。行氣被同化爲性愛和煉丹，而女人則被類化爲坩鍋。⑩

在這最後兩節裡，我所提出來的觀念和修行方法都是源自秦漢（25 B.C.-220 A.D.）的文獻，當然這並不是說更早以前不知道這些觀念和方法。我們認爲這些主題的討論很有助益，因爲長生之術和煉丹術是古代道教的重要部分。但是必須補充的是：在漢朝時，老子已經被神化；而且道教作爲獨立的宗教組織，已經擔負救世的使命，並且鼓吹革命運動。稍後我們會探討這個意外的發展（卷三第三十五章）。現在我們只要提醒：在西元165 年的文獻裡，老子被認爲是由混沌所生，並且被同化爲盤古（第 129

---

⑩　M. Eliade, *Forgerons et Alchimistes*, pp. 130 sq..

⑩　M. Eliade, *Forgerons et Alchimistes*, p. 102。這種「回到子宮」只是古代普遍的概念的發展而已，在古代文化有文獻記載：透過象徵性地回到世界起源來治療，也就是説，透過重現宇宙創造的狀態來治療。（*Aspects du mythe*, pp. 37 sq.）道敎徒和煉金術者採取並改良這種傳統的方法；也就是説，不限於治療疾病，而是應用在防止年老和死亡。

⑩　R. H. van Gulik, *Erotic Colour Prints*, pp. 155 sq..

節）。⑩

　　至於「道教」則是在西元二世紀時由張道陵所創。在得到不死藥之後，張氏升天並接受天師的封號。在四川省建立教區譯⑱，是凡聖聚集之地。這個教派的成功多歸因於其張道陵以符水治病的才能。我們卷三會看到，那其實是因為心理影響的奇蹟，設立義舍，分食義米，而分受道的德行。每月的祭典，也就是元氣的交流，也是相同的目的。太平道的宗教運動，也是相信透過道能夠獲得重生。在西元一世紀出現的《太平經》，提出統治者的末世論。張角提出「蒼天已死，黃天當立，歲在甲子，天下大　(46)吉」，鼓吹推翻漢朝王室。他最被處死了，但是他的救世主信仰卻活在信徒心中。西元 184 年，發動黃巾起義（因為「黃天當立」，所以教徒頭裹黃巾），幾乎顛覆漢朝，雖然最後被鎮壓，但救世的狂熱延續到整個中世紀。「黃巾賊」最後一個領導者在西元 1112 年被處決。

---

⑩　「老子轉化他的身體。他的左眼變成月亮；他的頭變成崑崙山，鬍鬚變成行星和黃道十二宮；他的肉變成四足動物；腸變成蛇；他的胃變成了海。」（Maspéro, Le taoïsme, p. 108）

譯⑱：稱為二十四治。

第十七章

婆羅門教和印度教:第一哲學和解脫道

135.「一切皆苦……」

(47)　　印度的雅利安殖民，造成婆羅門教和幾個世紀後的印度教的陸續開展。西元前六世紀，婆羅門教徒可能已經到達錫蘭。西元前二世紀到西元六世紀之間，印度教傳到中南半島、蘇門答臘、爪哇和峇里島。的確，在進入東南亞的過程中，印度教被迫整合當地的元素①。但共生、同化和宗教融合，在中印度和南印度的宗教信仰改宗裡也扮演著類似的角色。婆羅門教徒到遙遠地方的朝聖之路和旅程，促使印度的文化和宗教統合。在西元初年，印度教的「傳教士」就已經把《吠陀》和《梵書》的社會結構、儀式系統和世界觀植入當地雅利安和非雅利安民族，但是他們也吸收了民間的、邊陲和原住民的元素，證明他們的宗教寬容和機會主義②。透過許多面向（神話、儀式和神學）的同質化，非婆羅門的宗教體系被化約為公
(48) 分母，最後被婆羅門正統教派給吸收。印度教對於原住民和「民間」的神明的同化作用，這個現象至今仍然存在。③

　　從婆羅門教到印度教的轉變很難察覺到。我們曾指出，在吠陀的社會裡已經有某些印度教的元素（第 64 節）。但是由於詩集和梵書作者對此不感興趣，所以這些「民間的」元素在文獻裡並沒有記載。另一方面，在吠陀裡已經可以看到某些偉大的神的退位而被其他形像取代的過程（見第 66 節），這個過程延續到中世紀。因陀羅在史詩裡仍然保有威名，但是他已經不再是過去的最高神：「法」（dharma）比他更殊勝，而在晚期的文獻裡還把他稱呼為懦夫。④相反地，毘濕奴和濕婆卻獲得崇高的地位，而女性諸神則有顯著的發展。

----

① 　Gonda, *Les religions de l'Inde*, I, pp. 268 sq.（以及參考書目）。
② 　Gonda, ibid., p. 263.
③ 　Eliade, *Le Yoga*, pp. 377 sq..
④ 　Gonda, pp.271, 275。耶摩（Yama），冥府的主宰，逐漸受到重視；他也被同化為卡拉（Kāla，時間）（Gonda, p. 273）。

　　印度的雅利安化和印度教化是在深層的危機裡完成的；《奧義書》的苦行者和冥修者以及佛陀的教法，都是這個危機的見證。其實，就宗教的高層社會而言，《奧義書》之後，他們的視域已經澈底改變。佛陀主張：「一切皆苦，一切無常。」這是《奧義書》之後的基本宗教思想。教義、思想、禪定和解脫道，都在證明這個普遍的苦難，因爲除非他們能使人離苦得樂，否則就沒有任何價值。人類經驗（不論其本質是什麼）總是會造成痛苦。如後期的作家所說的：「身體是痛苦，因爲身體是痛苦發生的場所；感官、對象、知覺都是苦，因爲他們會造成苦；快感是苦，因爲苦會接踵而至。」⑤而自在黑（Īśvarakṛṣṇa）（最早的數論派論師）主張：這個哲學的基礎就在於人們希望脫離三種苦的折磨：天界的苦（由諸神所引起）、凡間的苦（由自然界所引起）以及內心或與生俱來的苦。⑥ (49)

　　然而對於普遍的苦之發現，並未造成悲觀主義。沒有任何印度哲學或宗教教義是以絕望爲其結論的。相反的，「苦是存在的條件」這個啓示可以視爲解脫的必要條件，所以說，這普遍的苦本質上有正面和激勵的價值。普遍的苦時刻提醒賢人和苦行者，他們得到自由和至樂的唯一法門，就是厭離世界、捨棄財產和貪欲、完全與世隔絕。再者，並不是只有人是痛苦的，苦是宇宙的必然情境。「在時間裡的持續存在」就個苦。但是人不像天神或動物，他能夠超脫這個情境。所有印度哲學和宗教都主張有解脫之道，他們既不會絕望，也不會主張悲觀主義。的確，苦是普遍的；但是對於知道如何解脫的人而言，苦不是最終的結局。

136. 究竟覺的方法

　　苦的解脫是所有印度哲學和禪修的目標。如果不追求人的解脫，那麼

⑤　Aninuddha（15 世紀）對於《數論經》（Sāmkhya Sutra 2.1）的注解；Eliade, *Le Yoga*, p. 23。

⑥　《數論頌》（*Sāṃkhya kārikā*, 1）。巴丹闍梨（Patañjali）說：「對於智者而言，一切皆苦。」（《瑜伽經》2.15）；Le Yoga, p. 23。

51

知識就沒有任何價值。「除彼（即在自我之中的永恆者）之外，沒有東西值得去認識。」（《休外陀休瓦多羅奧義書》（Śvetāśvatara Upanisad 1.12）⑦「解脫」是超越人類的限制。印度文學以纏縛、羈絆、監禁、遺忘、昏沉、睡眠、無明等意象來象徵人類的限制；而人類限制的泯除（超越）自由、解脫（mokṣa, mukti, nirvāṇa），則以解脫束縛、除去障翳、覺醒、回憶等意象來表現。在《旃多格耶奧義書》（Chāndogya Upanisad, 6.14.1-2）裡提到被遮著眼睛的人，被迫離開家鄉，被丟棄到某個荒野。這個人哭喊：「我被遮著眼睛帶到這裡；我被遮著眼睛，被拋棄在這裡！」然後某人除下他的眼罩，告訴他家鄉的方向。他沿途不斷地問路，最後終於回家。經文還說，精神導師可以除去他的眼罩，使他得到滿全。

(50)　　　十五個世紀之後，商羯羅（Śaṅkara, ? 788-820）對於《旃多格耶奧義書》的這段文字有精闢的注釋。這位著名的吠檀多派形上學家以他自己的系統（絕對一元論）來解釋這個寓言，但是他的詮解其實只是推敲和開顯原有的意義而已。商羯羅說，這個故事無異於以下的例子：有人被諸盜賊擄走，遠離存有（遠離梵我），而被這個身體的陷阱抓住。諸盜賊就是妄念（福、禍等觀念）。他的眼睛被幻象遮翳，並且受縛於他的欲望（對妻子、兒子、朋友、人群）。「我是某某人的兒子、我快不快樂、我聰明或愚笨、我是否虔誠等等。我應該怎麼活？或是，哪裡有解脫的方法？何處是我的解脫？」纏縛在羅網裡的他，直到遇見真正認識真實存有（即梵我）的人（這個人從奴役裡解脫、快樂、而且同情他人），他才醒過來。從那人那裡，他學會了知識之道以及世界的虛幻。因此這個人（他曾是自己的幻象的囚徒）掙脫對俗世的依賴。由於他認識了真實存有，他了解到：他不是像自己過去所相信的迷途者。相反的，他知道什麼是存有：存有就是他的真我。如此，他就除去幻象（由無明創造出來的）的遮翳，而且他就像寓言裡的那個人，回到了他那充滿歡樂和平安的家鄉（也就是說

---

⑦　*Le Yoga*, pp. 24 sq.（所引其他文獻）。

找到他的梵我）。⑧

《美特羅耶尼耶奧義書》（Maitri Upanisad, 4.2）把沉淪在人類的限制
裡的人們比喻為「被善惡業果的鎖鏈綑住」的人、被關在囚牢裡或「被酒
（虛妄之酒）所迷醉」的人、陷入黑暗（貪欲的黑暗）的人、或是幻術和
夢境的犧牲者；因為這樣，他忘記那「最高的境界」。人類限制的苦是無　(51)
明的結果。如商羯羅的注解所說，人類始終承受著這無明的苦果，直到他
發現到，世界的困境也只是幻相。同樣的，對數論和瑜伽派而言，真正的
自我和世界沒有任何牽扯。（見第 139 節）

在《奧義書》之後，印度宗教思想把解脫等同於「醒覺」到那在太初
便已經存在、卻被人們遺忘的境況。無明（其實是對自己的無知）可以比
喻為對真實自我的「遺忘」。超越的知識（jñāna, vidyā）消除無明或撕破
幻力（māyā）的面紗，使解脫成為可能；真實的知識就是覺。而佛陀則是
至高無上的覺者。

137. 觀念的歷史和文獻的年代

除了早期《奧義書》之外，所有其他的印度宗教和哲學文獻都是在佛
陀的教法之後才編成的。有時我們可以看到某些佛教的觀念的影響。在西
元後的幾個世紀裡，論著多半是在批評佛教（當然還有其他內容）。然而
我們不能誇大文獻年代的重要性。各派印度哲學的論著⑨裡都會有成書年
代以前的概念，而且通常非常古老。當哲學文獻裡出現新的詮釋時，並不
意味在以前沒有人想過這個詮釋。我們有時候可以大約判定文獻的著作年
代（而且還只是西元後的作品），但是要確定哲學觀念的年代，則幾乎是　(52)

---

⑧　Eliade, *Aspects du mythe*, pp. 145 sq.，有關「在印度裡的解脫禁錮和纏縛的象徵」
　　和「諾斯替教派的神話」的類比，見第 229 節。

⑨　必須注意的是，梵文裡並沒有嚴格對應於歐洲語言裡的「哲學」的字。某個哲學
　　體系稱為「見」（darśana），意為「某種觀點、視野、理解、教義、考察的方
　　式。」（源於字根「dṛś」，意為「看、凝視、理解」）。

不可能的⑩。總之，「有些婆羅門教的宗教和哲學著作在佛陀之後的幾個世紀才出現」，這並不是說他們反映的是在佛教之後形成的觀念。

　　釋迦牟尼佛在修行的期間，遇見各種哲學「學派」的代表人物，我們可以從這些學派看出吠檀多譯①（即奧義書的教義）、數論和瑜伽的雛式（第148節）。對我們而言，追溯那區分這些最初的輪廓（在《奧義書》、佛教和耆那教裡的文獻）和古典時期的宗教融合表現的各個階段，並沒有多大的意義。我們只要指出其中重要的轉變和修正就夠了。但是我們不能忘記，在《奧義書》的時代之後，所有的方法和解脫學都有個共同的架構。他們都同意「無明、業和輪迴」的次第；「存在即苦」；把無明解釋為睡眠、夢、迷醉、囚禁的概念、符號和意象。《百段梵書》（Satapatha Brahmana）說：「人生在他自己所建造的世界裡。」（6.2.2.27）我們可以這樣說，具有婆羅門教特色的三種「見」（吠檀多、數論和瑜伽）和佛教，都只是努力來解釋這個定理並闡述其推論。

138. 系統化之前的吠檀多

　　「吠檀多」（vedanta）這個詞（意為「吠陀的最後」）指的就是《奧義書》，因為《奧義書》就是在《吠陀》文獻的最後。⑪起初吠檀多指的是《奧義書》的教義總體。而且直到後來（約西元一世紀），這個詞才成為（相對於其他種種「見」）某種哲學「系統」的稱呼，特別是指古典數論和瑜伽。在分析《奧義書》的教義時，我們已經揭示系統化之前的吠檀多哲學的各種觀念。就狹義的吠檀多「哲學系統」而言，其最早的歷史是
(53) 不可知的。留存的最早著作《梵經》（Brahma Sutra）被認為是跋多羅衍

⑩　*Le Yoga*, pp. 20 sq.。
⑪　「吠檀多」這個詞在《門達克奧義書》（Mundaka Up. 3.2.6）和《休外陀休瓦多羅奧義書》（6.22）就已經出現了。
譯①：vedanta，可拆解為 veda-anta 意為「吠陀之後」，意為解釋《吠陀》敎義之精華。

那（Bādarāyaṇa）的作品，大約是在西元一世紀時寫成。譯②當然這本書
並不是最早的著作，因爲跋多羅衍那曾經引用在他之前的許多作者的名字
和觀念。例如：在討論自我和梵的關係時，跋多羅衍那提到三個不同的理
論，以及這些理論的代表人物。第一個理論認爲自我和梵是同一的；第二
個理論認爲在解脱之前，自我和梵是完全不同且分離的；第三個吠檀多大
師則說，自我具有神性的本質，但是並不等同於梵（《梵經》1.3.21）。

　　在討論這些理論時，跋多羅衍那可能是要主張梵是萬物的質料因和動
力因，也是個別自我的存有基礎；然而這個學說也承認，解脱了的自我仍
會作爲自主的意識存有者而在世界裡存在。很遺憾的，我們很難捨棄注釋
而直接理解《梵經》的 555 頌。這些難解的經典只是記誦之用，其意義必
須透過論師去闡明。然而最早的注釋已被遺忘而消失，在商羯羅於西元 800
午左右的精闢詮釋之後。我們只知道某些作者的名字以及引述。⑫

　　然而，在《休外陀休瓦多羅奥義書》、《美特羅耶尼耶奥義書》、

----

⑫　見 H. von Glasenapp, *Die Philosophie der Inder*, pp. 132 sq.。

譯②：梵經是「印度六派哲學吠檀多學派根本聖典。又稱吠檀多經（梵 Vedānta-
　　　sūtra）、根本思惟經。本書約成於西元前一世紀跋多羅衍那之手，而定型於
　　　400-450 年間，共計 4 篇 16 章 555 頌，每一頌文字極其簡單，若不經解説傳授
　　　則往往難解其義，故後代學者廣加注解，各解其是，由是又造成眾説紛紜、莫
　　　衷一是之情形，而形成吠檀多派系林立之局勢，此爲研究本經之一大特點。本
　　　經內容承襲吠陀之冥思方式，綜合古奥義書中各家有關形上學之根本思想，加
　　　以批判、整理，指出絕對之梵爲世界之生成、存續、幻滅等之質料因及動力
　　　因，世界之創造係由於梵之幻化表現，即梵生虛空，虛空生風，風生火，火生
　　　水，水生地而形成世界，至於世界之幻滅則逆向而行；惟上智者得以真我與梵
　　　合一，而脱離「個人我」之輪迴。全經之中，有一明顯特色，即爲表明或維護
　　　自己之思想而屢對同時代其他學派之敎理加以批駁攻擊，其表現最強烈者，爲
　　　對數論學派之駁斥，此外對瑜伽派、勝論派、佛敎、耆那敎、獸主派、順世派
　　　等，亦多所攻擊。其論議佛敎之部分，大多置於第二篇第二章。本經與奥義
　　　書、薄伽梵歌等，同爲印度文化史上之重要經典。本經之注釋書極多，較重要
　　　者有商羯羅之梵經注，闡論梵我絕對一體之「不二一元論」；羅摩拏闍之梵經
　　　注，闡論梵我猶如部分與全體之關係之「制限一元論」；沙達難多之吠檀多精
　　　要等。」（《佛光大辭典》〈梵經〉條）

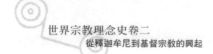
(54) 　《薄伽梵歌》和〈解脫法〉（Mokṣadharma）（《摩訶婆羅多》12），我們發現許多在商羯羅之前的吠檀多思想梗概。「幻力」（māyā）的學說逐漸顯得重要。尤其是梵、創造和幻力之間的關係，有許多的反省。「宇宙的創造是梵的幻力顯現」，這個古老的概念被個別存在的經驗取代（特別是無明的經驗），而成為「幻相」。「幻相」被同化為「無明」並且被比喻為夢。外在世界的各種「實在」如同夢幻。而把宇宙萬有統一在神裡（也就是「一即一切」）的趨勢（《梨俱吠陀》10.129）有更創新的信仰形式。如果存有是永恆的「一和一切」，那麼不只是宇宙（亦即森羅萬象）是虛幻的，連各種精神存有也是虛幻的。商羯羅的前兩代，吠檀多派論師高達怕達（Gaudapada）則說，因為「幻相」的作祟，使人相信個別的自我是多元的（《滿都佉耶頌》2.12.19）。其實只有唯一的存在（梵），而行者透過瑜伽靜坐體證自我時，他就在永恆當下的光明和妙樂裡證道。

　　我們看到（第81節）「梵我合一」是《奧義書》最重要的發現。但是在佛教學者的批評之下，吠檀多派論師不得不為他們的存有學（同時也是神學、宇宙論和解脫學）提出有系統而嚴格的理論基礎。商羯羅重新思考《奧義書》的遺產並因時制宜，其貢獻仍然是無比倫比的。然而，儘管商羯羅的輝煌成就以及在印度文化史裡的影響力，但是這還不是吠檀多的奧義和哲學的全部義蘊。在他之後的幾個世紀，許多論師提出前後輝映的體系。此外，吠檀多派和其他「見」不同之處在於：他們的創造力並不止於「經論」時代和注釋家那裡。我們可以說，數論和瑜伽的「哲學系統」在4-5世紀之間開展，而吠檀多派卻是從商羯羅之後才真正開花結果。⑬

139. 數論和瑜伽的精神

　　遠在數論「哲學」的系統成形以前，在《卡陀克奧義書》（Katha Up-

---

⑬　這就是我們為什麼要把關於古典吠檀多派的各種系統的說明延至卷三。

anisad）裡就描述過其特有的語彙⑭，換言之，在西元前四世紀就有記載。　(55)
在《休外陀休瓦多羅奧義書》（可能比較晚出）有不少地方提到了數論和
瑜伽的原理，也使用了這兩種「見」（哲學系統）的術語。然而直到第一
個系統性的論述（作者是西元五世紀的自在黑）出現之前，對於數論學說
的所知仍然很少。但是無論如何，這應該是屬於印度哲學史的問題。我們
只要說明，系統化之前的數論（例如從《解脫法》的段落重構的理論）和
瑜伽顯著的修行方法都宣稱是最殊勝的解脫道。總之，數論堅持知識在解
脫道裡的決定性角色，在這點上，他們延續《奧義書》的精神。早期數論
大師們的原創性在於，他們相信真正的「知識」預設了對於自然、生命和
意識活動的體用分析，也就是持續地把握神我（puruṣa）的獨特模式。

　　即使在古典時期（在自在黑的《數論頌》和巴丹闍梨的《瑜伽經》完
成的時代），這兩種「見」的理論概要也非常相近。但是其中有兩個明顯
的基本差異：一、古典數論是無神論的，而瑜伽卻是有神論的，因為瑜伽
預設了上帝（自在天〔Īśvara〕的存在；二、根據數論的說法，獲得解脫的
唯一方式是形上學的知識，而瑜伽卻認為靜坐冥想的技巧才是最重要的。
其他的差異則是無關宏旨。因此，我們將透過巴丹闍梨的《瑜伽經》譯③
理論去概述數論的學說。⑮

　　對數論和瑜伽而言，世界是實有的（而不是如吠檀多派認為的虛幻不
實）。然而世界的持存是由於神我的「無明」所致。宇宙的無窮形式，他

---

⑭　見《卡陀克奧義書》（2.18-19, 22-23, 3.3-4, 10-11, 7.7-9）。

⑮　見 Eliade, *Le Yoga*, pp. 21 sq.; Gerald J. Larson, *Classical Samkhya*, pp. 166 sq.。

譯③：《瑜伽經》「為印度六派哲學中瑜伽學派之根本經典。相傳此經係巴丹闍梨於
　　　西元前 150 年間所編，然現存之經典則成書於西元 400-450 年頃，屬婆羅奈斯
　　　梵語叢書第七十五號（Benares Sanskrit Series, No.75），共計 4 章 194 經。內容
　　　包括：一、三昧，由修習與離欲以控制量、顛倒、分別、睡眠、記憶等五心之
　　　作用，而達三昧之境地。二、八種實修法，即制戒、內制、坐法、調息、制
　　　感、執持、靜慮、三昧之境。三、經由實際修行，可獲得種種超人之知識、能
　　　力，如了知過去現在未來三世、他心知、隱遁身形等。四、由修行而脫離自
　　　性，得以獨存，乃至完成解脫。」（《佛光大辭典》〈瑜伽經〉條）

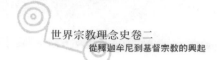

(56)　們的顯現和發展的過程，只有在神我的無明狀態裡才存在；而且因為這「無明」，神我才會受苦而且被奴役。就在神我得到解脫的時候，所有受造者都會消融在原初的實體（prakṛti）（自性）裡。

　　正如《奧義書》的「自我」（atman），神我是言語道斷的。其「屬性」都是否定性的描述。神我「是那觀者（sākṣin）；他是孤立的、冷漠的、不活動的觀察者。」（《數論頌》19）「自主」和「不動心」是神我的傳統形容詞，經常在文獻中重複出現。神我是不可化約、沒有任何性質、是無分別識的，因為它沒有欲望。欲望不是永恆的，因此不屬於神我。神我是永恆自由的，所以「意識的狀態」、心理作用的遷流，都和神我無涉。⑯

　　「神我」的概念同時引起某些困難。因為，如果「神我」是永恆純淨、不動心的、自主的、不可化約的，那麼他如何會涉入心理經驗呢？而且這種關係又如何可能呢？對於數論和瑜伽的解答，我們最好在更了解神我和自然之間的可能關係以後再回頭來探討。現在我們要說的是：數論和瑜伽爭論的對象，既不是這個弔詭狀態（神我和自性的關係）的起源，也不是其原因。神我和經驗的結合的原因和起源，是數論和瑜伽論師們認為無法解決的問題，因為這超越人類的理解能力。也就是說，人類只有透過「覺」（buddhi）才能認識。但「覺」本身還是自性的產物，的確，是極其微細的產物。作為自性的產物（也就是現象），「覺」也會落入知識的交互關係裡；無論如何，「覺」不可能認識到神我，因為「覺」和先驗實相完全無涉。這種神我和生命（物質）的弔詭結合的原因和起源，只能透過完全和物質無涉的知識工具去理解。而以目前人類的限制來說，這樣的知識是不可能的。

(57)　　數論和瑜伽知道苦的根源是「無明」，換言之，是神我和心理作用的混淆。但這種形上學的無明是何時出現的，卻是無法確知，就像我們不知道世界是何時創造的。這是無法解答的問題。其實這是個錯誤的問法；而

---

⑯　*Le Yoga*, pp. 28 sq.（所引書目）。

且根據婆羅門教的傳統習慣（商羯羅《吠檀多經》3.2.17 sq.）（佛陀也多次提到），對於錯誤的問題，論師會以沉默來回答。

140. 創造的意義：幫助精神的解脫

實體（自性）和精神（神我）都是實有和永恆的；但是自性不像神我，他是動態而有創造力的。這個源初實體有三種「存有模式」（雖然完全同質），能以三種方式化現（這些化現的方式稱為三德〔guṇa〕）：一、薩埵（sattva）（光明和知識的模式）；二、剌闍（rajas）（動力的能量和意識活動的模式）；三、答摩（tamas）（靜態的惰性和意識昏鈍的模式）。因此，三德有雙重性質：他們既是客觀的，因為他們構成外在世界的現象，也是主觀的，因為他們支持、滋養且制約著意識的生命。

當自性偏離完美平衡的源初狀態，並且以各種性相（是以自身的「目的性本能」為條件）呈現時，自性就從「大諦」（mahat）譯④過渡到「我慢」（ahaṃkāra）；我慢意為單一且具統攝性的物質，還沒有「個人」的經驗，但能隱約意識到「自我」（aham）。從這個統攝性物質出發，「發展」的過程分裂為兩個對立的方向：客觀現象的世界以及主觀（感性和意識）現象的世界。

因此，宇宙（無論是主觀的還是客觀的）只是自然的源初階段（我慢）的變現，在這階段裡，在活躍的物質裡，首次有了自我的預感。透過雙重的發展過程，我慢創造了兩個宇宙：內在的宇宙和外在的宇宙；這兩個「世界」之間具有選擇性的對應關係。人的身體、生理機能、感官和種種意識狀態，甚至他的「知見」，全部都只是相同（且唯一）的實體的創造物：這個實體創造了物性世界及其結構（見第 75 節）。 (58)

譯④：大諦（mahat），「印度數論學派所立二十五諦之第二，為萬象變現最初之法。金七十論卷上（大五四・一二五〇下）：『自性先生大，大者或名覺，或名為想，或名遍滿，或名為智，或名為慧，是大即於智故，大得智名。』」（《佛光大辭典》〈大〉條）

數論和瑜伽（就像幾乎所有的印度思想體系一樣）也強調透過「自我意識」的個體化原理。世界的起源是個類似心理的行動。客觀的現象和身心的現象有共通的母體；唯一的差別就是「德」的方式：薩埵支配意識現象，剌闍控制身心現象（欲望和感官活動等等），而物質世界的現象則是答摩的昏沉且惰性的產物（原子、植物和動物）。⑰透過這個生理學的基礎，我們理解了為什麼數論和瑜伽將所有的心理經驗視為單純的「物質」過程。道德是不真實的：例如說，善並不是心靈的性質，而是對於意識所呈現的「微細物質」的「淨化作用」。德浸透整個宇宙，並且在人和宇宙之間建立了有機的感通。其實，宇宙和人類之間的差異只是程度的問題，而沒有本質的不同。

透過陸續的「發展」（pariṇāma），物質產生無限多的形式，越來越複雜且多樣。數論相信，如此龐大創造、如此複雜的形式和組織，必須在自身之外有其存在的理由和意義。源初的、無形式的和永恆不動的自性可以有個意義。但是世界（如前所述），卻有相當多元的結構和形式。宇宙在形態上的複雜性，被數論提升到形上學論證的層次。因為常識告訴我們，所有的複合物都是為了其他的複合物而存在的。就好比說，床是由許多部分複合而成，但是這種暫時的和合只是為了人類才實現的。（《數論頌》17）

(59)

數論和瑜伽因此揭露了創造的目的論性格；因為如果創造不是為了精神的目的，那麼就是荒謬而沒有意義。自然萬有都是「和合而成」，因此所有事物必定有個造作者，他可支配這些因緣和合。這個造作者不是心靈的活動或是意識的狀態（因為他們本身都是自性的複雜產物）。這是精神存在的第一個證明：「透過為他者的利益而進行的結合，我們認識到精神

⑰　數論瑜伽在考量三德的心理「面向」時，也提出關於德的主體方面的詮釋。當薩埵統治的時候，意識是平靜、清明、可理解的、有德性的；由剌闍主宰的時候，意識是不安的、不確定的和不穩定的；由答摩控制的時候，意識則是晦暗的、混亂的、激情的和獸性的（《瑜伽經》2.15-19）。

的存在。」⑱雖然神我被宇宙創造的幻相和迷惑所遮蔽，但是自性卻因爲目的論的本能（爲了神我的解脫）而發用。因爲，「從梵到最後一支草，創造都是爲了神我的利益，直到神我得到最高的知識。」（《數論經》3.47）

141. 解脫的意義

數論和瑜伽的哲學並沒有解釋精神和「意識狀態」之間的弔詭結合的原因和起源，卻試著要解釋這個結合的本質。這不能說是實在的關係，像是外在對象和知覺之間的那種關係。但是對數論和瑜伽來說，這就是這個弔詭狀況的關鍵，心靈生活最微細透明的部分，也就是說，在其純粹「光明」（薩埵）模式裡的「覺」（budhhi），具有特殊的性質，是神我的映現。但是神我不會因爲這個映現而墮落，也不會失去其存有學樣態（永恆、寂然不動）。正如在水晶裡映現的花，「覺」也反映神我（《瑜伽經》1.41）。但只有無知的人才會認爲水晶具有花的性質（形式、大小、顏色）。對象移動了，水晶裡的映象也會跟著移動，但是水晶本身仍然是不動的。 (60)

神我發現自己從永恆被拉進和陷落心理作用的幻相關係裡，也就是說，落入生命和物質的關係裡。這是由於無明（《瑜伽經》2.24），而且只要無明持續下去，就會有存在，這是因爲業（karman），而且苦也會隨著存在而來。無明存在於對「不動而永恆的神我」和「心理生活的遷流」這兩者之間的混淆。當你說：「我受苦，」「我想要，」「我懷恨，」「我知道，」並且認爲這個「我」指的就是神我，這就是活在幻相裡，並且使之永遠持續下去。這也意味著：每個因幻相而生的行動，不是從前造作的牽引力量的結果，就是即將要實現的力量的原因。

這其實就是存在的法則：就像每個法則一樣，它是超越主觀面向的，

⑱ *Sāṃkhya Sūtra* 1.66; Vācaspatimiśra ad *Sāṃkhya Kārikā* 17; *Yoga Sūtra* 4.24; *Bṛhadāraṇyaka Up.* 2.4.5.

但是這個法則的有效性和普遍性是奠基在「存在者所感受的苦」的根源。對數論而言，正如《奧義書》所說，解脫道只有一條，那就是正確地認識神我。而解脫道的第一個階段在於否定神我的任何屬性。這就是否定苦和我們的關係，把苦視爲客觀的事實，在神我之外，也就是說，**沒有價值、沒有意義**（因爲所有的「價值」和「意義」都是「覺」創造出來的）。只有在把個人的存在誤以爲是神我的經驗時，苦才會存在。但是因爲這個關係是虛幻的，所以苦也很容易消失。當人們認識且接受神我時，價值就消失了。然後，痛苦就不再是痛苦或不痛苦，而只是個事實。從這個時刻開始，我們了解到神我是自由、永恆而不動的，而任何發生在我們身上的事情，痛苦、感情、意志、思想，都不再屬於我們。

知識是揭露神我本質的「覺」。這種知識並不是透過經驗，而是透過「天啓」去獲得的：這天啓在瞬間也會開顯終極的實相。然後，解脫如何能夠透過自性而實現呢？數論以目的論的論證來回答：物質（自性）的本能活動即是以神我的解脫爲目的。「覺」是自性最微細的化現，以作爲天啓的加行，增上解脫道。在自我的啓示實現時，「覺」以及其他被誤認爲神我的身心元素，都會和神我分離，而重新被自性吸收，就像「舞者愉悅主人之後就會離開。」[19]「沒有比自性更敏感的，當他告訴自己說：『我被認出來了，』他就再不會出現在神我前面。」（《數論頌》61）這就是「生解脫」（jīvan-mukta）的狀態。仙人會活下去，因爲他「殘餘的業」仍必須被消除（就像陶盤在陶土完成之後，由於慣性而必須繼續轉動）（《數論頌》67；《數論經》3.28）。但是在死亡的時候，神我會拋棄身體，完全解脫。（《數論頌》68）

然後，數論和瑜伽派理解到，神我不生不滅，不受奴役也不活動（換言之，不積極追求解脫）；他既不渴求自由，他也不是「已解脫的」（高達怕達《滿都佉耶頌》2.32）。「其存有模式排除這兩種可能性。」（《數論經》1.160）自我是純粹、永恆而自由的；他不受奴役，因爲除了他自己

---

[19]　這個比喻在《摩訶婆羅多》和數論的論述中都很常見；見《數論頌》59、《數論經》3.69。

(61)

之外，和他者沒有任何關係。但是人們卻相信神我是受奴役的；並且認為
他可以得到解脫。這些想法都是我們心理的幻相。如果我們認為解脫像是
一場戲，那是因為我們採取人類的觀點。神我其實只是個「旁觀者」，正
如「解脫」（mukti）只是神我意識到自己永恆的自由而已。在我們了解到
苦與神我無涉，也就是說，只是和人類的「我相」（asmita）有關，苦就
停止了。

　　數論和瑜伽派把現象的無限多樣性化約為簡單的原則，也就是「自
性」，並且認為物理宇宙、生命和意識本是同源。然而這個學說卻又假設
神我的多元性，雖然他們在本質上是同一的。因此，數論和瑜伽把看起來
分殊的存在（物理的、生命的、心理的）統一起來，並且把那（在印度）
看起來獨一無二且普遍的存在（神我）孤立起來。的確，每個神我都是完 (62)
全孤立的；因為神我不能和世界或其他神我有所接觸。宇宙是永恆、自
由、不動的神我的住所，這些神我就像是單子：在單子之間不會有任何溝
通。

　　總之，這是關於「精神」的悲劇性且弔詭的概念，佛教學者和吠檀多
派都強地抨擊這個理論。

142. 瑜伽：專注某個對象

　　《梵書》，特別是《奧義書》，最早明確提到瑜伽技術。然而早在
《吠陀》時期，就已經提到苦行者和出神者，精通某些類似瑜伽的修行，
並且有「神通」（見第78節）。因為「瑜伽」（yoga）這個詞很早就是指
任何苦行的技術和靜坐冥想的方法，因此我們發現瑜伽的修行遍佈於印
度，在婆羅門教、佛教和耆那教都很普遍。但是除了這個系統化之前的、
普及印度的瑜伽之外，還出現了「瑜伽學派」（yogadarśana〔瑜伽
見〕），也就是「古典」瑜伽，正如後來《瑜伽經》所描述的。作者說
（《瑜伽經》1.1）他只是蒐集整理瑜伽的教理和技術傳統而已。關於巴丹
闍梨，我們所知不多。我們甚至不知道他是西元前二世紀或西元前三世紀

或西元五世紀的人。在傳統的技術原理裡，他特別保存了經過幾個世紀的經驗充分證實的技術。巴丹闍梨對於瑜伽修行的理論架構和形上學基礎甚少著墨。他只是粗略地重述數論的學說，並且附會以相當膚淺的有神論。

(63)　　　古典瑜伽的興起正是在數論沒落的時候。巴丹闍梨不相信僅以形上知識就可以使人解脫。知識只是追求自由的準備工作而已；自由是透過苦行技術和冥想方法去獲得的。巴丹闍梨認為瑜伽是「止息種種意識狀態」。這些「意識狀態」（cittavṛttis〔心起、心轉〕）有無限多種，但是他們可以分為三個範疇，各自對應經驗的三個可能性：一、錯誤和幻相（夢、幻覺、知覺的錯誤、混淆）；二、所有正常的心理經驗（沒有瑜伽經驗的人的感覺、知覺和思想）；三、透過瑜伽技術（只有教徒才能知道這技術）產生的超心理經驗。巴丹闍梨的瑜伽的目的，就是要消除前兩種經驗範疇（他們是邏輯謬誤和形上學的謬誤所產生的），而以平靜、超越感官和理性的經驗取代。

　　　和數論相較之下，瑜伽旨在個別泯除各種不同的「意識狀態」（心起）。但是除非人們親證等待泯除的意識結構、起源和強度，才可能完成這個任務。「親證的知識」是指方法、技術和修行。如果人們不修行或苦行，那麼只是紙上談兵：這是所有瑜伽文學的主動機。《瑜伽經》卷二和卷三，致力於闡述瑜伽的活動（淨化、身體姿勢、呼吸技術）。如果人們無法親證這個「心起」（意識的漩渦），那麼就無法控制它，更不用說泯除它。只有透過實修，人們才能得到自由。[20]

　　　心轉（vṛttis〔轉〕）構成意識流的漩渦，是無明所致（《瑜伽經》1.18）。然而對於瑜伽而言，消除形上學的無明並不足以止息意識的各種
(64)　狀態。即使現在的「漩渦」平息了，藏在潛意識裡的「習氣」（vāsanās）也會湧出其他漩渦。「習氣」的概念在瑜伽的心理學裡非常重要。這些潛意識的力量在解脫道上的障礙有兩種：習氣會執持意識流（無窮的心起）

----

[20]　因此諸神（videha「不以肉體呈現者」）——他們沒有各種體驗，因為他們沒有身體——享有的存在條件比人類的存在條件較差，從而無法達到完全的解脫。

的存在，而由於習氣隱藏在潛意識裡，特別難以控制和支配。因此瑜伽行者即使有長期的修行功夫，仍然可能會被習氣打倒。要完全泯除心起，就必須斷絕意識和潛意識的循環。

瑜伽冥想的起點是心念專注某個對象（ekāgratā〔唯一境性〕）。這個對象可以是物理對象（眉心、鼻端、發光體）、思想（形上學真理）或是上帝（自在天）。「唯一境性」的練習是要控制意識流的兩個發動者：感性活動和潛意識的活動。當然「唯一境性」需要有許多的練習和技術，其中調身也扮演重要的角色。例如說，如果身體疲累、姿勢不舒服、呼吸雜亂（不規律），那麼就無法專注。這就是為什麼瑜伽的技術包含許多身心的修行和精神的練習，他們都稱為「支」（aṅgas）。這些瑜伽的「支」可以是技術的體系，也可是以解脫為目的苦行和精神旅程的各種階段。《瑜伽經》描述的範疇已經成為經典：一、制戒（yamas）；二、內制（niya-mas）；三、坐　法（āsana）；四、調　息（prāṇāyama）；五、制　感（prātyāhāra）；六、總持（dhāraṇā）；七、靜慮（dhyāna）；八、三昧之境（samādhi）。

143. 瑜伽的技術

制戒和內制是所有苦行的必要準備。其中有五個制戒，即不殺生（ahiṃsā）、不妄語（satya〔真實〕）、不偷盜（asteya）、不淫（brah-macarya〔梵行〕）以及不貪（aparigraha〔無所攝屬〕）（《瑜伽經》2.30）。這些制戒並不會使人得到瑜伽的狀態，而是幫助人們「淨化」自己，處於更利於修行的狀態。要結合這五種制戒，瑜伽行者必須修習內制，也就是身心的訓練。「清淨、滿足、苦行（tapas）、修學、歸依最高神，這五者構成內制，」巴丹闍梨寫道。（《瑜伽經》2.32）㉑。

(65)

㉑　「清淨」也意指器官的淨化（這是哈達瑜伽特別堅持的）。「知足」意指「沒有欲望去增加生存的種種需要。」苦行則在於能兼容對立，如一熱一冷等等。

坐法是真正的瑜伽術的開始。坐法指的是《瑜伽經》（2.46）所說的「保持身體之安定、快適」的著名姿勢。這裡涉及印度苦行者特有的修行，這種苦行在《奧義書》和《吠陀》文獻裡都有記載。重要的是要使身體自然地保持相同的姿勢，因為只有如此才能使精神專注。「當完全不感到費力時，那就是完美的姿勢。」毘耶娑（Vyāsa）如是說。（ad Y.S. 2.47）「練習坐法的人必須能使用某種力量，這種力量超越自然身體的力量。」（Vācaspati, ibid.）

坐法是泯除人類存在的特殊樣態的第一步。在身體的層面上，坐法是個「唯一境性」：身體「專注」在某個姿勢上。意識的專注可以止息「意識的各種狀態」的波動和散亂，坐法則是把雜多的姿勢化約為單一、不動、神聖的姿勢。「統一化」和「全體化」是所有瑜伽練習的典型趨勢。他們的目標是超越（或消除）人類的限制，而這種超越或消除則是得自於抗拒人類自然的傾向。

如果坐法是對於運動的拒絕，那麼調息（呼吸的訓練）就是「拒絕」像常人一般呼吸，也就是說，沒有韻律的呼吸。沒有經過訓練的人，他的呼吸會隨著環境或心理作用而變化。這種不規則產生危險的心理遷流，因而使得意識不定且散亂。我們可以費勁地使心念專注。但是對於瑜伽而言，費勁是「外在化」的形式。調息是要使呼吸不再費勁：有韻律的呼吸必須是自然的，使得瑜伽行者忘記呼吸的存在。

(66)

晚期的論師波闍（Bhoja）說：「呼吸和心靈狀態之間總是有所關連。」（《瑜伽經》1.34）這句話非常重要。調息和調心的統合關係，最早的瑜伽行者便已經親證過。他們以這個關係作為「統一」意識的工具。透過呼吸的調整和舒緩，瑜伽行者能夠「深入」（在自身通透地經驗到）意識的狀態：這些狀態在清醒時是無法進入的，特別是睡眠或昏沉的意識。睡著的人，其呼吸的律動比醒著的人緩慢得多。透過調息而達到睡眠的律動，瑜伽行者（沒有喪失意識的清明）就能夠深入種種睡眠的意識狀態。

印度的心理學認為意識有四種狀態：白天的意識、有夢的睡眠意識、

無夢的睡眠意識和「第四位的意識」（turīya）譯⑤。這些意識各自對應著特殊的呼吸律動。透過調息，也就是逐漸延長呼吸的節奏㉒，瑜伽行者能夠從清醒的意識過渡到其他三種意識。

在修習期間，坐法、調息和禪定可以使修行者擺脫人類的限制。透過寂然不動、有韻律的呼吸和專注，瑜伽行者可以攝念於一處。他可以透過 (67)
「制感」去觀照其專注的程度；人們把「制感」理解爲「消除或抽離感官」，然而我們更傾向於「使感官活動不受制於外在對象的能力」。感官活動不指向對象，而「反照自身」。（《瑜伽經》2.54）「制感」可以說是身心苦行的最後階段。此後，瑜伽行者不再受到感官活動或記憶等意識的「煩惱」或「困擾」。

修行者不再受制於外在世界的刺激和潛意識的動力，便能夠練習「靜慮」（或稱「總持」）。靜慮（總持）（字根「dhṛ」意爲「抓緊」）是「思想專注於某一點」，而以觀照爲目的。巴丹闍梨把瑜伽的靜慮定義爲「專一的思想的流動。」（《瑜伽經》3.2）毘耶娑補充說：「念住於某個對象而使之不散亂。」

㉒　呼吸的韻律是如下的方式所獲得：將呼氣、吸氣和屏息三個「環節」加以和諧化。透過練習，瑜伽行者可以達到以相當可觀的時間延長每個環節。因爲調息的目標是儘可能的延長呼吸的時間，所以瑜伽行者從屏住氣息 16.5 秒開始，然後 35 秒、50 秒，3 分鐘、5 分鐘等等。對氣息加以律韻化，在道教的練習、穆斯林神祕主義者、靜修派（hesychastic）的僧侶的祈禱方法裡，都扮演相當重要的角色。見 Eliade, *Le Yoga*, pp. 68-75, 419-20。

譯⑤：法文原文作「conscience cataleptique」，直譯是「強直性昏厥的意識」；因不好理解，故採用梵文原文「turiya」之漢譯「第四位」。關於這四種意識，在《滿都佉耶頌》中稱爲：「醒境」、「夢境」、「熟眠境」和「第四境」。前三境較好理解，故不多做說明，所謂「第四境」（即此處所謂之「第四位意識」）指的是：「非內覺，非外覺，非內外俱覺，非知覺聚集，非智非非智；不可見，不可觸，不可攝持，無有相，不可思，不可名，眞元即自我識知之爲獨也，凡表皆息，爲安靜、福樂、不二。是謂『第四者』，是爲自我，是所當知者。」（引自徐梵澄譯，《五十奧義書》，頁 733。北京：中國社會科學出版社，1995）

瑜伽靜慮和世俗的冥想是完全不同的。靜慮可以使我們深入「對象」，神奇地「同化」這些對象。這種「深入」對象本質的活動是很難以解釋的；既不是詩性的想像，也不是柏格森（Henri Bergson）所說的直觀譯⑥。瑜伽靜慮的不同之處在於其融貫性和不斷指引心靈方向的澄澈性。的確，「意識的遷流」都在瑜伽行者的意志裡。

144. 上帝在瑜伽裡的角色

和數論不同，瑜伽主張上帝的存在，也就是自在天（Īśvara 意為「天主」）。當然，這個上帝並不是造物主。但是對於某些人而言，自在天可以幫助他們解脫。巴丹闍梨所說的天主，還不如說是瑜祇們的上帝。只有選擇瑜伽的人，才能得到他的幫助。例如說，把上帝當作念住的對象的瑜祇可以得到三昧（定）。巴丹闍梨說（《瑜伽經》2.45），上帝對於人的幫助，並不是出於「欲望」或「感覺」，因為上帝既沒有欲望也沒有情緒，而是自在天和神我的「形上學的感通」；這種感通可以從他們結構的
(68) 對應關係去解釋。自在天是從永恒以來就已經解脫的神我，是不曾經驗過受到存在的「痛苦」和「染污」的神我（《瑜伽經》1.24）。毘耶娑在注釋這段經文時說：「得到解脫的」神我和自在天的差別在於：前者過去曾經有過心理作用（即使只是幻相），而自在天則始終是自由的。上帝是不會因為儀式、奉獻或信仰而動心，但他的「本質」在本能上會和透過瑜伽尋求解脫的神我同在。

對於某些瑜祇而言，自在天對於人類命運的興趣似乎僅止於這種形上學的感通。我們的印象是，自在天以外在的方式進入「瑜伽見」。他在解脫道的角色並不重要，因為是自性使神我陷於幻相裡的。然而，巴丹闍梨覺得必須在解脫道裡談到上帝，因為自在天相當於某種親證的真實世界。我們說過，某些瑜祇是透過「歸依自在天」（《瑜伽經》2.45）而得到三

譯⑥：柏格森（Henri Bergson, 1859-1941），法國哲學家。他認為人類使用直接而非理性的或情緒性的領悟力，能夠掌握超感覺的實在事物。

昧（定）的。在蒐集並分類由傳統證實的瑜伽技術時，巴丹闍梨無法忽視這些念住於自在天所得到的經驗。

除了憑藉苦行者的意志和力量得到的「巫術」瑜伽的傳統之外，還有另一個「神祕主義的」傳統，透過歸依而使得瑜伽次第更爲迅速，極奇崇高而且知性。無論如何，在巴丹闍梨以及毘耶娑的描述裡，自在天沒有全知的造物主的那種威嚴，也缺少神祕主義裡生動而認眞的神特有的情緒。總之，自在天只是瑜祇們的原型，可以說是個大瑜伽行者（Macroyogin），很可能是某些瑜伽派別的守護神。的確，巴丹闍梨說自在天是太初聖人們的上師（guru）；因爲自在天不受時間的束縛（《瑜伽經》1.26）。 (69) 後來的注釋家婆遮斯泊底彌須羅（Vācaspatimiśra）（西元 850 年間）和識比丘（Vijñānabhikṣu）（西元 16 世紀）才開始重視自在天，而在他們的年代，整個印度瀰漫著信愛和神祕主義的潮流。㉓

145. 三昧和悉地

從「靜慮」到「觀想」的過渡，並不需要任何新的技術。當瑜祇進入靜慮和觀想的時候，自然而然就會得到三昧（定），也就是瑜伽的入神狀態（enstasis），這是苦行者的精神修行的最終目的和榮耀。㉔三昧（samādhi）這個詞最早是指涉神祕知識：三昧是某種默觀的狀態，在這個狀態裡，思想**直接掌握對象的形式**，而不借助於範疇思維和想像力，對象直接開顯自身（svarūpa〔自色〕）的本質，彷彿「自身是空的」。（《瑜伽經》3.3）在對象的知識和知識的對象之間，有眞實的對應關係，因爲對象

㉓ 後來的論師 Nilakaṇṭha 主張：上帝雖然是不活動的，卻是以磁性的方式來幫助瑜伽行者。Nilakaṇṭha 認爲自在天可以預先決定人類生活的「意志」；因爲「他使他要提拔的人行善，使他要毀滅的人爲惡。」（Dasgupta, *Yoga as Philosophy and Religion*, pp. 88-89）這已經不再是巴丹闍梨所描述的那個謙虛的角色了。

㉔ samadhi （定、三昧）這個字的意思是：統一、整體；凝神；完全的精神專注；結合。通常譯爲 concentration，但是可能會和「總持」混淆。這就是我們爲什麼譯爲 enstasis、stase、conjonction。

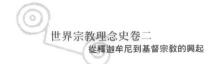

不再是作爲現象出現在意識前面，彷彿「本身是空的」。

然而，「三昧」與其說是「知識」，不如說是某種「狀態」，是瑜伽特有的入神狀態。這個狀態使得神我透過非經驗性的活動而開顯自身。然而並不是任何三昧都能揭露神我而達到解脫。思想專注於空間裡的事物或觀念而得到的三昧稱爲「有想三昧」，而當意識脫離任何關係而得到三昧時，也就是對於存有本身的完整體會，就會得到「無想三昧」。就體會眞理並且離苦得樂而言，前者確實是解脫的工具。而無想三昧則是「阻斷所有過去意識作用的心行（saṃskāra）」（識比丘），甚至能抑制瑜祇過去所造的業力。這個入神經驗其實是某種「狂喜」，因爲它是不緣外境的經驗。

(70)

有想三昧包括許多的階段，因爲這個三昧是可以達到的。在「有想」的階段裡，三昧可以透過某種知識而達到。我們要記得，這不是我們平常所說的「知識」，而是某種「狀態」，這是所有印度思想的特色。在三昧裡，我們看到印度特有的「平面的斷裂」，從「知識」弔詭地過渡到「存有」。

瑜祇到達這個位階時，便會得到悉地（siddhis）（成就）；《瑜伽經》（3.16）曾經描述過悉地成就。透過對於某個對象的「靜慮」和觀想而得到三昧，瑜祇會得到關於觀想的對象的神祕力量。因此，透過對於潛意識餘習（saṃskāra）的靜慮，可以知道其宿世（《瑜伽經》3.18）。透過其他靜慮之助，他得到各種神通（飛行、隱形等）。任何觀想的事物都會被同化且持有。在印度的觀念裡，「捨離」具有正面的價值。苦行者透過捨離某些快樂而得到的力量，遠超過他所捨棄的快樂。透過捨離和苦行，人類、魔鬼和天神都可以擁有大能，甚至威脅到整個宇宙。

天神爲了不讓瑜祇得到神聖的力量，會「誘惑」苦行者。巴丹闍梨自己就提到天界的誘惑（《瑜伽經》3.51），而毘耶娑則注解說：當瑜祇達到最後的有想三昧時，諸神會對他說：「來天上享受。這些快樂是可喜的，這位年輕女子是可愛的，這個靈藥可以消除老年和死亡。」他們接著(71)以天女誘惑他，用天眼通、天耳通誘惑他，答應把他的身體化爲「金剛不

壞之身」，總之，諸神同意他分享神的妙樂（ad *Y.S.* 3.51）。但是神的境界距離絕對自由還很遠。瑜祇必須拒絕這些「神通」，這些神通只能吸引無知者；他們必須堅守其目的：獲得最終的解脫。

只要瑜伽行者經不起誘惑而使用得到的神通，那麼他就再也無法得到新的力量。根據古典瑜伽的傳統，瑜伽行者行使神通是爲了恢復絕對的自由（無想三昧），而絕不是要得到神通本身；巴丹闍梨說（3.37），悉地是清醒狀態的「成就」（「悉地」意爲成就），卻是三昧的障礙。㉕

146. 最終的解脫

毘耶娑概述從有想三昧到無想三昧的過渡如下：瑜祇在到達「有想三昧」的最後階段時，自然也會得到智慧（prajñā）。他得以「獨存」（ka-ivalya），也就是神我擺脫自性的支配。我們不要以爲神我的存在模式只是單純的恍惚杳冥，而除去意識的內容。三昧的「狀態」或「知識」是指意識裡完全沒有對象，而不是「使意識絕對空無化」。因爲在那個時候，意識充滿著對於存有本身的直觀。後期的論師馬達瓦（Māhdava）寫道，「滅（nirodha）（止息所有心理經驗）不可以想像爲不存在，不如說是神我的特殊狀態。」「滅」是完全空無的入神，沒有限制的狀態，這種狀態不再 (72)
是「經驗」（意識不再和世界有關），而是「天啓」。「覺」在完成使命之後就撤退了，他和神我分離，回到自性裡。瑜祇因而得到解脫：他是個「生解脫者」（jīvan-mukta），在活著的時候解脫的人。他不再受時間的支配，而是活在永恆的現在，在波修武（Boethius）譯⑦定義「永恆」時

㉕ 然而透過神力得到「神的境界」的鄉愁，始終迷惑著瑜祇和苦行者。何況，根據毘耶娑（ad *Yoga Sutra* 3.26），在某些居住於天界（梵界）的神和有神通的瑜祇很類似。誠然，四梵天的神（根據他們的本性）各自有其「精神狀態」。由於這些神停留在這個階段，所以他們並沒有得到最終的解脫。

譯⑦：波修武（Boethius, ?-524），古羅馬哲學家。他把亞里斯多德以及柏拉圖的作品譯爲拉丁文，著有《哲學的慰藉》。

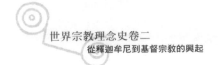
所說的「永恆的當下」（nunc stans）。

　　瑜祇的處境顯然是弔詭的；因為他還活著，卻得到解脫。他有身體，但他認識他自己而且知道他就是神我。他活在時間裡，卻又分受永生。三昧就其本質而言，是個弔詭的狀態，因為「三昧」把存有和思想給空無化，卻使他們更加充實。瑜伽的入神是在宗教史和神祕主義歷史裡著名的主題：也就是「對立的統一」。透過三昧，瑜祇超越對立，並且統一了虛無和豐盈、生和死、有和非有。入神是以單一的模式統合實在界的森羅萬象：實在界還沒有主客對立時的源初統一狀態和沒有分別的豐盈。

　　我們不要認為這種偉大的重建只是回到源初的無分別狀態。解脫不能同化為出生前的「深沉睡眠」。所有論師都強調瑜伽的超越意識，這告訴我們，最後的重建是朝向這個超越意識，而不是單純的狂喜。透過「三昧」回到源初沒有分化的狀態，便已經為這個沒有主客體之分的實在界挹注了新的元素：這個新元素就是關於和諧和妙樂的知識。他確實是「回到源初」，但是不同的是，「生解脫者」以自由和超越意識的向度使得這源初的狀態更加豐富。他建立這個弔詭的存有模式之後，重建了源初的豐盈：意識的自由不再存在於宇宙、生命或神的層次裡，而只是在絕對的存有（梵）裡。

　　在印度思想裡，世界存在，人存在，而人在世界裡的存在充滿著幻相
(73) 和苦，這個事實看起來很弔詭而且無濟於事，但是就在這個事實的證成之後，我們看到他們如何自覺地追求自由，這個理想多麼地迷人。人類透過自我的解放，建立了自由的靈性向度，並且融入宇宙和生命裡，也就是那盲目而受縛的悲慘世界裡。

　　然而，這個絕對的自由是以整個生命和人格的否定為代價的。為了入涅槃，佛陀也要求如此徹底的否定。然而這種極端而排他性的解決方法，並不是印度宗教本質的全部。我們會看到（第 193-94 節），《薄伽梵歌》提供另一種解脫的方法，而這個方法並不以厭離世界為代價。

第十八章

佛陀及其同時代者

147. 悉達多太子

(74)　　　在所有的宗教的創教者裡，只有佛陀說他自己不是神的先知或使者，他甚至否認有至高無上的主宰。但是，他說自己是「覺者」（buddha），因而是精神的導師。渡脫眾生是他說法的目的。這個「救世主」的身分使他的教義成為宗教，而悉達多（Siddhārtha）這個歷史人物很快地就被神聖化。我稱之為「歷史人物」，是因為無論佛教學者的神學思想或神話傳說，或是某些歐洲學者把佛陀視為神話人物或是太陽的象徵，都無法否認他的歷史性。

　　　大部分學者都同意，這個未來的佛生於西元前 558 年（或是西元前 567 年）四月或五月的迦毘羅衛國（Kapilavastu）。這個小國的國王淨飯王（Śuddhodana）和王妃摩耶夫人（Maya）所生的兒子，於 16 歲時成親，於 29 歲時離開皇宮，在西元前 523 年（或 532 年）四月或五月成為「究竟覺者」，在往後的生命裡，他不斷地說法，於西元前 478 年（或 487 年）入滅，享年 80 歲。但是這些屈指可數的年代和事蹟，無法使我們更深入地了解佛陀的生平，我們只能透過佛陀的弟子去把握他。例如說，在他公開他的身分（佛陀）而受到弟子們接受時，他的生命便神化為神話層次的救

(75) 世主。這種「神話化」的程度與日俱增，但是其實在佛陀住世時便已經開始了。**我們必須留意這些本生故事，因為在佛教學者的理論和神話裡，甚至是在宗教文學和雕塑藝術裡，這都是創造的源泉。**因此，這個未來的佛陀，菩薩（boddhisattva）（覺有情），在兜率天（tuṣita）裡便選擇了他的父母親。他的受生是清淨的，菩薩以大象或是六個月大的嬰兒的形象進入他母親的右脅。（古代的版本只有說這母親的夢境：有一頭大象進入她的身體。）他的入胎也是清淨的，因為懷著菩薩的子宮就像是寶石做的佛龕一樣。王后在花園裡，扶著娑羅樹，站著分娩，佛陀便從她的右脅出生。

　　　菩薩生下來後，向前走了七步，面向北方作「獅子吼」說：「一切世

間。唯我獨尊。唯我最勝。我今當斷生老死根。」①這個佛誕的神話宣說，
這位未來佛從出生開始就超越了宇宙（他到達「世界之頂」）而且擺脫空
間和時間（他是世界的「至上」和「至尊」）。有很多的神蹟在說明這個
事件。當他來到婆羅門寺院時，眾神像「即從座起，頂禮菩薩足」並且
「以詩歌讚美他」。②他的父親取名爲孩子取名爲悉達多（「一切義
成」）。許多卜者從他的身相裡看到「聖人」（mahāpuruṣa）的三十二相
及八十隨形好，並且說他將成爲轉輪聖王（cakravartin）或是佛陀。有個年
老的仙人（ṛṣi）阿私陀仙（Asita），他從喜馬拉雅山飛到迦毘羅衛國，要
求見這新生的嬰兒，他抱起這嬰兒，知道這嬰兒將成爲佛陀，阿私陀仙因
此而哭泣，因爲他知道自己無法在有生之年跟隨他。

在他出生的七天後，摩耶夫人就去世了，上生到兜率天去。這孩子就
由他的舅母撫養了七年。七年後，他接受了每個印度王子都要接受的教
育，他在學術和體育方面都有很優秀的表現。他在十六歲那年與鄰國的兩 (76)
位公主結婚，瞿夷（Gopā）和耶輸陀羅（Yaśodharā）。十三年之後，耶輸
陀羅替他生了個兒子羅睺羅（Rāhula）。這些使傳統苦行的佛教徒困惑的
故事可能是眞實的。無論如何，悉達多在羅睺羅出生後就遁出皇宮，這和
印度傳統禁止在兒子或孫子出生前就厭離世間的習俗相符合。

整個場景劇始終聚焦在「大出離」。根據早期文獻，佛陀告訴弟子
說，因爲思考老、病、死的問題，使他對人生感到索然無味，而決定要度
脫眾人遠離這三個惡魔。現有的傳說都比較戲劇化。由於卜者的警告，淨
飯王決定讓年輕的王子待在御花園裡過著快樂的生活。但是天人們趁著太
子離開花園的三次旅程，破壞了父親的計劃，悉達多首先遇見拄著拐杖的
老者，第二天遇見病人，「身瘦而腹大，呼吸長喘息，手腳攣枯燥，悲泣

① 《中部》（*Majjhima Nikāya* 3.123）。這七步的象徵意義，見 Eliade, *Mythes, rêves et mystères*, pp.149 sq.。
② 《方廣大莊嚴經》（*Lalita-Vistara*, pp.118 sq.）；A. Foucher, *La vie du Bouddha*, pp. 55 sq.。

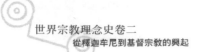

而呻吟。」譯①第三次，他遇見被帶往墳墓埋葬的死者。車夫告訴他說沒
有人能夠逃得了老、病、死。在他最後的旅程裡，這王子終於見到托缽
僧，平靜而從容，這個景象撫慰了他的心靈，讓他知道宗教能夠熄滅這些
人類所面臨的苦難。

148. 大出離

　　為了堅定他厭離世間的決定，天人們在午夜叫醒他，讓他看見那些熟
睡的妻妾們裸露且不雅的身體。接著他喚來他的馬夫「車匿」（Chanda-
ka），騎上他的馬「犍陟」，這時候，天人眾令整個城都熟睡，王子就從
東南門離開。離開迦毘羅衛國約九十英里，他停了下來，用配劍割下頭
髮，換上獵人的衣服，要車匿帶著犍陟回皇宮去。他停下來的時候，也請
沿途護衛著他的天人眾離去。從那時候起，天人眾在佛陀的傳奇生平裡就
不再扮演重要的角色。他要完全靠自己得到正果，而不借助於任何超自然
的力量。

(77)　　佛陀以喬達摩（Gautama）比丘的名字（這是他在釋迦〔Śākya〕族裡
的姓）成為遊方的苦行者，他遊行到毘耶離城（Vaiśālī）（巴利文為Vesā
li），當地有個婆羅門導師阿羅邏迦藍（Ārāḍa Kālāma），正傳授著早期
的數論。他很快就掌握整個他的學說，卻不能滿足他的學習需要，於是離
開阿羅邏迦藍，到摩揭陀國（Magadha）的王舍城（Rājagṛha）。頻婆沙
羅王（Bimbisāra）接見這個年輕的苦行者，並願意給他一半的國土，但是
喬達摩拒絕這個誘惑，而拜師優陀羅羅摩子（Udraka）。他又輕易地掌握
了優陀羅的瑜伽術，而這還是無法滿足他，於是他離開優陀羅，和五比丘
遊行到伽耶（Gayā）附近譯②。他的哲學和瑜伽術學徒的身分只維持了一
年。

譯①：見《佛所行讚》。
譯②：伽耶南方之優樓頻羅村苦行林。

他住在伽耶附近安靜的地方，在那裡的六年期間，作極端的苦行。他每天只吃一粒胡麻充飢，後來甚至完全斷食，斷食使他軟弱無力，極為消瘦，好像就要歸於塵土譯③。經過極端的苦行後，他得到「釋迦牟尼」（Śākyamuni）的尊稱（「釋迦族的苦行者」）。當他在苦行時，生命能量不及千分之一，他了解到苦行無法解脫苦，因此他決定放棄斷食。當時印度偉大的苦行者信奉的經驗，不能說是沒有用的。未來佛可以說他完全掌握了苦行，就像他可以說他已經通曉數論和瑜伽術，而在他厭離世間之前，就已經體會過種種快樂的生活。人類無窮的經驗，他都已經知道，從教養、愛和權力的歡悅和失望，到苦行者的貧困和瑜祇的冥想和出神，以及苦行者的獨寂和痛苦。

當喬達摩接受信女供養乳糜時譯④，五比丘非常反感，因而離開他而到波羅奈（Benares）。由於這食物而奇蹟似地恢復體力之後，釋迦牟尼走到森林裡，在菩提樹（aśvattha; Ficus religiosa）下靜坐，並決定除非成等正覺，否則決不起座。但是在深入禪定之前，釋迦牟尼就遭到死神魔羅（Māra）的試煉。這位大能的天神預知，如果他發現了解脫道，會阻斷生死輪迴之流，而結束死神的統治。他差遣許多魑魅魍魎組成軍隊出戰，但是釋迦牟尼的宿昔功德和他的「慈心」（maitrī），使得惡魔無法近身。 (78)

接著，魔羅說這個樹下的座位是他以前布施的功德。釋迦牟尼在過去生曾修七百大布施度；但是因為沒有見證者，他請求「公正的眾生之母」為他作見證，他以右手觸摸大地，使大地發出雷鳴，這就是傳統佛教繪圖裡著名的姿勢。大地的「山圍腰」向釋迦牟尼跪下，見證他的陳述。然而，死神魔羅同時也是愛神，總之，他是生命的神，而菩薩發願要對眾生開示的解脫道，會威脅到生命本身。於是有許多女子以裸體和各種媚術要來誘惑這位苦行者譯⑤，卻都徒勞無功。未來佛戰勝了，魔羅只得在黃昏

譯③：「有一次，因作無息禪觀，為大苦痛所惱，竟失去了知覺，在經行處入口倒下。」（《小部·本生經》〈因緣總序〉）
譯④：就是優樓頻羅的村女善生。
譯⑤：她們是魔王的三個女兒，名為愛、憎、染，化身為一百個年齡不同的女子去誘惑佛陀。（《小部·本生經》〈因緣總序〉）

之前撤退。③

149.「成佛」。演説佛法

　　魔羅的攻擊與誘惑的神話，是在宣說釋迦牟尼的德性的絕對清淨。現在他可以專心思考核心的問題：苦的解脫。他的第一次觀想遍歷四禪，透過「天眼通」（第 158 節），他了知世間和衆生都受到業的支配而有痛苦的生死輪迴。第二次觀想，他得到宿命通，了知自己和其他生命往昔的因緣。在第三次觀想裡，他得到正遍覺，因爲他領悟到了生死輪迴的法則，也就「十二緣起」（第 157 節），他也發現截斷這些「緣起」的必要條件。從那時候起，他就得到了「四聖諦」：就在日出時分，他以這個正覺而「成佛」。

(79)　　佛陀趺跏坐在樹下七週，體會成佛之樂。在許多傳統的神話裡，我們特別要提及魔羅最後的誘惑：他要勸請聖者立即般涅槃（parinirvāṇa），而不要去宣說他所發現的法則。但是佛陀回答說，在他建立多聞且有組織的教團之前，是不會入涅槃的。然而，成佛之後，佛陀隨即反問自己是否值得傳授衆生甚深佛法譯⑥。這時候，梵天勸請佛說法，他說衆生的確難以度脫，但是也有利根而可能達成解脫的，這才使他下決心說法。他到波羅奈城，以「天眼通」看到那裡有曾經離他而去的五比丘譯⑦。他在林棲裡找到他們，就是現在的薩爾那特（Sarnāth）遺址，告訴他們他已成佛。他教授四聖諦：苦、集、滅、道。

　　這就是「初轉法輪」。五比丘歸依而成爲阿羅漢（arhat）。後來陸續

③　　然而，魔羅並非完全無可救藥，因爲後來他也受到度化。
譯⑥：「我所得法，甚深微妙，難解難見，寂寞無爲，智者所知，非愚所及。衆生樂著三界窟宅，集此苦業，何緣能悟十二因緣甚深微妙難見之法：又復昔一切行，截斷諸流，盡恩愛源，無餘泥洹，益復甚難！若我説者，徒自疲勞。」（《彌沙塞部和醯五分律》卷 15）
譯⑦：他們是：阿若憍陳如、跋提、婆沙波、摩訶男、阿説示。

有弟子歸依，包括波羅奈富商之子譯⑧。於是僧團（saṃgha）有了六位比丘（bhikkhu），而佛陀要他們到印度各處說法。而他則到了優樓頻螺（Uruvilvā），以各種神通使迦葉（Kaśyapa）三兄弟歸依（他們原本是信奉阿耆尼的婆羅門）。接著佛陀對迦葉的一千個徒眾說法；他告訴他們世界燃燒著欲望熾盛的火燄。他們接受這個「燃燒方便的說法」，而全都成為阿羅漢。

從那時候起，有更多的人前來歸依。在王舍城，年輕的摩揭陀國國王頻婆沙羅就以「竹林精舍」供養佛陀和僧團。在王舍城裡，兩位普行沙門，舍利弗（Śāriputra）和目犍連（Maudgalāyana），以及苦行者摩訶迦葉（Mahākāśyapa），也都歸依佛陀，這三個人在佛教史裡扮演非常重要的角色。後來佛陀允諾父親的請願，和眾弟子們浩浩蕩蕩地回到迦毘羅衛國。這次的拜訪是許多戲劇和神話的來源。佛陀使他的父親和眷屬都歸依。其中包括他的堂弟阿難（Ānanda），後來成為他主要的侍者，而提婆達多（Devadatta）後來則成為叛徒。

佛陀並不留戀於迦毘羅衛國。他回到王舍城，造訪舍衛城（Śrāvastī）　(80)
和毘耶離城，其間有更多感人的歸依事蹟。當他知道父親病重的消息後，再度回去探望並且使他父親入預流果。而失去國王的王后則要求兒子准許她加入僧團。雖然他拒絕了，但是王后和公主們都渴望成為比丘尼，於是隨著他到了毘耶離城。由於阿難為她們請願，佛陀終於接受了她，並且為尼眾制定遠比僧眾更嚴格的律法。但是這個決定並不是出於自願，而佛陀又說，因為有了女眾的加入，原本可以延續千年的正法，現在只能夠維持五百年。

在某些弟子現神通之後，佛陀卻反對展現「神通力」（第159節）。然而，他自己卻在和「六師外道」交手的過程裡展現最偉大的神通：包括立即令芒果樹生長、踏著彩虹由東方走向西方、或是在空中顯現無數化身、以及到忉利天三個月為母親說法。但是這些神話事件並不曾回溯到遠

譯⑧：即耶舍。

古的傳說，這可能是因為他的原始教義強調不要示現悉地（siddhi）（即神通），以突顯「般若」（prajñā）的重要性。④

　　有許多外道非常妒忌佛陀的成就和魅力，於是惡意謗佛。其結果經常是造成僧團裡的爭執，例如說，在佛陀得正覺後第九年，在憍賞彌（Kauśāmbi）發生的教團爭執裡，由於僧團戒律的細節而造成分裂（這問題是用飯後的缽在廁所洗淨後能否再添滿缽）。佛陀試著要調停雙方，但是弟子們卻要求佛陀不要為這種事情而煩惱，佛陀因此離開憍賞彌。⑤然而在家信眾憤怒地拒絕供養那些要佛陀離開的僧眾，而頑固份子最後不得不退讓。

150. 提婆達多的破僧。最後的度化。佛陀般涅槃

(81)　　　關於佛陀生涯中期（中紀）的內容，目前的資料只能描述其梗概。在每年雨季期間，他會在城市附近的精舍（viharas）說法。其餘的時間則和近侍的弟子們遊行各國，宣揚教法。在西元前 509 年，他的兒子羅睺羅終於正式進入僧團。佛陀的傳記裡曾經提到某些神奇的歸依，例如夜叉（Yakṣa）、有名的強盜或是孟加拉的商人，這些都證明佛陀的聲名遠播。

　　當佛陀 72 歲的時候（西元前 486 年），他善妒的堂弟提婆達多，要求佛陀把僧團轉交由他領導。佛陀拒絕這個要求之後，提婆達多就要殺害他，他首先是僱用殺手，後來就用巨大的落石或是危險的大象要使佛陀喪命。提婆達多和五百初學比丘鼓吹說澈底的苦行才是正道，而造成教團的分裂；但是舍利弗和目犍連的說法喚回了部分迷途的僧眾，而部分的資料說，提婆達多是活生生墮入地獄的。佛陀的晚年則因為許多悲劇事件而陷入黑暗，包括釋迦族的滅亡，以及舍利弗和目犍連的過世。

　　西元前 478 年的雨季期間，佛陀在阿難的陪同下住在竹林精舍，在那

---

④　傳記不斷提到佛陀遊化四方的旅程。

⑤　這個故事意義很大：這似乎指僧律的細節不需要由佛陀決斷，但是我們還是有些相反的例證；見 J. Filliozat, *L'Inde classique*, II, p.485。

裡，佛陀罹患嚴重的痢疾。他渡過那次的危機，而阿難則因為「佛陀不會在傳授關於僧團的教法之前入滅」而感到欣慰。但是佛陀回答說他已經傳授所有的正法，如同師長一樣，沒有任何藏私；他已經是個「虛弱的老人」，生命即將到達終點，因此他的弟子們必須依止正法。

然而，有些原始資料⑥添加某個重要的的插曲：佛陀回到毘耶離後，和阿難在遮波羅支提（Cipala）靜坐，佛三次對阿難說：「這世間，毘耶離太安樂了！」又說：「若人能修四如意足。能住壽一劫若減一劫。」暗 (82) 示說如果阿難請佛住世，佛會答應阿難久住。但是阿難「惡魔蔽心」，三次都保持緘默，因此佛陀就請他離開。於是魔羅又出現，提醒佛陀說，他曾經承諾等到四眾弟子具足之後就要入滅。「噢！邪惡的你，別害怕！」佛陀回答道。「你不會等待太久的。」於是佛陀「捨壽行」，定三月後涅槃，「爾時大地諸山大海，皆悉震動。」阿難向佛陀問起大地震動的奇怪現象，得到答案之後，他請求佛陀住世直到劫盡。但是佛陀經不能違背對魔羅許下的承諾。「阿難，此是你之錯誤及罪過。……阿難，你若如是懇請如來，至於第二次，他或不俯允，但第三次他或將納受。因此，阿難，此是你之錯誤及罪過。」⑦

他們離開毘耶離，前往舍衛城，經過波婆村（Pāpā）時，當地有個鐵匠純陀（Cunda）供養佛陀某種「不老不嫩的野豬肉」（也可能是蘑菇）譯⑨，使佛陀得了出血性痢疾，而宿疾復發。然而他們還是到摩羅國（Mallsa）的拘尸那揭羅（Kuśinagara）。旅途勞累使他元氣大損，他以右脅臥

---

⑥　《天業譬喻經》（ *Divya Avadana*, pp.200 sq. ）；Burnouf, *Introduction*, pp. 74 sq.; Windisch, *Mara und Buddha*, pp.33 sq.; Foucher, *La vie du Bouddha*, pp. 303 sq. 。

⑦　《大般涅槃經》（ *Mahāparinibbāna*, 3.40 ）。有關於阿難這個被魔蔽心的故事，肯定是為了解釋佛陀的死而杜撰的。因為，佛陀既然可以選擇他的出生，當然也可以無限延長自己的生命。阿難沒有請佛住世不是他的錯。然而，無論是傳說或是教團都沒有責怪阿難的行為，這證明這個故事是為了辯護佛陀的入滅而附會的。
　　譯者按：見《南傳大般涅槃經》，巴宙譯，頁 45。

譯⑨：巴利語 sūkara-maddava。又稱檀耳、檀茸、檀樹耳。為生於旃檀樹之木身。也可能是指野豬肉。

在沙羅雙樹下，面向西、頭朝北，左足疊於右足之上。阿難痛哭流涕，而即將入滅的佛陀安慰他說：「止止，阿難，不要自苦，也不要哭！……當一物既生而成型，即具分離的必然性，不要其解離，此何可能？」⑧接著佛陀對諸比丘稱讚阿難的希有特質，並且為他授記。

(83)　　　阿難在摩羅國的弟子聚集在佛陀身邊。佛陀度化最後一個比丘須跋陀羅（Subhadra）以後，召喚所有弟子，慈悲地詢問大家對於正法和戒律是否還有疑惑。諸比丘皆默然。如是三次詢問，於是佛陀宣說其遺教：「諸比丘，現在我勸告汝等：諸因緣法含固有毀壞。大家應自精進，證取道果！」譯⑩在中夜和後夜的時候，佛陀由初禪進入四禪後滅度。這是在歌栗底迦（Kārtikka）月的夜晚，西元前 478 年（或說 487 年）。

　　　似乎要有別於常人的死亡，關於佛陀的葬禮有許多傳說。摩羅國的百姓以七天七夜的音樂和舞蹈向佛陀的遺體致敬，他的遺體裹上很多層的布，安置在裝滿油的金棺裡，這是比照轉輪聖王（cakravartin）的葬禮。在以檀香木進行荼毗之前，佛陀遺體曾經在拘尸那揭羅城裡遊行。但是在他的弟子摩訶迦葉到來之前，始終無法點燃香木，他在佛陀入滅的八天後也取涅槃。因為摩訶迦葉是僧團的首座，在佛陀的荼毗儀式裡，他必須在

----

⑧　　《大般涅槃經》（*Mahāparinibbāna* 5.14）。譯者案：見《南傳大般涅槃經》，巴宙譯，頁 84-85。

譯⑩：《大般涅槃經》卷下：「爾時世尊。告諸比丘。汝等今者若有疑難。恣意請問。莫我滅後生悔恨言。如來近在婆羅林中。我於爾時。不往諮決。致令今日情有所滯。我今雖復身體有疾。猶堪為汝等解釋疑惑。若欲於我般涅槃後奉持正法利益天人。今宜速來決所疑也。世尊乃至如是三告。諸比丘等默然無有求決疑者。爾時阿難即白佛言。奇哉世尊。如是三誨。而此眾中無有疑者。佛言。如是如是。阿難。今此眾中。五百比丘。未得道者。我般涅槃後。未來世中。當得盡漏。汝亦當在此中數也。爾時世尊告諸比丘。汝等若見我身口意脫相犯觸。汝當語我。時諸比丘聞佛此語。流淚懊惱而白佛言。如來豈當有身口意微細過耶。於是如來即便說偈。諸行無常，是生滅法，生滅滅已，寂滅為樂。爾時如來。說此偈已。告諸比丘。汝等當知。一切諸行。皆悉無常。我今雖是金剛之體。亦復不免無常所遷。生死之中極為可畏。汝等宜應勤行精進。速求離此生死火坑。此則是我最後教也。我般涅槃。其時已至。」

場。傳說佛陀的雙足曾伸出棺木，令這位大弟子能夠以頂禮佛足。譯⑪之後香木就自動點燃了。因爲佛陀在摩羅國裡入滅，摩羅國的百姓就分取佛陀的遺骨。然而，他國的民衆要求得到部分的佛骨以建立佛塔（stupas）。摩羅國起初拒絕，但是在鄰國結盟的威脅下，他們最後允許將佛骨分爲八分。荼毘的聖物、甕和灰燼，都受到立塔供養。

151. 宗教環境：遊行者

西元前六世紀初，印度恆河地區正值宗教思想和哲學活動方興未艾的時期，可以和同時期的希臘文化相提並論。除了婆羅門以外，還有許多沙門（śramaṇas）（「精進者」，巴利文爲 samana）的教團、遊行者（pari-vrājaka）（包括瑜祇、巫者和論師），甚至是唯物論者和虛無主義者，他們是迦爾瓦卡（Cārvākas）和盧迦耶陀派（Lokāyatas）的先驅。有些遊行者主張回到吠陀和後吠陀時期的古風。大部分的人我們都不知其名。而他 (84)
們的學說只在佛教與耆那教的文獻有零星的記載；但是他們都受到耆那教和佛教徒的攻擊以及刻意的扭曲和嘲弄。

然而，所有這些沙門，因爲感受到人生的虛無以及婆羅門祭典裡的教義的影響，而產生厭離世間的念頭。他們所要了解和掌握的，是生死流轉和業的神祕力量。他們發展出許多方法，從極端的苦行、類似瑜伽的狂

譯⑪：《根本説一切有部毘奈耶雜事》：「時壯士及四眾等，先用疊絮裹如來體，次以千張白疊周匝纏身，置油棺覆以金蓋，各持香木如法焚燒，火不能著。時阿盧陀告阿難陀曰：雖欲燃火終無著法，問其何故？答曰：斯爲諸天不令火著。復問何緣？答曰：爲大迦葉波與五百徒眾隨路而來，欲見世尊金色全身親觀焚燎，爲待彼故天不令燒，時阿難陀即以此事普告眾知。須臾尊者徒眾皆至，拘尸那城諸人遙見尊者眾來，各持香華種種音樂，詣尊者頭面禮足，時有無量百千大眾，隨從尊者詣世尊所，除去香木啓大金棺，千疊及絮並開解已，瞻仰尊容頭面禮足，於此時唯有四大耆宿聲聞，謂具壽阿若憍陳如，具壽難陀，具壽十力迦葉波，具壽摩訶迦葉波。然摩訶迦葉波有大福德多獲利養，衣鉢藥直觸事有餘。尊者作念我今自辦供養世尊。即辦白疊千張及白疊絮，先以絮裹後用疊纏，置金棺中傾油使滿，覆以金棺積諸香木，退住一面，由佛餘威及諸天力，所有香木自然火起。」

喜、對事物的經驗主義式的分析，到最抽象的形上學、淫亂的習俗、過度的虛無主義以及粗俗的唯物論。他們所選擇的方法各依生死輪迴裡的造作者的意義而定。造作者是意識的、無常的生命，還是不滅且永生的自我？基本上，這些問題和早期的奧義書（第80節）的問題並無二致，他們也都是印度的核心思想。

　　佛教和耆那教的文獻有時候只提到某些教派的教義內容，卻沒有提及他們的名字。例如說，《梵網經》（Brahmajala Sutta）曾羅列過許多學說：「有外道以宿命通知道自己的過去，而認為有世界和自我有常。有外道認為梵天有常，世間無常。有外道認為世間無限，也有外道認為世間有限……有外道認為不可知。有外道執持自我和世間是無因生。也有外道思維未來世，想像自我在身體死後的生命，是只有意識或是有色，或是既非有色亦非無色，因而沒有苦受。有外道認為自我是無意識，或是非有意識亦非無意識。」（J. Filliozat, *L'Inde classique*, vol.2, p.512）譯⑫這個說法非(85)常珍貴，因為其中有些原本遭到佛教批評的學說，後來被佛教論師吸收而發展出新的理論。

　　除了這些佚名的學說之外，原始資料也保存了某些教派的名稱。其中最為重要的有：阿時縛迦（Ājīvikas）（邪命外道），他們主要的人物是末迦利瞿舍梨（Makkhali Gośāla），而尼乾子外道（Nigranthas）（「離繫」）（也就是耆那教），是大雄（Mahāvīra）的門徒。而瞿曇（Gautama）的老師，阿羅邏迦藍和優陀羅羅摩子，雖然佛陀在智慧和禪定上都遠勝他們，但是他們在禪定方法上對佛陀的影響仍是不容忽視的。

　　《沙門果經》（*Samannaphala Sutta*）（*Dīgha* 1.47 sq.）也提到當時的六師外道譯⑬。他們都是「教團的領袖」，「於大眾中而為導首，多有知

譯⑫：完整的經文見《梵網六十二見經》。
譯⑬：《沙門果經》「前半係以介紹六師外道之說而著名，故有關六師外道之重要資料，以本經最稱具體完備。後半部則揭示佛教之中心思想，並詳說沙門之現世果報與戒定慧三學。要之，本經係記載歷史上有名之阿闍世王，向印度當時新興之思想家，包括佛教及一般傳說之六師外道等，詢問因果及業報等問題，然皆未得解答。最後參訪佛陀，由佛陀淺顯之提示，而了解因緣果報之道理。」（《佛光大辭典》〈沙門果經〉條）

識，名稱遠聞，猶如大海無不容受，衆所供養。」富蘭那迦葉（Purāṇa Ka-
ssapa）認爲「一切法無所有，如虛空不生滅」；阿耆多翅舍欽婆羅（Ajita
Keśakāmbala）近似迦爾瓦卡的唯物論；迦羅鳩馱迦旃延（Pakudha Kaccā
yana）認爲地、水、火、風、樂、苦和生命七種「本體」（kāya）爲獨立
的元素，主張無因論；而珊闍耶毘羅胝子（Sañjaya）爲懷疑論者，因爲他
迴避任何的討論。其他兩位是末迦利瞿舍梨和尼乾陀若提子（Nigaṇṭha Nā
taputta），也就是大雄，他在佛教文獻裡很少被提及，雖然他是佛陀的時
代裡最重要的宗教人物。

　　許多經典提到和遊行者（paribbājakas）遭遇的情形，但是文獻總是強
調佛陀的回答勝過對方的學說和態度。例如說，佛陀呵斥他們無益的苦
行、貢高我慢、未證言證等等。⑨他說沙門和婆羅門的眞正意義並不在於
外在的形象、懺悔或是肉體的禁欲，而是內在的磨練、慈悲、自制、遠離
迷信和調伏分別智。⑩

152. 大雄和「世界的救主」

　　雖然大雄和佛陀是同時代的人，都活躍在相同的地區，但是佛陀卻不 (86)
曾見過他。我們不知道爲什麼佛陀避免和他最強且最有原創性的對手交鋒
（只有他曾經建立教團，他的教團到今日都還存在）。這兩個導師的生涯
內容和精神取向顯然很類似。他們都是武士階級（刹帝利族），也都反對
婆羅門的傳統，在早期的奧義書裡也有這個傾向；他們本質上都是「異教
徒」，因爲他們都否認有至高無上的神以及吠陀經的教義，認爲祭典旣殘
忍又沒有用。但是他們表現出全然不同的生命情調，而他們的教義也相互
牴觸。

　　和佛教不同的是，耆那教並不是起源於大雄的教法，因爲他只是最後

⑨　*Udumbarikā Sīhanāda Sutta*（*Digha* 3.43 sq.）; Rhys Davids, *Dialogues of the Buddha*,
　　III, pp.39 sq..
⑩　*Kassapa Sīhanāda* Sutta（*Digha* 1.169 sq.）; Davids, *Dialogues*, I, pp.234 sq..

一位大師（Tīrthaṃkaras，意為「渡河者」，也就說是「開路的人或解脫者」）。⑪第一位智者是勒舍波提婆（Ṛṣabha）或阿底那陀（Ādīśvara），也就是「最初的導師」，據說壽命長達百萬年，他原是個王子，後來成為苦行者，在開拉沙山（Kailāsa）裡入涅槃。其他 21 位大師的傳奇故事都很類似，大雄的生平是他們的典範：他們都是王子出身，都曾厭離世間，而建立教團。第 23 位大師巴溼伐那陀（Pārśva）在歷史裡確有其人。他是波羅奈國王之子，據說他在 30 歲時捨離世間而成正覺，後來建立了八個教團，最後在山裡圓寂，享年 100 歲，這是在距離大雄約 250 年前的事。巴溼伐那陀至今仍在耆那教的祭典和神話裡享有特別的地位。

(87)　　大雄是悉達多（Siddhārtha）之子，為陀沙那族（Tirśālā）的族長，和統治摩揭陀的家族有關。但是傳說把他的出生描述成「世界的救主」：他是第 24 位大師，也是為了復興巴溼伐那陀的教團教義和德性而決定降生的大師。他原本受胎於婆羅門的妻子提婆難陀（Devānanda），但是諸神把他移到摩揭陀的公主懷裡。許多預言的夢境告訴這兩位母親轉輪聖王的誕生。然後就像佛陀和瑣羅亞斯德一樣，在出生的那個夜晚都有亮光。

　　這位嬰兒被稱為筏馱摩那（Vardhamāna），他和佛陀一樣，體驗王子的生活，和貴族少女結婚，生下一個小孩。但是當他 30 歲那年遭逢雙親變故，而在其兄長的同意之下，筏馱摩那捨棄所有財產和世間，穿上遊行者的衣服。13 個月之後，他放棄所有的穿著，這也是他和巴溼伐那陀的傳統最大的區別。他「以天地為衣」，在 13 年間，過著極端苦行主義的生活和修習禪定。最後，在長期的苦行和兩天半的入定之後，在夏天的某個夜晚，在河邊的娑羅樹下，他得到「全知」。所以他成為勝利者（jina），後來他的門徒也都以耆那（Jain）為名；但是他最為人知的名字是大雄，也就是「偉大的英雄」。在遊行的 30 年間，他在摩揭陀、鴦伽（Aṅga）以及恆河平原的毘提訶（Videha）等國家宣揚他的教義。在雨季的時候，大雄和其他聖人一樣，不會接近城市。他在 72 歲的時候逝世於波婆城

⑪　但是佛教徒也很快地就宣說歷劫佛陀的名號。

（Pāvā）（接近現在的巴特那〔Patna〕）。他「入涅槃」的時間至今仍爭論不休；某些文獻說是西元前 468 年，而 Jacobi 和 Schubrig 則說是西元前 477 年。無論如何，是在佛陀涅槃的前幾年。

153. 耆那教的教義和儀軌

我們對大雄的個人生平所知不多。如同佛陀的神話，他的出生神話和印度傳統的神話很類似。耆那教聖典的結集是在西元前 4-3 世紀的時候，但是其中部分內容的年代則還要更早，因而大概仍然保留大師當時的語言。大雄的教法裡特殊的地方，是對於自然結構的興趣、以及分類學和數字的研究。我們可以說，他的體系是由數字架構起來的（Schubrig），他 (88) 談到三種意識和五種正知、七個原則或是範疇、五種身體、六種象徵靈魂的功過的顏色（leśya）、八種「業體」、十四個靈魂的階段等等。另一方面，大雄和巴溼伐那陀以及佛陀的差異在於他強調極端的苦行主義，終身裸形，以及律制裡多如牛毛的禁戒。

大雄否認有唯一的上帝，但是並不否認有諸神，他們雖然享有某些程度的妙樂，卻不是永生的。宇宙和生命沒有開端也沒有終點。宇宙是無限地重複循環。靈魂的數量也是無限的。萬物都是受到業力的支配，除了解脫的靈魂。耆那教的特色是其源自古代結構的泛心靈主義：世界存在的萬物都有其靈魂，不只是動物，還包括植物、岩石、水滴等等。因此，尊重生命是耆那教最重要的戒律，泛心靈主義的信仰造成許多困難。僧侶即使走路的時候都必須先掃除地上的東西，而且在日落後不得外出，以免傷害微小的動物。

他的泛心靈主義強調對生命的絕對尊重，卻貶抑人們的生命，認為餓死的自殺行為是最高尚的死亡，這看起來似乎很弔詭。對生命的尊重（三界裡的所有生命）無法使人類的生命重獲神性，或是給予宗教的意義。耆那教分受了從《奧義書》以來的悲觀主義以及厭離生命，只能期望靈魂和脫離輪迴的至樂（第 190 節）：靈魂解脫業報的束縛後，「如箭矢般地」

飛越宇宙的頂端；在最高天裡，他和其他解脫的靈魂相聚，而建構清淨的國土。這個悲觀主義和無宇宙論的「靈魂論」使我們想起諾斯替教派（第228 節），以及傳統的數論派和瑜伽派，雖然他們還是有重大的差別（第139 節以下）。

(89)　　　「業」扮演著決定性的角色，因爲業會創造業體，那是某種具有靈魂和軀體的生命，他依附在靈魂裡，強迫靈魂去輪迴。如果能夠擺脫業體的纏縛，就可以成就解脫（mokṣa），也就是過去的業報不令起，未來的業力不令生。修行者透過類似瑜伽術的禪定和觀想⑫，加上苦行和靈修默想，而可以得到解脫。當然，只有僧衆和尼衆能夠立志求解脫，但是修行生活的大門是對任何身心健康的八歲大孩子而敞開的。經過數年的見習之後，入教者透過入會禮受五戒：不傷害、不妄語、不偷盜、不淫、無所得。接著他就會得到乞食缽、短掃帚（以掃淨前方的道路）以及小塊紗布（說話時可以摀著嘴，可能是要避免吞進飛蟲）。僧衆和尼衆的遊行生活，除了雨季的四個月之外，都要依循著大雄的模式。

　　　根據傳說，在大雄逝世的時候，除了有許多在家衆之外，共有 14,000 位僧衆和 36,000 位尼衆在場。這種景象是有些誇大；但是更令人驚訝的是，在出家和在家衆裡有許多女性，因爲女衆無法裸形而被認爲不能得到解脫。然而，在早期的傳說裡都提到有爲數衆多的尼衆或在家女衆。據信這是因爲大雄宣揚著社會平等的觀念，無論是貴族和統治階層。我們可以推測，在大雄的教法裡（他的教法植根於印度的遠古文化），是允許婦女進入教團，而婆羅門正統派則排斥這種宗教方向。

154. 阿時縛迦和全能的「命運」

(90)　　　佛陀將末迦利瞿舍梨視爲最可敬的對手。他成爲大雄的門徒和近侍期

⑫　某些瑜伽術和傳統的瑜伽若合符節，後來由巴丹闍梨所確立（第 143 節）。例如，靜慮（dhyana）就是將精神專注某個點。

間，奉行苦行而且獲得神通力，後來成為阿時縛迦的領導者。根據極少數佛教和耆那教聖典裡有關他個人傳記的資料，末迦利瞿舍梨是個法力超強的巫師。他以「神火」殺死自己的門徒；然而，在和大雄競技神通後，受到大雄施咒而死亡（可能在西元前 485-484 年間）。

「ājīvika」的字源不是很確定。我們很難從佛教徒和耆那教的批評去重構阿時縛迦的學說和儀軌。除了對手的文獻少數的引述之外，他們的聖典已經完全失傳。然而我們知道，這個宗教團體相當古老，甚至比佛教和耆那教還早了好幾代。

阿時縛迦的理論特色在於他極端的宿命論。「人生的努力是沒有用的，」這是他的教義基調。而他系統的重點就在「宿命」（niyati）。根據佛教文獻記載，末迦利瞿舍梨相信「無力，無精進，人無力，無方便。無因無緣眾生染著，無因無緣眾生清淨。一切眾生有命之類，皆悉無力，不得自在，無有冤讎定在數中。於此六生中受諸苦樂，猶如問李瓜報，問瓜李報，彼亦如是。」（*Sāmaññaphala Sutta* 54）換句話說，末迦利瞿舍梨反對印度流行的「業」的學說。他認為，每個生命都必須經過 8,400,000 大劫（mahākalpa），最後自然就會解脫，無須任何努力。佛陀認為這種決定論是個過犯，這也是為何佛陀特別強烈抨擊末迦利瞿舍梨，佛陀認為他的宿命論是最危險的學說。

末迦利瞿舍梨在印度思想裡有其原創性的地位；因為他的決定論的觀 (91) 念，促使他研究自然現象和生命的定律。[13]阿時縛迦幾乎完全裸身，這種儀軌比大雄和末迦利瞿舍梨還早。如同所有遊行者，他們以行乞來獲得食物並且奉行非常嚴格的飲食規律；其中很多人因為飢餓而死亡。這種律法相當古老：新教徒必須手持熾熱的物體燙自己的手；他必須以土石掩埋到自己的頸部，並且一根跟地拔掉他的頭髮。但是我們對阿時縛迦的修行方法所知甚少。我們只能猜測，他們有自己的苦行傳統和禪修方法；這是從

---

[13] 他根據生命的感官數目多寡而加以分類；他提出轉變說（parinamavada），這是基於植物週期生命的精確觀察。

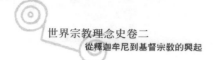

他們相當於其他神祕教派的最高天的涅槃境界推論出來的。⑭

---

⑭　到了西元 10 世紀，阿時縛迦和整個印度一樣，成爲信愛（bhakti）的信徒，最後
　　成爲毘濕奴敎派裡的潘迦拉朵拉派（Pañcarātra）；見 A. L. Basham, *History and
　　Doctrine of the Ajīvikas*, pp.280 sq.。

第十九章

佛陀的教義：從輪迴之苦到離
言絕慮之樂

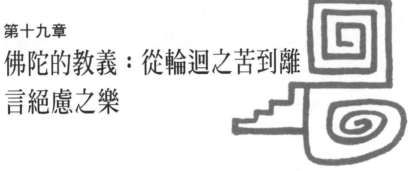

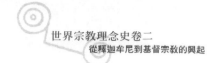

155. 中毒箭的人……

(92)　　佛陀從來不同意為他的教義賦予系統的結構。他不只是拒絕討論哲學
問題，甚至對於他的教義裡的若干根本問題，也不願意作任何宣示，例如
成佛者的涅槃（nirvāṇa）。佛陀的沉默使得後世對這些問題有不同的意
見，甚至造成學派的分立。佛陀的口傳教義和集結也產生許多問題，我們
無法期待這些問題有一天會有令人滿意的答案。但是即使我們無法完全重
構佛陀的「真諦」，卻也不必就此認為原始佛典已經完全改變他的解脫學
說。

　　開始的時候，佛教僧團（saṃgha）透過戒律（vinaya）維繫其組織。
至於教義，僧侶們都相信輪迴和業報、可以臻至涅槃的禪修、以及「佛
位」（所謂的成佛之道）。除了僧團以外，還有許多在家眾（甚至是在世
(93)　尊的時代），他們雖然接受教義，但是還沒有捨離世界。他們信入佛道，
供養僧團，因而獲得「福報」，死後得以往生各種「樂土」，其後得生善
道。這是「人間佛教」的特色，他們產生了許多神話、儀式和文學藝術作
品，在亞洲的宗教史裡非常重要。

　　基本上，我們可以說，佛陀反對婆羅門和沙門（śramaṇas）的宇宙論
和哲學的沉思，以及數論和瑜伽派的修行方法。就宇宙論和人類起源問題
而言，佛陀不認為世界是神或造物主或惡靈所造（如諾斯替教派或摩尼
教，見第 229 節），但是世界卻會因為人的行為（無論善或惡）而繼續存
在。的確，當無明和惡業積聚，不只是人的生命會減短，也會加速世界的
崩壞。（這是印度共有的觀念，但是其起源是更早的信仰，認為世界會持
續的沒落，而必須有周期性的重生。）

　　至於數論和瑜伽派，佛教承襲且發展數論師的分析以及瑜伽論者的冥
想技術，但是駁斥他們的理論預設，尤其是關於自我（puraṣa）的觀念。
他堅持拒絕落入任何戲論。我們可以從他和鬘童子（Māluṅkyaputta）對話
裡看到極佳的例證：鬘童子尊者正在僻處坐禪，忽然心生一念如次：「這

些理論世尊總不解釋，將它們擱置一邊或予以排斥：世界是永恆，世界是不永恆？世界是有限，世界是無限？靈魂和肉體是同一物，靈魂是一物，肉體又是一物？聖者死後繼續存在，聖者死後不再存在？」譯①鬘童子要佛陀確實陳述他的想法，或是承認他也不知道答案。於是佛陀告訴他中毒箭的人的故事。他的朋友和親人急忙去找醫生，但是那個人喊道：「我不要把箭拔出來，要到我查到是誰射我的；他是剎帝利或是婆羅門……，他屬於哪個家族；他長得很高或很矮，或是中等身材；他來自哪個村莊或城 (94) 市，我不會把這隻箭拔出來，直到我知道射中我的是什麼樣的箭，……弓箭的弦是什麼做的……，箭翎用的是什麼羽毛……，箭鏃是用什麼做的。」譯②佛陀說，那個人在知道答案之前就死去了，正如那些要先解決各種哲學問題後才肯接受聖道的人一樣。「因為那是無用的戲論，因為那無關神聖和精神的生活，也不會幫助我們厭離世界、捨棄或調伏欲望、或是得到平安、深入禪味、開悟、般涅槃。」譯③佛陀提醒鬘童子，他只教

譯①：巴利文《中部經第六十三經》，見《原始佛典選譯》，慧炬，民 59 年，頁 222。「謂世有常。世無有常。世有底。世無底。命即是身。為命異身異。如來終。如來不終。如來終不終。如來亦非終亦非不終耶。」（《中阿含箭喻經》）
譯②：「猶若有人身中毒箭。彼親屬慈愍之。欲令安隱。欲饒益之。求索除毒箭師。於是彼人作是念。我不除箭。要知彼人己姓是字是像是。若長若短若中。若黑若白。若剎利姓。若婆羅門姓。若居士姓。若工師姓。若東方南方西方北方誰以箭中我。我不除毒箭。要當知彼弓。為是薩羅木。為是多羅木。為是翅羅鴦掘梨木。我不除毒箭。要當知彼筋。若牛筋。若羊筋。若氂牛筋。而用纏彼弓。我不除毒箭。要知彼弓弝為白骨耶。為黑漆耶。為赤漆耶。我不除毒箭。我要當知彼弓弦。為牛筋羊筋氂牛筋耶。我不除毒箭。要當知彼箭。為是舍羅木。為是竹耶。為是羅蛾梨木耶。我不除毒箭。要當知彼箭筋。為是牛筋羊筋氂牛筋耶。而用纏箭耶。我不除毒箭。要當知彼毛羽。是孔雀耶。為是鵾鶴耶。為是鷲耶。取彼翅用作羽。我不除毒箭。要當知彼鐵。為是婆蹉耶。為是婆羅耶。為是那羅耶。為是伽羅鞞耶。我不除毒箭。要當知彼鐵師。姓是字是像是。若長若短若中。若黑若白。若在東方若南方若西方若北方。彼人亦不能知。於中間當命終。」（《箭喻經》）
譯③：「此非義相應。非法相應。非梵行本。不趣智，不趣覺，不趣涅槃。是故我不一向說此。」（《中阿含箭喻經》）

導一件事，那就是四聖諦（《中部》〔Majjhima Nikāya〕1.426）。

156. 四聖諦和中道。為什麼？

　　四聖諦是他的核心教義。他在證道後，在波羅奈對五比丘說法（第149節），就是演說四聖諦。第一諦是苦（dukkha）諦。佛陀以及奧義書時期之後大部分的印度思想家和聖者都認為一切皆苦。是的，「生是苦，老是苦，病是苦，死是苦，怨憎會是苦，愛別離是苦……，求不得是苦。總之和五陰（skandhas）接觸者皆是苦。」（《中部》1.141）譯④我們會指出，dukkha 這個名詞（通常譯作「苦」）有更廣的意義。各種形式的快樂，甚至是禪悅，都被描述為苦。佛陀在讚嘆瑜的相應境界之後，也補充說那也是無常的，也就是 dukkha，都會變易。（《中部》1.90）他們是苦，因為他們是無常的。①我們會看到，佛陀把「自我」化約為身心力量的五陰（skandhas）和合。而他說，苦最終就是五陰。②

(95)

　　在第二諦裡，佛陀認為苦的起源是貪欲或渴愛（taṇhā），這也是輪迴的原因。這個渴愛會不斷追求新的快樂，其中又可以分為三類：渴望感官的快樂，渴望不死，渴望斷滅。值得注意的是，佛陀認為「渴望斷滅」也是某種渴愛的表現。斷滅的欲望本身也是貪著，會使人想要自我了斷，但是這不是解決問題的辦法，因為人還是無法中止輪迴。

　　第三諦說苦的解脫在於止息渴愛，也就是「涅槃」。的確，「涅槃」本身就有「止息渴愛」（taṇhākkaya）的意思。最後，第四諦開顯離苦得樂的道路。

---

① 佛教論師把苦（dukkha）區分為苦苦、壞苦和行苦（《清淨道論》p.499）；亦見 Rahula, *L'Enseignement du Bouddha*, p.40。但是既然一切都是有為法，所以一切都是苦。

② Rahula, p.41.

譯④：「謂生苦，老苦，病苦，死苦，怨憎會苦，愛別離苦，所求不得苦，略五盛陰苦。」（《中阿含分別聖諦經》）

　　在論述四聖諦時，佛陀使用印度醫學的方法，先診斷出疾病，然後發現其病因，最後提出對治的方法。佛陀的藥方就是四聖諦，因爲它提出治療存在之苦的方法。這個方法就是「中道」，避免兩個極端：追求感官的快樂，或是以過度禁欲的方式追求精神的幸福。這個中道也稱爲「八正道」，包括：一、正見；二、正思惟；三、正語；四、正業；五、正命；六、正精進；七、正念；八、正定。

　　佛陀不厭其煩地重複八正道，爲不同的聽衆以不同的方式解釋。這個八正道有時候會根據其目的而有各種分類。例如《中部》（1.301）把佛陀的教義定義爲：戒（śīla）、定（samādhī）、慧（panna; prajñā）。以「無緣大慈、同體大悲」爲基礎的倫理行爲，在於八正道的三條律則，也就是正語、正思維和正業。有許多經典解釋這些法則的意義。③心靈的修煉（定）在於八正道的最後三條法則：正精進、正念、正定。其中也有類似 (96) 瑜伽的苦行，因爲那是佛陀教義的本質，我們稍後會討論到這個問題。至於智慧（慧），則是正見和正思維的結果。

157. 事物的無常和無我的學說

　　僧伽透過思維四聖諦中的苦諦和集諦，而發現了無常和無我。他發現他不會迷失在事物之中（例如吠檀多派、奧斐斯宗教或諾斯替教派），卻有相同的存在樣態；因爲宇宙整體和意識活動都是同一個世界。透過殘酷的分析，佛陀證明世界的存在可以分爲五個範疇：也就是五陰：一、色，包括整個物質世界、感官及其對象；二、受，五官的接觸引起的感受；三、想，知覺現象；四、行，意識或潛意識的心理構造；五、識（vijñānas），感性和思維（manas）（存在於心靈裡，組織各種感覺經驗）產生的各種認識。而只有「涅槃」才不能被五陰限定、「構成」或規 (97)

③　例如，正語是不妄語、綺語、兩舌、惡口。正業是不殺生、偷盜、邪淫。正命則是不從事傷害其他生命的工作。

範。

這五陰概括地描述事物的世界和人類的處境。還有另外一個學說，更生動地描繪和闡述主宰生死輪迴的因果連結。這個學說就是「緣起法」（pratītya-samutpada; Pali, paṭicca-samuppāda），由十二個元素組成，首先是無明，有無明始有意欲而生行（saṃskāras）（心理狀態），是心理現象的造作遷流，依序產生識、名色、六處、觸、受、愛、取、有、生、以至於老死。本質上，無明、欲望和存在是互為依存的，他們共同解釋生死輪迴從不間斷的鎖鍊。

這個分析和分類的方法不是佛陀所創。在古典時期之前的數論和瑜伽論者的分析，和梵書以及奧義書一樣，已經把宇宙整體和心理活動分類為若干元素或範疇。其次，從後吠陀時期開始，貪欲和無明就被認為是苦和輪迴的第一因。但是奧義書和數論以及瑜伽論一樣，也都承認有自主性的精神原理，也就是「自我」（ātman, puruṣa）。而佛陀似乎拒絕或至少避談這些原理的存在。

的確，許多反映世尊原始教義的佛典都否認有情（pudgala，補特伽羅）、命我（jīva）和自我（ātman）的實在性。在佛陀的演法裡，他說以下的主張是戲論：「世界是自我（ātman）；死後我會是自我，是恆常、持存、不變易的，我將永遠存在。」④他的否定自我的苦行的意圖和作用是可以理解的：**透過觀想存在的不真實，可以從根拔除無明。**

(98)　　　另一方面，這個被否定的自我，既要受輪迴之苦，又可以解脫般涅槃，於是產生許多問題。這就是為什麼佛陀有時候會拒絕回答自我是否存在的問題。當有個遊方僧婆磋（Vacchagotta）譯⑤問他這些問題時，佛陀默然不語。但是他後來對阿難解釋他的沉默的意義：如果他回答說自我存在，那麼他就是在說謊；那麼他就會認為世尊也和其他人一樣抱持「常見」（也就是說，他會把他當作和許多人沒有差別的「哲學家」）。如果他回答說沒有自我，婆磋會認為他主張的是「斷見」，更重要的是，這只

---

④　《中部》1.138。
譯⑤：見《原始佛典選譯》，慧炬，民59年，頁232。

會使他更迷惑；「因為他會想，從前我有個自我，但是現在我沒有了。」（《相應部》〔Saṃyutta Nikāya 4.400〕）天親（Vasubandhu）（西元五世紀）譯⑥在注釋這段故事時評論說：「相信有我便是墮入常見，否定有我便是墮入斷見。」⑤

透過否定自我的真實（nairātmanya），人們會遇到這個弔詭：如此標舉行為及其「業果」（業報）的重要性的理論，卻否定有行為主體，也就是「造業受果者」。換言之，後來的論師佛鳴（Buddhaghoṣa）譯⑦說：「雖然造作能生果，卻沒有能承受這果的人，只有造作，但是沒有造作者。」（《清淨道論》〔Visuddhimagga〕p.513）不過，有些經文就沒有這麼斬釘截鐵：「在某世受果的他和前世造業的他非同非異。」⑥

如此的猶豫和歧義反映出因為佛陀拒絕回答這類問題而產生的困擾。如果世尊否認有不可化約且不會消滅的自我，那是因為他知道相信有自我（ātman）會導致無止盡的形上學爭辯，助長知識的傲慢，終究是阻礙菩提道。正如他不斷宣說的，他傳的法是離苦得樂的法。關於自我和涅槃本性 (99) 的無數爭論，都會在菩提道的經驗裡得到解答：**透過分別知或是言詮是不會有答案的。**

然而，佛陀卻似乎又認為補特伽羅有某種統一性和持續性。佛陀在談

---

⑤　L. de la Vallée-Poussin, Nirvāna, p.108.

⑥　ibid., p.46.

譯⑥：Vasubandhu，天親，又譯世親。佛滅後九百年而出，初於阿踰闍國薩婆多部出家，研學小乘既通大毘婆沙論之義，為眾講之，一日作一偈，共作六百偈，稱為俱舍論。後用無著之示誨，懺悔小執之非，欲斷舌謝其罪。無著云：汝既以舌誹謗大乘，更以此舌讚大乘可也。於是造唯識論等諸大乘論，弘宣大教，壽八十，寂於阿踰闍國。」付法藏傳六曰：「尊者闍夜多臨滅度時，告比丘婆修槃陀：無上妙法，今付屬汝，汝當至心護持。婆修盤陀受教，解一切之修多羅，廣化眾生。」

譯⑦：佛鳴，中印度摩伽陀人。紀元五世紀頃，渡航錫崙，閱讀大寺之藏經。往昔阿育王派遣布教師於各地時，摩哂陀傳至此島之三藏尚存，新再翻為巴利語，於是施註釋。彼又為其翻譯，至緬甸，傳將來佛典。錫崙之佛徒，服其學德，以為彌勒再來，尊崇之極深。

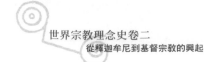
到煩惱和煩惱者時，他說：「煩惱是五陰：色、受、想、行、識，煩惱者是我（補特伽羅），如尊者如是名，如是姓。」（《相應部》3.22）但是他拒絕在「補特伽羅論者」（pudgalavādīn）和「五蘊論者」（skandhav-ādin）之間做選擇；他始終堅持其「中道」。⑦然而，還是有許多人相信有補特伽羅的持續性，而且不只是大眾部而已。本生經（Jātakas）描述佛陀和他的家人同伴的前生，並且承認這些存在的同一性。而我們又如何去理解悉達多在出生時所說的「這是我最後一世」（第 147 節），如果我們否認有個「真正的我」的連續性（即使我們不稱之為自我或補特伽羅）？

158. 涅槃之道

　　最後兩個聖諦必須同時去思維。首先，人們發現苦的止息必須透過渴愛的完全斷絕，也就是「遠離渴愛，厭離、拒絕、解脫，不染不著。」（《中部》1.141）譯⑧然後知道八正道是止滅苦的道路，道諦和滅諦明白(100)宣說：一、存在有涅槃。二、但是必須透過禪定和觀想的特別技術達到。由此推得，所有關於涅槃性相和覺者的存在模式的討論，對於還沒有進入這離言絕慮的狀態的人而言，是沒有意義的。

　　佛陀並沒有給涅槃任何定義，但是他經常提到涅槃的性相。他說，阿羅漢（arhat）「已經得到不會動搖的快樂」（《優陀那》〔Udāna〕8.10）；也就是說，涅槃是「快樂」（《增支部》〔Anguttara〕4.414）；

---

⑦　此外，「補特伽羅論者」會以人的弔詭定義去詰問對方：「說補特伽羅和五蘊相同是錯誤的；而說補特伽羅和五蘊不同也是錯誤的。」另一方面，「五蘊論者」會把「自我」解釋為因緣的和合（saṃtāna），儘管遷流不停，卻是不相續的，就像「靈魂」一樣。後來的部派分別闡述這兩個詮釋，但是在佛教思想史的發展裡，則是後者居主流地位。不過現有的經文裡的派別看來，都是主張無自性（nairātmya）的。（Vallée-Poussin, Nirvāna, pp.66 sq.）

譯⑧：「彼若解脫，不染不著，斷捨吐盡、無欲、滅、止沒者。是名苦滅。」（《中阿含分別聖諦經》）

世尊已般涅槃，五比丘亦般涅槃：「你們於此世也可以般涅槃。」（《中部》1.172）阿羅漢於今生「梵行已立，所作已辦，不更受有。」⑧

是故佛陀說，涅槃就在「附近」、是「開顯的」、「眞實的」、「今生的」。但是他也強調只有梵行者（是指他以及他的門徒）才能「得見」且般涅槃。「正見」在經典裡稱爲「聖者之眼」（ariya cakkhu），可以使我們「接觸到」無限者、「無爲者」，也就是涅槃。⑨這個超越性的「正見」必須透過禪定的技術獲得，早在吠陀時期便已經發展出這種技術，在伊朗也有類似的方法。

簡單的說，無論涅槃的「本質」是什麼，我們可以確定的是，只有遵循佛陀所教授的方法才能夠獲得。這個方法顯然有瑜伽的結構，因爲其中包含著幾個世紀以來盛行的冥想和禪坐方法。但是那是經過佛陀的宗教精神重新詮釋和發展的瑜伽。比丘的修持首先要持續反省色身的生命，以覺知他所有的行爲，直到他從心所欲不逾矩。例如說，「緩緩地吸氣，他完 (101) 全了知這深緩的吸氣；快速地吐氣，他也了知這吐氣。他練習去意識所有的呼吸；他也練習讓呼吸緩慢。」（《長部》〔Dīgha Nikāya〕2.29）同樣的，比丘也努力「完全了知」在行住坐臥、舉手投足、言談沉默之間的行爲。這不間斷的清明使他看到世界的脆弱和「靈魂」的不實在。⑩

於是比丘能夠在這些技術裡恢恢乎游刃有餘。佛教把這個技術分爲三

----

⑧　《增支部》1.206、《中部》1.341。Vallée-Poussin 比較《薄伽梵歌》的經文說：「發現到心外沒有快樂幸福的瑜祇，和梵合而爲一，得入涅槃，那就是梵。」其他的佛教經典如是描繪解脫的聖者：「我說此比丘不往東不往南不往西……；就在此生他得解脫、入於涅槃寂滅，和梵合而爲一（brahma-bhūta）。」（Vallée-Poussin, p.73 n.1）

⑨　我們必須區分「入生涅槃」（在活著的時候證得）和「圓寂」（死後般涅槃）的不同。

⑩　Sumaṇgala Vilāsinī 的論釋對於身體的運動作以下的結論：「彼說那行住坐臥者是眞實的生命。但是那行住坐臥者眞的是生命嗎？其實並沒有這種東西。」至於出入息，比丘發現「他們以色法爲基礎，而色法即是身，因此是四大。」（見 Eliade, Le Yoga, p.173）

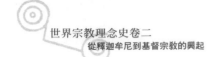
類：禪那（jhāna, dhyānas）、三摩缽提（samāpattis），以及三摩地（samādhis），我們先簡述之，再討論他們的功用。在初禪裡，比丘離欲而「身心輕安」，由寂靜而生審慮（推理和反省）。在二禪裡、思慮平靜微細，猶有喜樂之念。在三禪裡，比丘捨離喜受，不染著於意識，感覺意識之樂。在四禪裡，苦樂受俱遣，得到絕對的澄淨、覺照和無著。⑪

（102）　四種三摩缽提（等至）則是追求思維的「滌清」。思維空去所有的內容，念住於空無邊處、識無邊處、無所有處、以及非想非非想處。但是比丘必須進而透過滅盡定（nirodhasamāpatti）泯絕一切塵慮。生理上，比丘似乎進入昏厥的狀態，身口意業歸於平靜。後來有論師說那是「滅受想無為的比丘」。⑫至於三摩地（等持），則是比禪那和三摩缽提更為短暫的瑜伽技術，特別是在意識的訓練。思維專注於某個對象或觀念，以使意識專一，摒除分別思維。針對不同的目的，有各種三摩地。

透過這些瑜伽技術的修習或掌握，以及其他的方法⑬，比丘可以進入「解脫道」，也就是所謂的四果：一、「入流」（須陀洹果），行者不再有誤解和疑惑，入聖位逆生死之暴流，只會再於世間輪迴七次。二、「一來」（斯陀含果），斷欲界的貪嗔癡，只會再受生一次。三、「不還」（阿那含果），完全斷絕欲惑，只會受生到色界和無色界。四、阿羅漢果（應供），除盡所有欲望和疑惑，有超自然的知識和悉地（siddhis），命終得般涅槃。

159. 冥想的技術和「般若」的覺照

儘管有許多原始經典的引徵和詳盡的論釋，我們還是很難相信人們如此就能「理解」這些瑜伽技術。只有在老師的指導下精進修習，才能夠開

----

⑪　《長部》1.182 sq.；*Le Yoga*, pp. 174-75；《中部》1.276。無論比丘後來的境界是否更高，四禪定確定可以使他上生「天界」，他們現在則是在禪定裡暫時投入。

⑫　Śāntideva; cf., *Le Yoga*. p.177.

⑬　例如八解脫和四念處。

顯其結構和功用。在奧義書的時代是如此，在我們的時代也是這般。

不過我們還是要提到幾個基本的重點。首先，這些瑜伽技術必須有「般若」（prajñā）的指引，也就是完全了解比丘會經驗到的心理和超心理狀態。持續努力地「觀照」行住坐臥的生理行為（呼吸、走路、舉手投足），行者可以感受到凡夫無法意識到的「境界」。 (103)

其次，對於瑜伽經驗的「理解」，可以改變平常的意識狀態。比丘可以摒除凡夫意識不可免的邪見（例如相信「自我」或事物是眞實的）；另一方面，透過超越凡人的經驗，他可以得到概念知識無法到達的認知層次，而那也是無法以言語表達的。

第三，比丘透過日起有功，可以證悟佛陀的教義，特別是那「絕對者」、「無為者」、超越凡夫意識的存有樣態，以及涅槃的眞實性相，除了它的存在以外，沒有什麼可以說的。後來的論師一語道破涅槃信仰的實驗性（瑜伽）起源：

> 我們不必因為涅槃境界不是知識的對象，就說它不存在。涅槃顯然不像顏色或感覺那樣可以直接認識；涅槃也不像感官的活動那樣可以透過反省去間接認識。然而涅槃的本性和作用卻是知識的對象……定境中的行者可以意識到涅槃法相和作用。當他出定後，他會喊道：「啊，涅槃，寂滅、平靜、無上、捨離！」盲者無法見到藍色和黃色，沒有權利說他們沒有看到顏色，顏色就不存在。⑭

佛陀對後人最有啓發性的貢獻，或許是他以特殊的理解方式整合了苦行和瑜伽技術。我們從佛陀的同時強調瑜伽的苦行和禪修以及教義的思維，也可以證實他的用心。但是我們也知道，一個人很難同時掌握這兩種 (104)方法（事實上，那是兩種背道而馳的意識活動）。經典很早就試著要找到妥協的方法。「專注於瑜伽冥想的行者（耆那教徒）和恪遵教法的行者（法瑜伽行者）互相譏嘲。但是他們應該彼此尊重。因為的確很少人能夠

---

⑭ 指眾賢（Saṃghabhadra），Vallée-Poussin, Nirvāṇa, pp.73-74。《清淨道論》説：「不可以因為愚者看不見，就説事物不存在。」

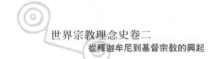

身體力行地追求涅槃,也很少人能夠透過般若澈底了知世界。」⑮

　　佛陀所開顯的眞理都必須透過瑜伽的方式去「理解」,也就是去觀想和「體驗」。這就是爲什麼以多聞教法著稱的阿難會被排除在結集大會之外(第 185 節):因爲他不是阿羅漢,也就是說,沒有澈悟的「瑜伽經驗」。《相應部》(2.115)的著名經文裡,尊者那羅(Nārada)和尊者茂師羅(Mūsila)住舍衛國象耳池側,他們分別代表著佛教修行的某個果位。他們都有相同的知識,但是那羅不認爲自己是阿羅漢,因爲他沒有自證「寂滅」。⑯在整個佛教史裡,這個二分法始終存在著。有些論師甚至認爲透過般若自身就可以得到涅槃,而不必漸修瑜伽經驗。在爲那些慧解脫的聖人的辯護裡,尤其看得出來反神祕經驗的傾向,也就是「形上學家們」排斥過度的瑜伽經驗。

　　另外,涅槃之道(像是古典時期的瑜伽論者的三摩地道)也會有各種悉地(成就)。這爲佛陀帶來新的問題(正如後來的巴丹闍梨)譯⑨因爲悉地是禪修必然會有的「力量」,也表現著行者的精神進展。那證明他正(105)在「解脫纏縛」,掙脫那無情的自然法則。但是,這力量是很危險的,因爲比丘會受到誘惑,以這些神通去支配世界,更會誤導還沒有入法的人們。

　　這些「超自然之能力」即五種神通:一、神境智證通;二、天眼智證通;三、天耳智證通;四、他心智證通;五、宿住隨念智證通。這五種神通和佛教以外的瑜祇並無差別。在《長部》(1.78)裡,佛陀說,比丘在定境中可以幻化分身、隱身遁地、涉水不沉、得聞梵音、觀察他心、宿命通。但是他也不忘提醒他們,擁有這些神通會有危險,因爲那會使行者忘失他們原來的志向,也就是解脫道。其次,神通神變並不能幫助如們歸依解脫道;因爲其他瑜祇和伽藍也能行這些神通;更糟糕的是,那些未歸依

---

⑮　《增支部》3.355;*Le Yoga*, p.178。

⑯　見 *Le Yoga*, p.180。Vallée-Poussin, "Musīla et Nārada," pp.191 sq.。

譯⑨：巴丹闍梨(Patañjali)。西元五世紀人,蒐集當時有關瑜伽諸説,撰成《瑜伽經》,確立瑜伽派(一説巴丹闍梨爲西元前一五〇年間)。

的人會認為這些神通就是他們的教義。這就是為什麼佛陀「於神通神變做過患觀，厭惡慚愧而避之。」譯⑩

160. 無為的弔詭

　　如果我們還記得比丘如何轉化凡夫的意識，如何修行怪異的瑜伽和超心理狀態，我們就可以明白為什麼經典在談到涅槃法相以及解脫境界時會如此混亂、遲疑、甚至前後矛盾。關於「入於涅槃者」的存有是不是完全的斷滅、或是有個不可說的、至樂的彼岸世界。佛陀說涅槃就像是火的熄滅。但是有人說，在印度的思想裡，火的熄滅不代表消滅，而只是回到潛能的狀態。⑰另一方面，如果涅槃是最高的無為，是絕對的境界，那麼它不只是超越宇宙的結構，也超越了知識的範疇。如此我們可以說「入於涅槃者」不受後有（如果說這個後有是世界裡的存有模式）；但是我們也可以說，他「存在」於涅槃無為裡，因而是個不可思議的存有模式。 (106)

　　佛陀對於這個問題不置可否的做法是正確的。因為只有入道、體證到瑜伽經驗、而且開悟的人，才能夠以般若去理解這言語道斷的境界。然後他會來到弔詭且矛盾的境地，在那裡，存有和虛無是不相衝突的；如此他就可以說，「自我」既存在也不存在；解脫既是斷滅也是至樂。在某個意義下，雖然數論瑜伽和佛教的說法迥然不同，但是我們還是可以比較「入於涅槃者」和「生解脫者」（jīvan-mukta）的類似性。（第 146 節）

　　然而我們必須強調，關於涅槃和絕對的超越宇宙（斷滅）的意義，也可以從許多想像和象徵裡看到。我們已經提過「佛行七步」（第 147 節）的宇宙論和時間的象徵。佛陀以「打破的蛋」比喻他已出輪迴，換言之，他已經超越了宇宙和時間的循環。更戲劇性的比喻還有佛陀的「破壞房

---

⑰　　A. B. Keith 指出奧義書也有相同的比喻，史詩裡的西那特（Senart）；見 Vallée-
　　Poussin, *Nirvāṇa*, pp.146。

譯⑩：《長阿含卷十六堅固經》。

子」和阿羅漢的「破屋頂」，都是象徵有為世界的消滅。⑱如果我們知道，在印度思想（或是在許多古老的傳統）裡，宇宙、房子和人類的意義是同族性的，我們就可以了解佛陀的這些主題的創新和傳承。古代的理想是「安土重遷」（也就是在宇宙裡選擇某個存在的處境），而佛陀卻和同時代的思想家背道而馳：世界的畢竟空滅和有為境界的超越。

(107) 　　然而，佛陀並不說他的教義是創新的。他在許多場合裡重複說他是遵循無始以來（akālika）聖者和覺者之道，⑲他只是以不同的方式重述這「永恆的」真理。

....

⑱　見 Eliade, *Images et Symboles*, pp.100 sq.; "Briser le toit de la maison," passim.
⑲　「我於往昔得見古時聖者所立之道，這是我所遵循的道路。」（《相應部》2.106）「往昔聖者、覺者、天人教導行者，現在則是由我教導你們；未來也會有聖者、覺者、天人如此教導世人。」（《中部》2.3-4; 2.112; 3.134）

第二十章

羅馬的宗教：從起源到對於酒
神崇拜者的迫害
（約西元 186 年）

161. 羅穆路斯和牲品

　　根據古代史學家們的研究，羅馬城大約建立在公元前 754 年，而考古學上的發現也證實了這個傳說的可信度：烏爾布（Urb）這個地方從西元前八世紀中葉就開始有人定居。羅馬建城的神話和早期幾位君王的傳說，對了解羅馬的宗教特別重要，但是，這個神話大全的確也反映了某種民族誌學和社會的眞實情形。羅馬誕生之的傳奇故事著重於：一、許多基於不同起源的逃亡者的聚集；二、兩個完全不同的族群的融合。羅馬人來自拉丁血統，他們是新石器時代的土著和從阿爾卑斯山入侵的印歐民族的混合。這個初次融合的結果，替羅馬人的國家和文化建立了典範，因爲這種同化以及種族、文化、宗教的整合過程，持續到帝國的末期。

　　按照歷史學家記載的傳說，阿爾巴（Alba）的國王努米陶爾（Numitor），其弟阿姆利伍士（Amlius）篡位。爲了鞏固政權，阿姆利伍士殺死努米陶爾的幾個兒子，並且強迫他們的妹妹希爾威亞（Rhea Sylvia）終身爲女灶神（Vestalis）的祭司，以絕後嗣。但希爾威亞卻懷了戰神馬爾斯（Mars）的孩子，她生下一對小男孩：羅穆路斯和列姆斯（Remus）。這對雙胞胎被丟棄在台伯河（Tiber）岸，並奇蹟似地被母狼哺育，他們後來被牧羊人救出後，由他的妻子撫養長大。羅穆路斯和列姆斯成年以後，和祖父相認，殺死了篡位者，重新恢復努米陶爾的王位。然而，他們離開阿爾巴，並且決定在他們童年成長的地方建立城堡。在求神問卜之後，羅穆路斯選擇了巴拉提努斯山（Palatinus），而列姆斯則選擇了位在阿溫提努斯（Aventinus）的丘陵。他們決定以觀看建城之山的飛鷹多寡爲定，列姆斯看到了第一個預兆：6 隻禿鷹。不過，羅穆路斯則看到了 12 隻；於是建城的榮耀就降臨在他的身上。他用犁圍著巴拉提努斯拖曳出一道溝渠：翻起來的泥土作爲城牆，溝渠則是護城河，而被昇高的犁則指示未來城門的位置。爲了嘲笑他兄弟使用這些誇張的「術語」，列姆斯一腳就跳過了「城牆」和「護城河」。之後，羅穆路斯就將他壓倒在地並且殺了他，他

(109)

大聲喊道：「今後，任何越過我城牆的人都會如此被消滅！」①

　　這個傳說的神話特質很明顯。我們會想到出生的嬰兒被遺棄的題材：像薩爾貢（Sargon）、摩西、居魯士以及其他著名人物的傳奇故事（見第58、105 節）。戰神馬爾斯派來哺育雙胞胎的母狼，暗示羅馬人好戰的天性。被拋棄荒野和母獸哺育的經驗，成為未來的英雄必須完成的入會禮考驗。接著就是年輕人在貧窮和卑微的人群裡學習成長，忽略掉自己的地位（比較居魯士的例子）。「敵對的（雙胞胎）兄弟」和殺死叔叔（或祖父）的題材到處可見。至於以犁溝（sulcus primigenius，「祖先的犁溝」）作為城堡落成典禮以及類似的場景，也出現在其他許多文化裡。（反過來說，敵人城市的儀式性破壞，就是拆掉其城牆並且在斷垣殘壁四圍犁出溝畦。）②如同許多其他傳說，城市的建立就是宇宙創造的重現。列姆斯的犧牲反映了原人（Purusa）、耶米或盤古在創造天地時的犧牲的典型（見第 75 節）。列姆斯在羅馬建城時作為供物，因而確保了城市未來的幸福，也就是羅馬民族的誕生和羅穆路斯的取得王權。③ (110)

　　我們很難去確定神話的年代，尤其這個神話傳說在最早的歷史記載之前，就經過各種修改。這些傳說的年代久遠是無庸置疑的，有學者也指出和印歐民族的宇宙創造論的類似性。④我們關心的是這個傳說在羅馬文化的的回響。格林瑪（Grimal）說：

　　關於這個血腥的獻祭，首次奉獻給羅馬守護神的供物，人們將永遠保存這個恐怖的記憶。即使是羅馬建城 700 年後，賀拉斯（Horace）仍然認為那是個原始的過犯，使她的子民彼此相互殘殺，結果不可避免地導致這座城市的沒落。在歷史的每個危機裡，羅馬都會痛苦地質問自己，相信自

---

① Cf. Livy, I, 3 sq; Ovid, *Fasti* 2.381 sq.; Dionysius of Halicarnassus, *Antiquit. Rom.* 1.76 sq.; Plutarch, *Romulus* 3-11; etc..

② Servius, ad Aeneid 4.212.

③ Florus, *Rerum Romanorum epitome* 1.1.8; Propertius, 4.1.31; Jann Puhvel, "Remulus et frater," pp. 154 sq..

④ Puhvel, pp. 153 sq.; Bruce Lincoln, *The Indo-European Myth of Creation*, pp. 137 sq..

己承擔著這個詛咒。她出生時既沒有與人類和平共處，她也沒有與諸神和
平共處。這種宗教上的焦慮將為她的宿命加上重擔。⑤

162. 印歐神話的「歷史化」

傳說城市的殖民最早是當地的牧羊人，接著是來自拉濟翁（Latium）
譯①的亡命之徒和流浪漢。為了獲得女人，羅穆路斯決定使詐：在吸引附
近城市的家庭參加的慶典裡，他的同伙俘虜年輕的薩賓族（Sabine）女人，
並且把她們拖進他們的家。於是在薩賓人和羅馬人之間就爆發了一場戰
爭，這場僵持不下的戰爭直到女人們的調停才結束。和解的結果使薩賓人
在城裡定居。羅穆路斯建立了元老院和人民大會，在制定羅馬的政治組織
之後，他消失在狂風暴雨裡，於是人們說他是個神。

(111)　雖然犯下殘害手足的罪，但是羅穆路斯的形象在羅馬文化裡卻始終是
個楷模：他是開國者和立法者、戰士和祭司。關於繼任者的傳說也是一致
的。首先是薩賓人努瑪（Numa Pompilius, 715-672 B.C.），他致力於組織
羅馬的宗教制度；特別是敬奉「民眾的費德斯」（Fides Publica），她是主
宰個人之間和國家之間的關係的女神。繼位的諸王裡最著名的是第六世的
塞爾威伍·都利伍士（Servius Tullius, 578-534 B.C.）；他以改革羅馬社會
和行政制度、擴張版圖而聞名。

關於這個傳說的真實性，始終有爭論，其中敘述許多難以置信的事，
從羅馬建城到推翻末代國王伊特拉斯坎人塔爾規尼伍士（Tarquinius Super-
bus, 534-509 B.C.），以及共和時期的開創。歷史人物和事件的回憶經過集
體記憶的修改，可能為了特定的歷史概念而被重新詮釋和系統化。杜美夕
（Georges Dumézil）曾經指出，羅馬人把印歐民族神話裡的重要題材（第
63 節）給「歷史化」，我們甚至可以說，在李維最初的兩部作品裡，可以

---

⑤　Pierre Grima, *La civilisation romaine,* p. 27; Horace, *Epode,* 7.17-20，提到原初殺害
　　手足的後果。
譯①：拉濟翁是羅馬東南部的古國。

找到經過偽裝的早期羅馬神話（也就是在受到伊特拉斯坎和希臘影響之前的神話）。

因此，關於羅馬人和薩賓人的戰爭，杜美夕注意到這和斯堪地那維亞神話的故事非常類似；也就是，兩個神族的衝突，艾瑟族（Aesir）和法納族（Vanir）。艾瑟族是以歐丁（Odinn）和托爾（Thor）為核心。歐丁是他們的首領，是神、國王和巫師；托爾手裡握著榔頭，是天界的戰士。相對的，法納族的神則是多產和財富的神。艾瑟族攻擊法納族，法納族起而反抗。但是斯諾里・斯圖魯松（Snorri Sturluson）說：「他們各有勝負。」由於厭倦這種代價昂貴的片面勝利，艾瑟族和法納族最後達成和平協議；法納族的主神住在艾瑟族為質，而他們的多產和財富的神性，也使歐丁身邊諸神的神性更為完整。在這種情況下，兩個神族完成了融合，艾瑟族和法納族不再有任何衝突（見第 174 節以下）。

杜美夕強調羅馬人和薩賓人的戰爭的類似性：羅穆路斯，戰神馬爾斯的兒子、朱庇特所眷顧的人，以及他的同伴，都是令人敬畏的戰士，卻貧窮且沒有女人；對方則是塔堤安人（Tatius）和薩賓人，他們的特色是財富 (112) 和多產（因為他們擁有女人）。事實上，這兩個族群是互補的。戰爭的結束並不是因為哪一方戰勝，而是由於婦女的調停。和解以後，薩賓人決定和羅穆路斯的種族融合，從而替羅馬人帶來財富。這兩個國王成為夥伴，他們創設祭典儀式：羅穆路斯祭祀朱庇特，塔堤安則是崇拜多產和土地之神，尤其是基林努斯（Quirinus）。「無法是在共治時期或是之後的統治，我們不再聽到薩賓族的元素和拉丁族、阿爾巴族或羅穆路斯族之間有什麼糾紛。這個社會是圓滿的。」⑥

當然，像有些學者所認為的，這場最後得到和解的戰爭，反映了某個歷史事實：土著和印歐征服者之間的民族融合。⑦然而重要的是如何以印

---

⑥　George Dumézil, *L'héritage indo-européen à Rome*, pp. 127-42; *La religion romaine archaïque*, pp. 82-88.

⑦　然而，按照葬禮的方式，如薩賓人土葬和拉丁人火葬，識別族群的構成要素是有風險的；見 H. Müller-Karpe 的說法（Dumézil, *La religion romaine archaïque*, p.10）。

歐民族的神話架構來重新思考和整理這些「歷史事件」。當我們探討羅馬的印歐民族的傳統時，斯堪地那維亞的神話和羅馬的歷史傳說顯著的對稱性，顯示其深層的意義。首先，我們必須記得，羅馬早期的三聯神（朱庇特、馬爾斯、基林努斯）表現了印歐民族著名的三分法意識形態；也就是，巫術和司法的功能（朱庇特、婆樓那、密特拉、歐丁）、戰士的功能（馬爾斯、因陀羅、托爾）、以及多產和經濟的神（基林努斯、雙馬童〔Nāsatyas〕、弗瑞〔Freyr〕）。這種功能的三分法，將印歐民族的三個社會功能轉換成三種階級，建立了理想的模式：祭司、戰士、耕作者（婆羅門、剎帝利和吠舍，見第63節）。雖然在羅馬，三分法的社會結構很早就瓦解了，但在三個部落的傳說裡還是可能發現這種回憶。

(113)　　　然而，印歐遺產的本質卻是以非常穩定的歷史化形式保存著。第一種功能的兩個互補傾向，巫術和司法的統治權，以婆樓那和密特拉為其象徵，而在羅馬則是羅穆路斯和塔堤安。前者是暴力的半神，得到朱庇特的照顧；後者則是穩健、明智，而且是聖事（sacra）和法律（leges）的創設者，也是「民眾的費德斯」的信徒。其後是好戰的都祿士・奧士提利伍斯（Tullus Hostilius）和昂古士・馬爾契伍斯（Ancus Marcius）兩位國王，而在後者的統治之下，羅馬開始通商。⑧簡而言之，象徵三種功能的神都被比喻為「歷史人物」，成為早期的羅馬諸王。原始的階級公式，神聖的三分法，以時間關係來說，就成為世代的傳承。

　　　杜美夕也揭露出其他印歐神話在羅馬被歷史化的例子。我們提到賀拉提烏斯（Horatius）和庫里阿提烏斯（Curiatii）三兄弟的戰役，那是因陀羅和特利塔（Trita）戰勝三頭怪物的翻版。或者是兩個有殘疾的人物的傳奇故事，庫克洛斯（Cocles）和史卡弗拉（Scaevola）（塞克羅普斯〔Cyclops〕和「左手怪」）譯②。與之對應的是斯堪地那維亞的神話裡的獨眼神

---

⑧　　Dumézil, *Mythe et epopée*, I, pp. 271 sq.; III, pp. 211 sq..

譯②：塞克羅普斯族（Cylops），希臘神話的獨眼巨人，他們是食人族，過著原始的游牧生活。在赫西奧德的作品裡，他們是烏拉諾斯和蓋亞的三個兒子：阿爾葛斯（Arges）、布倫特斯（Brontes）、斯特羅普斯（Steropes），分別代表光明、雷和閃電。

和獨臂神，那就是歐丁和托爾。⑨

這些比較研究的結果有重大的意義。首先，我們可以證明羅馬宗教的起源不會是在「原始的」信仰⑩，因爲印歐宗教的意識形態在羅馬民族形成的時候仍然很流行。要了解這個傳統不只是個別的神話和儀式，而是有著一致且明確的神學，我們可以從杜美夕對於 maiestas、gravitas、mos、augur、augustu 譯③這些語詞的分析得知。⑪

印歐神話的題材以及神話和儀式場景的歷史化，因爲其他的理由也很重要。這個歷史化的過程透露出羅馬人宗教的特色：缺乏形上學的傾向和 (114) 務實的天性。的確，我們很驚訝於羅馬宗教如此關心宇宙生命和歷史的現實、如此重視災異（他們認爲其中蘊含許多預兆），特別是堅信祭典的力量。

總之，在羅馬城早期的歷史裡以僞裝的方式保存的印歐神話，本身就是足以表現羅馬宗教的特殊結構的宗教產物。

163. 羅馬人宗教信仰的特性

羅馬人缺乏形上學的氣質和現實感，以及對於宇宙或歷史的**直接現實**的興趣（這興趣在本質上是宗教性的)，很早就顯露在羅馬人對於異常現

---

⑨ Dumézil, *La religion romaine archaïque*, p. 90.

⑩ 尤其是羅斯（H. J. Rose）所説明的方法，他將神意（numen）等同於魔力（mana，存在原始部落間的魔力），而忽略了一個事實：「長達數世紀的時間，神意只不過是神的意旨（numen dei），某某神所表現出來的意志。」（*La religion romaine archaïque*, p. 47）。

⑪ Dumézil, *Idée romaines*, pp. 31-152。的確，除了這個理論解釋和對世界的經驗性掌握體系，還存有外來的信仰和神明；但在羅馬人的種族形成的期間，這種同源的宗教遺產主要是影響了鄉村社會。

譯③：這些字的意思如下：maiestas；gravitas：重量、重擔、穩重；mos：意志、願望，風俗；augur：占卜、預言、解夢者；augustu：神聖、祝聖者、莊嚴可敬者。

象、意外事件和革新的態度上。對羅馬人來說，正如平常的農業社會，理想的規範就表現在歲時的更迭和秩序之中。任何激進的改革都會侵犯到這個規範；總之，那可能會使世界回到混沌的無秩序狀態（見古埃及類似的概念，第25節）。同樣的，任何異常現象，怪誕或稀有的現象（如怪物的出生、石雨等等），都象徵著人神關係出現了危機。這些異常現象透顯出神的不滿，或甚至是憤怒。異常現象就是神的暗示；從某個觀點看來，這是「否定性的顯神」。

耶和華也是以宇宙現象和歷史事件來開顯他的計畫：先知不斷地解釋這些現象，強調他們所宣稱的威脅（見第116節以下）。就羅馬人而言，異常現象的確實意義並不是那麼明顯的；必須透過宗教人士去解讀它們。這說明了占卜術的重要性，以及人們對於伊特拉斯坎的占卜者（haruspices）、其後的《西卜林之書》和其他神諭作品的畏懼和尊敬。占卜是去解釋「鳥占」（auspicia）或是預言（omina）。只有地方執政官和軍事指揮官才有權解釋。但是在羅馬仍然有人拒絕接受預言（inter alia, Cicero, *De divinatione* 1.29）。有些執政官，本身也是占卜官，他坐在密不透風的肩輿裡四處行走，便可以無視於任何阻礙他的計劃的預兆（*De divinatione* 2.77）。每當異象的意義被解讀出來以後，就會舉行祓除和潔淨禮，因為這些「否定性的顯神」表示有污穢不潔的東西，必須謹慎地清除掉。

(115)

乍看之下，這種對異象和不潔的過份誇張的恐懼，或許可以解釋為迷信的怖畏。無論如何，這是很特殊的宗教經驗。因為人神之間的對話是透過這種異常的現象去進行。這種對神聖者的態度是對自然實體、人類活動和歷史事件之宗教詮釋的直接結果，總之，是對於**具體、個殊且直接的事物**的宗教詮釋。繁文褥節也是這個行為的表現。既然神明會在此時此地（hic et nunc）顯現，以無數的異象和意外事件顯現，於是知道哪種祭典最有效，是非常重要的。因為他們必須認識出每個神的個殊顯現的所有細節，而助長了相當複雜的人格化的過程。許多神明的顯現及其不同的功能，都被區分成獨立的「位格」。

就某些例子而言，這些擬人化過程還沒有到具體成為真實的神。人們

會逐一呼喚他們，但總是視其爲屬於某個群體。從而，例如農業活動是由若干實體的象徵所支配。每個神都主宰某個特殊的環節，從開墾、翻土、犁耕、收割、裝運到貯藏。聖奧古斯丁幽默地說（*Civ. Dei* 7.3），人們祈求梵蒂岡奴斯（Vaticanus）和法布里奴斯（Fabulinus）幫助新生的嬰兒能哭和說話，艾都卡（Educa）和波利納（Polina）讓他能吃能喝，阿貝歐那（Abeona）教他們走路等等。但是他們只在農事和家祭時祈請這些超自然的實體。他們沒有實際的人格，而且他們的「力量」無法延伸到他們的活 (116) 動範圍之外。⑫在形態學上，這樣的實體並沒有分享神的條件。

羅馬人極度缺乏神話想像力，漠視形上學，卻對於具體、個別且直接的事物感興趣。羅馬人的宗教文化是實用主義的、功利的，特別是家庭、宗族和國家的「神聖化」。羅馬著名的紀律以及對於誠信（fides）的讚揚⑬、他們對於國家的奉獻以及賦予法律的宗教性特權，都是透過個體性的壓抑去表現的：個體只因爲他所屬的群體而有意義。直到後來，受希臘哲學和東方的解脫宗教的影響，羅馬人才發現個體性在宗教裡的重要性；這個發現對於都市的居民影響特別大（見第 206 節）。

羅馬人宗教信仰裡的社會性格⑭，特別是強調和他人的關係，這個事實可以從「敬」（pietas）這個詞看出來。pietas 和動詞 piare（撫慰、除去污穢或惡兆）有關，「敬」的意義卻不只是謹守慣例，還要尊重人與人的自然關係（也就是符合規範的關係）。對兒子而言，「敬」是服從父親，忤逆就是異常的行爲，違反自然的秩序，有罪的兒子必須以死贖罪。除了「敬」神以外，還有對於每個人所屬團體、城市、甚至所有人類的「敬」。「萬民法」（jus gentium）甚至規定對外國人的義務。這個概念發展到極致，「在希臘哲學的影響下，『人性』（humanitas）的概念更清

---

⑫　此外，即使是在這些限定的範圍內，這些實體仍然是不重要的。見 *La religion romaine archaïque*, pp. 52 sq.。

⑬　關於「誠信」（fides），見 ibid., p. 156, n. 3 (bibl.)。

⑭　在廿世紀去神聖化的社會中，相近的趨勢也可以在某些基督教會試圖配合「流行」看到（卷三）。

(117) 楚，人類本出同源的事實，就足以使人們成為眞正的氏族，像是某個宗族
（gens）或城市的成員，並且建立團結、友誼或至少相互尊重的義務。」⑮
18-19世紀的「人文主義」的意識形態只不過是回溯而開展羅馬人的「敬」
的概念罷了，雖然這個概念已經褪除掉神聖的色彩。

164 家祭：伯拿德士、拉列斯、馬內士

　　直到異教信仰的末期，除了由祭司主持的國家祭典以外，家祭（由家
長主持）始終有其自主性和重要性。以祭灶爲主的家祭不像公開儀式那樣
變動頻繁，在羅馬1200年的歷史裡，似乎看不出有什麼改變。毋庸置疑
地，那是非常古老的儀式系統，因爲在其他印歐民族的文獻裡也有記載。
以雅利安人的印度爲例，「家火」是整個儀式的中心；每天得供奉食物、
每個月供奉三次鮮花等等，這個儀式是獻給伯拿德士（Penates）和拉列斯
（Lares）的，他們是祖先在神話和儀式上的位格化，以及獻給守護精靈，
保護個人的「替身」。出生、結婚和死亡所帶來的危機，必須有特定的過
渡儀式，由某些精靈或是次等的神所主宰的儀式。我們先前在新生兒的例
子曾經提到所祈請的實體。結婚的宗教儀式會在地方和家庭神的守護下舉
行（特盧斯〔Tellus〕、後來是克瑞斯〔Ceres〕）以及婚約的守護者朱諾
（Juno），儀式也包括灶床的供奉和繞行。

　　葬禮在入殮或下葬九天後舉行，在已故的親人（divi parentes）或稱爲
馬內士（Manes）的定期祭典裡延續這個儀式。關於死者的祭典有兩個節
日：二月的祭祖節（Parentalia），和五月的渡亡節（Lemuria）。在第一個
節日期間，行政首長不配戴徽章，寺廟關閉，祭壇上的火也熄滅，也不得
舉行婚禮（Ovid, *Fasti* 2.533, 557-67）。死者回到人間並且在他們的墳墓享
食（ibid, 2.565-76）。但最重要的是，只有「敬」才能告慰祖先（animas

---

⑮　Grima, *civilisation romaine*, p. 89，反對拉特有關「敬」的「政治」假說（*Römische
Religionsgeschichte*, pp. 236-39），見 P. Boyancé, *La religion de Virgile*, 1963, p. 58;
Dumézil, *La religion romaine archaïque*, p. 400。

placare paternas, ibid., 2. 533）。根據古羅馬的曆法，二月是每年的最後一 (118)
個月，是季節交替時的不穩定且「混沌」的狀態。世界的規律停頓下來，
死者可以回到人間。逐狼節（牧神節）（Lupercalia）的祭典也是在二月舉
行的（第 165 節），這個祭典是在「新年」的宇宙重生之前的集體潔淨禮。⑯

　　三天的渡亡節（五月九日、十一日和十三日）期間，亡魂（lemures；
字源不詳）可以回到子孫們的家。爲了要安撫他們且防範他們把活人擄
走，家長會用黑豆塞滿嘴巴，再吐出來，把以下咒語說個九遍：「我用這
些豆子贖回我自己；我自己和那些屬於我的人。」最後用一些青銅器製造
噪音嚇跑幽靈，他再重複九次：「我的先祖馬內士，離開這個地方！」
（ibid., 5.429-44）在祭典裡爲定期回來人間的死者送行，是全世界都很普
遍的儀式。（見第 123 節）

　　還有個和馬內士有關的祭祀也值得一提，那就是「獻身」（devo-
tio）。李維（8.9-10）在敘述薩謨奈人（Samnites）的戰爭時，曾經有過仔
細的描述。當執政官德修士（Decius）看到他的軍團瀕臨潰散時，他以「奉
獻」他的生命來祈求勝利。在大祭司的引導下，他誦讀祈禱文，祈求許多
神明，從雅努斯（Janus）、朱庇特、馬爾斯、昆林努斯，到馬內士和特盧
斯。德修士承諾把敵軍以及他自己的生命獻給馬內士和大地女神。獻身的
祭典說明了「活人祭」這種「爲了創造而殺戮」的古老概念。簡單地說，
爲了某種利益（對於德修士而言，是戰爭的勝利）而以儀式裡的獻祭爲代
價。雖然幾乎所有神明都被點名，但供物（也就是德修斯和敵人的生命）
只獻給馬內士，以挽救羅馬的軍隊。

　　我們不知道古代在拉濟翁的百姓如何想像死者的王國；而我們所看到
的描述則反映了希臘和伊特拉斯坎觀念的影響。古代拉丁人的葬禮神話可
能是延續新石器時代的歐洲文化傳說。無論如何，義大利鄉村關於彼岸世 (119)
界的概念，只是在表面上受到後來的希臘、伊特拉斯坎和希臘化時代的影
響。另一方面，味吉爾的《伊尼亞斯逃亡記》卷六所提到的冥府（Had-

---

⑯　Eliade, *Le mythe de l'éternel retour*, ch. 2.

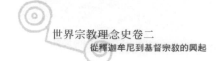

es）、帝國時期在石棺上的葬禮象徵、以及東方和新畢達哥拉斯學派的天國永生的概念，從西元前一世紀開始，在羅馬和帝國的其他都市都非常流行。

165. 祭司、卜徵師和宗教兄弟會

由國家所控制的公開儀式，會由祭司或神職神員去主持。在君主專制時代，國王位居祭司階級的最高位：他是聖王（rex sacrorum）。不幸的是我們對這些慶典所知甚少。然而，我們的確知道在王宮（regia）有三種儀式，分別獻給朱庇特（或朱諾和雅努斯）、馬斯和豐收女神（奧普斯〔Ops Consina〕）。因此，如杜美夕⑰所說的，王宮是聚會的場所，國王是綜合這三種基本功能的代理人，也就是三個「大燃火祭司」（flamines maiores）。我們可以合理推測，即使是在前羅馬時期，國王的身邊也有許多祭司，就像吠陀時期的國王（rājan）有他的指定祭司（purohita），愛爾蘭的國王（ri）有他的德魯伊特（Druids，祭司）。但羅馬宗教的特色是各司其職。不像吠陀時期的印度或克爾特人，他們的祭司是可以互換的，所以能夠主持任何儀式，但是在羅馬，每個祭司或神職人員，都只能有某個特定的功能。⑱

在祭司階級裡，國王後面跟著 15 位燃火祭司，其中最重要的就是約威斯祭司（flamines Dialis，朱庇特的祭司）、馬爾斯和基林努斯的大燃火祭司。他們的名字（flamen）和梵文的 brahman 有關，但這些燃火祭司並沒有形成特殊階級。他們甚至沒有組成任何團體，因爲每個燃火祭司都是個別獨立的，並且附屬在他們奉祀的神明。這個體制非常古老；祭司們從穿著的服飾和許多的禁忌都有分別。由於奧魯斯・格流士（Aulus Gellius）研究古物的熱忱，我們才能清楚地得知約威斯祭司的情形：他不能離開羅馬，身上不能穿有任何的有打結的衣物（如果帶著鐐銬的人得以進入他的

(120)

⑰ *La religion romaine archaïque*, p. 576, pp. 184-85.

⑱ ibid., p. 571.

房子，那個人就必須被釋放）；他不得在光天化日下裸身、或看到軍隊、或騎馬；他必須避免觸碰到穢物、死人、或任何使人聯想到死亡的事物（（Noctes Atticae 10.15; cf. Plutarch, *Quaest. Rom.* 111）。

至於馬爾斯和基林努斯的燃火祭司，義務和禁忌就比較沒那麼嚴格。我們沒有戰神祭司（Flamen Martialis）的儀式的直接資料，但他可能會參加 10 月 15 日奉祀戰神馬爾斯的馬祭。至於基林努斯祭司（Flamen Quirinalis），他會主持三個慶典，前面兩個慶典，夏季 8 月 21 日的康蘇斯神祭（Consualia）和 4 月 25 日的羅比古斯神祭（Robigalia）譯④確定是和穀物有關。⑲

我們對這種最高祭司團的起源所知甚少。從西塞羅的描述（*De domo*, 135; *Har. Resp.* 12），可以合理推論，最高祭司團除了最高祭司（pontifices）之外，也包括聖王（rex sacrorum）和大燃火祭司們。不同於拉特（Kurt Latte）⑳的看法，杜美夕證明這種制度相當古老。在約威斯祭司之外，這些最高祭司在作為國王的神職侍從時表現出互相矛盾的功能。祭司們在某種程度上以「置身歷史之外」的方式執行任務；他們定期舉行固定的儀式，但無權詮釋或解決新的狀況。雖然他們很接近天神，但是約威斯祭司們並不能轉達天神的旨意；那是占徵師的責任。另一方面，最高祭司團——確切的說，只有祭司長（pontifex maximus），其他人只是他的延伸——享有自由和優先權。他會出席決定宗教活動的會議，並在缺乏合格的官員時負責主持祭典；他也掌控慶典的進行。在共和時期，祭司長「任命大燃火祭司和灶神威斯塔（Vesta）的女祭司，他握有處罰他們的權力；至 (121)

⑲ Dumézil, ibid., pp. 166 sq., pp. 277-80。這 12 位小燃火祭司（flamines minores）屬於古典時期就己被廢棄的神明：Volcanus、、Volturnus、 Palatua、 Carmenta、Flora、Pomona。

⑳ 這位作者預設了一場革命：「它帶領祭司長和他的集團成為羅馬宗教組織的首腦。」（*Römische Religionsgeschichte*, p. 195）。見 Dumézil 的批評，*La religion romaine archaïque*, pp. 116 sq.。

譯④：康蘇斯神祭（Consualia）是崇拜豐收神康蘇斯的慶典。穀物貯藏在地窖，而慶典也是在地下進行。羅比古斯神祭（Robigalia）是奉祀穀神羅以古斯的慶典。

於灶神的女祭司，他是她們的顧問，有時候，也是她們的代表。」㉑因此，
這種大燃火祭司們和祭司長的制度，可能不是羅馬在君主專制時期創設的；
如同杜美夕的評論，「前者嚴格的地位和後者自由的地位是無法以連續性或
進化的模式去解釋，而是前羅馬時期的功能，那些功能仍能被辨識出名字；
……總之，王室大部分的宗教任務移轉給祭司長是很自然的事。」㉒

六個灶神的女祭司（Virgines Vestales）是附屬於最高祭司團。祭司長
從 6-10 歲的少女挑選出來，並服侍灶神 30 年。她們讓城市之火保持燃燒
以護衛羅馬人，那把火是絕不能熄滅的。她們的宗教力量來自她們的童
貞；如果有人失去貞節，她將被活埋在地下墓穴，而她的性伴侶也會被處
死。如同杜美夕的評述，這顯然是僧侶制度的原始型態，在「民族誌學裡
仍沒有發現太多類似的例子。」（p. 576）

卜徵團和最高祭司團一樣古老和獨立，但他們的戒律保存得很隱密。
我們僅僅知道卜徵師不必解讀未來。他的角色限制在決定個殊的計畫（選
擇祭祀地點或宗教人員）的「吉」（fas）或「凶」（nefas）。他對神祝禱
說：「如果是吉（Si fas est）……，請賜給我如是的徵兆！」然而，早在
君主專制末期，羅馬人就已開始向其他的專家諮詢，本國的和外國的都有
（第 167 節）。隨著時代的演變，一些源自希臘和伊特拉斯坎的占卜技巧
也被引入羅馬。檢視動物內臟的占卜法（haruspices）就是襲自伊特拉斯坎
人。㉓

除了這些團體，公開的祭典包括的許多封閉性團體或是「祭司族」
（sodalis），他們各自都有特殊的宗教技術。共有 20 人的使者祭司（Feti-
alis）處理戰爭與和平條約的問題。沙利伊（Salii）是馬爾斯和基林努斯的
「舞者」，每個團體都有 12 名成員，每當有從和平到戰爭或是從戰爭到和

(122)

㉑　La religion romaine archaïque, p.574.

㉒　ibid., p. 576.

㉓　至於神諭的活動，蘊涵神的直接啟示，但是避開國家控制的事實使這個活動受到
　　質疑。《西比林之書》的文集必定是已經被接受的神諭，因爲人們認爲其中包含羅
　　馬未來命運的祕密。但是祭司們謹慎地看管，只在極端危急的情況下才會參考。

平的法案通過時，他們在三月和十月時表演。穀神祭司兄弟會（Fratres Arvales）則保護耕地。逐狼兄弟會（Luperci）在 2 月 15 日慶祝逐狼節（Lupercalia），在年底重要時期的許多典禮裡，這個儀式特別重要（第 12、22 節）。㉔逐狼兄弟會在狼洞前奉獻公羊牲物後，只穿著羊皮圍裙，圍繞著巴拉提努斯（Palatine）奔跑。奔跑的時候，他們用公羊皮製成的皮帶鞭打路過的行人。女人被鞭打以後，會得到生育的力量（Plutarch, *Romulus*, 21.11-12）。如同其他的新年慶典，這個儀式有潔淨和豐收的作用。這當然是很古早的儀式結構，包括類似「男人社群」的入會禮儀式；但是這個場景的意義，似乎在共和時期之前就已經被遺忘了。

在公開祭典和家祭裡，通常是以食物獻祭：初收的穀類、葡萄等水果、甜酒，尤其是牲祭，牛、羊、豬，在 10 月 15 日（Ides）的時候，還有馬祭。除了 10 月的馬祭外，以動物祭總是遵循相同的儀軌：預備期的酒祭擺在可移動的小火爐（foculus）（代表獻祭者自己的小火爐），安置在聖殿祭壇的旁邊。然後獻祭者象徵性地宰殺牲禮，用祭祀的刀子在供物身上從頭到尾劃過。原本是他要親自宰殺牲物，但是在傳統的儀式裡，有某些祭司（victimarii）取代了這個工作。保留給神的部分，肝，肺，心和其他內臟，則在祭壇上燒化。剩下來的肉則是被獻祭者、與會者和祭司吃掉，用來祝福他們的國家。

166. 朱庇特、馬爾斯、基林努斯和卡比托奈山丘的三聯神

羅馬人和希臘人不同，希臘人很早就建立輪廓明確的萬神殿，而羅馬人在歷史初期，只有個別的神族階級；換句話說，古老的三聯神：朱庇特、馬斯、基林努斯，再加上雅努斯和威斯塔（Vesta）。「太初時期」的守護神雅努斯是諸神之首，其後則是羅馬城的保護者威斯塔。然而，許多文獻都提到許多起源於當地或希臘或伊特拉斯坎的神。但是，這些神無論 (123)

㉔　Februum（淨化）就是二月名稱的由來，Varro（*De lingua latina* 6.13）譯為 purgameutum（清除）；而動詞 februare 意為「淨化」。

是在類型或階級都沒有確定。㉕某些古代作家把他們區分爲「土著的神」
（di indigtes）和「外來的神」（divi novensiles），前者是國家的（partii）
神，後者則是後來被人們接受的神（Varro, *De lingua latina* 5.74; Vergil,
Georg. 1.498）。李維所描述的「獻身」（devotio）儀式裡的祈禱文很有價
值。這四個重要的神（雅努斯、朱庇特、馬爾斯、基林努斯）之後，有女
戰神貝羅那（Bellona）和拉列斯（Lares，戰爭和土地的守護神），接著是
外來的神和土著的神，最後則是馬內士和特盧斯（第 164 節）。

關於三聯神的朱庇特、馬爾斯和基林努斯，他們在古代的角色是毋庸
置疑的。三個大燃火祭司的地位和功能就充分說明他們奉祀的神明的結
構。朱庇特㉖是諸神最高的統治者，他是雷電之神，是神聖者的來源，公
義的主持者，他保證宇宙的豐饒和秩序，然而他並不主宰戰爭。戰爭是馬
爾斯（Mars, Mavors, Mamers）的職責，對所有義大利人而言，他代表戰爭
之神。有時候，人們也把馬爾斯與和平的典禮聯想在一起，但這只不過表
示宗教史裡常見的現象：某些神踰越他們的活動範圍的極權主義和「帝國
主義的」傾向。這個現象在基林努斯的例子裡特別明顯。㉗我們說過（第
165 節），基林努斯祭司（Flamen Quirinalis）原本只主持三個和穀物有關
(124) 的祭典。此外，在字源上，基林努斯和羅馬民族的集結（covirites）有密切
的關係；總之，他代表印歐民族三分法裡的「第三種功能」。但是羅馬和
其他地方一樣，第三種功能有了決定性的分裂，我們可以就其意義之多元
性以及活力去解釋。

至於雅努斯和威斯塔，他們的加入古代的三聯神結構，可能是延續某
種印歐民族的傳統。根據瓦羅的說法，「創始」（prima）是屬於雅努斯，

㉕ 瓦羅將他們分成 certi（確定的）和 incerti（不確定的），他區分 20 個主要的神；
見 Augustine, Civ. dei 7.2。

㉖ 這些名字被發現在 Oscian、Umbrian 和 Latin 的方言裡。

㉗ 這個神有時候被發現和馬爾斯歸爲一類；他們兩者都擁有神盾（ancilia）（Levy,
5.52）；羅慕路斯（馬爾斯之子）是神奇和勇武王國的代表，在他死後被同化爲
基林努斯。

而「首位」（summa）則是朱庇特。朱庇特是國王（rex），所以「首位」遠勝於「創始」，前者只是在時間上佔優勢，而後者則是在名望（digni-tas）上獲勝。⑱就空間而言，雅努斯是在門檻和通道口。就時間週期而言，他主宰「一年之始」。同樣地，在歷史時間裡，雅努斯也是歷史的開端：他是拉濟翁地區的第一個國王，主宰著人神共存的「黃金時代」（Ovid, *Fasti*, 1.247-48）。⑲他被想像爲兩面人（bifrons），因爲「每個通道都被認爲有兩個地方，兩種狀態，那就是出口和入口。」（Dumézil, p. 337）雅努斯的年代久遠是毋庸置疑的，因爲印度和伊朗以及斯堪地那維亞都知道這個「創始之神」。

威斯塔（Vesta）的名字源自印歐語的字根，意爲「燃燒」；威斯塔之火（ignis Vestae）的永恆之火，是羅馬城的家火。在所有神殿裡，只有威斯塔的聖殿是圓形的（其他的神廟都是四方形的），如同杜美夕所說的，這個事實可以透過印度的「天地象徵」的教義去解釋。神廟必須根據天上的四個天體方向設立和定向；但是威斯塔的住所就不能如此，因爲所有女神的力量都來自大地；她的聖地是個神殿（aedes sacra）而不是廟宇（tcmplum）。⑳威斯塔不能用意象來表達；火就足以代表她（Ovid, *Fasti*, 6.299）。然而這是擬古風格和保守主義的證明，因爲缺乏意象正是羅馬諸神最原始的特色。

在伊特拉斯坎人的統治下，朱庇特、馬爾斯和基林努斯這個三聯神不 (125) 再那麼活躍，新的三聯神，朱庇特、朱諾（Juno）、密內發（Minerva），在塔修士的時代取代了過去的三聯神。受到伊特拉斯坎和拉丁族的影響，使他們也摻雜著希臘的元素。諸神現在有了塑像。朱庇特被稱爲至善者

⑱　Varro 的話，見 Augustine, *Civ. dei* 7.9.1; Dumézil, *La Rel. rom. Arch.*, p. 333。

⑲　同樣地，雅努斯掌管某些自然的「開始」：他確定胚胎的概念，被認爲建立宗教，建立第一座神廟，在薩圖納里亞（Saturnalia）建立體制，等等；見 Dumézil, *La Rel. rom. Arch.*, p. 337。

⑳　Dumézil, p.323；同樣地，在伊朗，火神「阿塔爾」（Atar）位於在「聖神」（Amesha Spentas）的最後（Dumézil, p. 329）。

（Optimus Maximus），是希臘的宙斯（Zeus）經過伊特拉斯坎族改造的形象。他的儀式也有所不同。由元老院賜給戰勝將領的凱旋儀式，也用朱庇特的典禮。在儀式裡，凱旋的將軍是朱庇特的替身。他駕著戰車前進，頭戴桂冠，配掛神的飾物[31]。雖然朱諾和密內發也出現在朱庇特的神殿裡，但是朱庇特才是真正的主人；因為他才是宣誓和奉獻的對象。

杜美夕說：「朱諾在羅馬女神裡居最重要的地位，但她也是最令人害怕的。」（p. 299）她的名字 Juno，字根意為「生命力」。她的功能很多，主宰各種關於女人生產的慶典（如同露西娜〔Lucina〕，她是婦女懷孕時所祈求的對象），以及每個月月初慶祝月亮「重生」的儀式。然而，在卡比托奈山丘上，她則是神后（Regina），對她的稱呼反映出在羅馬共和時期，她有足夠的權威代表她所承繼的傳統。總之，人們把朱諾融入印歐民族意識形態的三重功能（天授君權、武力和生產）。杜美夕把這種多元價值觀和吠陀時期的印度和伊朗共通的概念加以比較，這個概念就是：女神被認為同時具備這三種功能而且使其調和，從而建構出女人在社會裡的模式。[32]

至於密內發，她是藝術和工匠的守護神。這個名字或許是源字義大利族（印歐語系的字根 *men- 意為任何和精神有關的活動）；透過伊特拉斯坎人傳入羅馬。但在伊特里亞地區（Etruria），Menrva（Minerva）就是希臘的雅典娜（Pallas Athena）。

總而言之，卡比托奈山丘的三聯神並沒有延續任何羅馬的傳統。只有朱庇特代表印歐文化的遺產。朱諾和密內發的合併是受到伊特拉斯坎人的影響。對他們來說，三聯神是萬神殿的某個階層。我們知道這是神廟的基礎（Servius ad Aeneid 1.422）。不過我們知道的也僅是如此。

(126)

---

[31] Servius，見 Vergile, *Eclogue* 4.27; Plutarch, *Aemilius Paulus* 32-34，對 Paulus 在 Pydna 戰勝後著名的凱旋榮歸（168 B.C.），有詳細的描述；見 Dumézil, pp. 96-98。

[32] 見 Dumézil, pp.307 sq.。他在該部分分析沙羅室伐底（Sarasvatī）和安那希塔（Anahita）的功能。

167. 伊特拉斯坎人：難題和假説

羅馬很早就和伊特拉斯坎世界有所遭遇。然而，人們很難界定他們的文化相互影響的程度。考古學的文獻（如墳墓、壁畫、雕像和其他各式各樣的東西）證實那是個高度發展的文明，但我們並不知道伊特拉斯坎族的語言。同樣地，古代的歷史學者也沒有像他們描述色雷斯人、克爾特人或日耳曼人那樣呈現伊特拉斯坎族的宗教、文化和歷史。此外，關於某些伊特拉斯坎宗教的基本資料，直到西元前一世紀，才有拉丁的作家加以補充，而當時保存的事物都已經受到希臘化時期的影響。最後，關於伊特拉斯坎人的起源仍然有所爭議，使得比較性的推論價值失色不少。

根據希羅多德（Herodotus, 1.94）的說法，伊特拉斯坎族原本是里底亞人（Lydians）的後代。在愛琴海的蘭諾斯島（Lemnos）發現的銘文證實他們來自亞洲。但是，在伊特拉里亞（Etruria）發展出來的文化形態並沒有實際反映亞洲世界。可以確定的是，來自海外的征服者和定居在波河（Po）和台伯河之間的原住民，很早就開始共生，也就是說，在西元前六世紀的伊特拉里亞區域。伊特拉斯坎人的文明自然是比較優越：他們擁有數量龐大的艦隊，高明的商業手腕，懂得用鐵，建造防衛堅固的城市。他們主要的政治組織是城邦，他們組成十二城邦結盟。不過，伊特拉斯坎人只是其中的少數人口；其餘的民族是翁布利亞人（Umbrians）、威乃提人（Veneti）、利古里亞人（Ligurians）和其他住在義大利的民族。

希臘的影響很快就在藝術和宗教兩方面開始發酵。伊特拉斯坎諸神裡，佛夫倫（Fufluns）就是戴奧尼索斯，席姆拉（Semla）是席美勒，而阿里阿塔（Areatha）則是阿麗亞杜妮。另外還有阿圖美斯（Artumes）（類似阿提密斯）和阿普魯（Aplu）（類似阿波羅）。另一方面，某些伊特拉斯坎的神則有拉丁語或法利希語（Faliscan）的名字：烏尼（Uni）（朱諾）、尼頓斯（Nethuns）（尼普頓）、馬力斯（Maris）（馬爾斯）、沙特（Satres）（沙頓）。神話英雄馬斯塔那（Mastarna）的名字（伊特拉斯 (127)

123

坎人稱為 macstrna）就源自拉丁文 magister。羅馬諸神被希臘諸神同化，
有伊特拉斯坎族的前例可循：朱諾，密內發和尼普頓，變成希拉、雅典
娜、波塞頓，就像伊特拉斯坎人的烏尼，米恩娃和尼頓斯。簡而言之，伊
特拉斯坎人的文化，特別是宗教方面，在早期吸收了義大利和希臘的元
素，而表現出他們自己的特色。㉝當然，這是很有原創力的綜合，因為伊
特拉斯坎族是根據他們本身的文化去發展假借來的概念。但我們並不知道
伊特拉斯坎族的神話和神學的內容為何。我們也不敢大膽地認為赫庫勒
（Hercle）（海克力斯）是不是個例外；因為，即使有拜耶特（Jean Bay-
et）的研究，我們還是只知道赫庫勒的故事在伊特拉里亞很普遍，他在當
地有個起源的神話，這個神話不只不同於希臘的傳說，甚至包括有源自東
方的元素（馬爾卡〔Melkart〕，巴力神的別名）。㉞至於伊特拉斯坎的神
學，我們無法相信能根據伊特拉斯坎的「著作」去重構其神學。因為裡頭
幾乎只是各種不同的占卜技術。

　　在缺乏文獻之下，學者只得專注於考古發掘的研究。對於死者和冥府
女神的祭典的遠古架構，令人想起在馬爾它島、西西里島以及愛琴海地區
的墳墓和雕像（見第34節）。大墳場（死者真實的城市）建在活人居住的
城市旁邊。這些墳墓有華麗的裝飾，男人飾以武器，女人飾以珠寶。當時
已經有活人祭；這個風俗後來發展為競技場的鬥劍比賽。墓室的銘文只記
載死者的世系家譜；男人的墳墓有陽物形狀的裝飾，女人的墓碑則像是房
舍。女人成為房子和家庭的化身。㉟巴赫奧芬（Bachofen）曾提到「母系

㉝　F. Altheim 說，伊特拉斯坎歷史之亞洲和地中海地區的傳承，晚期較初期更能被
　　察覺；見氏著 *A History of Roman Religion*, p. 50。

㉞　J. Bayet, "Heraclès-Heraclé dans le deomaine étrusque," (in: *Les origines de l'Hercule
　　romain*, 1926, pp. 70-120); ibid., "Heraclé, étude critique des principaux monuments re-
　　latifs à l'Hercule étrusque, 1926.

㉟　墓葬的陽物開始出現在西元前四世紀，然而出現房屋形狀的碑石其文獻記載則更
　　早。伊特拉斯坎墓室的銘文提到父親的姓和母親家族的名字：「母親較少被認為
　　是獨立的個體，而只不過是世系的成員。」（Altheim, *A History of Roman
　　Religion*, pp. 51 sq.）

社會」；女人在伊特拉斯坎社會裡的重要地位，似乎是可以確定的。女人　(128)
陪著男人參加宴會。希臘作家曾經驚奇地說，伊特拉斯坎人的妻子們享有
的自由相當於希臘社會的「情婦」（hetaira）譯⑤。她們可以不戴面紗在
男人的面前出現，在墓穴裡的壁畫也描繪她們穿著透明的服飾，高聲呼
喊，以各種姿態，在裸體的運動員當中鼓舞他們戰鬥。㊱

在共和時代的末期，羅馬人才知道伊特拉斯坎人的宗教擁有「聖
書」，是超自然的人物（如泰格斯〔Tages〕和女神維格伊〔Vegoie〕）所
作。根據傳說，有一天泰格斯從溝畦裡浮現出來；他的外表像孩童，卻有
老人般的智慧。群眾迅速聚集在泰格斯的周圍，仔細地抄寫他的訓義，而
這就是「預言之學」（haruspicinae disciplina）的起源。㊲由超自然的存有
者啓示的「聖書」（或是祕教學說的書），記錄所有神祕的主題，從埃
及、美索不達米亞到中世紀的印度和西藏。這種情形在希臘化時期更是特別
流行。泰格斯是個永遠的孩童（puer aeternus），暗示著赫美斯神祕宗教（第
209 節）的觀念，但是這並不必然意味著伊特拉斯坎人曾經發展煉金術。我
們要強調的是，在西元一世紀時，伊特拉斯坎人在聖書（libri）裡保存某種
超自然的神祕天啓。基本上，這些文獻可被分爲《雷電之書》（libri fulgur-
ales）、《禮儀書》（libri riturales）（包含《地獄之書》〔acherontici〕）、
《預言書》（libri haruspicini，包括《宿命之書》〔libri fatales〕）。

關於雷電的學說，我們經由西尼加（Seneca）和普利尼（Pliny）的說
明得知㊳，詳細解釋每一天發生的雷電特別的意義。換句語說，天空被劃
分成 16 個區域，構成某種語言，透過氣象學的現象把這種語言具體化。人

㊱　Altheim, ibid., pp. 61 sq..

㊲　Cicero, *De Div*. 2.51。Lydus 説，希臘人將孩童般的泰格斯同化爲冥府之神赫美
斯。

㊳　*Naturales questiones* 2.31-41, 47-57; *Naturalis historia* 2.37-46.

譯⑤：「情婦」（hetaira），指古希臘獨立謀生的高級妓女，向國家納稅，財產受到
　　　保護；大多是外國人或獲釋的奴隸，時常受雇爲宴會助興，通常比獨處的已婚
　　　婦女享有更大的自由。

(129) 們從雷電開始和結束的天空區域來說明其意義。不同於的神分別主宰著 11 種不同的雷電形式。因此，信息是來源自天神，而且是以「神聖的語言」傳遞的，只有經過特別訓練的預言者才能解讀。我們可以看到和迦勒底族的教義的類似性。㊵但是就我們得到的資料來看，雷電理論顯然受到希臘化時代的科學的影響：從偽名亞里斯多德的《氣象學》（Meteorologica）到「迦勒底的巫者」的概念。㊶然而，這些影響終究只及於語言的使用，以使自己更符合當時的時代精神。其中的根本理念，特別是大宇宙和小宇宙的同源概念，則起源更早。

因此，這種鳥占法，也就是根據宰殺動物的內臟加以詮釋，預設了三個指涉層面（神、宇宙和人類）之間的對應關係。臟器不同部位代表神的個殊決定，而預測即將發生的歷史事件。西元 1877 年在皮雅森沙（Piacenza）出土羊肝造形的青銅器，上面刻畫許多線條和近 40 個神。㊷這個模型同時描繪了世界的結構以及萬神殿的配置。

大宇宙和小宇宙同源的信仰，也告訴我們伊特斯拉坎人的歷史概念。根據《宿命之書》的說法，人類生命最多到 12 個「七年」（hebdomads）；時候到了，人們會「靈魂出竅」，而神再也不會向他們顯靈。㊸同樣地，人民和國家，伊特拉里亞和羅馬，都受到宇宙法則的主宰，而有其命數。有些學者曾經提到伊特拉斯坎人的悲觀主義，他們強烈相信宇宙

(130) 和存有者的決定論。然而這只是傳統社會裡的古老信念：人類和萬物的律動有著密切的關係，因為所有的存在形式，宇宙、歷史、人類，不斷地在重複著生命所表現的軌跡。

我們很難重構伊特拉斯坎人對於死後生命的信念。西元前四世紀的墓

㊵ A. Piganiol, "Les Estrusques, peuple d'Orient," pp. 340-42.

㊶ S. Weinstock, "Libri Fulgurales," pp. 126 sq..

㊷ 這件模型的年代仍存著爭議，它或許是西元前 2-3 世紀的東西。和美索不達米亞的占肝術很相似；它們被認為是由後來的影響所強化。

㊸ Boche-Leclerq, *Historie de la divination*, IV, pp. 87 sq.; C. O. Thulin, *Die Ritualbücher*, pp. 68 sq.; Dumézil, *La rel. rom. Arch*., pp. 653 sq..

穴壁畫描繪著冥府世界，這個世界「不同於希臘的觀念，卻是受到希臘人啓發：死者騎馬或乘車；他在進入冥府時，他的祖先前來迎接他；冥王和波塞芬妮，也有人稱她爲 Eita 和 Persipnai，設宴等著他。」㊸另一方面，那些壁畫也描繪不是源自希臘的魔鬼信仰。主角是卡隆（Charun），雖然他有個希臘名字，卻不折不扣是伊特拉斯坎神話創造出來的人物。「他的鷹勾鼻使人想到猛禽，他的耳朵像馬；他的利牙以及嘴唇間露出的獰笑，使人想到肉食動物準備吞食獵物的意象。」㊹殺死獵物之後，卡隆陪著他到冥府去。但是他只走到冥府入口，根據壁畫判斷，死者在這個世界享有幸福的來世生活。

《地獄之書》（libri acherontici）的斷簡殘篇因爲資料太少，因此無法和埃及的《死者之書》作任何比較。按照基督徒作家阿諾比烏斯（Arnobius）的記載：「在《地獄之書》中，伊特里亞承諾：奉獻某種動物的血給某些神明，靈魂就可以神化並且能遠離死亡。」（*Adversus nationes* 2.62）塞烏斯（Servius）補充了很重要的細節：在奉獻某種牲物之後，靈魂會轉化爲神並且被稱爲「有生命者」（animales），以回憶他們的出身。（ad *Aeneid* 3.168）這個透過血祭以得到神聖化的儀式，可以解釋爲古代的習俗，或是類似於密特拉神祕宗教的獻祭（見第 217 節）。無論如何，「靈魂的神聖化」替伊特拉斯坎的末世論開拓了新的空間。

總之，我們無法掌握伊特拉斯坎宗教思想的本質。他們的占卜、定向、以及建造城市和宗教聖地的方法，在早期羅馬就非常有名，證明了他 (131) 們的神學裡的宇宙論結構，也似乎可以說明他們試著解開歷史時間的難題。他們的概念可能有助於羅馬宗教的成熟。

168. 危機和災難：從高盧的宗主權到第二次迦太基戰爭

西元 496 年左右，最後一位伊特拉斯坎王被放逐，共和時期開始，人

㊸ Dumézil, *La rel. rom. arch.*, pp. 676-77.
㊹ F. de Ruyt, Charun, *démon étrusque de la mort*, pp. 146-47.

127

們很快地在阿溫提努斯下建立神廟奉祀新的三聯神：克瑞斯、利貝爾（Liber）、利貝拉（Libera）。這個新的宗教的建立或許有政治目的，獻給三位大地豐收的守護神。長久以來都是崇拜農業神的聖殿，屬於人民的代表。⑮在字源學上，Ceres 意為人格化的「成長」。克瑞斯燃火祭司的存在以及在「克瑞斯神祭」（Cerealia）（4 月 19 日）的特殊性格，都證實這位女神的悠久歷史。至於利貝爾，他的名字衍生自印歐語言的字根 *leudh，意為「萌芽者；保佑生育和豐收者」⑯。根據聖奧古斯丁（Civ. Dei 7.3）的描述，利貝爾和利貝拉代表世界的多產，他們在兩性結合過程裡「釋放」精子。（Civ. dei 7.9）在義大利的某些地方，他們的酒神節慶（Liberalia）（3 月 17 日）有狂歡的元素：陽物的遊行隊伍、最貞潔的婦女公開為他戴上冠冕、以及猥褻的言詞。（Civ. dei 7.21）但是這個三聯神迅即同化為「狄美特、戴奧尼索斯、波塞芬妮」的三聯神（又是希臘人的解釋〔interpretatio graeca〕！）。⑰「利貝爾」以酒神（Bacchus）之名著稱，並且隨著酒神崇的普及而受到特別的歡迎。

(132)　　西元六世紀，在伊特拉斯坎諸王統治時，羅馬就已經很熟悉希臘諸神。但從共和時期開始，我們也看到希臘諸神的迅速同化：西元前 499 年，引進迪奧斯古利（Dioscuri）的崇拜；西元前 495 年，引進墨丘利（Mercury）的崇拜；西元前 431 年，引進阿波羅的崇拜（在瘟疫流行時，他是以「醫療之神」著稱）。維納斯原本只是意為「巫術魅力」的普通名詞，後來卻等同於希臘的阿芙羅狄特；但在特洛伊傳奇的影響之下，這個女神的結構後來也有了改變。拉丁和義大利諸神也有類似的同化特色。黛安娜是從阿爾巴傳入，最後和阿提密斯同質化。西元前 396 年，朱諾女王（Juno Regina），威伊城（Veii）的守護神，在慶典裡被迎入羅馬城。李維曾經描

---

⑮　根據傳說，神廟是首次諮詢《西卜林之書》之後的結果，但在此有時間上的錯誤。

⑯　E. Benveniste, Liber et liberi; Dumézil, La rel. rom. arch., p. 383.

⑰　J. Bayet, "Les 'Cerealia,' altération d'une culte latin par le mythe grec" (in: *Croyances et rites dans la Rome antique*), spéc, pp. 109 sq..

述（5.21.3-22）「禱告」（evocatio）的儀式：獨裁者卡米盧斯（Camil-
lus）向被圍攻之城的女神演說道：「我請求您，住於威伊城的朱諾皇后，
和我們同行，當我們為我們的城市獲得勝利，這個勝利也很快就是您的，
和您的莊嚴相稱的神廟也將在那裡迎接您。」威伊城的人民並不知道「他
們早已被自己的占卜者和外來的神諭放棄；有些神已經被祈請來侵略他
們，而其他諸神，也接受懇求放棄他們的城市，開始在他們敵人的神廟中
尋找新家；或許這就是他們倖存的最後一天。」

　　西元前四世紀初，克爾特人入侵，阻斷羅馬和希臘文明的接觸。羅馬
城遭到徹底的蹂躪（390 B.C.），有些羅馬人便產生永遠放棄羅馬城的念
頭，在威伊城定居。彷彿西克索人侵略後的埃及（見第30節），被焚的城
市景象動搖了羅馬人對自己歷史命運的信心。直到桑提尼戰役（Senti-
num）的勝利（295 B.C.），羅馬和義大利才擺脫高盧人的宗主權，重新建
立和希臘世界的交通，而羅馬人也恢復征服世界的政策。西元前三世紀
末，羅馬成為義大利地區最強盛的城邦。從那個時候開始，政治的循環產
生了迴響，有時候甚至影響到傳統的宗教制度。對於喜歡在歷史事件裡解
讀出那麼多顯神的異象的民族，他們的軍事勝利或災難就充滿了宗教意義。

　　其後的第二次迦太基戰爭（又稱布匿克戰爭）迅速威脅到羅馬人的國
家存在，宗教也經歷了深層的轉型。羅馬向所有的神明祈求，無論這些神
們來自何處。占卜術和《西卜林之書》證明戰敗的原因在於各種不同儀式
的過犯。元老院遵從《西卜林之書》的指示，宣佈救贖的措施：獻祭、驅　　(133)
邪、慶典以及平時少見的遊行，甚至進行活人祭。坎尼（Cannae, 216 B.
C.）的敗戰，災異四起，以及兩個灶神女祭司的亂倫，使得危機越加嚴重，
元老院於是決定派法比烏斯（Fabius）家族的皮克多（Pictor）去到德斐神
廟求問神諭。而《西卜林之書》則指示要行活人祭；希臘人和高盧人各兩
名被活埋（Levy, 21.57.6）[48]。這可能是在結構上歷史久遠的祭典：「為了

---

[48]　約在 226 年，同樣地在諮詢西卜林之書後，又有兩名希臘人和兩名高盧人被活
　　埋，用來避免高盧人入侵的威脅（Plutarch, *Marcellus* 3.4）。類似的犧牲也發生在西元
　　前二世紀末期（Plutarch, *Quest. Rom.* 83）。約在西元前 97 年，元老院禁止活人祭。

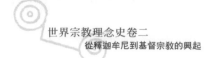

創造的殺戮」。⑭

　　最後，約在西元前 205-204 年，戰勝漢尼拔（Hanibal）的前夕，羅馬遵循《西比林之書》的建議，引進第一個亞細亞神名的崇拜，也就是大地之母西芭莉（Levy, 29.10 sq.）。象徵這位女神的著名大黑石被羅馬艦隊運到貝加蒙（Pergamum）。人們在歐斯提亞（Ostia）用宗教儀式隆重地迎接西芭莉，安置在巴拉提努斯丘的神殿。⑮然而，對於務實的羅馬而言，這種崇拜的狂歡本質，甚至出現去勢的祭師，這種對比委實太強烈了。元老院趕緊謹慎管制儀式的表現方式。獻祭嚴格限制在神廟的內部，除了年度把聖石運到河邊的遊行以外。羅馬公民禁止以安那托利亞的儀式向西芭莉獻祭。祭祀的人員限定為一位男祭司，一位女祭司和他們的助理，無論是羅馬人或他們的奴隸都無權執行這些職務。至於羅馬公開的祭典，則是由城市的代理執政官主持。

　　然而，約在公元 204 年，元老院准許組織宗教團體，其成員都是貴族階級，其主要的功能僅限於以西芭莉之名的饗宴。總之，介紹第一個亞洲(134) 神祇是貴族的工作。貴族認為羅馬是奉命在東方扮演重要的角色。但西芭莉的出現並沒有產生重大的影響；東方宗教的入侵發生在一百多年以後。當然，在歷經第二次迦太基戰爭的災難後，羅馬可能被亞洲來的神吸引。但是在這裡，我們也看到羅馬特有的模稜兩可：既要控制外來的宗教，卻又害怕失去這些宗教帶來的利益。⑯然而，這兩場戰爭以及最後壓倒性的勝利結果是無可避免的。一方面，來自義大利各地的眾多難民和外國奴隸都聚集在羅馬。另一方面，居民的某些階層逐漸和傳統宗教脫離。在羅馬，整個地中海地區從西元前四世紀開始，個人宗教經驗的渴求越來越強

⑭　為了確保勝利，Xerxe 在航往希臘時活埋九名青年和九名女孩。我們也知道，在 Salamis Themistocles 之戰前夕，為了遵從神諭，將三名年輕的囚犯做犧牲（Plutarch, *Vita Them.* 13）。關於這個神祕的主題，見 Eliade, *De Zalmoxis à Gengis-Khan,* pp. 178 sq.。

⑮　應該指出來，因為伊尼亞斯（Aeneas）的傳奇故事，西芭莉不再被認為是外來的女神。

⑯　J. Bayet, *Histoire...de la religion romaine,* p. 154.

烈。而這樣的宗教經驗又只能在宗教聚會以及祕教的封閉社會形式下獲得，換句話說，就是脫離國家控制的祕密結社。這就是爲什麼元老院禁止羅馬公民，甚至他們的奴隸，參與安那托利亞的西芭莉崇拜。

大約西元 186 年，官方既訝異又憤怒地發現，羅馬本身也有酒神信徒，也就是夜間酒神狂歡的神祕宗教。特別是在希臘化時代（見第 206 節），酒神崇拜早已經傳遍地中海地區。在羅馬征服大希臘地區之後，祕教的社團充斥整個半島，特別是坎帕尼亞（Campania）。正是這些坎帕尼亞的女祭師和女預言家，把這種祕密的崇拜介紹給羅馬人，而這種神祕宗教根據她們的指示去修正，並且包括某些類似神祕宗教的儀式。羅馬的執政官立即公開指責，調查報告透露這種崇拜的規模和狂歡的特色。爲數超過 7000 人的信徒，被指控多種令人厭惡的行爲：他們的堅守祕密，他們進行雞姦，甚至爲了財富而集體殺戮。這些儀式都以極祕密的方式舉行。根據李維的記載（39.13.12），男人們發狂地在地上翻滾，然後說出預言；女人 (135)
「披頭散髮，穿著酒神女祭司的服飾」，跑到台伯河邊，「舉著熊熊的火把」，他們把火把丟到河裡，拿上來時卻又繼續燃燒，因爲「這些火把燃燒含有混合鈣成份的硫磺。」[52]

有些指控很像後來迫害異端和巫術的陳腔濫調。草率的調查和嚴厲的壓制（數以千計的人被處死），都顯示這種迫害的政治本質。官方聲討這種祕密結社的危險性，認爲他們可能會發動政變。無疑地，酒神崇拜並未被徹底消滅，但是羅馬公民是禁止這種崇拜的。此外，所有酒神崇拜的儀式都限制在五個人以內，並且必須經由元老院的許可。除了那些還有些「神聖性」的東西之外，其餘祭典建築和祭器都被銷毀掉。

所有這些恐慌的措施，顯示羅馬的元老院是如何擔心那些不在他們掌控之下的宗教團體。壓迫酒神崇拜者的元老院決議（senatus consultum）始終有效；三個世紀以後，成爲迫害基督徒的範例。

[52] 他們還被進一步控告用某種可怕的方式使那些拒絕參與他們犯罪和放蕩的人消失（Levy, 39.13.13）。有關李維的文本之詳細分析和有關西元前 186 年和酒神崇拜者有關的元老院決議的詳細分析，見 Andrien Bruhl, *Liber Pater*, pp. 82-116。

第二十一章

克爾特人、日耳曼人、色雷斯人和蓋塔人

169. 史前元素的持存

(136)　　從西元前五世紀攻下義大利北部（羅馬在西元前 390 年遭到攻擊）起，到西元前 279 年洗劫德斐的阿波羅神殿，克爾特人對歐洲上古史的衝擊還不到兩世紀之久。隨即，克爾特族便注定要在歷史裡消失：日耳曼民族的擴張和羅馬的威脅，使得克爾特族的勢力不斷衰退。不過，克爾特人是原史的繼承者，那是個豐富而有創造力的時代。我們會看到，考古學的資料在理解克爾特宗教時的重要性。

　　原始的克爾特人很可能是「甕葬文化」（Urnfield）①的創始者，大約是在西元前 1300-700 年的中歐發展出來的。他們聚居在村落裡、以耕作維生、使用銅器、火葬死者。第一批移民（西元前 10-9 世紀）把這些習俗帶到法國、西班牙和大不列顛群島。在西元前 700-600 年左右，鐵器的使用傳遍中歐，就是所謂「初期鐵器時代」（Hallstatt）文化，其特色是社會的階級化以及各種不同的葬禮。這些創新可能是西美利人文化（Cimmerian）（源自黑海）譯①傳入伊朗的結果。克爾特族的武士貴族也在這時候崛

(137)起。死者的屍體（至少是貴族的屍體）不再行火葬，而是以他們的武器和寶物陪葬，把屍體放在四輪戰車上，然後埋到墓穴裡，覆以墳土。西元前 500 年左右，也就是二期鐵器時代，從名為「沙洲」（La Tène）譯②的考

----

①　之所以稱之為「甕葬文化」，是因為他們的死者是以火葬處理，再將骨灰放入甕中，埋到墳墓裡。

譯①：西美利人（Cimmerii，Cimmerian），源自於黑海地區，相傳是永遠活在黑暗之中的民族。

譯②：「沙洲」（La Tène）遺跡，位於瑞士 Neuchatel 湖東岸，為歐陸克爾特人於晚期鐵器時代所建立的文化。根據考證，沙洲文化起源於西元前五世紀中葉，因克爾特人開始和希臘人及阿爾卑斯山南部的伊特拉斯坎人（Etruscan）有所接觸而形成。在接下來的四個世紀當中，克爾特族的勢力擴張到北歐和大布列顛群島，但西元前一世紀中期，克爾特人因自主權被羅馬帝國所奪而沒落，沙洲文化也因此成為歷史。

古遺跡可以發現，克爾特人的藝術創造力達到巔峰；考古挖掘發現的珠寶和無數的金屬器物，被譽為「蠻族藝術的光榮，是克爾特人對於歐洲文化的偉大貢獻。」②

由於克爾特宗教的文獻不足徵，考古證據因而顯得特別珍貴。我們從出土結果得知克爾特人非常重視「聖地」，也就是在獻祭的祭壇周圍依照律例祝聖的地方。（我們會看到，古代作者以及愛爾蘭神話都描述過聖地的儀式性劃定以及「世界中心」的象徵。）我們也從出土文物看到，人們會在 2-3 公尺深的聖洞裡放置不同的供物。如同希臘人的 bothros 或羅馬人的 mundus，在聖洞裡，人們可以和冥府諸神溝通，這種洞穴早在西元前兩千年就有記載，聖洞裡有時會擺滿金銀珠寶，堆在裝飾華麗的鍋子裡。③（中世紀的傳說和克爾特的民間故事裡也曾經回憶過這些和彼岸世界溝通的聖洞以及地下的寶藏。）

同樣重要的是，考古學也證實頭骨崇拜的傳佈和連續性。考古學家在約克夏發現的石灰岩圓柱，刻有很抽象的人頭像，可以溯自西元前 18 世紀，並且延續到中世紀，在各地的克爾特族裡，都有頭骨和「斷頭」象徵的記載。考古發現置於壁龕或嵌在聖地牆壁的頭骨、以石頭雕成的頭像，還有許多浸泡在泉水裡的木頭雕像。的確，古代作者提過頭骨的宗教意 (138)
義，而且儘管教會嚴格禁止，但是在中世紀的傳說以及英國和愛爾蘭的民間故事裡，④歌頌斷頭都還是扮演著重要的角色。這個儀式無疑地源於史前時代，甚至持存在十九世紀的某些亞洲文化裡⑤。人們相信頭骨是男性精液的源頭，也是「靈性」的住所，這使得頭骨原始的巫術和宗教價值更加強化。因此，對克爾特人而言，頭骨是貯存神力的容器，是源自諸神，可以使擁有頭骨的人免於各種危險，同時也能賜給人們健康、財富和勝

② Ann Ross, *Pagan Celtic Britain*, p. 35。見 J. J. Hatt, Les *Celtes et les Gallo-Romains*, pp. 101 sq.。

③ Stuart Piggot, *Ancient Europe*, pp. 215 sq.; Piggot, *The Druids*, pp. 62 sq..

④ Ross, *Pagan Celtic Britain*, pp. 97-164, figs. 25-86, pls. 1-23.

⑤ Eliade, *Le Yoga*, pp. 299, 401-02; *Le Chamanisme*, pp. 339 sq..

利。

　　簡而言之，考古學的發現既證明克爾特文化的古老，也顯示某些核心的宗教理念從原史時期到中世紀的連續性。許多理念和習俗原本是新石器時代古老的宗教遺產，但是早就被克爾特人吸收，而且有部分融入他們承繼自印歐傳統的神學體系。考古學證明了這個令人驚訝的文化連續性，使得克爾特宗教的歷史學家可以放心使用晚出的文獻，尤其是愛爾蘭的作品（西元 6-8 世紀），以及到十九世紀仍流傳於愛爾蘭的史詩傳說和民間故事。

170. 印歐文化的遺產

　　我們還可以從其他文獻證實克爾特文化的源遠流長。我們發現，在愛爾蘭的許多觀念和習俗都見於古印度文獻；而且愛爾蘭的詩律和梵文或西台語的詩律也很類似；史家皮久（Stuart Piggot）在《古印度的某些城市》（*Some Cities of Ancient India*, 1945）裡說，這是「源自西元前兩千年的共同遺產的片段。」⑥德魯伊特（Druids）和婆羅門都強調記憶的重要（見第 172 節）。而古愛爾蘭律法也用韻文書寫，以便人們牢記。愛爾蘭和印度律法書之間的相似性，並不只是在形式和技術方面，甚至在用語上都很相像。⑦印度和克爾特還有其他類似的地方：以絕食作為打官司的方法；

(139)

---

⑥　Piggot, *The Druids*, p. 88。Myles Dillon 說，德魯伊特和婆羅門保存的印歐民族祭典和信仰，後來在蘇格蘭蓋爾（Scottish Gaelic）文化裡流傳至 18 世紀；至於我們現今所見到的相關祭典和信仰，則是印度人代代相傳下來的。見 Piggot, "The Archaism of Irish Tradition," p. 246; id., "Celts and Aryans," pp. 52 sq.。鑽研愛爾蘭和印度葬禮儀式的漢斯‧哈特曼（Hans Hartmann）結論說（*Der Totenkult in Irland*, p. 207），相較於愛爾蘭人和英國人及德國人的思想距離，他們的思想和古印度人的思想其實比較接近。

⑦　D. A. Binchy, "The Linguistic and Historical Value of the Irish Law Tracts," 引自 Dillon, "The Archaism," p. 247。

眞理的巫術和宗教價值⑧；在散文體的歷史故事裡穿插詩段，特別是在對話裡；吟遊詩人的重要性以及他們和統治者的關係。⑨

　　因爲歐陸的克爾特人在儀式裡禁止書寫文字，因此他們自己沒有任何有關宗教的文獻，我們僅有的史料都是出自希臘羅馬作者之手，以及高盧和羅馬時期的許多碑刻。相反地，住在蘇格蘭、威爾斯，尤其是愛爾蘭等島的克爾特族，則留下卷帙浩繁的史詩文學。雖然這些作品都是在改宗基督教之後完成的，但是這些文學還是保存了基督教時期之前的神話傳說，而愛爾蘭民間故事也是如此。

　　愛爾蘭的文獻也經常可以佐證古代作者留給我們的資料。凱撒大帝在其《高盧戰記》（ *De Bello Gallico* ）裡說，高盧人有兩個特權階級，德魯伊特和武士，以及受迫害的第三個階級：「平民」。這個社會的三分法結構，反映了著名的印歐民族意識型態（見第 63 節），在愛爾蘭改宗基督教之後仍然存在：在「律法」（ *rig ）（相當於梵文的 rāj- 以及拉丁文的 rēg- ）的許可下，社會分爲德魯伊特、武士（ flaith，意爲「力量」，相當於梵文的刹帝利〔kśatra〕）以及「牧牛者（ bo airig ），他們被界定爲可以擁有牛群（ bo ）的自由人（ airig ）。」⑩ (140)

　　我們稍後會談到克爾特人裡有哪些印歐宗教體系的遺跡。但是我們現在想要指出的是：「握有權力的祭司階級是神聖傳統的守護者，他們墨守成規地保存這些傳統，」因爲有祭司階級的存在，「印度和伊朗以及義大利和克爾特社會才得以保存共同的文化遺緒。」⑪至於印歐民族的三分法

---

⑧　Dillon, "The Archaism," pp. 247, 253（參考書目）。亦見氏著 *Celts and Aryans*。

⑨　G. Dumézil, *Servius et la Fortune*, pp. 221 sq. et passim; J. E. Williams, "The Court Poet in Medieval Ireland," pp. 99 sq. 。我們補充說明，這種相似性也在美索不達米亞宗教裡的蘇美和阿卡德的世界中發現，由此可以解釋說，這是起於和印歐民族和古代近東民族的接觸。（ 見 H. Wagner, "Studies in the Origins of Early Celtic Tradition," pp. 6 sq. et passim ）

⑩　G. Dumézil, *L'idéologie triparitite des Indo-Européens*, p. 11.

⑪　E. Benveniste, *Le vocabulaire des institutions indo-européens*, II, p. 10. ，可比較於 Vendryes 的評論，注 38，下半段。

的神學，我們還可以在凱撒所描述的神譜裡以及經過澈底的歷史化的愛爾蘭傳說裡發現。杜美夕（Georges Dumézil, 1898-1938）和德弗希（Jan de Vries）曾說，傳說中的民族「達努女神的子民」（Tuatha Dé Danann）譯③的族長，其實是代表前兩個功能的神，而第三個功能的神，則是化身為佛摩爾斯族（Fomors），他們是島上的原住民⑫。

凱撒曾以「羅馬人的解釋」（interpretatio romana）描述過克爾特諸神。「在諸神裡，」這位執政官說道：「他們最崇拜的是墨丘利（Mercury），他有許多形像；他們說他是所有藝術的創造者，是所有道路和旅程的指引，他們認為他對貿易和交通有重大的影響力；位列墨丘利之後的神有：阿波羅、馬爾斯、朱庇特（Jupiter）和密內發女神（Minerva，相當於希臘神話的雅典娜）。他們對諸神的概念和其他國家人民的想法相同，阿波羅驅除疾病，密內發給予藝術和工藝的第一原理，朱庇特統治天國，馬爾斯職司戰爭。」（*B. G.* 6.17）

對於高盧諸神的「羅馬人的解釋」，的真實性和價值，曾經引起廣泛的討論。對於克爾特族的習俗和信仰，凱撒有相當深入的了解。在遠征特拉撒派高盧（Transalpine Gaul）譯④之前，他曾任希撒派高盧（Cisalpine Gaul，即靠近羅馬的阿爾卑斯山南側）的地方執政官，但是由於我們對歐陸的克爾特人的神話一無所知，因而對於凱撒所說的諸神不甚了解。不過

---

⑫　見 G. Dumézil, *Mythe et Épopée*, I, p. 289；Jan de Vries, *La religion des Celtes*, pp. 157 sq.。

譯③：「達努女神的子民」（Tuatha Dé Danann）：達努女神是克爾特神話中的人物，相傳在現代愛爾蘭人的祖先米勒夏人（Milesians）定居之前，達努女神的子民就住在愛爾蘭。在遠古文獻中，據說擅長巫術的他們，因為擁有知識，而被拒於天堂之外，最後因而消失在愛爾蘭的迷霧之中；但也有一說是，當米勒夏人征服愛爾蘭時，他們避居深山，最後終於消失在世上。在愛爾蘭的稗官野史中，達努女神的子民被視為真實存在過的一族，甚至在 17 世紀，還有人認為他們是原始的歷史學家。

譯④：特拉撒派高盧（Transalpine Gaul），為連接阿爾卑斯山、地中海、庇里牛斯山、大西洋及萊茵河地區的樞紐，現今分屬法國和比利時國土。

令人驚訝的是，他竟然沒有把朱庇特列爲諸神之首。可能是因爲這個偉大的天神已經不再是當地居民的權力主宰，因爲在將近四個世紀的時間裡，這些地區都籠罩在地中海文化的影響裡。這個現象在宗教史上屢見不鮮，(141) 在古代的近東地區（見第 48 節及其後）、吠陀時期的印度（見第 62 節）以及古日耳曼民族（見第 176 節）皆是如此。不過，我們在萊茵河、莫塞河（Mosel）和塞納河流域以及某些日耳曼民族那裡發現的「巨大的朱庇特」圓柱，都有遠古的象徵，也就是天神的象徵。我們必須特別指出的第一點是，這些圓柱並不像圖雷眞（Trajan）譯⑤圓柱或奧理略（Marcus Aurelius）譯⑥圓柱那樣用來慶祝軍事勝利的；他們並不立於廣場或大道上，而是遠離城市。除此之外，克爾特的朱庇特經常有輪子的形象⑬，輪子是克爾特文化裡很重要的形象。有四條軸的輪子代表「年」，也就是指四季的循環。的確，「輪」和「年」這兩個說法，在克爾特語裡是同義的

---

⑬　Werner Müller, Die Jupitergigantensäulen und ihre Verwandten, pp. 46 sq..

譯⑤：圖雷眞（Trajan，全名爲 Marcus Ulpius Traianus）是羅馬帝國皇帝，生於羅馬帝國的貝提卡省，父親曾任貝提卡及敘利亞總督。他早年加入羅馬軍團，後因功勳彪炳，被拔擢爲上日耳曼的總督，更於西元 97 年 10 月，被納瓦皇帝（Nerva）選爲王位繼承人。西元 98 年 1 月底，納瓦駕崩，圖雷眞登基爲皇，追奉納瓦爲神；到了西元 114 年，他在自己的頭銜奧古斯都（Augustus）前面，加上「最好的」（Optimus）這個形容詞，以示他自己是出使人間的神的代表。圖雷眞在位期間大興土木建設公共場所，如公共澡堂、及大型新廣場。廣場上有半圓形競技場、市政廳、圖書館和神廟等，在神廟前庭則矗立著圖雷眞圓柱（Trajan's Column），這是爲了紀念大夏之戰（Dacian Wars, 85-89 B.C.）而創作的作品，圓柱底部雕飾著大批戰俘，後來圖雷眞死後，骨灰還撒在這上面。圖雷眞圓柱不但重現圖雷眞兩次長征大夏的情景，也是提供羅馬軍隊和大夏軍隊種種軍事建築、戰況的歷史寶庫。不過圓柱上的圖雷眞雕像，在一五八八年被移走，改而換上聖彼得像。

譯⑥：Marcus Aurelius 是奧理略的簡稱，他的全名是 Caesar Marcus Aurelius Antoninus Augustus，但在西元 161 年登基爲羅馬帝國皇帝之前，他所用的是原名：Marcus Annius Verus。奧古斯都生於西元 121 年 4 月 26 六日，卒於 180 年 3 月 17 日，他篤信斯多噶哲學，著有《沈思錄》（Meditations）。歷代以來，Marcus Aurelius 這個名字被西方世界視爲是羅馬帝國黃金盛世的表徵。

⑭。正如慕勒（Werner Müller）所理解的，克爾特的朱庇特因而成爲統治宇宙的天神、時歲的主宰；而圓柱則象徵「世界之軸」（axis mundi）。另一方面，愛爾蘭的文獻則提到「善神」達哥達（Dagda），學者都認爲他就是凱撒稱之爲「朱庇特」的高盧神⑮。

考古學證實了凱撒所述「墨丘利」受到歡迎的情形：有兩百多處的雕像和浮雕以及近五百篇碑文。我們並不知道墨丘利在高盧的名字，據推測他就是名爲「呂克」（Lug）的神，在島區的克爾特族文化佔有重要的地位。有好幾個城市就以 Lug 來命名，例如 Lugdunum，是法國里昂的舊名；在愛爾蘭，還有他的慶典，這證明所有克爾特族的國家都知道他。愛爾蘭的文獻說呂克是個軍隊領袖，在戰場上行巫術，但他也是個傑出的詩人，以及某個重要民族的神話祖先。這些特徵使他足以媲美北歐的沃登（歐丁）（Wodan-Odinn）譯⑦，塔西佗（Publius Cornelius Tacitus, 56-120）也認爲他就是墨丘利。由此我們可以斷定，呂克是巫術和軍事的神，他的暴戾雖令人望而生畏，卻是戰士、吟遊詩人和巫師的守護神。就像歐丁（沃登）一樣（第 175 節），他的特徵是巫術和靈性的能力，這可以解釋爲什麼人們他就是墨丘利（希臘的赫美斯）⑯。

(142)

關於馬爾斯，凱撒（B. G. 6.17）寫道：「當高盧人決定要打個重大的戰役時，他們會把所有掠奪來的東西奉獻給這位神。在打勝仗之後，他們把所有擄獲的戰俘當作祭品，再把其他財物聚集於某處。」我們不知道高盧戰神的克爾特名字，但是在許多獻給馬爾斯的碑文裡有許多稱號，例如「世界之王」（Albioriz）、「至尊」（Rigisamos）、「戰鬥之王」（Cat-

⑭　Müller, op. cit., pp. 52 sq.。在中世紀文獻中，年（annus）的圖像是一個有著四根或十二根輻軸的輪子；見 Müller 所複製的圖，p. 51。

⑮　Jan de Vries, *La religion des Celtes*, pp. 45 sq.。

⑯　Jan de Vries, *La religion des Celtes*, p. 62，他補充說：「但千萬不能忘了，這個相似處所證明的，只是相當複雜人格當中的一個細節。」

譯⑦：沃登（歐丁）（Wodan Odin），又稱爲 Wodan、Woden 或 Wotan，北歐神話中的神，主司藝術、文化、戰爭等；但根據時代稍晚的史料顯示，在基督教時期之前的斯堪地納維亞地區，歐丁神其實被奉爲諸神之首。

urix）、「強者」（Camulus）、「勝利者」（Segomo）等等。其中某些稱號無法理解，但是即使我們想辦法翻譯出來，還是無助於理解。獻給海克力斯的一百多篇碑文也是如此；和馬爾斯的碑文一樣，那只能證明有戰神的存在。

假如我們再把其他史料列入考慮的話，這位神的結構可能就會複雜許多。希臘歷史學家盧西安（Lucian of Samosata）（希西元二世紀）說，海克力斯的克爾特名字是奧格米奧斯（Ogmios）。盧西安曾經見過海克力斯的畫像：那是個滿臉皺紋的禿頭老先生，他用許多琥珀和黃金製成的小鍊子把大群男女綁在舌頭上，拖著他們走，這些鍊子看來並不堅固，但這些人非但不想逃，反而緊緊跟著他，「神情愉快地讚美他。」有個克爾特人對盧西安解釋這幅畫說：克爾特人不是像希臘人那樣地描繪赫美斯的說話藝術，而是在表現海克力斯，「因為海克力斯強多了。」（盧西安，《海克力斯》1-7）關於這文獻有各種相衝突的詮釋⑰。這些套著鍊子的人被拿來和印度的馬爾殊（Maruts）譯⑧以及歐丁神的隨從伊恩赫賈（Einherjar）做比較（De Vries）。而奧格米奧斯也曾被拿來和「束縛之王」婆樓那譯⑨相比（F. Le Roux）。克爾特的「馬爾斯」很可能吸收了統治神和巫師的某些特質，而又強調其引渡靈魂的功能。（相反的，我們在第 175 節會討論到，在日爾曼人那裡，歐丁神部分取代了戰神的角色。）在愛爾蘭的史詩文學中，有個典型的戰士，歐格瑪神（Ogma）可以和奧格米奧斯相互呼應。但是他也被認為創造了歐甘文（Oghamic）譯⑩，也就是說，他同時 (143) 擁有軍事力量和類似歐丁的「知識」。

---

⑰ Francoise Le Roux, "Le Dieu celtique aux liens: de l'Ogmios de Lucien à l'Ogmios de Dürer," pp. 216 sq.；Jan de Vries, La religion des Celtes, pp. 73 sq.。
譯⑧：馬爾殊（Maruts），又名魯特羅（Rudras），是吠陀時期印度眾神之首因陀羅（Indra）的夥伴，他們會騰雲駕霧，也能呼風喚雨，是暴風雨的神。
譯⑨：婆樓那（Varuna），印度神話中吠陀時期的神，為天空之神，舉凡宇宙和道德的律法，都由他來制訂。
譯⑩：歐甘文（Oghamic），為上古時代大不列顛和愛爾蘭人所使用的語言，由二十個字母組成。

凱撒把阿波羅描述為醫神。我們雖不知道阿波羅的高盧名字，但是他
在碑刻裡的別稱都證實他的醫療者性格。愛爾蘭文獻曾經提及迪安克察
（Diancecht）治活了「達努女神的子民」，在古代的驅邪咒語裡也會向他
祈請。他的名字和鐵匠神哥魯布紐（Gorubniu）並稱。因此他可能就是杜
美夕所說的「第三功能」的神。至於密內發的高盧名字，我們也無從得
知，不過凱撒說她是工匠和商業女神（這也屬於第三功能），她曾被拿來
和達哥達（Dagda）的女兒波麗甘提亞（Brigantia）相提並論，波麗甘提亞
是詩人、鐵匠和醫生的守護神。

171. 我們可能重構克爾特的諸神嗎？

凱撒以「羅馬人的解釋」改裝克爾特諸神，而掩蓋了某個宗教事實，
使得我們只能局部地和島區克爾特人的傳說作比較。至於從遺跡或碑文得
知的高盧和羅馬時期的諸神名字，大部分也只是諸神在當地的綽號；但有
些學者卻誤以為這些名字意指某些獨立的神。

有關於諸神的高盧名字，我們唯一的資料是詩人魯卡（Lucan）（西元
一世紀）的作品。他提到「以殘忍的獻祭平息特烏塔特斯（Teutates）和艾
蘇斯（Esus）的狂暴，他們野蠻的神殿教人不寒而慄，而塔拉尼斯（Tara-
nis）的祭壇，也不比西西亞的黛安娜祭壇好到那裡去。」（《內戰記》
1.444-46）譯⑪高盧和羅馬的銘文裡也提到艾蘇斯、塔拉努庫斯（Taranu-
cus, Jupiter Taranucus）及馬爾斯・特烏塔特斯（Mars Toutatis），而證明這

譯⑪：根據 Encyclopaedia Britannica CD 99，這三位是克爾特神話中的神，艾蘇斯
　　　（Esus）是主神，特烏塔特斯（Teutates）是部落之神，至於塔拉尼斯（Tara-
　　　nis）則是雷神。根據後來作者的說法，三位神對待獻神祭品的方法都很殘酷。
　　　例如艾蘇斯，把祭品吊在樹上刺死；特烏塔特斯是把祭品的頭朝下，放進裝滿
　　　液體的大木桶裡淹死，桶內的液體不限定是什麼，但有時是克爾特人最愛喝的
　　　麥酒；至於雷神塔拉尼斯，則不論他的祭品是活人或動物，都把他們放在一個
　　　很大的藤籃裡燒死。其中的特烏塔特斯，被視為是羅馬神話的墨丘利與馬爾斯
　　　的合體。

些名字的真實性。中世紀的注本⑱作者曾試圖解釋這些名字，但他的注解
卻自相矛盾。無論如何，他的注本詳細說明每個神的獻祭方式，例如：特
烏塔特斯的獻祭是把人放到桶子裡悶死；艾蘇斯的供物會掛在樹上流血至 (144)
死；至於塔拉尼斯（「戰神和最高神」）的祭典，則是把人放到木製的模
型裡燒化。

荼戴斯楚普鼎（Gundestrup Caldron）譯⑫上有個圖案，描繪穿著衣服
的人把活人祭品以頭前腳後的姿勢丟進容器裡，幾名戰士大步走向這個容
器；在這圖案上面則是有幾名騎士抬走這個容器。德弗希（Jan de Vries, *La
religion des Celtes*, p.55）認為，這可能是某種入會禮儀式，但是和特烏塔
特斯無關。（愛爾蘭的史詩多次提到國王的主題，他被困在火燄衝天的屋
子，跳進水桶裡躲避大火。這確定是指涉活人祭儀式。）⑲從 18 世紀開
始，特烏塔特斯的名字就被翻譯成「部落之父」。在部落生活裡，這個神
扮演著極其重要的角色：他是戰爭的守護神，但他的功能卻比這複雜得
多。⑳

至於塔拉尼斯，他的名字的意思就很清楚了：這個字的字根是 *taran，
也就是雷電。在他的第二個化身「塔拉諾斯」（Taranos），很接近日耳曼

⑱　Commenta Bernensia, 引述自 J. Zwicker, *Fontes historiae religionis Celticae*, I, pp. 51
sq.。

⑲　M. L. Sjoestedt, *Dieux et héros des Celtes*, p. 75 引述部分歐陸的類似例子。對 C.
Ramnoux 而言，這些在一個時間週期行將結束的當口所舉行的祭典，其實是為了
祈求舊的季節可以重生。（事實上，這些祭典是在曆法上的某些特定日子所慶祝
的。）見 C. Ramnoux, "La mort sacrificielle du Roi," p. 217。

⑳　Duval, "Teutates, Esus, Taranis," p. 50; *Les dieux de la Gaule*, pp. 29 sq.（關於戰
神）；J. de Vries 認為，特烏塔特斯「可能就像墨丘利曾被當作馬爾斯一樣。」
（p. 3）J. J. Hatt 則認為特烏塔特斯「是一體兩面的神，一面是好戰的，另一面是
愛好和平的。」（"Essai sur l'évolution de la religion gauloise," p. 90）

譯⑫：荼戴斯楚普鼎（Gundestrup Caldron），是一個銀製的宗教器皿，發現於丹麥朱
特蘭（Jutland）的荼戴斯楚普鎮，這個銀器的製造年代，大約為西元前一世
紀。

神話中的都納（Donar）㉑。他和都納都被同化為朱庇特，因此，「偉大的朱庇特」圓柱有可能是獻給「雷神」，古克爾特的天神塔拉尼斯。而「艾蘇斯」則是個專有名詞，其字源不可考。㉒在兩座祭壇的浮雕上，艾蘇斯正在砍樹，這會讓我們想到懸掛在樹上的祭品嗎？德弗希主張，艾蘇斯這個高盧神相當於北歐的歐丁神。㉓但我們事實上什麼也不能確定。

(145)　　　　雕像、圖案和碑文，都透露出其他高盧羅馬神的名字和形象，在某些情況裡，藉助於島區克爾特傳說裡隱藏的神話，我們可以爬梳他們的結構，並且界定其宗教功能。但確切來說，因為克爾特宗教文化特有的保守性格，所以這些分析結果經常沒有什麼決定性。我們舉個著名的浮雕為例，上面刻著克努諾斯（Cernunnos）譯⑬的名字，還有個頭上戴著雄鹿耳朵和鹿角、可能禿頭的老人。我們很自然地會和袞戴斯楚普鼎作比較：頭上戴著鹿角的人，坐在曾被誤認為「佛座」的位置上，一手拿著項鍊，另一手纏有羊頭蛇；四周有各種野獸，其中有隻俊美的雄鹿。類似的畫面也在大不列顛發現過。㉔我們知道，雄鹿的圖案和宗教象徵由來已久。在法

㉑　最新資料見 H. Birkhan, *Germanen und Kelten*, I, pp. 310 sq., 313 sq.。

㉒　J. de Vries 認為字根「*eis」的意思，大概是指「活力、熱情」（*Rel. des Celtes*, p. 106）。

㉓　Op.cit., p. 108；持相同見解的還有 Duval, "Teutates, etc.," pp. 51 sq.；*Les dieux de la Gaule*, pp. 34-35; Hatt, "Essai," pp. 97 sq.（值得存疑）。

㉔　Ross, *Pagan Celtic Britain*, pp. 104 sq..

譯⑬：克努諾斯（Cernunnos），這個字在克爾特文裡，是指「長角的人或物」。在克爾特宗教裡，克努諾斯是一位法力高強的古神，被普遍奉為「野生萬物之神」。在散居各地的克爾特族裡，克努諾斯或許有各式各樣的化名，但他的特質卻始終一致：頭上戴著雄鹿角，偶爾會有一隻雄鹿、一條長著公羊角的蛇隨侍在側。有些時候，他也會戴著高盧神或英雄專屬的聖鍊。最早的克努諾斯發現於法爾卡莫尼卡（Val Cammonica）；袞戴斯楚普鼎（Gundestrup）上也有和他有關的圖像。膜拜克努諾斯的信徒主要分布在不列顛，但在愛爾蘭也見得到崇拜他的儀式。在宗教史上，他被反基督教徒拿來當作代表標誌。

爾卡莫尼卡（Val Cammonica）譯⑭出土的西元前四世紀的石雕上面有個頭
上長著雄鹿角的神，身上纏著長著角的蛇。但是，我們在第 5 節看到，在
法國「三兄弟」洞窟所發現的「偉大的巫師」或「野獸之神」壁畫，也都
有雄鹿角。所以，克努諾斯也可以被解釋為「野獸之王」之類。㉕

　　無論如何，雄鹿的宗教象徵是非常複雜的。在原史時期，從中國到西
歐，因為雄鹿每年會換新角，㉖而成為持續創造和重生的象徵。另一方面，
在克爾特和日耳曼神話裡，雄鹿被視為他們的遠祖。㉗除此之外，他也是
多產的象徵，但是他也是陪葬的動物，是死者的引導；最後，他是君主和
英雄在狩獵時最喜歡追逐的獵物，而他在狩獵的最後死亡，就象徵著英雄
的悲劇性死亡。㉘因此，克努諾斯可能是揉合「野獸之王」和其他功能之
後的神。我們只要想想基督徒長久以來強烈抨擊雄鹿扮相（cervulo facere）　(146)
的宗教儀式，就能理解雄鹿（那些武士貴族最愛的遊戲！）在平民階級的
宗教重要性了。

　　克努諾斯的例子說明了，在特定的神話儀式文獻闕如的情況下，要正
確詮釋如此多義的宗教，簡直難如登天。而要分析有關女神的考古證據，
也有類似的困難；我們只能說，為數眾多的雕像和還願禮（ex-votos）證明
他們的重要性。例如聖母（Matres）和貴婦（matronae）的塑像，都強調
她們是多產和生殖的女神（所以這些塑像都有裝著水果的籃子，或盛滿穀
物的角杯，或懷中抱著小孩、膝上坐著小孩）。卡蜜拉·茱利安（Cammil-

㉕　Ross, P*agan Celtic Britain*, p. 183（所引述的傳說）。
㉖　Eliade, *Images et Symboles*, p. 104. 關於鹿角的宗教性角色，則見 Eliade, *De Zalmoxis à Gengis Khan*, pp. 146 sq.。
㉗　Otto Hofler, Siegfried, *Arminius und die Symbolik*, pp. 32 sq., n. 66-94.
㉘　*De Zalmoxis à Gengis Khan*, pp. 147 sq.; H. Birkhan, *Germannen und Kelten*, pp. 454 sq..
譯⑭：法爾卡莫尼卡（Val Cammonica），位於義大利北部，大約在西元前四百年被克爾特人佔領。考古學家在此挖掘出大約兩萬件石雕，雕刻內容包括宗教儀式、戰爭、狩獵及一般日常勞動，這些古物被視為是工藝創作，年代約在西元前九至六世紀之間。法爾.卡莫尼卡遺址大約位在海拔 1500-1700 公尺處。

le Jullian）說，他們「可能既是沒有名字、卻有著一百個別號的神。」㉙
不過島區克爾特人的史料，卻為我們提供了重要的細節。諸神之母是個女
神，在愛爾蘭稱為達努（Danu），在威爾斯則是多恩（Don）。此外，只
要和守護女神愛麗烏（Eriu）結婚，就能成為愛爾蘭（Eriu）的國王；換句
話說，國王透過和大地女神的神族婚姻取得統治權譯⑮。這種神話儀式的
故事是愛爾蘭民間地方文學中最常見、歷史也最悠久的題材。㉚

　　有關天神（或暴風雨之神或太陽神）和大地之母的神族婚姻，我們有
個古代近東神話儀式的異本，由國王和神奴扮演這兩個神。這種神族婚姻
不但能確保國家豐饒，也能讓政權維持太平。至於在愛爾蘭，十二世紀的
王室祭典也說明了這個古老傳統的餘緒：國王在臣民面前和白色母馬交
媾，然後這匹馬被宰殺烹煮，供君臣享用。㉛換言之，統治權是透過國王
(147) 和化身為馬的大地之母的神族婚姻而取得的。有位高盧女神愛波娜（Epona,
Regina）的紀念塑像，就是騎在馬上，或站在一匹或多匹馬的前方。愛波
娜曾被解釋為大地之母和靈魂的引渡者；㉜而她的愛爾蘭分身麗亞努（Rhi-
annun< *Rīgantona，「女王」），也是母馬的形象。㉝

　　就像羅馬統治時期的大不列顛的神像研究，方言文學作品比較偏愛三

㉙　Histoire de la Gaule, VI, p. 42, n. 2（引自 Duval, Les dieux, p. 57）。

㉚　Proinsias Mac Cana, "Aspects of the Theme of King and Goddess in Irish Literature";
　　Rachel Bromwich, "Celtic Dynastic Themes and the Breton Lays".

㉛　Geraldus Cambrensis, *Topographia Hibernica*。F. R. Schröder 是第一位把它和「馬
　　祠」的吠陀時期儀式故事比較的學者；見氏著 "Ein altirischer Kronungsritus und das
　　indogermanische Rossopfer"。

㉜　H. Hubert, "Le mythe d'Epona".

㉝　J. Gricourt, "Epona-Rhiannon-Macha," pp. 25 sq..

譯⑮：hieros gamos 意為「神族的婚姻」。意指在古代，尤其是中東農業社會的神話
　　　和宗教儀式中，和豐收之神有婚姻關係或交媾行為。hieros gamos 的發生形式
　　　有三種：一是神和女神之間，二是女神和祭司或國王之間，三是神和女祭司之
　　　間。這種傳說之所以出現在農業社會，是因為人們相信只要凡人和神或女神有
　　　hieros gamos，農作必能大豐收，而大地和宇宙也會因而生生不息。

聯神的母神形像，其中最有名的是三聯女戰神瑪恰（Machas）譯⑯，他們被奉爲愛爾蘭北端烏爾斯特省（Ulster）首邑的守護神㉞，而和三位女神中的一位交媾，似乎成爲繼承王位的唯一可能。這位女神有時會化身爲其貌不揚的老嫗，向年輕英雄要求同衾共眠，但是當年輕人躺到她身邊的剎那，這個老太婆就會馬上變成絕色美女；只要兩人結了婚，這名英雄就擁有了統治權㉟。這個有關老嫗的神話儀式主題，在布雷頓聖杯（Breton Grail）的民間故事中，被改編成只要一個吻，老嫗就能變美女；而在梵書時期的印度，類似題材的故事也流傳甚廣。㊱

在史詩裡，梅德王后（Medb）有很多情人，這句話的意思似乎是說，她是屬於愛爾蘭所有國王的。但我們必須附帶說明的是，在克爾特社會，婦女其實擁有相當的宗教和社會特權。以未開化民族才有的丈夫陪產儀式（couvade）爲例，根據文獻記載，在歐洲只有克爾特人和巴斯克人（Basques，印歐時期之前的民族）有這種傳統，而這正是強調女性在巫術和宗教層面的重要性。如果我們再考慮到其他習俗（例如某些葬禮、有關死亡的神話），就會發現，陪葬儀式殘存著印歐民族之前的元素，也就是新石器時代原住民的文化。

至於女神，他們的多元功能，如多產、戰爭、命運和財富，也見於日耳曼女神的記載，而這也部分證明了印歐文化的傳承。㊲這個溯源自歐洲史前史和克爾特原史的宗教複合體，陸續摻雜了地中海、羅馬（應該說是希臘化時期的宗教融合）及基督教的影響。爲了評估克爾特的宗教本質，(148)我們必須同時考慮某些古代元素的延續，尤其是和女性、命運、死亡和冥

㉞ Gricourt（op. cit, pp. 26 sq.）指出瑪查和馬之間的關係。

㉟ A. C. L. Brown, *The Origin of the Grail Legend*, chap. 7, "The Hateful Fee Who Represents Sovereignty"（分析這個文獻）。

㊱ A. K. Coomaraswamy, "On the Loathly Bride," pp. 393 sq..

㊲ Birkhan, *Germanen und Kelten*, p. 542.

譯⑯：瑪恰（Machas），爲克爾特宗教中的三女戰神之一，又名爲三摩瑞根（Morrigan），及達娜（Dana，烏鴉）、芭德（Badb，大烏鴉）等。瑪恰女神是偉大的大地之母，也是令男人聞之喪膽的屠男神。

府有關的風俗和信仰，以及從古代到近代不斷地重新詮釋。

172. 德魯伊特及其祕密教義

　　凱撒在《高盧戰記》（6.13）裡對於德魯伊特的描述，是克爾特宗教最重要的史料。儘管這位政治領袖並未直接引述波塞多尼烏斯（Posidonius, 135-51 B.C.）的話，卻採用他的許多資料，不過，他也參考了其他文獻。凱撒說：「德魯伊特和神的崇拜、祭典儀軌、公開和祕密的儀式、以及儀式問題的詮釋都有關係：有大批的年輕人為了向他們學習而跟隨他們，並對他們崇拜得五體投地。」德魯伊特「也會裁判公眾或私人的紛爭，」如果有誰不服他們的決定，就被禁止參加祭典，而這種處罰等於是褫奪公權。在德魯伊特當中有個領袖行使最高的權力。「一旦這位領袖去世，那麼，就由其他位居要津的人來繼承，或是，假如有好幾個地位聲望都不分軒輊的繼承人選時，就由全體德魯伊特投票決定，因此，他們得靠爭取民心來贏得權位，但有時他們甚至會採取武力來達到目的。在每年的某個時間，這些德魯伊特會全部聚集在卡努特斯（Carnutes，位於巴黎西南方）的邊界開會，他們之所以會選擇這個小鎮作為德魯伊特的聖地，是因為他們認為這個地方是整個高盧的中心。」

　　德魯伊特可免於服役和納稅義務。許多人因為垂涎這個好處，而前來向他們學習。「傳說在德魯伊特的學校裡，他們要記誦許多詩篇，因此有些人得學個二十年。而德魯伊特認為他們的言論不可以文字記錄，雖然他們在大部分的事務，公眾或私人的記事，他們都用希臘文書寫。」凱撒說，德魯伊特立下這個文字使用規定，「是因為他們不希望教規成為公共財產」，他們也擔心如果太依賴書寫的話，德魯伊特的學徒會有輕忽記憶之虞。他們相信「靈魂是不死的，但是在人死後，靈魂會從一個身體轉移到另一個身體裡面；而且，這個信仰使他們不再害怕死亡，是他們驍勇善戰的最大誘因。除此之外，他們還對許多課題有深入的討論，例如星球和天體運行、宇宙的大小、地球的大小、大自然的秩序，以及永生的神的力

(149)

量和法力；而他們也把這些知識傳給年輕人。」

　　就像婆羅門一樣，德魯伊特是祭司（他們會主持祭典），也是老師、學者和哲學家。[38]他們每年要在「聖地聚會……，也就是他們所認為的高盧的中心，」這是他們的大事。在這裡，我們確信他們有個視為「世界中心」[39]的祭典中心，這個在世界各地文化幾乎都有記載的象徵（見第 12 節），結合了聖地的宗教概念以及祝聖的技術；我們已經看到，建立聖地是克爾特人從原史時期就已經存在的習俗。儘管克爾特人各個支族有名字互異的神以及各具特色的信仰，但是德魯伊特的年度聚會，顯然預設了他們有共同的宗教理念。在高盧境內所有的公開祭典，可能是以克爾特人在卡努特斯鎮的聖地（locus consecratus）的祝禱儀式為模範。[40]

　　根據迪奧多羅斯・西庫路斯（Diodorus Siculus 5. 31）譯[17]和史特拉堡（Strabo 4.4）譯[18]所引用的波塞多尼烏斯的作品，克爾特人也行活人祭，只不過他們的儀式有所不同：他們用劍砍傷獻祭的活人（從犧牲者臨死前的抽搐和倒下的情形來預測未來）或是用箭刺他。凱撒（*B. G.* 6.16）描述說：「那些病痛纏身的人以及將要打戰的人，不是獻活人祭，就是發願戰勝後要獻祭，他們會請德魯伊特主持獻祭。」某些學者以這個事實來證明克爾特人的「未開化」或德魯伊特神學的「原始」本質是野蠻和無知的。不過，在所有的傳統社會當中，活人祭都充滿著宇宙論和末世論的有力象徵，而這也說明為什麼這個祭典會在古日耳曼人、蓋塔和大夏人、克爾特族以及羅馬人（附帶一提，羅馬人直到西元97年才禁止活人祭）流傳。這 (150)

---

[38]　法國學者范德希耶（Joseph Vendryes），指出吠陀時期印度、拉丁和克爾特族之間的宗教語言的本質。這個事實顯示，也許從史前時代開始，在這三個雅利安語系的社會裡，很有可能就已經存在著「神職人員」。Op. cit., p. 141, n. 11.

[39]　Francoise Le Roux, *Les druides*, pp. 109 sq.（引述例證）。

[40]　J. de Vries, *Rel. des Celtes*, p. 218. 凱撒有關德魯伊特有「唯一的領袖」行使「至高權力」的陳述，並未在其他古代作者作品中得到印證。

譯[17]：迪奧多羅斯・西庫路斯（Diodorus Siculus），西元前一世紀的希臘歷史學家，和凱撒與奧古斯都同時期，著有《世界史》（Bibliotheca historica）等40本書。

譯[18]：史特拉堡（Strabo，西元前63年至西元23年），為希臘地理學家及歷史學家。

種血腥的儀式並不證明行祭的人們民智未開，舉例來說，印尼婆羅洲嘎祖族的達雅克人（Ngadju Dayaks），他們有宗教史裡最一致且崇高的神學，而他們也是獵頭族（像克爾特人一樣），也都行活人祭。[41]

我們的所有史料都強調德魯伊特對年輕人教育的重要性。可能是只有準備要加入德魯伊特階級的學生，才必須學習完整的神學和科學，也才會像凱撒所說的，投注二十年光陰追隨老師學習。而對書寫文字的排斥（這說明了我們對德魯伊特教義的一無所知），以及對記憶和口頭傳授知識的著重，其實都是延續印歐傳統（見卷一）。他們所傳授的內容是個祕密，因為那是祕教的教義，也就是說，沒有入會的人不能得知，而這個概念使我們想起奧義書（見第 80 節及其後）和坦特羅教徒的祕教。

至於靈魂轉世的信仰，凱撒的說明只是對於靈魂輪迴的信仰的理性主義式的詮釋，他說那是某種學說，「使人克服死亡的恐懼」，特別是要人「視死如歸」。魯卡說（《內戰記》1.450 sq.），根據克爾特人的說法，「同一個氣息能夠支配不同地方的軀體。」（3.3）到了西元一世紀，彭波尼斯・美拉（Pomponius Mela）譯[19]和提馬哥尼斯（Timagenes）譯[20]補充說：在德魯伊特的教義裡，「靈魂是不滅的，而且注定在幾年之後重新開始新的生命，那時候靈魂會進入另一個身體。」愛爾蘭的文獻也有靈魂輪迴的記載。[42]由於缺乏任何直接證據，因此我們很難說，對於德魯伊特而(151)言，靈魂死後的存在是指身心的「不朽」（如《奧義書》所說）；或只是不確定的靈魂「殘存」。

---

[41] Eliade, *La nostalgie des origines*, pp. 159 sq.，文中評論 Hans Scharer 的作品（*Dic Gottesidee der Ngadju Dajak in Sud-Borneo*, Leiden, 1946）。

[42] Françoise Le Roux, *Les druides*, pp. 128-29。這位作者認為，無論如何，在愛爾蘭轉世只限於某些神話人物或神（p. 130）。

譯[19]：彭波尼斯．美拉（Pomponius Mela），西元一世紀的地理學家，是當時唯一繪製古代路線圖的作者，著有《世界圖解》（De situ orbis）及《地方志》（De chorographia）等書，對十三世紀以後的探險時期有著深遠的影響。

譯[20]：提馬哥尼斯（Timagenes），西元前一世紀至西元一世紀的羅馬修辭學家，著有《History of Kings》，後因惹惱奧古斯都陷入困境。

因為有些古代作者指出奧斐斯宗教以及畢達哥拉斯學派的靈魂輪迴說和克爾特人的關係，因此許多現代學者推論說，希臘和拉丁作者用畢達哥拉斯的語言去詮釋克爾特的信仰，換句話說，他們「發明」了連克爾特人自己都不知道的信仰。不過在西元前五世紀，希羅多德也用相同的方式（也就是受到畢達哥拉斯的影響），來解釋蓋塔人對於靈魂「不滅」的信仰，而且，這個信仰都沒有被希臘歷史學家所否認（第179節）。事實上，古代作者會提到畢達哥拉斯，正是因為蓋塔人和克爾特人的概念都是源自奧斐斯和畢達哥拉斯的學說。

學者們也懷疑凱撒對於德魯伊特的科學興趣的敘述：「他們對許多課題都有深入的討論，例如星球和天體運行、宇宙的大小、地球的大小。」無論如何，從科利尼（Coligny）出土的曆書殘片顯示當時已經有很成熟的天文知識。的確，這份曆書精確推算出19個太陽年等於235個月，使兩種不同的曆法（陽曆和陰曆）得以調和。許多作者也懷疑史特拉堡關於蓋塔人和大夏人的天文知識的描述，但是我們稍後會在第179節討論到，考古學家在薩米齊格圖撒（Sarmizegetuza）和寇斯特斯提（Costesti）發現兩座「曆法神殿」，正是蓋塔人和大夏人的祭典中心。

羅馬皇帝奧古斯都、提貝里斯（Tiberius）和克勞迪烏斯（Claudius）刻意打壓德魯伊特的高盧民族主義。然而在西元三世紀，羅馬的壓制明顯減弱，克爾特族有顯著的宗教復興，德魯伊特重新得到權威。不過，德魯伊特在愛爾蘭向來都是宗教結構的主幹，持續到中世紀。除此之外，12世紀關於尋找聖杯的英雄故事的文學創作，使克爾特宗教文化的創造力到達巔峰。

173. 宇宙樹和古日耳曼人的宇宙論

儘管日耳曼宗教史家比研究克爾特宗教的學者擁有更多的史料，但是 (152)
他們卻更強調研究的困難。他們有不同來源和價值的資料，例如考古挖掘、羅馬時期的著作（其中最重要的是塔西佗的《日耳曼人》〔*Ger-*

151

mania〕）、基督教徒的敘述，尤其是冰島吟遊詩人的詩和 13 世紀學者斯諾里・斯圖魯松（Snorri Sturluson）編著的注釋。我們要補充說，比較晚期才皈依基督宗教的冰島（約西元 1000 年）保存足夠的傳說，使我們得以重構日耳曼神話和儀式的梗概。我們可以說，如果沒有這些佐證，關於冰島的挪威移民信仰的資料，就不能有效適用整個日耳曼民族。

　　無論如何，儘管有重要的空白（我們沒有哥德人和勃艮地人的史料），儘管因為部落散佈半個歐洲而造成的各種影響（克爾特、羅馬、東方、北亞和基督教）使得信仰異質化，我們卻不能懷疑日耳曼民族各個宗教之間有某種基本的統一性。首先，在若干部落的傳說裡仍然可以辨識出許多印歐文化特有的元素（尤其是諸神的三分法，最高神的對立且互補的性格以及末世論）。此外，星期的名稱顯示日耳曼人崇拜相同的諸神。西元四世紀，日耳曼人採行七天的星期制，不過他們用自己的神名取代原有用以命名的羅馬諸神。例如，原先的「墨丘利日」（dies Mercuri）變成「歐丁日」（Odinn-Wadan）；因此，古高地日耳曼人稱星期三為 Woutanestac、英文是 Wednesday、在古荷蘭是 Woensdag，古斯堪地那維亞人則稱之為 Odinnsdagr。由此證明，在整個日耳曼世界中，墨丘利其實等同於歐丁。

(153)　　有人說過，日耳曼宗教最後的階段充斥著世界末日的神話。無論如何，這是很普遍的現象，從西元前二世紀的近東、伊朗、巴勒斯坦、地中海地區到一個世紀之後的羅馬帝國，都有類似的記載。但是日耳曼宗教的特色在於，**在創造世界的時候就已經宣告世界的末日**。

　　關於世界創造最完整的說法，見之於斯諾里的〈吉爾菲的誘惑〉（Gylfaginning 4-9）；他的主要材料是很優美的詩〈女占卜師的預言〉（Völuspá），於異教徒時期結束前寫成。根據詩中的「預言」（第三段），在太初之時，「世界沒有大地或穹蒼」，只有「無底深淵」，也就是魔咒（Ginnungagap）㊸。這個近似於東方的世界創造論的說法，也見於

㊸　Jan de Vries 解釋說，「魔咒」（ginnunga）這個詞指的是，用巫術表現出來的一種騙術，因此是「咒語或巫術」。

其他文獻㊹。斯諾里補充說，北方有個寒冷多霧的地方，名為「霧鄉」
（Niflheimr），是死者的國度，但是在那兒有個湧泉，是 11 條河流的源
頭；南方有個酷熱的地方，穆斯貝爾（Muspell），由大黑神蘇特（Surtr）
看守。冰火交會，生出人類的始祖耶米（Ymir）。當耶米入睡時，從他手
臂的汗水生出一男一女，他的兩隻腳也孕育出一個兒子。融冰之中則生出
一頭牛，叫作歐登巴拉（Aud'mbla），她用她的乳汁餵養耶米。後來，歐
登巴拉舔了舔鹽冰，使冰塊化為男人，稱為布里（Buri）。布里娶了巨人
的女兒，生下三個小孩，分別是：歐丁、維利（Vili）以及艾伊（Ve）。
這三個兄弟決定殺掉耶米；後來，耶米流出的血吞沒了巨人，只有其中一
個巨人倖免於難，他奇蹟式地救了自己和妻子。耶米死後，三兄弟把他的
屍體帶到深淵中央給肢解，再用他的身體造出世界，用他的肉揉出地球，
把他的骨頭綿延成山脈，把他的血液化成海，把他的頭髮織成雲，再把他
的頭骨高掛成蒼穹。

這個以屠殺和肢解擬人神為基礎的宇宙創造論，使我們想起提阿瑪特
（Tiamat）（第 21 節）、原人（Purusa）（第 73 節）以及盤古開天（第
129 節）的神話。在那個時候，世界的創造是血祭的結果，而這個歷史悠
久、流傳極廣的宗教概念，則證成了日耳曼人和其他民族的活人祭。簡單
地說，重複太初諸神行為的祭典，使世界得以更新、生命得以重生，社會
能夠凝聚。耶米是雌雄同體的神：他從自己體內生出一男一女㊺，這是對
於全體性的最生動的表現。在古日耳曼人那裡，太初的全體性的概念受到
其他神話傳說的影響，認為諸神的祖先耶米在創造諸神的同時，也生下邪
惡的巨人族（他們始終威脅著宇宙，直到世界末日）。

(154)

㊹　根據西元 9 世紀日耳曼地區南部描述基督教起源地的詩《維蘇泉的祈禱》（Priè
　　re de Wessobrunn），「當時既沒有大地，也沒有天堂，沒有樹，沒有山……，沒
　　有照亮宇宙的太陽，也沒有皎潔的明月，只有晦暗深沉的大海。」

㊺　耶米（Ymir）這個名字曾經和梵文的伊瑪（Yima）（意為「雙性」）作比較。塔
　　西佗（Germania 2）說，神話中的日耳曼遠祖是圖伊斯托（Tuisto），如今這個名
　　字常被人和古瑞典的「獨立神」（tvistra）聯想在一起，這位神就像耶米一樣，
　　是雌雄同體的。

在創造宇宙的過程中，這三兄弟以穆斯貝爾迸出的火花創造星球和天體，並規定其運行法則，而確立日夜輪替及四季更迭的循環。地球是圓盤狀，外圍有海洋；諸神沿海地區設置巨人族的居所。在內陸地帶，則闢建了中土（Midgard），這是人類的世界，以耶米的睫毛建造城牆。在沉默巨人侯艾納（Hoenir）和羅度爾（Lodur）（我們對他幾乎一無所知）的相助下，歐丁用兩棵在海邊發現的樹創造世界第一對人類：阿斯克（Askr）和安珀拉（Embla）[46]。歐丁賦予他們生命，侯艾納賜給他們智慧，羅度爾則送給他們理性和人的形象。另一則神話則描述兩個人類從宇宙樹（Yggdrasill）誕生並在世界裡定居的故事。在「諸神黃昏」（Ragnarök）（見第 177 節）的隆冬之際，他們能夠以宇宙樹的樹幹避寒，吸吮枝椏的露珠維生。據斯諾里所述，這對住在宇宙樹裡的夫妻，在世界毀滅時得以倖存，並為浩劫後的新世界繁衍新的生命。

這棵立根於世界中心的宇宙樹，象徵且建構了整個世界。樹梢聳入天際，枝椏被覆世界的每個角落，樹的三條根分別深入冥府（Hel）、通達巨人國度、穿透人類的世界。[47]從宇宙樹的萌芽開始（也就是神造世界的時候），就深受著毀滅的威脅：老鷹啄食其葉片，樹幹日漸腐朽，還有名為尼德赫格（Nidhögg）的巨龍咬嚙著樹根。在不久的某一天，宇宙樹將會倒下，那時就是世界末日（即拉格納羅）的到來。

(155)

這顯然是著名的宇宙樹意象，位於世界中心，而且連接三界：天堂、世間和冥府。[48]我們曾經多次提及這個宇宙象徵的久遠和普遍性。宇宙樹

---

[46] 相傳阿斯克（Askr）是宇宙梣樹，而 Embla 則可能是 elmla（elm），也就是榆樹。在古代神話學裡，從樹種來推論人類起源學是流傳較廣的課題，而這同樣記載於印歐文獻之中。見 Bonfante, "Microcosmo e macrocosmo nel mito indoeuropeo," pp. 1 sq.。

[47] 根據斯諾里的說法，這三條根伸入井裡，其中最有名的，是通往最有智慧的神米米爾家的井（歐丁為了取得喝智慧之泉的權利，就把自己的一隻眼睛抵押在這口井裡，見第 174 節），及命運之神（Urearbrunnr）的井。但是在最原始的傳說裡，每一條根可能都只有連接一口井。

[48] 相同的象徵意義也出現在伊爾明蘇圓柱（Column Irminsul）上，撒克遜人認為，天空就是由這根柱子所撐住的。

的意象和神話可能受到某些東方和北亞宗教概念的影響。但是我們必須強調日耳曼民族的特色：這棵樹（也就是宇宙）在出現時便已經宣告崩壞和最後的毀滅，因爲命運女神烏達（Urdar）就住在樹根伸及的地底世界裡。〈女占卜師的預言〉（strophe 20）說，命運女神決定每個生命的命運，不只是人類，也包括巨人族和諸神。因此我們可以說，宇宙樹就是存在本身典型且普遍的命運化身：所有的存在形式，世界、神、生命和人類，都是會滅亡的，但是會在新天新地裡復活。

174. 艾瑟和法納，歐丁及其「薩滿」力量

在創造中土之後，諸神開始建造他們自己的住所，「愛瑟樂園」（As-gard）。神的宮殿仍位在世界的中心，不過是在高地。[49]日耳曼諸神分成兩大陣營：艾瑟族（Aesir）和法納族（Vanir）。艾瑟族最重要的神是提爾（Tyr）、歐丁及托爾（Thor）；提爾和歐丁是統治世界的二聯神（相當於印度吠陀時期的密特拉和婆樓那）；手執槌頭的托爾，則是巨人族的頭號勁敵，相當於戰神因陀羅。而法納族裡最舉足輕重的神是約德（Njord）、弗瑞（Freyr）及芙蕾葉（Freyja），他們是以財富見稱，也和多產、幸福以及和平有關。當我們在分析羅馬人和薩賓人之戰的神話結構時（見第162節），曾提及艾瑟族和法納族之間的衝突。這場艱苦的拉鋸戰最後以和解收場。法納族的主神和艾瑟族諸神媾和，他們奉獻多產和財富，以輔助艾瑟族的司法統治權、巫術和軍事力量。

有許多作者努力把這個傳奇故事解釋爲不同宗教信仰之間的歷史性衝突：原住民的農耕者（例如「巨石族」〔Megalithenvölker〕）和征服者（戰斧族〔Streitaxtvölker〕，亦即雅利安入侵者）之間的對抗。但是杜美夕卻說，這是個早就存在的印歐神話主題，而在斯諾里敘事詩裡被歷史

(156)

------

49 我們都很清楚，「世界中心」的地形學象徵，是根據想像的幾何學所建構出來的神話地理學。

化⑤。的確，新石器時代農民的土地遭到侵略，軍事強權的入侵者征服原住民，以及其後兩個民族和社會型態的共生，都可以從考古學裡得到證實；他們是歐洲原史特有的現象，在某些地方甚至延續到中世紀。不過，艾瑟族和法納族之間的戰爭主題，卻早於日耳曼化的過程，因為這個主題是印歐民族傳說的重要部分；因此，這個以與敵人和解、整合為共同的社會收場的神話，可能成為許多地方戰役的模式和理由。

　　然而我們必須補充說，即使艾瑟族的主神（提爾、歐丁和托爾），保留了統治權和戰爭這兩種功能的神的某些特質，他們的角色還是逃不過轉型的命運。他們會被塑造成符合日耳曼宗教文化的神，同時又受到地中海(157)　宗教和亞洲宗教的衝擊。歐丁神是最重要的神，他是諸神的父親及統治者。曾有學者凸顯過他和婆樓那的相似性：他們都是統治者的模範、巫術的支配者；他們可以施法將敵人困住，使他們的身體動彈不得；他們都悅納活人祭。⑤但是接下來我們也會發現，這兩位神的差異同樣值得深究。

　　在〈至高者的話〉（Havamal, 139-142）裡，歐丁敘述他如何獲得神祕文字、那是智慧和巫術力量的象徵。他把自己吊在宇宙樹上九個夜晚，「以矛自殘，做為獻給歐丁的祭品，我以自己獻祭自己，沒有食物，沒有酒，看！那些神祕文字自行解開，以回應我的祈求。」他因而獲得祕教的知識和詩的能力。從這首詩的字裡行間，我們看到了類似薩滿結構的入會禮儀式。歐丁一直吊在宇宙樹上⑤，宇宙樹（Yggdrasill）的字義是「以格（Ygg）的馬」，而以格正是歐丁的名字。絞架被稱為受絞刑人的「馬」，而且我們也知道，獻給歐丁神的祭品是掛在樹上。他以矛自殘，不吃不喝，而經歷了儀式性的死亡，並獲得類似入會禮的祕密知識。歐丁有八腳坐騎，斯雷普尼爾（Sleipnir），以及為他預言未來的兩隻大烏鴉，這更證

---

⑤　最新的資料見 Dumézil, *Les dieux des Germains*, pp. 17 sq.. p. 39（參考書目）；*Du myth au roman*, pp. 22 sq.。

⑤　Dumézil, *Les dieux des Germains*, pp. 62 sq..

⑤　有關宇宙樹在北亞巫術的入會禮當中所扮演的角色，見 Eliade, *Le Chamanisme*, pp. 49 sq., 145 sq., 163 sq.。

實他的巫術面向。如同巫師一樣，歐丁可以改變自己的形貌，讓靈魂在出竅後幻化成動物。爲了尋找祕密的知識，他穿梭在死者之間，最後終於如願以償；他在〈至高者的話〉（158）裡說，他知道有個魔咒，可以使被絞死的人從絞架下來，開口和他對話。他還精於名爲「希德」（seidr）譯㉑的祕技。㊸

其他神話顯示，歐丁曾爲了得到智慧、全知全能以及詩的靈感，而願意不計代價地求得這種能力。巨人米米爾（Mimir）以祕教知識著稱，諸神砍下他的頭送給歐丁；歐丁以植物保存頭顱，每當他想知道某些祕密時，就來請教這個巨人頭。㊹根據斯諾里（*Gylfaginning* 8）所說，米米爾是宇宙樹旁的智慧之泉的守衛，歐丁奉獻自己的一隻眼睛，丟進泉裡作爲祭品，才得以啜飲智慧之泉。（*Völuspá* 25） (158)

有一則相當重要的神話提到「詩和智慧之酒」：在法納族與艾瑟族和解時，所有的神就朝著一個器皿吐口水，從這個吐口水的儀式裡產生擁有超凡智慧的東西，柯法瑟（Kvasir）㊺，然後有兩個侏儒殺了他，再將他的血加入蜂蜜調成蜜酒，凡是啜飲這蜜酒的人，就能成爲詩人或智者。蜜酒藏在另一個世界，難以觸及的地方，但歐丁卻想盡辦法要得到那蜜酒，從此以後，諸神也都能夠取得這智慧的泉源。吟遊詩人把詩的靈感稱爲「以格的聖杯」、「以格的蜜酒」，也稱爲「侏儒的蜜酒」或「柯法瑟的血」㊻。結局是：在接受入會禮（使他得到神祕文字）、以眼睛獻祭（好

㊸ 要去辨認古日耳曼宗教的巫術元素之起源，是非常困難的，尤其是歐丁的相關神話和儀式。有些學者會回溯到印歐的文化遺產，但我們不能把北亞宗教的影響排除在外。無論如何，關於出神技術和信仰的重要性，讓日耳曼宗教和亞洲巫術有所關連的就是結構上的巫術特徵。

㊹ 西伯利亞尤卡格族（Yukagir）的巫師，會向他們的巫師祖先的頭骨請示意見。見 *Chamanisme*, p. 201；見第 180 節有關奧斐斯的頭顱部分。

㊺ 這是飲酒結盟的典型，由兩個社會團體共同簽署協定。杜美夕闡述印度的相同儀式，見氏著 Loki, pp. 102 sq.; cf. id., *Les dieux des Germains*, pp. 31 sq.。

㊻ Turville-Petre, *Myth and Religion of the North*, p. 38.

譯㉑：希德（siedr）是一種聲名狼藉的巫術，主要使用者是法納族的女神芙蕾葉（Freyja），歐丁就是從芙蕾葉那兒學會這種技術。

讓他飲用米米爾之泉）以及偷得蜜酒之後，歐丁名正言順地成為智慧和祕教知識的主宰，同時，也是詩人、智者、出神者和戰士的守護神。

175. 戰爭、出神和死亡

和婆樓那不同的是，歐丁（沃登）是個戰神；杜美夕說：「在日耳曼人的意識型態和習俗裡，戰爭會侵害到所有事物，也會扭曲一切。」（*Les dieux des Germains*, p.65）不過，在傳統社會裡，尤其是古日耳曼社會，戰爭卻是受到神學證成的儀式。首先，戰爭被同化為獻祭：無論是勝利者或犧牲者，都為戰神獻血祭；結果，英雄式的死亡成為人們嚮往的宗教經驗。此外，戰士死亡的出神特質，使他更接近受到啟發的詩人、巫師、先知和智者。藉著戰爭、出神、死亡的神聖化，歐丁神擁有了獨特的性格。

(159)

沃登（Wodan）這個名字源於「wut」這個字，意為「忿怒」。這個字指涉的是年輕戰士的典型經驗：因為侵略性且可怕的極端忿怒，使得年輕戰士喪盡人性，變成殘暴的肉食動物。《英格林加傳奇》（*Ynglinga Saga* 6）說，歐丁神的夥伴「身不著盔甲，野蠻如狗狼，口嚼護盾，壯碩如熊牛。他們殺人不眨眼，刀槍不入，人稱『熊皮戰士』（berserkir）或『狼皮戰士』（ulfhednar）。」

經過入會禮式的戰鬥，才能成為熊皮戰士。塔西佗說（*Germania* 31），在查提族（Chatti）裡譯㉒，入會者披頭散髮、滿面于思；泰法里族（Taifali）的年輕人必須殺死野豬或熊；赫魯里族（Heruli）則必須徒手搏擊㊗。通過這些考驗後，入會者就有了野獸的*存有模式*；他成為令人震懾

㊗　Eliade, *Naissances mystiques*, p. 175 et note 4; "Les Daces et les Loups"(*De Zalmoxis à Gengis Khan*, spéc. pp. 17 sq.。塔西佗形容獨自隱居在奧德和維斯圖拉高地的哈里族（Harii），手持黑色盾牌，並將自己的身體塗成黑色的，讓自己看起來像是「幽靈軍隊」（exercitus feralis），他們這種懾人的裝扮，無敵能擋（Germania 43）。

譯㉒：查提人（Chatti），為日耳曼族的一支，是西元一世紀羅馬帝國最強勁的敵人。

的戰士，意味著他的行為無異於肉食動物。在儀式裡披上狼皮而化身為狼的信仰，在中世紀時期極為流行，這種信仰在北方民族甚至延續到 19 世紀。

戰神歐丁同時也是死亡之神。他用巫術庇護偉大的英雄們，最後卻背叛並誅殺他所護佑的子民。要解釋他的怪異且矛盾的行徑，似乎必須從拉格納羅的世界末日戰爭去看待他周遭的的戰士。英勇的戰士在沙場上陣亡後，會由法基里斯（Valkyries）引領到英雄殿法哈拉（Valhalla）[58]。歐丁 (160) 神會親自歡迎他們，而他們則在那裡整天打鬥，為世界末日之戰作準備。

「兄弟會」（Männerbunde）的守護者，就像所有好戰的族群一樣，為各個村落帶來威脅。鄉下人絕對不會喜歡歐丁。絞死活人的祭典主要是王室、將領和家臣的儀式。但是我們發現許多地名裡有歐丁這個名字，有些地方把他的名字和「田地」、「草原」連結在一起。但是這非但不能證明歐丁具有「農業神」的結構，反而透露其「帝國」性格以及掠奪其他神的功能和屬性的傾向。

歐丁在日耳曼宗教生活裡的領導者角色，可以透過他的各種巫術統治力量來解釋。歐丁創造這個世界、諸神及人類（至於其他活躍於太初神話時期的神，後人只記得他們的名字而已）；而且，他也在「諸神黃昏」之役中挑起大樑。他是統治神、戰神、死神，這使我們更能理解王室的神聖性格以及戰死殺場的宗教意義，這也是中世紀盛時的日耳曼文化特有的概念。（見卷三）

176. 艾瑟神：提爾、托爾、巴爾達

艾瑟族之首提爾（Tyr, *Tiwaz, Ziu）則要遜色許多。他原本是最高神[59]，

---

[58] Valholl，「死者的殿堂」。Valkyries（選擇戰場死者的神）原來是精靈，專門負責照料死者的需求，如供應食物或居所等等。

[59] 提爾的名字*Tiwaz，和天神的印歐名字有關，如：Dyaus, Zeus, Jupiter。或許，至少在部分日耳曼部落裡，天神一直是以「Irmin-Hermin」這個名字受崇拜，見第 178 節。

因為諸神的名字之一，提法（tiwar），就是 Tyr 的複數。但是自從「羅馬人的解釋」（interpretatio romana）將他等同於馬爾斯之後，他就經常被歸類為戰神，事實上，他也表現了發展完全的軍事面向。但是他原有的「司法之神」（和密特拉同族）的特色仍然可見。他和聽訟的議會（thing）有密切的關係。當然，平時的集會和戰時的動員確實很類似，因為在戰時，全付武裝的人民會舞弄著劍、斧頭或盾牌來通過裁決[60]。

(161)

關於提爾這個司法神的重要神話，是發生在太初時期。諸神知道餓狼芬力爾（Fenrir，他是女巨人和艾瑟族羅奇〔Loki〕所生的孩子）正打算吞食他們。他們誘騙野狼玩個遊戲，趁機用細得看不見的魔繩把他綁起來。這匹涉世未深的狼雖然有所狐疑，還是答應和諸神玩遊戲，讓其中一個神把手放在他的喉嚨上，以發誓不會傷害對方。但是只有提爾敢做這個動作，當這匹狼發覺自己無法脫身時，馬上咬斷提爾的手（*Gylfaginning* 13.21）。杜美夕中肯地說：這個舉動雖然是拯救諸神不得已的作法，卻違反了的誓約，提爾因而被褫奪統治權和司法權[61]。

托爾（Thor, Donar）是最受歡迎的神。Thor 意為「雷電」，他的武器是名為「雷神鎚」（Mjollnir）的大榔頭，是雷電的神話象徵，相當於因陀羅的金剛杵（vajra）（見第 68 節）。他的紅鬍子和驚人的食量，使他更像是吠陀時期的戰士。托爾是艾瑟族和諸神家園的捍衛者，許多故事都歌頌著他和巨人族的對峙，以及用榔頭殲滅巨人族的英勇事蹟[62]。他的頭號勁

---

[60] 如同 Jan de Vries 所觀察，「從日耳曼人的觀點來看，在『戰爭之神』和『司法之神』的概念之間，並未互相牴觸。」（*Altgermanische Religionsgeschichte*, II, p. 13）

[61] 杜美夕說：「諸神社會如此有效地重拾它所失去的道德與神話力量，從此之後，它就只是人世間的社團或國家的具體縮影，因為它所在乎的也只是掠奪和征服。的確，所有人類組織生活都是由暴力和權謀所構成的；神學所敘述的至少是神界的秩序，在那兒，凡事都不是完美的，不過時時惕勵警戒的密特拉或費德斯神殿（Fides），則像是神聖典範一樣地熠熠閃耀。」（*Les dieux des Germains*, p. 75）。

[62] 要確認托爾和斯堪地那維亞銅器時期所繪站在山頂揮著斧頭的人之間的關係，是非常困難的。

敵是宇宙巨龍約努甘（Jornungan），他用身體纏住地球，在「諸神黃昏」時對諸神造成嚴重威脅；有若干文獻和圖像就是描繪托爾把巨龍扔進海裡的情景。

　　向來榔頭不離身的托爾，他的畫像也出現在很多神殿裡面。見過這些繪畫的人們說，相較於其他神，以托爾為主題的作品顯然豐富許多。身為暴風雨之神，托爾相當受到農民的愛戴，儘管他不是農業神，卻能使世界風調雨順，也能保護村莊免於魔鬼的侵擾。就戰神的功能來說，托爾是輔 (162)
佐歐丁的左右手。因陀羅特有的性愛傾向，或許可以從榔頭在婚禮的角色窺見。我們也看到描述托爾、「雷神鎚」（榔頭）和巨人族特色的神話故事的「民謠化」；例如，托爾為了騙過偷他榔頭的巨人，而把自己喬裝成新娘。祭典的意義早已被人淡忘，這些神話故事透過其敘事的性格而流傳至今。類似的過程也能解釋其他文學題材的「根源」。

　　至於巴爾達（Baldr），因為他的純潔和高貴，他的悲劇命運，使他成為人們最感興趣的神。斯諾里說，他是歐丁和芙麗黛（Frigg）女神之子，是「最好的神，人人都對他推崇備至，唱讚美詩頌揚他。他的容貌清秀姣好，全身散發耀眼光芒……，他是最有智慧的神，口吐天籟般的悅耳話語，還有一副最慈悲的好心腸。」（*Gylfaginning* 22）關於巴爾達的祭典，我們所知不多，但是我們知道深受世人愛戴。而且他的死亡也使他在世界戲劇史裡佔有一席之地。無論如何，他的神話是日耳曼神話裡最動人的故事。

　　根據斯諾里的版本，巴爾達做過許多不祥的夢，諸神因而決定賜給他不朽的生命。他的母親也要宇宙萬物發誓不傷害他。後來艾瑟神族在「議會」（thing）圍著巴爾達，用劍刺他，用各種東西丟他取樂。「羅奇（Loki）見狀，非常不高興，」因而假扮成婦女去探望芙麗黛女神，問她是否所有的存有者都發誓不傷害巴爾達。芙麗黛回答說：「除了名為『槲寄生』（Mistilteinn）的嫩枝，因為我覺得他太年輕了，而不必要他發誓。」羅奇把那枝槲寄生拔下來，到議會去。巴爾達的兄弟霍德（Hod, Hodhr）因為雙眼失明而落在隊伍後面，但是羅奇把那枝槲寄生嫩枝遞給他說：「像其他人那樣做，去攻擊他，我來幫你帶路。」在羅奇的引導下，

霍德把那枝槲寄生朝著他的兄弟擲過去。「嫩枝刺傷了巴爾達，他因而倒地身亡。這是神界和人間最大的不幸。」但是因爲他們是在聖地，因此沒有人能夠懲罰羅奇。（*Gylfaginning* 33-35）譯㉓

「這個故事的結構顯然和〈女占卜師的預言〉的來源相同，是世界歷
(163) 史的基石。這個故事使我們平庸的世界萬劫不復。巴爾達的善良和慈悲沒有得到回報，因爲悲慘的命運，『他的審判沒有裁定，也沒有實現』；不過巴爾達至少存在，而這存在既是抗議也個慰藉。」(63)

由於巴爾達不是死在戰場，因此死後無法到英雄殿法哈拉，而是墜入地獄。歐丁於是差人送信到陰間，要求釋放巴爾達。黑爾（Hel）女神回應說，她可以釋放巴爾達，只要「世間萬物」都因他的死亡而悲哭。諸神將這個訊息散布出去後，人類、動物、土石草木無不流淚；但有個女巫拒絕爲巴爾達哭泣，諸神因而推測這個女巫「是羅奇喬裝的」。最後，托爾逮到羅奇，諸神用鏈子將他綁在大石上，並在他的頭頂掛了毒蛇，讓毒液滴在羅奇的臉上。斯諾里說，羅奇的妻子和他一起接受懲罰，她捧著盆子接住毒液，當盆子裝滿毒液時，她就一飲而盡；就在這個時候，羅奇臉上的毒液也滲入體內；他痛苦得全身扭曲，大地因而撼動。然而，羅奇在拉格納羅日（決戰之日）前夕成功脫困。

177. 法納神、羅奇、世界末日

法納族諸神多多少少都和多產、和平和財富有直接的關係。約德（Njord）是諸神中最年長者，他和自己的妹妹結婚，生下雙胞胎兄妹弗瑞

(63) G. Dumézil, *Les dieux des Germains*, pp. 95-96.

譯㉓：這段故事交代得不很清楚。仁慈的日神巴爾達夢見自己將遭奇禍，於是眾天神想辦法要爲他消災解厄，母親芙麗黛賜給巴爾達不死之身，平常很妒嫉日神的禍神羅奇見機設計要害他，騙諸神以水火刀槍測試他是否不死，這個詭計不成，羅奇又慫恿其弟盲者霍德以有毒的植物鞭打巴爾達，結果眞的打死他而且墜落地獄。諸神非常哀慟，派其弟赫摩德到黃泉尋兄。直到天神和魔界諸神決戰，才把巴爾達救出來，這就是末日之戰，也創造了新天新地。

（Freyr）及芙蕾葉（Freyja）。由於古日耳曼人憎恨亂倫，這個神話傳說因而被解釋爲反映原住民、或印歐時期之前的習俗，⑥或是強調爲豐收神的儀式，尤其是庇佑土地的肥沃。塔西佗（Germania 40）說納土斯女神（Nerthus）是「大地之母」，和約德同名。這位女神坐著牛車巡視各個部落，她的祭典是在「大洋」裡的小島的聖林舉行；此外，羅馬歷史學家還說：「只有在那時候，人們才有和平與平安。」女神的牛車和神像都會洗淨，而負責清洗儀式的奴隸也會溺死在湖裡。塔西佗的說法，或許受到在羅馬的西芭莉人（Cybele）儀式的影響。不過，有個保存在歐拉夫 (164)（Olaf）傳說的研究證實這種祭典的存在。⑥

在斯堪地納維亞異教時期的最後階段，弗瑞取代了約德的功能。在瑞典烏普沙拉（Uppsala）的神殿裡，弗瑞的雕像是陽具的造型；他的儀式包括許多狂歡的活動和活人祭，但是他的神話卻很枯燥乏味。至於芙蕾葉，就像芙麗黛女神般（Frigg, *Frija）（她可能只有這個別號）⑥，特別是愛情和生殖女神。在斯諾里寫作的時代，只有芙蕾葉還受到崇拜，而且有許多地名裡有芙蕾葉這個字，也印證了這個論點。斯諾里還說，芙蕾葉最初是法納族的女祭司，也是第一位教導艾瑟族「希德」（seidr）法術的神。她也擁有和冥府交通的法力，也能夠變成小鳥。

羅奇則是個神祕且歧義的神。我們不確定這個名字的來源；他沒有自己的祭典和神殿。雖然他是艾瑟族的神，卻試圖傷害他們，在決戰之日他和天神爲敵，殺了海姆達爾（Heimdallr）。他的行爲很令人困惑：他是諸神的夥伴⑥，他也喜歡和敵人巨人族作戰；他命令侏儒爲他打造屬於大神的巫術法器，就像歐丁的德勞波尼鏈（Draupnir）或托爾的大槌頭等等。另一方面，他是邪惡的、失德的、犯罪的：他是殺死巴爾達的凶手，還爲

---

⑥　斯諾里說，兄妹或姊弟通婚是法納族的習俗。

⑥　Davidson, *Gods and Myths of Northern Europe*, pp.93 sq..

⑥　芙麗黛女神被視爲是維納斯，因爲德文和羅馬的星期五，分別是 Freitag 和 dies Veneris。

⑥　羅奇和托爾一起前往妖怪和巨人族的地盤；他還隨著歐丁和侯納去幫忙洗劫侏儒安德法利（Andvari）等等。

此沾沾自喜、四處炫耀。他的邪惡本質可以從他的後代身上一覽無遺，餓狼芬力爾和巨龍都是他的兒子，冥府女神黑爾則是他的女兒，當死者無法到英雄殿法哈拉的時候，她的幽闇國度就是他們的歸宿。

(165)　有關羅奇的神話衆說紛紜，但這些神話通常都是民間鬧劇。他喜歡到處誇耀自己的輝煌戰果：如他曾經讓提爾的太太爲他生了個私生子；也曾溜到托爾的床上，和托爾的太太同枕共眠等等。幾乎所有諸神、巨人族的荒誕故事和傳說都少不了他。在惡名昭彰的〈羅奇的飛行鈴聲〉（Lokasenna）裡，就提到羅奇如何潛入諸神的宴會廳，極爲傲慢地辱罵天神，直到托爾出現，他才閉嘴。

一百多年以來，學者們先後把羅奇解釋爲火神、雷神、死神、基督教裡的魔鬼分身、甚至是類似普羅米修斯的教化人類的英雄。[68] 1933 年，德弗希（Jan de Vries）將他比喻爲「騙子」，這是只存在於北美神話的性格衝突的角色。杜美夕則提出比較合理的說法，因爲這個說法可以同時解釋羅奇、霍德、巴爾達以及世界末日的問題。羅奇的角色就像是個騙子，他的狠毒、他在末日大戰時倒戈相向的行徑，都非常類似《摩訶婆羅多》（Mahābhārata）裡的奸人杜尤達納（Duryodhana），是我們時代的魔鬼化身（第 191 節）。根據杜美夕的說法，《摩訶婆羅多》和《埃達》（Edda）譯㉔這兩部鉅著如此相似，證明有個體系完整的末世論神話，細說善惡的關係和世界的毀滅，而這個神話很可能早在印歐民族大遷移之前就已經存在。[69]

我們知道（第 173 節），日耳曼人在異教時期的最後階段非常流行末世論。世界末日是他們的宇宙論的重要部分，而且，就像在印度、伊朗和

---

[68]　關於主要理論的敘述，見 Jan de Vries, *The Problem of Loki*, pp. 10-22; G. Dumézil, Loki, pp.109 sq.。

[69]　見 G. Dumézil, *Les dieux des Germains*, pp. 97 sq.; id., *Mythe et Épopée*, vol. 1, pp. 238 sq.。

譯㉔：《埃達》（Edda）是古代冰島人的文學作品，寫於西元 13 世紀，全書分爲兩冊：《散文集：年輕的埃達》及《詩集：年老的埃達》，堪稱是現代人研究日耳曼神話最完整、最詳盡的參考書。

以色列，他們也知道大災難裡的情節和主要人物；其中最完整且戲劇性的敘述當屬〈女占卜師的預言〉以及斯諾里的注解。裡面包括所有關於世界末日的文學作品的元素：道德敗壞和淪喪，人類相殘，大地震動，太陽無光，星球殞落；群魔掙脫枷鎖，妖孽橫生；巨蛇從海裡躍出，為世界帶來大水災。我們也發現更特別的細節，例如持續三年的寒冬（fimbulvertr）；巨人族搭乘用死人指甲建造的船；其他巨人則由蘇特（Surtr）領軍，從陸路前進，攀上彩虹橋攻打諸神的家園「愛瑟樂園」（Asgard），最後，天神和英雄組成的軍隊，在平原上和妖怪以及巨人族的軍隊短兵相接，開始血流成河的激戰。天神和敵人對打，托爾對上宇宙巨龍，不過他在斬殺巨 (166) 龍之後也中毒身亡。歐丁則被餓狼芬力爾生吞活剝；他的幼子威達（Vidar）殺狼為父報仇後也傷重不治。海姆達爾和羅奇對決，兩人最後同歸於盡。天神和敵人都在末世之戰裡戰死，除了巨人族的蘇特以外。倖存的他引燃宇宙大火，所有的生命付之一炬。最後，大地被海洋所淹沒，天也崩塌了。

但是這並不是結局。不久後誕生了新天新地，草木欣欣向榮，土地肥沃，滌淨所有苦難。殉難的天神們的孩子紛紛回到「愛瑟樂園」；巴爾達和霍德從冥府復活並言歸於好。新的太陽比從前更加耀眼，循著軌跡在天上運行。有對夫妻因為宇宙樹的庇護而逃過一劫，成為新人類的始祖。⑦ 有些學者認為可以從拉格納羅神話找到各種東方宗教的影響，例如伊朗、基督宗教或摩尼教等等。但是杜美夕說，這是印歐民族神話在斯堪地納維亞的版本；後來可能受到的影響只是使這個神話更生動感人而已。

從保存至今的神話片簡加以判斷，日耳曼宗教堪稱是歐洲最複雜、也最有原創性的宗教。我們印象最深刻的是，這個宗教揉合各種異質的宗教，如地中海宗教、東方宗教或北亞宗教，而豐富且創新了印歐民族的傳統。而類似的演變，也見於印度的宗教融合（見第 135 節）和羅馬宗教（見第 161 節）的形成過程，只不過日耳曼的宗教創造力並未因改宗基督教而

---

⑦ 最後一點細節和我們所摘錄的末世情節有所出入，因為宇宙樹的傾圮即完全摧毀了世界。

癱瘓。有一首西元八世紀英國的雋永史詩〈貝奧沃夫〉（Beowulf）譯㉕，
其中的英雄傳奇，遠比類似的歐陸作品來得複雜且精采，這都得歸功於基
督宗教理念的影響[71]。有一篇描繪「諸神黃昏」的作品，令觀眾動容不已，
那是刻在英格蘭西北部高斯佛斯（Gosforth）的石頭十字架；而這座紀念
碑另一端刻的是耶穌在十字架受難的情景[72]。其實，日耳曼宗教的創造力
能在中世紀盛時展現驚人的成就，就是因爲他們和基督教共生或對立的結
果。近來的研究顯示，中世紀王室的君權神授，正源自古日耳曼人認爲
「國王是神性祖先的代表」的概念：統治的「權力」仰賴於無窮的神聖力
量，而這力量同時是世界秩序的根基和保證[73]。至於英雄神話，我們在騎
士制度和聖喬治（Saint George）譯㉖、賈拉漢（Sir Galahad）譯㉗以及帕
西法（Parsifal）譯㉘的傳奇裡，看到他們以新的形式綿延不絕。

(167)

----

[71]　見 A. Margaret Arendt, "The Heroic Pattern, " pp. 149, 164 sq.。針對這個部分，聖徒
　　　言行文學模仿了「英雄傳説」（Heldensagen）中所描述之英雄生活的模式（op.
　　　cit., p. 165）。

[72]　K. Berg, "The Gosforth Cross," pp. 27 sq.; Davidson, *Gods and Myths*, pp. 207 sq.。有
　　　塊描繪著托爾釣起巨龍情形的石頭（可能是十字架的碎片），也在同一座教堂裡
　　　發現。

[73]　見 Otto Hofler, *Germanische Sakralkonigtum*, I, pp. Xii sq., 350 sq.。

譯㉕：「貝奧沃夫」（Beowulf），被譽爲古英國文學和早期歐洲方言史詩的最高成
　　　就。原本收錄在西元一千年左右的手抄本「Cotton Vitellius A XV」之中，詩中
　　　所描述的是，發生在西元六世紀初的英雄故事，不過這首詩的寫作年代，推論
　　　應在西元 700-750 年之間。這原本是首無題詩，但因後人認爲斯堪地納維亞英
　　　雄貝奧沃夫的英勇事蹟和特徵與詩中人物如若一人，因而將貝奧沃夫代換成主
　　　角，但並無史料可以證明歷史上曾經存在過貝奧沃夫這位英雄。

譯㉖：聖喬治（Saint George），西元三世紀巴勒斯坦的基督教殉道者。西元六世紀的
　　　傳奇故事將他描寫成守護戰士的聖人，爲他打開知名度；到了西元八世紀，因
　　　十字軍將崇拜他的儀式引進英國，後來被奉爲英國的守護神，並成爲中世紀時
　　　期騎士追求軍事勇氣和無私精神的偶像。

譯㉗：賈拉漢（Sir Galahad），亞瑟王的武士，藍斯洛之子，爲聖杯傳奇中的英雄。

譯㉘：帕西法（Parsifal），亞瑟王的武士，原爲聖杯傳奇中的英雄，但他的角色後來
　　　被賈拉漢所取代。

178. 色雷斯人，歷史裡「偉大的無名英雄」

最早的色雷斯文化，是銅器時期重要的基質和諾曼第烏克蘭移民文化的綜合結果；色雷斯族的發源地，則是個相當重要的地區，也就是介於德尼斯特河（Dniester）、北卡帕提安（Carpathians）和巴爾幹半島之間的樞紐地帶。西元前八世紀末期，西美利人（Cimmerian）入侵色雷斯，在他們的藝術和武器裡摻雜高加索文化的元素。到了西元前五世紀，希羅多德說，色雷斯是人口僅次於印度的大民族，但是他們在政治史上的地位卻很卑微。馬利查（Maritsa）流域的歐德利希（Odryses）王國兵強馬壯，在西元前 429 年攻打馬其頓，卻在不到一個世紀之後沒落，淪為菲利普二世的臣民。亞歷山大大帝繼承他父親的擴張政策，在西元前 335 年越過達努貝河，征服了蓋塔和大夏族。後來，因為亞歷山大長征失利，使色雷斯各族得以保有獨立自主的狀態，並加鞏固其國家組織。之後，南色雷斯人被收編到希臘化時期的生活版圖時，大夏族仍有獨立的主權，直到 107 年後，他們才變成羅馬帝國的行省。

有個坎坷不幸的命運，似乎如影隨形地糾纏著色雷斯人、蓋塔和大夏族的宗教產物。希臘人早已經認識到色雷斯宗教的原創性和力量，各種不同的宗教傳統都根植於色雷斯（或弗里吉亞），例如戴奧尼索斯宗教的起源（第 122 節），以及大多數有關奧斐斯的神話（第 180 節）。而且在柏拉圖的〈卡爾米德斯〉（Charmides）譯㉙裡，蘇格拉底以相當景仰的口吻提到「色雷斯國王扎爾莫西斯」（Zalmoxis）的醫生們，說他們的醫學理論和技術都遠勝過希臘醫生。除了希羅多德對於扎爾莫西斯的神話和儀式的珍貴描述之外，有關色雷斯人或蓋塔人宗教的資料卻稀少又模糊。其實，他們的宗教遺跡是相當豐富的，特別是在羅馬帝國時期；不過，由於文字資料付之闕如，因此關於他們的詮釋都不太確定，也只是臆測。就像

(168)

譯㉙：卡爾米德斯（Charmides），西元前五世紀人，希臘寡頭獨裁時期的極端主義領袖，為蘇格拉底之友，柏拉圖也從他身上獲益良多。

克爾特人一樣，色雷斯人、蓋塔和大夏族的祭司和僧侶對於書寫文字都有
所疑慮，因此對於他們神話、神學和儀式，我們所知道的皮毛，都是由希
臘和拉丁作者透過他們的希臘化和拉丁化詮釋才得到的。假如希羅多德不
曾記錄他和海列斯彭特（Hellespontine）的希臘人的對話，我們對於扎爾
莫西斯的神話和儀式就會一無所知，甚至連蓋倍列吉司（Gebeleizis）的名
稱都不知道。的確，正如在斯拉夫或波羅的海居民，尤其是古日爾曼人和
克爾特人的後代那裡，我們也可以在巴爾幹民族和羅馬尼亞的風俗和民間
傳說裡發現色雷斯的宗教遺產，雖然難免有所改變。但是從宗教通史的角
度來分析歐洲民間故事的傳統，還在起步的階段。

　　希羅多德說（5.7），色雷斯人膜拜「阿利斯、戴奧尼索斯和月神阿提
密斯」；但是他們的國王信奉的是「赫美斯」，因為他們相信自己是赫美
斯的後裔。儘管希臘人的詮釋衍生出更多難解的問題，但我們打算以這個
信仰為基礎，重構色雷斯人的神譜。從荷馬（《伊利亞德》13.301, etc.）
到味吉爾（《伊尼亞斯逃亡記》3.357），傳說都把色雷斯視為戰神阿利斯
的故鄉。當時，色雷斯人也以驍勇善戰和視死如歸著稱；因此，我們可以
接受阿利斯作為最高神。但是，我們知道（第176節），古日耳曼的天神
(169) 提瓦茲（Tiwaz）被同化為羅馬的馬爾斯，因此，色雷斯人的阿利斯很可能
原本是個天神，後來才成為戰神和暴風雨之神[74]。在這個情形下，「阿提
密斯」是冥府之神，類似色雷斯的女神班迪斯（Bendis）和科提托（Coty-
to, Cotys）。希羅多德之所以選擇稱她為「阿提密斯」（而不是「狄美
特」），是因為色雷斯山林間散發的野性。

　　如果我們可以接受這個「解讀」，或許也能假設，在最早的色雷斯族
也有暴風雨之神和大地之母的神族婚姻這種類型的神話；而「戴奧尼索
斯」可能就是他們的兒子。希臘人知道戴奧尼索斯的色雷斯名字，他們最

─────────────────────

[74] 此外，我們知道扎貝爾提多斯神（Zbelsurdos）名字的第二部分 -surdos，就是起
源於 *suer 這個字根，這是「低沉」的意思；因此，他是位暴風雨之神，但希臘
人卻把他的名字誤拼為 Zeus Keraunos。見 Eliade, *De Zalmoxis à Gengis Khan*, p.
58, n. 87。

常用的是撒波斯（Sabos）或薩巴齊烏斯（Sabazius）⑦。色雷斯人的「戴奧尼索斯」儀式，使我們想起優里庇德斯在《巴卡伊》（Bacchae）裡描述的儀式（第 124 節）。這個祭典是在夜晚的山裡舉行，火炬把祭壇照得通明，現場演奏的音樂（由銅鑼、鈸和笛子合奏）讓信徒歡喜吶喊、熱烈狂舞，「尤其是婦女，完全沈溺在這種淫亂且累人的舞蹈裡；她們的裝扮非常怪異，身上穿著『貝撒里斯』（bessares），這是用很輕的質料（似乎是狐皮）裁成的長衫，上面則罩著鹿皮，有時候她們頭上還戴著鹿角。」⑦⑥她們的手裡則握著獻給酒神的蛇、匕首或手杖。在突然發作的「神聖瘋狂」後，她們抓住被選作祭品的動物，將牠們撕成碎片後生吞下肚。這種儀式的生食使她們覺得和神合而為一，會眾會自稱為撒波斯或薩巴齊烏斯⑦⑦。

就像希臘的酒神信徒一樣，這無疑地是暫時的「神聖化」。但是，這種出神經驗可以激發特別的宗教能力，尤其是接受神諭的天賦。但是不同於希臘的戴奧尼索斯宗教，在色雷斯，預言能力是和「戴奧尼索斯」儀式相結合的。在貝西人（Bessi）的某個部落就有「戴奧尼索斯」的神諭；他們的神廟建在高山上⑦⑧，女先知則在出神狀態裡預言未來，如同在德斐神殿的派提安（Pythia）。 (170)

出神經驗可以使人更加相信，靈魂不只是獨立自主的，也能和神「神祕的結合」（unio mystica）。出神的經驗決定靈魂和身體的分離，既透露人的基本二元性，也說明了純粹的靈魂狀態可能透過「神聖化」於死後存

---

⑦⑤　E. Rohde, *Psyche*, p. 304, n.1（引述參考資料）。另一個神名是巴撒雷烏斯（Bassareus），意思是指「穿著長狼皮」。關於雅典的薩巴齊烏斯（Sabazius）祭典，則見本書卷一。

⑦⑥　E. Rohde, *Psyche*, p. 257.

⑦⑦　E. Rohde, *Psyche*, p. 272, n. 2（引述參考資料）。關於「宗教狂熱」所導致的進入出神狀態與神合而為一，請見前引書 pp. 272-273, n. 32-36（參考資料）。

⑦⑧　希羅多德（7.111）認為，貝西人是沙特族（Satrae）的一支，但其他作者（如：Polybius、Strabo、Pliny 等人）則更精確地說，他們是獨立的民族。有關色雷斯預言，請見 Rohde, *Psyche*, pp. 260 sq.。

在。古代關於靈魂殘存的模糊信仰，經過逐步的演變，最後歸結為靈魂輪迴的概念，或是靈魂不滅的各種概念。衍生出這些概念的出神經驗，可能不全是「戴奧尼索斯」的出神經驗。人們可以透過藥草或苦行（閉靜、吃素、禁食等）以及禱告來得到出神經驗。[79]

希臘的奧斐斯宗教也是在這種教團裡發展宗教習俗和概念（第 180 節及其後）。有某些色雷斯部落相信靈魂不滅以及靈魂脫離肉體得到的妙樂，最後竟演變成渴望死亡和厭世的病態心理。舉例來說，特勞西人（Trausi）在嬰兒出生時會嚎啕大哭，卻以歡天喜地的心情埋葬死去的親人（Herodotus 5.4）。許多古代作者從色雷斯人的末世論信仰去解釋他們異(171) 於常人的勇氣。卡培拉（Martianus Capella 6.656）譯[30]甚至說他們有真正「嚮往死亡的欲望」（appetitus maximus mortis），因為「他們認為死亡是件美妙的事」。對於死亡的宗教正面評價，也見於羅馬尼亞和其他東南歐民族的民間傳說。[80]

至於「赫美斯」，希羅多德說他是只有「王室」才可以崇拜的神，亦即，信奉他是貴族階級的特權；我們很難辨認他的身分。希羅多德沒有提到太陽神，雖然其他許多文獻都可以看到[81]。所以我們可以推測色雷斯的

----

[79] 可以讓人進入出神狀態的草藥，在色雷斯人（Pomponius Mela, 2. 21）和西西亞人（Herodotus, 1.73）是用大麻；馬薩迦提人（Massagetae）則用某種種「果實」的煙（Herodotus, 1.73）。史特拉堡（Strabo 7.3.3）承襲波塞多尼烏斯的觀點表示，米夏人（Mysians）禁食肉，只以蜂蜜、牛奶和乳酪果腹，他們因而被稱為「敬畏神的民族」（theosebeis），以及「漫步在雲端的人」（kapnobatai）。不過，這些名詞只指涉某些宗教人物，並不及於所有米夏人。其中的「漫步在雲端的人」，指的應該是舞者和「祭司」，他們經常藉助大麻的煙讓自己進入出神的恍惚境界（見 Zalmoxis, pp. 42, 61）。對此，史特拉堡補充說明，色雷斯有些虔誠的隱士（ktistai），他們遠離女色，將自己全心全意地奉獻給神，過著「免於各種恐懼」的生活。（8. 3. 3）

[80] 見 De Zalmoxis, chaps. 5 and 8。

[81] 見 Pettazzoni, "The Religion of Ancient Thrace," pp. 84 sq.。

譯[30]：卡培拉（Martianus Capella），西元四世紀末、五世紀初的北非原住民，致力於以散文和詩倡導文理學科，對中古世紀的文化有著相當深遠的影響。

「赫美斯」就是太陽神。在幾個世紀後，所謂的「馬背上的英雄」紀念碑，在巴爾幹民族相當流行；但現在，這位騎馬英雄被認爲是阿波羅[82]。然而這是因爲晚出的概念，不能用以說明希羅多德所提到的「王室」神學。

179. 扎爾莫西斯和「獲得永生」

希羅多德認爲，蓋塔人是「最勇敢、也最公正守法的色雷斯人。」（4.93）他們「認爲自己是長生不死的。」他又說：「他們相信他們是不死的，死去的人只是到扎爾莫西斯神那裡去，或稱爲蓋倍列吉司（Gebeleizis）。」（4.94）這是蓋倍列吉司這個名字第一次也是最後一次出現在文獻之中。托馬薛克（Tomaschek）證實這個神就是色雷斯宗教裡的扎貝爾蘇多斯或扎貝爾提多斯（Zbelsurdos, Zbeltiurdos）[83]。就像扎貝爾提多斯一樣，蓋倍列吉司應該也是位暴風雨之神，或甚至是古代的天神，如果我們採取瓦爾德和波科尼（Walde-Pokorny）以及德塞夫（Dečev）的說法，這個名字應該源於印歐語言中的字根 *gucr，意思是「照耀」[84]。在敘述以使者作爲獻給扎爾莫西斯的供物之後（稍後將詳細討論這個儀式），希羅多德接著說：「如果有雷和閃電發生的話，這些色雷斯人便向空中射箭作爲對神的一種威嚇，他們除去自己的神以外，是不相信任何其他神的。」（4.94） (172)

如果沒有希羅多德的見證（說實在的，他的描述在文法和風格上都非常輕率），我們很難把扎爾莫西斯和蓋倍列吉司視爲同一個神。他們的結

---

[82] Gavril Kazarow, *Die Denkmaler des thrakischen Reitergotte in Bulgarien*, vol. 1, figs. 528, 835, etc.; Pettazzoni, "Religion of Ancient Thrace," pp. 87 sq..

[83] "Die alten Thraker," p. 62.

[84] A. Walde and J. Pokorny, *Vergleichendes Wörterbuch der indogermanischen Sprachen*, vol. 1,p. 643; D. Dečev, *Charakteristik der thrakischen Sprache*, pp. 73, 81; C. Poghirc, "Considerations philologiques et linguistiques sur Gebeleizis," p. 359.

構全然不同，他們的祭典也有淵壤之別。我們會討論到，扎爾莫西斯沒有
任何暴風雨之神的性格；至於朝天射箭的舉動，我們也很懷疑，希羅多德
是否確切掌握到祭典的意義。這動作可能不是要威脅神（蓋倍列吉司），
而是要恫嚇出現在雲端的邪惡力量。換句話說，這是正面的儀式行為：效
法且間接幫助閃電之神用弓箭擊退惡鬼[85]。無論如何，我們都不得不承認，
我們無法單憑這個文獻去重構蓋倍列吉司的功能和「歷史」。更何況，希
羅多德後來不曾再提起過蓋倍列吉司，並不必然表示蓋倍列吉司從祭典中
消失。我們可以想像他或許和其他神合併，或是換了個名字繼續存在[86]。

　　希羅多德的作品裡最珍貴的資料，莫過於扎爾莫西斯的神話和祭典的
描述。根據他從海列斯彭特和黑海地區的希臘人得知的故事，扎爾莫西斯
原本是畢達哥拉斯的奴隸，「在他被釋放並得到莫大的一筆財富以後，他
立刻回到他的本國。這時的色雷斯人是一個過著悲慘的生活而且智慧以很
差的民族」；因此，扎爾莫西斯決定要教化他們，「他給自己修建了一座
會堂，在那裡他招宴他國內的一流人士，並且教導他們說，不僅是他，他
的賓客，還是他們的子孫，都是永遠不會死的，但是他們將要到一個他會
得到永生和享受一切福址的地方去。」他同時「又修造了一座地下室，地
下室造好之後，他便避開色雷斯人的耳目，進到地下室裡面去，在那裡住
了三年。色雷斯人非常懷念他，為死者致哀服喪；可是在第四個年頭，他
在色雷斯人的面前又出現了，這樣他們便相信扎爾莫西斯告訴他們的一切
了……。至於我呢，」希羅多德又說：「我既不是不相信也不完全相信關
於扎爾莫西斯和他的地下室的說法，但是我認為他是比畢達哥拉斯要早許
多年的；至於這個扎爾莫西斯是一個半常，還是蓋塔人中間原有的一個神

(173)

---

[85]　De Zalmoxis à Gengis Khan, pp. 59 sq..

[86]　和先知以利亞有關的羅馬民間神話，其實包含了許多屬於暴風雨之神的元素，這
　　　是時至少證明了，蓋倍列吉司（Gebeleizis）在基督教化時期的大夏族裡，還是相
　　　當活躍的，在那個時期的任何事物上，都能發現他的名字。我們或許也承認，那
　　　是一次由大祭司和僧侶階級所促成的宗教融合，因而最後把蓋倍列吉司和扎爾莫
　　　西斯兩人給混淆了。

的名字,我不打算去追究了。」(4.95-96)

這個文獻很自然地使古代世界留下很深刻的印象,從希羅多德的時代,到新畢達哥拉斯學派以及新柏拉圖學派。他所說的故事非常一致:無論是海列斯彭特的希臘人,或是希羅多德本人,都將他們聽到的扎爾莫西斯的生平、教義和祭典,融入畢達哥拉斯的宗教結構。這也就是說,蓋塔和大夏族的神的祭典,包含了靈魂不滅的信仰和類似入會禮的儀式。透過希羅多德或其消息來源的理性主義式和「神話即歷史論」解釋,我們預言這個祭典具有「神祕宗教」的性格⑧⑦。希羅多德說:蓋塔人「認為自己是長生不死的,」(4.93)因為「死去的人只是到扎爾莫西斯神那裡去。」(4.94)然而,athanatizein 這個字的意思不是「自認為長生不死」,而是指「使自己長生不死」。⑧⑧人們必須透過入會禮才能「得到永生」,而這個入會禮使扎爾莫西斯創設的儀式更接近希臘及希臘化時期的神祕宗教(第 205 節)。我們不知道真正的祭典內容,但希羅多德所轉述的訊息卻指出有關「死亡」(消失)和「重生」(顯靈)的神話和儀式情節。

這位希臘歷史學家也提到(4.94)扎爾莫西斯祭典的獨特之處:他們每隔四年就要派使者去「向神陳述他們的需要」。有一群人拿著三支槍,而經由抽籤選出的使者則被拋向空中,當他掉到地面時,就會被槍戳死。這個祭品是要溝通某個訊息;換句話說,**這個祭典重現了蓋塔人和他們的**(174)**神之間從太初以來的直接關係**,那時候扎爾莫西斯也是他們族人。這個祭典和派遣使者的儀式,從某方面來看,是象徵性地重複儀式的創設。

某些古代作者和現代學者,既認為扎爾莫西斯和戴奧尼索斯以及奧斐

---

⑧⑦ 這或許是希羅多德猶豫去敘述細節的理由(假如他的消息來源把這些不甚確定的消息提供給他的話),因為他對這些眾所周知的祕教儀式有所斟酌。但是希羅多德坦承,他個人並不相信扎爾莫西斯是畢達哥拉斯的奴隸的故事;相對地,他確信蓋塔魔鬼(getan daimon)的年代要更往前推,而這個細節才是重要的。

⑧⑧ 見 I. M. Linforth, "Hoi athanatizontes, Herodotus, IV. 93-94," *Classical Philology* 93 (1918) :23-33。

斯有關，又把他和神話或神話化的人物(89)相連結，因爲他們都具有薩滿法術或預言的能力、或遊冥府（katabaseis）譯㉛的經驗。但是，希羅多德告訴我們的扎爾莫西斯，並不符合薩滿或薩滿化的神話、信仰和法術的體系。相反地，正如我們適才見到的，扎爾莫西斯儀式的特色是「祭典的饗宴」（andreia）、在「地下室」隱遁四年後的顯靈、靈魂不滅，以及彼岸妙樂世界的教義，這些特色都使扎爾莫西斯崇拜更接近神祕宗教。(90)

西元初年，希臘地理學家史特拉堡（《地理學》7.3.5）提出了新的扎爾莫西斯神話版本，主要是依據波塞多尼烏斯所採集的資料。根據這個文獻，扎爾莫西斯的確是畢達哥拉斯的奴隸，但扎爾莫西斯學到的不是長生不死的教義，而是「有關天體運行的知識」，根據星象預知未來的技術。史特拉堡還提到巫術聖地的埃及之旅。扎爾莫西斯憑著個人的天文知識、巫術和預言的能力，說服埃及國王將他延攬入閣。作爲大祭司和「埃及最受崇敬的神」的先知，扎爾莫西斯隱居到科加奧能（Kogaionon）山頂的洞
(175) 穴中，除了國王及其侍從，他不接見任何人，後來他「被尊奉爲神」。史特拉堡說：「後來，當波伊雷畢斯塔（Boerebista）統治蓋塔人時，這個洞穴落入了迪卡尼烏斯（Decaeneus）的手中」；而且，「扎爾莫西斯仍然教授畢達哥拉斯信徒奉行的素食的教義。」(91)

根據波塞多尼烏斯和史特拉堡所說的，在蓋塔和大夏族的宗教進入新

(89) 這些神話化人物包括：阿巴里斯（Abaris）、亞里斯提亞（Aristeas）、克拉佐美納（Clazomenae）的赫莫提穆斯（Hermotimus）、克里特（Crete）的伊庇曼尼德斯（Epimenides）及畢達哥拉斯等等。

(90) 從這個角度來看，扎爾莫西斯也可以和酒神宗教裡的戴奧尼索斯相比擬。見第206節。

(91) 在其他地方（7.3.11），史特拉堡詳述了波伊雷畢斯塔（Boerebista）的生平（70-44），他把迪卡努斯（Decaeneus）形容爲一個「魔術師，他不僅曾到埃及遊歷過，還通曉某些神祕語言，透過這些語言，他宣稱可以得知神意；因此，他在極短的時間裡，就被奉爲神。」

譯㉛：katabaseis，指的是遊冥府，是希臘祕密宗教及奧斐斯祕教所特有的儀式，在傳說中，有些神可以出神造訪冥府，如狄米特、戴奧尼索斯，而凡人中也有些英雄具有這種能力，如西修斯、奧斐斯、奧德修斯。

的階段時，他們發現扎爾莫西斯的性格已經大不相同。首先，扎爾莫西斯神被等同爲他的祭司，祭司最後以這個名字被神格化。此外，我們看不到有任何結構上如同希羅多德所說的神祕宗教。總之，扎爾莫西斯的祭典是由隱居山頂的祭司主祭，雖然他同時也是國王的隨從和宰相；而且這是「畢達哥拉斯」的儀式，因爲儀式裡禁止肉食。我們不知道，在史特拉堡的時代，扎爾莫西斯神祕宗教裡還有多少類似入會禮和末世論的結構，但是，古代作者提過某些隱士和聖人，而他們很可能就是信奉扎爾莫西斯神祕宗教傳統的「神職人員」。⑨2

---

⑨2　*De Zalmoxis à Gengis Khan*, pp. 61 sq.。對史特拉堡而言，另一個細節似乎相當重要，那就是：扎爾莫西斯就像後來的迪卡努斯，他之所以有如此非凡的成就，主要是因爲他的天文知識和預言能力。在西元六世紀，約旦人根據前人的文獻，極盡誇張地描述大夏族祭司熱中於天文學和自然科學的情形。（*Getica* 11. 69-71）這番對天文知識的執著，或許可以傳達出正確的訊息。的確，在薩米齊格圖撒（Sarmizegetuza）和寇斯特提（Costeşti）神廟裡，天體和太陽的象徵相當明顯，似乎具有曆法的功能。見 Hadrian Daicoviciu, "Il Tempio-Calendario dacico di Sarmizegetuza"; ibid., *Dacii*, pp. 194 sq., 210 sq.。

第二十二章
奧斐斯、畢達哥拉斯和新末
世論

180. 奧斐斯的神話、里拉琴手和「入會禮的創設者」

　　如果要談論奧斐斯（Orpheus）和奧斐斯宗教，很難不得罪兩大學術陣營中的任何一方：懷疑論者和「理性主義者」極力貶抑奧斐斯宗教在希臘文化史的重要性；而崇拜者和「狂熱份子」則認為那是非常有意義的宗教活動。①

　　文獻分析可以幫助我們區分兩組宗教事實：一、關於奧斐斯神話和傳說；二、被視為屬於「奧斐斯宗教」的理念、信仰和習俗。最早提及這位里拉琴手的文獻是西元前六世紀義大利的詩人伊比科斯（Ibycos de Rhégion），他在作品裡提到「知名的奧斐斯」。品達（Pindar）說奧斐斯是「彈奏阿波羅七絃琴（phorminx）的音樂家、抒情歌曲之父」。（Pyth. 4.177）艾斯奇勒斯（Aeschylus）如是形容奧斐斯：「他愉快的聲音感動萬物。」（Agamemmnon 1830）在一只陶瓶的飾圖裡，奧斐斯手執里拉琴站在甲板上；另外，在德斐（Delphi）的西錫安（Sicyon）寶庫中的一面牆上，清楚地寫著奧斐斯的名字。到了西元前五世紀初期，關於奧斐斯的圖像越來越豐富：陶瓶瓦罐上的圖案，畫著他彈著里拉琴，身邊圍著小鳥、野獸或色雷斯（Thrace）當地的信徒；或是他被一群瘋女人撕成碎片；抑或是他和其他神同在地府裡。在西元前五世紀，首次有文獻記載他到地獄帶回妻子優里迪斯（Eurydice）的相關情節。（Euripides, Alcestis 357 sq.）他最後之所以功敗垂成，或說是因為他太早回頭向後看，②或說是地府的

(177)

---

① 即使是文獻的評價，不同的陣營之間也有相當的歧見。懷疑論者強調佐證的文獻不足，而且在時間上也不夠古老。但其他學者卻主張，不能把史料的創作時間和描述內容的年代相混淆，以適當的批判精神去使用所有的可信證詞，能夠掌握奧斐斯祕教的基本信息。這兩種方法學之間的緊張關係反應了深層的哲學對立，從西元前六世紀到現在都是如此。奧斐斯和奧斐斯宗教是造成對立的典型例子。

② W. K. C. Guthrie, *Orpheus and Greek Religion*, pp.29 sq.; Ivan M. Linforth, *The Arts of Orpheus.*

主宰者背棄對他的承諾。③在傳奇故事裡，他住在色雷斯，而且年代還比「荷馬早一代」；但是在西元前五世紀遺留下來的陶器上，他卻總是身著希臘服飾，用音樂擄獲野獸和野人。④其實，色雷斯正是奧斐斯喪命的地方，根據悲劇詩人艾斯奇勒斯的軼作《巴撒里德斯》（Bassarides）所描述，奧斐斯每天清晨都會登上潘加斯山去膜拜太陽，也就是阿波羅，此舉惹惱了酒神戴奧尼索斯，他遂指使一群瘋婦前去阻撓，於是這位里拉琴手整個人被撕成碎片，身首異處。⑤他的頭顱被丟進赫伯朗河（Hebron），隨波漂蕩，流到里斯伯斯（Lesbos）時竟唱起歌來；因而，他的頭顱被人虔誠地收藏著，並被當作是神諭。

稍後，我們會提到西元前6-5世紀文學作品裡關於奧斐斯的其他文獻。但是現在我們要先探討奧斐斯的神力以及他的傳記裡有關巫術行為的異聞。就像巫師一樣，他既是醫生，也是音樂家；他可以迷住野獸，也能支配牠們；他到地府試圖帶回過世的妻子；他的頭顱被保存下來，並被視為上天顯現的神諭，這和19世紀巫師對待西伯利亞尤卡格族（Yukagir）頭骨的做法如出一轍。⑥在西元前6-5五世紀的希臘，這些行為不僅陳舊過時，也和當時的宗教要求格格不入。但是我們卻對古希臘的原史一無所知，我們也不知道這些故事在融入奧斐斯傳奇之前可能具有的神話和宗教功能。除此之外，奧斐斯和許多神話人物都有密切的關係，例如擁有神諭和巫術力量的阿波羅祭司阿巴里斯（Abaris），以及希臘文學裡的傳奇人 (178)
物亞里斯提亞（Aristeas）等具有巫術力量或有出神經驗的人。

憑著這些史料，就足以把這位傳奇吟遊歌手的年代定位在「荷馬之前」，而這就和神話故事所流傳的以及奧斐斯祕教教義反覆主張的說法一

---

③ 他缺乏「像阿爾克斯提斯（Alcestis）那般為愛犧牲生命的勇氣，而寧可選擇活著走進地府要人，諸神因此想毀滅他，替天行道地毀了他，最終假女人之手結束他的生命。」（Sympos. 179d.）

④ Guthrie, *Orpheus*, pp 40 sq., 66, fig. 9; cf. Plate 6.

⑤ O. Kern, *Orphicorum Fragmenta*, no. 113, p 33.。繆斯女神把奧斐斯的遺骸收拾妥當，將他葬在奧林帕斯山的利伯特里亞（Leibethria）。

⑥ Eliade, *Le Chamanisme*, pp.307-308.

致。而且,即便這些遠古神話可能是由某些深層的經驗所啓發的結果,那
也無關緊要。(在神話的背後,我們也許可以察覺到想要把奧斐斯推向
「起源」的極盛時期的渴望,宣稱奧斐斯是「荷馬的祖先」,也就是地位
比荷馬更崇高、比公認的宗教更具代表性和象徵意義。)重要的是,在西
元前六世紀的希臘所接觸到的古老觀念,其實是經過刻意的選擇。⑦因此,
奧斐斯傳說的重點,就在於他在色雷斯的生活、講道、以及在該地的悲劇
性死亡,⑧並證實了這個人物的「初始」架構。而同樣意義重大的是,在
希臘傳說裡也有下冥府的故事,奧斐斯的冥府之旅於是成爲最有名的故
事。⑨因爲遊冥府(katabasis)譯①和入會禮儀式有關。於是我們這位吟
遊歌手現在因「入會禮的創建者」和祕教教義而在歷史留名。根據希臘悲
劇詩人優里庇德斯(Euripides)的說法,奧斐斯舉起「照亮幽微的宗教奧
義的火炬」(Rhesus 943)。《反對亞里斯多吉頓》譯②則明白指出(25.
11 = Kern. Prph. Frag., no.23),奧斐斯很有可能是在參酌埃勒烏西斯神話
裡的宗教儀式後,才將「最神聖的入會禮展現在我們眼前」。

最後,他和戴奧尼索斯以及阿波羅的關係,也證實他是「入會禮的創
建者」,因爲在希臘諸神裡,只有他們和入會禮以及「出神」狀態有關

---

⑦　此時正是色雷斯的「野蠻人」以及西西亞人把遊牧生活引進黑海北方的時候,他
們的傳說也因而較爲人知。
⑧　奧斐斯祕教在色雷斯的據點表列,見 R. Pettazzoni, *La religion dans la Grèce antique*,
p.114, n.16。
⑨　The *Katabasis eis Hadou* (Kern, Orph. Frag., nos. 293 sq., pp.304 sq.)。在《奧德賽》
裡的 katabasis 可能是「奧斐斯教徒」穿插附會的結果。
譯①:「katabasis」,指的是遊冥府,是希臘祕密宗教及奧斐斯祕教所特有的儀式,
在傳說中,有些神可以出神造訪冥府,如狄美特、戴奧尼索斯,而凡人中也有
些英雄具有這種能力,如西修斯、奧斐修斯、奧狄修斯。
譯②:亞里斯多吉頓(Aristogeiton)係暗殺雅典暴君的刺客。他和哈摩狄奧斯(Har-
modius)因私人細故,計劃刺殺暴君西皮亞斯(Hippias)和王兄西帕克斯
(Hipparchus),但這項暗殺行動最後並未成功,因爲他們雖殺死了西帕克斯,
但西皮亞斯卻毫髮無傷。

（當然這是不同形式甚至對反的「出神」類型）。自古以來，對於這些關係始終爭論不休。西元前一世紀的迪奧多羅斯（Diodorus, 4.25.4）提到戴奧尼索斯把他的母親席美勒（Semele）從地府帶回來的故事，這和奧斐斯為了妻子優里迪斯造訪陰間的插曲若合符節。而奧斐斯遭瘋婦撕成碎片的下場，則可以解釋為酒神儀式，也就是神化身為動物而被崇拜者所肢解（sparagmos）。（見第 124 節）不過，奧斐斯原本是阿波羅的狂熱信徒，甚至在某個傳說裡，他還是阿波羅和卡麗歐普仙子（nymph Calliope）之子。他發誓願意為阿波羅而死；而且，他的樂器里拉琴，也正是阿波羅的 (179)
七絃琴。⑩身為「入會禮的創建者」，奧斐斯認為潔淨禮相當重要，而「滌淨」（katharsis）譯③儀式，更是阿波羅崇拜的特殊儀軌。⑪

　　另外，我們必須提醒某些指標性的特徵：一、雖然他的名字和關於他的神話的史料，最早溯源到西元前六世紀，但奧斐斯卻是個遠古類型的宗教人物。無論是從年代或是地理的角度來看，我們都可以輕易想見，「早在荷馬之前」，他就已經存在（亦即，在尚未接受荷馬文明的宗教價值觀洗禮的「蠻荒」地帶）。二、我們雖然無法得知奧斐斯的「起源」和早期階段，但他確定不屬於荷馬傳統，也不是地中海文明的子民。他和色雷斯的關係隱晦難解，在沒有開化的野蠻人裡，他的行為舉止像個希臘人；但是他又沉迷於希臘文明之前的巫術和宗教法力（例如可以使喚動物或遊地府的巫術）。從形態學來看，奧斐斯很接近扎爾莫西斯（Zalmoxis）。扎

⑩　Guthrie 引用 Euripides, *Alcestis*, l. 578，描述阿波羅身邊圍著山貓、獅子和牝鹿，牠們「隨著七絃琴的樂音翩然起舞」。（Guthrie, The Greeks and Their Gods, p. 315）

⑪　阿波羅壓制奧斐斯在里斯伯斯所顯現的神諭（Philostratus, *Vita Apollo*. 4. 14）一事，究竟是對神的忌妒，或者透露出兩種神諭技術，巫術和派提安（Pythian，即阿波羅女祭司）之間的對立？

譯③：「katharsis」，原意為清潔，在宗教意義上是指「去除染污」（miasma），在醫學上則是「去除對身體有害的物質」。亞里斯多德曾在《詩學》中提及：悲劇有心理治療的效果，此即為「滌淨」。這是希臘祕教所盛行的一種儀式，滌淨的方式包括水洗、傅油禮等。

爾莫西斯也是經由「遊冥府」而建立宗教儀式的創始者，他同時是爲蓋塔
（Getae）地區帶來文明的英雄（蓋塔人特指那些「主張永生不滅」的色雷
斯人）。三、奧斐斯既然以入會禮的崇高創建者之姿出現，假如他能夠被
奉爲「荷馬的祖先」的話，那麼對於迥異於奧林帕斯教義的奧斐斯祕教而
言，必定能夠強化祕教信息的重要性。我們並不確定入會禮的基本儀式是
否由奧斐斯所「創立」，只知道祕教的各種加行包括：茹素、苦修、潔淨
禮、宗教經典（hieroi logoi，即聖書）。此外，我們還知道祕教的神學前
提是靈魂的轉世以及由此推論的靈魂不滅。

(180) 　　正如我們在前面所提到的（見第 97 節），靈魂在人類死後的命運，構
成了埃勒烏西斯宗教入會禮的目標，但是戴奧尼索斯和阿波羅也和靈魂的
命運有關，因此，在西元前 6-5 世紀，人們可能認爲奧斐斯這個神話人物
是入會儀式的創建者，他雖然是受到傳統入會禮的啓發，卻試著提出更合
乎時宜的入會禮儀軌，以解釋輪迴和靈魂不滅的說法。

　　奧斐斯這個角色，自始就以阿波羅和戴奧尼索斯爲旗幟而崛起，「奧
斐斯祕教」自然也就循著相同的軌跡發展。而且，這並不是唯一的例子，
像皮洛斯（Pylos）的先知、有「阿波羅的最愛」之稱的美拉姆波司（Mel-
ampus），也在同一時期「把戴奧尼索斯的名字，他的崇拜儀式以及帶著
男性生殖器的行列介紹給希臘人。」（Hirodotus, 2.49）除此之外，如同我
們所了解的（見第 90 節），阿波羅和地府也有相當的淵源；另一方面，戴
奧尼索斯後來也被奧林帕斯諸神接納爲諸神之列，阿波羅也終於和他言歸
於好。這兩個對立的神同時的出現並不是毫無意義的。或許這是希臘人想
出來的權宜之計，透過這兩個神的共存，來表達他們想要解決荷馬宗教價
值觀的沒落所帶來的宗教危機。

181. 奧斐斯祕教的神譜和人類起源論：輪迴和靈魂不滅

　　在西元前六世紀，宗教和哲學思想主要是探討「一與多」的問題。這
個時期的宗教思想的問題是：每個人和被認爲肖似人類的神之間有什麼關

係？我們如何能夠徹底理解兩者之間潛在的統一性？⑫在戴奧尼索斯的狂歡儀式（orgia）裡，人神之間有某種合而為一的現象，不過那是短暫的，而且只有意識恍惚時才能達到的境界。奧斐斯教徒在接受酒神崇拜的教義時（也就是人類分受神性），進一步從邏輯推論出**靈魂的不滅和神性**的結論。因此他們以阿波羅所傳的「滌淨」取代原有的狂歡儀式。

　　於是里拉琴彈奏者成為奧斐斯祕教（既是「祕傳的」又是「大眾的」）的象徵符號和守護神。這個宗教最大的特性是強調「書寫文獻」（也就是聖典）的重要性。柏拉圖提到許多據稱是奧斐斯和穆撒烏斯（Musaeus）（相傳他是奧斐斯之子或忠實信徒）所作的作品，這些作品談到潔淨禮和死後生命的問題。柏拉圖同時也引述「奧斐斯所作」關於神譜的六音步詩。此外，優里庇德斯也提到奧斐斯的「作品」，甚至連不相信奧斐斯的歷史真實性的亞里斯多德，也對「據稱是奧斐斯的詩歌」裡的靈魂論相當熟悉。⑬柏拉圖會知道這些書籍，似乎是件滿合理的事。（這些奧斐斯作品可以在書商那裡買得到。） (181)

　　其次，第二個特徵就是「奧斐斯祕教」顯著的多樣性。除了神譜的作者、苦行者以及靈視者，後來在古典時期還有西奧夫拉斯德斯（Theophrastus, 1493-1541）譯④所謂的「奧斐斯祕教的祭司」（Orpheotelestes），更不用說還有民間的術士以及在柏拉圖的名著裡提到的占卜者。⑭這是在宗

---

⑫　Guthrie, *The Greeks and Their Gods*, p.316。對宗教毫無興趣的愛奧尼亞學派（Ionians）提出哲學性的問題：「我們所處的多元世界和創造萬物的唯一本源之間有什麼關係？」（見 Guthrie, *A History of Greek Philosophy*, I, p.132）

⑬　Platon, *Rep.* 364e, *Crat.* 402b, *Phileb.* 66c; *Euripides, Hipp.* 954; Aristotle, *De an.* 410b28.。希臘辭典百科全書（Suidas）給「奧斐斯」這個字的參考書目。（Kern, *Orph. Frag.*, no. 223）關於批判分析，見 L. Moulinier, *Orphée et l'Orphisme à l'époque classique*, pp.74 sq.。

譯④：西奧夫拉斯德斯（Theophrass，西元前 372-287 年），為希臘哲學家，亞里斯多德的接班人，在他的領導下，逍遙學派（Peripatetic）得以蓬勃發展，成為顯學。

教史裡非常普遍的現象：每個苦行、靈知和救世的宗教，都會助長無數的
巫術和入會禮，這些現象有時候是很幼稚的。我們只要記得，從《奧義
書》的時代起，印度就充斥著假苦行者，以及偽裝成瑜祇和坦特羅教徒的
怪人。而這個題材的諷刺詩也是汗牛充棟，尤其是強調救世論的靈知的天
啓和入會禮的特色的作品。例如，在互助會（Freemasonry）譯⑤和薔薇十
字會（Rosicrucian）譯⑥的「奧祕」出現之後，在西歐就有此起彼落的
(182) 「入會禮」和「祕密團體」。因此，如果我們看到奧斐斯祭司和術士的行
徑就懷疑奧斐斯的觀念和儀式的眞實性，那就未免太無知了。類似的出神
者、預言家和巫醫的相關記載，早在遠古時代就有史料可考；這些都是
「民間宗教」的特色。而從西元前六世紀開始，就有許多術士、預言家和
煉金學家也都曾經祈請奧斐斯，這證明當時有更加崇高、有效且受人尊敬
的救世的知識和靈知，而使他們競相模仿或至少假借這些傳奇人物之名漁
利。

　　柏拉圖的引述，可以使我們窺見奧斐斯祕教的靈魂不滅概念。爲了懲
罰源初的過犯，靈魂被囚禁在人類身體（sōma）裡，就像監獄（sēma）一
樣。⑮因此，肉體的存在其實比較像是死亡，只有當身體死去後，眞正的
生命才於焉展開。但是，這種「眞正的生命」並不是自然得到的；人死

----

⑭　「懇求祭司和占卜師到有錢人的家，使他們相信透過獻祭和咒語，就可以從神那
　　裡累積權力的寶藏，來彌補個人及其祖先的過犯……；而且，他們認爲，穆撒烏
　　斯（Musaeus）和奧斐斯是月亮之神和繆斯女神的子孫，他們寫了許多有關這兩
　　人的書籍，這些書就用在他們的儀式當中；他們堅信，藉此不但可以爲凡人，也
　　能爲國家贖罪，可以產生潔淨作用……，此外，對於亡者，他們也有特別的儀式
　　可以將我們從邪惡中拯救出來，引渡到另一個世界。」
⑮　有關靈魂的「監牢」或「囚犯」，見 Cratylus 400c; cf. Phaedo 62b；這些文獻引起
　　了永無止盡的論戰。
譯⑤：Freemasonry（互助會），又稱 Free and Accepted Masons，以互助、友愛爲結社
　　目的，由中世紀的石匠社團蛻變而成，目前該會是全世界最大的祕密社團。
譯⑥：薔薇十字會員（Rosicrucian）；據傳，Christian Rosenkreuz 於 1484 年在日耳曼
　　地區創立一個名爲「薔薇十字會」的祕密社團，吸收會員進行以煉金術爲主的
　　法術實驗。

後，靈魂會因其功過受到審判，經過一段時間之後，再度投胎轉世爲人。就像在奧義書時代之後的印度，希臘也有靈魂不滅的信仰：靈魂在接受審判後不停地生死流轉，直到最後的救贖到臨。對於過著「奧斐斯祕教生活」的希臘哲學家恩培多克勒斯（Empedocles, 495-435 B.C.）而言，在他所處的時代，靈魂還是肉體的囚犯，穿著「用血肉做成的光鮮外衣」，從天堂放逐到遙遠的地方。（frag. 115, 126）但是對他而言，靈魂不滅也意味著生死輪迴；進一步說，這就是他茹素的理由（因爲在被宰殺的動物體內，或許有我們親人的靈魂）。

不過，茹素這個儀式還有更複雜、更深層的宗教意含。奧斐斯教徒既不吃肉（如同畢達哥拉斯的信徒），也不使用牲祭，而在官方的儀式裡，牲祭是必要的環節。這樣的捨棄明確表達他們和城邦隔離的決心，最後則是「和世界斷絕關係」。奧斐斯教徒尤其排斥整個希臘宗教體系，也就是源自普羅米修斯的第一次獻祭的體系（見第86節）。普羅米修斯因爲把肉留給人吃，卻把骨頭奉獻給諸神，因而觸怒了宙斯；但同時他也終止了人類的「樂園」時代，在那個時候，人類可以和神直接來往。⑯因此，回到素食的習俗，同時意味著決心要補償祖先的過犯，以及希望最後能夠回復原來的幸福狀態，至少是部分的復原。

(183)

所謂的「奧斐斯祕教的生活」（《法律篇》VI, 782c），涉及潔淨禮、苦行以及許多特別的規定；但是，獲得救贖的首要方法是透過「入會禮」，也就是透過宇宙論的和神智論的天啓。我們彙整古代作者（例如艾斯奇勒斯、品達、柏拉圖、亞里斯多芬等人）的見證和文獻考證，至少可以重構出「奧斐斯學說」的梗概，這或許是較恰當的用語。我們看到以宇宙創造裡所含藏的神譜，我們也發現相當怪異的人類學。就本質而言，這是以奧斐斯祕教的末世論爲基礎的人類起源神話，和荷馬以及埃勒烏西斯的末世論形成對比。

⑯ 赫西奧德，《工作與時日》90 sq., 110sq.。關於素食的神話和末世論價值，見 Guthrie, Orpheus, pp.197sq.（所引文獻），其他的參考史料，見 Sabbatucci, *Saggio sul misticismo greco*, pp. 69 sq.; Detienne, "La cuisine de Pythagore," pp. 148 sq.。

　　這個所謂「狂想曲」⑰的神譜，只在赫西奧德所敘述的系譜裡保留部分的細節。時間之神克羅諾斯（Kronos）在以太體內生下太初的蛋，孵化出第一位神愛洛斯（Eros），又名法尼斯（Phanes）。愛洛斯是生殖的原理，他創造了其他諸神和世界。但是，宙斯吞噬了愛洛斯和他所造的一切，而重新創造新的世界。宙斯吞噬其他神的神話主題非常有名；而赫西奧德也提過，在雅典娜的神奇誕生之前，她的母親智慧女神美提斯（Metis）也被宙斯吞進肚子裡（見第84節）。譯⑦不過，在奧斐斯的神譜裡，這個意義卻更顯奧妙。我們看到這個神譜努力把統治世界的神塑造成他所統治的世界的創造者。除此之外，這個情節也反映出「從一生多」的哲學理論。⑱儘管這則神話經過後人重新整理，卻仍然保有最初的原始架構。也曾經有人強調這個神話和埃及人、腓尼基人的宇宙論的類比。

　　其他的傳說則把夜之女神尼克斯（Nyx）視為第一原理，她生下烏拉諾斯（Uranos）和蓋亞（Gaea）；或有人說是海神歐開諾斯（Oceanus）生下時間之神克羅諾斯，後來克羅諾斯又生下以太和混沌（Chaos）；也有個說法是，宙斯生下「衝突之神」，而使「大地」和「水」以及「蒼穹」分離。最近在希臘北部城市德維尼出土的紙草抄本（Derveni Papyrus）⑲，揭露新的奧斐斯神譜版本，這個系譜的核心以宙斯為主。其中據稱是奧斐斯所作的詩篇說，「宙斯是最初，也是中介，他使萬物實現。」（col. 13, line 12）奧斐斯把「命運」（Moira）稱為宙斯的「思想」；因此，「當凡人說……『命運開始轉動』，意思就是說，宙斯的思想已經決定了命運是

(184)

⑰　在西元五世紀，達瑪斯奇奧斯（Damascius）還傳誦著〈奧斐斯的狂想曲〉的文章，從斷簡殘篇中可知這篇文章的年代的確久遠（西元前六世紀）。見 Guthrie, Orpheus, pp.77 sq., 137-42。

⑱　Guthrie, The Greeks and Their Gods, p.319.

⑲　這個紙草抄本是於 1962 年，在希臘北方帖撒羅尼迦（Thessalonica）的德維尼城附近所發現，抄本所載內容約為西元前四世紀。這是針對奧斐斯祕教的著作的評論集，根據考證，這個抄本的文字及豐富的理論本質，確實是遠古的產物。

譯⑦：因此，雅典娜非母親臨盆所生，而是從她父親的額頭迸出來的，這就是所謂的雅典娜的神奇誕生。

什麼、命運還不是什麼，以及命運還會不會降臨。」（col. 15, lines 5-7）
歐開諾斯只是宙斯的化身，就像「蓋」（Ga）（狄美特）、大地之母、麗
娥和希拉，其實都只是女神的不同名字（col. 13, lines 7-11）。其宇宙創造
論同時有性愛和「一元論」的結構，例如：宙斯「在空中」（或是「從天
上」）交媾，因而創造了世界。然而文獻卻不曾提及他的對象是誰。[20]在
此，作者說世界的邏各斯（logos）和宙斯的邏各斯很接近，由此證實存有
者的統一性。（col. 13, lines 1-3）他又說，「世界」的名字就叫作「宙
斯」。（cf. Heraclitus, frags. 1.32）從幾個面向來看，德維尼紙草抄本保存
的文獻相當重要。這個文獻證實奧斐斯教徒的祕密集會在古代確實存在；
另一方面，文獻也證明在奧斐斯的神譜裡確實有一元論、甚至是「一神
論」的傾向。

　　至於人類是從泰坦族的遺骸裡誕生的神話，則只有在晚期（西元 1-2
世紀）[21]的作品才有提到。但是，當我們想要提到戴奧尼索斯（扎格列烏
斯）的神話和儀式主題時（見第125節），可以發現年代更早的文獻來源。
儘管有些學者持懷疑態度，從品達的「對他們原始的苦難的報應」詩句裡
（frag. 133 Schr.），以及柏拉圖在《法律篇》的「（那些人）表現了占老
傳說的泰坦族天性」，我們還是可以看到「人類源自泰坦族」的說法。根
據奧林皮奧多勒斯（Olympiodorus）的描述，我們或許可以假設，柏拉圖
的學生贊諾克拉特斯（Xenocrates）把「身體是監獄」的概念和戴奧尼索
斯以及泰坦族結合在一起。[22]

　　無論對於這個隱晦難解的文獻的詮釋為何，我們可以確定，在遠古時　(185)
代，泰坦族的神話被視為「奧斐斯的」神話。根據這個神話，人類既分享
泰坦族的天性也分享神性，因為泰坦族的灰燼裡也包括了嬰兒戴奧尼索斯

---

[20]　此一類型的宇宙論是曼斐斯神學（見第 26 節）、菲勒塞德斯（Pherecydes）體
　　系，以及創造神「生主」（Prajāpati）信徒（見第 76 節）的想法。

[21]　Plutarch, *De esu carn.* 1.7 (Kern, *Orph. Frag.*, no. 210); Dio Chrysostom, 30.55。最完
　　整的版本是在《亞歷山卓的寬容》裡（*Protrept.* 2.17.2 et 2.18.2.）。

[22]　Olympiodorus, p. 84 Norvin (= Xenocrates, frag. 20 Heinze)（*Phaedo* 62b. 的評論）。

的肉體。無論如何，透過潔淨禮（katharmoi）和祕傳儀式（tclctai）以及
「奧斐斯祕教的生活」，人類便能被除泰坦族的元素，成爲酒神信徒（bak-
khos）；也就是說，人類分離出泰坦的天性，而接納戴奧尼索斯的神性。

我們不認爲這個概念是新的或是有原創性，我們試想美索不達米亞人
的先例：人類是馬爾杜克（Marduk）用泥土（提阿瑪特的身體）以及大魔
王金谷（Kingu）的血創造出來的（見第 21 節）。但是，儘管奧斐斯宗教
的人類起源論看似陰沉且悲慘，卻弔詭地蘊含著希望的火光，不僅沒有美
索不達米亞人的世界觀，也沒有荷馬的觀點。撇開其泰坦族起源不論，奧
斐斯祕教認爲人類可以透過自身的存在模式而分享神性；甚至人類可以任
意去除自己的「邪惡」成分，例如無知、食肉的瀆神行爲。我們可以從其
中看出類似柏拉圖學說的二元論（心靈和肉體）；奧斐斯祕教的許多神
話、信仰、行爲和入會禮，使他們有別於其他宗教，最後甚至使靈魂從宇
宙裡出離。這都是源自印度的解脫論和技術的想法（見第 195 節），而這
個宗教也預示了諾斯替教派（見第 229 節以下）。

182. 新末世論

至於奧斐斯的末世論，可以以柏拉圖、恩培多克勒斯以及品達的某些
著作爲基礎，重構出大概的輪廓。根據柏拉圖在《費多篇》（*Phaedo*
108a）和《高吉亞斯篇》（*Gorgias* 524a）的說法，這條路「既不筆直，也
不只一條……；路上佈滿岔路和十字路口。」柏拉圖的《理想國》還補充
說，正直的人會被允許走右邊的路，心術不正的人就全被送到左邊。類似
的記載也見於義大利南部和克里特島墳墓出土的金盤銘文上，甚至可以回
溯到西元前五世紀：「你循著右邊的路前往聖地和波塞芬妮的墓。」文獻
裡有很清楚的指示：「到了冥府左側的園地，將會發現一座噴泉，旁邊長
著一棵白絲柏；千萬別靠噴泉太近。但是，也會發現另外一座湧著從記憶
之湖（Mnemosyne）流出的冷水泉，在那裡有守衛嚴密看守著。這時，只
要告訴他們：『正如你們所知，我是大地之神和天神之子，我現在快渴死

(186)

了，請給我一些從記憶之湖流出的水。』如此一來，守衛便會允許你去取用聖水，然後你就可以統治其他英雄了。」㉓

柏拉圖在「厄爾」（Er）神話裡說，所有要投胎轉世的靈魂，都必須喝忘川（Lethe）之水，才能忘掉彼岸世界的所有經歷。然而「奧斐斯教徒」卻相信自己的靈魂不必再輪迴，這就是他們之所以避開記憶之湖的原因。「我已經從嚴酷的處罰和苦難的輪迴中解脫，踏著敏捷的步伐，迎向我所渴望的冠冕。在冥府女王（即波塞芬妮）的懷中，我得到庇護。」女神回答說：「啊，真幸運！真幸福！這個曾經是人類的他，已經成為神了。」㉔

這個「嚴酷處罰的輪迴」必須經歷許多次。在人死後，靈魂會受到審判，然後暫時被送到受刑的地獄或幸福的國度，千年之後，重返世間。靈魂在解脫之前通常必須歷經十次輪迴。「奧斐斯教徒」鉅細靡遺地說明懲罰罪惡的酷刑，「有無數的苦難用來伺候冥府中的亡魂」。㉕克恩

㉓ 這些刻有碑文的金盤是來自於 Petelia 和 Eleuthernae。見 Guthrie, *Orpheus*, pp.171 sq.; Zuntz, *Persephone*, pp.364 sq.（有新的詮釋）。

㉔ 這個開端是意義非凡的。入會者向陰間的神說：「我來自一個純潔的地方，哦，一個由黑德斯、優克勒斯、優波烏勒斯，以及汝等其他不朽的神所統治的純潔之地。我也以能屬於您的幸福族人而自豪，但是命運和其他不朽的神卻棄我而去。」（Zuntz, *Persephone*, p.318）另有短文提到更重要的細節：「對於我所做的壞事，我已經得到應有的懲罰，……現在，我當著顯赫的波塞芬妮的面前，祈求她的恩澤，把我送到幸福之地定居。」這位女神慈悲地收留了他：「歡迎，你過去所遭受的痛苦將不再出現……，歡迎、歡迎、歡迎你，走右邊那條路前往聖地和波塞芬妮的墓。」（Boulanger, "Le salut selon l'Orphisme," p. 40）

㉕ 「泡在泥巴裡，他們將會看到自己正在接受適合他們污穢心靈的方式的處罰，（*Republic* 363d; *Phaedo* 69c）就像豬一樣，喜歡在爛泥巴堆裡打滾，或是他們會因為用破桶子或篩子舀水想洗淨自己，而累得精疲力竭（*Gorgias*, 493b; *Rep.*, 363e）；根據柏拉圖所描述的景象，有一群屈服於自己的無底洞的欲望、而貪得無厭的瘋子，可能真的在冥府裡受到那樣的處罰，他們一直想舀水把自己洗乾淨，卻總是徒勞無功。」（F. Cumont, Lux *perpetua*, p. 245）

(187)　（Kern）甚至說，奧斐斯祕教是第一位創造地獄的人。㉖事實上，奧斐斯
為了找尋優里迪斯而進行的冥府之旅，證成了所有地獄的描述。我們再回
到薩滿的元素，也就是奧斐斯神話中的主要特色。我們都知道，在中亞和
北亞各地，薩滿們詳盡描述他們出神的冥府之旅，鋪陳且流傳非常壯觀的
冥府地理學。㉗

　　金盤上鑴刻著冥府的地形和遊記，有噴泉、絲柏、有右側的路，還有
「瀕臨渴死的人」，在許多葬禮的神話和地理學裡都可以發現類似的線
索。我們當然不能排除來自東方世界的影響。但更有可能的是，代表遠古
共有的傳承的整個複構，數千年來對於出神、異象、解脫、夢和幻想的旅
程，透過不同的傳統，而有不同的解釋。依傍著噴泉的樹木是「天堂」的
典型景象；美索不達米亞所描繪的天堂，是個有著聖樹和噴泉的花園，由
神的代表「園丁王」看守（見第22節）。這些金盤在宗教上的重要性，在
於其中描述著不同於荷馬傳說的靈魂死後存在的概念。這可能是遠古地中
海沿岸居民和東方人民的信仰和神話，長久以來，都被保存「民間」或社
會邊緣，在某個時期裡，受到「奧斐斯崇拜者」和畢達哥拉斯教徒的尊
敬，而其中都充斥著神祕難解的末世論。

　　不過，更重要的是關於「靈魂之渴」的新詮釋。許多文化都記載著，
(188)　葬禮時的奠酒是為了要消解死者的乾渴。㉘而能夠使英雄復活的「生命之
水」，也在神話和民間故事裡廣為流傳。對希臘人來說，死亡等於遺忘，
人類死後就會忘卻過去的記憶，只有少數擁有特殊權力的人，例如提勒夏
斯（Tiresias）或安費勞斯（Amphiaraus）這樣的英雄人物，才能在死後保
有原來的記憶。赫美斯為了讓他的兒子艾塔立德斯（Aethslides）得到永

㉖　Pauly-Wissowa, *Realencyklopadie*("Mysterien" col. 1287)。Cumont（*Lux perpetua*,
　　p. 46）認為，奧斐斯祕教的起源全然只是「幻想文學」，透過普魯塔赫的神話和
　　彼得的啓示錄傳到但丁。

㉗　Eliade, *Le Chamanisme*, pp.395 sq..

㉘　Eliade, "Locum refrigerii".

生，而賜給他「永不磨滅的記憶」。㉙但是，當輪迴的理論出現以後，關於記憶和遺忘的神話也隨之有了改變。忘川的功能被顛覆了，其中湧出的水不再是爲了使靈魂儘快忘記前世，而歡迎初訪的靈魂；相反地，忘川會抹滅靈魂對天堂的記憶，好使他投胎重回人間。如此一來，「遺忘」不再象徵著死亡，反而是重返人間的意思。在從前，靈魂會迫不急待地要喝忘川的水（柏拉圖在《費德羅斯》（248c）說：「肩負著忘卻和過犯的重擔。」），現在則是要投胎轉世，再次墮入人間的輪迴。畢達哥拉斯、恩佩多克勒斯以及其他相信輪迴理論的人，都說他們記得自己的前生；換句話說，他們已經保有彼岸世界的記憶。㉚

刻在金盤的銘文片簡似乎是官方的文件，內容是到彼岸世界的指引，類似埃及或西藏的「生死書」。有些學者不認認他們具有「奧斐斯宗教」的特質，認爲這些文獻源自畢達哥拉斯宗教。他們說，大部分據推測爲「奧斐斯宗教」的理念和儀式，其實是畢達哥拉斯創造或改編的。不過這個問題太複雜了，我們無法在有限的篇幅裡仔細探究。因此，即使我們認爲畢達哥拉斯及其門徒可能有所貢獻，或甚至有舉足輕重的地位，還是無法扭轉我們對「奧斐斯宗教」現象的理解。當然，奧斐斯傳說和畢達哥拉斯傳說之間顯然存在著類似之處，這就和他們各自的崇高名望一樣，是不容否認的。正如神聖的「入會禮創建者」，畢達哥拉斯是歷史上確實存在過的人物，卻也是「聖人」的典範，他的特色是融合了各種古代的元素（包括巫術），而且改革苦行和冥想的技巧。的確，畢達哥拉斯的傳說提及他和諸神的關係，他能支配動物的神通，以及可以同時在不同地方出現的分身。柏克特（Walter Burkert）就比較薩滿的入會禮，來解釋畢達哥拉 (189)

㉙ 「雖然他已經進入難以言喻的 Acheron 的漩渦，但他的靈魂還是沒有被遺忘所擊潰。」（Apollonius Rhodius, *Argonautica* 1. 642 sq.）

㉚ 見 Eliade, *Aspects du mythe*, pp.150 sq.。對畢達哥拉斯信徒中的神職人員而言，記憶的練習和培養扮演著相當重要的角色（Diodorus, 10. 5; Iamblichus, *Vita Pyth*. 78 sq.）。根據某些傳說，西元前六世紀希臘人物的最早文獻，遺忘和記憶這個課題，在印度的冥想技術和思想上，佔著相當的重要地位；後來還因爲斯諾替派的關係而再度流行。

斯著名的「黃金腿」。（就我們所知，西伯利亞人相信，當他們在進行入
會禮時，自己的內臟器官會更新，有時候骨頭也會綁上鐵塊。）至於畢達
哥拉斯的冥府之旅，也是薩滿的元素。羅德斯島（Rhodes）的象形文字就
記載了畢達哥拉斯造訪冥府的遊歷，他還在那裡見到荷馬和赫西奧德的靈
魂，正為了之前批評諸神的過犯在受苦。㉛這種類似薩滿的特質，不僅見
諸於奧斐斯和畢達哥拉斯，阿波羅的祭司極北居民阿巴里斯（Abaris）也
會御箭飛行（見第 91 節）；像亞里斯提亞（Aristeas）也以擅長法術而聞
名，他的出神使人誤以為他已經死亡，他也會分身，還曾經幻化為烏鴉；
至於克拉佐美納的赫莫提穆斯（Hermotimus of Clazomenae），有些上古時
代的作者認為他是畢達哥拉斯的前世，他的靈魂可以長時間地離開身體。㉜

　　此外，這些「入會禮的創建者」的傳說都有其共同點，像「奧斐斯宗
教」和畢達哥拉斯信徒的信條和行為之間，就有許多類似之處。例如，他
們都信仰靈魂不滅和輪迴，靈魂在冥府受苦贖罪後，最終會重返天堂；他
們都崇尚素食；他們都肯定潔淨禮的重要性；以及他們都倡導苦行。不
過，這些相似處不並足以證明「奧斐斯祕教」這個獨立的運動不曾存在。
有許多「奧斐斯祕教」的著作可能出自畢達哥拉斯信徒之手，但是，如果
認為「奧斐斯祕教」的末世論神話、信仰和儀式都是畢達哥拉斯或其門徒
(190) 所創的，未免太幼稚了。這兩個宗教運動其實是平行地發展，彷彿那是當
時的「時代精神」。而且，兩者之間也有重要的差異：在畢達哥拉斯的指
導下，他的信徒不僅成立類似神祕宗教的封閉性團體，也致力於「全人教
育」的體系。㉝尤其甚者，他們並不鄙視政治參與，甚至在某段時期，畢
達哥拉斯信徒還握有義大利南部幾個城邦的執政權。

㉛　見 Eliade, *De Zalmoxis à Gengis-Khan*, p. 117。關於畢達哥拉斯的神蹟的研究，近
　　期的文獻和參考書目，見 Walter Burkert, *Weisheit und Wissenschaft*, pp.118 sq., 133
　　sq., 163 sq.。不過，在這些傳說之中，並未提及任何類似薩滿的出神之旅。
㉜　見 Eliade, *De Zalmoxis à Gengis-Khan*, p.45, notes 44-45; cf. ibid., pp. 37-39。
㉝　他們藉著研究音樂、數學和天文，來完成苦行和道德的規則。但是如同眾人所知
　　道的，這些門徒的真正目標是對自然的直觀。事實上，假如「一切都是數理」、
　　「一切都是對立的和諧」，那麼萬物就都是本出同源的。

　　畢達哥拉斯最大的成就，是奠基了具有全體主義結構的「全知識」，他把科學知識融入倫理學、形上學和宗教原理，附帶著不同的「身體技術」。總之，知識的功能是靈知的、存在的，以及救世論的。這就是傳統形式的「全知識」㉞，我們可以在柏拉圖的思想發現，也可以在義大利文藝復興時期的人道主義、十六世紀的煉金術裡看到它，正如中國和印度的醫學和煉丹術所發展的「全知識」。

　　有些作者傾向於認爲，相較於畢達哥拉斯信徒，奧斐斯宗教比較像是某種「教會」。但是奧斐斯祕教完全不可能把自己定位爲「教會」或是類似神祕宗教的祕密組織。奧斐斯祕教的特色（既通俗又能吸引知識分子、也有「入會禮」、擁有「聖典」）更接近印度的坦特羅教派或中國的道教。這些宗教運動也沒有組成「教會」，但是有各種「門派」，有類似的大師傳說，也成就浩瀚的文學作品。㉟

　　另一方面，我們可以把「奧斐斯宗教」視爲遠古以各種神話人物之名 (191) 成立的宗教團體的遺緒，如卡比利（Cabiri）譯⑧、特爾奇尼斯（Telchines）、古瑞特族（Curetes）譯⑨，以及達克提勒（Dactyles）譯⑩，這些祕密團體的成員都小心翼翼地保守著某些「職業祕密」（因爲他們的本業是煉金士和鐵匠，但同時身兼巫醫、占卜師以及入會禮的祭司等身

㉞　其實，在亞里斯多德之後，「全知識」就喪失其特權，而且科學研究本身也走上方法論導向，還在西元 16·17 世紀的歐洲，展現大放異彩的研究成果，因此，我們沒道理去說整體主義的科學研究有何不妥，這純粹是觀點和目的差異的問題。煉金術並非剛剛萌芽的化學領域，而是結合不同意義體系和追求不同目的的原理。

㉟　而且，正如在坦特羅教派的例子裡，較晚出的奧斐斯祕教的文獻也表示，天啓是古代的教義，至少在這個例子中，這個說法可能是真的。

譯⑧：卡利比（Caribi）據說是宙斯和卡莉歐蓓（Kalliope）的兒子，原來是弗里吉亞的豐收神，在薩摩色雷斯有著名的神祕宗教聖地，後來因亞歷山大大帝的關係，這個神祕宗教傳遍希臘。

譯⑨：相傳古瑞特人的盾牌撞擊聲曾保護過嬰孩時的宙斯，他們只有年輕男子能參加的戰舞，可能是史上最早的入會禮。

譯⑩：達克提勒族（Dactyles）是冶金匠的神話人物。

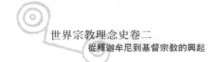

分）。和「奧斐斯祕教」一樣，原本是支配物質的職業祕密，後來卻讓位
給關於靈魂在死後的命運的祕密。

奧斐斯祕教雖然在波斯戰爭之後開始沒落，其核心理念（二元論、靈
魂不滅，以及因而推論得到的人類的神性和末世論），尤其在經過柏拉圖
的詮釋之後，仍然繼續影響著希臘思想。這個潮流也同樣存在於「民間」
（也就是「奧斐斯祕教的祭司」）。後來，在希臘化時期，我們還是可以
在民間流行的神祕宗教裡發現某些奧斐斯祕教觀念的影響力；甚至在西元
一世紀時，奧斐斯祕教因新柏拉圖信徒和新畢達哥拉斯信徒的關係而燃起
新的興趣。奧斐斯的經驗的範圍，正是表現在他們發展和自我更新的能
力，在宗教融合的運動裡透顯出他們的創造力。

至於奧斐斯這個角色，則不斷被後人從「奧斐斯祕教」抽離出來而賦
予新的詮釋；這些人包括猶太教和基督教的神學家、文藝復興時期的煉金
術士和哲學家，以及從波利希亞諾（Poliziano）譯⑪到波普（Pope）譯
⑫、從諾發里斯（Novalis）譯⑬到里爾克（Rilke）譯⑭和皮爾·艾曼紐
（Pierre Emmanuel）等詩人。奧斐斯是極少數讓歐洲的基督徒、理性主義
者、浪漫主義者，甚至現代主義者都不願遺忘的希臘神話人物。（見卷
三）

183. 柏拉圖、畢達哥拉斯和奧斐斯祕教

懷德海（A. N. Whitehead）有句名言說，整部西方哲學史，只不過是
對於柏拉圖哲學的注解。在宗教理念史裡，柏拉圖也有舉足輕重的地位：
在上古時代晚期、基督宗教神學（特別是西元四世紀以後）、伊斯蘭教的

譯⑪：波利希亞諾（Poliziano，1454-94），為義大利詩人、語言學家及人道主義者。
譯⑫：波普（Alexander Pope，1688-1744），英國詩人，以文學論戰聞名。
譯⑬：諾發利斯（Novalis，本名為 Friederich von Hardenberg，1772-1801），德國浪
　　　漫派詩人。
譯⑭：里爾克（Rainer Maria Rilke，1875-1926），德國詩人。

靈知、義大利的文藝復興，都深深受到柏拉圖的宗教觀的影響，即使透過
不同的表現方式。而柏拉圖生平的志業其實不是宗教，而是政治，這使得
這個現象更加有意義。柏拉圖立志要創立理想的城邦，以正義、和諧的法
律為架構，使每個人都可以各盡其能。因為在歷史的某個時期，雅典和其
他希臘城邦因許多政治、宗教和道德的危機，而嚴重損害社會組織的根
基，當時蘇格拉底認為，瓦解的主要原因在於智者學派的相對主義和懷疑
主義的盛行。智者學派否定絕對的、永恆的法則的存在，因而不認為有客
觀知識。為了凸顯智者學派的論證謬誤，蘇格拉底致力發展啟發式的問答
法（maieutics），這是可以提升個人自覺和心靈能力的方法，但是他對於
自然世界的研究卻興趣缺缺，柏拉圖因而有意補充老師的教育內容，為知
識的正當性提供科學基礎，於是他投身鑽研數學。他著迷於畢達哥拉斯的
宇宙統一性概念、宇宙永恆的秩序、及支配天體運行和音階的和諧概念。
㊱在理型論（也就是現實世界的超越且不變的原型）的闡述裡，柏拉圖回
應智者學派和懷疑論者說：客觀的知識之所以可能，是因為它以前世的記
憶和永恆的範型為基礎。

　　柏拉圖有時候說「理型的世界是我們世界的範型」（物質盡其所能地
「模仿」理型），有時候又說感官世界「分受」理型的世界，這對我們並
沒有什麼差別。㊲當現實世界的範型確立時，就必須解釋人類何時以及如
何能夠認識理型。為了解決這個問題，柏拉圖借用某些「奧斐斯祕教」和
畢達哥拉斯信徒關於靈魂命運的理論，當然，蘇格拉底曾經強調靈魂的無
價，認為靈魂是知識的來源，由於他的立場牴觸荷馬所承認的傳統觀念，
也就是主張「靈魂如輕煙」的說法，蘇格拉底因而反覆強調「細心照顧自
己的靈魂」的必要性。而柏拉圖又更進一步；對柏拉圖而言，最珍貴的東
西不是生命，而是靈魂，因為只有靈魂才屬於理型的和永恆的世界。因此

(192)

(193)

㊱　亞里斯多德略帶促狹地說，柏拉圖和畢達哥拉斯之間的差異只有術語而已。但
　　是，誠如 Burket 所評斷的，對畢達哥拉斯而言，萬物就是數學。
㊲　Guthrie, *The Greeks and Their Gods*, p.345; ibid., *A History of Greek Philosophy*, IV,
　　pp. 329 sq..

他採用奧斐斯和畢達哥拉斯教派的傳說，經過修正後，融入自己的「靈魂輪迴和回憶」的理論體系。

總之，對柏拉圖而言，「知識」等同於「回憶」（見《米諾篇》〔Menon〕81 c-d），在輪迴到人間之前，靈魂沉思著理型：涵泳在純粹且完美的知識裡。但是在輪迴的過程裡，靈魂喝下忘川之水，忘記他過去直接沉思理型而得到的知識。不過，這知識其實只是隱藏在人們心裡，只要透過哲學的訓練，就能喚醒知識。人的肉體使靈魂退縮，但經由某種「溯源」，靈魂可以再度發現並恢復原有的知識，使他重返超越的世界。因此，死亡就是重返太初的、完美的國度，只是當靈魂轉世為人時，會暫時失去這個完美。㊳

從某個方面來看，哲學是在「為死亡作準備」，教導靈魂在脫離肉體之後，如何使自己繼續待在理型的世界裡，而不必經歷生死流轉。總之，使希臘城邦振衰起敝的知識和政策，都必須奠基在主張理型和永恆的世界以及靈魂輪迴的哲學之上。㊴

末世論的思想是非常流行的東西。的確，靈魂不滅、輪迴和靈魂死後
(194) 存在的理論，都不是新興的觀念。西元前六世紀，希羅斯（Syros）的菲勒塞德斯（Pherecydes）譯⑮首先主張靈魂不滅，以及靈魂將透過輪迴重返人間。㊵但是我們很難追溯這個信仰的可能來源，在菲勒塞德斯的時代，靈魂不滅的理論只有在印度才有比較確立的表述；埃及人雖然認為靈魂是

㊳ Eliade, *Aspects du mythe*, pp. 153-54; ibid., pp. 122 sq.（關於理型論和柏拉圖的回憶說以及遠古社會的人類行為的類似性研究）。另見 Le Mythe de l'éternel retour, pp. 34 sq.。

㊴ 印度的形上學致力於發展「輪迴」學說，但是和知識論以及政治沒有關係。

㊵ Cicero, *Tuscul*, 1. 38（= Diels A 5）。其他參考資料見 M. L. West, *Early Greek Philosophy and the Orient*, p.25, nn. 1-2。根據另一個傳說，Pherecydes 曾使用「腓尼基人的聖典」，但這只是沒有證據價值的傳說（West, p.3），儘管 Pherecydes 深受東方思想的影響。（West, pp.34 sq.）

譯⑮：希羅斯島（Syros）的菲勒塞德斯（Pherecydes），是個散文作家，寫作題材以有關宇宙創造的故事為主。

不朽的，而且可能幻化爲其他動物的形狀，但是對於輪迴的概念，我們卻找不到任何線索。而蓋塔人（Getae）也是相信「使自己不死」的可能，但不知道死後的靈魂存在和輪迴的概念。㊶

無論如何，菲勒塞德斯的末世論在希臘並未引起任何迴響。傳佈輪迴和靈魂死後存在的學說且加以體系化的，是「奧斐斯祕教」，特別是畢達哥拉斯教派和恩培多克勒斯。但是路西帕斯（Leucippus）譯⑯和德謨克里特斯（Democritus）譯⑰的宇宙觀、當時的天文學發現，以及畢達哥拉斯的教育，都已經澈底改變靈魂死後存在的概念和彼岸世界的結構。由於當時的人們知道地球是個球體，所以，無論是荷馬所說的地底冥府，或是極西之地的幸福島，都再也無法在大地的神話地理學裡去定位。畢達哥拉斯的信徒有句名言說：幸福之島就是「太陽和月亮」。㊷新的末世論和不同的冥府地理學逐漸成爲主流：彼岸的世界是位於浩瀚天際的星球上；靈魂則住在天國裡面（根據路西帕斯和德謨克里特斯的說法，靈魂是「火原子」，就像太陽和月亮一樣），而靈魂最終必會重返天堂。

關於這個末世論，柏拉圖有著決定性的貢獻。他抽繹某些「奧斐斯祕教」和畢達哥拉斯的傳統，揉合東方的思想，以及他個人的思想，構築出創新且更一致的「靈魂的神話學」。但是他完全捨棄荷馬和赫西奧德的「古典時期」神話。因爲在長時間的侵蝕之後，荷馬神話和諸神的原始意義都已經消失殆盡。㊸無論如何，荷馬的傳統再也無法支持「靈魂的神 (195)

㊶　Herodotus, 4.93 sq..（見第 179 節）

㊷　但是另一個描述畢達哥拉斯「遊冥府」的傳說，卻暗示著冥府的信仰。

㊸　大約生於西元前 565 年的色諾芬尼（Xenophanes），毫不遲疑地公開抨擊荷馬的萬神殿，尤其是他的擬人神論。他仍認爲「萬神和萬人之上，存在著一位主神；而他的形體與思想都是不朽的。」（frag. 23）甚至像品達這般謙恭的宗敎作者，也曾出言反對這種「不可信的」神話。（*Olymp.* 1. 28 sq.）

譯⑯：路西帕斯（Leucippus），西元前五世紀的希臘哲學家，因提出原子論而深受亞里斯多德的推崇。

譯⑰：德謨克里特斯（Democritus, 460-370 B.C.），希臘哲學家，與路西帕斯同爲宇宙原子論的重要學者。

話」。另一方面，在柏拉圖早期的對話錄裡，曾經用把「神話」（my-thos）和「邏各斯」（logos）對舉，神話充其量只是虛幻和眞實的混合。總之，柏拉圖在他早期的巨著《饗宴篇》（*Symposium*）裡，翔實論述兩個神話主題，也就是開天闢地的神愛洛斯（Eros），尤其是原始人類的問題；在當時的想像裡，原始人類是雌雄同體、呈球形的物種（*Symp.* 189e, 193d）。不過這是結構相當古老的神話。關於第一個人類是雌雄同體的傳說，其實在幾個遠古的傳說裡都有記載（例如印歐民族）。㊹雌雄同體神話的信息非常明顯，也就是想像人類的完美境界應該是個圓滿的個體。無論如何，柏拉圖都爲這個想像添加了新的意義：球體的形狀和人類外形的運動都是模仿天體，而最初的人類就是從那裡降生的。

　　既然人類的完美起源是柏拉圖的「靈魂神話學」的基礎，那麼，我們就必須去解釋這個問題。在柏拉圖《高吉亞斯》（*Gorgias* 493）裡，他首次談論到末世論的神話：肉體是靈魂的墳墓。蘇格拉底則引述優里庇德斯、「奧斐斯祕教」以及畢達哥拉斯信徒的傳說，爲這個末世論辯護。在這裡，輪迴的問題只是隱約提及，而正如我們所了解，柏拉圖末世論裡重要的主題是在《米諾篇》（81a-e）裡加以分析。在《費多篇》（107e）裡，柏拉圖更進一步討論到靈魂在經過一段長時間後的重返人間。《理想國》使用大宇宙和小宇宙的古老象徵，但是以柏拉圖獨特的方式，證明靈魂、國家和宇宙的同質性。但是，最重要的應該是「洞穴」神話（《理想國》VII），這個神話見證了柏拉圖驚人神話創造力。

(196)　　柏拉圖的末世論想像，在《費德羅斯》達到極致。在這篇對話錄裡，他破天荒地將靈魂的命運和天體的運行連結在一起（246b sq.）；也認爲宇宙的第一原理就是靈魂的第一原理。重要的是，這個對話借用了兩個外邦的象徵：一、靈魂是駕馭馬車的車夫，二、「靈魂之翼」。前者出自於《卡陀克奧義書》（*Katha Upanisad*, 1.3.3-6），但是柏拉圖的說法有些出入，在柏拉圖看來，靈魂難以控制這兩匹馬，是因爲他們處於對立狀態；

㊹　從新柏拉圖學派、基督教諾斯替教派到德國的浪漫主義，這個概念持續地再流行。見 Eliade, *Méphistophélès et l'Androgyne*, pp. 121 sq.。

至於「靈魂之翼」，則是當人「看到這個世界的美麗，而回想起眞實的美的理型」時才長出來的（249e）。靈魂之翼的成長是某種入會禮的結果，這在中國的道家以及澳洲巫醫的祕密傳統裡都有記載。⑮在這個意象裡，靈魂是輕盈的心靈實體，好比是小鳥或蝴蝶。「飛翔」意味著智慧以及對神祕事物或抽象實在界的理解。⑯柏拉圖使用這個遠古的象徵，並不教人意外。柏拉圖只是「重新發現」並發展所謂的「遠古存有學」：**理型的理論承襲了傳統宗教特有的典範學說。**

《提邁烏斯》（*Timaeus*）的宇宙創造神話鋪陳《普羅塔哥拉》（*Protagoras*）和《饗宴篇》裡的意蘊，但是仍有其創新之處。重要的是，在柏拉圖最偉大的宇宙創造論裡，是提邁烏斯主張工匠造物神（Dimiurge）創造多如天上繁星的靈魂，他是個畢達哥拉斯教徒（*Tim.* 41d sq.）。柏拉圖的門徒後來也提出「天體不滅」的原理。透過柏拉圖的思想綜合，使得「奧斐斯祕教」和畢達哥拉斯信仰的元素得以廣泛流傳。除此之外，這個理論裡還包括巴比倫的思想（星球的神性），從希臘化時期以後，成為主流的思想。⑰

然而，柏拉圖所夢想的政治改革，卻始終只是個計劃。在他過世數十 (197)
年之後，希臘城邦在馬其頓的興起前就上崩瓦解。這是世界史上非常罕見的情況，某個世界的終點和新的文明的開始之間幾乎無法分野：這個新的文明就在希臘化時期蓬勃發展。重要的是，奧斐斯、畢達哥拉斯和柏拉圖，正是啓發新的宗教的源頭活水。

---

⑮ 中國道家相信，當求道者得道以後，就會羽化登仙。有關澳洲巫醫的部分，請見 Eliade, *Le religions australiennes*, pp. 136 sq.。這些現象後來因新柏拉圖學派、教父哲學及諾斯替教派而再度興起，並有新的發展。

⑯ 《梨俱吠陀》6.9.5 說：「意思（manas）是飛得最快的鳥。」「他能充分了解是因為他有翅膀。」（*Pancavimca Brahmana* 4.1.13）

⑰ Burkert, *Lore and Science*, p.360。靈魂和天堂以及繁星有關，以及靈魂從天堂而來、也將重返天堂的信仰，是愛奧尼亞哲學家的見解，這種想法最早應始於赫拉克里德斯（Heraclides）與安納克撒哥拉斯（Anaxagoras）。

184. 亞歷山大大帝和希臘化時期的文化

可能是在西元前 323 年 6 月 13 日，菲力普（Philip）的兒子亞歷山大死於巴比倫，享年不到 33 歲，當時他的王國從埃及延伸至印度的旁遮普。在亞歷山大在位的 12 年 8 個月裡，曾經敉平希臘的叛變，征服小亞細亞和腓尼基，降服阿契美尼德王朝，並曾打敗波羅斯（Porus）。譯⑱但是，儘管他天才橫溢而且有部分的神性（相傳他是宙斯和阿孟（Ammon）之子），但是他的權力也只能及於印度西北部的皮斯河（Beas）。他麾下的軍隊抗命，拒絕越過皮斯河朝印度進攻，於是這位「世界的主宰」被迫屈服。這是他生平最大的挫敗，也使得他偉大的東進亞洲、甚至遠征「海外」的計劃毀於一旦。無論如何，當亞歷山大下達收兵撤退的命令後，印度未來及整體世界未來的雛形，就被勾勒出來了：亞洲即將對地中海世界打開門戶；從此刻起，東方和西方之間的溝通將不再完全脫節。

(198)　　從德洛伊森（J. G. Droysen）所作的傳記（1833）開始，尤其是在塔恩（W. W. Tarn）的大作（1926）問世之後，就有許多歷史學家提出各種南轅北轍的觀點（更不用說是互相衝突）來解釋亞歷山大在征服亞洲的目的。⑱我們不妄想在有限的篇幅裡去分析這場持續 150 年的論戰。但是，不管從哪個觀點來評價亞歷山大的出征，學者們都同意，這個壯舉有著相當深遠也無法改變的影響。在亞歷山大之後，世界的歷史面貌有了急劇的改變，早期的政治與宗教結構，城邦政治及其宗教體制，以「城邦」為「世界的中心」和典範，以希臘人和「蠻族」不可化約的差異為基礎而建構的人類學，這些結構在都灰飛煙滅。取而代之的是，「人類居住的世界」（oikoumenē）、世界主義和和普世主義的趨勢逐漸成為主流。當時的

---

⑱ 見 A. R. Burn、R. D. Milns、F. Schachermeyr、F. Altheim、Peter Green、R. L. Fox 的論述。

譯⑱：波羅斯，西元前四世紀印度王公，被亞歷山大打敗後，成為馬其頓的藩臣，後來遭人暗殺。

人儘管抗拒這股趨勢，卻無法避免去發現人類的基本的統一性。

亞里斯多德，也就是亞歷山大的老師，認爲奴隸天生就是奴隸，而
「蠻族」在本性上（naturaliter）就是奴隸。[49]但是，當亞歷山大在蘇薩
（Susa）迎娶兩位阿契美德王國的公主時，卻和隨行的 90 個近臣行波斯
禮，以表示對伊朗貴族女兒的尊敬；同時也有萬名馬其頓士兵以波斯禮舉
行婚禮。從此之後，波斯人得以在軍隊裡躋身領導地位，甚至可以編入馬
其頓陣營之中。但在政治方面，馬其頓人就吝於和他們分享主權的政治概
念。他們是勝利者和征服者，在他們眼裡的「蠻族」只不過是俯首貼耳的
臣民。後來馬其頓軍隊在美索不達米亞的奧匹斯（Opis）起兵叛亂，當時
有人質問亞歷山大：「你已經把波斯人當作你的親人了。」他大聲回答
說：「但我早就把你們**全都**當成我的親人。」這場叛變終於以和解饗宴落
幕，根據傳說，共有 3000 人受邀參加，宴會終了，亞歷山大誦讀和平祈禱
文，祈求地球上的所有人都能和平共存、齊心齊德（homononia）。「他以
前曾經說過，所有人都是同一個父親的孩子，他的祈禱是在表達他的正式
信仰，他肩負神給他的使命，成爲世界的調解人。」[50]

亞歷山大從未宣稱他自己是宙斯的兒子，不過，他接受其他人的封 (199)
號。爲了使希臘人和波斯人融合，他引進伊朗人對國王所行的「服從禮」
（proskynēsis）。（當時他已經採用阿契美尼德的服飾和禮儀。）對伊朗
人而言，服從禮因社會階級而異。古代伊朗首都波斯城（Persepolis）有個
浮雕，描繪大流士一世（Darius Ⅰ）端坐在王座上，有個貴族正在親吻他
的手。但希羅多德的敘述卻是，位階較低的人在經過君主面前時，必須神
色卑屈、必恭必敬。無論如何，同袍對這個新制度的抗拒讓亞歷山大相當
意外，因此，他在宣布放棄服從禮的同時，也打消了成爲帝國之神的念

---

[49] Aristoteles, frag. 658 Rose; Cf. Platon, Rep. 470c-471a。但亞里斯多德的勁敵伊索克
拉提（Isocrates），仍然維持反對立場，認爲「希臘」這個字並不是某個特定民
族的沒落，而是指某種教育的式微。（*Panegyric.* 50）

[50] Tarn, *Alexander the Great*, p.117.

頭。(51)他之所以想當神，或許是想要模仿埃及法老王的例子，但是也可能是因爲希臘當時興起的某些潮流。舉個例子來說，亞里斯多德曾說：當至高君主降臨時，他必是人中之神（《政治學》〔*Politika*〕3.13; 1284a）他當然是指亞歷山大。不過到頭來，亞歷山大在亞洲和埃及的繼承者，倒是毫不遲疑地要人民把他們奉爲天神。

在馬其頓諸將（Diadochi）的戰爭過了 20 年後，帝國分裂爲三個王朝：巴比倫落入塞流卡斯（Seleucus），埃及歸於托勒密，敘利亞則成爲安提哥那（Antigonus）的屬地。大約從西元前 212 年起，羅馬就開始干涉希臘各國的國務，最後還併吞整個地中海世界。在西元前 30 年，屋大維（Octavius）征服埃及的同時，新的服從禮從埃及、馬其頓擴展到安那托利亞和美索不達米亞。然而，羅馬統治權的確立，卻也爲希臘文明劃上休止符。

從亞歷山大開始的歷史世界的統一化，最初是因爲希臘人大量移民到東方世界，以及希臘語言和希臘精神文明的傳播。希臘普通話（koinē）的
(200) 說寫通行各地，從印度、伊朗到敘利亞、巴勒斯坦、義大利和埃及。在城市裡，無論是古代或近代發現的，都有希臘人所建的神廟、劇院和體育館；而希臘式教育，在亞洲各國也逐漸爲有錢人和權貴階級所接受。從一個已逝的昨日世界跨進另一個希臘文明世界，教育和「智慧」的價值顯得特別重要。而向來幾乎都以哲學爲基礎的教育，也享受到幾近於宗教特權的地位。放眼歷史，教育在這個時期的崇高地位，可說是空前絕後，既被奉爲社會進步的媒介，也是心靈臻於完美的工具。(52)

當時最流行的哲學，首推斯多噶學派，這是由塞普路斯的閃族人，奇

(51) Tarn, ibid., p.80。哲學家 Callisthenes 曾經勸過亞歷山大去約束亞洲人的服從禮習俗，但他後來因遭人陷害而被處死。關於 projet-proskynesis，見 Peter Green, *Alexander of Macedon*, pp.372 sq.。

(52) 在西歐和中歐，教育則是要等到 17 世紀，因爲「新科學」的崛起才有類似百家爭鳴的榮景，新科學是教育和科學研究的新方法，興起的原因是爲了要淨化、改革基督教世界。見本書卷三。

提安的芝諾（Zeno of Citium）所創的(53)，其他顯學還有伊比鳩魯（Epicurus）學派和犬儒學派，在當時臣服的城邦裡，這三個學派是主流思想。「希臘化啓蒙運動」的思潮，既鼓吹個人主義也主張世界主義。城邦的式微使個人得以割斷古老的市民和宗教的臍帶；而這個自由也凸顯個人在宇宙中的孤立和疏離，進而對宇宙的神祕和浩瀚產生畏懼之心。而斯多噶學派，正是透過證明個人和城邦以及世界的同質性，而支持個體的重要。早在亞歷山大時期，犬儒學派哲學家狄奧格內斯（Diogenes, 412-323 B.C.），就宣稱自己是「世界的公民」。(54)（但是也有人說，狄奧格內斯拒絕接受任何城市和國家的公民身分。）但是，眞正把這個概念發揚光大的是斯多噶學派，他們主張所有人無論來自什麼階級或地區，都是世界的公民，是同一個城市的公民，而這個城市正是「宇宙」。(55)「芝諾在早期的作品《共和國》裡，就表示有個美好的希望是永遠不會離人而去的；他夢想世界不再劃分成許多國家，而是遵行神聖律法的大城市，在那裡，所有人都是公民，也都是其他人的夥伴，人和人緊密相連，而維繫這關係的不是人類的 (201)
律法，而是他們的自由意志或是愛。」(56)

伊比鳩魯也是「世界主義」的催生者，不過他的主要目的是爲了個人的幸福。他承認神的存在，卻認爲神和宇宙或人類毫無瓜葛。在他眼裡，世界是一台機器，以純粹的機械原理在運作，既沒有創造者，也沒有目的。由此推論，人類可以自由選擇最適合他的生存方式。伊比鳩魯的哲學試圖證明，透過淡泊寧靜（ataraxia）而得到平安和幸福，是最好存在的典型。

(53) 芝諾大約是在西元前 315 年抵達雅典，在西元前 300 年開始在波提口（Portico）設校授徒。伊比鳩魯則出生於薩摩斯（Samos），父親爲雅典人，他在西元前 306 年左右開始在雅典展開教學生涯。

(54) 狄奧格內斯《哲學家的生平》6.22。但是犬儒主義只關心個人的幸福，對社會公益可就興趣缺缺。

(55) M. Hadas, "From Nationalism to Cosmopolitism," pp.107 sq.; id., *Hellenistic Culture*, pp.16 sq..

(56) W. W. Tarn, *Hellenistic Civilization*, p. 79.

斯多噶學派的創始人就是站在反對伊比鳩魯學說的立場，來建立他自己的體系。根據芝諾及其門徒的說法，世界是因上帝最初的顯神而開始發展的，神奇的種子生下「能產的理性」（logos spermatikos），也就是世界的法則。同樣地，人類的聰明才智也來自於神聖的火花。這個一元論的泛神論預設有唯一的理性，在其中，宇宙是「充滿智慧的存在體」（Stoicorum veterum fragmenta, I, nos. 171 sq.; II, nos. 441-44）。只要智者發現了自己靈魂的最深處，他就擁有和統治宇宙的理性同質的理性。（這說法是源自最古老的印度《奧義書》，見第 81 節）所以，宇宙是有智慧的、怡人的，因為它充塞著理性。透過智慧的觀照，人們就能理解神的本質，也能自由地接受最適合自己的命運。

的確，世界和人類的存在是根據預定的計畫去開展的；但是，透過德性的培養和責任的實踐，也就是個人完成神聖的意願，智者就能超越命運，證明自己是自由的。自由就是發現靈魂是自足的（autarkeia）。在面對世界和他人時，靈魂都不會受到困擾，因為只有自己才能傷害自己。這樣讚美靈魂的同時，其實也傳達了人類基本的平等。但是，為了獲得自由，個人必須抽離情感，並得放棄所有事物，例如「肉體、財富、聲望、規範、權力」；否則，人不過是「他所欲求的每樣東西的奴隸罷了」，他是「活在其他人的控制之下」。（Epictetus, 4.4.33）這個「佔有加上欲望等於奴役」的等式，是印度宗教的教義，尤其是瑜伽派和佛教（見第 143
(202) 節以下、156 節以下）。同樣的，伊比克特圖斯（Epictetus）譯⑲如此讚美神：「我和您同心；我是您的！」（2.16.42）在印度也有許類似的說法。印度的形上學體系和救世論與地中海世界的相關思想之間的類比，在西元一世紀基督出現的前後，更是多如雨後春筍。我們將會回頭探討這種宗教現象的重要性。

就像當時的新哲學，希臘化時期的宗教的更新旨在個人的救贖。有越來越多的封閉性組織，其中包含末世論式的入會禮和天啟。有更多以經歷

譯⑲：伊比克特吐斯（Epictetus，西元 50-138），希臘哲學家，與斯多噶學派有關，以宗教色彩濃厚的教學聞名，受到早期的基督教思想家的極大推崇。

且征服死亡的諸神爲中心的神祕宗教（見第 205 節），取代了埃勒烏西斯神祕宗教的入會禮傳統（見第 12 章），而且擴而充之。這類的神更接近人類；他們關心個人的靈性成長以及未來的得救。除了希臘化時期的神祕宗教裡的諸神和女神，如戴奧尼索斯、艾西斯、奧賽利斯、西芭莉、阿提斯、密特拉，也有其他的神開始受到歡迎，其理由也大致相同：太陽神希里阿斯（Helios）、英雄海克力斯（Heracles）和阿斯克勒庇烏斯（Asclepius），他們都會庇護和幫助個人。[57]甚至被神化的君王，都比古代的神還要有力量：國王不但接受「救世主」（sōtēr）的封號，更是法律的化身（nomos empsychos）。

希臘文化和東方思想的融合，是新的神祕宗教的特色，同時也說明他們對於被亞歷山大征服的東方世界的宗教的反應。東方國家被歌頌爲最古老且尊貴的「聖哲」的祖國，因而備受禮讚，在那裡有許多智慧大師，保有祕教學說以及解脫道。而關於亞歷山大和印度婆羅門以及苦行者的討論的傳說，在基督教時期很奇怪地流行起來，反映了希臘人對印度「智慧」普遍的仰慕。某些天啓作品（和特定的歷史概念有關）、新的巫術和祈禳咒術，以及透過天堂和冥府的出神之旅得到的啓示，都是從東方世界傳入的（見第 202 節）。

稍後，我們要分析希臘化時期的宗教創造的重要性（見第 205 節）。但是現在，我們要補充一點：從宗教史的觀點去看，始於亞歷山大、完成於羅馬帝國的歷史世界的統一，可以和新石器時代因農業傳播所帶來的統一性作比較。儘管受到城市中心的影響，在農業社會裡，從新石器時代傳 (203) 承的文化統一性延續了數千年。相對於在歐洲和亞洲的農業族群裡清楚可見的基本統一性，西元前一千年時的城市社會則表現出很顯著的宗教多元性。（我們只要對照若干東方世界、希臘和羅馬城市的宗教結構便可以得知。）然而在希臘化時期，「人類居住的世界」（oikoumenē）的宗教最後卻使用相同的語言。

---

[57]　Carl Schneider, *Kulturgeschichte des Hellenismus*, II, pp.800 sq., 838 sq., 869 sq..

第二十三章

從摩訶迦葉到龍樹的佛教歷
史。大雄以後的耆那教

185. 部派佛教

(204)　　佛陀本來沒有傳承衣缽的人。他開示教法，建立僧團；現在他們必須結集佛陀所演說的教法，確定正典。佛陀的大弟子舍利弗和目犍連已經死了。①至於阿難，他忠實地服侍佛陀 25 年，卻沒有成為阿羅漢：他沒有時間勤修禪法。第一次的五百結集是由摩訶迦葉召開；佛陀對他很稱許，但是他個性拘謹且不寬容，不像阿難那麼隨和。

　　根據佚名的傳說，結集大會是在摩竭陀的首都王舍城附近的七葉窟，時間是在佛滅後的雨季，持續了七個月。許多傳說都提到摩訶迦葉和阿難的衝突。阿難無法成為阿羅漢，而感覺到被教團排斥。阿難於是退隱山林，很快地就證道。他重新被教團接受，根據異本所說，他在洞窟裡顯現神力。無論如何，教團都需要他參加結集，因為只有阿難才聽聞和記得佛陀全部的教法。阿難回答摩訶迦葉的問題，而背誦這些教法。他的回答便
(205)　構成「經」（sūtra）的主體。而主持結集戒律（vinaya）（律藏）的是優波離（Upāli）。

　　後來據說摩訶迦葉指責阿難在服事佛陀時犯了若干突吉羅罪（五種或十種）譯①。其中最嚴重的是「請佛度女人出家」以及「不請佛久住世間」直到該劫結束（見第 150 節）。阿難在僧眾面前承認他的過失，但是

---

① 　舍利弗在佛滅前六個月也死去，對於比丘們有很大的影響：他被譽為智慧第一。有些部派說他是僅次於佛陀最偉大的聖者。

譯①：「阿難受責，載於有關結集的傳記；各派所傳，大同小異。一、南傳『銅鍱律小品』之十二『五百犍度』，有五突吉羅（或譯惡作）。二、化地部『五分律』第五分之九『五百集法』（三〇），有六突吉羅。三、摩偷羅有部舊傳『十誦律』『五百比丘結集三藏法品』（六〇），有六突吉羅。四、大乘中觀宗『大智度論』（二），有六突吉羅。論文僅出五罪；與『十誦律』相同，只是次第先後而已。五、大眾部『摩訶僧祇律』『雜跋渠』（三二），有七越毘尼罪（即突吉羅罪）。六、法藏部『四分律』第四分『五百集法毘尼』（五四），有七突吉羅。七、『毘尼母經』（四），有七過，但僅出不問微細戒，

他最後還是獲得勝利，成為僧伽（saṃgha）的領袖。據說他終其餘生（在佛滅後的 40 年或至少 24 年）追隨著佛陀的風範，四處遊行說法。

教團在王舍城的結集後的佛教史，我們所知不多。接下來的幾個世紀，究竟是哪些長老領導僧伽，也是眾說紛紜。我們可以確定的是，佛教向西發展到德干高原。對於經律解釋的差異可能日漸增大。在佛滅度的 100-110 年後，因為比丘們相當嚴重的歧異而必須有第二次的結集。阿難的弟子耶舍（Yaśa）對於毘舍離比丘們的行為非常憤怒，尤其是「手捉金銀」，而在毘舍離召開「七百結集」譯②，教團譴責東方派不如法的行為，而東方派也不得不接受這個決定。②

然而這些歧見不但持續下去，甚至更加擴大，在西元前四世紀中葉，已經有部派的分立。在毘舍離的結集大會幾年後，有個比丘叫作大天（Mahādeva）譯③，他在華氏城（Pāṭaliputra）傳道，提出關於阿羅漢的身心聖境的五項異說。譯④他認為阿羅漢：一、「餘所誘」，在夢裡受到

及度女人出家二事。八、白法祖譯『佛般泥洹經』（下），有七過，但只說到不請佛住世。七、八兩部經律，大抵與五、六相近。九、迦溼彌羅有部新律『根本說一切有部毘奈耶雜事』（三九），有八惡作罪。十、『迦葉結經』有九過失，與『雜事』同。此外，『撰集三藏及雜藏傳』（安世高譯），只說了重要的四事。」（印順導師《華雨集》第三冊，頁 89）

② 第二結集是《律藏》記錄的最後一個歷史事件，其後的佛教使則是保存在更為晚出的作品裡，而且總是片斷且不一致。

譯②：印順導師，《印度佛教思想史》，頁 36。

譯③：大天，大眾部之始祖，音譯作摩訶提婆。生於佛滅後百餘年，中印度秣莬羅國商人子。相傳出家前造三逆罪，後懺悔而入佛門，住於雞園寺。師具大神力，得三達智，曾至華氏城傳道，阿育王皈依之。亦是被派遣至摩醯娑慢陀羅國之唯一傳道師，曾於彼國講天使經，四萬人因此得道。提倡五種新說（即大天五事），教團中因而分為贊成之大眾部與反對之上座部兩派。阿育王贊成大眾部，故當時上座部多逃往迦溼彌羅。不久，師命終，王持殊勝之葬具荼毘而火不燃，復依一占相師之言，灑以狗糞，火炎忽發，須臾即燒成灰燼，繼而暴風至，飄散無遺。（《佛光大辭典》〈大天〉條）

誘惑（魔羅的女兒可以使他夢遺）；二、「無知」；三、「猶豫」，心有
懷疑；四、「他令入」，唯他人記別，始識自己是羅漢；五、「道因聲故
起」，對於流轉的生死，要唱道苦哉，才能夠現起痛苦的感覺。他如此貶
抑阿羅漢，是對於那些自稱「生解脫」的人的反彈。為了大天五事，「僧
眾破為四眾」。華氏城的結集無法阻止僧伽在「五事」上的意見分裂，除
了上座部（Stharvira）以外，大眾部（Mahāsāṃghika）也分裂為數個部
派。

186. 從亞歷山大大帝到阿育王

　　最初的部派分裂具有典範性的重要意義，因為這是後來部派佛教的基
礎。僧團隨即分裂，雖然沒有阻礙佛教的傳佈。在部派分裂的 25 年後，發
生了在印度歷史非常重要的兩個事件。首先是亞歷山大大帝的入侵印度，
對於印度有決定性的影響，也使希臘化文化進入印度。然而，由於印度人
的漠視歷史、也完全沒有編年史的意識，對於亞歷山大大帝的豐功偉業沒
有保留任何回憶。印度人只有透過民謠的傳誦去回想這段傳奇故事（所謂
「亞歷山大的故事」）。但是印度社會和政治很快就感受到和西方第一次
的接觸所帶來的衝擊。犍陀羅（Gandhāra）融合希臘和佛教藝術的雕刻只
是其中的一個例子，但是更重要的是，他們開始了佛像傳統。

　　第二個重要事件是旃陀羅笈多（Chandraguptra, ? 320-296 B.C.）建立
了孔雀（Maurya）王朝，他在年輕的時候就知道亞歷山大。他在亞歷山大
回國後就聯絡少數武力，驅逐希臘駐留西北印度的軍隊，征服難陀（Nan-
da）王朝，成為摩竭陀（Magadha）的國王。旃陀羅笈多建立了印度第一
個「帝國」，傳到他的孫子阿育王（Aśoka），則擴大且鞏固了這個帝國。

　　在西元前三世紀初，皈依上座部的婆羅門婆蘇富羅（Vātsīputra），主

譯④：即《異部宗輪論》所說的「大天五事」。見聖嚴法師，《世界佛教通史》，上
　　　冊，頁 67-71。

(206)

張有補特伽羅造業受報，流轉生死（第 157 節）。他後來建立部派，勢力很強大。譯⑤後來在阿育王的統治期間，因為「一切有」（sarvan asti）（過去、現在、未來都存在）的爭論，使得上座部再度分裂，阿育王召開結集大會，但是沒有什麼結論。這個新的部派稱為「說一切有部」（Sarvā stivādin）。因為阿育王不支持他們，他們只好逃到喀什米爾，也因此把佛教帶到喜馬拉雅山地區。 (207)

　　阿育王的皈依佛教是佛教史裡的大事（他的統治時期是 274-236 B.C.，有說是 268-234 B.C.）。在《大磨崖法敕第十三章》裡譯⑥，阿育王懺悔說，當他在征服羯陵伽國（Kalinga）的戰役裡看到死了 100000 個敵人，還有 150000 人成為俘虜，大生悔心。但是在 13 年前，阿育王曾犯下更可

譯⑤：即犢子部。「佛在世，有外道，歸佛出家，成立實我。其門徒相續不絕。佛滅後二百年中，自說一切有部流出一派，稱為犢子部。建立非即非離蘊之我，謂眾生有實我，非即五蘊，非離五蘊，即不可說藏也。此違佛教所立真無我之理，故名之為附佛之外道。俱舍論破我品痛斥之。真諦玄應記之為可住子部。智度論一曰：『佛法中亦有犢子比丘說，如四大和合有眼法，如是五眾和合有人法。犢子阿毗曇中說：五眾不離人，人不離五眾。不可說五眾是人離五眾是人，人是第五不可說法藏中所攝說。』（人指實我，五眾即五蘊）。宗輪論曰：『於此第三百年中從說一切有部流出一部，名犢子部。（中略）其犢子部本宗同義，謂補特伽羅非即非離蘊，依蘊處界假施設名。』（補特伽羅譯言人）。唯識述記一本曰：『筏蹉氏外道名犢子外道，男聲中呼，歸佛出家。皤雌子部女聲中呼，即是也。上古有仙，居山寂處，貪心不止，遂染母牛因遂生男，流諸苗裔。此後種類皆言犢子，即婆羅門之一姓也。涅槃經說：犢子外道歸佛出家，此後門徒相傳不絕。今時此部是彼苗裔，遠襲為名，名犢子部。』（丁福保《佛學辭典》〈犢子部〉條）

譯⑥：「阿育王磨崖等所刻之敎法誥文也。阿育王既歸佛法，欲普布德教於四方，故於己領土，到處刻教法誥文，法顯傳及西域記等，處處記石柱之事，謂是阿育王所建，是也。其後湮沒者多，世人遂無知者，至近代歐洲人旅行印度各地方，發見幾多之磨崖等，經 Prinsep 等苦心研究，遂得讀破其誥文，確定為阿育王使刻者。其發見者，有大磨崖七所，小磨崖七所，石柱九基，有銘文之石窟三所。大磨崖雖略有具缺，而大都各有十四章之誥文，皆磨礪岩或大石，而鐫刻文字，其中亦有彫飾象身等者。」（丁福保《佛學辭典》〈阿育王石刻文〉條）

憎的暴行。當他的父親賓頭沙羅王（Bindusāra）駕崩後，阿育王殺死了自己的兄弟，奪取政權。然而，這個暴虐的征服者，殘害兄弟的人，卻成為「印度最有德的聖王，歷史裡最偉大的人物。」（Filliozat）他公開皈依佛教，並且親自巡禮佛跡多年。但是雖然他篤信佛教，卻又對於帝國裡的其他宗教寬容以待，他所信奉的法則同時有佛教和婆羅門教的色彩。刻於石頭上的《大磨崖法敕第十二章》說：「阿育王供養所有宗教。但是國王更重視對於宗教最重要的法施。」最後，我們看到宇宙秩序的觀念，這個秩序的代表就是全世界的統治者。③

（208）　　不過這位孔雀王朝盛世最後的國王（他幾乎統治整個印度），特別提倡戒律，他認為那最符合人的本性。他派遣大批的傳教師到各地弘法，遠至大夏、索格丁那（Sogdiana）和錫蘭。傳說他派遣兒子摩哂陀到錫蘭（師子國）去，使錫蘭皈依佛教，至今錫蘭都還是信奉佛教。阿育王的弘法足跡延續了數百年，雖然其間遭到孔雀王朝的繼位者的迫害和西西亞人的入侵。譯⑦佛教從喀什米爾傳佈到伊朗東部；取道中亞，到達中國（西元一世紀）和日本（西元六世紀）；從孟加拉和錫蘭東渡到中南半島和印度群島。

　　阿育王曾有詔諭說：「萬民皆我子孫。我為我子孫於此世和來世追求福祉。我也為所有人民追求幸福。」他的帝國（也就是世界）和宗教統一的夢，隨著他的死亡而幻滅。在他死後，孔雀王朝隨即沒落。但是阿育王的宏傳佛法和戒律的提倡，使得佛教成為世界性的宗教，而阿育王也只接受這個救贖的世界宗教。

---

③　有間接的證據顯示，佛教接受印度傳統思想裡的許多基本觀念。
譯⑦：「阿育王一死，國勢頓變，固由於嗣君之無能、仇佛。即其子達摩沙陀那王，依耆那教所傳，嘗於五印度建立耆那教寺院；其孫十車王，則為邪命外道造三洞窟精舍。」（聖嚴法師，《世界佛教通史》，上冊，頁112）

187. 教義的衝突和新的思想

阿育王透過他的傳法政策，使得佛教遍佈世界。但是佛教的興盛和創造力還有其他的原因。首先，因為「信解」和「實修」之間的衝突，而有許多的經釋和經論。其次，聖典裡的理論差異（更不用說是矛盾了）迫使論師必須回歸佛陀的根本教義。從這些詮釋學的努力得到豐碩的思想結晶。部派佛教證明了佛陀的教義不能被侷限於聖典或是某些論師的說法。④

最後，我們要記得，佛教和其他的印度宗教一樣，有強烈的宗教融合色彩，不斷地和其他的宗教思想同化與整合。佛陀自己便是個很好的典 (209) 範，他接受大部分的印度傳統，不只是業和輪迴的教義，婆羅門和瑜伽論者的瑜伽技術和因明學，也包括汎印度神話意象、象徵和主題，而前提是以自己的觀點重新詮釋。在佛陀的時代，可能都接受傳統的宇宙論，以及他們對於天堂地獄和眾生的想像。在佛滅不久就有佛骨的崇拜。在從前瑜祇的祭典裡便可以看到這種崇拜。佛塔（stūpa）譯⑧是宇宙象徵裡的核心，儘管有其原創性，但是基本上在佛教之前就已經存在。佛教的許多建築和雕刻都已經消失，而且許多文獻也都散佚，這使我們只能約略地計算其年代，但是我們可以確定的是，許多象徵、觀念和儀式，都比最早記錄他們的相關文獻要早了好幾個世紀。

所以說，在新「部派」的哲學創造背後，其實有著緩慢漸進的宗教融合和整合，特別是在俗眾之間。⑤佛塔據推測是安置佛骨或其他聖人的遺骨或聖物，可能源自某些古墳文化，他們會在火化後把骨灰埋起來。迴廊

---

④ 每個部派固然都是被迫去立論，但是這個體系化的過程卻是真正的哲學創造力的產物。

⑤ 我們必須視其為「民間的」現象，因為那主要是來自印度傳統的文化象徵。

譯⑧：佛塔（stupa）又作窣堵波（即塔）。智度論十六曰：「諸聚落佛圖精舍等。」西域記一曰：「窣堵波，即舊所謂浮圖也。」瑜伽倫記十一上曰：「窣堵波者，此云供養處，舊云浮圖者，音訛也。」梵語雜名曰：「浮圖，素睹波，塔，制怛里。」（丁福保《佛學辭典》〈浮圖〉條）

環繞著圓塔四周，供人巡禮，圓塔築於階丘的中央。支提（caitya，佛塔）譯⑨是塔廟式的聖殿，有前庭、迴廊和密室，其中安置著書寫在各種材質上的經典。後來支提便同化為佛寺，而失去其獨立的意義。儀式包括禮拜、問訊、繞行數匝、獻花、香、傘等等。禮拜那位和這個世界不再有關係的存有者，這並不是那麼弔詭。因為接近佛陀「色身」（在佛塔裡重現）的遺跡，或是佛寺的結構所象徵的「化身」，都意味著涵泳在他的「法身」裡。這個儀式以及後來的佛像崇拜以及朝聖（如佛陀伽耶或鹿野苑等地），都是相同的辯證；也就是說，佛陀透過悲願使得生死流轉裡的任何事物和行為都成為佛子的助道因緣。⑥

(210)

佛滅後數百年間，信徒以各種形像去代表佛陀：佛足、菩提樹、法輪，象徵著佛陀的行蹟：於菩提樹下證道、「轉法輪」。西元一世紀時，出現第一座佛像（揉合希臘和印度風格的犍陀羅雕刻），還保有基本的符號。馬斯（Paul Mus）說，佛陀的形象承襲了吠陀祭壇的宗教意義。另一方面，佛陀頭部的光輪（如西元 4-5 世紀的基督教藝術裡的耶穌），則是源自阿契美尼德王朝時期的原型，特別是阿胡拉・瑪茲達的光環。（此外，這個原型還可以上溯到美索不達米亞的觀念；見第 20 節。）在佛像藝術裡，符號主要是強調佛性和光的同一性，我們也看到（第 81 節），從《梨俱吠陀》開始，光就被認為是「精神」最適切的形象和表現。

隨著精舍（vihāra）譯⑩的建立，比丘的生活也有些改變。我們所關心的變化，是經論和學說的傳佈。儘管有大量經論已經失傳（這使得我們對於某些部派幾乎一無所知），以梵文和巴利文寫成的佛典數量之多，還是

⑥ 最早的傳說認為，佛陀在入滅前接受所有信徒的供養和歸依；見 Vasubandhu, Ab-hidharmakośa, IV, pp. 236-46。

譯⑨：支提（caitya），又稱制底。「積聚之義。以積聚土石而成之也。又謂世尊無量之福德積集於此也。義翻云靈廟。或言有舍利云塔婆，無舍利云制底。或謂總云塔，別云制底。」（丁福保《佛學辭典》〈支提〉條）

譯⑩：關於塔（stūpa）、支提（caitya）、精舍（vihāra，或僧坊）、僧伽藍（saṃghā-rāma）的差別，見印順導師，《初期大乘佛教之起源與開展》，頁 49-52、1055-1069。

使我們印象深刻。⑦這些文獻就構成「增上法」，也就是「三藏」裡的阿毘達磨（Abhīdharmapiṭaka），大約在 300B.C.-100 A.D.之間出現。阿毘達磨的風格和經藏（修多羅）迥然不同，是理性主義的、辯證的、枯燥無味的、沒有個人風格的作品。他們以哲學的形式重新詮釋和陳述佛陀的教法，論師努力去解釋經典裡的許多矛盾。 (211)

顯然每個部派都有自己的阿毘達磨藏（abhidharmakośa），而不同的「增上法」之間的差異就引起新的論爭。這些創新的解釋有時候是很重要的。我們舉個例子來說：原來的涅槃只是遠離生住異滅的「無爲」（asaṃskṛta）法，但是論師們分別詮釋無爲法，說無爲是虛空、四聖諦、道（marga）、「緣起法」，甚至是某種瑜伽的「冥想」。至於阿羅漢，有的部派主張阿羅漢會退轉，而其他部派認爲阿羅漢不會有染著；也有人說可以在胎藏裡或在夢裡證得阿羅漢，但是其他部派的論師猛烈抨擊這種說法。

影響更重大的是對於佛身的新解。對於上座部而言，釋迦牟尼是個成佛的人，因而也成爲「神」。但是對於其他的論師而言，歷史裡的釋迦牟尼要平易近人得多。他們質疑說，偉大的神本來就是神，怎麼能夠變成神呢？而他們也渴望有個不會迷失在寂滅裡的拯救者。說出世部（Lokottara）主張說，釋迦牟尼早在數劫之前便已經成佛，而住在天上，在迦毘羅婆城（Kapilavastu）誕生、傳教和死去的那個人，只是眞正的釋迦牟尼的應化（nirmita）。這個化現的佛身論，後來在大乘佛教發揚光大。

錫蘭的上座部也難逃部派分裂的命運。但是在印度大陸的部派分裂和衍生更爲嚴重。大眾部和他們的對手上座部一樣，也不斷地分裂，先是分爲三部系，後來分爲大眾九部，我們不擬贅述其名。譯⑪重要的是，大眾部是佛教改革的原動力，催生了大乘佛教。

---

⑦ 部分經典則以藏文和中文保存。
譯⑪：他們是大眾部、一説部、説出世部、雞胤部、多聞部、説假部、制多山部、西山住部、北山住部。

188. 菩薩道

(212)　　關於大乘佛教興起的最早文獻，是西元前一世紀末的《般若經》（Prajñāpāramitā Sūtra），由長短不同的經典集成，艱澀難解，是新的佛教思想和文學風格。大乘和小乘的名稱顯然很晚出。初期的信徒稱之為「菩薩道」。他們的特色是寬容的態度和結構上更接近神祕主義的佛身論。他們的理想不再是隱居的阿羅漢的寂滅；慈悲的在家菩薩，為了拯救其他人，而選擇不入滅。這個宗教英雄很像是羅摩和克里希那，並不要求他的信徒如出家眾般的遺世獨立，而是如信愛（bakti）般的個人信仰。然而我們要說，原有的佛教並不是沒有這種信仰。《中部》（1.42）說，「自歸依佛者得生梵天。」[8]但是到了大乘佛教，則是「**為饒益眾生**」而不取證，澈底改變了修行者的觀念：他不再渴望入涅槃，而是追求成佛之道。所有部派都承認菩薩的重要性。但是大乘佛教認為菩薩高於阿羅漢；因為後者並不完全去除「我執」，這就是為什麼阿羅漢只求自己的寂滅。批評他們的人說阿羅漢只開展智慧而沒有足夠的慈悲。相反的，他們看到存有者在

(213)　世界裡無盡的苦難，儘管他們也渴望成佛，卻不畏生死流轉。他們決心要度脫眾生，使他們免於世間生死煩惱。他們發願說：「我們要作世界的庇護所，世界的收容所，世界的棲風處，世界究竟的解脫，世界安憩的洲島，世界的導師。」[9]譯[12]

　　菩薩度脫眾生的教義越來越堅決，因為大乘佛教提出更激進的新的哲學，也就是「究竟空」（śūnyatā）的哲學。菩薩及其般若成就必須具足兩

---

[8]　還有許多類似的經文，如《長部》2.40；《法句經》（*Dhammapuda*）288。（「自歸依佛者……得生諸佛國。」）

[9]　《八千頌般若》（*Aṣṭasāhasrikā*）15.293，見 E. Conze, *Buddhism: Its Essence and Development* (New York, 1954), p.125。

譯[12]：「是人為安隱世間故發心。為安樂世間故發心。我當得阿耨多羅三藐三菩提。為世間作救。為世間作歸。為世間作舍。為世間作究竟道。為世間作洲。為世間作導師。為世間作趣。」（《小品般若》卷十五）

件事：「當度眾生，而實無有眾生如來度者。」⑩這似乎是個弔詭：就在慈悲度脫眾生（不只是人類，還包括餓鬼、畜生、植物）的時候，整個世界是「究竟空」的。原始佛教堅持無我（nairātmya）的教義。而大乘佛教既讚嘆菩薩事業，卻又說「一切法不可得」。然而這個弔詭並不是實在的。究竟空的學說使我們更容易捨離世界，除去我執，而這正是釋迦牟尼以及原始佛教的本意。

我們在闡述空的哲學時，會回到這個問題。我們先考察大乘佛教的創新學說。大乘佛教的特色是強調在家眾的奉獻及其所蘊含的救世論神話，而各個論師也發展出想像馳騁而論證嚴謹的形上學。這兩個趨勢並不互相衝突；⑪相反的，他們互相造就且影響對方。

世界裡有許多菩薩，因為總是有許多發願要度脫有情的覺者，他們於未來世將會成佛。其中最重要的菩薩有彌勒菩薩（Maitreya）、觀世音菩薩（Avalokiteśvara）和文殊師利菩薩（Mañjuśrī）。彌勒菩薩（慈氏）是釋迦牟尼之後的佛。觀世音菩薩⑫是最廣為人知的菩薩。他是很晚出的菩薩，特別是在西元一世紀的信仰裡（不只是佛教信仰）。觀世音菩薩是印度三巨神的綜合。他是宇宙之主；太陽和月亮來自他的眼睛，大地從他的腳涌出，風來自他的嘴；世界握在他的手裡，每個毛孔都含藏著三千大千世界，這些說法都可以在毘濕奴和濕婆身上發現。觀世音菩薩保護眾生免於各種災難，從不拒絕任何請求，甚至包括祈求子嗣的不孕婦女。文殊師利菩薩（妙吉祥）和阿閦佛（Akṣobhya）有密切的關係，是智慧的化身，護持正法。他在中國佛教裡的地位很崇高。 (214)

觀世音菩薩和阿彌陀佛（Amitābha）有神祕的關連，但是阿彌陀佛在印度是很晚才普及的形象，大約是在七世紀；在這之前，他總是和觀世音菩薩並稱。而西元八世紀以後，阿彌陀佛在西藏、中國和日本非常受歡

---

⑩　《金剛經》（*Vajracchedīka*）3，見 Conze, id., p.130。

⑪　在小乘佛教裡，有些比丘不樂接受供養。

⑫　關於觀世音菩薩的名字的意義，學者有不同的意見：「俯察世間的神（īśvara）」（Burnouf）或「慈悲視眾生」（Conze）似乎比較可信。

迎。就此而論，我們可以說他是大乘佛教的信仰，因為他的神話和儀式都有顯著的創新性。當他還是個比丘時譯⑬，發願成佛，造就「不可思議的國度」，國度裡的有情透過他的願力得到無比的快樂，最後得入涅槃。這個國度就是淨土（sukhāvatī）在極西之地；國土光明遍照，宮殿有珠寶香華的嚴飾和各種鳥類的悅音。生彼國土者沒有死亡；他們也都得聞阿彌陀佛廣長舌相的說法。

(215) 　在印度早就有這種樂土的信仰。「淨土」特別之處在於信徒非常容易進入。只要聽聞且憶念阿彌陀佛名就夠了；在命終的時候，彌陀會降臨接引信徒到淨土。這是信仰的絕對成就。然而在原始佛教裡就已經可以看到這種教義的證明。中國的《那先比丘經》（Milanda-pañha）說：「人在世間作惡至百藏。臨欲死時念佛。死後者皆生天上。」⑬當然，淨土還不是涅槃；但是因為一個念頭或一句佛號而得生淨土的人，最後確定可以得到解脫。如果我們回想佛陀和原始佛教所說的八正道的任重道遠，我們就可以了解這個新的神學的大膽創新。但是這顯然是神祕且信仰的神學，他們在日課裡都會提到大乘佛教論師的新理論。

　既然有恆河沙數的佛，也就有那麼多的佛國或佛土（buddha-kṣetra），淨土只是無數佛國其中之一。他們是十方諸佛以其願力或念力創造的超越世界。《華嚴經》（Avataṃsaka-sutra）說他們多如「微塵數」，都是菩薩悲願所生。所有這些佛國都是「一心所生」⑭。這些世界的幻化變現的本質，在經文裡屢次提到。「佛土」是意識的構成，起於人的思維，令其信入。這次，印度人還是不吝於利用他們的創造性想像作為救世的工具。

---

⑬　Paul Demiéville, *Version chinoise du Milinda-pañha*, p. 166。巴利文的版本是經過錫蘭僧團的重編和增補。

⑭　《華嚴經》（Avataṃsaka Sūtra），見 Conze, *Buddhism: Its Essence and Development*, p. 154。

譯⑬：根據《無量壽經》，以前有個國王發菩提心出家，名為法藏比丘，歷五劫而發四十八願。於距今十劫之前，願行圓滿，成阿彌陀佛，造就極樂淨土。

189. 龍樹和究竟空的學説

　　這些神話性的神學都有某些理論支持著，而他們共同的前提是要除去
我執。第一個學說是迴向的理論，雖然這似乎牴觸「業」的法則，但是從
原始佛教以來，人們便相信比丘努力成為阿羅漢的典範有助於在家眾的信
解。但是大乘佛教的**迴向論**則是那個時代特有的產物。修行者必須迴向他 (216)
們的功德，以助眾生證道。寂天（Śāntideva）（西元七世紀）著名的《菩
提行經》（Bodhicaryāvatāra）說：「以我善行之功德，救度有情種種苦，
為諸病人作醫護……。生命及來世，財物及功德，為利益有情，一切我皆
捨。」⑮

　　另一個新的觀念是，所有的人類，甚至是每顆沙子，都有「佛性」。
這也就是說，是我們的佛性促使我們成佛的。這個觀念源自於《奧義書》
的「梵我論」以及印度人共同的信念（只有自身也成為神的人才能夠敬拜
神）。這個理論在大乘佛教裡得到開展，尤其是「如來藏」（tathāgata-gar-
bha）的學說。佛性論也和佛教「三身論」（trikāya）的原始詮釋有關。法
身（dharmakāya）是超越的、絕對的、無限的、永恆的；那既是佛陀所宣
說的佛法，也是絕對的實在界，純粹的存有者。（我們想起生主的身體，
是由神聖的音節和巫術的咒語構成的。見第77節）報身（saṃbhogakāya）
是佛陀的圓滿顯現，只有菩薩才能接近。化身（nirmāṇakāya）是佛陀為利
益眾生化現的形象，是有形質且瞬息消逝的，卻具有重要的地位，因為人
們只能透過這個幻影才能聽聞正法和獲得解脫。

　　我們說過，大乘佛教的這些教義和神話，是要使在家眾更容易得到
解脫。他們吸收了印度傳統的某些元素，無論是「民間的」（崇拜或信 (217)
愛等等）或學者的，大乘佛教更新且豐富了佛教傳統，雖然在某些方面
偏離了佛陀的原意。龍樹（Nāgārjuna）（西元二世紀）的「究竟空」學

---

⑮　《菩提行經》3.6。

219

說，又稱爲「中論」，和釋迦牟尼的「中道」遙相呼應。當然，這學說和大乘的方便精神互爲平衡，以及艱澀難解的哲學聞名。

龍樹在印度的對手以及某些來自西方的哲學家，都批評他的學說是虛無主義的哲學，因爲他似乎推翻了佛教的基本教義。事實上，龍樹的哲學是和某種解脫論平行的存有學，希望能夠破除語言的虛幻結構；因此「究竟空」利用「對立的統一」（coincidentia oppositorum）的弔詭辯證法，很類似庫薩努斯（Nicolaus Cusanus）、黑格爾和維根斯坦（L. Wittgenstein）的哲學方法。龍樹證明說，我們無法以語言表現究竟實在（paramārthatā，眞性），而駁斥任何哲學體系。他首先指出有兩種眞理，世俗諦（lakasaṃvṛti-satya）（有其實用性）和眞諦（唯此才能走向解脫道）。那聲稱傳授「勝義」的阿毘達磨其實只是世俗的知識。尤有甚者，阿毘達磨以各種定義和存在範疇混淆了解脫道（例如蘊界說），這些範疇其實只是想像的產物。龍樹則致力於使心量從這些戲論裡解放出來。

他證明所有似乎存在的事物，無論是感覺和思維的對象或想像的產物，都是虛妄不實的，而得到以下的推論。首先是原始佛教那些著名的學說，或是阿毘達磨的作者的體系化闡述，都是錯誤的。例如，事物的生住異滅並不存在，蘊、界、心、境、行也都不存在。他們之所以不存在，是(218) 因爲他們沒有自性。「業」只是意識創造出來的，因爲嚴格說來，既沒有「造作」也沒有「造作者」。龍樹也不認爲「有爲法」（saṃskṛta）和「無爲法」（asaṃskṛta）有任何差別。「於無常著常，是則名顚倒，空中無有常，何處有常倒。若於無常中，著無常非倒空中無無常，何有非顚倒。」（《中論》23.13, 14）至於著名的緣起法（pṛtītya-samutpāda）則只從修證的觀點看才有用處。的確，「衆因緣生法，我說即是空。」（《中論》24.18）同樣的，佛陀所說的四聖諦也沒有自性：他們只是方便施設的眞理，只能在語言的層次上使用。

第二個推論更是激進：龍樹不認爲「煩惱」和「解脫」有什麼分別，乃至於生死流轉和涅槃，也沒有什麼差別。「涅槃與世間，無有少分別。

世間與涅槃，亦無少分別。」（《中論》25.19）⑯這不意味著生死流轉和涅槃是「同一件事」；他只是說，他們之間是無分別的。涅槃是「意識的造作」。換言之，從究竟真實的觀點去看，如來自身並不是自律的或有作用的存有者。

最後，究竟空的第三個結論可以說是思想史裡最有原創性的存有學創造。諸法皆「空」，沒有「自性」，然而我們不能因此推論說「空性」（涅槃）有個「絕對的本質」。人們說「空性」是離言絕慮、不可名狀的，這並不意味著有個「超越性的實在」擁有這些性質。究竟的真理並不開顯任何像吠檀多哲學所說的「絕對者」。當修行者對於諸法**及其斷滅**都不起分別心時，才會發現其存在模式。透過思維「證得」究竟空，事實上等於是解脫。但是入涅槃的人並不會「知道」，因為「空性」超越了有和無。般若透過「世俗諦」開顯究竟的真理；這個真理並沒有被否認，而只是「假名為有」。⑰ (219)

龍樹不認為「究竟空」的學說是個「哲學」；那是個修行的道路，既是辯證的，也是冥想的，這個學說不只是破除修行者對於世界的任何理論建構，也打破他們的**解脫**理論，使他們得到無礙妙境和自由。龍樹不認為他的論證或其他的哲學主張有效性是建立在某個超越語言的基礎上。我們不能說空性存在或說空性不存在，或是說空性既存在也不存在。批評者說：「如果諸法非實有，那麼龍樹的否定也是不實在的命題。」龍樹回答說，對手的主張和他的否定都是沒有自性的，這些都是方便施設的真理而已。（《中論》24.29）譯⑭

佛教思想在龍樹之後有了深層的改變，雖然那不是直接明證的。龍樹把印度思想裡的「對立的統一」趨勢發揮到極致。然而，他也證明說，雖

⑯　《中論》的第 25 品都是在分析涅槃的問題。見 Frederick J. Streng, *Emptiness*, pp. 74 sq.。

⑰　Streng, p. 96.

譯⑭：「汝謂我著空，而為我生過，汝今所說過，於空則無有，汝謂我著空故。為我生過。我所說性空。空亦復空。無如是過。」

然諸法皆空，但是菩薩道仍然是非常殊勝的。而菩薩的理想更是繼續鼓舞
著慈悲心和利他主義。正如《華嚴經》所說的：「所謂住於涅槃。而示現
生死。知無眾生。而勤行教化。究竟寂滅。而現起煩惱。住一堅密智慧法
身。而普現無量諸眾生身。常入深禪定。而示受欲樂。常遠離三界。而不
捨眾生。」⑱ 譯⑮

190. 大雄以後的耆那教：知識、宇宙論和解脫論

(220) 　　大雄之後的繼承者是「上足弟子」（sthavira）善法（Sudharman），
據說他把教祖的說法傳給其徒闍浮（Jambū），他們是最後的「完全者」
（kevalin），因為只有他們才知道聖典的全部內容。其中最重要的人物是
巴德拉巴乎長老（Bhadrabāhu），和旃陀羅笈多國王同時代（巴德拉巴乎
死於 270 或 262 B.C.），他建立耆那教聖典，自己也有論著。但是重要的
是，他見證了耆那教團的分裂危機，或許他自己就是始作俑者。

　　根據傳說，巴德拉巴乎長老預見將會有長達 12 年的饑荒，而和部分的
教團移居到德干高原。他派遣門徒圖拉巴德拉（Sthūlabhadra）找尋那些沒
有遷移的教徒。幾年後，為了結集聖典，而在華氏城召開結集大會，而在
這之前，聖典始終是口傳的。巴德拉巴乎動身前往尼泊爾。各地教團派遣
使者前詣長老，以記誦只有他才知道的聖典內容。但是使者們漫不經心，
而只能記住那些保存著原典內容的片段論著。只有圖拉巴德拉記得 14 卷的
全部經文。這個插曲（很可能只是個傳說）說明了後來兩種經典的分歧。

　　堅持裸形的教徒移居摩揭陀國（Magadha），對於當地耆那教徒的驕
奢放逸感到很震驚。這個衝突持續數代之久，主要的論爭在於儀式細節和
教義的差異。西元前 77 年，教團終於難逃分裂的命運，分為白衣派
（Śvetāmbara）和天衣派（Digambara）。天衣派認為沒有堅守裸形的教義

---

⑱　E. Lamotte, L'Enseignement de Vimalakīrti, p. 36，我們根據的是 Siksānanda 譯自中
　　文的法文版本。
譯⑮：《華嚴經》〈離世間品第三十八之四〉。

就無法得到解脫（因而認為婦女無法得到解脫）。再者，他們也不承認大 　(221)
雄生平的某些傳說（例如他曾經結婚的傳說），他們認為既然原始聖典已
經失傳，便質疑白衣派所傳經典的真實性。西元五世紀後半葉，第二次結
集大會在伐拉彼（Valabhī）由白衣派召開，建立確定的聖典版本。

　　我們不擬討論構成耆那教浩瀚的經典文學的各種作品範疇。聖典後的
文獻也不勝枚舉。⑲和佛教不同的是，耆那教始終保持其原始結構。在這
大量的哲學和祭典的作品裡，我們發現許多創新的觀念。最重要的論著，
如康達康達（Kuṇḍakunda）的《根本正行論》（Mūlācāra）（西元一世
紀）以及烏麻斯伐梯（Umāsvāti）的《諦義證得書》（Tattvārtha）（時間
不清楚，不過晚於康達康達的作品），基本上只不過是把大雄及其弟子的
觀念予以體系化。⑳

　　這個學說也是某種解脫論。其主題是耆那教的「三寶」：正見、正
知、正行。所謂的正行指的是僧律。「正見」分為四種，從眼識到無限超
越的知覺。我們也不擬分析五種「正知」，僅略述耆那教典型的邏輯：
「觀點論」（nayavāda）以及「不定主義」（syād-vāda）。「觀點論」
說，就任何事物而言，都可能有各種互補性的主張。從某個觀點去看，這
個主張固然正確，但是從另一個觀點去看，卻不再是真實的，然而這個主
張還是和全體的陳述相容。「不定主義」則蘊含著實在界本身的相對性和
多義性。這個理論又稱為「七支論法」，包括七種論斷的形式：一、有；
二、無；三、或有或無；……。譯⑯印度其他哲學學派曾經批評這個學

⑲　除了哲學論述以外，我們也發現「渡津者」（Tīrthaṃkara）的傳說、故事、戲
　　劇，還有訓諭和科學作品。除了敘事文學之外（本身也是無聊的訓諭），耆那教
　　的作品總是單調且貧乏的。
⑳　這種保守主義是傳統印度的典型，卻不是負面的性格。但是耆那教的作品卻是格
　　外的呆板。
譯⑯：saptabhaṅgīnaya，七種判斷形式。「一、有，肯定判斷。二、無，否定判斷。
　　三、有、無（亦有亦無），肯定判斷與否定判斷之結合。四、非有非無、不可
　　言。五、有、不可言，第一種與第四種判斷形式之結合。六、無、不可言，第
　　二種與第四種判斷形式之結合。七、有、無、不可言（亦有亦無亦不可言），
　　第三、四種判斷形式之結合。以上七種判斷唯於特定條件之下方能成立，故各
　　判斷前均須冠以「或許」二字。」（《佛光大辭典》〈七支論法〉條）

(222)　說。㉑不過，這兩種邏輯方法的確是耆那教最有原創性的思想。

　　他們透過各種分類和列舉，把對於物質、靈魂、時間和空間（被認為是「實體」）的分析予以體系化。有個典型的例子，可能是大雄借用末迦利瞿舍梨（Makkhali Gosāla）譯㉗的說法，相信行為如染料（leśya）般染著靈魂，這些顏色會孕育出身體；心靈的善惡報表現為身體的六種顏色：黑色、藍黑色和灰色是地獄眾生的顏色，黃色、粉紅色和白色則是人間的顏色，而在天界則是純淨明亮的白色。這當然是很古老的觀念，和某些瑜伽修行有關。他們把靈魂分為八個階段，在形容靈魂回到純粹本質的「初觀」時，也稱為「初白觀」。顏色和靈魂層次的等同，也可以在印度的其他傳統裡發現。

　　就像數論瑜伽派的「自性」觀念，物質也是自然且無意識的，為靈魂所驅使。雖然宇宙是永恆且無始的，但是其存在只是為了使靈魂得以自其結構中解脫。但是我們也會看到，解脫並不是完全逃離世界。耆那教的宇宙論是既創新又復古的。耆那教保存且重新詮釋印度的傳統觀念，而那些觀念是印度教和佛教的宇宙論所忽視的。他們以叉手握拳於兩股的原人象徵著世間（loka）。這個宇宙原人的結構是：下層世間（下肢部位）、中層世間（腰部）、上層世間（胸部和頭部）。有條垂直的管子貫穿三個世間，很類似「世界之軸」。下層世間由七層地（bhūmi）構成，各自有不同的顏色，從最昏暗的黑色到六種寶石散發的光。第一地有 18 個不同的神。其他六地則是真正的地獄，裡頭有 8,400,000 眾生，各有不同的罪名，

(223)　他們的顏色是灰色、藍黑色和黑色。他們的身體被肢解，受到火炙或冰凍，這些酷刑都使我們想起古代的傳統想像。犯下不可寬恕的重罪的人要到最可怕的地獄（nigroda），在原人的腳部。

㉑　當佛陀批評某些比丘迴避任何的問題時，他可能指的是這種「不定主義」。（《長部》1.39-42）

譯㉗：末迦利瞿舍梨，六師外道之一，為自然論者，主張眾生之苦樂不由因緣，而是自然產生。

擬人的宇宙形象，以及住著不同顏色的生命的各個區域（等同於原人的身體部位），是很古老的神話。在印度裡，只有耆那教才能完整保存這個神話而且和「神祕之光」的信仰水乳交融。中層世間大致上等於印度教和佛教的宇宙論裡所描述的世界。㉒上層世間在彌樓山（Meru）上，分為五層，對應於原人的肋骨、頸部、下巴、五官以及頂髻。各層分別有若干「樂土」，有不同的神住世。至於第五層，也就是宇宙之頂（原人的頭髻），則是解脫的靈魂居住的地方。這也就是說，**解脫的靈魂並沒有超越宇宙**（佛教的涅槃則是出離世間），而只是超越過世間裡的許多層次。解脫的靈魂和他的同儕在「成就國土」（siddha-kṣetra）裡享受言語道斷的至樂妙境，但還是在原人的宇宙裡。

早在巴德拉巴乎長老的時代，耆那教已經傳到孟加拉和奧立沙（Orissa）。後來空衣派在德干高原建立教團，而白衣派則向西行至古吉拉特（Gujarat）。有許多國王和王子都曾經歸依或支持這兩個教團。如同印度的其他宗教，耆那教也受到回教的迫害（掠奪、毀寺、禁止裸形）。他們也成為印度教的反擊目標，自從十二世紀開始，他們的沒落就如江河日下。耆那教和佛教不同，他們從不曾成為印度的主要宗教；也沒有走出印 (224) 度大陸。但是，佛教自其發源地完全銷聲匿跡，而耆那教的教團至今卻還有 1,500,000 個信徒，而且因為他們都有相當的社會地位和文化教養，其影響力仍然是不容小覷。

㉒　那個世界形如圓盤，其中是彌樓山，底部通往地獄。十五座大陸（dvīpa，洲）圍繞著彌樓山，各有環狀大海分隔。南贍部洲被印度洋分為七個區域。其他的洲稱為「福地」（bogha-bhūmi），其居民不必工作維生，那裡也是天神居住的地方。

第二十四章
印度的思想綜合：《摩訶婆羅
多》和《薄伽梵歌》

191. 十八日戰爭

(225)　　《摩訶婆羅多》全詩有十萬頌二十萬行，是世界文學裡最長的史詩。我們所見到的文獻裡有許多神話傳說和插曲，主要是在第 12、13 卷的「百科全書」章節。我們很難想像如何去重構詩歌的「原始形式」。至於年代，「這個觀念對於這史詩並沒有意義。」（L. Renou）人們推斷史詩年代是在西元前七世紀和六世紀之間，而我們現在所見到的形式，則是西元前四世紀到西元四世紀之間完成的。（Winternitz）

　　其主題是描述婆羅多王的兩個後代家族的戰爭：俱盧（Kurus）族（一百個俱盧兄弟〔Kauravas〕）和般度（Pāṇḍus）族（五個般度兄第〔Pāṇḍavas〕）。俱盧族族長難敵（Duryodhana），是雙目失明的德塔拉什特羅（Dhṛtarāṣṭra）國王的兒子，他的堂兄弟們非常仇視他，事實上，他是惡魔迦利（Kali，意為「末法」）的化身，是世界最邪惡的時代裡的魔鬼。而般度五兄弟，堅戰（Yudhiṣṭira）、阿周那（Arjuna）、怖軍（Bhīma）、無種（Nakula）、偕天（Sahadeva），則是般度的兒子，也就是德塔拉什特羅的堂弟。他們其實分別是達摩（Dharma）、伐由（Vāyu）、因陀羅（Indra）、和孿生神阿須雲（Aśvin）的兒子，我們稍後會談到他們天界血統的意義。般度死後，德塔拉什特羅代為攝政，那時候堅戰尚年幼，無法繼承王位。譯①但是德塔拉什特羅不打算退位。他多次陷害五兄弟，其中最危險的一次，就是放火燒掉他們住的漆屋。般度五

(226)兄弟從地道逃走，和他們的母親逃到森林去，過著隱姓埋名的生活。接下來的是許多歷險故事。阿周那偽裝成婆羅門，獲得公主德勞巴底（Draupadī）的青睞（她是女神室利〔Śrī〕的化身），把她帶回般度族在

譯①：德塔拉什特羅的父親是沙瓦地的某個村女和仙人所生，因此他沒有月王族的血統，而且他又目盲，所以很自然地由般度繼承王位。由於般度好畋獵而荒於政事，而引起德里塔拉什特羅兒子們的覬覦。見李志夫，《印度思想文化史》，東大，民 84，頁 122-123。

森林裡的隱居地。母親看不見她，以爲阿周那帶回來的是行乞的食物，於是說：「一起享用吧。」就這樣，這個年輕女子成爲五兄弟共同的妻子。

　　瞎眼的德塔拉什特羅知道般度兄弟沒有死於大火，決定要分給他們半個王國。他們建立了個首都，叫作因陀羅普羅斯塔（Indraprastha）譯②，他們的堂兄，雅達婆（Yādava）族的國王克里希那（Kṛṣṇa，黑天）譯③支持他們。難敵向堅戰挑戰擲骰子賭博。其中有顆骰子被作假，使得堅戰接連輸掉他的財產、王國、兄弟和妻子。國王取消比賽結果，把財產還給般度兄弟。隨即國王又宣布開始比賽，這次雙方協議輸的人要隱居森林十二年，另外還要隱姓埋名一年。結果堅戰又輸了，只好和他的兄弟以及德勞巴底放逐國外。第二卷〈森林篇〉（Vana-parvan）有 17500 頌，是最長也最豐富的文學挿曲。隱者告訴般度兄弟關於納拉（Nala）、大馬揚提（Damayantī）、沙維德利（Sāvitrī）、羅摩（Rāma）和私多（Sītā）的故事。接下來則描寫在放逐第十三年裡的歷險。在第五卷裡（〈預備篇〉），戰爭似乎是不可免的。般度兄弟派克里希那爲使者；他們要求歸還他們的王國，或至少五個村莊，但是難敵拒絕這要求。雙方集結大隊人馬，隨即開打。

　　第六卷就是著名的《薄伽梵歌》（Bhagavad Gītā），我們稍後會繼續討論。第七卷不厭其煩地敘述十八日戰爭的情況。戰場上屍橫遍野，死傷無數。俱盧族的將領個個陣亡，只剩下難敵。俱盧兄弟們只有三個人逃走，其中包括阿濕婆陀門（Aśvatthāman），濕婆神降臨到他身上。阿濕婆陀門和濕婆變現的群魔在夜裡偷襲般度兄弟的軍營，大肆屠殺，只有五兄弟大難不死。堅戰看到生靈塗炭，覺得很難過，便想要退位隱居；但是他 (227)

譯②：在德里附近。

譯③：克里希那，另譯黑天。又稱吉栗瑟拏。爲印度教所崇奉大神之一。係毘濕奴之第八位化身。在《摩訶婆羅多》裡是個足智多謀的英雄。《薄伽梵歌》說他是「最高之宇宙精神」。其形像及英勇事蹟，於印度民間文學、繪畫、音樂等藝術中，屢有述及。另外，克里希那也是大自在天之化身。也有人說他是魯特羅的化身。

的兄弟找來克里希那和幾個智者，說服他打消這念頭，而他也以國王的身分主持馬祠（aśvamedha）（第 73 節）。德塔拉什特羅和他的姪子們合作了十五年，帶著幾個隨從退隱到森林裡。不久後，他們在火祭時被自己生起的大火燒死。在戰爭的三十六年後，克里希那和他的子民很奇異地死去：他們把蘆葦變成鎚矛，然後互相殘殺。城市崩塌，陷入海底。堅戰也感到自己年事已高，便傳位給他的姪孫帕利克西特（Parikṣit）（他本來是死嬰，被克里希那救活），和他的弟弟們以及德勞巴底，帶著一隻狗，前往喜馬拉雅山。他的同伴相繼死去，只剩下堅戰和那隻狗（那其實是他的父親達摩）堅持到終點。史詩最後簡單描述堅戰如何下地獄，而後又上生天界。

192. 末世論的戰爭和世界末日

這個恐怖的戰爭是梵天決定發動的，好解決人類繁殖過剩的問題。梵天要若干天神和魔鬼到人間去煽動人類互相殘殺。《摩訶婆羅多》描述世界的末日（pralaya，還歸），然後在堅戰或帕利克西特的統治下，新的世界會到來。①這詩歌表現出末世論的結構：善惡力量的殊死戰爭（就像天神和阿修羅的戰爭）；大火或洪水摧毀了整個世界；新天新地的復活，正如死嬰帕利克西特的奇蹟式復活。在某個意義下，我們可以說，這是為新年慶典的古老神話和宗教場景重新賦與了崇高的意義。然而這次不是一年之將盡，而是整個宇宙生命的終點。

從《往世書》的時代開始，這種成住壞空的歷史循環論就已經很盛(228) 行。這並不意味著末世論的神話必定是印度宗教的產物。這個觀念非常的古老，也分佈得很廣。在伊朗和斯堪地那維亞都有類似的神話。根據瑣羅亞斯德宗教（拜火教）的傳說，在歷史的終點，阿胡拉・瑪茲達會逮捕阿

---

① George Dumézil 認為堅戰的統治象徵著世界的重生；見 *Mythe et épopée*, I, pp. 152 sq.。Alf Hiltebeitel 根據傳統印度的解釋，認為帕利克西特的統治是「新世紀」的開始（"The Mahābhārata and Hindu Eschatology"）。

里曼，六位聖神會分別擒服大惡魔，這些邪惡的化身會被扔到黑暗裡去
（見第 216 節）。我們看到（第 177 節），在古日耳曼人也有類似的末世
論，在最終的戰役「拉格納羅」裡（Ragnarök），每個神都會和魔鬼或怪
物對戰，不同的是，他們會打到剩下最後一個，然後地球會起火，掉到海
裡去；但是，地球終將再度從汪洋大海裡浮現，在年輕的神巴爾德（Bal-
dr）的統治下，新的人類會過著快樂的生活。

史提格・韋肯德（Stig Wikander）和喬治・杜美夕（George Dumézil）
對於這三個末世論的戰爭之間的結構性類比，有很出色的分析。我們可以
得到結論說，印歐民族都知道世界末日的神話。當然其中會有些分歧之
處，但是這可以從印歐民族的三個宗教的不同取向去解釋。吠陀時期的經
典的確沒有末世論的神話的描述，但是這不能證明這種神話的不存在。②
正如杜美夕所說（Mythe et épopée, I, pp.218 sq.），《摩訶婆羅多》是「以
史詩的方式去表現末世論的危機」，印度教則稱之為某個「時期」
（yuga）的結束。而《摩訶婆羅多》裡有著吠陀時期、甚至是前吠陀時期
的元素。③所以我們可以把時代終結的神話視為古代雅利安的傳說，而這
個假設更可以從伊朗的類似神話得到證明。

但是我們必須補充說明，這部詩篇是個波瀾壯闊的思想綜合，比任何
後來的印歐民族的末世論傳說都要更豐富。在描繪人類的浩劫和大地的崁 (229)
陷時，《摩訶婆羅多》借用《往世書》燦爛奪目的語言。更重要的是裡頭
的神學開展和創新觀念。「阿跋多羅」（avatāra）的「救世主」理念非常

---

② 「吠陀歌者的心思是專注於當下，也就是當下對神的奉獻，這是他們過去的功績
的賞報；至於遙遠的未來，他們並不感興趣。」（George Dumézil, *Mythe et
épopée*, I, pp. 221）

③ Sitg Wikander 說過，般度五兄弟的父親們（達摩、伐由、因陀羅、阿須雲）對應
於吠陀諸神的三重功能：密特拉婆羅那（達摩）、因陀羅（伐由和因陀羅）、以
及阿須雲。這並不反映在詩篇寫成的年代裡（當時的主神是毘濕奴和濕婆），也
不在吠陀時期（當時的主角是蘇摩神和阿耆尼）。由此推斷，《摩訶婆羅多》反
映的是吠陀社會之外或是之前的情境。（George Dumézil, *Mythe et épopée*, I, pp.
42 sq.）

強烈有力。在《薄伽梵歌》（11.12 sq.）裡著名的顯神，克里希那以毘濕奴的化身降臨在阿周南面前。有人說④，這次的顯神也意味著「還歸」（pralaya），預示了史詩最後一卷所描述的「世界末日」。毘濕奴（克里希那）開顯爲「還歸」時期的主宰，這裡頭蘊含著許多神學和形上學的推論。在《摩訶婆羅多》史詩的戲劇性情節背後，我們可以解讀出毘濕奴（克里希那）和濕婆之間的對立和互補性。濕婆的「毀滅性」力量和毘濕奴（克里希那）的「創造性」力量取得平衡。當其中一位神（或是其代表）在某個事件裡顯現時，另一位就會消失。但是，毘濕奴（克里希那）也是「毀滅」和「復活」的造作者。此外，《摩訶婆羅多》和《往世書》也都強調這位神的否定性面向⑤。

　　這其實就是說，最高神毘濕奴是終極的實在；因此他同時支配著世界的創造和毀滅。他是超越善惡的，就像所有的神一樣。因爲「德性和罪惡都只存在於人們之間。」（12.238.28）從《奧義書》時期，這個觀念就在瑜祇和禪修者之間流傳，而《摩訶婆羅多》（尤其是《薄伽梵歌》）使它傳播到印度所有的社會階層。儘管詩人把毘濕奴推崇爲最高存有者，卻也強調濕婆和毘濕奴的互補性。⑥從這個觀點去看，《摩訶婆羅多》可以說 (230) 是印度教的基石。的確，這兩位主神以及其他偉大女神（沙克蒂、迦梨、難近母），從西元一世紀到現在，主宰了整個印度教。

　　濕婆和毘濕奴的互補性在某個方面很符合偉大諸神對立性格的互補性（創造和毀滅等等）。這個神性結構的領悟就是天啓，也是解脫的道路。的確，《摩訶婆羅多》一方面歌頌善與惡、法（dharma）和罪（adharma）之間的爭戰，這個爭戰是個世界性的規範，因爲它支配了宇宙的生命、社

---

④　見 M. Biardeau, " Etudes de mythologie hindoue," 1972, p.54。

⑤　在《往世書》裡，毘濕奴經常被描述爲野蠻的、危險的、不可靠的、「瘋狂的」；相對的，濕婆則經常是平息他的神。見 David Kinsley, "Through the Looking Glass," pp. 276 sq.。

⑥　關於互補性的各種層面，見 J. Gonda, Visṅuism and Śivaism, pp.87 sq.。

會和個人的存在；另一方面，詩人也提醒我們，終極的實在（《奧義書》
裡的梵我）超越了法和罪或其他的對立。換言之，解脫意味著體會到事物
的兩個存在「模式」的關係：**直接性的**（受到歷史限制的）和**終極的實
在**。奧義書的一元論否定直接性實在的真實性。在《摩訶婆羅多》某些傳
道的章節裡，則提出更寬廣的教義；一方面以有神論（毘濕奴教〔Vaiṣṇ-
ava〕）的色彩，重新主張奧義書的一元論；另一方面，它也接受任何不明
顯違背經典傳統的救世論。

193. 克里希那的啓示

　　這部描述人類毀滅和時期終結的可怕戰爭的文學作品，卻也是印度教
思想的典範性綜述，這在乍看之下似乎很弔詭。對立的和解是自從《梵
書》時期以來的印度思想特有的傾向，但是我們在《摩訶婆羅多》裡才得
見其成果。基本上，我們可以說，這詩篇⑦一、主張吠檀多（Vedānta）
（也就是《奧義書》的教義）、數論和瑜伽派的殊途同歸；二、認為儀式
活動、形上學知識和瑜伽修習這三種「末伽」（mārga，道）並重；三、努
力證明存在是有時間性的，換言之，為人類存在境遇賦予歷史意義；四、　(231)
宣說第四條解脫「道」的殊勝，也就是敬拜毘濕奴（克里希那）。
　　詩篇陳述在體系化之前的數論和瑜伽派。數論主張「真實智」（tatta-
va-jñāna）和「我覺」（ātman-bodhi）；就此而論，數論延續了奧義書的思
想；瑜伽指任何使自我成為梵的修行以及無數的「悉地」。大部分的時
候，瑜伽論者被認為是苦行者。「瑜伽」（yoga）這個詞有時候指「方
法」，有時候是「力量」或「冥想」。⑧這兩種「見」（darśana）被認為
是同義的。《薄伽梵歌》說：「只有心胸狹隘的人才會反對數論和瑜伽，
但是智者（paṇḍitas）則不會。自我的主宰可以得到這兩種『見』……。數
論和瑜伽是同一的。」（5.4-5）

⑦　特別是「僞託史詩」和傳道的部分（第 12、13 卷）
⑧　這種意義的多元性也符合實際的神性形態；見 Eliade, *Le Yoga*, pp. 157 sq.。

　　《薄伽梵歌》縝密地論證這三種解脫「道」的同一性。這著名的詩篇始於阿周那的「存在危機」，最後以人類境遇和解脫道的啟示結束。克里希那看到阿周那因為必須在戰場上兄弟鬩牆而意志消沉，於是對他啟示作為剎帝利的正當行為，而不必受業報的束縛。總而言之，克里希那的啟示是關於：一、宇宙結構；二、存有的各種模式；三、解脫的道路。但是克里希那也一再強調這個「古代的瑜伽」（4.3）是「最高的祕密」，而不是創新；他曾經把這教法傳給日神（Vivasvat）、日神傳給摩奴（Manu）、摩奴傳給甘蔗王（Iksvāku）（4.1）。「聖哲國王學到的就是這個傳統，但是瑜伽後來卻失傳了。」（4.2）每當世界秩序（dharma）危懼不安時，克里希那就會現身（4.7），也就是以適合當時的「歷史時刻」的身份開顯這永恆的智慧。這就是「化現」（avatāra）的教義，換言之，如果說《薄伽梵歌》在歷史上以新的思想出現，那也只是從我們世人的眼光去看的。⑨

(232)　　我們可以說，克里希那所啟示的教義，基本上就是以下的訓誡：相信我且效法我！他對阿周那述說他在宇宙和歷史裡的存在和「行為」，就是給阿周那的模範：阿周那發現他自己的歷史生命的意義，當他理解克里希那是誰以及他的作為時，他就得到解脫。克里希那也很強調神的典範和救世的價值：「偉大人物的作為，其他人應該效法。他所遵循的律法，世界也應該服從。」（3.21）克里希那殷切地開示這個行動的深層意義：「如果我稍有懈怠，人們也會模仿我。如果我停止我的工作，世界就會毀滅；我將成為混亂和世界末日的始作俑者。」（3.23-24）

　　因此，阿周那必須效法克里希那的行為；也就是說，他首先必須勤奮不懈，不要因為自己的怠惰造成宇宙的混亂。但是要遵循克里希那的行

---

⑨　這裡面摻雜著西方人對於印度宗教的詮釋；如果我們可以重構印度宗教思想和修行的歷史，並界定其創新、發展和相繼的修正，我們必須記得，從印度的觀點去看，「啟示」的歷史意義很有限：世界救贖之道在歷史裡的「開顯」和「消失」，只不過告訴我們它的「起源」。根據克里希那所強調的印度傳說，各個「歷史時期」（同時也是宇宙成住壞空的時期），並沒有創造任何教理，而只是為永恆的信息提出合乎時宜的說法。見 Eliade, *Le Yoga*, pp. 161 sq.。

爲，他就必須先了解神的本質及其化現的模式。這就是爲什麼克里希那要
現身：人們認識了神，也就知道該遵循的典範。接著克里希那開示在他自
己以及從他流出的宇宙萬物（從諸神到山河大地）裡的有和非有。（7.4-6;
9.4-5）他透過他的自性（prakṛti）不斷地創造世界，但是這個不斷的創造
並不束縛他；因爲他是**自己的創造的旁觀者**（9.8-10）。這個造作（kar-
man）的吊詭意義，正是克里希那所要開示的：效法神的創造萬物而不執
著其中的模範。「人不能爲了解脫造作的束縛而不造作；不造作並不能得
到完美。」（3.4-5）即使他完全不造作諸業，宇宙三德（gunās）所引起的
無意識也會使他墮入業報輪迴。（「德」是三種存有的模式，蘊藏在宇宙
之中，是人和宇宙所共感的。）

　　旣然人注定要行動，因爲造作勝過不造作（3.5），那麼人們就應該履
行他的「義務」，也就是在個別的情境下應該去做的事。「即使是不圓滿
地遵行自法（svadharma），也勝過圓滿地遵行他法（paradharma）。」
（3.35）這些個殊的行爲都受到「德」的節制（17.8 sq.; 18.23 sq.），克里 (233)
希那強調行法源自於他而不束縛他：「我不在『德』裡，而是『德』在我
裡面。」（7.12）由此得知，儘管接受「德」所創造的「歷史情境」（我
們也必須遵循，因爲那是克里希那所造），根據該情境的必然性去行爲，
卻不能認爲他的行爲有什麼功德，也就是不認爲他的情境具有絕對的意
義。

194. 捨棄行爲的成果

　　在這個意義下，我們可以說，《薄伽梵歌》試著要「拯救」所有的人
類行爲，「證成」俗世的活動；人們捨棄他們行爲的「成果」，**使他們的
行動成爲獻祭**。也就是成爲維繫宇宙秩序的超越個人的動力。如克里希那
所說的，只有以獻祭爲目標的行爲才能夠不受束縛（3.9）。生主（Prjā-
pati）創造獻祭，使得宇宙得以顯現，人類可以生存繁衍（3.10 sq.）。但
是克里西那也開示說，人類使神的工作滿全方式，不只是獻祭而已（如吠

陀的儀式），也可以透過任何方式的行動。當苦行者和瑜祇「奉獻」他們
的身語意行爲，他們就捨離了這些行爲，賦予行爲以超越個人（transper-
sonnelle）的意義（4.25 sq.），「所有這些知道祭祀意義的人，都洗清了罪
惡報應。」（4.30）

（234）

　　透過瑜伽，可以把俗世行爲轉化爲儀式。克里希那對阿周那開示說，
「造業受果的人」[10]，可以繼續行動而不受束縛，換言之，是「捨離行爲
的結果」（phalatṛṣṇavairāgya）；他必須以**無我的心**去行動，沒有渴望、
貪欲，彷彿他只是其他人的代理者。如果他恪遵這個法則，他的行爲就不
會再熏習未來業因的種子，也不會墮入業報的輪迴。「他完全不執著於活
動的結果，永遠滿足，遠離束縛，實則寂然不動。」（4.20）

　　《薄伽梵歌》最偉大的原創性在於強調「瑜伽活動」，這是透過「捨
離活動的結果」而實現的。這是在印度史無前例的成就。因爲透過「行爲
結果的捨離」（無論是爲了任何理由）而可望得到解脫，即使他必須過著
社會的生活、擁有家庭、階級，甚至必須做些「不道德」的事（像阿周那
一樣，他必須在戰場上殺死敵人）。心不染著地行動、不爲「結果的欲
望」所動，也就能夠成爲自我的主宰，得到平靜，而這無疑地只有瑜伽才
能夠表現。正如克里希那所說的：「儘管行爲沒有束縛，卻必須恪守瑜伽
之道。」對於瑜伽的這種詮釋，是《薄伽梵歌》特有的思想成就，試著要
使所有的使命得到和解：無論是苦行、祕教或是俗世的活動。

　　除了每個人都可以做得到的「行爲結果的捨離」的瑜伽技術，《薄伽
梵歌》也略述行者特有的瑜伽技術（6.11 sq.）。「瑜伽比苦行（tapas）還
要殊勝，甚至超越智慧（jñāna），比獻祭還要偉大。」（6.46）但是瑜祇

（235）

必須專注於神，瑜伽的冥想才能達到究竟。「心神寧靜而無恐懼，……受
到控制的心意在內心冥想著『我』，以『我』爲究竟。」（6.14）「看到
『我』無處不在而一切又在『我』之中的人，永遠不會失去『我』，
『我』也永遠不會失去他。和『我』合而爲一且敬拜『我』的瑜祇，安住

_____

[10]　「造作的人」是那些無法爲了透過知識、苦行或神祕的奉獻得到解脫而捨離俗世
　　　生活的人。

於萬物之中，**無論其生活形態爲何，所爲何事**，他仍然安住於『我』之中。」（6.30-31）

這是瑜伽和把神祕的「信愛」（bhakti）提昇爲最高之「道」的成果。再者，《薄伽梵歌》也彰顯救恩的觀念，預示了其後中世紀毘濕奴教文學的蓬勃發展。但是《薄伽梵歌》的有神論影響還不只如此。在許多不同的文獻裡，都重新詮釋這部無與倫比的印度思想鉅作。《薄伽梵歌》強調人的歷史性，告訴人們最完備的解脫之道，而且也融入「歷史循環」而符合現代印度思想。《薄伽梵歌》翻譯成西方人熟悉的語言，其中的問題變成：人們如何解決他弔詭的存在處境，一方面存在於時間之中，受到歷史的詛咒，而另一方面他又知道，如果他任由自己在時間和歷史裡漂流枯竭，他將會「萬劫不復」，因而必須不惜一切地在俗世裡發現通往超越歷史和時間的道路。

我們已經看到克里希那的答案：履行自己在世界裡的義務（svadharma，自法），而能「捨離行爲的結果」。因爲整個世界，甚至是幻象，都是克里希那（毘濕奴）的創造，因此活在世界裡，分受其結構，並不是「惡行」。所謂的「惡行」，是相信世界、時間和歷史都有獨立的實在性，也就是相信**沒有任何事物**可以獨立於世界和時間存在。這個觀念固然是印度人所共有的，但是《薄伽梵歌》卻有最　致的表現。

195. 個殊化和全體化

要理解《薄伽梵歌》宗教史裡的重要性，我們必須回想數論、瑜伽派 (236)
和佛教提出的解答。根據這些學派的說法，解脫的必要條件是捨離世界或是人類在歷史裡的生命。[11]「一切皆苦」以及無止盡的輪迴[12]的發現，使

---

[11] 當然，數論瑜伽的「見」的「古典」階段，比《薄伽梵歌》的寫作晚了數百年。但是在《奧義書》裡卻已經記載了他們特有的傾向，特別是使精神脫離心理狀態的方法。

[12] 我們必須記得，自殺不能解脫輪迴的宿命。

得救贖之道有個特別的方向：解脫意味著必須放棄生命的衝動和社會的規範。林棲和苦行是必要的加行準備。另一方面，透過神祕知識的救贖，則類似於「菩提」、「解脫束縛」、「去除眼睛的障翳」等等（第 136節）。簡單地說，救贖意味著中斷且捨棄這個充滿痛苦、禁錮著無數奴隸的囚牢的世界。

宗教對於世界的貶抑，因為造物神的消失而更容易些。對於數論瑜伽而言，宇宙是因為原始物質「自性」（prakṛti）的「目的性本能衝動」而產生的。對於佛陀而言，甚至沒有這種問題，他根本就反對神的存在。宗教對於世界的貶抑同時也是對於精神或「自我」（梵我或原人）的神聖化。儘管佛陀不承認有作為自主且不可化約的單子的「梵我」，但是解脫還是必須透過「精神」的努力去完成。

(237)　心物二元論的逐漸緊張化，使我們想起宗教二元論的發展，在伊朗的宗教裡演變為善惡原理的對立。我們多次說過，長期以來，善惡的對立只是宇宙、社會和宗教的二元性和兩極性的一個例子，這個二元性確立了生命和世界的交替律動。簡單地說，善和惡這兩個特別被強調的對立原理，最初只是表現實在界對立而互補的面向的許多原理其中之一：白天和黑夜、男性和女性、生命和死亡、豐收和貧瘠、健康和疾病等等⑬。換言之，善惡二元論和中國的陰陽原理並無二致（第 130 節）。

在《奧義書》裡，已經約略提到宇宙和生命的貶抑，而在數論瑜伽和佛教的「二元論」存有學和分類法裡，則得到最完備的表現。印度宗教思想的這種演變，很類似伊朗的瑣羅亞斯德宗教到摩尼教的二元論發展過程。瑣羅亞斯德認為世界是精神和物質的混合體。信徒透過如法的獻祭可以把天界的本質（靈魂，mēnōk）和物質的化現（gētik，軀體）⑭。然而，對於瑣羅亞斯德宗教和瑪茲達宗教而言，宇宙是阿胡拉‧瑪茲達（Ahura Mazda）所創造的，只是後來被阿里曼敗壞了。但是摩尼教和許多諾斯替教派則反而認為世界的創造是出自魔鬼的力量。世界、生命和人類本身，

---

⑬　見 Eliade, *Le Nostalgie des origines*, pp. 332 sq.。

⑭　見§104。我們採取 G. Gnoli 的詮釋；見 Eliade, "Spirit, Light, and Seed," pp. 18 sq.。

都是邪惡可憎的行為的產物。這些虛幻且邪惡的受造物，終究是要毀滅的。而精神必須透過漫長且艱難的過程和軀體分離，從黑暗裡發出光亮俘虜肉體，才能夠獲得解脫。

的確，在《薄伽梵歌》之後，印度各種（精神和肉體）「分離」的技術和法門逐漸偏離正軌。在《奧義書》之後，拒絕生命（特別是社會和歷史裡的生命）成為最高的救贖之道。不過，《薄伽梵歌》別出新裁地整合印度的各種宗教取向，包括捨棄群體生活和社會義務的苦行。而《薄伽梵歌》也影響到宇宙、俗世生活、甚至是人類的**歷史性存在**的重新神聖化。 (238)
我們知道，毘濕奴（克里希那）不只是世界的創造者和主宰，也透過他的化現使世界重獲神聖性。

另一方面，毘濕奴也會在每個世界時期結束時摧毀宇宙。換言之，萬有都是神所創造的、也都是神所主宰的。因此，宇宙生命、個人存在和歷史的「否定性面向」，都得到宗教性的意義。人類不再只是那自生自滅的宇宙牢籠裡的囚犯，因為世界是位格的、全能的神的造就。尤有甚者：這個神並不在完成創造後就捨棄世界，而是在各個層次上臨現，從宇宙的物質結構到人類的意識。宇宙的不靜和歷史的浩劫、甚至是世界周期性的崩壞，都是毘濕奴（克里希那）所主宰的；因此這些都是**神的顯現**。這使得《薄伽梵歌》的神更接近耶和華，他既是世界的創造者，也是歷史的主宰，正如先知們所認識的（第121節）。這是個有意義的問題，正如《薄伽梵歌》的啟示在人類滅絕的可怕戰爭裡都得到應驗，猶太教的先知也談到「痛史」，也就是猶太民族的亡國。

印度思想特有的全體化傾向，在《薄伽梵歌》有最動人的表現。除了位格神的象徵之外，這個全體化甚至為「惡」和「不幸」（如戰爭、叛亂和謀殺）賦予宗教意義。⑮而生命和人類的重新神聖化，對於印度宗教史有重要的影響。在西元一世紀時，坦特羅教派也試著把身體的作用（攝食或性愛）給聖事化。但是透過極端複雜和困難的瑜伽技術，才可以使身體

---

⑮ 從某個觀點去看，我們可以說，《薄伽梵歌》重現了遠古的整體實在界的概念，整個世界是互補性原理的交替。

和生命神聖化；事實上，坦特羅的入會禮僅限於上流社會。然而《薄伽梵歌》的對象卻是所有階級的人類，啓迪了所有的宗教思想。這是敬拜神而獲得的恩典，這位神同時是位格的和非位格的、創造性的和毀滅性的、具體的和超越的。

第二十五章

猶太教的考驗：從〈啓示錄〉到〈托拉〉的擢升

196. 末世論的開端

(239)　　　　〈以賽亞書〉40-55 章被認爲是獨立的作品，稱爲「第二以賽亞書」（Deutero-Isaiah）。作品是在巴比倫被擄時期的最後一年完成的，佚名作者可能是在受審後依法處死（〈以賽亞書〉52:13-53:12）。經文的信息和其他先知書的內容大異其趣，首先是其樂觀主義，以及當時歷史的大膽詮釋：居魯士大帝（古列），耶和華的工具，正準備消滅巴比倫；凡相信巴比倫神更爲偉大的人們將會望風而逃，因爲那些神是偶像，是不動的，沒有力量的（40:19 sq.;44:12-20;etc.）；唯有耶和華是神：「我是首先的，我是末後的；除我以外再沒有眞神；」（44:6; 45:18-21）「我是神，再沒有能比我的。」（46:9）

　　　　這是最澈底的一神論，因爲他否定其他神的存在。「從前砍碎拉哈伯，刺透大魚的，不是你麼？使海與深淵的水乾涸，使海的深處變爲贖民經過之路的，不是你麼？」（51:9-10）創世和歷史，以及後來的被擄和獲

(240)　釋，都是耶和華的作工。被擄者的釋放被詮釋爲新的出埃及。不過這次是得勝的歸回：「我在曠野開道路，在沙漠開江河。」（43:19）「大山小山必在你們面前發聲歌唱，……松樹長出代替荆棘；番石榴長出，代替蒺藜。」（55:12-13; cf. 40:9-11; 54:11-14）這場新的歸回並不是倉促成行的：「你們出來必不至急忙，也不至奔逃。因爲耶和華必在你們前頭行，以色列的神必做你們的後盾。」（52:12）萬民都被涵攝在這即將來臨的救贖裡。「地極的人都當仰望我，就必得救，因爲我是神。」（45:22; 56:1-7〔關於改信耶和華之人〕）然而，以色列將永遠是最優越的國家。

　　　　耶路撒冷的淪陷、猶大王國的傾覆，以及猶太人的被擄，事實上都是偉大先知們所宣佈的神的審判。在懲罰之後，耶和華就會更新聖約，這次將是「永約」（55:3），救恩也不會撤回（45:17; 51:6, 8）。因爲「以永遠的慈愛憐恤你。這是耶和華你的救贖主說的。」（54:8）被耶和華釋放之後，被擄者將回到錫安，「歡喜喊叫，他們的臉龐顯露永遠的歡喜；他們

必得著歡喜快樂，不再悲傷憂愁。」（51:11）

在早期文獻裡，因爲確信救恩將臨而歡欣鼓舞、讚美以及得到至福的異象，那是無與倫比的。何西阿、耶利米和以西結都表現他們對以色列得救的信心。但是首先擬出末世論的，是「第二以賽亞書」的作者。事實上，他是宣佈新時代的開端。在某個時期即將結束而新的時期隨時會開始之間，有個基本的差異。其他先知並不宣說悲劇時代的結束以及完美和幸福的時代的將臨；他們只會說，以色列結束敗德的行爲，誠心返回神而得以重生。反之，「第二以賽亞書」所呈現的新時代的開創是個戲劇化的歷史，包含一系列神所決定的不可思議的場景：一、巴比倫被神（43:14-15; etc.）、被他的工具居魯士（41:24;etc.）、或被以色列（41:14-16）所滅亡；二、以色列的得救，也就是被擄者的獲釋（49:25-26）、穿越曠野（55:12-13）、抵達耶路撒冷（40:9-11）、流散在世界各地的人得以重聚（41:8-9）；三、耶和華返回錫安（40:9-11）；四、透過重建（44:26）、團契的增加（44:1-5），以及幾乎重建伊甸園（51:3），使國家得以蛻變； (241)
五、各國改信耶和華並且否認他們所拜的神（51:4-5）①。後來的先知將回到這個末世論的場景並且加以發展（第 197 節）。但是他們沒有人能夠比得上「第二以賽亞書」作者的異象能力和靈性深度。

有四首稱爲「僕人之歌」（42:1-4; 49:1-6; 50:40; 52:13; 53:12）的詩，對猶太人的苦難作了原始而戲劇化的表達。詩的詮釋有許多爭論。「耶和華的僕人」（ebhed yahveh）或許是被擄的猶太知識分子。他所受的折磨被認爲是爲所有人贖罪。耶和華的僕人接受每個苦難：「人打我的背，我任他打，……人辱我吐我，我並不掩面。」（50:6）這種被擄的考驗是個犧牲，以色列的罪因此得以除滅。「他擔負了我們的痛苦，承擔了我們的憂患……爲了我們的過犯，他挨毒打。爲了我們的罪惡，他被刺傷。因他受的刑罰，我們得平安；因他受的鞭傷，我們得醫治。」（53:5）

基督教的解經認爲「耶和華的僕人」是預言彌賽亞的到來。某些段落

---

① Fohrer, *History of Israelite Religion*, pp. 328 sq..

可以佐證這個詮釋。因爲「耶和華替我們承擔一切的罪……他像待宰的小羊……爲了我子民的過犯被置於死地。」（53:6-8）僕人自願犧牲，「也被列在罪犯之中。他卻擔當衆人的罪，又爲罪犯代求。」（53:12）但是「他必看見自己勞苦的功效，便心滿意足……我要使他與強盛的均分擄物。」（53:11-12）更有甚者：耶和華將讓他的僕人成爲「萬國之光，使我的救恩普及天下。」（49:6）

這些經文是希伯來宗教思想的巔峰。透過耶和華僕人的考驗而宣告的普世救恩，也宣告基督宗教的出現。

197. 末世論的先知：哈該和撒迦利亞

(242)　　　以色列人回到耶路撒冷（西元前538年），除了其他迫切的問題之外，要面對的就是重建聖殿的問題。新的聖壇不再屬於王朝而是屬於人民，他們負擔重建的費用。基石於西元前537年奠定；然而不久之後，工作就停頓下來。直到西元前520年，在某個政變之後，才繼續建造的工作。波斯帝國的危懼不安，帶來新的末世論狂飆。剛受命就任猶大省長的所羅巴伯（Zerubbabel）以及先知哈該（Haggai）和撒迦利亞（Zechariah）所擁護的大祭司約書亞（Joshua），則致力於重建聖壇。西元前515年，聖殿重建完成，但是這時所羅巴伯已經離開，因爲波斯政權並不信任他。

那些沉浸在近來的預言的狂熱者認爲這是新的絕望的開端。他們問道，既然神的審判已經完成，那麼「第二以賽亞書」所說的末世論時代何時要開始？在先知哈該看來，當所羅巴伯安置聖殿基石的當下（〈哈該書〉2:15-19），就是新時代的開端。他還宣佈，這項工作完成的那一天，將會見到天地震動，傾覆「列國的王」，除滅其軍隊的力量，而所羅巴伯會被選召爲彌賽亞王（〈哈該書〉2:20-23）②。然而，聖殿終於完成，人們不禁要問，爲什麼末世仍未降臨？其中最嘆爲觀止的解釋就是，因爲團

---

② 類似想法出現在〈撒迦利亞書〉（8:9-13; etc.）。

體瓦解，所以末日只得延後。不過，就如同不斷重複的歷史，對於「第二以賽亞書」所預測的世界變容的延宕，扭曲了救恩的概念，而人們也逐漸喪失對末世論的希望。

我們將進一步評估這個恐慌狀態對以色列後期歷史的影響。我們也不能低估末世論的預言的重要性。哈該和撒迦利亞皆堅持從前和現在的時代之間的根本差異。撒迦利亞認為，從前的時代特色是耶和華要毀滅這個世界，而現在時代的特色，則是耶和華的拯救（〈撒迦利亞書〉1:1-6;8:14-15）。首先，那些要爲以色列的悲劇負責的列國將要滅亡（1:15），隨後耶和華要他的城邑「豐盛發達」（〈撒迦利亞書〉1:17; 2:5-9）。神將把 (243) 罪人趕出猶大（〈撒迦利亞書〉5:1-4），把不平等從這地趕出去（〈撒迦利亞書〉5:5-11），並且讓流亡者得以重聚。最後彌賽亞的治理將在耶路撒冷開始，而列國將來到「耶路撒冷尋求萬軍之耶和華，懇求耶和華的恩。」（8:20-22; cf. 2:15）

類似的預言也在被認爲是「以色列的啓示錄」的經文中出現（〈以賽亞書〉24-27）③。在西元前四世紀時，「第二撒迦利亞書」（9:11-17; 10:3-12）以及先知約珥（Jocl）④再度處理同樣的主題。末世論的劇情包含以下全部或部分的主題：列國的滅亡、以色列的拯救、流亡者在耶路撒冷聚集、以色列國家的幸福重建、建立神的政權或彌賽亞統治時期、列國最後的歸信。在這些關於伊甸園的意象裡，我們可以見到對於被擄時期之前的「樂觀預言」作了末世論的修正⑤。

從「第二以賽亞書」以降，人們就認爲末世的曙光即將來臨（見〈以賽亞書〉56:1-2; 61:2）。有時這位先知冒昧地提醒耶和華，他太遲收復耶

---

③ 神將審判所有與以色列爲敵的人，他們的首都將被摧毀，倖存者將在耶和華所臨現的錫安山上共享彌賽亞慶典（24:21-25:12）。

④ 在這場末世爭戰以推翻得罪耶和華和以色列的國家之後，將開始一段富裕且和平的極樂時期（〈岳厄爾書〉4:2-3, 12; 2:18-21）。（「第二撒迦利亞書」是指〈撒迦利亞書〉9-14 章。）

⑤ Fohrer, *History of Israelite Religion*, p.340.

路撒冷（〈以賽亞書〉62:7）。然而，他知道過錯在於犯罪者，因為「你們的罪使你們與神隔絕。」（59:2）⑥「第二以賽亞書」和被擄時期後的先知一樣，都認為在重大的歷史動亂後（巴比倫的覆亡、列國攻擊耶路撒冷，隨後是列國的滅亡）會開創新的時代。

(244)　　末世的救贖延伸到其他民族，是以色列宗教後來發展的結果。在「第二以賽亞書」（〈以賽亞書〉51:4-6）裡，耶和華對所有的國家談到他的「救恩」將「如光的到來」。「當那日，人必仰望造他們的主，眼目重看以色列的聖者。」（17:7）西番雅（Zephaniah）對普世救贖有更清楚的宣告（〈西番雅書〉3:9）：「那時，我必使萬民用清潔的言語，同心合意地侍奉我。」救恩雖是最常給予百姓的應許，但是只有在以色列的宗教和國家中心，耶路撒冷，人們才能得救（〈以賽亞書〉2:2-4, 25:6 sq., 56:7；〈約珥書〉3:17；〈西番雅書〉8:20 sq.）。

　　諸如此類的預言所關心的只是這個歷史世界，而在類型上更為古老的其他預言（第12節）關心的則是宇宙整體。哈該（2:6）宣告耶和華將「震動天地，搖撼海洋和陸地。」最後的審判將透過摧毀這個世界的宇宙災難而得以完成（〈以賽亞書〉34:4; 51:6）。不過耶和華將創造「新天新地。從前的事不再被記念。」（〈以賽亞書〉65:17）新的創造將長存（66:22），耶和華將是一道「永遠的光」（60:20）。甚至耶路撒冷都將被更新（亞2:5-9）並且將得到「新名的稱呼，是耶和華親口所起的。」（〈以賽亞書〉62:2）如同在許多其他末世論的故事所見，新天新地將包含某種「至福的」的元素：無數的財富、無比的豐饒、疾病的消失、長壽、人類和動物的永久和平、消滅不淨之物等。但是這個宇宙的核心，恢復其最初的完美狀態，將是耶路撒冷，真正的「世界中心」。

---

⑥　先知瑪拉基（Malachai，西元五世紀）拒絕給「耶和華的日子」一個明確日期。重要的是自己內在預作準備，因為「他來之日」可能隨時降臨（3:2）。

198. 對彌賽亞王的期待

根據末世論的預言，重生的世界將由耶和華⑦或是神所指派的王統治，以神的名義來治理。這位王通常稱爲「受膏者」（masiah），人們認爲他是大衛的後裔。以賽亞提到一個「嬰孩」，一位「兒子……在大衛的寶座上」（〈以賽亞書〉9:1-6），也提到「嫩枝……來自耶西的枝幹」（〈以賽亞書〉11:1），他將以正義來治理至福的世界，在這裡「豺狼與綿羊同居，豹子與小羊同臥，牛犢與幼獅同食，小孩子要看管牠們。」（〈以賽亞書〉11:6）撒迦利亞把彌賽亞的尊貴區分爲世俗權力和宗教權力，也就是所羅巴伯和大祭司約書亞（〈撒迦利亞書〉4:1-6; 10:6-14）。在另一個 (245)
預言中，他描述彌賽亞王進入耶路撒冷，「得勝……凱旋而來，謙虛地騎著一匹小驢子。」（〈撒迦利亞書〉9:9-10）

重要的是，要明白「耶和華的受膏者」最初是用於統治的王。因此末世論的人物就被比喻爲國王。後來「受膏者」這個名詞用於祭司、先知以及主教⑧。透過耶和華來「受膏」，表示和神建立更親密的關係。但是在《舊約》裡，末世論的彌賽亞並不是超自然的存有，從天上降下來拯救世界。救贖絕對是耶和華的工作。彌賽亞是個凡人，是大衛的子孫，他將坐在大衛的寶座，以正義來治理。有些歷史學家認爲對彌賽亞的期待是出現在忠於大衛王統治的族群裡的末世論狂熱。但是這些人畢竟只是少數，這也是爲什麼對彌賽亞的期待並沒有產生重大的影響⑨。然而問題更爲複雜。希伯來宗教思想的原創性是無庸置疑的，但是其中所描述的王族的意識型態，含有類似於偉大東方君主專制裡的國王的「救贖」角色⑩。

---

⑦ 〈以賽亞書〉24:23; 33:22; 43:15; 44:6。「那時耶和華要親自在錫安山統治他們。」（〈彌迦書〉4:7; 2:13）；〈撒迦利亞書〉9:1-8; etc.。

⑧ S. Mowinckel, *He That Cometh*, pp. 56 sq..

⑨ Fohrer, *History of Israelite Religion*, p.350.

⑩ G. Widengren, *Sakrales Königtum*, pp.30 sq.; Mowinckel, *He That Cometh*, 280 sq. et passim; Ringgren, "König und Messias".

末世論的預言，和被擄時期前的先知們所傳佈的信息有所牴觸。因為
這些後來的先知們盼望的並非人類劇烈的轉變或是新的存在性質，而是新
的時代，因此也就是新世界的創造；透過耶和華的神蹟，人類將會間接而
且自動地轉變。結果，末世論預言就含有對於偉大先知們的信息的誤解，
以及對於神意要拯救以色列的樂觀幻想⑪。然而必須注意的是，對於宇宙
重建的盼望（包括人類恢復其最初的完整性），是古代宗教的中心概念，
尤其是對古代的耕種者而言（見第 12 節以下）。每個末世論都會返回、延
續並且更新這個觀念，認為唯有世界的創造（至高無上的神的作工），可
(246)　以使人類的存在得到重生和神聖化。誠然，在被擄時期之後出現的末世論
的期待，是出於完全不同於偉大先知們的宗教經驗，不過這並不因此而比
較不重要。總之，他們宣說了某種盼望，認為可以透過個人的努力實現靈
性的圓滿，以及在神的大能和他的救恩許諾之下堅定人們的信心。

其實末日來臨的延宕，結果就是使人們更加反對律法主義和儀式主義
的權威。但是對於末世的盼望永遠都不會消失（見第 203 節）。

199. 律法主義的進步

在波斯宗主權之下兩個世紀的和平期間，律法主義的改革，從被擄之
前開始並且持續到囚擄時期，有穩定的發展。在巴比倫，割禮被重新詮釋
為耶和華子民的最高象徵。謹守安息日成為忠於聖約的證明（〈以賽亞
書〉56:1-8; 58:13-14）。《利未記》裡所記載的儀式法規在被擄時期被賦
予明確的形式。人們稱之為「神聖律法」，並且認為是摩西所作，區分儀
式的潔淨和不潔，規定牲祭、性事和禁忌、節日曆法，以及儀式的細節。
如同梵書時期（見第 76 節），「神聖律法」把生命和社會行為都給儀式
化。其目的是要維護以色列的潔淨，為耶和華應許的新國土作好準備。處
於外邦且不潔的世界裡，他們必須維繫民族的倫理和靈性身分，民族才有

----

⑪　Fohrer, p.352。

倖存的可能。

國家生活的重建不再如同以往偉大先知們所期待的那樣，是源自靈性的內在皈依，而是在律法書（托拉〔torah〕）的絕對權威下有效組織社會的結果。在儀式裡，對神的讚美是在於以色列的「神聖」，亦即，儀式性的潔淨，這種潔淨不斷受到罪的威脅。從贖罪禮（yom kippurim）的制度，可以證明公開悔罪的重要性。「贖罪的機制是如此完備，人們幾乎無法盼望更好的新秩序。在祭典的敘述裡並沒有末世論或彌賽亞主義的痕跡。對 (247)他們而言，以色列擁有救恩持存數個世紀所必需的所有制度。」⑫祭司階級是唯一得以監督法典應用的權威。在波斯帝國時期主導宗教生活的僧侶統治結構，在被擄時期已經建立起來。

西元前430年左右，住在波斯王亞達薛西一世（Artaxerxes I）宮廷裡的猶太人尼希米（Nehemiah），成爲猶大地區的省長並且得到授權去重建耶路撒冷的城牆。他也從事宗教改革（此外，他堅持剔除以非以色列婦女爲妻的祭師）。另一位宗教領袖以斯拉（Esdras），沒有人清楚他的生平，他（可能在五世紀末年）紹承尼希米的任務⑬。他也認爲以色列的儀式潔淨相當重要，而且廢除異族通婚。這當然不是以種族爲標準。其危險是在於宗教方面，因爲異族婚姻會危害耶和華宗教的完整性。然而，以斯拉的改革導致了種族隔離，而且他強化律法主義，從那時起，律法主義就主導著以色列的宗教。根據傳說（《尼希米記》8），以斯拉召聚「眾男女，以及已經明白事理的兒童」，對他們宣讀「摩西的律法書」。《摩西五經》（Pentateuch）是否就是這部作品或只是其中的一部分，其實難以確定。但是由這個鄭重宣讀的時刻，以色列的宗教「正式地」擁有聖經。

《托拉》隨即和《摩西五經》混淆在一起。研讀和解釋書寫的經文取代了口頭傳承。以斯拉被認爲是第一位「經師」或「法學博士」。經師成

⑫ A. Caquot, "Le judaïsme depuis la captivité de Babylone," p. 143.
⑬ 不過根據 Morton Smith（他接受 Kellermann 的結論）的説法，是尼希米持續由以斯拉所開始的改革；見氏著 *Palestinian Parties and Politics That Shaped the Old Testament*, pp. 120 sq.; ibid., pp. 126 sq. 。

為名副其實的宗教行為的模範。（見後文便西拉〔Ben Sirach〕的經師頌文。）但是有個新的觀念逐漸發展起來，即「口傳托拉」的觀念。人們認為除了書面的律法書之外，摩西從神接收到額外的指示，這些指示從那時起以口頭方式傳承。對經書的全部注解構成了《密西拿》（Mishnah，意為「複述」）。基本上，那是把「祕教思想」加以合法化的方式，亦即，神祕教義的入會禮式的傳承⑭。隨著時間發展，「博士」成為處理托拉的權威（見第 201 節）。

(248)

我們不擬引述在斯拉改革之後創作、重整或編輯的所有作品。這段期間有〈歷代志〉、某些詩篇和先知書⑮，以及重新處理早期的經文。在這段期間，我們也見到兩股宗教勢力之間的緊張關係，我們姑且稱之為普世主義者和民族主義者。普世主義者延續末世論先知的想法，希望有一天見到萬國崇拜耶和華，以他為唯一的真神。反之，民族主義者主張啟示錄的排外特色，並且致力於維護以色列民族的完整性。事實上這種衝突相當複雜且微妙。

200. 神智的人格化

有個最重要而且對於猶太教歷史影響重大的事件，就是猶太教和希臘文化的對抗。青銅器時代後期開始，希臘人就持續和巴勒斯坦有所來往。在西元前 1000 年期間，他們逐漸湧入巴勒斯坦，在波斯統治期間，還是持續移動⑯。但是特別要到亞歷山大的凱旋之後，希臘化的影響才開始令人憂懼。希臘的語言、文化和制度（學校、體育等）到處流傳，不只在以色列餘民裡，也包括巴勒斯坦地區，那個地方在亞歷山大死後（西元前 323

---

⑭ 類似的注解證明大乘教義和坦特羅技術、赫美斯神祕宗教的、天啟和諾斯替的「啟示」的有效性。

⑮ 應該注意的是幾位，歷史學家認為〈約伯記〉溯自流放後的時期。

⑯ Smith, *Palestinian Parties and Politics That Shaped the Old Testament*, pp. 58 sq., 228 sq..

年）由埃及托勒密王朝統治⑰。

　　正如羅馬人，先知們之後的歷史特別是充滿了宗教意義。換言之，歷 (249)
史事件改變了以色列的政治命運而且以之爲典範，同樣能夠代表在救恩歷
史裡的重要時刻。希伯來人認爲，國家政治和宗教活動是不可分的，因爲
儀式性的潔淨（以色列因而得以保存）和政治的自主權有關。希臘思想對
巴勒斯坦的影響，逐漸在政治、宗教以及文化面向上呈現出來。貴族和某
些地區的中產階級致力於引進古希臘文明的啓蒙性的觀念和制度。這種
「自由主義」和世界主義的政策，對國家認同會構成威脅，而受到其他社
會階層的反對，特別是保守的宗教團體以及農村百姓。這兩股勢力之間的
緊張狀態，將引起馬加比兄弟的起義（第 202 節）。

　　不同的意識型態和宗教取向造成猶太人的分裂，從亞歷山大的征服
（西元前 332 年）到巴勒斯坦成爲羅馬行省（西元前 69 年），在耶路撒冷
或餘民的作品裡留下印記。但是重要的是時代精神的力量沛然莫可禦，即
使在批評和反對的文獻裡，我們都可以找到希臘化觀念的痕跡。

　　「智慧」（hokmā）的人格化是這段時期最有原創性的宗教產物。〈箴
言〉（或許寫於西元前三世紀期間）前九章讚美智慧的神性起源，並且列
舉她的種種特質。「在耶和華造化的起頭，在太初創造萬物之先，就有了
我。從亙古，從太初，未有世界以前，我已被立。沒有深淵之前，我就出
生。」（〈箴言〉8:22-24）。智慧是「淺顯易懂思想的發明者」；她「輔
佐君王統治，協助統治者制定公正的法律。」（8:12 sq.）有幾位作者見到
希臘哲學對這個概念的影響，但是蘇菲亞（希臘文「智慧」之意）作爲神
而且以位格化的方式表現，則是相當晚出的；尤其是在赫美斯神祕宗教的
作品、普魯塔赫以及新柏拉圖主義者的作品裡，都可以找到⑱。其他學者 (250)
則認爲閃族的類似思想早於希臘的影響，尤其是以利凡丁（Elephantine）

---

⑰　E. Bickerman, *Der Gott der Makkabaer*, pp.59 sq.; V. Tcherikover, *Hellenistic Civiliza-tion and the Jews*, pp. 90 sq.; Martin Hengel, *Judaism and Hellenism*, vol. 1, pp. 65 sq..

⑱　Hengel, *Judaism and Hellenism*, I, p. 154; II, p. 98 n. 298（bibl.）.

的〈亞希夸的智慧〉⑲。甚至也有人在大地之母的女神崇拜（艾西斯或阿
什塔特）裡探尋「智慧」的祖先；但是「智慧」並非神的伴侶；她是從上
主的口裡生出來的。

布榭（Bousset）和葛雷斯曼（Gressmann）正確地強調人類和神之間
的「中間存有者」在猶太教思想裡的重要性，尤其是在希臘化時期⑳。某
些智慧學派把「智慧」提升到最高權威，作為啟示錄的中保。但是我們即
將看到，對於「智慧」的各種紛歧的詮釋和更新，反映出深層的危機，可
能會劇烈地改變猶太教的輪廓。

201. 從絕望到新的神義論：〈傳道書〉和〈德訓篇〉

〈傳道書〉（Qoheleth）㉑和〈約伯記〉是最動人的證道，抒發因報
應的教義崩解而感到的震撼。不同於智慧作品的教義，傳道書的作者探究
神的無法理解的作為。愚昧人和智慧人（2:15 sq.）、人與獸（「前者死，
後者也得死。」〔3:19〕）不但皆擁有同樣的命運，而且「那應該有公道
和正義的地方，反而有邪惡。」（3:16）作者從他自己的經驗來判斷：他
見到「有義人行義，反致滅亡；有惡人行惡，倒享長壽。」（7:15）就像
個平靜而不帶感情的哲學家，他不斷回到這個主題：「義人遭受惡人應受
的懲罰。」（8:14; cf. 9:2）總之，我們不再可能去談神的「公義」（5:7;
etc.）。更有甚者，也不再可能去理解創世或生命的意義：「人查不出日光
之下所做的事；任憑他費多少力尋查，都查不出來。」（8:17）因為無人
可以「參透神從始至終的作為。」（3:11）神不再濫施他的憤怒或憐憫。

(251)

---

⑲ W. A. Albright, C. l. K. Story, H. Donner 人的研究，Hengel 所分析，ibid., vol. 1, pp.
154 sq.; vol. 2, p. 99.。

⑳ W. Bousset and H. Gressmann, *Die Religion des Judentums im späthellenistischen
Zeitalter*, 3d ed., pp.319, 342 sq.; cf. Hengel, Judaism and Hellenism, vol. 1, p.155.

㉑ 傳道書的意義並不確定：或許意指「會眾之師」或「演說者」；見 Hengel, *Juda-
ism and Hellenism*, vol. 1, p. 129。

罪惡感和對寬恕的希望都是虛空。神已經放棄人類；他不再關心他們發生的不幸。

著名的疊句「虛空與補風」對於人類存在的不安全和惡行作了辯解。作者祝福「死者……而非生者」，特別是「未曾生的」（4:2-3）。即便智慧也是虛空（1:16-17;2:15;9:11）。然而，傳道書並不是反對神。反之，因爲人類的命運是在「神的手中」（9:11），人就必須利用「神所賜他的日子過活，因爲這是他的分。」（5:17）對人來說，唯一的「恰當的幸福」是享樂主義式的，「去吧，高高興興地吃飯，快快樂樂地去喝酒……當同你的愛妻快活度日……，因爲這是你應得的分。……你無論做什麼事，要努力做；因爲陰間沒有工作，沒有計劃，沒有知識，沒有智慧，而你要去的，正是這個地方。」（9:7-10）

這種悲觀的理性主義被拿來和某些希臘哲學流派相比。從伏爾泰的時代開始，有些歷史學家和注釋學者就提到斯多噶學派、伊比鳩魯或塞利尼的享樂主義的影響㉒。古希臘文化對被擄時期後的猶太教的影響是深遠的（見第 202 節）。儘管如此，〈傳道書〉裡並沒有這些線索。希臘哲學家和作家激烈批評傳統的神話和神學，但是〈傳道書〉的作者並不否定神的存在，他宣佈他的實在和大能㉓，也絕不忘重複說，我們必須藉他的恩賜而受益。更有甚者，〈傳道書〉不排斥儀式和敬神。所以並沒有無神論的問題；反之，〈傳道書〉表達的是，因爲發現神的漠然而在絕望和順從之間產生的衝突。這種對享受生命的邀約恰好被拿來和埃及人的〈豎琴手之歌〉以及西杜麗女神對吉加美士的勸告作比較（第 23 節）。

便西拉（Ben Sirach，「息辣之子」）的作品〈德訓篇〉沒有〈傳道書〉那麼感人，然而對於以色列的危機和憂患卻有更好的表現。這部作品 (252)
可能在西元前 190-185 年由某個經師（sōpēr）所作，他是智慧學派的教師。這本書主要是針對受惑於希臘化啓蒙運動的希伯來年輕人。便西拉是個愛國者義者，相信律法書的純粹性非常重要（無論是政治或宗教兩方

㉒　Hengel, II, p. 77, n. 52.

㉓　Hengel, I, p.124.

面）。他抨擊富人（13:3, 18-23），因爲他們是世界主義和普世主義的最
積極的支持者。便西拉在書裡開始就抗議希臘思想的世俗意識型態：「一
切智慧皆來自上主，」他呼喊著（1:1）。這使得他得以把智慧（預存於神
裡）溯源到〈托拉〉。對智慧的頌文，第24章的偉大讚美詩，是本書的重
心。智慧同時宣佈她的崇高地位（「我由至高者的口中出生」）以及她淪
落到耶路撒冷（「這樣，我就定居在熙雍山上，⋯⋯使我在耶路撒冷有權
勢」）（24:15）。

　　針對由「啓蒙運動」爲代表（世界主義者）的辯護，便西拉描述智慧
的教師（理想的經師）是全神貫注於研究聖經的學者：他「將自己的精神
專注於至高者的律法。他考究歷代古人的智慧，專務先知的預言。必考究
箴言的眞諦，必玩味比喩的微妙」等等（39:1 sq.）。因爲「一切智慧在於
敬畏上主，齊全的智慧，乃是遵行法律。」（19:20）在智慧文學裡，尤其
是在箴言以及幾篇詩篇裡，眞正的「義人」是認清這個宇宙秩序和道德生
活的神性起源的智者。**因此人們可以獨立於他們的宗教之外去接近智慧。**
但是便西拉拒絕這種「普世主義」的詮釋；他認爲智慧和敬神以及儀式有
關。托拉「含有摩西頒佈給我們的法律。」（24:23）㉔換言之，智慧是神
給以色列的獨有恩賜。因爲神爲每個國家都立了一位統治者，「但是以色
列是上主自己的一份子。」（17:17）

　　神學方面，便西拉回到傳統的立場。他批評那些認爲神不關心人類命
運的想法；換言之，他同時駁斥在耶路撒冷城裡流行的傳道書和希臘哲
學。最重要的是，他試圖爲報應的教義辯護：他讚美神化工的完美（39:16,
42:15, 22:25）。他重複說明善人與惡人有不同的命運，因爲「幸福從開始
就是爲善人造的，禍患是爲惡人造的。」（39:25）在「沉思」良久之後，

(253)

㉔　在「祖先頌文」（44:1-49:16）裡，便西拉讚美聖經歷史裡的偉大人物：以諾、諾
亞、亞伯拉罕、以撒和雅各、摩西。這是奇特的文章，在智慧文學裡無與倫比
（Hengel 將它與希臘文學中對英雄的榮耀作了比較，de viris illustribus〔*Judaism
and Hellenism*, vol. 1, p. 136〕）。但是作者失去了他的靈感，「頌文」也成了説
教，最後變得單調乏味。

他總結道：「惟有上主堪稱是正義的。」（18:2）

　　這個大膽恢復傳統神義論的解釋、對「智慧之敵」的激烈抨擊，也就是親希臘的叛教者和「自由派」。便西拉祈求把以色列從「異邦」中拯救出來：「求你大發雷霆，發洩義怒，剷除敵對，消滅仇人……讓……那欺壓你民族的人，都遭毀滅。」（36:6, 8）

　　然而，在著名的第 24 章，「智慧」宣佈說：「惟有我繞行周天，走遍深淵的深處；行走在滄海的波濤上，站立在普世上。我在萬民和列國中，掌握無上威權。」（24:5）換言之，智慧是代表「充滿在整個世界、自然與人類（不只是猶太民族）的力量。」㉕但是便西拉覺得有義務去限制而且最後是要忘掉智慧的普世主義面向。在認真處理希臘思想及其「蘇菲亞」，「智慧要進入猶人教裡只有透過與一個因素結盟的方式，就是律法：它在這場對抗中扮演一個決定性的角色。……在對抗希臘思想及其蘇菲亞方面，我們不能低估智慧（hokmā）對猶太宗教的形成的重要性。」㉖

202. 第一個啓示：〈但以理書〉與〈以諾一書〉

　　和希臘思想的對峙的最高點是在安提阿古四世伊皮法尼（Antiochus IV Epiphanes）統治時期（西元前 175 至 164 年）。雙方的對立，托比亞斯（254）（Tobiads）（代表普世主義者）和歐尼亞斯（Oniads）（代表民族主義者），有段時間甚至有兵戎相見的危險。親希臘文化者要求激烈的改革，計畫把聖經傳統的猶太教改造爲「現代的」宗教，類似於其他同時期宗教融合的產物。西元前 167 年，歐尼亞斯的敵手趁其意圖起義失敗，建議安

㉕　W. Schencke, *Die Chokma(Sophia) in der jüdischen Hypostasenspekulation*, p. 29. Hengel(vol. 1, p. 160) 比較了斯多噶哲學家的道（Logos），其穿透並賦予宇宙一種形式：「宇宙法則（道），是滲透四處的眞正智慧，是與宙斯同在」（Zeno, cited by Diogenes Laertius, 7. 88）。

㉖　J. Fichtner, *Die altorientalische Weisheit in ihrer israelitisch-jüdischen Ausprägung*, p. 127; cf. Hengel, vol. 1, p.162.

提阿古依照皇家法令廢除《托拉》㉗。聖殿於是成爲奧林帕斯的宙斯的宗教融合的聖所，他被等同於腓尼基人的巴力神。他們制定法律禁止安息日和宗教節日、割禮以及保有聖經，違者處以死刑。巴勒斯坦到處都設立祭壇供奉外邦人的神，人民有義務去獻祭。

自從征服迦南地以來，由其是在君主專制之下，以色列人經歷宗教融合的誘惑和危險（第 113 節以下）。但是安提阿古伊皮法尼的侵略更爲嚴重。的確，他並不想以宙斯來代替耶和華；他的目的是要給神一個名字，這個神對異教徒而言基本上是沒有名字的㉘。此外，若干希臘和羅馬作家也把耶和華附會爲宙斯㉙。傳統主義者認爲這種比附是個瀆聖的行爲，而許多親希臘文化的知識分子卻可以接受，而著迷於斯多噶學派主義浮誇的宗教和哲學。不過這種在哲學的詮釋超出大部分以色列人的理解範圍；他們認爲宙斯只是外邦人所崇拜的諸神之一。此外，如同歷史學者福拉維斯・約瑟夫（Flavius Josephus）後來所證實的（Antiq. Jud. 12. 220, 253），安提阿古犯下許多罪行，包括瀆聖（尤其是在耶路撒冷建立的多神崇拜）、強盜、排除異己，尤其是迫害猶太人㉚。

哈斯摩尼（Hasmoneans）家族中有個名叫馬提亞（Mattathias）的祭司，發佈武裝起義的訊號。自始他就受到奮銳黨人（虔敬派〔hassidim〕）(255) 的支持。馬提亞死後，他的兒子猶大馬加比（Judas Maccabaeus）擔任這個戰爭的指揮。西元前 164 年，他攻下聖殿並恢復崇拜儀式。虔敬派認爲這場宗教勝利已經足夠。但是馬加比卻繼續爭取政治上的自由，並且在西元前 128 年起義成功。猶太人的王在消失好幾個世紀之後又再度出現，從哈

㉗ 根據 Bickerman 的說法，是耶路撒冷的極端 hellenophiles 驅使安提阿古的鎮壓暴力加劇；見他的 *Der Gott der Makkabaer*, pp. 120 sq. et passim. 制定迫害法令的作者是托比亞斯他們（Hengel, vol. 1, p.289）。

㉘ Bickerman, pp. 92 sq.

㉙ Hengel, vol. 1, pp. 261 sq.; M. Simon, "Jupiter-Yahve," pp.49 sq.

㉚ Simon, "Jupiter-Yahve," p. 51.

斯摩尼家族中選出新的王③。他們的統治可說是多災多難，而在西元前 63
年，人民如釋重負地接受羅馬人的統治。

　　從安提阿古伊皮法尼的侵略到龐貝把巴勒斯坦改爲羅馬行省的那幾個
世紀裡，對猶太人的歷史和宗教兩個方面都有決定性的影響。他們意圖的
異教化造成巴勒斯坦的猶太人難以抹滅的創傷：他們不再相信異教徒是清
白無罪的。從那時起，他們和希臘文化之間便有了無法逾越的深淵②。而
馬加比軍隊的勝利則使猶太人王國的政治影響力逐漸增加。更有甚者，猶
大馬加比的領袖魅力形象，後來更鼓舞了其他的武裝起義，這次對抗的是
羅馬人。但是在西元 66-70 年的起義結果，造成聖殿第二次的破壞以及耶
路撒冷被提多（Titus）的軍團破壞。由巴柯巴（Bar Cochba）所領導的起
義在西元 132-135 年受到羅馬皇帝哈德良（Hadrian）的殘暴鎮壓。

　　就本書目的而言，我們特別注意的是這段時期在宗教方面的創造。如
所預期，當時的歷史事件被改裝（含藏著某些密碼般的信息）且整合爲世
界史裡的個殊情景。最早的啓示文獻是在「虔敬派」的圈子裡出現，〈但
以理書〉和〈以諾書〉裡最早的部分。「虔敬派」人士是個相當緊密的團
體；他們主張要完全服從律法書並且悔改。悔改的重要性是種歷史的大啓
概念的直接結論。事實上，歷史的憂患也達到前所未有的程度。因此，　　(256)
〈但以理書〉和〈以諾一書〉都預測末日將近；虔敬派人士必須爲將臨的
神的審判作好準備。

　　〈但以理書〉目前的形式大約是在西元前 164 年完成。作者以幾個世
紀以前的預言形式來描述當時的事件。這個程序（「從事件去預言」〔vati-
cinia ex eventu〕）是啓示文學的特色③。它使人們更相信預言，因而也幫

③　有關馬加比的迫害與戰爭請見 Bickeman, *Der Gott der Makkabaer*; Tcherikover, *Hel-
lenistic Civilization and the Jews*, pp. 176-234; S. K. Eddy, *The King Is Dead*, pp.
213-56; 以及 Hengel, *Judaism and Hellenism*, vol. 1, pp.277 sq.

②　但是宗教融合的趨勢持續在撒瑪利亞與約旦河發展，而且尤其是在説希臘語的流
亡族群中；見 Hengel, vol. 1, p. 308。

③　Cf. 埃及人的「波特的神諭」，希斯塔什巴（Hystaspes）與西卜林神諭，等等。

助信徒勇於承擔眼前的考驗。於是〈但以理書〉敘述尼布甲尼撒王（Nebu-chadnezzer, 605-562 B.C.）的夢境。這位國王看見一座雕像：頭是黃金做的，胸部和手臂是銀做的，腹部和大腿是銅做的，雙腳是鐵和泥做成的。突然間飛來一塊石頭，擊中了雕像：「於是金、銀、銅、鐵、泥都一同砸得粉碎，如夏天禾場上的糠粃，被風吹散，無處可尋。」（〈但以理書〉2:32-36）但以理解釋這個夢境：金頭是尼布甲尼撒王（西元前605-562）；在他之後會興起另一個遠不及他的王國，然後是第三王國，就是銅的，要統治全世界。第四王國，必「堅壯如鐵」，將壓碎其他列國，但是最後將敗壞。「那時天上的神必另立一國，永不敗壞，也不歸別國的人。」（2:44）隨後的亞述王國（如新巴比倫王國）、米底斯和波斯，以及最後的亞歷山大王國，都顯示加速沒落的過程。但是特別是在第四王國期間（也就是安提阿古伊皮法尼王國），以色列人民的生存受到嚴重的威脅。然而，但以理提出他的保證，這個沒落的世界的末日將近，以後神要建造永恆的國度。但以理進一步描述他自己的夢境，在其中他見到四隻巨獸從海中上來。巨獸代表四個注定要滅亡的王國；之後，統治列國的大權必賜給「至高者的聖民」（〈但以理書〉7:27）。

(257) 　　總之，〈但以理書〉提醒人民過去發生的大事，特別是軍事帝國的傾圮，作者心中有個明確的目的：鼓勵並堅振他的教友。不過，四個王國的戲劇性更迭，同時表現出**世界史的統一性概念**。其實這個神話的意象顯示其中有東方的起源。四個接續的王國，以四種金屬作為象徵，這在赫西奧德和伊朗裡都可以找到。至於四隻巨獸，則有許多的前例：巴比倫、伊朗、腓尼基[34]。同樣的，〈以諾一書〉（16:1）的「太古」，也類似於「偉大年代」的教義[35]。然而，〈但以理書〉和猶太人的啟示錄都呈現出其他傳統所沒有的元素：世界歷史的事件不再反映宇宙循環的永恆律動，也不

---

[34]　W. Baumgartner, "Danielforschung." Pp.214-22; A. Bentzen, Daniel, pp.57-67; A. Lacoque, *Le Livre de Daniel*, pp. 49 sq.

[35]　Eliade, *Le mythe de l'éternel retour*, pp. 133 sq.; Hengel, *Judaism and Hellenism*, vol. 1, pp.191 sq.

再倚賴於星象；歷史的事件是依照神的計劃來發展㊲。在這個預定的計劃裡，以色列扮演主要的角色。歷史正加速走向終點；換言之，以色列的最後勝利近了。這場勝利不只是政治上的；事實上，歷史的完成就等於是以色列的救贖，是神自永恆以來便已決定的救贖，並且銘刻在歷史的計劃中，儘管他的子民犯了罪。

203. 唯一的盼望：世界末日

如同其他傳說，在猶太人的啓示錄裡，世界末日是透過某些劇變和世界的災異去宣告的：夜晚出太陽，白天出月亮，噴泉湧出血流，行星偏離軌道，樹木淌血，火舌將從地心竄出，石頭將吶喊等等（〈以斯拉下〉5:4-12）。歲時將縮短，人類會彼此殺戮，乾旱和饑荒將至㊲。而且正如伊 (258)
朗的傳說，在末日將見到世界的審判，因而也有死人的復活。

〈以賽亞書〉（26:19）已經提到復活（「死人要復活，屍首要興起」），但是難以推斷出這個段落的創作年代。最早的出處無疑地是在〈但以理書〉12:13：「到了末期你必起來享受你的福分。」㊳此處很可能受到伊朗的影響；不過我們也須牢記古代東方對於植物神的概念（見第117節）。啓示文學（〈以斯拉下〉；〈以諾一書〉51:1-3,61:5, 62:14 sq.;〈巴錄書〉）與法利賽人都對復活的教義有仔細的表明。在耶穌講道的時代，人們已經普遍接受這個教義，除了撒都該人之外。

至於最後的審判，〈但以理書〉（7:9-14）描述為發生在「偉大時代」之前，他的「白袍似雪」，坐在如火燄的寶座上：「他坐著要行審判，案

㊱ 往天上的狂喜之旅中，以諾見到整部刻在碑上的世界史（ *1 Enoch* 81:1 sq. ）。關於這個主題請見 Widengren, *The Ascension of the Apostle*, esp. pp 27 sq.

㊲ 見 Eliade, *Le mythe de l'éternel retour*, pp. 149 sq.; P. Volz, *Die Eschatologie*, pp. 150 sq. 這些老生常談，是典型的啓示文學，衍自於一種古代神祕儀式劇情：在世界末日之後是一個新的創生（§12;see also Eliade, Aspects du mythe, chap.4-5）。

㊳ 來自同時期的是 *1 Enoch* 90:33 與耶孫（Jason of Cyrene）的作品。在猶太馬加比死後不久所作；見 Henglel, vol. 1. p.196。

卷都展開了。」以諾在其出神狀態的夢裡也見到上主坐在他的寶座上以及「封緘的案卷」，他還目睹對墮落的天使和叛教者的審判，他們被罰丟入火湖裡（90:20 sq.; Charles, *Apocrypha*, vol. 1, pp.259-60）。至高者坐在「審判寶座」上的意象再度出現在〈以斯拉下〉裡，罪人在此注定要入「火刑獄」，而美德之人則獲賞以進入「逍遙自在的樂園」裡（7:33-37; Charles, vol. 2, p.583）。在審判之後，惡將永遠消失，道德墮落將被徹底擊敗，真理將統治每個地方（〈以斯拉下〉6:26-28; Charles, vol. 2, pp. 576-77）。末世論的火的審判概念，很可能是源自於伊朗（見第 104 節）。

(259) 　　在相同異象的「亙古常在者」和審判裡，但以理目睹「有一位像人子的」從天上降下，被領到「亙古常在者」面前，「接受了權柄、榮耀、國度」（7:13-14）。但以理用「人子」（等於「人類」）象徵以色列人民在末日得勝的至上時刻。這個說法在西元一世紀期間很流行；此外，耶穌也是以這個頭銜稱呼自己。我們於希臘化世界裡見到一個類似的人物，就是「原型的人」（Anthropos）或是「初人」。這個神話是源自於印度和伊朗（Purusa, Gayomart），但是關於「人子」的最接近先例是在伊朗迦勒底人（Chaldean）的宗教融合裡發現的（見第 216 節）。最早為人類賦與末世使命的觀念的，並不是聖經。只有在晚期猶太教中，才有「創世之前的亞當」的觀念㊴。

　　世界史裡的「唯一」（unitaire）概念，可以幫助我們解讀同時期的末世論意義。過去的宇宙循環論（尤其是印度四瑜伽的教義）解釋這個世界逐漸且無可避免的沒落，但是虔敬派主張耶和華是歷史上唯一的主。在〈但以理書〉和〈以諾一書〉裡，神依然是中心人物。惡並不是耶和華敵手的明確化身。惡是從人類的違逆（〈以諾一書〉98:4 sq.）以及墮落天使的叛變產生出來的。

㊴　事實上猶太教不知道人子就是原人神話的一種變體。猶太人的啟示文本榮耀人子的末世論角色，但是與他的事先存在沒有關係（見 Mowinckel, *He That Cometh*, pp.420 sq.）。F. A. Borsch 加以發揮國王做為原始人子的東方神話元素；見其 *The Son of Man in Myth and History*, pp.89 sq.。

　　但是在天啓文學裡，這個背景有明顯的變化。世界和歷史現在被視爲由惡的力量所統治，也就是撒旦的魔鬼勢力。經上最初提到的撒旦（〈約伯記〉1:6 sq.；〈撒迦利亞書〉3:1 sq.）是耶和華天國裡的成員。他之所以是「敵人」，是因爲他是和人類作對的天使（見第 115 節）。然而，現在撒旦卻化身爲主要的惡：他成爲神的敵人。此外，有個新的觀念也成形：即兩個時代（或兩個國）：「這個統治時期」與「另一個統治時期」。〈以斯拉下〉7.50 說：「上帝創造了兩個世界，而不是一個。」[40]在這個時代，「撒旦的國」注定得勝。聖保羅稱撒旦爲「這世界的神」（〈哥林多後書〉4:4）。他的力量在彌賽亞將臨的時代將達到頂點，那時將有如前所述的各種災異出現。但是在這場末世的爭戰裡，耶和華將征服撒旦，殲 (260)滅或打敗所有的魔鬼，根除邪惡，然後建立他的國，施與永恆的生命、喜樂和平安[41]。有經文提到返回天堂，死亡也已經被挪開（〈以斯拉下〉8:52-54）。然而，儘管這個新天新地再怎麼完美和永久，仍然是個物質的世界。

　　撒旦的形象或許是在伊朗二元論影響下發展出來的[42]。無論如何，這是比較溫和的二元論，因爲撒旦並不是自始就和神並存，而且他也不是永遠的。另一方面，我們在解釋時，也必須考慮到較早的傳說，他們相信耶和華是實在界的絕對全體性，也就是「對立的統一」（coincidentia oppositorum），在其中，所有的對立都會並存，包括「邪惡」（見第 59 節）。我們必須記住撒母耳（Samuel）的著名例子：「耶和華的靈離開掃羅，有惡魔從耶和華那裡來擾亂他。」（〈撒母耳記上〉16:14）如同在其他宗教裡，當宗教危機使人們開始懷疑傳統神學的語言和假設，最後把生命、實

[40]　相同的作品包括關於世界無可避免的退化的古代觀念：「創生的天地已經老了；它已經沒有年輕人的力氣」（*4 Esdras* 14:10）。
[41]　「智者」可以算出末世的日期。特別見 *Daniel* 9:22 sq.; *1 Enoch* 10:12, 89, 90, 97; *2 Esdras* 4:5, 14:11; etc.，亦見 W. Bousset, *Religion des Judentums*, 2d ed., pp.283 sq.; P. Volz, *Eschatologie*, 2d ed., pp. 141 sq.。
[42]　昆蘭文獻提到神創造了兩個靈，一個是善靈，一個是惡靈（見§233），這個教義就像是祖文教派（§213）。

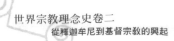
在界和神性的否定性面向加以人格化，在這之後，二元論便會清楚浮現。從前被認為是**宇宙歷程中的某個環節**（以對立者的交替為基礎：日夜、生死、善惡等），現在獨立且人格化，並且擁有特別的功能，尤其是關於邪惡的部分（建第 195 節）。或許撒旦就是古代的耶和華意象「分裂」的直接結果（反映神性奧祕的結果），也是受伊朗二元思想的教義影響下的結果。無論如何，撒旦的形象，就如惡的化身，在他以各種形態出現在 18-19 世紀的歐洲文學裡而成為著名人物之前，在基督宗教的形成和歷史裡就扮演相當重要的角色。

(261)　　至於末世和新天新地，天啟文學並沒有一致的概念。這些作者們都把災難以及眼前的憂患視為「分娩」或「彌賽亞」的痛苦，因為他們是彌賽亞將臨的先行現象和宣告。就如在〈以賽亞書〉以及其他被擄時期之後的先知書一樣，總是認為彌賽亞是個人類：他是神國的子民[43]。我們僅舉一例子，所羅門王的詩篇（完成於西元前一世紀）裡有一篇請彌賽亞早日來臨的禱告，大衛的子孫為此會在異教徒面前擊倒「不正直的元首並且滌洗耶路撒冷」（17:22-24）。他是一位「正直的王……他的日子將不會有不義；因為一切都是聖潔，他們的王將被上主膏立。」（17:26 sq., 29,30）

　　有些作者認為彌賽亞的王國仍然是在當代裡；在某個意義下，那是過渡期的統治，也就是千禧年[44]。彌賽亞的王國會持續 400 年、500 年或 1000 年。隨後將是世界的審判和滅亡。彌賽亞本人也會死亡，然後一切將會回到原始的「寂靜」，也就是回到混沌狀態。「七日之後，這個敗壞的世代就不復存在了，一個新的世代覺醒了。」（〈以斯拉下〉7:28 sq.; Charles, vol. 2, p.582）換言之，將會有新天新地、復活和永福[45]。

　　有幾部經文認為彌賽亞的地位高於其他永恆的存有者，包括以諾、以利亞以及其他接受神召到天上的人。根據某些拉比文獻，彌賽亞剛出生就

---

[43]　見 Mowinckel, *He That Cometh*, pp. 280 sq.（**書中包括重要的參考書目**）。

[44]　這個想法將透過拉比的推測而仔細描述：見 G. F. Moore, *Judaism in the First Centuries of the Christian Era*, vol. 2, pp. 375 sq.

[45]　Sanhedrin 99a, 其中援引拉比的各種看法；另見 Moore, *Judaism*, vol. 2, pp.375 sq.

被藏在樂園裡或是和以利亞一起在天國裡⑯。〈十二族長遺訓〉和昆蘭文獻提到的兩個彌賽亞（祭司和國王），祭司彌賽亞都居於首位。〈利未遺訓〉提到在他的祭司位置下「一切的罪都將消失……他將親自開啟天堂之門……他將賜予聖者品嘗生命之樹。」（18:9-12）總之，祭司彌賽亞將解除原罪所造成的後果⑰。

附帶一提的是，耶穌的講道和基督宗教的迅速崛起，都和相同的宗教 (262) 動亂有關，那是從馬加比起義到聖殿的第二次破壞的期間，其特色是猶太人對彌賽亞的盼望和末世論的思想（見第 224 節）。

204. 法利賽人的反應：歌頌《托拉》

猶太教和其他傳統一樣，啟示的異象使百姓更勇於承擔歷史的憂患。受天啟者可以從當時的災異裡看到撫慰人心的預兆。猶太人民的處境越糟，就越加肯定眼前的世代即將走到盡頭。總之，憂患的日增正是宣告救贖的將臨。歷史事件引起的苦難的宗教意義會不斷重申，而且不只是透過猶人人和基督信徒。

這既不是逃避歷史的遁世，也不是沉迷於幻想的樂觀主義。天啟文學是某種神聖的知識，在起源和本質上都具有神性。如〈但以理書〉的作者所說的（2:20-22），是神「將智慧賜與智慧人」，是「他顯明深奧隱祕的事，知道暗中所有的。」以諾這個傳奇的人物，是賢哲的模範形象和太初

---

⑯ Strack and Billerbeck, *Kommentar zum Neuen Testament aus Talmud und Midrasch*, vol. 2, p.340.

⑰ Ringgren, *La religion d'Israël*, p.350; Mowinckel, *He That Cometh*, p.382. 關於彌賽亞時代的推測於西元第一世紀期間在拉比圈內持續進行。同樣的主題不斷重現：異教徒被滅，猶太人得勝，神的福臨到有信心的人，等等（見 Moore 所引資料，*Judaism*, vol. 2, pp.345 sq.）。某些文本加上在彌賽亞來臨的當日，所有的人都將歸信同一個神，耶和華（Moore, ibid., p.371）。不過啟示錄作者們深信要放棄計算末日是哪一天。彌賽亞會在神所揀選的那一天來到。在此之前信者必須要悔罪，悔改，並遵守律法書（Moore, ibid., pp. 350 sq.）。

時期的先知[48]，後來相當受歡迎：他預見洪水時期的世代以及墮落的天使
要面對的審判。現在他宣說新的啓示並且要求悔改，因爲第二次的審判近
了。如同但以理，以諾在他的夢境和異象裡得到神聖的知識（〈以諾一
(263)　書〉13:8, 14:1, 83:1 sq., 93:1 sq.）。天使向他介紹天國的奧祕，他也進行天
國的出神之旅（12-36 章），在那裡神允許他去看碑上從開始到結束的整
部宇宙歷史。

　　在黎明時分，神將祕密知識啓示給幾位以虔敬和得見異象而聞名的
人。這次的傳授是祕教性質的，是「不外傳的」，換言之，凡人無法接
近。接著祕義會傳給少數特別的人。不過，既然太初時期相當於時間的終
點（末世），神聖知識如今再度啓示而且永遠只給少數的入會者。〈以諾
一書〉1:6 把人子描述爲出色的入會者，「通曉所有的祕義」。當他坐在
他的寶座上，「他將訴說所有祕密的智慧。」（ibid., 51:3）他的特質就是
智慧和才智[49]。我們將說明保存「祕密知識」是希臘化時期非常盛行的主
題（第 209 節），這也成爲所有諾斯替學派的證成理由（第 229 節）。[50]

　　啓示錄的作者充分發展這個概念，認爲智慧隱藏在天上，而且人類不
得接近[51]，而宗教出神的異象和經驗在啓示文學裡也扮演重要的角色（如
同在希臘化世界的每個角落）；因爲異象和宗教出神經驗證實有眞正的
「先知和賢哲」。更重要的是，宗教的出神經驗逐漸豐富了所有啓示的知
識。〈但以理書〉揭露的只是世界歷史，但是「以諾傳說」的經文卻包括
整個可見和不可見的世界：地上和天國的地理學、天文學、占星學、氣象
學和醫學。對於「以諾傳說」而言，宇宙論的奧祕直接證明並且讚美神的
化工。如韓格（Hengel）所說的（I, p. 208），智慧之師（虔敬派）遠比便

---

[48]　根據傳統，以諾是洪水期之前的先祖之一：他「與神走在一起。然後他不見了，
　　因爲神把他接去」（Genesis 5:24）。之後就要相當感激 Hengel 在 *Judaism and Hel-
　　lenism* 中的分析，vol. 1, pp. 204 sq.

[49]　其他例子請見 Mowinckel, *He That Cometh*, pp.375 sq., 385 sq.

[50]　在印度關於一種透過祕傳儀式來溝通的靈知的教義，從奧義書時期就有文獻記
　　載，但是它主要是在坦特羅教時期建立。

[51]　Hengel, *Judaism and Hellenism*, vol. 1, pp.206 sq.; vol.2, p.137, n. 630.

西拉還要堅決反對希臘思想。因爲基本上，他們透過「啓示的發現」而擁 (264)
有的知識，遠比希臘人的知識要殊勝許多。確實，他們的知識涵攝了宇
宙、歷史和天界，還有人類在末世時候的命運，這是理性無法解釋的知
識。這種全體性的、祕教的以及救贖的知識的觀念，可以在宗教出神的異
象裡得到理解或是透過入會禮的方式去傳承，在其他宗教傳統裡也有所記
載，並且古代基督宗教也可以看到。

　　沒有任何襲自希臘和東方觀念的猶太思想，能夠像天啓思想這般天馬
行空。然而，其根基仍然是《舊約》裡救贖歷史的概念[52]。我們必須談到
極其重要的宗教現象：受到宗教融合所鼓舞的宗教創造力。確實，虔敬派
這些最早的天啓文學作者，接受並且同化來自於好幾個宗教融合體系的觀
念；不過這些觀念既充實了猶太教，也使猶太人民在極其艱困的時期能夠
保持希望。在其他宗教潮流裡，我們也可見到類似的過程。在「正義的教
師」的領導之下，以艾塞尼教派爲名的虔敬教派和其他團體迥然不同，並
且在沙漠過著隱修的生活（第 223 節）；現在最類似於艾塞尼教派的就是
希臘的封閉式祕密集會。即使是從虔敬派發展出來的第二個團體，法利賽
人，在他們律法書的教義裡還是結合了某些希臘化的觀念[53]。

　　總之，安提阿古伊皮法尼的瀆聖侵略和馬加比的成功起義，決定了猶
太教的取向和未來的結構。這種「反托拉的熱潮」激勵安提阿古的擁護
者，卻也助長了「支持托拉的熱潮」，結果更鞏固了《托拉》的存有學[54]。
《托拉》被揚升爲絕對永恆的實在物，成爲受造者的典範。根據拉奇許之
子西門拉比（Rabbi Simon ben Laqisch，西元三世紀）所說，這個世界的存
在取決於以色列是否接受《托拉》這個事實；否則這個世界就會回到混沌 (265)

---

[52]　Hengel, vol. 1, p. 251.

[53]　見 Hengel, vol. 1, p.312, 其也包括了對於猶太人採借自東方和希臘思想文化環境而
　　　來的信仰與觀念的一個總結。

[54]　Hengel, vol. 1, pp.292 sq. 末世論——亦即，「與希臘思想對峙下的第二個成果」一
　　　一代表得以約束無所不在的托拉之唯一力量；事實上，托拉最後將同時統轄歷史
　　　的現在與宇宙的律動（ibid., p.312）。

狀態㊄。組成《托拉》的 248 條誡命和 365 條禁令，都有其宇宙的意義。人類生來就有 248 塊骨頭和 365 條血管，在人體的結構裡便已經反映出神的作工（宇宙）和他的啓示（律法書）㊅。作爲絕對的實在物，《托拉》是生命之源。希來爾（Hillel）說：「有多少《托拉》，就有多少生命。」（*Pirke Abhot* 3.7）

　　但是對《托拉》的歌頌完全改變了猶太教的命運。從先知的時代起，希伯來的宗教就受到普世主義和個殊主義這兩個趨勢的緊張關係所激勵。造成這種劇烈兒具有創造性的對立，基本上是因爲啓示的弔詭。神在**歷史裡**的某個啓示，也就是**僅限於猶太人民**，卻宣說著**普世的有效性**，然而同時卻認爲只有**以色列民族所獨有**。在西元前二世紀後半，因爲以色列餘民的驚人發展以及部分由於宣教的原因，猶太教形成爲**普世的宗教**。但是反抗安提阿古的瀆聖的結果造成所謂的「托拉情結」㊐。而這種「情結」卻阻礙了普世宗教的興起。誠然，律法書在捍衛國家認同上扮演決定性的角色，不過普世使命的意識因而也無法突破強大的民族主義去自由發展。此外，這也解釋了爲什麼原始基督教會在受到猶太先知精神的鼓勵下，決定對深受以色列人厭惡的撒馬利亞人（〈使徒行傳〉8:4 sq.）以及後來安提阿的非猶太人傳福音（〈使徒行傳〉11-19; etc.）。「基督論取代托拉的存有學而成爲自由的表現以及神在歷史裡的最高啓示，不再被視爲有國家或歷史的限制。」㊓《托拉》的永恆性加上律法主義的勝利，讓末世論的希望告終。「甚至啓示文學都逐漸銷聲匿跡，而且被猶太教的神祕主義取

(266)

㊄　文獻記載許爾堪之子以利以謝拉比（Rabbi Eliezer ben Hyrcanus, 西元一百年）説過：「如果沒有托拉，就沒有天與地的存在。」（Hengel 所引, vol. 1, p.172）其他資料來源請見 Moore, *Judaism*, vol. 1, pp. 266 sq., 450 sq.。
㊅　兩個世紀之後，坦特羅教派將表現出一種類似的擬人宇宙的體系與儀式；見第三冊。
㊐　見 Hengel, vol. 1, p.312. 即使在流散族群裡，托拉的重要性還是沒有被否定。譬喻式的解經並不廢除聖經的字面意義，史詩詩人斐羅（Philo）也接受規定的律法與禁律。
㊓　Hengel, vol. 1, p.314.

代。」⑤⑨

　　然而，我們必須指出，從猶太教的觀點來看，爲了保護以色列團體，放棄普世的使命是必須付出的代價。終究，重要的是猶太人民的歷史延續。這並不是單純的「民族主義」的問題，而是圍繞著「選民」的觀念而建立的神學的問題。耶和華揀選了以色列，那是他的子民。因此猶太人民成爲神意所神聖化的歷史實體。國家的分離就等同於叛教，也就是褻瀆了**因其起源而得到祝聖的民族結構**。因此猶太人民的要務就是要維持其完好無損的身份，即使是世界末日：換言之，永遠都要爲神所用。

---

⑤⑨　Ibid., p. 175.

第二十六章

希臘化時期的宗教融合和創造力：救恩的許諾

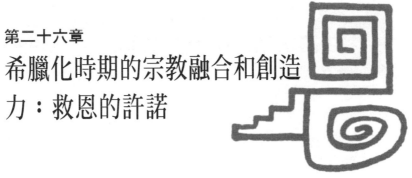

205. 神祕宗教

(267)　　我們說過（第 184 節），**救恩的許諾**是希臘化時期宗教的創新之處和主要特色。當然，我們最先浮現心頭的是個人的救恩（雖然王朝的儀式也有類似的目的，就是王朝的拯救）①。人們相信諸神也會有死亡和復活，他們與其說是城邦的守護神，不如說是個人。他們的儀式包括繁複的入會禮（口傳教義、祭典、祕傳知識），通過入會禮後，新教徒才會被祕密教團接受。神祕宗教並不禁止信徒加入其他祕密的兄弟會。正如同當時的宗教潮流，救恩的希望也有宗教融合的跡象。

　　的確，宗教融合是那個時期的主要特色。宗教融合是個極為古老而又有許多文獻可徵的現象，在西台、希臘和羅馬宗教的形成裡，在以色列宗教，在大乘佛教，在道教，都扮演著重要的角色，但是希臘化時期和羅馬時期的宗教融合的規模和創造力，卻是史無前例的。宗教融合不但沒有造

(268)成耗損或貧乏，甚至是每個新宗教的條件。我們看到這個條件在被擄時期之後的猶太教（第 202 節）裡的重要性。我們稍後在伊朗的宗教創造裡也會發現類似的過程（第 212 節）。原始的基督宗教也是在宗教融合的環境裡發展出來的。的確，在這個時期裡，只有冥府之神西拉匹斯（Serapis）譯①是兩個神的巧妙揉合的結果。但是希臘和東方的神祕宗教、最後的審判和世界末日的冥想、以及對統治者的崇拜，都證明了宗教融合思想的重要性和力量。

　　　———————————————

①　例如說，傳統的神擢陞為王朝的守護神：阿波羅和塞流卡斯人、宙斯和拉哥斯人、雅典娜和阿塔羅斯人。統治者和宗教融合的國家宗教（例如托勒密時代的埃及的西拉匹斯）也有相同的結果。

譯①：西拉匹斯（Serapis, Sarapis），是奧賽利斯和阿庇斯（Apis）的結合，是埃及和古希臘的神，托勒密一世建立儀式，揉合埃及的法老王宗教和希臘的神祕宗教而成。主要的聖地是亞歷山卓城，隨著航海隊而傳至地中海各地，他是救恩的神，其功能類似宙斯的普世之神，在埃及和艾西斯並祀。（*Metzler Lexikon Antike*, p.545）

　　我們可以說，救恩的許諾是要袚除女神提喀（Tyche）（也就是命運女神）的可怕力量。提喀生性善妒且反覆無常，不分青紅皂白地為世界帶來幸運或厄運；她化現為「必然」（anagkē）或「命運」（heimarmenē），特別是對於偉大的人物而言，例如亞歷山大大帝②。命運最後和星相的宿命論結合。個人的存在以及城市和國家的存續都得由星相決定。這個教義以及占星學（這個教義的應用技術），都是受到巴比倫人觀察天體運轉的影響。的確，早在美索不達米亞文明和亞洲其他世界，便已經知道大宇宙和小宇宙的對應理論（第24節）。然而，這次人們不只是感到他分受宇宙的律動，而且發現他的生命是由星體的運動決定。③

　　直到人們相信有某些超越命運的神出現以後，這個悲觀主義的觀念才逐漸銷聲匿跡。貝勒（Bel）據說是「命運的主宰」（Fortunae rector）。在艾西斯的神祕宗教裡，女神對入會者保證他們可以活得比他們的命數還久。在《論艾西斯與奧賽利斯》裡，女神說：「我已征服命運，命運要服從我。」尤有甚者，提喀（或命運女神）成為艾西斯的臣屬。④許多神祕 (269)
學和赫美斯神祕宗教的文獻也說，入會者不再受到命運的決定。⑤

　　不同於埃勒烏西斯神祕宗教的入會禮（只在特定的節日，而且只在聖殿〔telestērion〕裡舉行；見第 97 節），在其他救恩的宗教裡的入會禮，可以在任何時間和地方舉行。這些入會禮儀式都自稱源自遠古，雖然其中

---

② 見 Tarn, *Hellenistic Civilisation*, p.340。

③ 斯多噶學派則是從道德面向去解釋占星術：他們把命運之神解釋為有道德意義的「神意」：的確，是神意創造星球的。另一方面，自從巴比倫人發明星象的計算後，人們便認為歷史的周期和危機是由星象決定的。這個新的宇宙歷史的觀點也啟發了某種救世論思想（例如猶太教的世界末日異象，見第 202 節；內戰結束後，奧古斯都都創造的黃金時代）。

④ 見 A. D. Nock, *Conversion*, pp. 101, 288-89; J. Bergman, "I Overcame Fate, Fate Harkens to Me," pp. 39 sq.。

⑤ 見 A. D. Nock, *Conversion*, p. 102。命運（casus infestus）不再能夠支配那些崇拜艾西斯的人（Apuleius, *Metamorphosis* 11.15）。諾斯替教徒不再是命運（fatum）的囚犯（Lacantius, *Institutiones* 2.16），因為理性（nous）是命運（heimarmenē）和法則的主宰（Corp. Herm. 12.9）。

某些儀式的建立在當時不過百年之久。這當然是希臘化時期和羅馬時期的
「時代精神」的口號；但是我們會看到，救恩的宗教確實重現了某些遠古
的宗教元素。除了戴奧尼索斯宗教以外，所有神祕宗教都是來自東方：弗
里吉亞（西芭莉和阿提斯）、埃及（艾西斯和奧賽利斯）、腓尼基（阿多
尼斯）、伊朗（密特拉）。但是在希臘化時期，特別是在帝國的統治下，
這些東方宗教逐漸失去民族的特色；他們的結構和解脫論都具有世界主義
的目的。我們知道他們的民間儀式的主要特徵；至於他們的祕密祭典（也
就是入會禮），我們所知很有限。

我們知道，入會者要發誓對於他在儀式裡的所見所聞保守祕密。然後
他會被傳授「神聖歷史」（也就是聖典〔hieros logos〕），那是關於宗教
的起源的神話。入會者從前可能已經知道這些神話，但是他們給他新的祕
教詮釋，相當於開顯神的故事的真實意義。入會者必須經過斷食和苦行時
期，最後則有祓除的潔淨禮。在密特拉和阿提斯的神祕宗教裡，人們會在
架有烤架的坑上以公牛和公羊獻祭；他們把血澆在躺在地下的祭司身上。
入會者在儀式裡分受了神的死亡和復活的場景，雖然我們不知道透過什麼
(270) 方式。總而言之，入會者完成了神的模仿（imitatio dei）。我們得知的大
部分片簡都提到祭司的象徵性死亡和復活。在阿普列烏斯（Apuleius）的
《變形記》（*Metamorphoses*）裡，英雄盧基烏斯（Lucius）接受艾西斯神
祕宗教的入會禮，他就經歷過「自願的死亡」，「到達死亡的國度」，以
獲得「靈性的生日」（11.21.24）。在西芭莉的神祕宗教裡，入會者被認為
是經歷過「死亡的過程」（moriturus）。⑥在這些神祕的死亡之後，都會
有新的靈性生命。薩盧斯特（Sallust）說譯②，在弗里吉亞的儀式裡，新
教徒「被餵以牛奶，彷彿他們重生過。」（*De diis et mundo*, 4）在充滿赫
美斯宗教的神祕知識的《密特拉祈禱文》裡，我們看到：「今天，在萬

---

⑥　Firmicus Maternus, *De errore profanorum religionum* 18。另見 Eliade, *Naissances My-
stiques*, p. 236 所舉的例子。

譯②：薩盧斯特（Sallust, 86-34 B.C.），羅馬政治家和歷史學家。

眾裡的我被你生出來……」或是「那賦予生命的重生……。」⑦

在祭典的過程裡，入會者會進行冥想或是手握著聖物。他們告訴他這些象徵的解釋；那可能是某種祕義的解釋，把這些聖物解釋爲救恩的工具。在入會禮的某個階段，祭司們會舉行祭典的饗宴。在這個時期裡，這種古老的習俗有著末世論的意義。⑧在密特拉的神祕宗教裡，麵包和酒給予入會者在世間的智慧和力量，以及死後妙樂的不死生命。⑨透過入會禮，入會者得以和諸神相仿。在所有的神祕宗教裡，神聖化、不朽化（apatha-natismos）是很常見的觀念。⑩

206. 神祕的戴奧尼索斯

在希臘話時期和羅馬時期，戴奧尼索斯是最受歡迎的希臘神。關於他的公開祭典廢除了出神儀式，而更加「淨化」和精神化（不過在戴奧尼索斯神祕宗教裡還是有這個儀式）。⑪而戴奧尼索斯的神話更是最活潑生動 (271) 的神話。許多雕塑藝術，尤其是棺木紋飾，都是以酒神著名的神話故事作爲主題，從他的孩提時代（他奇蹟式的誕生、簸箕的搖籃）到他拯救阿麗亞杜妮（Ariadne），以及其後的神族婚姻。神話、宗教聖地和遺址，都指向戴奧尼索斯的雙重性格，他是天神宙斯和凡間女子的兒子，受到迫害而戰勝敵人，遭到殺害而又復活。人們在德斐發現他的墳墓，而其他的遺址也都描繪過他的復活。他終於使他的母親成爲奧林帕斯的神；特別是他把阿麗亞杜妮從冥王手裡救回來，並且和她結婚。在希臘化時期，阿麗亞杜妮的角色象徵著人類的靈魂。換言之，戴奧尼索斯不僅是把靈魂從死亡裡

⑦　A. Dieterich, *Eine Mithrasliturgie*, p.10 (*Rites and Symbols of Initiation*, p.103).

⑧　F. Cument, *Les religions orientales*, p. 219, n. 43; p. 256 n. 52.

⑨　F. Cument, *Textes et mounments figurés relatifs aux Mystères de Mithra*, I, pp. 320 sq..

⑩　R. Reitzenstein, *Die hellenistischen Mysterienreligionen*, pp. 29 sq.; S. Angus, *The Mystery Religions and Christianity*, pp. 106 sq..

⑪　Carl Schneider, *Kulturgeschichte des Hellensimus*, II, p. 801.

拯救出來，他還在神祕的婚禮裡和靈魂結合（Schneider, *Kulturgeschichte des Hellenismus*, II, p. 802）。

在西元前三世紀的雅典，酒神崇拜的藝術家（technetai）團體使戴奧尼索斯更爲流行。他們是類似宗教的兄弟會⑫，但是沒有任何神祕宗教的色彩。至於狹義的戴奧尼索斯神祕宗教，我們已經說明過他們的基本特色（第125節）。在《巴卡伊》裡，戴奧尼索斯曾經宣說過他的宗教的神祕結構，也解釋過祕密入會禮的必要性：「不可以把他們的祕密告訴酒神宗教以外的人。」潘修斯問道：「禮讚他們的人有什麼好處呢？」他說：「這是你不能知道的，不過他們確實是值得認識的奧祕。」（470-74）入會禮的祕密始終是不爲人知。除了某些晚出的奧斐斯讚美詩，關於祈禱儀式的文獻幾乎全部失傳。我們有不可計數的希臘化時期和羅馬時期的考古證據，但是即使對於他們的象徵的解釋被大部分的學者接受，卻不足以說明入會禮的內容。

戴奧尼索斯祕密團體（thiasoi）的封閉性和儀式性（入會禮）結構是無庸置疑的。在邱米（Cumae，義大利北部）的銘文（西元前五世紀）證明這種兄弟會有自己的墓園，只有酒神崇拜的信徒才能夠安葬在墓園裡。

(272) ⑬我們或許可以證明，酒神的洞穴是宗教遺跡（相反的，有些學者認爲那只是俗世的飲酒取樂的勝地）。最早的聖像要上溯到西元前六世紀，描繪戴奧尼索斯躺在洞穴裡，或是女祭司們面對著洞裡神的巨大面具跳舞。於是我們知道，神聖的舞蹈和祭典的饗宴是在戴奧尼索斯的洞穴前舉行的。其次，慶典也是在晚間進行，以保守祕密。至於入會禮的儀式，我們則只有某些假設。馬茲（Friedrich Matz）在關於這些想像的場景的論文裡（雖然承襲其他學者的說法）說，入會禮最主要的部分是揭示藏在簸箕（lik-non）裡的陽具。⑭許多繪畫都描繪過這個主題，這個場景或許有其儀式上

---

⑫　H. Jeanmaire, *Dionysos*, pp. 425 sq..

⑬　Cument, *Religions otrientales*, p. 197, fig. 12; *Lux perpetua*, p. 252, fig. 6; id., pp. 405-6.

⑭　F. Matz, *Dionysiakē teletē*, p. 16; Boyancé, "Dionysica," p. 35, n. 2; Eliade, *Histoire*, I, pp. 357 sq..

的重要性，但是波揚斯（Boyancé）很中肯地證明說，提到簸箕的那些文獻，是泛指所有的入會禮，而不只是戴奧尼索斯的儀式。

另一方面，在奧斯提亞（Ostia）博物館的灰泥浮雕裡（pl. XXV de Matz），有戴奧尼索斯和其他三個姓名可考的人物，石櫃上刻有 Mysteria 字樣。石櫃裡裝的是「神祕的玩具」（撥浪鼓、鏡子、蹠骨、球、牛吼器），在西元前三世紀的高盧布（Gorub）紙草裡已經有記錄。泰坦族便是以這些玩具誘拐戴奧尼索斯（扎格列烏斯），後來把他肢解（第 125節）。這個神話原本是透過幾個基督宗教的作家傳給我們，但是普魯塔赫（Plutarch）和阿普列烏斯（他們曾加入神祕宗教）以及希臘化時期的埃及的奧斐斯兄弟會也都知道這個故事[15]。從遺跡去看，「揭示陽具」似乎是「在酒神降臨前的恐怖儀式」。[16]波揚斯認為，「觀看這種東西並不能使 (273) 神祕宗教的信徒相信神會庇佑他在死後世界得到至樂。」（p. 45）入會禮的主要部分是透過音樂和舞蹈看見神的臨現，這個經驗才會使他們「相信他們和神有著親密的關係」。[17]

這些說法都很有道理，但是我們並不因此就更清楚入會禮的內容。無論如何，揭示陽具是宗教的行為，因為那是戴奧尼索斯的**生殖器官**，他**既是神也是征服死亡的人**。我們只要記得濕婆的林伽（liṅgam）譯③的神聖性，就能夠理解，在某些文化和宗教脈絡裡，神的生殖器官不只是象徵其創造力的奧祕，也告訴人們他的**臨現**。在現代西方世界，自然是沒有這種

[15] Boyancé, " Dionysica," p. 55。關於「撥浪鼓」，見 R. Turcan, Les sarcophages romains à représentation dionysiaque, pp. 407 sq.。

[16] Boyancé, p. 45; Turcan, "Du nouveau sur l'initiation dionysiaque," p. 108.

[17] Boyancé, p. 44。關於其他入會禮的場景，見 Turcan, Les sarcophages, pp. 402 sq.。龐貝城的 Villa Item 的著名壁畫（"Villa dei Misteri"）也提到戴奧尼索斯的宗教。但是有些學者不認為那些壁畫表現的是什麼神祕宗教，也不是描繪任何神的神話或入會禮的階段，見 G. Zuntz, " On the Dionysiac Fresco in the Villa dei Misteri," pp. 180-81。

譯③：林伽，「男性生殖器。濕婆教和性力崇拜的對象，其寺廟往往聳立著林伽石像，性力教徒胸前還配戴林伽標誌。」（任繼愈，《宗教詞典》，上冊，頁 445）

宗教經驗。因爲不同於神祕宗教，基督宗教貶抑性愛的聖事價值。在戴奧尼索斯的儀式饗宴裡，入會者頭戴著花環，陶醉在飲酒之樂當中，被認爲是神的附身。我們很難去體會這種歡悅的神聖性。但是從這裡卻可以預見，戴奧尼索斯如何承諾入會者彼岸的至樂。[18]

後來反映奧斐斯末世論的文獻，則強調戴奧尼索斯在新天新地裡的王者地位。宙斯在他還是個小孩的時候，就要他統治世界裡所有的神（Kern, *Orphicorum Fragmenta*, no. 207）。聖嬰的顯神宣布了宇宙的回春，也就是世界的輪迴。[19]（嬰兒是重生和更新的記號，延續陽具的宗教象徵。）戴
(274) 奧尼索斯的勝利以及世界重生所帶來的希望，意味著人們相信「黃金時代」即將回來。這也說明了「新戴奧尼索斯」這個稱號在西元一世紀初的盛行。[20]

207. 阿提斯和西芭莉

西芭莉的崇拜和阿提斯的神祕宗教，比起同時代的其他宗教形式，更能夠說明那個時期宗教融合的產物特有的結構多樣性。這個有數千年歷史的弗里吉亞女神，在西元前 205-204 年傳入羅馬，那時候共和政體正受到迦太基軍隊的嚴重威脅（第 168 節）。西芭莉的黑石化身證明了這個宗教的久遠歷史：石頭是「大地之母」的最古老的象徵。而阿提斯和他的宗教的起源又是石頭（也就是地母西芭莉）。根據保薩尼阿斯所記述的神話（7.17, 10-12），宙斯使石頭受孕，生下雌雄同體的怪物阿格底斯提（Ag-

---

[18] F. Cument, *Religions orientales*, p. 203, *Etudes sur le symbolisme funéraire*, p. 372, *Lux Perpetua*, pp. 255 sq..

[19] 「靈魂輪迴的觀念，以及神的周期性重生，和神每年或每兩年（trietērides）的臨現（parousiai）的顯神或消失（aphanismoi）有密切的關係。這個觀念也很容易轉換成宇宙的周期性重生。」（Jeanmaire, *Dionysos*, pp. 413-414）關於戴奧尼索斯宗教裡嬰兒的象徵，見 Turcan, *Les sarcophages*, pp. 394. sq., 405 sq., 433 sq.。

[20] Jeanmaire (p. 416) 引述托勒密六世、執政官安東尼，以及後來的圖雷眞（Trajan）、哈都良（Hadrian）和皮烏斯（Antoninus Pius）的例子。

distis）。㉑諸神決定把他去勢，而變成女神西芭莉，有異本說怪物阿格底斯提的血形成杏樹。河神閃加利烏斯（Sangarius）的女兒娜娜（Nana）吃了杏果而懷孕生下阿提斯。㉒阿提斯長大後，和國王的女兒成婚，而深愛著阿提斯的阿格底斯提也參加婚宴。在場的人都發瘋了，國王割下他的生殖器，阿提斯逃走，卻在松樹下肢解自己而死。傷心欲絕的阿格底斯提試著要使他復活，但是宙斯禁止這種事；他只准許使阿提斯的遺體不致腐敗，他的生命跡象只剩下頭髮的生長和小指頭的移動。㉓因為阿格底斯提只是雌雄同體的地母的化身，所以阿提斯既是西芭莉的兒子和情人，也是她的受害者。女神後悔自己的善妒，也悲悼她的愛人。 (275)

這個古老的神話和血腥的祭典，後來在西元一世紀的羅馬帝國發展成非常受歡迎的救世宗教。我們可以確定，這個神話儀式的場景是在說明植物的「奧祕」（見第12節）：人們獻給西芭莉血液和性器官，以保持地母的繁殖力。然而滄海桑田，這個古老的儀式卻摻雜了許多新的宗教意義；血腥的祭典成為救贖的工具。這個宗教的救世功能也持續很久的時間。在佩西努斯（Pessinus），有類似神祕宗教的封閉性兄弟會。㉔阿提斯和西芭莉的宗教很早以前就傳入羅馬，在傳到希臘時可能已經有所改變。在希臘和羅馬，血腥的閹割禮和被去勢的祭司引起人們的反感，而限制了阿提斯的地位。長久以來，這個神在羅馬始終沒有公開的祭典，雖然有許多西元前二世紀的陶土塑像可以證明他的存在。只有在克勞狄伍士（Claudius）和尼祿統治期間，才信奉阿提斯及其宗教（這是個重要的歷史事件）。

慶典在春分舉行㉕，從3月15日到3月28日，在第一天「入蘆葦」

㉑ 這段故事使我們想起胡里安和西台人的神話：庫瑪比（Kumarbi），「諸神之父」，「以他的精液使石頭懷孕」。（第46節）
㉒ 娜娜是大地之母的化身（因而也是阿格底斯提的化身）。
㉓ 根據異本的說法，阿提斯是被野豬殺死，這是很古老的傳說，因為希羅多德（1.34 sq.）曾以「神話即歷史論」的形式敘述這個傳說。
㉔ Hepding, *Attis*, pp. 202 sq.; H. Graillot, *Le Culte de Cybelé*, pp. 396 sq.
㉕ 我們關於節慶日期的資料是很晚近的（西元3-4世紀），但是介紹儀式巔峰的結構還是很重要的。

（canna intrat）裡，獻蘆葦的兄弟會帶著割下的蘆葦到聖殿（根據傳說，西芭莉在閃加利烏斯河畔發現阿提斯）。七天後，獻樹的兄弟會從森林砍下一株松樹，帶到聖殿裡（arbor intrat）。樹幹如屍體般地纏著布條，樹幹中央綁著阿提斯的聖像。松樹象徵死去的神。3 月 24 日是「血日」（dies sanguinis），在原始的舞蹈裡，西芭莉的祭司（Galloi）和入教者沉醉於笛子、鐃鈸和手鼓的音樂裡，鞭笞自己直到流出血來，用刀割他們的手臂；在狂熱的高潮，入教者割下他們的生殖器，在獻祭時獻給女神。

(276)

3 月 24 日和 25 日是哀悼之夜，第二天早上，則馬上歡欣鼓舞地慶祝神的復活。㉖那是「歡樂之日」（Hilaria）。在安息日（requietio）之後，3 月 27 日，人們遊行到河邊，浸洗（lavatio）西芭莉的神像。有些作者說，3 月 28 日是個別的入會禮：入教者以獻祭的公牛或公羊的血（taurobolium, criobolium）接受聖化。信徒也可能在這獻祭裡自殘身體，因為他會把生殖器官獻給女神。他獲准進入「洞房」（pastos, cubiculum），成為西芭莉的神祕丈夫。㉗

至於真正的入會禮，我們只看到克雷蒙引述的咒文：「我已從手鼓吃飽，我已從鐃鈸喝醉，我成為陶盆（kernos）；我進來這密室。」（*Protr-*

㉖ 有些學者把這個情節和基督教作家馬特努斯（Firmicus Maternus）（西元四世紀）的作品作比較，他描述人們在夜裡圍繞著棺木上的神像哀悼。突然出現強光，祭司安慰會眾說：「信徒們，你們可以寬心，因為神獲救了；我們也都會從絕望裡解脫。」（*De errore profanarum religionum* 22）馬特努斯並沒有說那指的是什麼宗教，但是看起來很像是奧賽利斯；見 Hepding, *Attis*, p. 106; Loisy, *Les mystères païens et le mystère chrétien*, p. 102。然而，我們不要忘記，這兩個宗教有結構的類似性；見 M. J. Vermaseren, *Cybele and Attis*, p. 116。

㉗ Gallos（祭司）是西芭莉的祭司之一，通常是由去勢的男子擔任。（Gallos 原來是弗里吉亞的河。）見 Hepding, *Attis*, pp. 190 sq.。根據其他的解釋，pastos（洞房）是在神殿或其周圍的洞穴或地下密室，進入洞房就是下地獄（descensus ad inferos）；見 Vermaseren, *Cybele and attis*, pp. 117-18。我們要補充說，在帝國時期，公牛血和公羊血的洗禮可以在任何季節舉行。這個儀式也是用來祈求國王身體健康。

ept. 2.15）這很類似埃勒烏西斯的入會咒語（synthēma）（見第 98 節），我們可以解釋為轉借的關係，或者是說，希臘化時期的神祕宗教的咒語有共同的來源。這個咒語指涉到某些入會禮的祭典。手鼓和鐃鈸是西芭莉最 (277) 喜歡的樂器。阿提斯也被稱為「新綠的麥穗」（*Philosophoumena*, 5.8），祭典的饗宴裡可能有麵包和酒；馬特努斯（Firmicus Maternus）（*De errore* 18）說這饗宴是惡魔模仿基督教的聖餐禮。至於陶盆（kernos），在阿提斯的入會禮儀式裡，陶盆可能不是用來盛獻祭的食物，而是裝著公牛或公羊的生殖器官，以獻給「帳篷下的地母」㉘。

我們會看到，在某個階段以後，阿提斯和西芭莉的神祕宗教會承諾給予入會者「不死的生命」。現在我們只想深入探討主要祭典的意義，也就是祭司的禁食和自我閹割。雖然希臘化時期的神祕宗教已經「精神化」，卻還是保有許多古老的元素。這當然是要求個別入會的宗教所具有的特色。戴奧尼索斯宗教裡吃生肉的習俗，可以重現原始社會的獵人典型的宗教經驗（見第 124 節）。至於埃勒烏西斯神祕宗教的入會禮，則是在追憶古老的聖事，尤其是小麥和麵包的聖事價值。（第 99 節）我們可以概括地說，具有入會禮結構的那些祭典，是重新發現古老的行為，並且為那些已經廢棄的祭典事物賦予新的價值，例如在割禮使用的石刀、牛吼器在奧斐斯神祕宗教裡的角色，以及「祕密」在宗教裡的功能（第 99 節）。

希臘化時期的神祕宗教延續了古老的儀式行為（原始的音樂、狂熱的舞蹈、刺青、食用有迷幻效果的植物），以使神明降臨或甚至是「神祕的婚姻」（unio mystica）。阿提斯神祕宗教裡的禁食主要是不可以吃麵包㉙，因為神是「新綠的麥穗」。第一次的入會禮饗宴只不過是體會麵包和 (278) 酒的聖事價值。至於祭司和某些教徒在出神狂喜時的自殘行為，則是為了

㉘　我們採用的解釋，見 Hepding, *Attis*, pp. 190 sq.; Loisy, *Les mystères*, pp. 109 sq., Vermaseren, *Cybele and Attis*, p. 118。

㉙　但是並不禁食雉雞肉！聖哲羅姆（Ep. 107 ad Lactam）稱之為「貪吃的禁食」（gulosa abstinentia）。（見 Loisy, *Les mystères*, p. 89, n. 4）

保持絕對的貞節，也就是完全奉獻給神明[30]。我們很難分析這類經驗；除了入教者或多或少的潛意識衝動以外，我們還要考慮到人們對於儀式性的陰陽和合的追憶，或是透過獨特且戲劇性的殘疾去獲得「神力」，甚至是希望透過完全的「神的模仿」去捨離傳統的社會。總之，阿提斯和西芭莉的宗教使人們重新發現了性愛、身體的痛苦和鮮血的宗教價值。教徒的出神忘我狀態解脫了規範和習俗的權威；在某個意義下，那是自由的重新發現。

　　雖然他們努力恢復遠古的經驗，卻也試著「昇華」阿提斯和西芭莉這對神明，並且重新詮釋他們的宗教。這又是當時宗教融合的典型現象：他們希望恢復最古老的力量，而又要歌頌當時的新宗教。西元一世紀的哲學家和神學家的寓言式詮釋，認為阿提斯是世界創造的原理，也是生命、死亡和重生的辯證歷程。弔詭的是，阿提斯最後被同化為太陽神，成為太陽神學的核心，直到異教沒落之前，都非常受歡迎。原來的入會禮意義（和神的神祕同化）增添了新的價值。西元 376 年的羅馬銘文裡說，接受公牛和公羊血的聖化的人，會得到「永恆的重生」[31]。這裡或許有基督宗教的影響。但是在「歡樂之日」（Hilaria）的神話和儀式情節裡，已經蘊含了「復活」或「重生」的許諾。可能的情況是，神祕宗教的神學家在面對基督宗教的傳佈時，特別強調阿提斯的獲救所蘊含的永生意義。無論如何，羅馬皇帝們，特別是安東尼王朝，特別提倡弗里吉亞的宗教，希望可以抑制基督宗教的興起。

(279)

[30]　Michel Meslin"Réalités psychiques et valeurs religieuses dans les cultes orienaux," p. 297。我們要澄清的是，絕對奉獻給神並不必然要自殘身體。象徵性的婚禮可以保證儀式性的貞節。在密特拉宗教入會禮的第二階段（Nymphus），教徒成為神的新娘，但是這個祭典完全是靈性的；見 Meslin, pp. 302-3。

[31]　*Taurobolio crioboliioque in aeternum renatus*; Hepding, *Attis*, p. 89。但是有時候 taurobolia 每 20 年會舉行一次。見 Loisy, *mystères*, pp. 119 sq.; Vermaseren, *Cybele and Attis*, p. 106。

208. 艾西斯和埃及的神祕宗教

　　埃及的神祕宗教和同類型的宗教團體不同之處，在於他們的「起源」以及傳播到亞洲和歐洲的各個階段。在西元前三世紀初，托勒密一世（Pto-lemy I. Soter）希望以埃及和希臘共同信仰的神去鞏固他的政權。所以他把西拉匹斯奉爲民族之神。根據普魯塔赫所敍述的傳說（《論艾西斯與奧賽利斯》28），托勒密在夢裡看到神的塑像。約在西元前 286 年（或 278 年），他們從西諾普（Sinope）把神像運到埃及，供奉在亞歷山卓城新落成的神殿裡。關於西拉匹斯（Serapis）的字源以及這個神的發源地，仍然有爭議。人們通常認爲他的名字源自 Oserapis，也就是「奧賽利斯阿庇斯」[32]。而關於他的儀式，則是托勒密一世命令兩個博學多聞的神學家建立的，也就是埃及的祭司曼內托（Manetho）和希臘的提摩修斯（Timotheus）。曼內托有若干著作，其中包括埃及史，他很熟悉希臘文化；而提摩修斯則是來自埃勒烏西斯的優默帕斯家族，曾經加入若干神祕宗教。

　　他們也特別信奉艾西斯和奧賽利斯，使得這個新宗教更加成功。我們知道（第33節），新王國時期很突兀地把奧賽利斯和太陽神雷結合起來；他們原先有互補的神性，最後卻成爲同一個神。奧塞利斯越來越受歡迎，因爲在埃及諸神裡，只有他曾經戰勝死亡，透過艾西斯和霍魯斯而復活。在阿拜多斯（Abydos）和其他地方，敍述他的各種傳奇故事的儀式，會在神殿前舉行。希羅多德也提到在塞伊斯（Sais）的類似儀式；他把這些儀式同化爲希臘的神祕宗教，這也就是爲什麼他不願意描述他們的原因（2.61）。[33]在神殿裡進行的奧賽利斯祭典，無疑地指涉到來生[34]。但是我 (280)

----

[32]　但是見 Ruth Steihl, "The Origin of the Cult of Serapis,"

[33]　他在敍述薩摩色雷斯的神祕宗教（2.51）、埃勒烏西斯（2.171）和奧斐斯宗教（2.123）時都非常謹慎。

[34]　Cument, *Religions orientales*, pp. 243-44, notes, 96-101; *Loisy, Les mystères*, pp. 136 sq.; G. Nagel, "The 'Mysteries' of Osiris in Ancient Egypt," pp. 124 sq.（阿拜多斯神殿的銘文）。

們不應該貿然把這些神祕祭典解釋為個人為了獲得「救恩」而舉行的入會禮。而我們也很難想像，像是曼內托如此博學多聞的神學家不會把古代的宗教傳統融入艾西斯的神祕宗教裡。我們知道，艾希斯的「德性頌」（ar-etalogie）譯④並不是全新的創造；相反的，那是重現古代王室觀念的儀式祝禱詞㉟。再者，我們也會看到，艾西斯神祕宗教延續了古代埃及的某些祭典。

　　我們現在不想細說這個宗教在埃及以外的傳教年代和事件。首先是傳到小亞細亞和希臘，於西元前二世紀傳入義大利，於西元一世紀則被羅馬接受。這個埃及宗教在羅馬倍受歡迎，羅馬人甚至多次強烈抗議元老院拆除神殿的決定。就像希臘化時期和帝國時期其他的神祕宗教，艾西斯和西拉匹斯的神祕宗教包括公開的慶典、日課和入會禮的祕密儀式。我們知道兩種祭典系統的主要特徵。至於入會禮，阿普列烏斯的《變形記》卷二被公認是最有價值的文獻。

　　這兩個大型的公開慶典重現了奧賽利斯和艾西斯的神話故事。第一個慶典是「艾西斯的船」開始春季的航海。第二個慶典是「奧賽利斯的發(281)現」，舉行期間是從 10 月 29 日到 11 月 1 日。接著是三天的禁食、哀悼、敘述尋找被肢解殺害的奧賽利斯以及艾西斯安葬他的故事的默劇（見第 29 節），然後他們宣布神的遺體被發現、重建而復活，教徒們便歡欣慶祝。㊱日課則是在每天的清晨和下午進行。聖殿的大門清早便會打開，觀眾可以凝視神像，並且參加祭司主持的儀式。根據阿普列烏斯所說的，在女神預先選定的日子裡，大祭司會把水灑在入教者身上，傳授他「不准外洩的祕密」。然後，在眾人面前，大祭司告訴他在十天內不可以吃肉喝酒。在入會禮的當天，教徒會饋贈入會者各種禮物；之後，他穿著亞麻外袍，由祭司帶領他進入神殿的內室。「細心的讀者們，你們或許會問，他們在裡面說些什麼，做了什麼；如果可以說，我早就會告訴你們；如果你們有機

㉟　Jan Bergman, *Ich bin Isi*, pp. 121-240.

㊱　這些慶典的前身要回溯到十二王朝阿拜多斯神殿的神像。

譯④：讚美詩的一部分，敘述神的德性和功蹟。

會聽到，也早就知道⋯⋯。不過我不會打擾你們太久，那或許是某種宗教和信仰；因此請聽我說且相信我說的話。你們要知道，我幾乎是到地獄去，甚至到了普羅瑟派恩的門前，我簡直是魂飛魄散地回來：午夜時分，我看到太陽高照，我看到天神和冥府之神，我歸依且敬拜他們。」（《變形記》11.23）

我們看到的無疑地是死亡和復活的經驗，但是我們不知道其特殊內容。入會者墮入地獄，而通過宇宙四個元素才回到人間：他看見太陽在夜裡照耀，那可能是指奧賽利斯（太陽神雷）在夜裡的冥府之旅；然後他看到其他諸神，瞻仰且膜拜他們。有人認為這個隱晦難解的敘述，是指入會者穿越各個繪有神像而象徵著冥府的殿堂，而突然又走到光亮的房間。也有學者認為這個傳說和超心理學經驗或催眠有關。而其實我們充其量只能說，信徒終究會發現他和奧賽利斯（太陽神雷）或是霍魯斯融為一體。因為到了早上，教徒穿著象徵黃道十二宮的十二件法袍，登上神殿中央的平台，頭上戴著棕櫚葉冠冕。然後，「裝扮如太陽，舉止如神像」，他在眾人的目光下走到艾西斯神像前面。對於《變形記》的英雄而言，這是他在 (282) 神祕宗教裡的復活紀念日。到了第三天，入會禮以儀式饗宴告終。不過在一年後，女神還會指定某個日子要入會者參加「大神的慶典：那是在夜裡舉行。」（11.28）這個慶典可能和「奧賽利斯的發現」有關。最後，他還會得到女神的異象，要他接受第三次入會禮；但是阿普列烏斯對於這第三次的入會禮考驗卻沒有任何說明。

我們看到（第 33 節），在古代的埃及裡，個人希望死後可以和奧賽利斯合而為一。但是在入會禮，入會者在活著的時候便可以和神合一；換言之，這是即身的「神化」，而不是死後靈魂的神化。正如艾西斯使奧賽利斯「復活」，入會者的「神化」本質上也是女神的造就。我們不知道教徒的「存在境遇」；然而我們可以確定的是，入會者都相信他們死後都會在神那裡得到至樂。即使我們對於入會禮的內容僅只於臆測，但是根據阿普列烏斯的敘述，我們還是感受到這個新宗教的宗教融合結構。埃及的元素是重要的部分：艾西斯和奧賽利斯的神話儀式情節是兩個公開慶典以及入

會禮（至少是某個部分）的主題；艾西斯被擢升為宇宙（唯一的）女神，奧賽利斯成為最高神，則是延續遠古傳統的趨勢（第 33 節）。而神祕宗教的信徒的冥府之旅以及透過宇宙元素回到人間，則是見證了希臘化時期的特殊觀念。

(283)　　西元一世紀期間埃及神祕宗教的盛行，以及聖母馬利亞借自艾西斯的聖像和神話特徵，都證明這是個真正的宗教，而不只是偽託的或退化的宗教復興。神祕宗教裡的諸神必須被視為艾西斯和奧賽利斯的新的化身。尤有甚者，後來的新奧斐斯宗教和新柏拉圖主義神學家更是把希臘化時期的詮釋發揮得淋漓盡致。奧賽利斯被同化為戴奧尼索斯（他也曾被殺害、肢解而又復活），成為新奧斐斯神學的絕妙主題：宇宙是神的自我犧牲，是「一」分為「多」，最後則是「復活」，是「殊多」聚為「原始的一」。[37]

　　諸神的相互等同演變成後來的宗教融合的「一神教」。重要的是，這個「一神教的」世界主義特別歌頌受難的神，如戴奧尼索斯和奧賽利斯。至於艾西斯和奧賽利斯，神祕宗教的神學家和新柏拉圖主義哲學家對於他們的重新詮釋，在此後的幾個世紀裡，被認為是真正的埃及宗教文化。[38]

209. 赫美斯‧特里美吉斯特斯的啓示

　　「赫美斯神祕宗教」這個名詞指的是赫美斯文學裡所敘述的信仰、觀念和習俗的體系。那是非常重要的文集，輯錄西元前三世紀到西元三世紀之間的作品。主要分為兩種類型：通俗的祕教文學（占星學、巫術、神祕科學、煉金術）以及學術的祕教文學，尤其是希臘的《祕教集成》（*Corpus Hermeticum*）裡的 17 篇論述。[39]雖然這兩種文類在結構、內容和風格上有所差異，卻有某個共同的旨趣，這使我們想起道家和道教的關係（第

---

[37] Macrobius, *In Somnium Scipionis* 1.12.

[38] 見卷三。

[39] 我們有拉丁文譯本，《阿斯克勒庇烏斯》的「完美的論述」（*Logos teleios*），原文失佚，有 30 段摘述，另外還有 Stobaeus, Anthologium 的翻譯（西元 500 年）。

133 節），以及「傳統瑜伽」和「新瑜伽」的連續性。通俗的祕教文學的
創作年代比較早，有些作品可以溯及西元前三世紀，哲學性的祕教文學則
是在西元二世紀特別多產。

　　這個文學多少反映了猶太教和埃及的宗教融合（因而也包括某些伊朗 (284)
的元素），柏拉圖主義的影響也很明顯；但是從西元二世紀起，諾斯替教
派的二元論逐漸佔有優勢。「祕教文學裡的角色、背景和神話都洋溢著埃
及的風格。對於早期的作品而言，這個傾向是以他們對於托勒密以及羅馬
帝國裡的埃及的知識爲基礎，而他們的知識的正確性也不容低估。」⑩在
古代埃及的傳說⑪裡經常出現的人物（托特、阿加多代門〔Agathodaim-
on〕、亞捫〔Ammon〕等等）、背景（孟斐斯、赫莫波利斯、塞伊斯、亞
斯文〔Aswan〕等等）、法老王神學的某些主題（例如在底比斯或赫莫波
利斯有原始土丘的隆起），都是必須考慮到的元素。在希羅多德的時代，
已經知道托特和赫美斯的等同（2.152）。對於希臘化時期的作者而言，托
特是所有科學的保護者、象形文字的創造者、令人敬畏的巫師。人們認爲
是他以話語創造世界；我們也知道斯多噶學派把赫美斯等同於「邏各
斯」。⑫

　　通俗的祕教文學作品在羅馬帝國時代佔有很重要的地位。尤其是因爲
他們的「實用」性格；在那個宿命論的時代裡，這些作品揭露了「自然的
祕密」（類比的學說、宇宙不同層次的「感應」關係），透過這些祕密，
穆護（magus）得以擁有神祕的力量。即使是星相的命數也都可以轉危爲
安。在占星學的作品《祕教文集》（*Liber Hermeticus*）⑬裡，完全沒有提

⑩　Jean Doresse, "*L'Hermétisme égyptianisant*," p. 442.

⑪　事實上，紙草保存了眞正希臘版本的神話，例如女神特芙努（Tefnut），其中也
　　有托特和赫美斯；見 Doresse, p. 449。

⑫　A. J. Festugière, La Révélation d'Hermès Trismégiste, I, pp. 71 sq.。在托勒密時代有
　　個傳說提到，托特（赫美斯第一個化身）是在「洪水之前」；其後是特里斯美吉
　　斯特斯（第二個赫美斯），接著是他的兒子阿加多代門以及孫子塔特。在《宇宙
　　的女兒》也提到這些人物。這個家族確定是埃及人。

⑬　大約是西元三世紀的希臘作品。見 Festugière, La Révélation, I, pp. 122 sq.。

(285) 到死亡和來生的問題；他們關心的是如何快樂的活在世間。然而只有神才能擁有且支配自然的知識。「這個知識是去發現自然裡祕密的感應和相斥的網絡。如果沒有神的啓示，如何能夠澈見這個祕密呢？」[44]所以說，祕教科學既是奧祕，也是類似入會禮的奧祕傳授。人們必須透過祈禱、儀式或是（層次更低的）巫術去獲得自然知識。[45]

在關於巫術祕訣的雜亂無章的作品以及關於自然巫術和神祕科學的論述裡，我們有時候會發現學術性祕教文學特有的觀念。在《宇宙的女兒》（*Korē Kosmou* 14-18）裡，靈魂創造被描述為煉金術的過程。在希臘，《阿斯克勒庇烏斯》（*Asclepius*）結束前的祈禱文曾提到巫術的祕訣。我們也不可以低估「通俗的」祕教文學的重要性。普林尼（Pliny）譯⑤的《自然歷史》以及中世紀著名的作品《博物誌》（*Physiologus*），都是受到這些作品的啓發，也以他們為材料；直到十八世紀末，通俗的祕教文學的宇宙論和主要的觀念（感應或對應的學說，尤其是大宇宙和小宇宙的對應）都還是很盛行。受其影響的不只是義大利的新柏拉圖主義和帕拉切爾蘇斯（Paracelsus），也包括如約翰·迪（John Dee）、阿什莫爾（Ashmole）、弗盧德（Fludd）和牛頓等立場不同的學者。[46]

和通俗祕教文學的範疇一樣，學術性的祕教文學也被認為是赫美斯·特里美吉斯特斯（Hermes Trismegistus，「三倍偉大的赫美斯」）所傳授的。這些論述在文學形式和學說內容上都所有不同。早在 1914 年，布榭（Bousset）就說過，《祕教集成》裡有兩種互不相容的神學：樂觀主義的神學（屬於一元論的泛神論的類型），以及悲觀主義的神學（有強烈的二元論傾向）。前者認為宇宙是美善的，因為有神性灌注其中。[47]人們沉思

---

[44] Festugière, *Hermétisme et mystique païenne*, p. 43.

[45] id., p. 44.

[46] 見卷三；另見 Eliade, *Forgerons et Alchimiste* (1977), pp.147 sq., 1814 sq.。

[47] 世界是「不死的生命」（《祕教集成》8.1）；他被稱為「神」或「大神」；「不可見的神」透過世界化現自己。（ibid., 5.2）

譯⑤：普林尼（23-79），古羅馬作家。

這美善，就可以到達神性的境界。神是一（《祕教集成》11.11）也是一切
（12.22），是世界的創造者，而被稱爲「天父」。人、神以及宇宙構成三
位一體。他的使命是「歌頌且禮拜天上的存有者，照顧且統治地上的存有
者。」（《阿斯克勒庇烏斯》8）總之，人也可以參贊天地化育；他是「會 (286)
死的存有者，是永生的存有的裝飾物。」（《祕教集成》4.2）

　　相反的，在悲觀主義的神學裡，世界基本上是不好的：「世界不是神
的造就，不是第一位神的創造，因爲第一位神無限超越物質，他隱藏在他
的存有的奧祕裡；所以人們只有捨棄世界才能夠接近神，在世界裡必須像
是個異鄉人。」[48]我們以《祕教集成》的第一篇論述《波以曼德勒斯》
（Poimandres）裡所描述的世界創造和人的悲劇爲例：雌雄同體的「理性」
（Nous）首先創造了造物神，他形塑出世界，而後造了「天人」（Anthro-
pos），也就是天上的人類；「人」到下層世界來，「被愛所矇騙」，而和
「自然」（Physis）結合，生出地球的人類。因此，神聖的「天人」不再
是孤獨的個體，因爲他造了人類：他的生命轉化爲人類的靈魂，他的光變
成「理性」。這就是爲什麼人既是會死的，也是永生的。然而，透過知識
之助，人可以「成爲神」。這個二元論既貶抑世界和身體，又強調神性和
人的精神元素的同質性；就像神一樣，人的精神（nous）被視爲**生命和
光**。既然世界「充滿邪惡」（《祕教集成》6.4），那麼人就必須成爲世界
的「異鄉人」（13.1），以成就「神性的誕生」（13.7）；的確，重生的人
擁有不死的身體，他是「自有永有的神的兒子。」（13.2）

　　這個神學和特殊的宇宙論以及救世論有關，本質上具有「諾斯替教派
的」結構（第229節）。但是我們不能貿然說二元論和悲觀主義的祕教論
述是諾斯替主義。「諾斯替主義」的某些神話和哲學元素其實是當時的
「時代精神」，例如：世界的厭離；神或超越者所啟示的太初知識，透過
祕密記號的傳授，而這知識具有救世的價值。我們還要說，知識的重要
性，以及透過入會禮的傳授，使我們想起印度的傳統（《奧義書》、數論
和吠檀多哲學），重生的人的「不死之身」也很類似哈達瑜伽（Hatha (287)

---

[48]　Festugière, *Hermétisme*, p. 37; cf. *Révélation*, I, pp. 84 sq..

Yoga）、道教以及印度和中國的煉丹術。

210. 赫美斯神祕宗教的入會禮層面

有些學者（萊臣斯坦〔Reitzenstein〕、格夫肯〔Geffcken〕）認爲赫美斯神祕宗教是狹義的宗教兄弟會，有其教義、祭典和祝禱文，而《祕教集成》便是他們的聖典。布榭、克洛爾（E. Kroll）、庫蒙特（Cumont）以及費斯圖吉神父（Festugière）都拒絕這個假設。第一、《祕教集成》裡並存著互相衝突的教義，這牴觸了兄弟會的觀念：「一群男人謹慎選擇某種思想和生活而組成的團體。」第二、祕教文學並沒有提及赫美斯信徒特有的「祭典」。沒有任何和諾斯替教派的聖事相似之處，無論是浸禮、聖餐禮、告解、或是在爲祭典的主祭者祝聖時的按手禮。他們沒有僧團、沒有各種階級的教團組織，也沒有入會禮的分級。我們只看到兩種人的區分：相信話語的人和拒絕的人。這個區分已經是陳腔濫調了；至少早在巴曼尼德斯（Parmenides）片簡裡就可以看到。[49]

不過，即使祕密組織的兄弟會的假設不具說服力，卷帙浩繁的學術性祕教文學還是預設了某個封閉性的團體的存在，他們的入會禮儀式很類似煉金術和坦特羅宗教。《阿斯克勒庇烏斯》（25）在談到「宗教精神」（religio mentis）時說：神「接受純粹精神性的奉獻。」（《祕教集成》13.3.13）不過我們還是察覺到某種特殊的宗教氛圍和儀式行爲的模式：教徒會齊聚在神殿裡；在隆重的儀式裡傳授教義；教授師和教徒之間的關係有著宗教的寓意。在酒罈（kratēr）進行浸禮的神話證明他們很熟悉神祕宗教的儀式。[50]我們也可以推斷他們知道某些出神的方法；赫美斯告訴他的

(288)

---

[49] Festugière, *Hermétisme*, p. 38; cf. *Révélation*, I, pp. 81 sq..

[50] 根據《祕教集成》第四篇論述，太初時神裝滿一罈（kratēr）的理性（nous），浸泡在裡面的人會成爲「完美的人」。Festugière 證明說，這是兩種神祕宗教的儀式的混合：一、從酒罈汲取聖酒；二、潔淨禮和入會禮的浸禮；見氏著 "Le baptiême dans le cartère," p. 108 (= Hermétisme, pp. 100-112)。

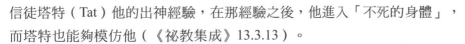

信徒塔特（Tat）他的出神經驗，在那經驗之後，他進入「不死的身體」，而塔特也能夠模仿他（《祕教集成》13.3.13）。

我們可以說，這是新的傳授祕教智慧的方式。其他封閉的教團會有階級化的組織、入會禮儀式以及祕密教義的次第開顯，但是赫美斯神祕宗教正如煉金術，只有一些聖典，由「大師」傳授並解釋給少數通過加行的教徒（也就是經過苦行、冥想和某些儀式行為的「潔淨」）。我們不要忘記，《祕教集成》裡包含的啟示是最高的靈知，也就是使人可以得到拯救的神祕知識，理解且吸收這些知識等於是「入會禮」[51]，教徒可以專心讀誦且沉思帝國時期（特別是基督教興起之後）完成的祕密聖典。這是在那據說是源自神明的「聖典」聲名大噪之後，特別是在西元五世紀，當時其他的神祕宗教和祕密組織都已經式微。從這個新的入會禮的觀點去看，神祕教義的傳授並不蘊含「入會禮的傳承」，因為聖典可能被遺忘了好幾個世紀，而只要有個智者能夠解讀，其教義又會被當代的人們接受。

赫美斯神祕宗教的傳承是祕教歷史裡很引人入勝的篇章。透過敘利亞和阿拉伯的文學裡，特別是哈蘭（Harran）的示巴人（Sabaean），他們生活在美索不達米亞，在伊斯蘭的統治下，直到十一世紀。[52]最近的研究顯 (289) 示艾興巴哈（Wolfram von Eschenbach）譯⑥的《帕西法》（Parzival）和十三世紀的西班牙作品裡有赫美斯神祕宗教的元素。[53]然而赫美斯神祕宗教在西歐真正的復興是始自費奇諾（Marsilius Ficinus）於 1463 年應梅迪契（Cosmo de' Medici）的要求而把《祕教集成》翻譯為拉丁文。但是我們會

---

[51] Festugière 中肯地分析希臘化時期的典型說法：把神祕宗教的儀式置換為作者所說的「真正的神祕宗教」的隱喻。但是這個置換還是有其宗教意義：激發讀者的想像力，揭露神祕宗教最深層的意義。

[52] 示巴人把赫美斯和阿加多代門視為他們的「先知」，也很熟悉《祕教集成》第四篇論述（Kratēr）的內容，根據 Henry Kahane 和 Renée Kahane，krater 和「聖杯」是相同的字。

[53] 見 R. et H. Kahane, *The Krater and the Grail: Hermetic Sources of the Parzival*; id., " Hermetism in the Alfonsine Tradition"。

譯⑥：艾興巴哈（1170-1220），德國中世紀詩人。

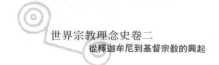

看到（卷三），《祕教集成》的重新發現其實已經是對於赫美斯神祕宗教的創新性解釋。

211. 希臘化時期的煉金術

科學使家把希臘和埃及的煉金術的發展分爲三個階段[54]：一、黃金的合成、上色和仿造的階段（例如萊登〔Leiden〕和斯德哥爾摩的紙草，大約在西元前三世紀）；二、由孟德斯（Bolos de Mendes）所創的哲學階段，見於《物理學和神祕宗教》（*Physika kai Mystika*），僞名德謨克里德斯（Democritus）的作品；三、最後是眞正的煉金術作品的階段，索西穆斯（Zosimus）（西元 3-4 世紀）及其注釋者（西元 4-5 世紀）的作品。雖然我們還沒有解決亞歷山卓的煉金術的歷史起源問題，但是在西元一世紀左右突然出現的煉金術文獻，可以解釋兩種傳統交會的結果，也就是神祕宗教的潮流（新畢達哥拉斯主義、新奧斐斯宗教、占星術、各種形式的「東方智慧」和諾斯替教派，尤其是在上層社會盛行），以及「民間的」傳統，也就是工藝的祕密以及古代偉大的巫術和技術體系。在中國的道教和新道教，以及在印度的坦特羅教派和哈達瑜伽，都有類似的現象。在地中海的世界裡，這些「民間」傳統在希臘化時代蛻變爲在結構上很古老的宗教行爲。我們看到（第 209 節），整個古代時期都盛行著和物質、寶石、植物有關的傳統技術和科學。

(290)

發展煉金術的歷史原因到底是什麼呢？對此我們從沒有得到解答。但是煉金術顯然不只是以黃金的仿造爲基礎的獨立技術。希臘化時期的東方世界從美索不達米亞和埃及那裡繼承了所有冶金的技術，我們也知道，從西元前 14 世紀開始，美索不達米亞的民族已經熟諳黃金的化驗。如果我們把在西方流行了兩千年的學科說成是基於黃金的僞造的目的，顯然是忘記了古代人所擁有的偉大冶金技巧；如此也會低估了他們的知識和文化成

---

[54] M. Eliade, *Forgerons et Alchimistes* (1977), pp. 123 sq.。

就。希臘化時代的煉金術的主要目的是把劣金屬轉變成貴重金屬，在當時的科學條件下，並不是什麼異想天開的事，因為物質的基本元素的問題是當時希臘哲學的重要學說。但是我們很難相信煉金術是用來支持物質的基本元素學說的實驗結果。我們從他們的哲學理論裡似乎看不到任何宗教修行或救世論。

　　但是當希臘哲學應用科學時，卻又表現出卓越的觀察和推理的精神。而在煉金術的文獻裡，卻看不到這種科學精神。正如泰勒（Sherwood Taylor）所說的：「每個使用硫磺的人，都應該會注意到硫磺熔解的怪異現象以及液態硫磺的發熱現象。文獻不下數百次提到硫磺，除了硫磺對於金屬的作用以外，對於硫磺特有的性質卻隻字未提。這完全不符合古典時期希臘的科學精神，使得我們必須推論說，煉金術士對於和提煉他們想要的物質無關的自然現象沒有什麼興趣。不過，我們不能就此認為他們只是淘金客，因為特別是晚期作品裡類似宗教的和神祕主義的語調，和貪婪的拜金主義格格不入……。煉金術士從不使用科學方法。」[55]古代煉金術的作品 (291)
證明「這些人的興趣完全不在於製造黃金，事實上他們也沒有提到黃金。應用化學家在解釋這些作品時，就像營造商想在共濟會的作品裡找到實用資訊一樣。」（Taylor, *A Survey*, p.138）

　　那麼，如果煉金術不是源自偽造黃金（在他們那個時候，黃金的化驗已經存在了 12 個世紀），也不是源自希臘的技術（我們看到煉金術士對於普遍的物理和化學現象並不感興趣），我們就不得不從其他地方去探索這個獨特的學科的「起源」。煉金術不是關於物質基本元素的哲學，而可能是大地之母的古老觀念（金屬是孕育在她的子宮裡的胚胎，見第 15 節）具現在人工冶金的信仰裡，也就是在實驗室裡改變金屬的性質。最早的煉金術可能和採礦、煉礦和冶工有關的象徵、神話和技術有關。但是其中**有生命**的物質的實驗發現被認為是最重要的部分。的確，煉金術裡**物質的生命**的複雜且戲劇性的觀念，正是和希臘古典科學不同的原創性。我們有理由

---

[55]　F. Sherwood Taylor, *A Survey of Greek Alchemy*, p. 110; id., "Origin of Greek Alchemy," pp. 42 sq..

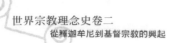

猜測，物質的戲劇性生命的經驗，是源自希臘和東方神祕宗教的知識。

在最早的希臘和埃及的煉金術作品裡，已經可以看到物質的「受難」、「死亡」和「復活」的情節。金屬的改變，這個大工程（opus magnum）的結果就是「哲學家的寶石」，經歷過四個階段，分別以其顏色為表徵：黑色（melansis）、白色（leukansis）、黃色（xanthosis）和紅色（iosis）。黑色（中世紀作家稱為 nigredo）象徵著「死亡」。但是我們要強調，在偽名德謨克里德斯的《物理學和神祕宗教》裡就已經提過這個「工程」的四個階段，然後才是這些煉金術作品（西元前 2-1 世紀）。這四個階段有許多不同版本（nigredo, albedo, citrinitas, rubedo，有時候是 viriditas 或 cauda pavonis），在阿拉伯和西方的煉金術史裡始終存在著。

(292)

更確切地說，人們為了改變物資的性質，而投射以神的神祕故事（他的受難、死亡和復活）。總之，煉金術士和物質的關係就像神祕宗教和他們的神明的關係：礦物「受難」、「死亡」且以其他的存有形式「重生」，也就是金屬性質的改變。在《論工藝》（3.1.2-3）裡，索西穆斯提到他在夢裡看到的異象，有個叫伊昂（Ion）的人對他說他被人用劍刺傷、肢解、砍頭、剝皮，而且以火焚燒，他受的這些折磨，是「為了要使他的身體蛻變成靈」。索西穆斯醒來後心想，夢裡所看到的不正是水的化合的煉金術過程嗎？伊昂不就是水神的化身？容格（C. G. Jung）說過，水神是煉金術士的「永恆的水」（aqua permanens），而火的「折磨」則是分解（separatio）的過程[56]。

我們要提到，索西穆斯的敘述使我們想起戴奧尼索斯以及神祕宗教裡「垂死的諸神」的肢解（這種「受難」，在某個層面上同質於植物的生命周期，特別是「穀物之神」的受難、死亡和復活）。另一方面，這個夢境也非常類似薩滿的入會禮異象以及所有古代入會禮的基本架構。薩滿入會禮的考驗雖然是「有某個距離」，但是有時候還是很殘酷：學薩滿者在夢裡會經歷到他自己被肢解、砍頭和死亡的景象[57]。

---

[56]　C.G. Jung, "Die Visionen des Zosimus," pp. 153 sq..

[57]　M. Eliade, *Le chamanisme*, pp. 52 sq. et passim..

　　如果我們沒有忘記入會禮儀式的普遍性，以及鐵匠和薩滿之間的密切關係，如果我們認為古代地中海的鐵匠兄弟會很可能有自己的神祕宗教，那麼我們就會把索西穆斯的異象解釋為傳統社會典型的宗教世界。而在這裡我們也看到煉金術士的偉大創新：**他們把受難的入會禮功能投射到物質上。**透過類似於神祕宗教信徒的「受難」、「死亡」和「復活」的煉金術過程，金屬物質改變了性質，也就是說，擁有超越性的存有模式：劣金屬變成「黃金」。我們知道，黃金是永生的象徵。所有煉金術的點石成金等於是物質的完美造就[58]，對於煉金術士而言，就是完成他的「入會禮」。　　(293)

　　在傳統文化裡，礦物和金屬被視為有機體，會繁殖、生長和誕生，甚至有婚姻（第 115 節）。希臘和東方的煉金術士繼承且重新詮釋古老的信仰。在煉金術裡，硫磺和水銀的化合是個「婚姻」。而這個婚姻也是兩種宇宙原理的結合。其中也有煉金術的創新解釋：物質的生命不再是古人所想像的神的化身，而是有其「靈性的」向度。

　　換言之，正如靈魂的受難故事的入會禮意義，物質也有靈魂的命運。在靈性的層次，「入會禮的考驗」最終可以得到自由、澈悟和永生，而在物質的層次，則是會得到物質性質的轉變，也就是哲學家的寶石。古代的神話和儀式情節的這種新穎解釋（礦物在地母子宮裡的孕育和生長；冶爐被同化為新的大地子宮，使礦物完成其孕育；礦工和冶鐵匠取代大地之母的角色，加速且成就礦物的「生長」），可以媲美於農耕儀式的「蛻變」為神祕宗教。我們稍後會討論使物質「精神化」和「蛻變」所帶來的影響。[59]

---

[58]　C. G. Jung, *Psychologie und Alchemie*, pp. 416 sq.。容格提到受物質纏縛的世間生命（anima mundi）透過煉金術的救贖。這個觀念在結構和起源都和諾斯替教派有關，符合當時救世論的思想，最後歸結到宇宙復原的觀念。但是煉金術至少在最初並不預設受物質纏縛的世間生命，雖然這個世間生命暗指大地之母（Terra Mater）

[59]　見卷三。

第二十七章

伊朗新的思想

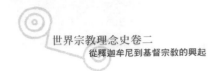
212. 安息王朝的宗教取向

(294)　　　阿契美尼德帝國沒落之後（ca. 330 B.C.），伊朗宗教捲入希臘化時期大規模而又複雜的宗教融合運動裡（見第 205 節）。帕提亞（Parthian）族長阿爾沙斯（Arsaces）收復部分伊朗領土，自立為王（ca. 247 B.C.），建立新的安息王朝，卻也無法遏阻宗教融合的潮流。的確，帕提亞族帶來整個源自草原騎士的宗教和文化傳統，而在安息族大權在握之後開始確立的王室觀念，其中某些元素便是傳承自這些無法征服的部落，他們在帝國的邊緣過著游牧民族的生活。但是希臘文化的吸引力顯然難以抵擋，至少在西元一世紀時，安息王朝還是鼓勵希臘化（在他們的錢幣鑄有希臘諸神的肖像）。然而我們要記得，他們模仿的對象，亞歷山大大帝的希臘主義，本身卻吸引大量閃族和亞洲的元素。

　　　那時候的文獻數量和種類都非常多：希臘文和拉丁文作家的作品、紀念碑、銘文、錢幣。但是其中關於伊朗宗教和信仰的資料卻非常貧乏。我們從晚出的文獻還比較能夠理解安息王朝的宗教創造力。最近的研究證(295) 明，這些晚出的文獻所敘述的信仰和觀念是在帕提亞王朝時代形成的。而這也正是時代的軌跡：在無數的文化際會和交流之後，從早先的觀念裡產生新的宗教形式。

　　　基本上，這些資料告訴我們：一、整個帝國都信奉密特拉，而他也和國王有特別的關係①；二、穆護成為祭司階級，特別是主持血祭（牛或馬）；史特拉堡（Strabo）說，穆護們禮拜的對象是安娜希塔（Anā-hitā），但是也有證據顯示他們也參加密特拉的儀式（在其神祕宗教裡扮演某個角色）；三、火的崇拜特別流行；四、在西元前 2-1 世紀，流傳著以希臘文撰寫的末世論作品《希斯塔什巴的神諭》（希斯塔什巴〔Hystas-

---

① 國王的神聖化是希臘化時期的典型現象，在安息王朝也有記載；我們至少知道有三個例子。見 J. Duchesne-Guillemin, *Le religion de l'Iran ancien*, pp. 225（bibli.）。

pes〕是維什塔斯巴的希臘名字）；文中猛烈批評羅馬（預言羅馬的衰亡），是伊朗著名的末世論文學②。

然而，帕提亞時代的宗教發展過程卻有所不同。在西元一世紀，密特拉的神祕宗教開始傳到地中海世界（最早的文獻記錄可以追溯到西元前67年）；我們可以合理地猜測，大約在同時期確立了彌賽亞國王的觀念，而仍然圍繞著密特拉的神話儀式的主題。正如費登格蘭（Widengren）所說的，諾斯替教派的「珍珠讚美詩」裡所表現的救世主神話，很可能在安息王朝的時代就成形了。祖文教派（Zurvanite）的神學，包括其中的時間、永恆、「靈性」受造者相對於身體的殊勝、以及絕對的二元論，也是在這個時期開展的（這些觀念到了幾個世紀後的薩珊王朝被體系化和組織化）。

我們不要忘記所有這些宗教形式基本的縮結。他們在目的上的差異可以解釋其表現的多樣性。例如說，我們無法在民間宗教或是神學思辨裡發現王室觀念的元素。所有這些宗教產物共同之處在於，雖然他們都是繼承 (296) 古老的觀念，卻保持「開放性」，也就是說，在後來的幾個世紀裡不斷地發展。《希斯塔什巴的神諭》的古典末世論主題，很可能是源自印度伊朗（歲時的縮短、宇宙的崩壞、最後的戰爭等等），在薩珊王朝的帕拉維語的天啓文獻裡再度出現，特別是在《巴曼神讚歌》（Bahman Yašt）裡。另一方面，《希斯塔什巴的神諭》也以7000年的末世論年代周期證明他們的預言，每千年都由某個行星主宰當時的歷史，這顯然是受到巴比倫的影響（例如著名的七重系列：七人行星、七種金屬、七種顏色等等）。但是對於這個年代架構的解釋卻是伊朗所特有的：在第一個六千年裡；上帝和惡靈爭奪統治權；邪惡似乎是戰勝了；上帝派太陽神密特拉（相當於阿波羅或希里阿斯），他統治第七個一千年；在這個階段的終點，行星的力量消

② J. Bidez et F. Cumont, *Les Mages hellénisés*, I, p. 217; G. Widengren, *Les religions de l'Iran*, pp. 228 sq.; J. R. Hinnells, "The Zoroastrian Doctrine of Salvation," pp. 147 sq..

失，宇宙大火更新了世界③。這個帶有末世論目的的神話和年代學，在基督宗教初期的西方世界很流行。

在關於國王或救世主（同化於密特拉）的誕生的傳說裡，我們可以看到末世論的希望。聖主和宇宙統治者（人神之間的中保）的傳統觀念，摻雜了救世論的意義，在人們引領鵠望救主降臨的時代，這個歷程是很容易理解的。密特拉達特斯王（Mithradates Eupator）的傳奇生平，充分說明了末世論的希望：彗星宣告他的出生；閃電擊中嬰兒，卻只留下一個疤；這個未來的國王經歷一連串類似入會禮的考驗的教育；在他即位時，被認為是密特拉的化身（和所有的國王一樣）④。在基督的誕生傳說裡也有類似的彌賽亞主題。

213. 祖文和惡的起源

(297)　　　祖文（Zurvan）譯①和祖文教派引起的問題始終沒有解決。他當然是很古老的神⑤。葛什曼（Ghirshman）說他在洛雷斯坦（Luristan）青銅器譯②辨識出祖文的形象，雌雄同體的、有翅膀的神，她生下雙胞胎（從他

---

③　F. Cumont, "La fin du monde selon les Mages occidentaux," pp. 93 sq.; Bidez et Cumont, *Les Mages hellénisés*, I. pp. 218 sq..

④　Justin, 37.2; Plutarch, *Quaest. Conviv.* 1.6.2; Widengren, *Les religions de l'iran*, pp. 266 sq.; Widengren, "La le'gende royale de l'Iran antique," passim..

⑤　Widengren（*Hochgottglaube im alten Iran*, p. 310）認為他在 Nuzi（西元前 13-12 世紀）碑刻裡發現祖文的名字。但是 E. A. Speiser 證明那個名字應該是 Zarva(n)，那是胡里安人的神；見 *Annual of the American Schools of Oriental Research* 16 (1936) : 99 nn. 47-48。

譯①：祖文（Zurvan 或 Zervan，或譯為佐爾文，祆語 zrvan，意為「時間」），伊朗雌雄同體的原始神或時間之神，也是太初世界原理的化身和祖文教派的最高神。祖文是命運之神、光明和黑暗之神。她也是奧瑪茲和阿里曼這對雙胞胎的父親。祖文希望有個兒子，他可以創造世界，但是心裡很猶豫。這個矛盾的心理使他生下屬性對立的兩個神。祖文的角色相當於伊昂和希臘的克羅諾斯。

譯②：洛雷斯坦在伊朗西部，二十世紀二〇年代在當地山谷出土馬飾、器具武器、首飾、腰帶鉤、儀式器物等青銅器。據推測製作時間是在西元前 1500-500 年。

的肩膀生出來）；三次遊行象徵著人的三個階段，獻給她嫩枝束（bar-som）⑥。如果這個解釋是正確的，那麼在最早的文獻裡就應該知道祖文生下奧瑪茲和阿里曼的神話。歐德摩斯（Eudemus of Rhodes）（西元前四世紀後半葉）說，「穆護……時而稱睿智的萬有為『空間』、時而稱為『時間』；據說他生下奧瑪茲和阿里曼，也就是光明和黑暗。」⑦這個訊息很重要，我們由此得知，直到阿契美尼德王朝結束前，伊朗人們認為時間和空間是兩個原理的共同來源，也就是善和惡，他們化身為奧瑪茲和阿里曼。

妖語以 thwâša 形容「時間」，意為「匆促的人」、「疾行的人」，費登格蘭認為這個字原來是指穹蒼，是主宰命運的天神的別名。⑧所以祖文很可能原來是個天神，是時間的起源，幸福和災難的施予者，也就是命運的主宰。⑨無論如何，祖文的結構很古老：他使人想到某些原始民族的神明，在他們那裡，宇宙所有的對立原理都兼容並蓄。

在晚出的《波斯古經》裡（可能在西元前四世紀結集的作品），很少 (298) 提到祖文，但是他總是和時間以及命運並稱。有其他的文獻（《驅魔書》〔Vidēvdat〕19.29）說，在到達「瑪茲達所造的」揀擇之橋時（見第103節），義人和信徒的靈魂會沿著「祖文所創造的路」前進。文獻清楚地強調時間和命運的末世論功能，也就是每個人的命數。在其他文獻裡，祖文被稱為「無限的時間」（《驅魔書》19.13, 16）；也有個地方區分「無限的時間」（Zurvan akarana）和「漫長而自主的時間」（Zurvan darego

---

⑥ Ghirshman, "Notes iraneinnes XV: Deux bronzes des rois d'Urartu," *Artibus Asiae* 28 (1958): 37 sq.: Duchesne-Guillemin, *La religion de l'Iran*, p. 146.

⑦ J. Bidez et F. Cumont, *Les Mages hellénisés*, II, pp. 69-70; id., I, pp. 62 sq. 引述 Eudemus 的作品。

⑧ Widengren, *Hochgottglaube*, pp. 232 sq.; *Zaehner, Zurvan, a Zoroastrian Dilemma*, pp. 89 sq..

⑨ 根據 Eudemus 所述，祖文是穆護們敬拜的對象（也就是源自米底斯），所以我們很難說，瑣羅亞斯德對祖文的隻字未提，是因為立場的衝突，還是因為在先知的教團裡，時間和命運之神並不是很重要。

xvadhāta）（〈讚歌〉72.10）。

　　所有這些都預設了從永恆的懷抱裡涌出時間的理論。在帕拉維語的作品裡，「漫長而自主的時間」是從「無限的時間」產生的，在 12000 年以後，又回到無限的時間（〈創世紀〉〔Bundahišn〕1.20；〈宗教行事〉〔Dēnkart〕282）。千年流轉的宇宙周期理論非常古老，但是在印度、伊朗和美索不達米亞都有不同的表現方式。雖然在古代的末期開始流行起來，在無數的天啓和預言裡都提到這個理論，但是這個千禧年理論在伊朗有很特別的發展，尤其是祖文教派。事實上，關於時間和命運的沉思在祖文教派的作品裡經常出現：人們用這個觀念去解釋惡的起源以及當時世界的墮落，對於二元論的問題也提出更確切的解答。

　　普魯塔赫在《論艾西斯與奧賽利斯》（secs. 46-47）裡採用西元前四世紀的傳說，描述「穆護瑣羅亞斯德」的教義：「在純潔的光明裡誕生的奧羅馬茲德斯（Oromazdes）」和「生於黑暗的阿里曼諾斯（Aremanos）」，他們分別統治世界 3000 年，接下來則爭戰了 3000 年。在充滿祖文教派的元素的論述〈明諾克卡爾德〉（Menōk i Khrat）（7.11）裡，人們相信宇宙的生命周期是 9000 年，分為三個階段（奧瑪茲把統治權讓渡給阿里曼，於是有 3000 年的時間戰火連天）。因為瑣羅亞斯德宗教否認阿里曼曾經統治世界，所以說普魯塔赫的傳說很可能是來自祖文教派的觀念。此外，普魯塔赫還說，密特拉（他的地位介於奧瑪茲和阿里曼之間，這即是為什麼他被稱為「中介者」）告訴波斯人要對這些神進行特別的獻祭，類似獻給冥府「惡魔」的供物，而這也不是瑣羅亞斯德宗教的觀念⑩。

　　普魯塔赫並沒有提到祖文，但是雙生神的神話和統治權輪替的解釋，可以見於其後祖文教派的某些文獻。根據亞美尼亞教父艾茲尼克（Eznik of Kolb）的說法，在還沒有萬物的時候，祖文（「Zrwan 意為『命運』或『榮光』。」）獻祭了千年之久，為了要有個兒子⑪。而因為他懷疑獻祭是否

⑩　Widengren, *Rel. de l'Iran*, pp. 244 sq. 討論普魯塔赫的敘述，還有最近的研究文獻。

⑪　Eznik, *De Deo*；Zaehner, *Zurvan*, pp. 420-28 引述 L. Mariès 之翻譯。另見 Eznik, *Against the Sects*, trad. Zaehner, pp.438-39。

有用（「我的獻祭能有什麼用呢？」），所以他懷了兩個兒子：「因為獻祭」，他得到奧瑪茲，「因為懷疑」，他得到阿里曼。祖文決定使先出生的小孩將來作王。奧瑪茲知道父親的想法，而告訴了阿里曼，於是阿里曼扯裂子宮而誕生⑫。但是當他對祖文說他是他的兒子時，祖文回答說：「我的兒子是芳香且明亮的，而你卻又臭又黑暗。」然後奧瑪茲出生，「香氣馥郁，滿室生輝，」於是祖文要立他為王。但是阿里曼提醒他曾立誓使先出生的小孩作王。為了遵守承諾，祖文答應授予他9000年的統治權，然後就要由奧瑪茲作王。艾茲尼克又說，奧瑪茲和阿里曼「下凡創造萬物。奧瑪茲所創造的都是善良且直立的生命，而阿里曼所造的則是邪惡且畸形的。」我們要注意，兩個神都是造物神，雖然阿里曼所造的都是邪惡的。這種負面的宇宙創造（群山、蟒蛇、有毒的動物等等）在許多民間的神話和傳說裡都是基本的元素，從東歐到西伯利亞⑬，其中「上帝的敵人」扮演重要的角色。

帕拉維語的重要作品〈大創世紀〉（3.20）說：「透過獻祭，萬物得以受造。」祖文的觀念和神話然是源自印度伊朗，因為我們在印度也發現這些神話。為求了嗣，生主獻祭酬神禮（dākṣāyaṇa）⑭，而他在獻祭時也 (300) 有懷疑（「我應該獻祭嗎？我是否不應該獻祭呢？」）但是生主是從身體創造世界的大神，也象徵著時歲的循環（第76節）。而懷疑是儀式的過犯，會造成可怕的後果。所以說，**邪惡是技術性意外的結果，是神聖的獻祭者疏忽所致**。邪惡並沒有屬於自身的存有學條件，他只是依附於造作者無意的過犯，而他又預先規定了惡的存在期限。

懷疑造成災難性的後果，這個神話主題幾乎在全世界都有許多類似的

---

⑫ Eznik 知道祖文是雌雄同體。但是後期的作者提到祖文的「母親」或「妻子」；見 Zaehner, *Zurvan,* pp. 63 sq., 423, 428。關於 Eznik 和 Theodore bar Konai 的其他文獻，見 Bidez et Cumont, *Les Mages,* II, pp. 89-92; Zaehner, *Zurvan,* pp. 421 sq.; Zaehner, pp. 54 sq.。

⑬ "Le Diable et Bon Dieu," dans *De Zalmoxis à Gengis Khan,* pp. 81-230.

⑭ S. Lévi, *La doctrine du sacrifice dans les Brāhmanas,* 1898, p. 138.

表現，他們把死亡或惡的起源解釋為造物主的疏忽或是沒有預見到未來。
而和早先的觀念（如瑣羅亞斯德）的差別則很明顯：阿胡拉·瑪茲達創造
兩個精靈，但是惡靈可以自由選擇他的存有模式（見第 103 節）。因此睿
智的上帝並不直接為惡的出現負責。同樣的，在許多古代的宗教裡，最高
的存有者蘊含著「對立的統一」，因為他是實在界的全體。但是在祖文的
神話裡，如同其他同類型的神話，是大神自己創造了惡，雖然他不是故意
的。無論如何，至少在艾茲尼克的敘述裡，祖文並不創造世界，他承認自
己是個退位神，因為他給了兩個兒子統治權的象徵（他送給奧瑪茲「嫩枝
束」，而根據《扎德斯普蘭》〔Zātspram〕所述，他送給阿里曼「使陰影
變成實體的工具」）。

214. 時間的末世論功能

就我們所能推斷帕拉維語文獻以及改作看來（在瑪茲達宗教成為薩珊
帝國〔226-635〕的國教期間，甚至到回教征服伊朗之後），祖文教派是由
(301) 米底亞的穆護⑮構築的宗教融合的神學，而不是獨立的宗教。其實他們沒
有祖文的獻祭儀式。尤有甚者，這個太初的神總是和奧瑪茲以及阿里曼並
稱。但是我們要澄清的是，千禧年的教義盛和祖文教派有關，無論是時間
的自然神，或只是時間的象徵或擬人化。9000 年或 1200 年的世界歷史周
期被認為和祖文本身有關。根據某些敘利亞文獻⑯，祖文身邊有三個神，
也就是他的化身，阿修噶（Ašōqar）、弗拉修噶（Frašōqar）、扎羅噶（Zā
rōqar）。在祆語裡是 aršōkara（賦予生殖力的神）、frašokara（放光的神）
以及 maršokara（使人衰老的神）⑰。這顯然是指人類存在的三個階段：青

---

⑮　Widengren 曾經說明祖文教派和米底亞的穆護的關係；見氏著 *Rel. de l'Ian*, pp. 320 sq.。

⑯　Zaehner, *Zurvan*, pp. 435, 439 sq.。關於他們的評論，見 Duchesne-Guillemin, pp. 186 sq.; Widengren *Rel. de l'Iran*, pp. 317 sq.。

⑰　Nyberg, "Questions de cosmogonie et de cosmologie mazdéennes," pp.89 sq.; Zaehner, *Zurvan*, pp. 221 sq.: Widengren, *Rel. de l'Iran*, pp. 317 sq..

年、成人和老人。在宇宙的層次上，每個階段都有 3000 年。在《奧義書》和荷馬的作品裡[18]，都可以看到「三個時間」的說法。另一方面，在帕拉維語的經典裡也有類似的說法，奧瑪茲「盡過去、現在、未來際存在」，也說「奧瑪茲的時間」（zamân i Ohrmazd）「盡過去、現在、未來際存在」。[19]而祖文（＝ Zaman）也是「過去和未來皆存在的一切」。[20]

總之，在瑣羅亞斯德宗教和祖文教派的文獻裡都有時間的意象和象徵。在 12000 年的歷史周期裡也有相同的情況。這在祖文教派的思想裡也有其地位。祖文被表現為四面神，在他周圍有不同的宇宙四重結構，這符合古代時間和命運的天神形象。[21]如果我們在「無限的時間」裡去認識祖文，那麼他會是超越奧瑪茲和阿里曼的神，因為經文說：「『時間』強過那兩個受造物。」[22]

我們可以了解瑪茲達宗教（其二元論傾向越來越強烈）和祖文教派之間的對立。在〈宗教行事〉裡，很自然地會批評「祖文生下奧瑪茲和阿里曼」這個觀念[23]。這就是為什麼在正統的帕拉維語經文裡沒有提到這兩個仇敵的起源問題。奧瑪茲和阿里曼自永恆便已存在，但是魔鬼在未來的某個時候終究會消失。於是我們知道為什麼時間和千禧年的教義對於瑪茲達宗教也非常重要。 (302)

根據瑪茲達神學，時間不只是世界創造不可或缺的元素；時間也是消滅阿里曼和邪惡的要件[24]。事實上，奧瑪茲創造世界，即是為了要征服和

---

[18]　Widengren, p. 319, n. 4; Homer, Iliad 1.70.

[19]　Zaehner, *Zuavan*, p. 278.

[20]　Zaehner, pp. 232, 283; cf. Widengren, pp. 318 sq..

[21]　Nyberg, "Questions de cosmologie," p. 57; Zaehner, *Zurvan*, pp. 54, 97 sq..

[22]　〈創世紀〉第一章片簡，見 Widengren, p. 325。

[23]　〈宗教行事〉（M 829.1-5），提到神歌中兩個精靈的注釋（〈獻祭〉30.3）；cf. Duchesne-Guillimin, pp. 185 sq.。

[24]　在〈創世紀〉（1.1）（見 Zaehner, *The Teachings of the Magi*, p. 35），奧瑪茲另外還有三個名字：時間、空間和宗教。這個四位一體的觀念是源自祖文教派，但是這是解釋世界的創造所必要的；見 Duchesne-Guillemin, pp. 309-10。

消滅邪惡。所以宇宙論已經預設了末世論和救世論。這就是爲什麼宇宙不
再是循環的，而是直線性的：世界有起點也有終點。時間的綿延是阿里曼
的侵襲的間接結果。奧瑪茲創造了線性且有限的時間，在其中和邪惡對
抗，如此奧瑪茲便賦予時間某種意義（末世論）以及戲劇性的結構（直到
最後勝利的持續戰爭）。這就是說，他創造了有限的時間，那是**神聖的歷
史**。這其實是瑪茲達宗教偉大的原創性，他們把宇宙創造論、人類起源和
瑣羅亞斯德的教義解釋爲同一個神聖歷史的不同環節。

215. 兩個受造者：靈魂和身體

(303)　　根據〈創世紀〉（Bundahišn）第一章，奧瑪茲和阿里曼自永恆便已存
在；儘管在時間裡是無限的奧瑪茲受到空間裡的阿里曼的限定，但是阿里
曼卻是受到時間和空間的限制，因爲他在某個時候會消失。換言之，瑪茲
達宗教的上帝原來是有限的，因爲他被對手阿里曼包圍[25]。如果阿里曼沒
有被消滅，這個情況會永遠持續。奧瑪茲創造世界以反擊阿里曼，使他在
空間裡也成爲無限的。所以說是阿里曼造就了奧瑪茲。換句話說，邪惡不
自覺地且非自願地助長的善的勝利。這是在歷史裡經常看到的觀念，也使
歌德醉心其中。

　　全知的奧瑪茲預見這個討伐的行動，於是創造出「理想的」或「靈性
的」存有者。mēnōk 這個字很難翻譯，因爲其中有完美的和胚胎中的世界
的意思。根據〈達迪斯坦尼迪尼〉（Dātastān i Dēnīk）（37.3 sq.）所述，
mēnōk 是完美的，而〈宗教行事〉（1.6）也描述 mēnōk 狀態下的受造者，
他在 3000 年的時間裡，「息心絕慮，寂然不動，無形無質。」[26]經文強調
的是 mēnōk 的天界和靈魂特徵。西元四世紀的經文說：「我來自天上的世
界（mēnōk）。我不是從塵世的世界（gētik）來的。我原來是以靈性的狀

[25]　Zaehner, *Teachings of the Magi*, p. 30.

[26]　Duchesne-Ghillemin, pp. 310-11; Mary Boyce, *A History of Zoroastrianism*, I, pp. 229
　　sq..

態顯現，我的原始狀態不是塵世的狀態。」㉗然而我們必須澄清，這不是如柏拉圖的「理型」世界那樣的抽象存在：mēnōk 的狀態既是靈性的，也是具體的。

宇宙的歷史可以分為四個階段。在第一個階段裡，阿里曼及其黑暗世界侵犯奧瑪茲的光明世界。（這個二元論是在宇宙創造之前的，因為在瑣羅亞斯德的教義裡，阿胡拉·瑪茲達是光明和黑暗的創造者；見〈獻祭〉44.5。）在把受造者從靈魂的狀態（mēnōk）置換為身體的狀態之前，奧瑪茲問聖靈（Fravasis）（在天堂裡的前世靈魂）是否願意接受肉體的存在，以對抗邪惡勢力㉘，聖靈同意。這見證了瑣羅亞斯德教義裡對於肉體生命和物質特有的執著。這和諾斯替教派以及摩尼教的悲觀主義有顯著的差異㉙。在阿里曼的侵襲之前，物質的受造物（gētik）本身是善良且完美的。只是阿里曼的入侵帶來的邪惡，因而使他們墮落。其結果則是「混合」（gumēcišn）的狀態，這是所有受造者的狀態，直到最後的潔淨禮才會消失。阿里曼和群魔進入物質世界，創造有害的事物污染世界，特別是潛入人的身體。某些經典說，阿里曼並沒有創造物質世界以對抗奧瑪茲：要破壞世界，只須潛入世界且住在那裡就夠了。「所以說，只要阿里曼脫離人的身體，他就無法待在整個世界裡。」㉚ (304)

經文生動地描述阿里曼的侵犯：他撕裂天堂的外圍，潛入物質世界，污染水源，毒害植物，使原初的聖牛死亡㉛。他攻擊原人（Gayōmart），妓女玷污原人，因而玷污所有的男人。（然而原人命中注定要在受到侵犯後多活 30 年。）然後，阿里曼投身到聖火裡，污染聖火，因而煙霧彌漫。

㉗　〈札爾圖什特結集大會之書〉（*Pand Nāmak i Zartušt*, strophe 2）；見 H. Corbin, "Le temps cyclique dans le mazdéisme," p. 151。

㉘　〈創世紀〉第一章；見 Zaehner, *Zurvan*, p. 336。

㉙　對於瑪茲達宗教而言，摩尼教澈底的二元論也是異端。

㉚　〈宗教行事〉VI, 264；見 S. Shaked, "Some Notes on Ahriman," p. 230。

㉛　食用和藥用植物生自他的骨髓，他的精子創造出有用的動物。可以見到海努維爾的神話類型（見第 113 節）。關於屠宰公牛，見 Duchesne-Guillemin, pp. 323-24; Mary Boyce, *History of Zoroastrianism*, pp. 138 sq., 231。

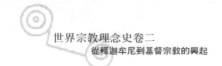

但是無論阿里曼勢力多麼強大，他還是受限於物質世界，因爲天堂把門關上，他只得待在物質世界的陷阱裡㉜。

216. 從原人到救世主

(305)　　原人是奧瑪茲和大地之母斯班達馬特（Spandarmat）的兒子；像其他神話裡的巨人一樣，他有渾圓的身體，「如太陽般閃耀」（見柏拉圖《饗宴篇》189d sq.）。在他死後，從他的身體產生金屬；太陽光潔淨他的精子，三分之一的精子落到土裡，長出大黃，從大黃裡誕生了第一對人類瑪西伊（Mašye）和瑪西安妮（Mašyāne）。換句話說，這對太初夫婦的父母是神話的祖先（原人）和地母，他們最初的形式是植物（這是流傳全世界的神話元素）。奧瑪茲命令他們要行善，不要膜拜魔鬼，還必須禁食。雖然瑪西伊和瑪西安妮尊奉奧瑪茲爲造物主，但是他們受到阿里曼的蠱惑，稱他爲大地、流水和植物的創造者。因爲這個「謊話」，這對夫婦受到詛咒，他們的靈魂必須待在地獄，直到他們復活。

　　他們禁食30天，但是他們後來喝了母羊奶，卻假裝很厭惡她；這是第二個謊話，使魔鬼的力量更加可怕。這個神話故事可以從兩個方面去解釋：一、說明謊話的罪；二、攝食的罪惡，也就是人類健康狀態的維持（在許多古代的神話裡，太初的夫婦是不用吃東西的，尤有甚者，根據伊朗的信仰，在時間的終點，人類也不再吃喝東西）㉝。30天後，瑪西伊和瑪西安妮砍下小牛的頭而且烤來吃。他們把部分的肉拋到空中，獻給聖火和神明，但是兀鷹把肉給叼走了。（後來傳說是狗吃掉那塊肉。）這可能意味著神並沒有接受供物，但是也可能是說，人並無意食肉。50年來，瑪西伊和瑪西安妮沒有性慾。但是他們還是交媾，生下雙胞胎，他們看來「如此美味」，以致於可能會被母親和父親分別吃掉。於是奧瑪茲除去小

㉜　阿里曼再也無法侵犯天堂，因爲有聖靈手持長矛守護「蒼穹的城砦」（Zaehner, *Dawn and Twilight of Zoroastrianism*, p. 270）。

㉝　〈創世紀〉，見 Zaehner, *Teachings of the Magi*, p. 145; Zaehner, *Zurvan*, p. 352。

孩身上的氣味，如此他們的父母親才會放過他們㉞。後來瑪西伊和瑪西安　(306)
妮又生了雙胞胎，他們成了所有人類的祖先。

　　如果我們要了解瑣羅亞斯德的神學如何重新詮釋傳統的神話，那麼原
人的神話（祆語作 gaya mareta，「會死的生命」）就顯得非常重要。就像
耶米（Ymir）和印度的「原人」（Puruṣa），伊朗的原人也是太初雌雄同
體的巨人，但是他的死亡則有不同的詮釋。從他的身體流出的，不再是整
個世界，而只有金屬（也就是行星），從他的精液生出大黃，然後有第一
對人類。正如後期的猶太教思想裡亞當的宇宙論屬性和精神性特質，原人
也有很特殊的地位。在瑪茲達宗教的神聖歷史裡，他的地位很接近瑣羅亞
斯德和救世主。的確，在物質的受造者（gētē）裡，原人是第一個得到「善
的宗教」的啟示㉟。他在阿里曼的侵擾之後又多活了 30 年，因而得以把天
啟傳給瑪西伊和瑪西安妮，此後代代相傳。瑪茲達宗教的神學認為原人是
正義和完美的象徵，相當於瑣羅亞斯德和救世主㊱。

　　在後期的神學作品裡，原人掙脫人類的限制而得以成聖。其實人類本
性是善良的，而且有靈魂和不死的身體。因為人類祖先的罪，而使得阿里
曼把死亡帶到物質世界裡。但是，正如蔡納（Zachner）所說的㊲，對於瑣
羅亞斯德宗教而言，原罪不是源自不服從的行為，而是起因於判斷的錯
誤：人類祖先錯把阿里曼視為創造者。不過，阿里曼沒有能夠消滅原人的
靈魂，因而也無法消滅人類的靈魂。人類的靈魂是奧瑪茲最有力的盟友；
因為在物質世界裡，只有人類才擁有自由意志。但是靈魂必須透過他所寓
居的身體才能行動；其次，身體也不是出於黑暗（如諾斯替教派所說
的），而是和靈魂相同的實體；太初的時候，身體是明亮而芬芳的，但是

㉞　〈大創世紀〉（14.14），見 Zaehner, *Teachings of the Magi*, p. 73；另見 A.
　　Christensen, *Les Types du premier homme et du premier roi*, I, pp. 19-20。
㉟　〈宗教行事〉（7.1.4），見 Molé, *Culte, mythe et cosmologie dans l'Iran ancien*, p.
　　504。
㊱　Molé, ibid., pp. 485 sq. 521.
㊲　*The Dawn and the Twilight of Zoroastrianism*, p. 267.

(307)　色慾使他發臭。不過，在世界末日的審判之後，靈魂會重獲復活而聖潔的身體㊳。

　　總之，因爲他有抉擇善惡的自由，所以他不僅可以得到救贖，甚至能夠參與奧瑪茲的救世事業。我們看到（第 104 節），每個主祭者會使自己回到阿里曼的染污之前的潔淨狀態，而幫助世界的「變容」。因爲在瑪茲達宗教看來，物質受造者（也就是物質和生物）**本身是善的**，也值得去潔淨和復原。的確，身體復活的教義透露了受造者難以估計的價值。在西方十七世紀以前關於身體的化學和哲學研究裡，這眞是法度嚴謹又別出心裁的詮釋（見卷三）。

　　原人和第一對人類死後直到瑣羅亞斯德降臨的 3000 年間，有許多傳奇性的王朝，著名的有伊瑪（Yim, Yima）、阿茲達哈克（Aždahāk）和法里丹（Frēton）。瑣羅亞斯德正在**歷史的中心**，也就是在原人和將要住世的救世主的中間。（根據西元四世紀的傳說，未來會有處女生下救世主，她在迦薩亞湖（Kasaoya）沐浴，而湖裡奇蹟式地保有瑣羅亞斯德的精子。）我們看到（第 104、112 節），在救世主主持獻祭之後，會帶來世界最終的「變容」。帕拉維語的經典對於這個末世論的情節有更詳細的描述。首先，在最後的 3000 年裡，人們逐漸不必吃肉、牛奶和植物，而僅以水維生。根據〈創世紀〉所述，行將就木的老人正是如此。

　　世界末日的審判事實上是以暴易暴地重複祖先們的行爲。這就是爲什麼那對於人類沒有什麼影響力的女魔阿姿（Āz）（貪婪）被迫要吞噬群魔。阿里曼殺死太初的聖牛，而在世界末日的獻祭裡，也會由救世主和奧瑪茲屠宰公牛哈塔尤斯（Hathayōs）。以他的油脂和骨髓混合白毫麻釀造
(308)　的酒，可以使復活的人不死。原人會是第一個復活的人。太初時的戰爭會重新展開：巨龍阿茲達哈克會再度出現，而那在「彼時」打敗巨龍的英雄法里丹也會復活。在終局的戰爭裡，兩邊的軍隊正面對決。最後只剩下阿

㊳　見 Zaehner, ibid., pp. 273 sq. 關於〈宗教行事〉的翻譯和注釋。

里曼和阿姿，他們也被奧瑪茲和斯羅茲（Srōz）打敗㊂。

有些文獻說，阿里曼喪失力量，直到永遠；有異本說，他被禁錮在當初他潛入世界的甬道裡，而他就在那裡死去。㊵大火使山裡的金屬流出，在這火河裡（是爲了惡人而燃燒的，正如爲了義人而有的溫牛奶），復活的身體潔淨三天。高溫使群山崩塌，填滿山谷，也阻斷通往地獄的洞穴（天圓地方說是天堂世界的形象，和末世論一樣古老）。在世界重生之後，人類不再有犯罪之虞，並且獲得永生，享受俗世（家庭將會團圓）和靈性的妙樂。

217. 密特拉的神祕宗教

根據普魯塔赫（《龐培》24.5），西里西亞的海盜「祕密崇拜（密特拉的）神祕宗教」；龐培（Pompey）征服且俘虜他們以後，他們就把這個宗教傳到西方世界。這是第一次明確提及密特拉的神祕宗教㊶。我們不知道〈密特拉讚歌〉（Mihr-yašt）（見第 109 節）所歌頌的伊朗神如何蛻變爲神祕宗教裡的密特拉。關於他的儀式可能是在美索不達米亞和小亞細亞的穆護教團發展出來的。密特拉主要是守護神和戰神，也成爲帕提亞王朝的守護神。在科馬吉尼（Commagene）的安提阿古一世（Antiochus I, 69-34 B.C.）的陵寢遺跡，我們看到神緊握著國王的手。但是密特拉的王室崇拜 (309) 裡似乎沒有祕密的祭典；自從阿契美尼德王朝的結束後，「密特拉卡那」（Mithrakana）的大型祭典始終是公開舉行的。

我們主要是透過碑刻形象去理解密特拉神祕宗教的神話和神學。很少

㊂ Bundahišn, 34.23; Duchesne-Guillemin, pp. 350 sq.; Zaehner, *Dawn and Twilight*, pp. 309 sq.。其中當然有印歐民族的末世論神話，保存在婆羅門時代的印度和日爾曼民族；見本書第 177、192 節。

㊵ *Mēnōk ī Krat* 8.11.15; *Dēnkart*, XII, 291; Duchesne-Guillemin, p. 351; Zaehner, pp. 314 sq., 351; Widengren, *Rel. de. L'Iran*, pp. 230 sq.。

㊶ 關於儀式及其傳到西方的所有其他資料（文學、銘文和考古證據）不會早過西元一世紀初。

有文字記載，而且大部分是在說明儀式和入會禮的各個階段。有個神話敘述密特拉如何從石頭裡誕生（de petra natus），類似烏利庫米（Ulli-kummi）（第46節）、弗里吉亞的阿格底斯提（第207節）、以及奧謝迪（Osset）神話裡的著名英雄㊷。這就是爲什麼洞穴在密特拉的神祕宗教裡扮演著重要的角色。另一方面，根據阿爾比魯尼（al' Bîrûni）描述的傳說，帕提亞國王在即位的晚上會到山洞裡閉靜，臣民到山洞前敬拜他，把他視爲新生的嬰孩，更正確地說，是以超越自然的方式誕生的嬰孩㊸。亞美尼亞的傳說也提到美黑爾（Meher, Mihr, Mithra）在山洞裡隱居，每年出來一次。事實上，即位的國王就是復活的密特拉的化身㊹。這個伊朗神話主題也出現在基督教的傳說裡，耶穌在伯利恆光彩奪目的洞穴裡誕生㊺。總之，密特拉奇蹟式的誕生是伊朗的偉大救世主的宗教融合神話裡很重要的部分。

　　密特拉奉太陽神索爾（Sol）之命（這是從某些碑刻判斷出來的）盜得公牛獻祭，是很有名的神話。密特拉宗教的洞穴浮雕和繪畫，幾乎都有這個故事。密特拉很不情願地執行這個命令；他別過頭去，抓住公牛的鼻子，把刀子插進公牛的腹側。「從垂死的犧牲者的身體裡長出所有的藥草……。從脊髓長出可以作麵包的小麥，從他的血液長出葡萄，可以釀成神祕宗教的聖酒。」㊻在瑣羅亞斯德的文獻裡，密特拉獻祭公牛的故事隱晦難解。我們看到（第215節）阿里曼殺死太初的公牛。晚出的文獻（〈創世紀〉6. E. 1-4）卻歌頌屠牛的功德：公牛的精液經過月光的潔淨，從精液

(310)

㊷　G. Dumézil, *Légendes sur les Nartes*, pp. 192 sq..

㊸　al-Bîrûni, *India* (trad. Sachau) II, p. 10.

㊹　G. Widengren, *Iranisch-semitische Kulturbegegnung*, p. 65; id., *Les relgions de l'Iran*, p. 269; S. Hartmann, *Gayōmart*, p. 60 n. 2, p. 180; I. Gershevitch, *in Mithraic Studies*, pp. 85 sq., 356.

㊺　M. Eliade, *Méphistophélès et l'Androgyne*, pp. 61 sq.; id., *De Zalmoxis à Gengis Khan*, pp. 37 sq..

㊻　F. Cumont, *Les Mystères de Mithra* (2e édition), p. 113; cf. Id., *Textes et Monuments figurés relatifs aux Mystères de Mithra*, I, pp. 179 sq., 186 sq..

裡誕生新的動物，從他的身體也長出植物來。從形態學的觀點來看，這個「創造性的屠宰」與其說是入會禮的儀式，不如說是某種農業的宗教[47]。另一方面，我們適才看到（第 216 節），在時間的終點，救世主和奧瑪茲會以公牛哈塔尤斯獻祭，而以他的油脂和骨髓釀造的酒可以使人不死。所以密特拉的功蹟可以說是世界末日的獻祭，如果是這樣，我們就可以說，神祕宗教的入會禮先於世界最終的變容，也就是信徒的救贖[48]。

公牛的宰殺是在洞穴裡進行，太陽神和月神都降臨。黃道十二宮或七大行星的符號、以及風和四季的象徵，都說明了這個獻祭的宇宙性結構。考特斯（Cautes）和考托帕特斯（Cautopates）打扮得像密特拉一樣，手執火炬，專注地觀看神的工作；他們是作為太陽神的密特拉的另外兩個化身（偽名戴奧尼索斯曾提到「三個密特拉」〔Epist 7〕）。

索爾和密特拉的關係是至今無法解答的問題；雖然索爾位階低於密特拉，卻命令他去屠牛；而我們也看到銘文把密特拉稱為「不敗的索爾」（Sol invictus）。有些場景描繪索爾跪在密特拉面前；也有的場景描繪兩個神互相握手。無論如何，我們看到密特拉和索爾在宴會裡分食牛肉而結為好友。這個饗宴在象徵宇宙的洞穴裡舉行。兩個神的侍者都戴著動物面具。這個宴會可以說是聖餐，其中各個階級的祭司以面具作區分，服侍祕 (311) 會大會的長老（pater）。據推測，有些洞穴壁畫描繪的索爾的升天，可能就在會後進行。隨後密特拉也到天上去；有些繪畫顯示他在太陽馬車之後奔跑。

在所有的神祕宗教裡，只有密特拉才沒有如其他神那樣的悲劇性命運。所以我們可以推論說，密特拉的入會禮裡沒有暗示死亡和復活的考驗。在入會禮之前，入教者必須先發誓（sacramentum）保守神祕宗教的祕

---

[47]　G. Widengren 比較巴比倫晚期的祭典「卡魯」（Kalu），為求世界多產而獻祭公牛（*Iranisch-semitische Kulturbegegnung*, pp. 51 sq.）。

[48]　屠宰公牛的類似詮釋，見 J. R. Hinnells, *in Mithrac Studies*, pp. 305。自從 H. Windschmann（1859）以來，若干伊朗學者注意到密特拉和救世主顯著的類似性。見 Hinnells, ibid., p. 311 (n. 132, bibli.)。

密。聖哲羅姆（Ep. 107, ad Laetam）的作品和許多銘文都提到入會禮七個
等級的名稱：烏鴉（corax）、新娘（nymphus）、武士（miles）、獅子
（leo）、波斯人（Perses）、太陽密使（heliodromus）和長老（pater）。
第一級的入會禮甚至允許七歲小孩參加；他們可能是接受某種宗教教育，
學習頌歌和讚美詩。祭司團分為兩個部分：「侍從」和「會衆」，後者的
成員是「獅子級」以上的入會者[49]。

　　我們並不知道各個等級的入會禮內容。基督宗教護教者在批評密特拉
的「聖事」（他們說那是撒旦的誘惑！）時，曾提到「浸禮」，可能是使
入會者獲得新生命[50]。這個儀式可能是為「武士級」的入會者舉行的[51]。
他會被授予王冠，但入會者必須拒絕，並且說密特拉是他「唯一的王冠」
[52]。然後他會在前額烙印（Tertullian, *De praescr. Haeret*. 40）或是以火炬潔
淨（Lucian, *Menippus* 7）。在「獅子級」的入會禮裡，人們把蜂蜜倒在入
教者手裡，然後塗在嘴上。蜂蜜便是聖徒和新生的嬰孩的食物[53]。

(312)

　　根據四世紀的基督宗教作家所述，入會者會被矇住眼睛，然後瘋狂的
群衆會包圍他，有人模仿烏鴉的叫聲和揮翅的聲音，其他人則模仿獅子的
吼叫聲。入會者以雞腸綑綁雙手，必須跳過水溝。然後會有人持劍割斷雞
腸，自稱是解放者[54]。卡普亞（Capua）的密特拉神殿裡的繪畫的入會禮場

---

[49] Cumont, *Textes et monuments figurés*, I, p. 317, II, p. 42 引述 Porphyry, *De abstinentia*
4.16 的片簡。

[50] Tertullian, *De praescr. Haeret*, 40 (cf. Cumont, *Textes et monuments*, II, p. 51)

[51] Loisy, *Mystères païens et mystère chrétien*, p. 173。我們不知道「烏鴉」的入會禮考
驗的內容；根據 Porpyry（*De abst*. 4.16），「烏鴉」是助手。（據說太陽神要烏
鴉告訴密特拉關於屠宰公牛的命令。）新娘的記號是火炬（婚禮的火炬）、王冠
（暗指維納斯）和燈火（象徵「新的光明」）。

[52] Tertullian, De corona 15 (= Cumont, *Textes et monuments*, II, p. 50).

[53] Porphyry, *De antro nymph*. 15 (Cumont, *Textes et monuments*, II, p. 40)。他們把蜂蜜
放到嬰孩的嘴裡。在伊朗的傳說裡，蜂蜜是來自月亮。見 Cumont, I, p. 320。

[54] Pseudo-Augustine, Quaest. Vet. Et novi Test. 114.12 (Cumont, *Textes et monuments*, II,
p. 8)。有些學者懷疑這些資料的真實性，但是如 Loisy 所説，「這些資料的粗略
可以證明其真實性，根據我們的學者説的，可以假設那是象徵性的詮釋，他們自
己也不知道真正的意義或是不願意説明白。」（*Mystères païens*, p. 183）

景，可能是入會禮的考驗。庫蒙特如是描述其中保存完好的場景：「裸身的祭司坐著，矇住眼睛，雙手可能被反綁起來。傳授師從後面走近他，好像把他往前推。身穿東方服飾的祭司，頭上戴著弗里吉亞的高帽子，手中握著劍，向他面前走來。在其他的場景裡，祭司跪著甚至趴在地上。」[55]我們也知道，祭司們必須在模擬的屠宰場合裡手持染有供物的血的劍[56]。某些入會禮的儀式的確包括和鬼怪搏鬥。歷史學家蘭普利底烏斯（Lampridius）說，康茂德（Commodus）大帝以活人祭奉獻密特拉神祕宗教（Commodus 9; Cument, Textes et monuments, II, p. 21）。康茂德可能是在入會禮擔任「長老」時真的殺死入會者，而入會者原本以為只是假裝要殺他而已。

這七個等級都有星球的守護：水星守護烏鴉、金星守護武士、木星守護獅子、月亮守護波斯人、太陽守護太陽密使、土星守護長老。在聖普里斯卡（Santa Prisca）和奧斯蒂亞（Ostia）的密特拉神殿最能說明這些星相關係[57]。另一方面，俄利根（Origen）（*Contra Celsum* 6.22）提到以各種金屬製成的七級梯子（鉛、錫、銅、鐵、合金、銀、金）以及相關的神（鉛和克羅諾斯、錫和阿芙羅狄特等等）。這個梯了可能是儀式的部分（我們所不知道的那個部分），同時又象徵著密特拉的祕密集會。 (313)

218.「如果當初基督教受阻……。」

我們在討論密特拉的神祕宗教時，似乎免不了要引述勒南（Ernest Renan）的名言：「如果基督教的成長因為疾病而受阻，那麼整個世界就會都是密特拉教徒。」（*Marc Auréle*, p. 579）勒南可能是對於密特拉神祕宗教

[55] F. Cumont, *Les religions orientales*, p. 142, plate XIII。Vermaseren, *Mithras, the Secret God*, figs. 51-53, pp. 132-33 描繪卡普亞（Capua）的密特拉神殿的其他場景。

[56] Cumont, *Les Mystères de Mithra*, p. 135.

[57] Ferrua, *Il mitreo sotto la chiesa di Santa Prisca*, pp. 72 sq.; G. Becatti, *Scavi di Ostia, II: Mitrei, Roma*, 1954, pp. 108 sq..

在西元 3-4 世紀的盛行印象深刻；他當然也震懾於神祕宗教的傳遍整個羅馬帝國。的確，這個神祕宗教的力量和原創性都使人敬畏。密特拉的神祕儀式成功地結合伊朗的傳統以及希臘羅馬的宗教融合。在他們的萬神殿裡，古典時期的諸神和祖文以及其他東方神祇並列。其次，密特拉神祕宗教也同化且整合帝國時期流行的宗教特色：占星術、末世論思想、太陽神宗教（哲學家詮釋爲太陽神的一神教）。密特拉神祕宗教雖然源自伊朗，卻以拉丁文爲祈禱文語言。其他具有東方色彩的救贖宗教都是由外國來的祭司團主宰（埃及人、敘利亞人、腓尼基人），但是密特拉神祕宗教的長老（patres）卻是從義大利和羅馬行省裡挑選出來的。而他們也沒有縱慾或可怕的祭典。那是個典型的軍人宗教，以紀律、節制和道德著稱，這些德性使人想起古羅馬的傳統。

(314) 　　密特拉宗教的傳佈可說是無遠弗屆：從蘇格蘭到地中海、從北非和西班牙到中歐和巴爾幹半島。在古羅馬的行省達契亞（Dacia）、潘諾尼亞（Pannonia）和日耳曼，可以發現大部分的神殿。（這個宗教似乎沒有進入希臘或小亞細亞。）然而我們要考慮到，祕密集會最多只接受上百個會衆。因此，即使在羅馬的某個時期有一百座神殿，但是其會衆也不過是10000 人[58]。密特拉宗教幾乎是士兵們的祕密宗教，隨著軍隊的足跡傳佈。他們入會禮的諱莫如深，比較像是印歐民族的「兄弟會」的入會禮（見第175 節），而不像是埃及或弗里吉亞的入會禮。因爲密特拉是唯一不曾受難死亡的神。而且也只有密特拉宗教不接受女性。在婦女參與救贖宗教到達某個程度的時代裡，這種禁絕使得世界的歸依密特拉宗教更爲困難。

　　不過基督宗教的護教者還是擔心密特拉宗教的「競爭力」，因爲他們認爲神祕宗教是僞裝成聖餐禮的惡魔。儒斯丁（Justin）（Apol. 66）指責「惡魔」使用麵包和水作爲聖餐；德奧都良（De praescr. 40）也提到「麵包的奉獻」。事實上入會禮的饗宴是紀念密特拉和索爾在獻祭公牛之後的宴會。對於密特拉教徒而言，這個慶典很難說是聖餐禮或者只是當時帝國

---

[58]　Widengren, "The Mithraic Mystères," p. 453.

流行的儀式饗宴㊹。無論如何，我們不能否認密特拉宗教的饗宴（或其他神祕宗教的宴會）有其宗教意義，因為他們都遵循著神的模式。基督宗教的護教者強烈抨擊他們是偽裝成聖餐禮的惡魔，這就足以證明其神聖性格。至於入會禮裡的浸禮，在其他宗教也有這習俗。但是對於 2-3 世紀的基督宗教神學家而言，基督教和密特拉宗教的相似性讓他們更加不安，因為前額的烙印使他們想起「印記」（signatio），也就是成就浸禮聖事的儀式；再者，從二世紀開始，這兩個宗教都在相同的日子（12 月 25 日）慶祝他們的神的聖誕，也都相信有世界末日、最後的審判以及肉體的復活。 (315)

但是這些信仰和神話儀式的場景，其實是希臘化和羅馬時期的時代精神。各種相互會通的救贖宗教的神學家們，都毫不遲疑地借用他們所承認的觀念和說法（我們談過他們和弗里吉亞神祕宗教的關係，見第 207 節）。最後，重要的是對於歸依和入會禮考驗的神話儀式情節的個人體會和神學詮釋（我們只要想想，在非基督教世界和基督教史裡，對於聖餐禮就有許多不同的解釋）㊺。

有些國王支持密特拉宗教，特別是基於政治的理由。在 307-308 年的卡爾努圖姆（Carnutum），戴克里先和其他的奧古斯都們都曾經設祭壇奉獻密特拉，「帝國的恩人」。但是君士坦丁大帝於 312 年在米爾微亞橋（Milvia）的奏捷宣告密特拉宗教的終結。在朱利安短暫的統治下，這個宗教曾恢復其盛況；這個哲學家皇帝宣稱自己是密特拉信徒。他在 363 年駕崩，其後經歷寬容的時期，但是葛拉濟安（Gratian）在 382 年頒布的敕令結束了官方對於密特拉宗教的支持。和所有的救贖宗教和祕教集會一樣，密特拉的祕密儀式也遭到禁止和迫害，而從歷史消失。但是在世界逐漸基督教化時，伊朗的宗教文化的其他產物仍然在找尋自己的出路。在西元三世紀初，摩尼教的興盛撼動基督教會的根基，而摩尼教的二元論也持續影響整個中世紀。另一方面，基督教和伊斯蘭教也吸收了伊朗的某些宗教觀念，如聖誕、天使學、穆護的理論、光的神學、以及諾斯替教派神話

㊹ I. P. Kane, "The Mithraic Cult Meal in Its Greek and Roman Environment," pp. 343 sq..
㊺ John R. Hinnells, "Christianity and the Mystery Cults," p. 20.

315

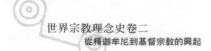

的元素；直到中世紀晚期、文藝復興和啓蒙運動，都還可以找到他們的痕跡[61]。

---

[61] 見卷三。

第二十八章
基督宗教的誕生

219. 一個「卑微的猶太人」：拿撒勒的耶穌

(316)　　西元 32-33 年，有個叫作掃羅（Saul）的年輕法利賽人（Pharisee），以迫害基督徒而聞名，他要從耶路撒冷到大馬士革（Damascus）。「突然間，……天上降下一道光將他四面環繞。他仆倒在地，聽見有聲音對他說『掃羅，掃羅，你為什麼迫害我？』『主啊，你是誰？』他問道，而那個聲音回答，『我就是你所迫害的耶穌。起來，進城去。有人會把你所該做的事告訴你。』和掃羅同行的人站在那裡，說不出話來。他們雖然聽見聲音，卻看不見人。掃羅從地上站起來，張開眼睛，竟不能看見什麼。有人拉他的手，領他進了大馬士革。有三日他不能看見，也不吃，也不喝。」最後是門徒亞拉尼亞（Ananias）在異象中得到耶穌的教導，把手按在掃羅身上，掃羅的視覺因而恢復。「於是他在當下受了洗，吃過飯就健壯了。」①

　　這事件發生在耶穌被釘十字架的兩、三年後。（沒有人知道耶穌被處死的正確時間；可能是在西元 30 年或 33 年。因此保羅的皈信最早可能是西元 32 年，最遲是西元 36 年。）我們將看到，對耶穌復活的信念是建構基督宗教的基本要素，尤其是聖保羅的基督宗教②。這個事實相當重要，

(317)　因為他的書信是基督教會史的最早文獻。所有的書信都充斥著無與倫比的熱情：對復活的肯定，因而也肯定透過基督的救贖。「最後，」偉大的希臘學者韋拉莫維茲（Wilamowitz-Moellendorff）寫道：「希臘人的語言終於表現了熱情而強烈的宗教經驗。」③。

　　我們必須強調，保羅的出神經驗和耶穌的呼召兩者之間相距只不過很短的時間。羅馬皇帝提比略（Tiberius）在位的第 15 年（在西元 28-29

---

①　〈使徒行傳〉9:3-5, 18-19。〈使徒行傳〉的作者對於掃羅與復活的基督在往大馬士革路上的相遇，用了兩處以上的章節加以說明：2:4-21; 26:12-20。

②　在〈哥林多前書〉（15:1-2）裡，他仔細列出看到復活的基督顯現的人們。

③　Wilamowitz-Moellendorff，引自 G. Bornkamm, Paul, pp. 9-10。

年），苦行者施洗者約翰開始在約旦河一帶「宣講悔改的洗禮，使罪得救。」（〈路加福音〉3:1 sq.）。史學家福拉維斯·約瑟夫（Flavius Josephus）譯①形容他是個「老實人」，他規勸猶太人要奉行美德、公義、憐憫（*Ant. Jud.* 18.5.2. 116-19）。事實上，約翰是個真正的先知，他受神啓、急切且激烈地公開反對猶太人的政治和宗教階級。施洗者約翰是千禧年教派的領袖，宣佈神國將臨，不過他沒有自稱「彌賽亞」。他的呼召相當成功。幾千位從巴勒斯坦前來受洗的人裡，有個人是耶穌，加利利（Galilee）的拿撒勒人（Narareth）。根據基督教傳說，施洗者約翰認出他就是彌賽亞。

　　沒有人知道耶穌為何要受洗。不過可以確定的是，他的受洗透露他的彌賽亞身分。在福音書裡，這項天啓的奧祕被解釋為聖靈以鴿子的意象降臨，同時天上傳來聲音說：「這是我的愛子，我所喜悅的。」（〈馬太福音〉3:16；〈馬可福音〉1:11；〈路加福音〉3:22）耶穌在受洗之後，立刻被帶到曠野中。福音書說「聖靈領他到曠野」，為了讓他在那裡受撒旦試探（〈馬可福音〉1:12；〈馬太福音〉4:1-10；〈路加福音〉4:1-13）。這些試探有明顯的神話學特色，但是這些象徵也顯示出基督教明顯的末世論結構。在形態學上，他們是入會禮的考驗，和釋迦牟尼佛的苦行類似（第148節）。耶穌在曠野中禁食四十晝夜，並且受到撒旦的「試探」：他先是命令耶穌展現奇蹟（「吩咐這些石頭變成食物」；他又帶耶穌到耶路撒冷聖殿頂端，說道：「你若是神的兒子，你跳下去。」），然後他說要給耶穌無比的權力：「世上萬國與它們的榮華。」換言之，撒旦給他的是摧毀羅馬帝國的力量（所以影響了啓示所說的猶太人軍隊的勝利），只要耶穌跪下來拜他④。 (318)

---

④　誠然，這場「試探」的劇情後來融入福音書的傳說裡，在西元 66-70 年的起義失敗之後，也就是在羅馬人破壞聖殿之後。不過在象徵的角度上，當時教會正在發展，這個「試探」預示著耶穌的神蹟（因為不久之後他將把酒變成水，也使餅和魚增多）和基督宗教的勝利（因為，儘管羅馬帝國不是被武裝起義給摧毀，最後還是被征服了，也就是成為基督教國家）。

譯①：法利賽人，生於西元 37 年，卒於西元 100 年。他在參加西元 66-70 年的暴亂之後投降，成為羅馬帝國的史家。他認為羅馬統治以色列是神的旨意。

　　有一段時日，耶穌像施洗者約翰一樣為人施洗，或許更加成功（〈約翰福音〉3:22-24; 4:1-2）。但是獲悉先知（約翰）被希律王逮捕，耶穌就離開猶太地區到他生長的地方。約瑟夫說希律王的行為是出於恐懼：希律王害怕施洗者約翰對群眾的影響力而且擔心發生叛亂。無論原因是什麼，約翰的被捕促使耶穌開始傳道。耶穌抵達加利利，他就宣講神的福音，即福音書所說：「時候到了，神國近了，你們當悔改，信福音。」⑤這個訊息所表達的末世論希望，除了少數例外，在猶太人的宗教裡已經傳佈了一個世紀以上。在眾先知和施洗者約翰之後，耶穌也預言這個世界重大的變容：這是他傳道的本質（第 220 節）。

　　耶穌在早期的門徒陪同之下，在會堂裡和戶外傳道，特別是對窮人和被剝奪繼承權的人們。他使用傳統的說教方法，引述神聖的歷史和聖經著名的段落，汲取遠古的意象和象徵，尤其是使用比喻的語言。如同古希臘世界的許多其他聖人，耶穌也是個醫生和魔術師，他治好一切疾病，也使許多附魔者得以釋放。在行某次神蹟之後，耶穌被懷疑是行妖術，在當時，這是要處死的罪。「他是靠著鬼王別西卜趕鬼，」有人說。「又有人 (319) 試探耶穌，向他求從天上來的神蹟。」⑥耶穌驅鬼以及魔術師的名聲並沒有被猶太人所遺忘：在西元 1-2 世紀的傳說提到耶穌（Yeshu，譯②）「行妖術，讓以色列誤入歧途。」⑦

　　不久，耶穌的傳道開始使兩個有政治和宗教影響力的團體感到不安，也就是法利賽人和撒都該人（Sadducees）。法利賽人對於拿撒勒人曲解律法書感到惱怒。撒都該人則是努力壓制在彌賽亞的傳道之後可能引發的暴

---

⑤　〈馬可福音〉1:15。〈馬太福音〉4:17 提到「天國」，但是兩者是同義詞。
⑥　〈路加福音〉11:15-16。路加把「徵兆」的要求和妖術的指控放在相同的故事裡；其他福音則是分開記載；〈馬可福音〉3:22, 8: 11；〈馬太福音〉12: 24, 38; 16: 1。另見 C. H. Dodd, *The Founder of Christianity*, p. 179, n. 11。
⑦　B. Sanhedrin 43.2。該篇文章提到其他細節，其重要性稍後會出現，因為他們獨立於基督教資料來源之外（n.12 sq.）。拉比的資料來源和討論見 J. Klausner, *Jesus of Nazareth*, pp. 17-47。
譯②：耶穌的希伯來文字根。

動。事實上，某些人認為耶穌講道裡的神國是奮銳黨（Zealots）的宗教幻想和政治理念。奮銳黨拒絕承認羅馬人的權威，因為對他們來說，「神是唯一的統治者與主。」（*Ant. Jud.* l8.1.6.23）。十二使徒裡的西門⑧，從前是該教派的信徒（〈馬可福音〉3:18）。〈路加福音〉記載，在釘十字架之後，有位門徒說：「我們素來所盼望、要贖以色列民的就是他。」（〈路加福音〉24:21）

　　此外，福音書裡最引人入勝也最神祕的故事，說明當時的人們如何誤解耶穌所說的神國⑨。在講道之後，耶穌得知有五千個追隨他到加利利岸邊的人們沒有食物。耶穌要他們坐下來，然後行神蹟使少許的餅和魚變多，眾人因而得以享用。這是古代用以確定或恢復團體的神祕凝聚力的儀式行為。共餐可能是指某種末世的期望，因為〈路加福音〉9:11 說，耶穌正在對他們講述神的國。這個神蹟使群眾興奮不已，但是他們並不了解其中奧祕，而把耶穌視為眾人引領鵠望的「先知王」，他要來拯救以色列。「耶穌……知道他們要來強逼他作王。」（〈約翰福音〉6:15）於是他送走群眾，和門徒們上了一條船避難，要橫渡加利利海。

(320)

　　這個誤解可能被詮釋為失敗的起義。無論如何，耶穌被群眾拋棄了。根據〈約翰福音〉6:66-67，只有十二使徒始終對耶穌忠實。就在西元 30 年（或 33 年）春天，在使徒陪同之下，耶穌決定要在耶路撒冷過逾越節。這場遠征的目的始終被人討論不斷。耶穌可能是要在以色列的宗教聖地傳他的道，以要求明確的答覆⑩。當他將近耶路撒冷時，人們「以為神國就要顯現。」（〈路加福音〉19:11）耶穌進城的時候，就像是彌賽亞土（〈馬可福音〉11:9-10），他趕出在聖殿裡做買賣的人，並且訓誡人們（11:15 sq.）。翌日，他再度進入聖殿，說了個葡萄園戶的比喻，租戶們在殺了園

⑧　S. C. F. Brandon, *Jesus and the Zealots*, pp.44-47, 243-45.
⑨　四福音書作者敘述了這段插曲（馬可和馬太福音說了兩次）：〈馬可福音〉6: 30-44, 8:1-110；〈馬太福音〉14:13-21, 15:32-39；〈路加福音〉9:10-17；〈約翰福音〉6:1-15。
⑩　Dodd, *The Founder of Christianity*, pp. 139 sq.; R. M. Grant, *Augustus to Constantine*, p. 43.

主派來的僕人之後，又抓住他的兒子而且殺了他。「葡萄園主會怎麼做呢？」耶穌下了結論：「他會來除滅那些租戶，將葡萄園轉給別人。」（12:9）

　　對於祭司和經師來說，這個比喻的意義很明顯：先知們都遭到迫害，最後的使者施洗者約翰也剛被殺掉。對耶穌來說，以色列還是代表神的葡萄園，不過他譴責其宗教領導階層；新以色列會有其他領導人⑪。此外，耶穌讓眾人明白他自己就是果園的繼承人，即園主的「愛子」；當局者認為這可能透露著血腥報復的彌賽亞宣言。當時就如大祭司該亞法（Cadiaphas）所說：「一人替全民死，免得通國滅亡。」（〈約翰福音〉11:50）迅速干預確有其必要，但是不要讓耶穌的擁護者察覺。逮捕行動一定要在晚上祕密進行。在逾越節前夕，耶穌和他的門徒共進最後的晚餐。這個「最後的愛」成為基督宗教最重要的儀式：聖餐。我們稍後將會說明其意義（第 220 節）。

(321)　　「他們唱了詩之後，就出來往橄欖山去。」（〈馬太福音〉26:30）關於這個感人的夜晚，有兩件事始終縈繞在基督徒的回憶裡。耶穌對彼得說，「雞叫之前」他會三次不認耶穌（〈馬太福音〉26:34；〈馬可福音〉14:26-31）。耶穌認為彼得是他最忠實的門徒，要他維持信徒的團契。的確，不認耶穌只是人類弱點的展現。不過，這個行為並未抹煞彼得的尊嚴和他奇里斯瑪（charisma）的特色。這個痛苦的故事意思很明顯：在救贖的事業裡，人類美德的重要性比不上人類的罪；重要的是悔改以及不喪失盼望。沒有彼得的先例，大部分的基督宗教史就會難以成立；他的不認耶穌和悔改（〈馬太福音〉26:74），在某個方面已成為每個基督徒生命的典範。

　　另一幕典型的情景是發生在名叫客西馬尼（Gethsemane）的地方。耶穌帶著彼得和其他兩位門徒，說：「我心裡甚是憂傷，幾乎要死。你們在這裡等候，和我一同警醒。」（〈馬太福音〉26:38）然後他往前走，「俯

⑪　Dodd, p. 150.

伏在地禱告。『我父啊，倘若可行，求你不要讓我喝這杯。然而，不要照我的意思，只要照你的意思。』」（〈馬太福音〉26:39）但是當他回到門徒那裡，發現他們睡著了。他對彼得說：「你們竟不能同我警醒片時。」（〈馬太福音〉26:40）「要警醒禱告，」他再次督促他們。還是徒勞無功，當他回到那裡，他「發現他們又睡著了，他們的眼睛是如此困倦。」（〈馬太福音〉26:41；〈馬可福音〉14:32-42；〈路加福音〉22:40-46）自從吉加美士的冒險（第23節）以來，克服睡意並保持「清醒狀態」，是最困難的入會禮的考驗，因為這是追求超凡入聖的狀態，以得到「永生」。在客西馬尼園裡，這個「入會禮式的守夜」（雖然只是幾個小時）證實是人力所不能及的。這個挫敗也成為大部分基督徒的典型。

　　不久以後，耶穌就被祭司長的護衛逮捕，或許是被羅馬士兵逼迫。我們很難確定這整個事件的經過。福音書提到兩個審判。公會判決耶穌犯了瀆神之罪。因為，祭司長問他：「你是那當稱頌者的兒子基督（亦即彌賽亞）不是？」他回答：「我是。」（〈馬可福音〉14:61-62；〈馬太福音〉26:57-68；〈路加福音〉22:54, 66-71）。瀆神是可以判處丟石頭的罪，但是並不確定當時公會是否有判處死刑的權力。無論如何，接著審判耶穌的是猶太地區的總督彼拉多（Pontius Pilate）。耶穌被控以煽動叛亂的罪名（「你是猶太人的王嗎？」），他被判釘十字架處死，這是羅馬人典型的酷刑。耶穌遭受嘲弄（穿上紫袍並戴上荊棘編成的冠冕，士兵們戲稱他「恭喜，猶太人的王啊！」），有兩位「強盜」分別立在他左右，和他一同釘十字架。福拉維斯時常用「強盜」（lēistai）去稱呼革命者。「因此，處死耶穌死顯然是鎮壓猶太人的反抗羅馬人統治以及在猶太的通敵者。對耶路撒冷的執政者來說，任何神國將臨的傳道都和猶太人的復國有關。」[12] (322)

　　耶穌的被捕、審判和犧牲驅散了信徒。在耶穌被捕之後不久，他最喜愛的門徒彼得有三次不認他。耶穌的宣道，甚至他的名字，都幾乎被人遺忘，除了只有他的信徒才能理解的奇蹟以外，也就是受難者的復活。保羅

---

[12]　Grant, *Augustus to Constantine*, p. 43。根據拉比的傳說，耶穌被猶太人的統治者審判並判決在逾越節前夕吊死；Klausner, *Jesus of Nazareth*, pp. 18 sq.。

和福音書裡的傳說，對於空墓以及耶穌復活的多次顯現大書特書。

　　對於耶穌基督復活的信仰，使這些意志消沉的亡命之徒蛻變為勇士，認為自己是萬夫莫敵的。我們可以說，使徒們在重獲新生並且成為最早的傳教士之前，他們自身也經歷了絕望和靈性死亡的入會禮式的考驗。

220. 神的福音：神的國近了

　　布特曼（Rudolf Bultmann）說，耶穌的生平是「難以忍受的陳腔濫調」。其實裡頭的證據既不充足也不確定。保羅書信對於耶穌的生平幾乎隻字未提。寫於西元 70-90 年間的對觀福音譯③，收錄了最早的基督教團契的口述傳說。這些傳說既描述耶穌，也描述復活的基督。但是他們的文獻價值並沒有因此而減損，因為基督宗教的基本要素正是**回憶**，就像其他的宗教一樣。對耶穌的回憶構成基督徒的模範。但是最早的見證者流傳的傳說已經是某種「典型」，而不只是「歷史」；他們保留的是事件和宣道的重要結構，而不是對耶穌的言行的確切回憶。這是個眾所周知的現象，不是只有宗教史領域的人才知道。

(323)

　　另一方面，我們要知道，最早的基督徒（耶路撒冷的猶太人）在巴勒斯坦的猶太教當中建立天啟的教派。他們每天都在期盼基督的復臨（parousia）；他們專注於**歷史的終點**而不是末世論的期待的編年史。此外，除了復活的主的角色以外，他們很早就發展出關於救世主和成聖的人（theios anthropos）的神話。這個神話特別重要（見第 222 節），我們可以藉以了解基督宗教特定的宗教面向，甚至其晚期的歷史。這些神話把拿撒勒的耶穌投射為原型和超越性形象的總和，而且就像他的言行一般「真實」；的確，這些神話肯定了他源初的福音的力量和創造力。由於這個宇宙的神話和象徵，基督宗教的宗教語言才能夠走出他們的家鄉，成為世界性的語言。

譯③：指《聖經》中馬太、馬可及路加這三部福音書，皆以相似的方式敘述基督生平。

學者都同意，對觀福音帶給我們福音的本質，尤其是神國的宣告。我們說過，耶穌在加利利的傳道時就說：「神的福音：日期滿了，……神國近了。」（〈馬可福音〉1:15）⑬末世近了：「站在這裡的，有人在沒嘗死味以前，必要看見神的國大有能力臨到。」（〈馬可福音〉9:1, 13:30）「但那日子，那時辰，沒有人知道，連天上的使者也不知道，子也不知道，惟有父知道。」（〈馬可福音〉13:32） (324)

然而，耶穌也用其他方式暗示神國已經在眼前。在驅鬼之後，他說：「我若靠著神的能力趕鬼，這就是神的國臨到你們了。」（〈路加福音〉11:20）還有一次，耶穌說，自從施洗者約翰以來，「天國是努力進入的，努力的人就得著了。」（〈馬太福音〉11:12）這意思似乎是：神國被暴力所阻，但是它已經在眼前了⑭。當時的文獻充斥著災異之說，但是神國卻是在沒有災難的情況下降臨，甚至沒有外在的記號。「看哪，在這裡！看哪，在那裡！因為神的國就在你們中間。」（〈路加福音〉17:20-21）在幾個比喻裡，耶穌說神國如同發芽生長而逐漸成熟的種子（〈馬可福音〉4:26-29）、芥菜種（30-32）以及麵酵（〈馬太福音〉13:33）。

這兩種關於神國的不同宣示（「在不久的將來」以及「在眼前」），相當於耶穌使命的前後兩個階段⑮。我們也可以說，這兩個宣告是相同的福音的兩種解釋：一、眾先知和天啓所說的神國的將臨，也就是「歷史世界的終點」；二、透過耶穌的中保而涵泳在信仰的永恆臨在裡的人對於天國的期待⑯。

對這個福音的第二種解釋，特別強調耶穌的彌賽亞角色。耶穌的門徒

---

⑬　當代聖經注解認為關於神國的宣言有四處是真實的：〈馬可福音〉1:15a；〈路加福音〉11:20, 17:20-21；〈馬太福音〉11:12。另見 Perrin, *Rediscovering the Teachings of Jesus*, pp. 63 sq.; Perrin, *The New Testament: and Introduction*, pp. 288 sq.。

⑭　見 Ernst Kasemann, "The Problem of the Historical Jesus," pp. 42 sq.; Perrin, *Rediscovering*, pp. 76 sq.。

⑮　見 M. Simon et A. Benoit, *Le Judaïsme et le Christianisme antique*, p. 86.。

⑯　Perrin 根據 Bultman 的觀點，提到「實存的實在物的經驗」；見氏著 *The New Testament*, p.290.。

當然視他爲彌賽亞，「基督」這個名字（等於希臘文裡的「膏立」，亦即「彌賽亞」）就是個明證。耶穌自己從未使用這個名字；然而，當別人這樣稱呼耶穌時，他接受了（〈馬可福音〉8:29, 14:61）。或許耶穌避用「彌賽亞」這個名字，是爲了強調他所傳的福音不同於猶太人的彌賽亞式的民

(325)　族主義。神的國不是奮銳黨透過武力建立的神權統治。耶穌主要是以「人子」來稱呼自己。這個詞語最初只是相當於「人」（見第 203 節），後來才用來指「神的兒子」（隱含在耶穌的宣道裡，其後在基督教神學中闡明）。

　　但是就我們所能重構的耶穌的「角色」（至少有個梗概）而言，他也可以比喻爲受苦的僕人（〈以賽亞書〉40-50；見第 196 節）。

　　我們沒有任何根據去懷疑那些談到考驗在等著他的經文的眞實性。如果我們不承認他面臨且接受苦難的可能性，那麼他的整個使命就變得無法解釋。在來到耶路撒冷的時候，他擔負著整個行動過程的風險，雖然不排除因爲神的干預而獲勝的可能⑰。

　　耶穌說：「莫想我來要廢掉律法和先知。我來不是要廢掉，乃是要成全。」（〈馬太福音〉5:17）和許多先知一樣，他也貶抑儀式，而讚美內心的潔淨；他孜孜不倦地要人愛神以及愛他們的鄰人。在山中寶訓（〈馬太福音〉5:3-12；〈路加福音〉6:20-23）裡，耶穌說，凡是憐憫人以及清心者、溫柔以及使人和睦者、哀慟以及爲義受逼迫者，都有福在等著他們。這是基督教世界以外的人們最稱道的經文。然而對耶穌來說，以色列永遠是神所揀選的子民。他奉差遣才到以色列家迷失的羊那裡去（〈馬太福音〉15: 24），而且只有在特殊情況下，他才會找外邦人（或異教徒）：他告訴門徒們要避開他們（〈馬太福音〉10: 6）。不過他似乎在神國降臨時會接受「萬民」（〈馬可福音〉13:10；〈馬太福音〉8:11）。就如先知們和施洗者約翰，耶穌要的是猶太人民幡然悔悟，就是要產生新的以色列，神的新子民。天主經（〈路加福音〉11:2-4；〈馬太福音〉6:9-13）對

----

⑰　Simon et Benoit, *Le Judaïsme*, p. 87. 關於這彌賽亞和受苦的僕人兩個理想的形象之融合，見 Dodd, *The Founder*, pp. 103 sq.。

於達成這個目標的「方法」有極佳的摘述。在希伯來信仰的用語裡，祈禱 (326)
文中並不使用第一人稱單數，而是複數：**我們**的父，**我們**日用的飲食，天
天賜給**我們**，赦免**我們**的罪，救**我們**脫離惡者。祈禱文的內容是源自古代
猶太會堂的祈禱文（kaddish）；文中反映了恢復原始宗教經驗的鄉愁：耶
和華以**天父**的身分顯現。但是耶穌所傳達的內容更加明確且感人⑱。然而，
每個禱告必須充滿**真正的信心**，亦即，亞伯拉罕所表現的信仰（第 57
節）。「因為在神凡事都能。」（〈馬可福音〉10:27）同樣的，「在信的
人，凡事都能。」（〈馬可福音〉9:23）由於亞伯拉罕信仰的奧祕美德，
墮落的人的存在模式有了劇烈的轉變。「凡你們禱告祈求的，無論是什
麼，只要信是得著的，就必得著。」（〈馬可福音〉11:24；〈馬太福音〉
21:22）換言之，在亞伯拉罕信心的力量下，新以色列神祕地誕生了。再
者，這也說明為什麼基督宗教能夠成功傳佈耶穌基督復活的信仰。

　　當耶穌和門徒共進最後的晚餐時，他「拿起餅來，祝了福，就擘開遞
給他們，說：『你們拿著吃，這是我的身體。』又拿起杯來，祝謝了，遞
給他們，他們都喝了。耶穌說：『這是我立約的血，為多人流出來
的。』」⑲有個現代解經學者不假思索地說：「沒有比這句話更堅定的話
語了。」⑳但是〈路加福音〉記述了耶穌的指示：「你們拿這個，大家分
著喝。」（22:17）雖然保羅證實這個傳說的真實性（〈哥林多前書〉11:
24），但是我們無法證明這句話是耶穌說的。這個儀式其實是延續了猶太
人的家祭儀式，特別是餅和酒的祝謝。耶穌時常做這個儀式；當稅吏和罪
人在場時，這個聖餐可能就是宣佈神國的將臨㉑。

---

⑱　解經者也強調在最早的祈禱文（「願神在你的生命與日子裡建立他的國」）和耶
　　穌所使用的句法「願你的國降臨」這兩者之間的差異。見 Perrin, *Rediscovering the
　　Teachings*, pp. 57 sq.（及所引文獻）。

⑲　〈馬可福音〉14:22-24；〈馬太福音〉26:26；〈路加福音〉22:19；〈哥林多前
　　書〉11:24。〈約翰福音〉6:51 講的是類似的版本，可能是對於原始的亞拉美語的
　　敘述有不同的翻譯。

⑳　Dodd, *The Founder*, p. 10.

㉑　當然，「賤民」的出現讓猶太人的嚴格主義者產生反感而且感到生氣。

(327)　　　對早期的基督徒來說，「擘餅」（〈使徒行傳〉2:42）是最重要的儀
式動作。這是重現基督的臨在，以及他所建立的神國的降臨；而這個儀式
也預示了末日審判的彌賽亞聖餐。不過耶穌的話語有更深層的意義：他必
須自願犧牲，以保證「新的聖約」[22]，那是新的以色列的基石。這蘊含著
一個信念：只有透過獻祭性的死亡才能夠出現新的宗教生命；我們都知
道，這是個很古老的概念而且遍佈世界。我們不知道領取聖體和聖血的儀
式是不是意味著和耶穌神祕地合而為一。保羅是這麼說的（〈哥林多前
書〉1:16, 12: 27；〈羅馬書〉12:5；〈以弗所書〉4:12），然而無論他的想
法和神學語言如何的有創意，這很可能是源自耶路撒冷當地的傳統[23]。無
論如何，早期的基督徒的聖餐仿效耶穌的最後舉動，很快就成為對於最後
的晚餐的懷念，以及對救世主的自願犧牲的儀式性重複。

　　　在形態學上，聖餐禮使人想起地中海沿岸古代的愛宴（agapes）儀式，
尤其是在神祕宗教裡[24]。他們是要使會眾透過和神的靈知感通而得到祝聖
和拯救。這個和基督教儀式的交集有其重要意義：他們表現了神祕地與神
合而為一的希望，這在那個時期相當普遍。有些作者認為聖餐是受到東方
解脫宗教的影響，但是這個假設並沒有什麼根據。他們是要模仿基督(imit-
atio Christi)，這原始的愛宴實際上就是個聖事。我們要說，即使經過時代
的遞嬗，這個重要的儀式（以及基督教最重要的洗禮），啓發了許多神
學；在我們這個時代，對聖餐禮的詮釋使得羅馬天主教和其他改革教會分
道揚鑣（見卷三）。

---

[22]　昆蘭團契也認為他們自己已經獲准從新的聖約裡受益；見第 223 節。

[23]　保羅仔細說明這個觀念，同時賦與其更深層的意義：他認為新以色列這個基督教
　　　團契和「基督的身體」有關，每個基督徒是在「基督裡」，正如基督是「在他裡
　　　面」一樣。

[24]　特別是 A. D. Nock, *Early Gentile Christianity and Its Hellenistic Background*, pp. 73
　　　sq., 138 sq.。

221. 教會的誕生

在西元 30 年的五旬節，耶穌的門徒聚在一起。「忽然，從天上有響聲 (328)
下來，好像一陣大風吹過，充滿了他們所坐的屋子；又有舌頭如火焰顯現
出來，分開落在他們各人頭上。他們就都被聖靈充滿，按著聖靈所賜的口
才說起別國的話來。」（〈使徒行傳〉2:1-4）聖靈如火燄般地顯現，在宗
教史裡是相當著名的主題，出現在美索不達米亞（第 20 節）、伊朗（第
104 節）、印度（佛陀和大雄）（第 152 節）。不過五旬節的背景有更明
確的目標：狂風、火舌和方言使人想到西乃山上的顯神㉕（見第 59 節）。
換言之，聖靈的降臨被解釋爲神的新啓示，類似在西乃山的天啓。他們在
五旬節建立了基督教會。使徒們在領受聖靈之後，開始傳佈福音並且行許
多的「奇事和神蹟」（〈使徒行傳〉2:43）。

那天彼得向群衆講道，要他們歸主。他和同伴們見證耶穌基督的復
活；是神使他復活的（〈使徒行傳〉2:24, 32）。大衛已經預言過這項奇事
（〈使徒行傳〉2:31）；因此復活是先知們所預言的末世論事件（2:
17-21）。彼得命令猶太人悔改，他說：「你們每個人要奉耶穌基督的名受
洗，使你們的罪得赦，就必領受所賜的聖靈。」（〈使徒行傳〉2:38）這
個最初的演說成爲宣道（kerygma〔初傳〕）的範例，隨後有無數人皈依
（〈使徒行傳〉2:41 說有三千人）。在另一個場合（他醫治了生而跛腳的
人；〈使徒行傳〉3:1-9），彼得規勸猶太人要認錯（雖然他們陷耶穌於不
幸是出於無知），也要悔改、受洗（〈使徒行傳〉3:13-19）。

我們從〈使徒行傳〉裡看到早期基督教團契在耶路撒冷的生活（書信
作者用希臘文的教會〔ecclesia〕這個字）譯④。顯然他們仍然遵守傳統的
宗教律法（男子在孩提時要受割禮、潔淨禮、在安息日要休息、在聖殿裡
要祈禱）。但是他們時時遵守教訓，擘餅、彼此交接、祈禱且讚美神 (329)

㉕　資料來源引述自 E. Trocmé, *Le Livre des Actes et l'histoire*, pp. 202 sq.。
譯④：爲神所選召而得救恩之百姓的聚集。

（〈使徒行傳〉2:42, 46）。然而，〈使徒行傳〉（其中援引許多向未信者傳道的例子）並沒有說明教會會眾接受什麼教訓。至於其經濟組織，經文說：「信的人都在一處，凡物公用；並且賣了田產、家業，照各人所需用的分給各人。」（〈使徒行傳〉2:44-45）。他們等待基督的復臨。

雖然他們恪遵摩西的律例，耶路撒冷的基督徒還是受到大祭司和撒都該人的敵視（〈使徒行傳〉4:1-3）。彼得和約翰在聖殿裡傳道時被捕，並被押解到猶太公會前，不過後來就被釋放（〈使徒行傳〉4:1-3）。另一次是所有使徒都被捕，接著猶太公會又釋放他們（〈使徒行傳〉5:17-41）。後來，據推測是在西元 43 年，希律王亞基帕一世（Agrippa I）下令要斬首其中一位使徒（12:1 sq.），因為他想要獲得亞拿斯（Annas）家族的支持。法利賽人的態度有點猶豫。掃羅的老師迦瑪列（Gamaliel）在猶太公會前為使徒們辯護。但是法利賽人偏袒耶路撒冷族裔（希伯來化的猶太基督徒）的改宗信徒，而仇視流亡的猶太人（「希臘化的猶太基督徒」的改宗者），於是譴責他們，說他們想要毀壞聖殿和律法（〈使徒行傳〉6: 13-14）。這就是西元 36-37 年，司提反（Stephen）被石頭打死的原因，他是第一位基督教的殉道者（〈使徒行傳〉58-60）。「掃羅也贊同他被害。」（〈使徒行傳〉8:1）同一天，「希臘化的猶太基督徒」從耶路撒冷分散到猶太和撒馬利亞（Samaria）各處（〈使徒行傳〉8:1）。從那時候起，希伯來化的猶太基督徒和他們的領袖雅各（「主的兄弟」）就領導耶路撒冷的教會。

我們已經看到「希伯來化的猶太基督徒」和「希臘化的猶太基督徒」之間的某種緊張關係。前者比較保守、墨守成規，儘管他們期待基督復臨。他們恪遵猶太人的律例，他們也是「猶太基督宗教」（Judéo-christian-isme）運動的代表[26]。保羅拒絕接受的就是他們的律法主義。事實上，我

(330)

---

[26] Norman Perrin 以他們為福音書裡耶穌的格言的資料來源；猶太基督教徒也對預言感興趣。見 Perrin, *The New Testment*, pp. 45 sq. 但是問題更為複雜；見 Jean Danié-lou, *Théologie du Judéo-Christianisme*, pp. 17 sq.;M. Simon et A. Benoit, *Le Judaïsme et le Christianisme antique*, pp. 258 sq. 。

們很難理解，相信且見證耶穌復活的人，為什麼會信奉拉比的律法主義。「希臘化的猶太基督徒」是指在耶路撒冷少數改宗基督教的猶太人。他們不同意在聖殿裡作禮拜。司提反在演說中大聲疾呼：「至高者並不住人手所造的。」（〈使徒行傳〉7:48）「希臘化的猶太基督徒」在散居猶太人的地方，特別是在安提阿（Antioch），對異教徒講道（〈使徒行傳〉11:19）。「基督論」就是在猶太人的散居地發展起來的。「人子」這個頭銜（在希臘文中並沒有任何深層的含義）被「神的兒子」或「主」（Kyrios）取代。「彌賽亞」被譯成希臘文的 Christos，最後成為專有名詞：耶穌基督。

傳教的使命隨即以異教徒為對象。在安提阿、敘利亞，第一個重要的異教徒的歸依團契組成；「基督徒」這個名詞就是在這裡第一次被使用（〈使徒行傳〉11:26）㉗。基督徒的傳道就從安提阿延伸到希臘化世界。猶太人的彌賽亞運動和希臘思想及宗教交會，對於基督宗教的發展有決定性的影響。那也是聖保羅的寶貴貢獻，他正確地掌握到問題的本質，同時也有勇氣去為他認為是唯一公正且一致的道而奮戰。

保羅可能是生於西元第一世紀初，在西里西亞的塔蘇斯㉘。他在耶路撒冷向迦瑪列學習，後者是「受人尊敬的經學教師」（〈使徒行傳〉5:34）。保羅描述自己是「希伯來人所生的希伯來人。就律法說，我是法利賽人；就熱心說，我迫害過教會。」（〈腓立比書〉3:5；〈加拉太書〉1:13-14）在迫害基督門徒的時候，在往大馬士革路上他看見基督向他顯現。他是唯一在還不認識耶穌時就被任命為使徒的人。事實上，復活的基督使得保羅皈信：他所傳的福音並不是從人類領受的，而是「從耶穌基督啟示來的」（〈加拉太書〉1:11-12；〈哥林多前書〉2:16）。成為「外邦人的 (331)

㉗　E. Peterson 指出，這個名稱等於「基督的黨羽」；見氏著 *Frühkirche, Judentum und Gnosis*, pp. 64 sq.。第一位提到這個新教派的拉丁作家 Suetonius，記載克勞多斯（Claudius）皇帝在西元 49 年將猶太人從羅馬驅逐出境，因為他們的騷動是「聽了基督的話」（Judaei impulsore Christi tumultuantes）。

㉘　他為他的羅馬姓掃羅加上聖經名字保羅，他的父親是羅馬公民。

使徒」後，保羅開始他漫長的宣道之旅，從小亞細亞、賽普路斯、希臘到馬其頓。他在許多城市傳道、建立教會、在哥林多和羅馬待了很長的時間。在耶路撒冷有猶太人告發他，於是保羅被捕入獄。在兩年的囚禁之後，他被提交到羅馬皇帝的特別法庭處理。他在羅馬過了兩年軟禁的生活，受到守衛的監視。〈使徒行傳〉只記述到這個時期，因此我們無法得知這個使徒完整的故事結局。西元 62-64 年間，他在羅馬殉道。

儘管〈使徒行傳〉（共 28 章）有 15 章是在敘述保羅的故事，儘管有 14 封〈使徒書信〉和保羅有關[29]，但是我們對聖保羅的生活和思想，仍然只有片斷的認識。他對福音書既豐富而又個人化的詮釋，是以口頭闡述的方式，或許對信徒和非信徒有所不同。〈使徒行傳〉並不是有先後順序的作品。裡頭的各個章節延續、闡明並界定教義或儀式的問題，這些問題在耶穌的教義裡有仔細的討論，而團契沒有正確地理解，對於某些問題，保羅提出他的解答，但是受到批評，甚至被其他使徒排斥。儘管如此，我們要提到一點，〈使徒行傳〉代表了最早而且最重要的早期教會的文獻，因為這個作品不但反映了早期基督宗教最嚴重的危機，也透顯出第一位基督教神學家無窮的創造力。

222. 外邦人的使徒

聖保羅的神學和宣道，是源自他在大馬士革的路上的宗教出神經驗。他認出復活的基督[30]是彌賽亞，是神差他的兒子來救人脫離罪和死亡。而他的皈依也建立了分受基督的神祕關係。保羅說他和基督同釘十字架（〈加拉太書〉2: 19）：他如今有了「基督的心」（〈哥林多前書〉2:16）或是「神的靈」（7:40）。他不假思索地說：「基督在我裡面說話。」（〈哥林多後書〉13:3；〈羅馬書〉15:18）他說他被神祕地提到「第三層

[29] 現在一致同意其中真正最重要的有 5-6 篇：〈羅馬書〉、〈哥林多前書〉、〈哥林多後書〉、以及〈加拉太書〉。
[30] 保羅是最後看到復活基督顯現的人（〈哥林多前書〉15:8）。

天上去」並且從主那裡得到「啓示」（〈哥林多後書〉12:1-4, 7）。這些「神蹟」是神的靈藉他以使「外邦人順服」（〈羅馬書〉15:18）。儘管有如此殊勝的經驗，保羅並不因此要求不同於他人的特殊地位。每個信徒都會透過洗禮而和基督神祕地合而爲一。因爲「我們受洗歸入耶穌基督的人是受洗歸入他的死……我們歸於死，和他一同埋葬，原是叫我們一舉一動有新生的樣式，像基督藉著父的榮耀從死裡復活一樣。」（〈羅馬書〉6:3-4）；他已經成爲聖體的一部分。從一位聖靈受洗，就「成了一個身體」，「無論是猶太人、希臘人、作奴隸的或是自主的都一樣……共享一位聖靈。」（〈哥林多前書〉12: 13）。

死亡以及透過浸入水中而來的復活所構成的著名神話和儀式場景，和文獻普遍記載的「水」的象徵有關[31]。但是聖保羅把受洗和當時的**歷史事件**連接起來：耶穌基督的死亡和復活。此外，洗禮不但使信徒重獲新生，而且也使他成爲基督奧體的一部分。對傳統猶太教而言，這是個不可思議的概念。另方面，基督教的洗禮有別於當時其他的洗禮，例如艾塞尼教派（Essenes）譯⑤，其許多被除儀式基本上是潔淨的意思。聖餐禮對猶太教也同樣是陌生的。和洗禮一樣，聖餐把信徒融入基督奧體裡，也就是教會裡。神聖化的麵包和酒就相當於主的身體和血（〈哥林多前書〉10:16-17; 11:27-29）。對於聖保羅來說，救贖等於是和基督的神祕結合。凡有信心者就有耶穌基督在他們心裡（〈哥林多後書〉13:5）。救贖是透過神的恩賜亦即耶穌基督的受死和復活而得到的。 (333)

聖保羅認爲最重要的是恩典（〈羅馬書〉3:24; 6:14, 23），這是源於他自己的經驗：儘管他過去的所做所爲，甚至贊成以亂石處死司提反，神還是使他得救。因此猶太人的遵行律法和道德規範並沒有多大助益：在他的經驗裡，人們無法因此得救。正確地說，是律法建立之後人才意識到罪；在認識律法之前，他不知道自己是不是罪人（〈羅馬書〉7:7 sq.）。

---

[31]　Eliade, *Traité d'histoire des religions*, §64 sq.; *Images et Symboles*, chapitre. 5.

譯⑤：艾塞尼派，西元前二世紀至西元二世紀時，巴勒斯坦猶太人中實行嚴格的共產和最嚴厲的苦行的團體。

在律法之下就如同「受管於世俗小學之下」（〈加拉太書〉4:3）。就如同說「凡以行律法爲本的，都是被咒詛的。」（〈加拉太書〉3:10）至於異教徒，雖然他們可以透過受造者去認識神，「自稱爲聰明，反成了愚拙；」他們沉溺於可恥的欲望和墮落的偶像崇拜（〈羅馬書〉1:20-32）。總之，無論是猶太人或異教徒，只有透過信心和聖事才能得到救恩。得救是「神的恩賜，在主耶穌基督裡的永生。」（〈羅馬書〉6:23）㉜

聖保羅的神學難免牴觸耶路撒冷的猶太基督宗教。後者要求皈依的異教徒行割禮，而且不許他們出席共餐和聖餐禮。在某個衝突之後（保羅的〈加拉太書〉2:7-10 和〈使徒行傳〉對此有矛盾的解釋），雙方於是在耶路撒冷開會達成妥協。皈依的異教徒只要禁戒「祭偶像的物和血，並勒死的牲畜和姦淫。」（〈使徒行傳〉15:29）達成此項決定時，或許保羅並不(334) 在場。外邦人的使徒肯定不會接受這個決定，因爲這保留了部分的猶太人習俗。無論如何，耶路撒冷的會議確立了基督教在異教徒中的意外勝利；這場勝利和在巴勒斯坦的部分挫敗形成強列的對比。但是也有人請求聖保羅去應付某些威脅到他自己教會（他所建立的團契）的危機。在哥林多有信徒垂涎於屬靈的恩賜或是聖靈賜予的奇里斯瑪。這其實是希臘化世界裡相當盛行的儀式：追求神的降臨（enthousiasmos）。「奇里斯瑪」包括了醫病、行異能、作先知、說方言、翻譯方言（〈哥林多前書〉12:4 sq.）。有些信徒沉醉於出神經驗和異能，而相信他們得到聖靈的能力，因而得到自由；他們認爲凡事都可行（〈哥林多前書〉6:12），甚至是淫行（6:15-16）㉝。保羅提醒他們的身體是「基督的肢體」（〈哥林多前書〉6:15）。他進而詳述奇里斯瑪的層級結構：第一是使徒，其次是先知，第三

㉜ 有一點要指出的是，〈羅馬書〉是保羅最重要的作品，他在這封書信裡發展出恩典的神學和十字架的救贖論。許多神學家認爲〈羅馬書〉是新約裡最重要的部分。對於這份豐富、勇敢而難解的文本的注解，已經產生了無數的推測，也導致分裂的危機，同時也更新了基督宗教達 15 世紀之久。其中最重要的當代神學是由 Karl Barth 對〈羅馬書〉的著名評論而創立的（見卷三）。

㉝ 這個現象在印度宗教史（第 146 節）與諾斯替教派（第 230 節）這兩節有豐富的史料記載；在某些基督宗教與伊斯蘭教的神祕潮流中也可見到（見卷三）。

是屬靈恩賜的教師（didaskalos）（〈哥林多前書〉12:28; 14:1-5）。總之，
聖保羅並不排斥渴望更高的恩賜，不過他補充說：「我現今把最妙的道指
示你們。」接著就是仁愛的詩歌，也就是保羅思想的巔峰。「我若能說萬
人的方言，並天使的話語，卻沒有愛，我就成了鳴的鑼，響的鈸一般。我
若有先知講道之能，也明白各樣的奧祕，各樣的知識，而且有全備的信，
叫我能夠移山，卻沒有愛，我就算不得甚麼。」（〈哥林多前書〉13:
1-13）

　　聖保羅可能同意追求奇里斯瑪，因為他了解有必要把福音書的訊息翻
譯成希臘化世界裡熟悉的宗教語言。更重要的是，他曉得「傳釘十字架的
基督，在猶太人是絆腳石，在外邦人為愚拙。」（〈哥林多前書〉1:23）
大多數猶太人信仰的「肉體復活」，對希臘人而言似乎是沒有意義的，他
們只對「靈魂不朽」有興趣㉞。猶太人盼望末日審判的新天新地；反之，
希臘人追求使他們從物質世界裡解脫的更確定的方法。使徒保羅努力去調 (335)
適自己；他越深入希臘人的圈子，就越少談及末世論的期待。我們也注意
到其中意義重大的創新。他不但經常使用希臘的宗教語言（gnosis, mysterion, sophia, kyrios, sōtēr），而且使用猶太人和原始基督宗教都不常見的概
念。因此，聖保羅借用諾斯替教派的二元論觀念，「屬血氣的人」和「屬
靈的人」的高下優劣以及對立㉟。為了要成為純粹的「靈」（pneumatikos），基督徒要努力拋開人的欲望。還有個二元論的特色，就是神和世界
的對立，世界是由「有權有位之人」支配（〈哥林多前書〉2:8），也就是
「小學」（〈加拉太書〉4:3,9）。然而，保羅的神學仍是以聖經為基礎。

㉞　救世主的復活確保了基督徒的復活（〈哥林多前書〉15:12 sq.）。保羅也接受（源
　　於希臘的）死後立刻成為不朽的這個概念（〈腓立比書〉1:23；〈哥林多後書〉
　　5:8）。然而，死後的存在並非完全的不具形體；它是經歷死亡之後還存在的（或
　　者用他的措辭，就是「復活的」，見〈哥林多前書〉15:44 sq.）「靈的身體」
　　[pneumatikos]。「靈的身體」的教義在其他傳統裡也有所記載（印度、西藏等）。
　　聖保羅的原創性在於把不朽和復活結合；不過這個解決方式引起其他的問題。
㉟　〈哥林多前書〉2:14-15。「頭一個人是出於地，乃屬土；第二個人是出於天。」
　　（〈哥林多前書〉15:47）

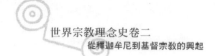
他駁斥諾斯替教派的主張，他們認為要區分救恩的神和邪惡的造物神，後者必須為受造物（的種種惡）負責。人類墮落之後，世界就受到惡的支配；但是救贖等於是第二次的創造，世界也將回到源初的完美。

保羅的基督論以復活為發展主題；耶穌復活的事蹟顯出基督的本質：他是神的兒子，救世主。基督論的故事使我們想起在當時就相當古老的傳說㊱：救世主為了人的永生而從天上降臨，然後在完成使命之後就返回天上。

(336)　　在保羅最早的書信，於西元 51 年完成的給帖撒羅尼迦（Thessalonica）教會的第一封信，保羅談到關於「復臨」的「主的話」㊲：「因為主必親自從天降臨，有呼叫的聲音和天使長的聲音，又有神的號吹響；那在基督裡死了的人必先復活。以後我們這活著還存留的人必先和他們一同被提到雲裡，在空中與主相遇。這樣，我們就要和主永遠同在。」（〈帖撒羅尼迦前書〉4:16-17）六年之後，西元 57 年，他提醒在羅馬的信徒「我們的得救，現今比初信的時候更近了。黑夜已深，白晝將近。」（〈羅馬書〉13:11-12）然而，基督復臨的期待絕不能擾亂基督教團契的生活。他主張人們必須工作以為自己取得食物（〈帖撒羅尼迦後書〉3:8-10），他也要求要尊重現行法律、順服統治者、納稅（〈羅馬書〉13:1-7）。他們隨即感受到「當下」（在等待復臨時，還是要延續且尊重歷史）其中衝突的價值。儘管從西元一世紀後葉就不斷提出解決之道，「歷史的當下」的難題始終困擾著當時的基督教思想。

聖保羅在古代教會裡的權威主要是某次大災難的結果，這個災難撼動猶太教，也使猶太基督宗教的發展陷於癱瘓。在他生前，使徒並沒有太大的重要性。不過就在他死後不久，西元 66 年，爆發了猶太人反抗羅馬人的戰爭，西元 70 年，隨著耶路撒冷和聖殿的淪陷，戰爭才告結束。

㊱　古代神話敘述好幾種超自然存有的類型（神的兒子、文明英雄、彌賽亞和千禧主義的形象等等），他們出現來教導或拯救人類，然後返回天上。類似的概念也出現在印度教的化現（avatar）和佛教的菩薩（boddhisattvas）的神學裡。

㊲　〈哥林多前書〉15:51 說：「我要告訴你們一件祕密的事。」

223. 昆蘭的艾塞尼教派

戰爭時期，西元 68 年的初夏，韋思巴先（Vespasian）譯⑥軍隊的分遣隊攻擊並摧毀位於死海岸邊沙漠地帶的昆蘭（Qumran）的修道院；抵抗的人們很可能都被殺害了；但是在這個災難之夜，他們還有時間把許多重要的手稿藏進大陶甕裡。這些古卷在 1947-1952 年間被發現，使我們對猶太人的天啓運動和基督宗教的起源有更新的認識。在這之前，學者們對死海附近的艾塞尼神祕教派的認識，只是透過斐羅（Philo）、小普林尼譯⑦的稀少資料㊳。在現今翻譯和出版的手稿裡，除了對舊約某些經文的評注之外，還有些原始的論文。其中最重要的幾篇爲：〈光明之子對抗黑暗之子手卷〉、〈門徒文集〉、〈感恩詩篇〉以及〈哈巴古書評論〉。

這些新的文獻幫助我們得以重構這個教派的歷史輪廓。艾塞尼教派的祖先是哈西第（hassidim），我們還會再談到他的宗教狂熱和在馬加比戰爭裡的角色（見第 202 節）。這位昆蘭團契的創建人，門徒們稱他爲「義師」，他是撒督人（Zadokite）的祭司，因此也是合法且極爲正統的祭師階級。當西門（Simon, 142-134）被宣佈爲「永遠的君王與大祭司」，大祭司的職務最後也從撒督族移到哈斯摩尼族（Hasmonean）去，義師於是和門徒離開耶路撒冷，躲在猶太沙漠。在昆蘭文獻裡斥責的「邪惡祭司」很可能就是西門；他迫害流亡的義師，甚至當他被耶利哥（Jericho）的統治者暗殺時，他正想要攻擊昆蘭（〈馬加比一書〉16:11 sq.）。沒有人知道

(337)

㊳　在這兩類文獻中的矛盾（昆蘭手稿與古典作者的記錄之間）部分是因爲後者在消息不充份的情況下作的解釋，部分則是因爲這個天啓教派的複雜性。昆蘭團契並不代表整個艾塞尼教派；似乎艾塞尼教派有些群體也存在巴勒斯坦的其他地區。

譯⑥：韋思巴先（Titus Flavius Vespasianus, b.9, r.69-79），羅馬弗拉威安王朝（69-96）首帝。

譯⑦：Pliny the Younger (61-113)，古代羅馬作家。

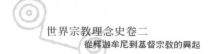
義師是如何喪生的㊴。他的門徒和追隨者都崇敬他，認爲他是神的使者。正如摩西創造了舊約，而義師則是更新了舊約；他在昆蘭創立的末世論團契，開啓了彌賽亞的年代。

(338)　從第一份文獻的出版，學者們觀察到艾塞尼教派和基督宗教的宗教儀式有其特殊的類似之處。這些新的文獻讓我們對猶太人的天啓教派當時的歷史和文化（Sitz im Leben）有更好的理解。類似艾塞尼教派之流也透露了耶穌傳道的某個面向以及新約作者經常使用的語言。不過兩者也有重要的差異。昆蘭團契實行嚴格的僧院制；而早期的基督徒則組成宣道的團契。他們都是強調天啓和彌賽亞的教派：艾塞尼教派和基督教都自認爲是新約的子民。但是他們在等待一個末世先知（在新約中已經出現施洗者約翰其人）以及兩個彌賽亞：彌賽亞祭司（他會使他們成聖）以及彌賽亞王，他會在對抗外邦人的戰爭中引領以色列，神會帶來勝利的結果。的確，〈光明之子對抗黑暗之子手卷〉爲這場末世大火擬好戰略。在六年的厲兵秣馬之後，展開長達 29 年的戰爭。光明之子的軍隊是由 28000 個步兵和 6000 個騎兵組成，還有一大群天使爲他們助陣㊵。基督徒也是如此，他們抱持著基督在榮光中再臨的希望，來當這個世界的法官和救世主；不過，他們遵循耶穌的教導，所以並不接受聖戰的意識型態。

　對艾塞尼教派和基督教來說，彌賽亞會在末日出現，他們也都相信永恆的天國；在他們的彌賽亞教義裡，祭司、國王和先知這三個要素同時存在。然而，在昆蘭文獻裡並沒有預先存在的彌賽亞（第二個亞當或人子）這種觀念；再者，彌賽亞也還不是來自天上的救世主，不像原始教會的基
(339)　督論那樣，他們的兩個彌賽亞的形象也還沒有統一㊶。身爲末世論裡的角

㊴　A. Dupont-Sommer 跟其他學者一樣，斥責這位「不虔誠的祭司」鼓勵他的刺殺行動；見 *Les écrits esséniens*, pp. 375 sq.。然而，這個罪行在文獻中並沒有明確的證據；對文本的分析見 F. M. Cross, *The Ancient Library of Qumran*, pp. 157-60。

㊵　見 Y. Yadin, *the Scroll of the War of the Sons of Light against the Sons of Darkness*; Dupont-Sommer, *Les écrits esséniens,* pp. 369 sq.。

㊶　見 Cross, *The Ancient Library of Qumran*, pp. 221 sq.。〈希伯來書〉中呈現出作爲彌賽亞的耶穌，也就是祭師和國王，「麥基洗德的等次」（6: 20; 7:1-25; etc.）。

色，義師會開創新的世紀。他的門徒推崇他爲彌賽亞：他是啓示古卷的眞實且神祕意義的大師，也擁有先知的力量。有些文獻暗示大師將會在末日復活⑫。不過克羅斯神父（Father Cross）說：「即使艾塞尼教派期待他們的大師以彌賽亞祭司的身分回來，他們也是以極其間接的態度來表達的。」（p. 299）這和新約裡的堅定概念正好相反。

　　這兩個天啓教派的組織和儀式體系之間有驚人的相似性，不過我們還是看得出某種差異，這點也很重要。艾塞尼教派的團契自始就是由教士和信徒組成。其宗教活動（教義、崇拜、解經）是由世襲的祭司主持；信徒負責團契的物資。主持的團體被稱爲「衆人」（rabbîm），在《新約》裡也有這個詞（指出是由「會衆」選出各個代表，見〈使徒行傳〉15:12）。核心圈是由 12 個信徒和 3 個教士組成。最高機關就是「督察」（mbaqqen）；這位最高領導者行事理應像個「牧者」（《大馬士革文獻》13:7-9）。他的功能令人想到基督徒的「牧者」或主教（episkopos）。

　　在昆蘭，類似入會禮的洗禮使入教者和團契融合，之後有每年舉行的被除儀式。就像基督徒的「擘餅」，對艾塞尼教派來說，他們的共餐也是某種彌賽亞式的饗宴⑬。團契的成員禁婚，因爲他們都認爲自己是聖戰的士兵。這並不是眞正的、有紀律的禁欲主義，而是暫時性的，受迫於即將來臨的末世（eschaton）⑭。另外還有個類似之處也必須強調：艾塞尼教派的解經者和新約作者都使用類似的詮釋法，不同於拉比的猶太教和斐羅的方法。透過特別程序（注釋〔pesher〕），艾塞尼教派認爲《舊約》的預 (340)

────────────────

Cross 認爲這個詮釋是原始教會努力使基督論配合艾塞尼教派的期待彌賽亞，或者更精確的説，以單一的形象來代表對過去所有彌賽亞的懷念之情的基督論（p. 221）。

⑫　最重要的內容，以及最受到討論者，就是在〈大馬士革文獻〉中對〈民數記〉21: 18 的注釋；見 Dupont-Sommer, *Les écrits*, pp. 145 sq.（他的翻譯和分析）；Cross, *The Ancient Library*, pp. 226 sq.。

⑬　Cross, pp. 85-91, 235-36.

⑭　Cross, pp. 96-99, 237-38.。另見〈哥林多前書〉7:29-31：「那有妻子的，要像沒有妻子。」

言裡指涉他們當時的歷史以及將臨的事件。凡是得到這個「知識」的人，也就是得聞義師揭露的天啓知識的人們，知道大戰就要爆發。再者，我們知道（第 202 節），整個猶太人的天啓文獻都是在歌頌祕教的知識。相同的，基督教，尤其是從其第二代開始，就特別強調奧祕知識：他們迫不及待地想要闡明基督復臨的各種前兆。對艾塞尼教派而言，宗教知識基本上是天啓的知識，其本質則是末世論的。類似的概念也出現在保羅的書信以及馬太福音和約翰福音裡。比較高深的教義，甚至是團契的聖事，都是祕密傳授。因爲「屬肉體的」不能進神的國，唯有「屬靈的」才能接近㊺。總之，對猶太人和基督徒來說，奧祕知識和祕教是天啓的「方法」。在昆蘭淪陷而艾塞尼教派流離失所以後，有些逃亡的人可能加入了巴勒斯坦的基督教團契。無論如何，基督宗教在前兩個世紀裡，始終維持著天啓和祕教的傳統，而助長了某種諾斯替教派的傾向。

　　艾塞尼教派和〈約翰福音〉的神學語言非常類似。昆蘭文獻裡有許多用語在〈約翰福音〉也看得到，例如「世界的光」（〈約翰福音〉8:12）、光明之子（〈約翰福音〉12:36）、「但行眞理的必來就光」（〈約翰福音〉3:21）、「認出眞理的靈和謬妄的靈」（〈約翰一書〉4:6）㊻。根據艾塞尼教派的教義，自神造天地以來，這個世界就是兩個靈的戰場：眞理的靈(也稱爲「光明王子」或「眞理的天使」）和邪惡的靈，後者就是密路玡（Belial）、黑暗王子、撒旦。這兩個靈及其屬靈軍隊之間的戰爭，也發生在人類以及每個「光明之子」的心裡（〈門徒文集〉4:23-26）。我們試比較艾塞尼教派末世論的故事和約翰的作品。〈門徒文集〉（3:17-23）提到，雖然正義的兒女有光明之土的引導，但是受到黑暗天使的驅使，有時

(341)

㊺　見〈約翰福音〉3:5：「人若不是從水和聖靈生的，就不能進神的國。」關於昆蘭文獻與新約中的祕教「靈知」（gnosis）的性格，見 F. Notcher, *Zur theologischen Terminologie der Qumranischen Texte*, pp. 15 sq.; W. D. Davies, "'Knowledge' in the Dead Sea Scrolls and Matthew 11: 25-30"; J. Jeremias, *Die Abendmahlsworte Jesu*, pp. 58 sq.; K. G. Kuhn, "Die Sektenschrift und die iranische Religion," spéc. pp. 299 sq.。

㊻　關於在昆蘭文獻中的對應部分，見 Cross, p. 207, nn. 13-17。光明和黑暗的二元論，尤其是榮光作爲聖靈的至高顯現，顯示出受到伊朗地區觀念的影響。

還是會犯錯。同樣的，〈約翰一書〉提到「神的兒女」和「魔鬼的兒女」，也提醒信徒不要被魔鬼誘惑（〈約翰一書〉3:7-10, 4:1-6）。但是在艾塞尼教派等待末世之戰的時候，在約翰作品裡，儘管戰爭還是繼續，危機卻已經過去，因為耶穌基督已經戰勝了惡。

我們還要指出一個差異：在約翰的作品裡，「靈」通常是被理解為神的靈或基督的靈（〈約翰一書〉4:13）；在〈門徒文集〉裡，光明之王或真理的靈顯現為光明之子的助手。然而，約翰所描述的保惠師的形象（〈約翰福音〉14:17, 15:26, 16:13），似乎是從類似於昆蘭文獻的神學裡發展而來的。基督允諾要差遣他來作見證並且為信徒代禱，不過保惠師不是以自己的名義來說話。這種功能和聖靈很不同，總是引起解經者的好奇。昆蘭文獻讓我們得以理解保惠師的起源；在形態學上，他是耶和華的大國裡的角色，是神的天使或信差[47]。但是由於受到伊朗人的影響，尤其是在宗教二元論和天使論方面，他們把耶和華天國裡的兩位天使化為兩個對立原理的化身：善與惡、真理與虛妄、光明與黑暗。艾塞尼教派和約翰 (342) 的作品都有這種巴勒斯坦的宗教融合的神學和末世論，而後者則深受伊朗人的二元論所影響。

儘管艾塞尼教派和原始基督宗教有許多相同之處，他們還是表現出不同的結構，追求的目標也迥異。艾塞尼教派的末世論是從祭司傳統發展出來；基督教的末世論有其《舊約》先知傳統的淵源。艾塞尼教派堅持祭司的分離主義；反之，基督教則努力要普及到所有社會階層。艾塞尼教派拒絕任何身體或精神不潔或殘缺的人參加彌賽亞的饗宴；但是對基督教來說，殘缺者得以治癒（瞎眼的看見、啞子開口說話）和死者復活正是神國的記號。最後，耶穌的復活和聖靈的恩賜，律法之後的靈性自由，都是可以區分兩個彌賽亞團契的核心「事件」[48]。

---

[47]　Cross, p. 214, n. 82, 提到天使信差的迦南原型。

[48]　Cross, pp. 241 sq.

224. 聖殿的毀壞。復臨的延遲。

西元 66 年，猶太基督教徒由於拒絕參與反抗羅馬人的彌賽亞戰爭譯
⑧，逃到約旦河的佩拉（Pella）；其他人則在敘利亞、小亞細亞以及亞歷
山卓等城市尋求避難。他們之所以拒絕並不是要逃避起義：這群基督徒⑭
是要讓他們自己與以色列國家的命運分開（優西比烏，《教會史》
3.5.3）。這個事件代表著教會和猶太教的分道揚鑣。然而，透過類似的行
動，猶太教也得以倖存。本世紀最重要的宗教領袖約翰嫩‧本‧撒該
（Rabbi Johanan ben Zakkai）譯⑨，由於極力反對武裝起義，在城市圍攻
期間，他躲到棺材裡。不久後，他離開提多（Titus），在佳法市（Jaffa）
附近的亞布內（Jabneh）建立猶太教文化中心（「小學」）。在猶太人國
破家亡的時候，約翰嫩創建的文化中心拯救了猶太人的精神價值。

聖城和聖殿的毀滅無情地改變了猶太人和基督徒的宗教取向。對猶太
人而言，聖殿的毀滅造成的問題比先祖們在六個世紀之前的問題還要嚴
重。因爲在那個時候，先知們預見災難時也透露災難發生的原因：耶和華
(343) 正準備要制裁他的子民，因爲他們無數次的背信。但是這次的天啓卻宣稱
神在這場和邪惡的末世戰爭裡將獲得最後的勝利。對於這場始料未及而又
無法解釋的災難，在亞布內這裡提供了解答：猶太教將會持存，不過「會
有所改革」，也就是拋開無意義的天啓希望和彌賽亞思想，完全遵循法利
賽人的教導（見第 204 節）。作爲這個決定的結果，首先是鞏固律法和會

⑭　四年前，西元 62 年，耶路撒冷的猶太基督教團契的領導人殉教。
譯⑧：在羅馬時代，猶太人頗受壓迫，屢次反叛，尤以西元 66 年的「猶太戰爭」最
　　　爲慘烈。經過四年的反抗，終於被韋思巴先皇帝敉平，軍隊攻陷耶路撒冷，摧
　　　毀第二座聖殿，在遺址建立朱庇特聖殿。成千上萬的猶太人慘遭殺戮。
譯⑨：古代猶太敎律法家和宗教領袖（西元一世紀），巴勒斯坦猶太人族長
　　　（60-95），西元 70 年羅馬軍隊毀滅耶路撒冷和聖殿後，到亞布內（Jabneh）
　　　另建猶太人文化中心，其言論由弟子收錄於《密西拿》。

堂，然後是對於《密西拿》（Mishnayoth）譯⑩和《塔木德》（Talmud）
的解釋。不過聖殿第二次的毀滅深刻地指出猶太教的發展：沒有了聖殿
（那是唯一可以舉行儀式的神聖空間），教徒們只能作禱告和宗教訓義⑩。

在戰爭期間，基督徒也經歷過天啟狂熱的復辟：他們期望神很快就會
介入歷史，而且正是透過基督早日復臨的方式。〈馬可福音〉反映且延續
了天啟的希望⑪。但是基督復臨的遙遙無期引發了令人困窘的問題。答案
基本上可以分成三大類：一、更強烈地重申復臨即將到來（例如〈彼得後
書〉）；二、復臨延到更為遙遠的未來，對於這個時間也提出神學的辯
解：保留給教會的宣教活動（〈馬太福音〉和〈路加福音〉）；三、復臨
已經發生，因為耶穌的釘十字架和復活就是真正的「末世」，而基督徒已
經得到「新的生命」（例如〈約翰福音〉）。⑫

人們最後接納的是第三種解釋。這個解釋也延續早期的信徒所面臨的
弔詭：因為耶穌這位彌賽亞和其他人類並沒有不同；雖然他是神的兒子，
但是他出身卑微，還死在十字架上。不過復活證實了他的神性。然而這個
不可否認的證據並沒有被普遍接受（對大多數的猶太人而言，彌賽亞的來
臨必須蘊含著國家的拯救和世界明顯的變容）。因此，人們要等待復臨，
是為了使不信者皈依。〈約翰福音〉的作者以及追隨者們對於復臨的延宕
作了大膽的答覆。神的國已經創立；這個國並不是自己會普世顯現的，正
如化身為歷史裡的耶穌的彌賽亞，對於大多數的猶太人而言，並不是自明
的，而對於不信者來說，基督的神性也不是想當然爾的。總之，這是整個
宗教史裡相當著名的辯證過程：在凡俗者裡，神聖者是即遮即顯的；因為
對於每個接近神聖者藉以顯現的事物的人而言，神聖者並不是那麼顯明

(344)

---

⑩　Judah Goldin, "On Change and Adaptation in Judaism," pp. 290 sq..

⑪　在西元 70 年的災難之後，基督徒開始蒐集並寫下以色列傳說中關於耶穌的生活、
　　傳教、死亡以及復活：因此出現了第一部福音書。

⑫　Perrin, *The New Testament: An Introduction*, p. 41.

譯⑩：《密西拿》（mishnāh），是猶太教口傳律法書《塔木德》的前半部和條文部
　　　分，共 6 卷 63 篇，成書於西元 150-200 年。

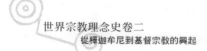

的。這次，神聖者（神的國）則是透過受到歷史限制的人類團體裡顯現，也就是教會。

　　復臨的重新詮釋爲宗教經驗和神學思索打開了無限可能性。這並不是我們熟悉的場景（復臨是神的勝利的確切顯現，透過邪惡的消滅和歷史的終結而得到證實），他們相信的是屬靈生活的進步以及在這世界的完全，而歷史也將會變容；換言之，歷史性的有限存在是可以得到神國的完美和至福的。誠然，神國會對信徒顯明，但是每個基督教團契都可以成爲神聖生活的典範，因此可以鼓勵人們皈依。這種對神聖辯證的新的詮釋持續至今，它是奠基在神國和教會的合而爲一；弔詭的是，這個詮釋表現出各種「去神聖化」（對於福音書和傳說的破除神祕，教義的庸俗化，聖事的簡化、反神祕的傾向、宗教象徵的貶抑、只對教會的倫理和社會功能感興趣等等），「去神聖化」也是我們在當代基督教世界會看到的過程（見卷三）。

第二十九章
帝國時期的異教、基督宗教和
諾斯替教派

225. 處女座復歸⋯⋯。

(345)　　如果羅馬貴族階級所崇拜的是大地之母西芭莉，那麼後來引進的其他東方宗教，則是得力於城市無產階級以及在羅馬城的許多外邦人。在羅馬共和體制的最後兩個世紀期間，傳統宗教，也就是公開的儀式，已逐漸喪失其聲望。某些在祭司方面的功能（例如約威斯祭司〔flamen Dialis〕）以及某些公會，也開始閒置。正如希臘化時期的其他地方，宗教的開展是以命運女神提喀（Tyche）和宿命論爲代表（第205節）。巫術和占星學吸引的不只是民衆，還包括哲學家們（斯多噶學派承認占星學的有效性）。在內戰期間，許多源於東方的天啓到處流傳；其中有以「西卜林神諭」（Sibylline Oracles）譯①爲名者，宣稱羅馬帝國即將崩潰。更有甚者，這一次，

(346)　羅馬的末日①這個古老的魔咒，似乎從當時歷史的血腥事件裡得到證實。賀拉斯並沒有隱藏他對這個城市迫近的命運之恐懼（Epode XVI）。

　　當凱撒橫渡盧比孔河（Rubicon）的時候，新畢達哥拉斯學派的菲古盧斯（Nigidius Figulus）說，宇宙和歷史的悲劇會毀滅羅馬甚至是整個人類（Lucan, Pharsalia 639, 642-45）。但是奧古斯都（Augustus）統治時期（在兵禍連年的內戰後出現）似乎開啓永恆的和平（pax aeterna）。羅馬流傳的兩個神話（羅馬的「國祚」和「偉大的年代」）所引起的恐懼，如今證

---

①　「在每個歷史危機中，縈繞羅馬人心中的兩個模糊的神話是：一、羅馬城的壽命結束了。它的延續只限於幾年的時間（這個「神祕數字」是由羅慕路斯（Romulus）見到的十二老鷹所啓示的）；二、透過一種宇宙的大火（ekpyrosis），偉大的年代將爲歷史劃上句點，因此也是羅馬歷史的句點。直到相當晚期，羅馬歷史本身證明了這些恐懼是沒有根據的。因爲在羅馬建國120年之後，人們才明白，羅慕路斯見到的12隻老鷹並不代表這個城市120年的歷史生命，如大多數人所恐懼的那樣。到了365年末，顯然對於偉大的年代已經沒有疑問，城市的每一年等同於一天，人們認爲命運已經賜給羅馬城另一個偉大的年代，由一百年的十二個月所組成。」（*Le mythe de l'éternel retour*, p. 157）

譯①：西元前140年代表猶太敎守護者的女預言家們所出版的天啓預言。

實是空穴來風。因為，奧古斯都剛建立新的羅馬，沒有理由擔心其存續；
而從鐵的時代進入到黃金時代期間，也沒有發生自然的災難。其實，味吉
爾（Vergil）以阿波羅的世紀取代太陽的時代（saeculum），因為那會使整
個宇宙燃燒；因此他避免一場大火災（ekpyrōsis），並且認為內戰本身就
代表著從鐵器時代到黃金時代的過渡。後來，當奧古斯都的統治真的開創
出黃金時代，味吉爾就努力使羅馬人對於這個城市的長治久安恢復信心。
在史詩《伊尼亞斯逃亡記》（Aeneid 1. 255 sq.）裡，朱庇特向維納斯保
證，他將不會加諸羅馬人以空間或時間的限制：「我賜給他們無限的統
治。」（imperium sine fine dedi）在《伊尼亞斯逃亡記》寫成之後，羅馬
被取名為永恆之城（urbs aeterna），奧古斯都被稱為這個城市的第二位創
建人。他的生日 9 月 23 日被視為「宇宙的分野，奧古斯都拯救宇宙的存
在，因為他使其變容。」②接著流傳的希望是認為羅馬會不斷周期性地再
生。羅馬從十二老鷹譯②和大火災的神話裡解脫而開始擴展，如味吉爾所
說（Aeneid 6.798）的，甚至到了「擴展到歲時與太陽的軌道以外」（extra
anni solisque vias）。

　　我們必須費力地把歷史和天命以及宇市的律動區分開來，並透過羅馬
的永恆更新的神話，以還原宇宙每年重生的古代神話（透過國王的獻祭完
成每年的重生）。這也是試著在宇宙的層次去評價歷史，也就是把歷史事 (347)
件和災難視為宇宙的燃燒或分解，周期性地使宇宙毀滅，以使其重生。歷
史引起的戰爭、破壞、苦難，不再只是從宇宙時代過渡的前兆：**歷史本身
就是個歷程**。因此，在每個太平時期，歷史都要更新，結果是開始了新的
世界；總之（正如圍繞著奧古斯都的神話），這位國王重複了宇宙的創造
③。

----

② 　J. Carcopino, *Virgile et le mystère de la IV églogue*, p. 200.
③ 　*Le mythe de l'éternel retour*, pp. 159-60.
譯②：列姆斯和羅慕路斯為羅馬城在何處建立及命名問題爭執不下，於是相約在城上
　　　觀看到飛鷹多寡為定。列姆斯在阿溫提努斯山上看到 6 隻老鷹，而羅慕路斯在
　　　巴拉提努斯山上看到 12 隻老鷹，於是決定在該地建城。

　　味吉爾在其《田園詩集》裡說，在波利奧（Asinius Pollio, ca. 40 B.C.）
（在屋大維最後的勝利之前）領事期間，黃金時代再度展開。「那是新的
時代的誕生（magnus ab integro saeclorum nascitur ordo）。現在處女座復歸
（jam redit et Virgo），回到土星（Saturn）的統治。」「黃金族」在世界
興起，阿波羅是其君王（5-10）。味吉爾把所有暗示黃金時代返回的預兆
附會爲某個孩童的誕生，他的身分沒有人知道，不過許多學者相信他就是
波利奧之子。這首發人深省而又深奧難解的詩，其意義引起許多討論。我
們只想強調味吉爾的異象能力：他像是個眞正的「先知」（vates，或「卜
者」、「受神感召的詩人」），捕捉到內戰結束的宇宙性和宗教性的脈
絡，也預言了因爲屋大維的勝利而開創的和平的末世論功能。

　　事實上，奧古斯都的統治時期正是傳統羅馬宗教的創造性重生④。蘇
埃托尼烏斯（Suetonius, Aug. 90-92）譯③說，奧古斯都的舉止就像古時候
的眞正羅馬人，他重視夢和其他預兆，觀察諸神的顯現，對諸神和人類都
保持忠誠（pietas）。「是這個宗教而非斯多噶神學，永遠支配著這位皇帝
的重大行爲……透過忠誠和宗教，過去羅馬人的宗教態度和理想得以自覺
(348)　地恢復和更新。」⑤奧古斯都下令修復傾圯的聖地，也建造許多新的神殿。
他重新建立長久閒置的祭司制度（例如約威斯祭司），他重獲像塔堤安
（Titii）、逐狼兄弟會（Luperci）譯④以及阿爾瓦列士祭司兄弟會（Frat-
tres Arvales）譯⑤那般神聖的凝聚力。與他同時代的人們並不懷疑這個改
變的眞實性。「詩人和民衆都歌頌新時代的來臨。」（Altheim, History of

---

④　Franz Altheim 精采地證明奧古斯都宗教改革的眞實性；見氏著 A History of Roman
　　Religion, pp. 350 sq.。

⑤　Altheim, History of Roman Religion, p. 375.

譯③：當時的羅馬歷史學家。

譯④：「逐狼兄弟會於每年 2 月 15 日舉行「逐狼節」（Lupercalia），以特敬禮山林
　　　之神法伍努斯（Faunus）。」（羅漁，《西洋上古史》，卷下，頁 261）。「逐
　　　狼節」亦稱「牧神節」。

譯⑤：「崇拜田野女神狄雅（Dea），他們領導歌唱行列，沿農田遊行，祈求女神恩
　　　賜豐收。」（同前揭）

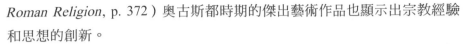

Roman Religion, p. 372）奧古斯都時期的傑出藝術作品也顯示出宗教經驗和思想的創新。

奧古斯都死後，歷史就對黃金時代開了個玩笑，羅馬人又回到災異即將來臨的恐慌。但是奧古斯都的世紀始終是西方基督教文明的典範。此外，味吉爾和西塞羅（Cicero）也啓發了文學的神學以及中世紀普遍的文化神學，並且持續到文藝復興時期。

226. 非法宗教的苦難

凱撒死後被封爲神而晉身諸神之列，西元 29 年建造奉祀他的神殿。羅馬人同意他們的偉大統治者在死後封神，但是拒絕他們在世時被神格化⑥。奧古斯都只有在行省裡才被尊爲神；在羅馬，他只是「神的兒子」（Divi filius）。然而，官方和私人宴席場合都崇奉這位皇帝的守護神。

「好」皇帝的神格化及皇帝崇拜的結構，在奧古斯都之後就普遍化⑦。但是提貝里斯（Tiberius）沒有被神化，因爲卡利古拉（Caligula）沒有向元老院提出這個要求。至於卡利古拉，在他過世之前他已經看到自己被神化；然而，元老們正式指責對他的懷念。克勞迪烏斯（Claudius）、韋思巴先和提塔士（Titus）都被神化，但是加爾巴（Galba）則沒有。奧索（Otho）與維特利烏斯（Vitellius）被認爲不值得神化；多密先（Domitian）也是如此，他是元老院的敵人。當繼承的機構被穩固建立起來之後，第二世紀裡所有偉大的皇帝都被神化；但是到了第三世紀就不是這樣，因 (349) 爲當時皇帝先後繼承的速度太快了⑧。

從第二世紀開始，基督徒拒絕崇拜皇帝，而成爲迫害基督徒的主要原

⑥ 不過，凱撒在元老院有他的雕像，另一座則是在基林努斯的神殿，雕像上刻著 Deo invicto。西元 44 年他正式得到「儒略神」（divin Jules）的稱號。

⑦ 這並不是由於受到來自東方希臘化世界的影響。西塞羅說過：「善良和勇敢的人本質上就有神性。」（*De Leg.* 2. 11. 27）

⑧ Rober Grant, *Ausustus to Constantine*, p. 17.

因。首先，除了尼祿下令屠殺基督徒之外，反基督教的行動主要受到羅馬
輿論的敵意所鼓勵。在最初兩個世紀期間，基督宗教被認為是非法宗教
（religio illicita），而基督徒受迫害是因為他們奉行沒有官方認可的祕密宗
教。西元 202 年，塞威祿士（Septimus Severus）頒佈第一份反基督教的命
令，禁止改宗基督教。不久後，馬克西穆斯（Maximus）攻擊教會階層，
但是沒有成功。到了德修斯（Decius）統治時期，教會在和平中發展。不
過在西元 250 年，德修斯頒佈敕令，要求所有公民要向帝國諸神獻祭。迫
害時期雖然短暫，卻相當嚴厲，這也說明當時許多人棄教的情況。然而，
多虧了告解神父和殉道者，教會才能夠克服這個考驗。西元 257-258 年瓦
列里亞努士（Valerianus）施行的鎮壓之後，是一段長時間的和平時期（西
元 260-303 三年）。這時候的基督宗教得以滲透羅馬帝國各處以及每個社
會層級（甚至進入皇帝家族裡）。

最後一次迫害（西元 303-305 年）是戴克里先（C. Aurelius Valerius Di-
ocletianus）所發起，這一次時間最長也最殘忍。儘管帝國的處境堪慮，這
次民意沒有那麼敵視基督徒。戴克里先決意要摧毀這個外來而且反國家的
宗教，以明確鞏固帝國的主張；他想要復甦古羅馬的宗教傳統，尤其是頌
揚皇帝的擬神形象。但是奧古斯都的改革傳統已經逐漸受到腐蝕。埃及和
小亞細亞的本土儀式相當受到歡迎；他們也從帝國的保護中受益。康茂德
（Commodus, 185-192）被傳授艾西斯（Isis）及密特拉（Mithra）的神祕
宗教，而加拉加臘（Caracalla, 211-217）則鼓勵信奉敘利亞太陽神（Sol In-
victus）。幾年後，赫利奧卡巴祿士（Heliogabalus）稱帝，他是敘利亞人，
也是艾馬沙（Emesa）的神的祭司，他把這個崇拜引入羅馬。赫利奧卡巴
祿士在西元 222 年時被刺殺身亡，然後這個敘利亞神的崇拜也被趕出羅馬
城。然而，我們會看到，奧理略（Aurelius, 270-275）重新引進太陽神的崇
(350) 拜。奧理略了解到，僅是頌揚羅馬過去的宗教並沒有用；他必須也把古羅
馬傳統整合到太陽神的神學裡，這是唯一正在世界化的宗教。

即使在大迫害之前，接近第二世紀末的時候，好幾位基督教神學家和
辯士都努力要向統治者和異教的知識份子解釋並且辯護他們的宗教。不過

他們的努力注定失敗。無論是天眞還是不熟練，有幾位神學家（達提安
〔Tatian〕、德奧都良）更是惡意攻擊異教思想和古希臘文化。其中最重要
的是儒斯丁（Justin，西元 165 年殉道），他試圖表明基督宗教並不蔑視異
教徒文化；他讚美希臘哲學，不過說那是受到聖經啓示而創造的哲學。儒
斯丁重複關於亞歷山卓學派猶太教的爭論，他認定柏拉圖和其他希臘哲學
家知道這個由「先知」摩西在遠古時宣示的教義。無論如何，這位護教者
的失敗是可以預見的事。對統治者而言，基督宗教顯然不只犯了無神論以
及大逆之罪，而且也被懷疑犯下所有各種罪行，從縱酒宴樂和亂倫到殺嬰
及食人習俗。在異教徒的上層社會看來，基督教神學的本質（救主的道成
肉身、他的受難和復活）令人費解。無論如何，這個新的救贖宗教的狂熱
堅持製造出和多神論宗教和平共存的希望幻象。

迫害對基督徒的使命而言是最大的危險；但是這並非危害教會的唯一
威脅。艾西斯和密特拉的神祕宗教以及太陽神崇拜和太陽一神論，都是可
畏的競爭對手，而且因爲他們有官方保護的優勢，情況更是險阻。此外，
還有個相當微妙的危險，是來自於教會內部：即各式各樣的異端，首先就
是諾斯替教派（Gnosticism）。異端和靈知在基督宗教最初形成的時候就
出現了。在沒有經典的情況下，要證實信仰和儀式行爲的正當性，唯一的
方式就是使徒的傳說。到了西元 150 年左右，使徒們以及所有認識他們的
人都死了，但是他們的見證的傳佈，則是透過他們創作或啓示的文獻以及
口述傳統。

然而，使徒的傳統（書寫和口述）多少都帶有可疑的新觀念。除了所
有基督教團契都接受的四福音書和〈使徒行傳〉之外⑨，以使徒命名而流 (351)
通的其他文獻包括：〈多瑪斯福音〉、〈眞理福音〉、〈僞馬太福音〉、
〈彼得行傳〉、〈約翰行傳〉等等。這些作品中大部分被稱爲「次經」
（apocrypha）（因爲它們包含了過去「隱藏的」啓示），涉及祕教教義的

⑨ 重要的是，在第二世紀後半，這些文獻被當時所有大教會採用爲代表使徒傳統的
唯一作品。從那時起，基督宗教便有了聖典（新約）並且成爲「聖典的宗教」。

啟示、復活的基督告訴使徒的話，以及關於基督生平事件的神祕意義。這種口述傳統的神祕教義，是諾斯替教派的信仰依據。

227. 基督教的靈知

　　祕教思想的問題，以及入會禮的問題，產生了無數的辯論，特別是在諾斯替教派所引起的危機期間。面對某些諾斯替作者的自我狂妄，教父們（以及後來大多數古代及現代歷史學家）都否認耶穌曾奉行或由門徒傳承任何祕教教義。不過這個意見卻是悖離事實。祕教思想（也就是侷限於少數人的祕傳教義和儀式）在希臘化時期和基督教初期的所有偉大宗教裡都有記載。在正統的猶太教和猶太地區的教派，在艾塞尼教派（〈門徒文集〉9.16 sq.; 6.13-23）、以及在撒瑪利亞人和法利賽人那裡，我們都可以見到不同程度的入會禮場景（祕密的教義和禮儀、信徒的區隔、宣誓保守祕密）。⑩

　　〈馬可福音〉也提到某種祕教教義的習俗（4:10 sq., 7:17 sq., 10:10 sq.）。從教會創建之初，團契裡就分為三級，預先假定入會禮的學徒身分。他們分別是「初信者」、「進階者」和「完成者」。俄利根（Origen）說，「耶穌私下對他自己的門徒說明一切，因此之故，福音書的作者乃揭露比喻的明確解釋。」（《評馬太福音》14.12）克雷蒙（Clément d'Alexandrie）說得更清楚明確。他提及他的老師保留了「神聖教義的真正傳統，直接來自於聖徒彼得、雅各、約翰和保羅，從父死子傳，再臨到我們，感謝神。」（《雜篇》〔Stromateis〕1.11; 2.3）這種只有特定的信徒持有教義而且透過口傳的方式（13.2），必須祕密地保守；這些教義成為諾斯替教派的傳統。克雷蒙在其他的作品裡說：「義人雅各、約翰和彼得被主交託——在他復活之後——更高深的知識。他們把這些知識傳給其他使徒，

(352)

----

⑩　Morton Smith, *Clement of Alexandria and a Secret Gospel of Mark*, pp. 197-99。從這個猶太教的神祕教義和儀式的傳說裡，才出現精緻的默卡巴（Merkabah）文學，尤其是黑卡拉（Hekalat）文獻。（Smith, p. 198）

其他使徒再傳給 70 個人，其中包括巴拿巴。」⑪

我們無從知道以什麼標準去揀選那些得以透過入會禮體驗到靈知的人們，特別是關於他們入會禮的背景和階段更是付之闕如。某種類似「祕教」的訓義會循序漸進地傳給所有信徒；這個訓義是關於洗禮、聖餐、十字架的象徵、大天使、以及天啓的解釋。至於啓示給「完成者」以及可能的「完成者」的奧祕，或許是關於基督穿越天使居住的七重天的降臨和升天的奧祕（〈以弗所書〉4:9），也和個人的末世論有關，也就是死後靈魂的神祕旅程。託名戴奧尼索斯（Pseudo-Dionysius）把這個神祕旅程和使徒的口述傳統連接起來。「因此我們看到諾斯替大師或靈性導師的傳承，有別於主教的繼承，它傳播使徒的信仰……卻延續著使徒時代以及使徒的奇里斯瑪傳統。」⑫

然而，使徒的祕教傳統延續著猶太人的某種祕教思想，那是關於靈魂升天的奧祕以及天堂世界的祕密。不過這些教義也存在於曼底安教派（Mandaeans）譯⑥。尤有甚者，他們也類似於埃及（第 53 節）和伊朗的末世論概念。他們不同於猶太教和基督宗教共有的觀念和信仰，存在於諾斯替 (353) 教派、異教徒和基督教異端的思想裡。從某個時期來看，我們可以理解爲何靈知和祕教思想會使教會高層感到不安。諾斯替教派引述口述或祕傳的使徒傳統，而可能把某些違反福音書精神的思想帶進基督宗教的教義和儀式裡。他們不是認爲這種祕教思想和靈知本身有什麼危險，而是擔心披著入會禮的祕密的外衣滲入的異端。

的確，只要「聖經」和教義沒有確定，似乎不好濫用「異端」這個名詞去指責對於基督訓義的某些詮釋。不過有幾個顯然是異端的例子，也就是對福音書的訊息的錯誤詮釋：例如，排斥《舊約》的正當性並且認爲父

---

⑪ *Hist. Eccl*. 2. 1. 3-4; Jean Danielou, "Les traditions secreted des Apotres" p. 200.

⑫ Danieulou, "Les traditions secretes," pp. 208 sq..

譯⑥：源自巴比倫，認爲得救之道在於生命之知者（Manda D'hayye）把人的靈帶回他的光裡。他們的宗教語言和象徵很類似諾斯替教派。

親的神是個邪惡而無知的工匠造物神（demiurge）譯⑦；同樣的錯誤詮釋
則是認爲世界是受詛咒的，生命被貶抑爲偶然或魔鬼的創造；或是否定人
子的道成肉身、死亡和復活。事實上，聖保羅認爲這個世界受撒旦的支
配，而且猶太人和基督教的天啓也都預言世界即將毀滅。不過聖保羅和
〈啓示錄〉的作者並不否認是神創造世界的。

228. 諾斯替教派的方法

我們很難確定「諾斯替教派」的宗教起源，不過這個教派肯定有別於
早期或當時許多宗教裡重要的靈知（瑣羅亞斯德宗教、神祕宗教、猶太教
和基督宗教），我們知道，這些靈知都包括某種祕教學說。此外，諾斯替
教派作家所引述的神話或末世論主題，幾乎都是在狹義的諾斯替教派之前
的傳說。其中有些主題在古代伊朗和《奧義書》時期的印度、奧斐斯神祕
宗教和柏拉圖主義裡都有文獻記載。其他主題則有古希臘的宗教融合、聖
(354) 經傳統和新舊約之間的猶太教或是早期基督宗教的語言特色。然而，狹義
的諾斯替教派並不是若干迥異的元素間有機整合，而是對於當時流傳的神
話、觀念和神學元素的創新、悲觀主義的重新詮釋⑬。

克雷蒙述及瓦倫丁（Valentinus）的靈知說，認爲只有知道「我們過去
是什麼人，要成爲如何的人；我們從何而來，已被拋入何方；我們追尋的
目標是什麼，我們要走向何處以得救；什麼是出生，什麼是再生。」（The-
odotus 78.2）不同於《奧義書》、數論瑜伽派以及佛教（他們巧妙地迴避
討論人類墮落的起因），諾斯替教派的救贖知識在於開顯世界起源和創造

⑬　因此，舉例來說，諾斯替大師對基督降世的重新詮釋脫離了聖經的文脈（造物主
　　差送彌賽亞）而是將它關連到全然不同的「神祕歷史」（創世紀是邪惡的悲劇，
　　因此必定是造物神或是魔鬼眞正邪惡的化身所爲）。
譯⑦：造物神（demiurgos），出自柏拉圖《提邁烏斯》（Timaeus），是從屬於神的
　　世界的塑造者，並不是從無中創造，而是對於既有的世界加以排列。後來的諾
　　斯替教派延續這個學說，認爲世界的創造是惡，而責任則在於這個造物神，而
　　不是上帝。

的「神祕歷史」（更確切的說，是教外的人無法知道的歷史）、惡的起源、救世主降臨拯救人類的故事，以及超越的神的最後勝利（這個勝利將以歷史的終結和宇宙的毀滅呈現）。這是全體性的神話：在神話裡記錄了所有決定性的元素，從世界的起源到當下，解釋元素之間互為依存的關係，而證明末世論的真實性。我們知道這種全體性的神話有許多種版本。我們會進一步說明其中若干版本，特別要強調最誇張的，也就是摩尼（Mani）的說法。

我們再回到瓦倫丁的說法。這個諾斯替教徒領悟到，他的真正存有（例如說，他的精神存有）就其源頭和本質而言就是神，雖然目前他被囚禁在身體裡；他也領悟到，他原本是在超越的國度，不過後來被拋到這個下層世界裡，他正馬不停蹄地往救贖的方向前進，而他最後終將從肉身的囚禁裡解脫；總之，他發現，即使他的出生意味著墮入物質裡，但是他的重生將會是純粹精神性的。接下來要注意的基本觀念是：精神和物質的二元論、神性（超越的）和反神性；靈魂（等於靈或神性的粒子）墮落的神話，也就是化為身體的形式（成為人類）；以及肯定透過靈知可以得到解脫（得救）。 (355)

乍看之下，這似乎是誇張的、反對世界的、悲觀主義的奧斐斯宗教或柏拉圖主義的二元論⑭。其實這個現象更為複雜。人類的故事（特別是墮落和救贖）反映了神的故事。神差遣原始的存有，或者說是他的兒子，來到這個世界，以拯救人類。這個超越的存有在降生到世界之後受辱，但是在最後回到天堂之前，他向少數被揀選的靈魂啟示這個真實的、救恩的靈知。有些版本以更戲劇化的方式敘述神的兒子或超越的存有的降臨：他被

⑭ 見第 181 節以下。對柏拉圖而言，當然，造物神並不是邪惡的化身。世界是個「宇宙」，因此是完美與和諧的。對普羅丁（Plotinus, 205-270）而言，正如斯多噶學派，星辰都是神，冥想它們有利於智慧存有的匯聚；見 *Enneads* 2.9; 4.8; etc. 至於靈魂的肉身，普羅丁認為那是「墮落」，因為靈魂失去了它精神的豐裕和自主性（4.8; 5.16）；但是也可以視為是靈魂的自願降世，為了要幫助居住在較低層次世界裡的存在（4.8; 7.1）。

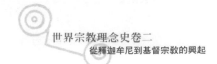
魔鬼的力量俘獲，陷於物質世界裡而殘忍無情，忘了自己的身分；神於是差遣信使來「喚醒」他，助他重新意識到自我（這就是「得救的救世主」的神話，在〈珍珠讚美詩〉裡有動人的敘述；見第 230 節）。

　　儘管伊朗人也有類似的神話，但是神所差遣的救世主或使者的**直接模式**，顯然就是耶穌基督。西元 1945 年，在上埃及的拿・哈馬地（Nag Hammadi）發現的文獻，證明了諾斯替教派的某些觀念源自猶太基督教⑮。然而，他們的神學和倫理迥異於猶太教和基督宗教的內容。首先，對諾斯替教徒而言，真神並不是造物神（耶和華）。世界的創造是層次較低甚至是邪惡的作品，或者說，宇宙是魔鬼仿造那殊勝的世界的結果，對猶太人和基督徒而言，這是無法置信的概念。的確，在晚期的異教思想裡，宇宙創(356)造論已失去任何正面的宗教意義。但是諾斯替教派更加激進。這個世界的創造不但不再是全能的神的證明；而且還被解釋為天國裡的意外事件，或是太初黑暗戰勝光明的結果（見摩尼教的神話，第 233 節）。至於降生為人，並不是「神聖歷史」的一部分（例如猶太人和基督宗徒的思想），而只是證實或解釋靈魂的墮落。對諾斯替教派者而言，唯一值得追求的目標，就是解救神性粒子並重返天國。

　　我們知道（第 181 節以下），人的「墮落」，也就是靈魂的降生，對奧斐斯和畢達哥拉斯學派的神學家來說，已經是他們思想的原始對象；這個事件不是對於在天堂裡的過犯的懲罰，就是靈魂自身錯誤選擇的災難性結果。在早期的基督宗教時代，這兩個神話被許多諾斯替教派和其他作者加以穿鑿附會⑯。

⑮　因此，舉例來說，在拿・哈馬地（Nag Hammadi）發現的多瑪斯福音書，成為研究耶穌的宣道在歐克斯林庫斯寫本（Oxyrynchus papyri）的完整版本，而且自從西元 1897 年以來就為人所知；見 H.-C. Puech, *En quete de la Gnose*, vol. 2, pp.33 sq., 65 sq. et passim.。

⑯　奧斐斯和畢達哥拉斯學派認為「降生是某種懲罰」的觀念，結合聖經的天使墮落神話，是借自某個基督教或諾斯替教派（Valentinus, Marcion, Bardesanes），作者為摩尼，*Korē Kosmou* 的作者，或許還有俄利根。至於靈魂自願降世，是自戀（靈魂愛上了自己反映在物質世界的意象）或野心的結果。這個概念記載在 Numenius of Apamaea，作者為 Poimandres 的作者，以及普羅丁；見 E. R. Dodds, *Pagan and Christian in an Age of Anxiety*, pp. 23-24。

因為這個世界是個意外事件或災難所造成的結果，因為世界是受到無知和邪惡力量的支配，於是諾斯替教徒完全厭離他們自己的文化，也拒絕所有的規範和制度。透過靈知得到的內在自由，使他得以從心所欲。諾斯替教徒也是上層階級的人，這是透過聖靈揀選的結果。他是「屬靈」的階級，是「完成者」或「國王的兒子們」，只有他才會得救⑰。正如仙人、遁世者（sannyasis）和瑜祇，諾斯替教徒覺得他不受社會律法的約束；他超越了善惡。我們再比較印度的現象：正如「左道」坦特羅教（見卷三第三十八章）的性事技巧和狂歡儀式，放蕩的諾斯替教徒也有縱欲的儀式。⑱ (357)

229. 從行邪術的西門到瓦倫丁

基督教的護教者把「行邪術的西門」（Simon Magus）斥為第一個異教徒以及所有異端的始祖。根據某些歷史學家的看法，西門並不是狹義的諾斯替教徒，不過他的門徒在西元 70 年的災難之後就成為諾斯替教徒⑲。使徒彼得和撒馬利亞的西門派發生衝突，西門在當地宣稱他是「稱為上帝

---

⑰ 第二級的屬血氣者（屬魂人），包括了那些具有靈魂（psyche）者，就其詞義而言，還可以往上推，不過他們缺乏靈（pneuma）。最後，第三級，「屬物質的」完全沉溺在物質中並且注定要消失。由於這兩個範疇的人的空洞焦慮，就需要祕密的、祕教教義的傳播。

⑱ 「不只是一個評論或反駁，在此我們有一個起義……頑強的、暴力的，大規模而且嚴重的後果：針對的是人類的條件、存在、世界、神自身。它可以等同於揣摩一場最後的事件，它將是一場革命（eversio, revolutio）——對於現狀的顛覆與反轉，左右、內外、上下的相互替代——或等同於虛無主義：「縱欲的諾斯替」，擺脫所有的自然或道德律，使用並虐待自己的身體與世界是為了褻瀆他們，為了要『耗盡』、否定以及消滅他們：巴西里德斯的虛無主義，每個存有，每件事物，宇宙的整體，都注定要在『偉大的無知』的黑暗裡、在虛無的平靜裡，找到其無庸置疑的實現。」（H.-C. Puech. *En quete de la Gnose*, vol. 1, p. xxii）

⑲ R. M. Grant, *Gnosticism and Early Christianity*, pp. 70 sq.; J. Danielou et H. Marrou, *Nouvelle histoire de l'Eglise*, vol. 1, p. 87.

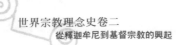
的大能者」⑳。事實上，人們把他當成「第一位神」來崇拜，而他的伴侶
海倫（她是西門在推羅的妓院找到的）則被視爲「神的思想」（Ennoia）
最後且最墮落的化身；西門贖了她之後，海倫（思想）成爲普世救贖的工
具。宗教史家們對西門的興趣特別是在於海倫的神聖化以及關於她的神
話。「魔法師」和娼妓的結合確立了普世的救贖，因爲他們的結合就是神
和神智的結合。

(358)   浮士德（Faust）這個魔法師的原型的傳說，或許是取材自這對怪異的
夫婦。其實西門在羅馬便被認爲是個「浮士德」（Faustus，意爲「有才能
者」或「幸運者」），而他的伴侶前世則是特洛伊的海倫。不過在西元一
世紀時，則強調使徒彼得和這位魔法師的鬥法。根據傳說，西門在羅馬大衆
面前宣稱他上到天堂，但是由於這位使徒的禱告而使他很狼狽地掉下來。

    有幾點理由可以說明馬吉安（Marcion）的例子具有啓發性。他在西元
85 年生於邦都（Pontus），是西諾普（Sinope）主教之子，他相當堅守正
統派的習俗。不過他把保羅的反猶太教推到極致。馬吉安反對《舊約》並
且建立他自己的經典，其中只收錄〈路加福音〉和保羅的十篇書信。他還
加上手稿《反論》（Antitheses），提倡自己的神學。西元 144 年左右，在
羅馬他努力爭取教會聖職者的支持，但是徒勞無功。被逐出教會之後，他
對於自己教義的解釋越來越激烈，並且眞正建立了一個教會。由於具有優越
的組織能力，他成功地說服在地中海的許多基督教團契的成員改宗。這個新
的神學相當成功，因此也受到正統派作者不停的攻擊。不過從第三世紀開
始，馬吉安主義就衰退，並且不到一個世紀的時間，就在西方世界消失。

    馬吉安接受諾斯替教派的二元論的基本元素，不過並不包括其天啓主
張。他的二元論體系認爲，《舊約》裡的造物主所創造的律法和公義，和
慈善的神啓示的愛和福音書是相對立的。後者差送他的兒子耶穌基督，將
人從律法的捆綁中釋放出來。耶穌進入有感覺和受苦的身體，雖然這個身

---

⑳   〈使徒行傳〉8:10。然而，我們並不確定行邪術的西門和使徒西門是否爲同一個
    人；見 Jonas, *The Gnostic Religion*, p. 103。

體不屬於物質。耶穌在講道時榮耀慈愛的神，不過也謹慎說明他不是指
《舊約》裡的神。耶和華從耶穌的講道裡得知有個超越的神的存在。他為
了報復，就把耶穌交給迫害者。但是耶穌在十字架上受死帶來了救贖，因
為耶穌犧牲他自己以從造物主那裡贖回人類。然而，世界還是繼續在耶和
華的統治之下，信徒將受迫害，直到末日。只有到那時，大家才會認識這
位慈愛的神：他會把信他的人接往他的國，至於其餘的人，則會和物質以
及造物神一起永遠消滅。

還有個撒瑪利亞人米南德（Menander），則是把諾斯替主義傳入安提 (359)
阿（Antioch）。他認為自己是救世主，從天上下來以拯救人類（*Adversus
Haereses* 1.23.8），還宣稱凡是由他領洗者，地位就會在天使之上。他的繼
承人薩托尼（Satornil，西元 1l0-130 年期間在安提阿積極活動），認為隱
藏的神和猶太人的神是對立的，而後者只是大天使們的領導者。他譴責婚
姻制度，認為那是撒旦的造作（Irenaeus, 1.24.2）。他的神學受二元論支
配。依雷內（Irenaeus）認為，薩托尼最早提出兩種人的說法，有神聖之光
的人和沒有光的人。

朵林都斯（Cerinthus）是和約翰同時代的猶太基督徒（Irenaeus,
3.3.4），他說這個世界是由不認識真神的造物神所創造的，這是狹義的諾
斯替教派最初的說法。朵林都斯認為，耶穌是約瑟和馬利亞之子；他受洗
時，基督以鴿子的形式降臨他身上，並且對他啟示「不為人知的父」。在
基督受難之前，他升天回到父神那裡（1.28）。

猶太基督教裡的諾斯替教派在亞洲和敘利亞地區傳佈，也傳入埃及。
西元 120 年左右，在朵林都斯落腳的亞歷山卓，卡波克拉提斯（Carpocra-
tes）也宣講類似的教義：耶穌是約瑟之子，但是有個「力量」讓他成聖
（Irenaeus, 1.23.1）。他接受這個力量而成為耶穌，也能行相同的奇蹟。卡
波克拉提斯的靈知學說的特色是激進的反道德論，「似乎諾斯替教義不但
是要推翻猶太人的神，也要顛覆律法。」[21]還有個亞歷山卓人巴西里德斯

---

[21]　Danielou, *Nouvelle histoire de l'E'glise*, vol. 1, p. 96.

（Basilides），和卡波克拉提斯是同時期的人，是他最早整理了行邪術的西門的信徒所傳授的教義。他仔細描述宏偉複雜的諾斯替主義的宇宙論，想像統治他們的許多天堂和天使：他說共有 365 個！[22]巴西里德斯完全不接受猶太人的律法，並認為耶和華只是創造世界的天使之一，雖然他試著要支配和征服所有的天使（Irenaeus, 1.24.4）。

　　諾斯替教派最重要的教師是瓦倫丁，他也是當時最偉大的神學家和神祕主義者。他生於埃及，在亞歷山卓港求學，西元 135-160 年間在羅馬教書。360 但是由於未能得到主教的位置，於是和教會決裂並且離開這個城市[23]。在發展他的往而不返的體系時，瓦倫丁也試著解釋惡的存在以及靈魂的墮落，但是他不採取二元論的觀點（例如，是受到神的敵人的干擾），而認為是受到神自身的影響。我們看不出瓦倫丁學說有多麼不凡和創新，不過倒是可以略去無數的系譜、「流出」和「投射」，瓦倫丁用這個單調的概念去解釋所有宇宙、生命、靈魂和精神的起源以及相互的關係。[24]

　　瓦倫丁認為，天父這個絕對且超越性的第一原理是無形無朕且無法理解的。他和思想（Ennoia）結為伴侶，生下 15 對「永恆」（eons）而成就了「完滿」（Pleroma）[25]。最後一對永恆，蘇菲亞（Sophia），因為想要認識天父而造成災難，結果就是惡和欲望的出現。從完滿被拋出來之後，

---

[22] H. Leisegang, *La Gnose*, pp. 143 sq.; Grant, *Gnosticism and Early Christianity*, pp. 142 sq..

[23] 直到西元 1950 年左右，我們對瓦倫丁神學的唯一資料來源都是伊雷內、克雷蒙的引述和摘要說明。還有希波里圖斯（Hyppolytus），他主要使用的是瓦倫丁門徒的作品。但是在埃及的拿·哈馬地所發現的〈真理福音〉，儘管並非瓦倫丁的作品，卻一定代表他的思想。其他來自於拿·哈馬地的文獻（例如〈論三種自然〉、〈救贖宗教書簡〉）都和瓦倫丁學派有關。

[24] 透過這種瀑布狀的系譜和許多顯現而來的幻想，是這段時期的具體特色。在絕對和各種階級的實體之間增列各種層級，也表現在哲學家（例如普羅丁）；但是在諾斯替的作家，尤其是巴西里德斯、瓦倫丁、摩尼，就立刻成為狂熱和刻板印象。

[25] 「完滿」（pleroma）指出以太初之神為中心的精神世界；它是由全部的永恆所組成的。

蘇菲亞夥同她所引起的畸變受造物，創造出低等的智慧。最重要的是，他
們創造一對新的夫婦，也就是基督和他的女性伴侶「聖靈」。最後，當完
滿恢復其最初的完美狀態時，便產生了救世主，也就是耶穌。他降世在下
層的人間，用出自於低等智慧的物質的（hylic）元素創造「無形的物
質」，並且以靈魂的元素創造出造物神，也就是〈創世記〉裡的神。造物
神完全不知道還有個更高的世界存在，而認為自己就是唯一的神。他創造
出物質的世界，並且用他的呼吸賦予世界以生氣，而出現兩種人，物質的
人和屬血氣的人。不過，在造物神不知情的情況下，蘇菲亞的精神元素進
到他的氣息裡，於是產生了屬靈的階級㉖。為了要拯救這些禁錮在物質裡
的精神粒子，基督從天降臨，在沒有世界所謂的道成肉身的情況下，就啟
示解脫的知識。因此，屬靈的人被靈知喚醒，而且只有他們返回天父身
邊。

如漢斯・約拿斯（Hans Jonas）所說，在瓦倫丁的體系中，物質是源
自精神，並且透過神的歷史去解釋。的確，物質是絕對存有的狀態或是
「情緒」，更確切的說，是那個狀態的「具體化的外在表現」。無知（蘇
菲亞的「盲目」）是這個世界存在的第一因㉗，這個觀念讓人想起印度的
概念（某些吠檀多派和數論瑜伽學派）。而如同在印度，無知和知識是本
體論的兩種類型。知識是絕對者的原初狀態；無知則是絕對者造成的失序
結果。但是透過知識得到的救贖相當於一個宇宙事件（Jonas, p. 175）。最
後的屬靈者的救贖將透過世界的消滅而完成。

230. 諾斯替教派的神話、意象和隱喻

遺忘（Amnesia，即忘記自身的命運）、沉睡、酒醉、怠惰、囚禁、
墮落以及鄉愁，都是諾斯替特有的意象和象徵，儘管他們並不是靈知的教
師們創造出來的。靈魂沉迷於物質裡並且想要認識身體的愉悅時，就忘記

(361)

㉖ 這是對於人類的三種階級的存在的解釋，是所有諾斯替教派共有的信仰。
㉗ Jonas, *The Gnostic Religion*, p. 174.

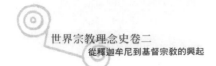

自己的身分。「他忘了自己的故鄉，他的眞正中心，他的永恆存有。」[28]
關於諾斯替教派的「遺忘」和「回憶」的神話，「珍珠讚美詩」（在次經
〈多瑪斯行傳〉裡）[29]有最動人且戲劇化的描述。有個王子從東方來到埃
及，要尋找

(362)

> 這一顆珍珠
>
> 在海之中
>
> 與呼吸沉重的蛇比鄰

在埃及，他被當地的人劫持。他們給他食物吃，於是王子忘記自己是
誰：

> 我忘了我是國王之子。
>
> 卻服侍他們的王；
>
> 我忘了父母送給我的珍珠。
>
> 由於他們食物給我的沉重負擔
>
> 我陷入了沉睡中。

但是王子的父母親知道他出事了，於是寫了封信給他：

> 「從沉睡中起身
>
> 聽我們信裡的吩咐！
>
> 想起來你是國王之子！
>
> 認出這位奴僕——你所服侍的人。
>
> 記得這顆珍珠，你為了它
>
> 才專程前往埃及的！」
>
> 老鷹帶著這封信飛落到他身邊，並且開始說話。
>
> 他的話音和翅膀摩娑的聲音
>
> 讓我從昏睡中醒來並起身。
>
> 接過信，我吻了它，

---

[28] 這是晚期諾斯替教派的教義，哈蘭教派（Harranites）。見 Jonas, p. 63。

[29] H. Leisegang, *La Gnose*, pp. 247-48; Jonas, *The Gnostic Religion*, pp. 112-24； R. M.
Grant, *Gnosticism: A Source Book*, pp. 116 sq.。

> 我把封緘處打開，閱讀……
>
> 我想起來我是國王之子……
>
> 我想起來因為這顆珍珠才被差送到埃及
>
> 而我開始被魔法控制……
>
> 這……呼吸沉重的蛇。
>
> 我讓他安靜入睡……
>
> 因為我對他說出我父王的名
>
> 我迅速拿走珍珠。
>
> 並且轉身回到我父王的家。

這就是「得救的救世主」神話最動人的版本。我們必須提到，每個神話主題都見於各種諾斯替文獻裡[30]。這些意象的意義很容易理解。海和埃及都是象徵物質世界，人的靈魂和被派來拯救世界的救世主都被囚禁在這裡。這位英雄從天界下來，脫下他的「光可鑑人的長袍」並穿上「穢衣」，以免和這個國家的居民有所分別；那就是「軀殼」，他在這世間的身體。在他升天期間的某一刻，他和他那榮耀的外衣相遇，「像是看到他自己」，然後他明白這個「替身」就是他真實的自我。和他超越性的「替身」的相會，令我們想到伊朗傳說裡靈魂在天上的自我（Daena），人在死後第三天會與之相遇（見卷一）。如約拿斯所說，探索人類自我裡的超越性原理，是諾斯替宗教的核心元素[31]。 (363)

因為深陷在「生命」（等於物質）裡而造成的遺忘，以及透過使者的話語、態度和詩歌而回想起來，這兩個主題也可見於中古時期的印度民間

---

[30] Jonas 援引關於「光可鑑人的長袍」和「穢衣」、蛇、書簡和升天的神話；見氏著 *Gnostic Religion*, pp. 116 sq.; Puech, *En quête de la Gnose*, vol. 2, pp. 118 sq.。

[31] Jonas, *Gnostic Religion*, p. 124.。在天啟的福音中，多瑪斯（logion 84）提到，耶穌對他的門徒說，「當你們見到你們的意象，它就存在於你們面前，既非死也非顯現，你能承受多少！」這個意象（eikon），亦即，超越的自我，也被描述成「天使」；見 Puech, *En quête*, vol.2, pp. 130 sq., 142 sq.。超越的自我與天使相遇的意義，可以用來和梵我合一無法言喻的經驗相比。

宗教。其中最受歡迎的傳說是摩闍衍陀羅那陀（Matsyendranāth）譯⑧的回憶。這位瑜伽上師愛上皇后，並且住到她的皇宮裡，完全忘記他自己是誰，或者根據異本的說法，他成為「卡達里」（Kadali）的女王的囚犯。摩闍衍陀羅那陀的門徒喬羅迦陀（Goraknath）得知他被囚禁之後，扮成跳舞女郎到他面前開始跳舞，同時唱著神祕的歌曲。摩闍衍陀羅那陀漸漸想起他的真實身分：他領悟到「肉慾之道」會帶來死亡，他的「遺忘」就是忘記他真實且重要的本性，而「卡達里的魔咒」代表世俗生活的幻想。喬羅迦陀對他說，這個遺忘是女神難近母（Durgā）引起的，幾乎要賠上他的永生。這個咒語，喬羅迦陀說，象徵著自然（例如難近母）對於人類施加的無明的永恆詛咒㉜。

這個民間主題的起源要溯自《奧義書》時期。早先我們曾摘述《旃多格耶奧義書》的傳說，有個人被強盜擄去，矇住眼睛，被帶離他的村莊，而商羯羅（Sankara）評注說：強盜和遮眼的布巾是開顯真實諦的老師；而這個人返回的家象徵他的自我（atman），也就是梵我合一（第 136 節）。數論瑜伽也有類似的描述：最重要的是，神我（puruṣa）是個「陌生人」，他和自性（prakṛti）沒有任何牽扯。對諾斯替教派而言，在生活和歷史的背景裡，自我（靈）「是孤立的、無分別的、不動的，只是個觀察者。」（見第 136 節以下）

(364)　　我們不排除這些文化彼此可能有的影響。不過更可能是同時期的宗教潮流，從好幾世紀以前在印度（奧義書時期）、希臘和地中海東部（奧斐斯宗教和畢達哥拉斯學說）、伊朗以及希臘化世界的發展。其中最流行的意象就是把沉睡視為無知和死亡。諾斯替教派說，人不但會睡覺而且貪睡。「為何你總是喜愛睡眠而且老是被那些障礙給絆住？」《金薩》（Gin-

---

㉜　Eliade, *Le Yoga*, pp. 294 sq..

譯⑧：印度那陀崇拜的第一位大師（約西元十世紀）。那陀崇拜是揉合印度教、佛教和哈達瑜伽的民間宗教。傳說他曾迷戀兩位錫蘭女王，生子婆羅衍那和尼姆那陀，成為耆那教的領袖。

za）說㉝。〈約翰啓示錄〉說：「讓聽見的人從沉睡中甦醒。」㉞我們會看到，同樣的主題也見於摩尼教。但是這種說法並不是諾斯替教派所獨有。保羅給以弗所教會的書信（5:14）中也含有這種不具名的引述：「你這睡著的人，當醒過來，從死裡復活，基督就要光照你了。」睡眠（Hypnos）是死亡（Thanatos）的攣生兄弟，在希臘、印度以及諾斯替主義裡，「醒覺」有解脫論的意義（廣義地說，蘇格拉底也「喚醒」和他談話的人，有時候是違背他們的意願）。

這是個古老而且很普遍的象徵。戰勝睡眠並且保持清醒是相當典型的入會禮考驗。在某些澳洲部落，接受入會禮的新人必須三天不睡覺，或者在黎明前不能就寢㉟。我們已經見到著名的英雄吉加美士（Gilgamesh）不幸的失敗：他無法保持清醒，於是就失去永生的機會（見第 23 節）。在類似奧斐斯和攸里狄克（Eurydice）的北美神話裡，有個男人下地獄找到他去世的妻子。冥王答應他，只要他整夜保持清醒，就可以把妻子帶回人間。但是有兩次（爲了不要太累，甚至在白天睡覺），這個男人都無法保 (365) 持清醒撐到天亮㊱。「不昏睡」顯然不只是克服身體的疲勞；更重要的是要展現靈性的力量。要完全保持意識「清醒」意味著臨到靈性的世界。耶穌不斷告訴門徒要「警醒」（見〈馬太福音〉24:42）。在客西馬尼之夜，由於門徒無法和耶穌一起「保持清醒」而釀成了悲劇。

諾斯替文學也從「酒醉」的觀點來表現「無知」和「昏睡」。次經〈眞理福音〉比較了「要擁有知識之人」和「正要喝醉的人，離開他的醉酒狀態，（以及）返回他自身，安排妥當他的所有物」㊲。「甦醒」隱含

㉝ Jonas, *Gnostic Religion*, p. 70. 。在另一篇文章中，金薩提到亞當如何「從睡眠中醒來，雙眼望向發光之處。」（Jonas, p. 74）

㉞ 見 J. Doresee, *Les Livres secrets des gnostiques d'Egypte*, vol. 1. p. 227. 。「我在夜的永恆中被這道聲音喚醒，」希波克里圖斯所保存的殘簡開頭如是説（Refut. 5. 14. 1）。

㉟ Eliade, *Naissances mystiques*, pp. 14-15.

㊱ Eliade, *Le Chamanisme*, pp. 311-12.

㊲ 〈眞理福音〉22:18-20；見 James M. Robinson, *The Nag Hamadi Library*, p.40（tr. George W. MacRae）。

著回憶，對靈魂眞實眞分的重新探索，也就是認出靈魂在天上的起源。
「醒來，光輝的靈魂，從那使你沉淪的酒醉和昏睡裡醒來，」摩尼派的文
獻說。「跟著我來到這高貴之地，這是你原來居住之地」。在曼底安派
（Mandaean）的傳統裡，天上的使者在亞當從沉睡中醒來時對他說：「不
要昏沉或入睡，不要忘記主的指示。」㊳

　　總之，這些意象，無知、遺忘、囚禁、睡眠、醉酒，在諾斯替的教義
裡，大部分已成爲靈性死亡的隱喻。靈知給予眞實的生命，也就是解脫和
永生。

231. 殉道的聖靈

　　西元 216 年 4 月 14 日，摩尼在巴比倫的塞流卡斯和泰西封（Seleucia-
Ctesiphon）地區出生。根據傳說，有三天時間，他的父親帕蒂克（Patek）
聽見有個聲音叫他不要吃魚、不要喝酒、而且要禁女色。帕蒂克很害怕，
於是加入諾斯替的浸禮派，也就是艾卻斯提教派（Elchasaites）㊴。小孩天
(366) 生有殘疾。當他四歲時，他的父親帶著他一起生活，要在艾卻斯提團契裡
撫養他。二十多年（西元 219/220-240 年）過去，摩尼長大成人，並且在
充滿猶太基督教信仰的環境裡接受教育。因此我們不能忽略基督教元素在
摩尼教思想裡的重要性。然而摩尼的宗教使命的表現，卻和基督宗教的神
學、末世論以及儀式互相對立。摩尼得到的兩個天啓，分別是在 12 歲和
24 歲。這些天啓揭示他的使命，使他覺得必須和艾卻斯提教派決裂。摩尼
自己告訴我們這些天啓的內容。天使譯⑨捎來「大明尊」（摩尼教至高至

㊳　Jonas, *Gnostic Religion*, pp. 83-84; Puech, *En quete*, vol. 2, pp. 210-11; Eliade, *Aspects
du mythe*, pp. 127 sq..

㊴　猶太基督教的異端教派，西元 100 年由 Elchai 在帕提安王朝建立。

譯⑨：這個天使稱爲「推茵（Twin）」，意爲知己的天使。據說他傳授給摩尼一種新的
　　教義，但又認爲摩尼年紀尙幼，仍需要暫時留在原來的教派裡。」（林悟殊，
　　《摩尼教及其東漸》，民 86，頁 20）

善的神）的訊息。第一個訊息要他放棄他父親的團體。12 年之後，在西元
240 年，第二個訊息要他趕快行動：「現在就是你傳播新教義的時候。」⑩

我們不知道，這個孱弱的年輕人在成為新的宗教的堅強使徒期間經歷 (367)
過什麼靈性痛苦。我們也不知道是什麼原因使他決定到印度作第一次的使
徒之旅，這場旅行大約是從西元 240/241 年到 242/243 年初⑪。無論如何，
摩尼和某些印度宗教領袖的接觸，對於兩者都有其影響。新王沙普爾一世
（Shapur I）傳喚他到波斯，於是他旅行到巴拉帕（Balapat; Gundev Sha-
pur），也就是薩珊王朝的首都。沙普爾對這位先知及其使命印象深刻，允
許他在整個帝國傳教。這等於是官方承認這個新的宗教，西元 242 年 3 月
21 日（或根據不同的曆法，為西元 243 年 4 月 9 日）這天就成為他們的宗
教節日。

關於摩尼在沙普爾統治期間（西元 242-273 年）的經歷，我們的資料
很少。可以說我們對於這位先知的生平幾乎一無所知，除了他年輕的時候
（兩個天啟、沙普爾的「改宗」）以及晚年（失勢和過世）之外。可以確
定的是，他和國王的關係良好，並且在伊朗帝國各地旅行佈道，遠及其東
方邊界。他也派出許多傳教士在國內和國外地區（埃及、大夏等）。

西元 272 年 4 月，沙普爾過世，他的兒子霍爾密茲（Hormizd）繼位。
摩尼趕忙去見他。從新國王那裡他得到新的保護狀，包括到巴比倫去的許
可證。但是霍爾密茲在一年後就過世，由他的兄弟瓦拉姆一世（Bahram I）
執政。在國王召見下，摩尼在他的「最高的領牧之旅」之後抵達巴拉帕，
「使徒向他的年輕人以及他所建立的教會告別。」⑫

---

⑩　Fihrist, p. 50, trd., H. C. Puech, *Le Manichéisme*, p.43。從摩尼教派的傳統看來，先
　　知離開這個浸禮派是出於他自己的自由意志。然而，更可能他是被教內高層人士
　　趕走的。

⑪　那是對摩尼教派初始的宣道感到不安而要避免政府的某種措施？還是要學習佛教
　　的信仰，或反之，是要追隨使徒多瑪斯的足跡，並透過他的佈道而獲得已經在這
　　個國家所建立起來的基督教社群？

⑫　Puech, *Le Manichéisme*, p.50。根據傳統，摩尼對他的同伴說：「看著我，盡情欣
　　賞，我的孩子們，因為我的身體將會離開你們。」（François Decret, *Mani et la
　　tradition manichéenne*, p.67）

事實上，他剛到達，祆教的領袖，頑固的祭司（mobēd）卡爾泰（Karter）就控告他：這個瑪茲達宗教的基本教義派，批評說摩尼的教義會導致國王的臣民們遺棄官方的宗教。摩尼和國王的談話針鋒相對。當摩尼說他是奉神的差使時，瓦拉姆脫口說：「爲什麼是你而不是我們得到這個天啓，誰是這個國的主人？」摩尼只能回答說：「這全然是神的意旨。」[43]判刑之後，他被鍊子拴住，關進牢裡。這些鍊子（他的雙手和雙腳各三條鍊子，頸部還有一條）讓他動彈不得，其重量（約20公斤）則引起無比的痛楚。這場受難（摩尼教派用基督教的語言「釘十字架」來表示）持續了26天[44]。不過，這位先知還是能夠接受教友的探望，傳說裡有些發人深省

(368) 的情節，雖然經過修飾。摩尼卒於西元272年2月26日，享年60歲。他的屍體被砍成碎片。他的頭被吊在城門上展示；其餘則丟到狗群裡。

先知死後，瓦拉姆立刻下令對這個宗教進行無情的鎮壓。摩尼派教會似乎就要永遠消失。然而幾世紀以來它還是持續進展，傳到西方世界的伊比利安半島以及東方的中國。

232. 摩尼教派的靈知

摩尼教可以說是某種靈知，也是前述廣義的諾斯替思潮的一部分。但是不同於其他教派的創建者，摩尼致力於創造普世的宗教，所有人都可以進入，並不侷限在祕傳的教義。他承認某些古老宗教的價值，不過認爲他們並不完整。另一方面，他宣告他的教會整合了所有宗教經典和智慧的精華：「正如小河流匯聚成大川，我的經典裡也加入了古老經書；它們所形

---

[43] Puech, p.51; cf. Decret,l p.68.

[44] 在某次動人的禱告中，摩尼祈求他的神：「我已經看見通往高處之子的道路。我已經執行您的命令，因此我被差派到這個世界。現在讓我與解救的平安再次合一，如此一來，我不會再見到敵人的面孔，也不會再聽見他們充滿力量的聲音。這一次，賜給我偉大的勝利冠冕。」（F. C. Andreas, *Mitteliranische Manichaica aus Chinesisch-Turkestan*, III, p. 863）。

成的此種偉大的智慧，並不存在於先前世代裡。」（《克弗來亞》
〔*Kephalaia*〕154，見 Puech, *Le Manicheisme*, p.69）摩尼賦予耶穌很重要
的角色，並吸收「聖靈」（Paraclete）的觀念；他襲取印度的輪迴理論；
最重要的是，他回到伊朗的中心觀念，也就是光明和黑暗的二元論以及末
世論的神話。宗教融合是這段時期的特色。在摩尼的例子，這也是策略的
需要。他想把教會擴展到整個波斯帝國，所以他必須使用東方和西方地區
都熟悉的宗教語言。然而，儘管有這些看似異質的元素，摩尼教還是有其
堅固的內在統一性和原創性。

　　就像佛教和基督宗教這些世界宗教，摩尼教也有必要成為傳道的宗
教。在摩尼看來，傳教者必須「在世界無盡漫遊，宣講教義並以真理來引
導人們。」⑤而正如當時的時代精神，摩尼教也是「聖典的宗教」。為了 (369)
要避免那曾經使瑣羅亞斯德宗教、佛教和基督教搖搖欲墜的論爭和異端，
摩尼自己創作了七部聖典。除了第一部《娑布羅乾》（*Shabuhragan*）以中
期的波斯文創作外，其餘是以敘利亞文或是東部的亞拉美文完成的。如此
卷帙浩繁的作品，保留下來的卻相當少，而且只是翻譯的作品；不過我們
從這些斷簡殘篇裡歸結出的各種語言（粟特語〔Sogdian〕、科普特語
〔Coptic〕、土耳其語、中文等等），正意味著摩尼教派傳教的空前成功。

　　如同所有的靈知或數論瑜伽和佛教的論點，解脫之道是從對人類狀態
的仔細分析開始。人活在世界裡，就會有肉體的存在，所以人類受苦，也
就是說，他是惡魔的獵物。要得到解脫，唯有透過靈知，這唯一的真知，
就是解脫的知識。根據諾斯替的教義，受邪惡支配的宇宙，不會是善良且
超越的神的作品，而是他的敵手所為。所以這個世界的存在即意味著有個
更早的、前宇宙的狀態，正如人類的苦難和墮落意味著存在至福的源初世
界。摩尼教的教義本質可以歸結為兩個原理：即所謂「二宗三際論」⑥。

---

⑤　al-Bîrûni, *Chronology*, p. 190; Puech, p. 64.

⑥　Pelliot（Ja 1913, pp.110 sq.）（譯自吐魯番的文獻）。凡入教者，必須要通曉有兩
　　個不同的原理，即光明和黑暗，以及三個時間：初時，當時世界尚未成形而且光
　　明和黑暗是分開的；中期在黑暗攻擊光明的國度之後；以及後期，那時兩原理將

369

現在這兩個原理也成為《神歌》時期之後的伊朗宗教的基礎。因此我們可以說，摩尼教是伊朗在宗教融合時期類似諾斯替主義的表現。摩尼重新詮釋伊朗的傳統概念，而他也把不同起源的元素（印度、猶太基督教以及諾斯替教派）整合到他的體系裡。

(370) 　　對信徒而言，摩尼教不只提供他們解脫的倫理和方法，更重要的是，也告訴他們完全且絕對的知識。解脫是靈知的必然結果。「認識」就等於回憶：摩尼教者承認自己是光明的粒子，因此就是神性的粒子，因為神和靈魂之間是同性同體（consubstantialité）。無知是靈魂和身體、精神和物質雜處的結果（這個概念從西元前五世紀開始就主導著印度和其他地區）。不過對摩尼而言，正如所有諾斯替教師，解脫的靈知也包含著宇宙的神祕的（或說被遺忘的）歷史。人類認識到宇宙的起源、人類受造的原因、黑暗魔王的伎倆以及大明尊的對治之道，因而得到解脫。這種對於宇宙現象（特別是月亮的陰晴圓缺）的「科學解釋」，使同時代的人印象深刻。而事實上，在摩尼重要的宇宙創造論和末世論神話裡，自然和生命扮演著重要的角色：靈魂的劇本就反映在宇宙生命的結構和命運裡。

233. 偉大的神話：聖靈的墮落和救贖

　　太初的時候，也就是「初際」，有兩種「本性」或「實體」，光明和晦暗、善與惡、上帝和物質，彼此涇渭分明。統治北方的是光明王國的大明尊（類似基督教的天父以及伊朗的祖文），南方則是黑暗王國（阿里曼或是基督教裡的魔鬼）。但是物質的「失序行動」驅使黑暗王國侵略光明

再度分開。（譯者按：《摩尼光佛教法儀略》：「初辨二宗：求出家者，須知明暗各宗，性情懸隔；若不辨識，何以修為？次明三際：一、初 際。二、中 際。三、後際。初際者，未有天地，但殊明暗；明性智慧，暗性愚癡；諸所動靜，無不相背。中際者，暗既侵明，姿情馳逐；明來入暗，委質推移。大患厭離於形體，火宅願求於出離。勞身救性，聖教固然。即妄為真，孰敢聞命？事須辨析，求解脫緣。後際者，教化事畢，真妄歸根；明既歸於大明，暗亦歸於積暗。二宗各復，兩者交歸。」）

王國。魔王見到光明的閃爍，而興起征服光明的欲望。接著大明尊就決定
驅逐這個敵人。他「召喚」（從他自身投射出來）生命母譯⑩，生出初人
（伊朗的奧瑪茲）。他又召喚「五明子」（以他們作爲自己的盔甲）下降
到邊界。他的挑戰黑暗慘遭失敗，他的兒子們則被衆暗魔（Archontes）吞
掉。這場戰爭代表宇宙「混合狀態」的開始，卻也是保證上帝的最後勝
利。因爲黑暗（物質）如今擁有部分的光明（聖靈），而大明尊準備佈署 (371)
征服黑暗的戰爭。

　　在第二次創造中，大明尊「召喚」生命之靈，他們下降到黑暗國度，
抓住初人的手⑰並且把他帶到天上的家鄉「光明王國」。然後回到戰場擒
服暗魔，以他們的皮作成「十天」，以骨頭堆成高山，用他們的肉和排泄
物造出「八地」。（這個神話很類似提阿馬特、耶米、原人或怪物的犧
牲，可以看出這是古老的創世神話。）他們也從戰死的暗魔身上擠出部分
光明的粒子來創造日月，以部分受到黑暗污染的粒子創造星辰，完成第一
次的光明的救贖。

　　最後，大明尊又進行第三次召喚，流出第三使者。這個使者把宇宙架
構成機器，以聚集仍受囚禁的光明粒子（最後則解救他們），在這個月的
前兩個星期，粒子升向月亮，因此成爲滿月；在後兩個星期，光明從月亮
轉到太陽去，最後到達天國。不過仍然有些粒子被魔鬼吞噬。第三使者化
身爲裸女出現在男性魔鬼面前，但是女性魔鬼見到的卻是英俊的裸男（把
天使的雌雄同體解釋爲邪惡的、「魔鬼」的化身）。男性魔鬼和暗魔欲火
中燒，於是射出精液，其中包括他們所吞噬的光明粒子。他們的精液落到
地上，就產生所有植物。至於懷孕的女性魔鬼，見到英俊的年輕人就流產
了，掉到地面後，成爲和五類魔有關的五種植物，其中也包含了光明粒
子。

　　化身爲貪欲的物質（魔王）對於第三使者的戰略感到驚慌，便決定要
在受囚禁的光明粒子周圍打造更強固的監牢。他唆使一男一女的魔鬼吞食

⑰　拍手將成爲摩尼教派最出衆的儀式。
譯⑩：漢文摩尼經稱爲「善母」。

所有流產的嬰兒以吸取其中的光明，然後要他們交合，生下了亞當和夏娃。如畢舒（Henri-Charles Puech）所說：

(372)　　所以我們的物種與生俱來就帶有令人厭惡的食人和性交行為。他們保有這種惡魔起源的痕跡：身體是暗魔的形象；原欲、慾望驅使人類交配然後繁殖自己，亦即，按照物質的計劃，把在身體之間傳遞的光明靈魂無限地囚禁起來（Le Manichéisme, p.81）。

但是因為光明最大的特質都集中在亞當身上，他和他的後裔於是成為救贖的主要對象。末世論的場景於是不斷重複：正如生命之靈拯救初人，喚醒墮落且昏瞶的亞當的，就是救世主（神子），相當於奧瑪茲或是「耶穌，這光」。他是救世智慧的化身（「睿智的神」、「睿智」〔Nous〕），他要來拯救他陷於亞當裡的靈魂，這靈魂迷失在黑暗裡（Puech, p.82）。如同其他諾斯替的體系，解脫也有三個階段：甦醒、救贖知識的啟示、回憶。「亞當反省自己並且認識自己」；「聖潔的靈魂再次成為智者而復活。」[48]

這個救贖的場景便成為現在和未來所有透過靈知的救贖模式。到世界末日的時候，聖靈之光，會「喚醒」並且最後拯救囚禁在世界、人類和動物身體以及植物裡的部分光明。尤其是樹木，其中含有大量的聖靈，作為受苦的耶穌（Jesus Patibilis）的絞刑台。摩尼教派的浮士德（Faustus）說：「耶穌懸掛在每棵樹上，是人類的生命和救恩。」[49]這個世界的延續承載著歷史的耶穌的釘十字架和苦難。光明粒子，死者的聖靈，是透過月亮和太陽這些「容器」而運送到天堂。然而，另一方面，最後的救贖則受到延誤，因為那些人不遵循摩尼所指示之路，也就是說，他們不停地繁

(373)殖。因為光明是禁錮在精液裡，所以每個出生的嬰孩都只是延長神性粒子的囚禁時間。

在描述「後際」時，也就是末世論的終場，摩尼有時從西亞和希臘化

---

[48]　Theodore bar Konai, in F. Cumont, *Recherches sur le Manichéisme*, I, p.47; *Turfan fragment* S 9, p.82.

[49]　這段話是聖奧古斯丁所記述，見 *Contra Faustum* 20.2。

世界借用類似的天啓意象。劇情以許多殘酷的試煉（摩尼派稱爲「大
戰」）作爲開場，最後「正義的教會」和最後的審判會得勝，那時候，靈
魂要在基督的法庭（bema）前接受審判。之後支撐世界的神以及所有善的
化身都將上升到天國。這個世界被大火焚燒和滌淨 1486 年之後毀滅譯⑪。
最後的光明粒子會聚集在「雕像」裡，然後升到天上⑳。物質和所有的化
身、惡魔、犧牲者、受詛咒者，將被封在「球體」（bolos）裡而且投入大
坑底，坑口並用石頭封住。這次，兩種實體的分離是無限期的，因爲黑暗
絕不會再侵入光明國度。

234. 作爲「恐怖的奧祕」的絕對二元論

這個浮誇的神話顯然包含伊朗的宗教和希臘化時期的靈知的重要主
題。摩尼生硬地細說造成人類沒落的原因，追溯聖靈的墮落和囚禁在物質
裡的各種插曲。舉例來說，和印度的靈知（數論瑜伽、佛教）的言簡意賅
甚至靜默相比，摩尼派的神學、宇宙創造論和人類起源論似乎要回答任何
關於「起源」的問題。我們可以理解，爲什麼摩尼教認爲他們的教義比其
他宗教更加眞實，也就是說更「科學」：那是因爲他們用因果關係來解釋
全體的實在界。的確，摩尼教和古代或現代的科學唯物論之間有某種相似
性：對他們來說，世界、生命和人類都是意外發生的結果。甚至兩個原理 (371)
（二宗）之間的衝突都是因爲某個意外事件：黑暗之王碰巧靠近光明之
王，是因爲利科波利斯的亞歷山大（Alexander of Lycopolis）所稱的物質的
「失序運動」。而我們知道，所有的「創造」，從世界到人類的出現，都
只是故事主角的防衛行動。

---

⑳　然而，根據某些摩尼教派，並非所有光明粒子都能獲救；換言之，有些靈魂將永
　　遠成爲物質的囚犯。

譯⑪：《群書類述》：「在所有太陽和月亮所能提煉的光明分子都從地上吸收走後，
　　　地球本身降被置於火裡，它將燃燒到所有天上的物質都從其身上提煉出來爲
　　　止。這場最後的大火將持續一千四百六十八年。」

很少有無宇宙論的哲學或靈知成爲像摩尼教如此悲劇性的悲觀主義。這個世界是以魔鬼的身體所創造（雖然是由天神完成宇宙創造的行動）。而人類是魔鬼最可憎的化身的產物。還有什麼人類起源的神話會比這個故事更不幸且卑微的（在這裡我們也看到當代科學的類比；例如，佛洛伊德認爲食人的習俗和亂倫只是助長人類的本性）。

人類的存在和宇宙生命一樣，對神來說都是失敗的恥辱。其實，如果初人當時獲勝，那麼就不會有宇宙、生命和人類的存在。宇宙創造可以說是神要拯救他自己的絕望表現，正如人的創造是物質要囚禁光明粒子的絕望舉動。儘管其起源並不光彩，人類還是成爲故事的重心和支柱，因爲他身上有聖靈的粒子[51]。不過其中有個誤解，因爲神所感興趣的不是人類而是靈魂，靈魂有神性的起源並且先於人類出現。總之，神要拯救的其實是他自己；其實我們談的是個「被拯救的救主」。再者，那是神唯一有所行動的時刻，因爲通常主動去造作的都是黑暗之王。這是摩尼教文學如此動人的原因，尤其是描述靈魂墮落和苦難的詩歌。摩尼派有某些詩篇相當美麗，「受苦的耶穌」的形象是表現人類信仰最動人的作品。

(375) 由於身體有魔鬼的本質，摩尼規定至少「候選者」[52]要遵守最嚴格的禁慾主義，同時禁止自殺。當人們接受兩個原理以及邪惡的原始戰爭這個前提，這整個體系似乎就穩固建立起來。人們無法也不必從宗教去解釋誰是神的敵人：那無非是自然、生命和人類的存在。「眞正的宗教」在於脫離魔鬼建立的囚牢，並且要促成這個世界、生命和人類的最終毀滅。透過靈知的「啓示」可以作爲救贖的工具，因爲這使信徒厭離世界。除了少數象徵的表現（和平之吻、親切的問候、拍手）以及禱告和讚歌之外，儀式沒有任何用處。主要的節日貝瑪（Bema），雖然是紀念摩尼的受難，也是在榮耀這位使徒的「高座」（bema），也就是救贖的靈知的教義。

---

[51] 弔詭的是，這種神性成份是在精液裡。摩尼採納了和古代印度伊朗地區對精神、光及男性精液的對應觀念。

[52] 和其他諾斯替教派一樣，摩尼教將信徒分爲較低階級、聽者或慕道者，以及菁英階級（候選者）。

其實，傳道和「教義」構成摩尼教派的眞正宗教活動。在西元三世紀、尤其四世紀時，傳道者遍佈整個歐洲以及北非和小亞細亞。西元五世紀有些衰退，到了第六世紀，摩尼教在歐洲似乎銷聲匿跡，雖然在某些核心地區得以倖存下來（例如第八世紀時的非洲）。此外，第五世紀時，它在薩珊王朝鼓吹瑪茲達克（Mazdak）運動譯⑫，有可能第七世紀在亞美尼亞的保羅派（Paulicians）譯⑬以及第十世紀保加利亞的鮑格米勒派（Bogomilism）譯⑭也接受摩尼教派的某些要旨（見卷三）。另一方面，自第七世紀末開始，有一股強大的力量使摩尼教傳到中亞和中國，在這些地區存續到 14 世紀㊿。必須附帶一提的是，摩尼教派對宇宙的觀念對於印度和西藏都有直接或間接的影響（見卷三第三十六章）。而歐洲的宗教始終有某種「摩尼教的傾向」。

摩尼教在傳教的成功並不能使我們忽略某個事實，那就是基督徒認爲 (376) 摩尼教是異端，並且受到多方的抨擊，包括祆教、猶太人、穆斯林、曼底安教派以及諸如普羅丁（Plotinus）的哲學家。

㊿　西元 763 年烏戈爾人（Ugrians）的可汗（qaghan）改宗，而摩尼教便成爲整個烏戈爾王朝的國家宗敎，直到西元 840 年遭柯爾克孜族（Kirghiz）滅亡爲止。在中國，摩尼敎派的「聖殿」在第七世紀建立，而「明敎」仍然活躍在道敎和佛敎的邊緣，直到 14 世紀爲止（Puech, *Le Manichéisme*, pp.64-67 and n. 257）。

譯⑫：瑪茲達克（Mazdak, ?-528/529），瑣羅亞斯德宗敎異端派別和改革派瑪茲達克派領袖。在泰西翁號召人民推翻不義的社會制度，鼓吹人民武裝反抗，後來遭到殺害。

譯⑬：保羅派，古代基督敎的異端敎派。五世紀流傳於亞美尼亞和小亞細亞，敎義接近摩尼敎。以撒摩沙塔的保羅爲領袖。反對正統敎會的敎階制度、隱修主義和聖像崇拜，承認二元論。認爲世界和肉體來自惡魔，要以清潔的神祕儀式來得到解救。

譯⑭：中世紀保加利亞的基督敎異端敎派。保加利亞語的 Bogomili 意爲「愛上帝者」。流行於 10-15 世紀。認爲上帝生二子，耶穌基督和撒旦。耶穌他不是眞人，而有人的幻影。上帝和撒旦經常鬥爭。反對敎會的封建制度和剝削，主張廢除敎階制度、禮拜儀式和洗禮。

世界宗教理念史 卷三一

第三十章
諸神的黃昏

235. 異端與正統

(377) 　　第一個系統神學的出現，是西元二世紀期間撼動教會的危機所造成的結果。這段期間的神父們逐漸發展正統教義，諾斯替教派則被批評爲「異端」，尤其是他們反世界的二元論，並且拒絕耶穌基督的道成肉身、死亡和復活。基本上，正統性是在於忠於《舊約》的神學。諾斯替派之所以被視爲最嚴重的異端，顯然是因爲他們拒絕接受（無論是全部或部分）希伯來思想的原理。事實上，諾斯替主義的觀念（靈魂已先存在於原始唯一的神的心裡、世界創造的偶然性、靈魂墮落到物質裡），牴觸了聖經的神學、宇宙創造論和人類學。一個人不可能自稱基督徒卻不接受《舊約》裡關於世界起源和人類本性的教義：神透過創造物質來展開宇宙創造的工作，並且以造物主的形象創造有肉體、有性慾的、自由的人類，以完成創世的工作。換言之，人類是由大能的神所造。「歷史」有其時間性的範圍，人類在這期間學習去利用他的自由，使自己成聖；總之，就是作爲神

(378) 的學徒①。因爲創世的終點是神聖化的人性。這說明了時間性和歷史的重要性，以及人類自由的決定性角色。因爲人類不可能讓神棄他不顧。

　　基督宗教採用了這些概念。聖保羅讚美基督所說的新生：「若有人在基督裡，他就是新造的人。」（〈哥林多後書〉5:17）是否接受割禮並不重要；「要緊的是……成爲新造的人。」（〈加拉太書 6:15）「藉著自己造成一個新人。」（〈以弗所書〉2:15）如泰斯孟坦（Claude Tresmon-tant）所述：

　　從這個來看，問題並不在於回到我們過去的源始狀態，如諾斯替教派神話所主張的，正好相反的，要緊的是往前進，義無反顧地邁向即將來臨和成就的創世。基督宗教不是回歸的教義，如諾斯替主義或新柏拉圖主

---

① 我們採用希伯來思想闡述者 Claude Tresmontant 的精闢詮釋；見氏著 *La métaphysique du christianisme*, pp. 53 sq.; *Essai sur la pensée hébraïque*, ch. 1-2。

義，而是創世的教義②。

弔詭的是，儘管基督的復臨遙遙無期，而且宗教迫害層出不窮，基督宗教還是表現爲樂觀的宗教。和諾斯替教派對立的神學，讚美世界的創造、祝福生命、接受歷史，即使歷史充滿憂患。正如約翰嫩・本・撒該在亞布內的學校以延續猶太教的命脈，基督教會對未來也充滿著希望和信心。誠然，我們會看到，教會也接納某些拒絕生命的態度（禁欲主義、隱修生活、鼓勵純潔），而且某些教會有時還讚美這些思想。然而，在那個被絕望所主宰的時代，哲學家們幾乎像諾斯替教派一樣的反世界主義和悲觀主義③，教會的神學和儀式就顯得平衡多了。

對神父們而言，正統有賴於使徒的傳承：使徒們直接領受基督的訓義，並且傳給主教和他們的接班人④。至於異端的起因，依雷內和希波克 (379)
里圖斯認爲是希臘哲學敗壞了聖經。

華特・包爾（Walter Bauer）在 1943 年⑤批評這個說法。這位德國學者特別提到，正統和異端的明顯對立是相當晚期的事，大約在第二世紀初。原始的基督宗教相當複雜，採用了各種不同的表現方式。事實上，最早的基督教形式還比較接近後來所謂的異端。包爾的結論指出，在最初兩

----

② *La métaphysique du christianisme*, p. 71.。重要的是，一般而言，教父們採用正統猶太教的原則而忽略猶太教類似諾斯替的思辨。

③ 有個時常被歷史學家們所忽略的弔詭應牢記在心：最重要的諾斯替教師們，如馬吉安和某些古典作家（Epictetus, Plutarch），他們的悲劇和悲觀的哲學是在承平時期（Antonines 的「黃金時代」）構成的：見 E. R. Dodds, *Pagan and Christian in an Age of Anxiety*, p.4。

④ 異端人士也聲稱自己是 12 使徒的後裔（例如，巴西里德斯聲稱自己是詮釋彼得者的後裔，因而也是彼得的後裔），但是教父們拒絕這些想要繼承的人士，認爲他們的說法神祕並且缺乏事實根據。如依雷內所說（Adv. Haer. 3.4.3），「早在瓦倫丁之前，那些追隨他的人並不存在；正如在馬吉安之前，馬吉安的後裔並不存在。」

⑤ *Rechtglaubigkeit und Ketzerei im ältesten Christentum* (1964)(= *Orthodoxy and Heresy in Earliest Christianity*, 1971); A. Benoit, *Le Judaïsme et le Christianisme antique*, pp. 297 sq..

個世紀裡，三個偉大的基督教中心：伊得薩（Edessa）、亞歷山卓以及小亞細亞，都是信奉異端的地區；正統教派是後來才傳入的。起初只有羅馬才堅持正統教義。因此，正統教義在古代的勝利就等同於羅馬基督宗教的勝利。「因此，在原始基督宗教裡，有許多游移的形式，以及許多互相對立的潮流，羅馬成功地確立特定的形式，採用「正統」這個名稱並且取代其他後來被稱爲異端的對立勢力。」⑥

然而，如本諾瓦（André Benoit）所說的，包爾完全是用歷史的角度來解釋，並沒有將正統和異端的教義內容考慮進去。我們要感謝特納（H. E. Turner），他對於這兩個對立的立場作了神學的分析⑦。特納認爲，就如本諾瓦所言，

異端之所以有別於正統，既是因為他們不接受教會所宣示的教義，也是因為他們曲解了基督教信仰的特定內容；總之，他們的表現偏離了傳統的信仰（Benoit, p.303）。

正統是一致且衡平的思想體系，然而異端，由於逐漸脫離原始的教義基礎並且採用稀釋、刪改和仿古等作法，於是表現出片斷且不完整的體系，結果就是不一致（ibid., p.306）。

(380)　　從基督教思想史的觀點來看，

正統的勝利就是一致性勝過不一致性、確定的邏輯勝過天馬行空的陳述、以科學方法闡述的神學勝過雜亂無章的教義⋯⋯。正統似乎和法律制度、以及有其歷史和政策的社會有關。不過它似乎也和某種思想體系和教義有關。正統既是法律制度，也是神學（ibid., p.307）。

總之，正統的界定有幾個標準：一、忠於《舊約》以及有文獻可徵的使徒傳說；二、拒絕過度的神話想像；三、非常重視系統的思考（尤其重視希臘哲學）；四、強調社會和政治制度，也就是重法的思想，那是羅馬人的特色。上述每個元素都促成了重要的神學思想，而且多少也助長了教會的勝利。然而，在基督教歷史中有某個時期，這些元素也都加速危機的

⑥　Benoit, ibid., p. 300.
⑦　E. H. W. Turner, *The Pattern of the Christian*; Benoit, pp. 302 sq.。

出現，往往非常嚴重，而有助於原始傳統的改進。

236. 十字架和生命之樹

　　因爲反諾斯替教派的論戰，祕教的教義和基督教的靈知傳統在教會幾乎全面被壓制（後來，教會對於神祕經驗也有類似的猜疑；見卷三）。這或許是基督宗教爲捍衛教會的統一所付出的最高代價。因此，基督教的靈知和祕密教義只得偃旗息鼓，在官方制度的邊緣苟延殘喘。某些祕教傳統（主要是以天啓和次經方式保留下來）後來在民間大爲流行，不過和源自異端的諾斯替體系（尤其是摩尼主義）的神話和傳說有關。

　　我們不想贅述原始教會的困境，例如關於逾越節問題的爭議（接近西元二世紀末）或是教義的問題（例如受洗之後寬恕信徒的重罪的問題）。　(381)

　　對於一般的宗教史而言，更嚴肅且更重要的問題，在於基督論的教條所導致的爭議和危機，我們稍後會談到這點。現在，我們可以區分出兩個趨勢，他們在融合基督教之前的宗教傳承的過程裡，以及爲基督教義找尋世界性向度的各種努力上，都扮演重要的角色。第一個（也是較早的）趨勢是在於同化和重新詮釋聖經起源的象徵和神話場景，無論這起源是在東方或是異教徒的世界。第二個趨勢，則主要是透過西元三世紀以降的神學論述，透過希臘哲學，特別是新柏拉圖主義的形上學，使基督宗教普世化。

　　聖保羅爲洗禮的聖事挹注了在結構上很古老的象徵：在基督的新生裡的儀式性死亡和復活。最早的神學家們細說這個場景：洗禮是爲了和海怪打鬥而潛入深淵；其原型就是基督的降生約旦。根據儒斯丁（Justin）的說法，基督這位新諾亞從深淵裡勝利地升起，成爲新民族的領袖。洗禮的裸身也有其儀式和形上學的意義：意味著放棄腐朽的衣服以及亞當在墮落之後籠罩著的原罪。如今這些主題也出現在別處：「死亡深淵」是古代東方、亞洲以及大洋洲神話的主要特點。儀式的裸體相當於完整和豐盈：「天堂」蘊含著「衣服」的消失，也就是不再有「穿著和撕裂」（時間的

原型意象）。和海怪的對決是英雄的入會禮考驗。的確，對基督徒來說，洗禮是某種聖事，因為那是基督所規定的。但是，儘管如此，洗禮也是重複入會禮考驗（和怪獸搏鬥）、象徵性的死亡和復活（新人的誕生）⑧。

(382)　　此外，根據聖保羅的說法，人透過洗禮得到對立的和解：「自主的與為奴的，男人和女人……不再有分別。」（〈加拉太書〉3:28）換言之，受洗後的人會回到原始雌雄同體的狀態。〈多瑪斯福音〉清楚表達了這個觀念：「當你使事物裡有男有女，如此一來，男人不再是男人，而女人也不再是女人……那時你將進入神的國。」⑨我們不必再說明，作為人類完美境界之典範的雌雄同體的象徵有多麼古老和普遍。或許是因為諾斯替教派如此強調雌雄同體的象徵，而使得在聖保羅之後，這個象徵就越來越避免提及。不過它在基督宗教史裡並未完全消失⑩。

更有新意的是，基督徒的意象、儀式和神學吸收「宇宙之樹」的象徵。這也是個非常古老且普遍的象徵。用「善惡之樹」作成的十字架，等同於（或取代）宇宙之樹；這棵樹被描述為「頂天立地」，是不死的植物，他「佇立在天地的中心，是宇宙的穩固支柱，」「種在髑髏地（Calvary）的生命之樹。」許多教父的作品和禮儀文獻，都把十字架比喻為梯子、柱子或是山，這是「世界中心」特有的表現方式。這證明了世界中心的意象本身很自然地加在基督教的想像之上。的確，十字架作為善惡之樹和宇宙之樹的意象，是源自聖經的傳統。但是透過十字架（中心）才能夠和天國溝通，同時整個宇宙也才能「得救」。救贖的概念只是承繼且成就以下的觀念：宇宙永恆的更新和再生；世界的多產和神聖性；絕對的實

⑧　Eliade, *Traité d'Histoire des Religions*, §§64, 65; *Images et Symboles*, pp. 199-212.

⑨　Logion 22, trd. Puech。亦見 Logion 106（「當你使二者合而為一，你將成為人子。」）

⑩　Eliade, *Méphistophélès et l'Androgyne*, pp. 129 sq.; Wayne A. Meeks, "The Image of the Androgyne: Some Uses of a Symbol in Earliest Christianity," spéc. pp. 180 sq.。雌雄同體的神話隨伊利基納（Scotus Erigena）而再度出現，波姆（Jacob Boehme）和巴德（Baader）以及德國浪漫主義延續這個神話，在某些當代神學裡也可以看到。

在；最後，還有**不朽**的觀念。所有這些觀念都存在於世界之樹的象徵裡⑪。 (383)

越來越多古代的主題融入十字架苦刑的場景。因為耶穌基督是在世界的中心被釘十字架，那個地方是亞當受造出且埋葬之地，基督的鮮血流進「亞當的頭部」，為他施洗並贖罪⑫。而且因為救世主的血贖了這個原罪，十字架（生命樹）乃成為聖事（以橄欖油、小麥、葡萄為象徵）以及藥草的源頭⑬。基督教作家們所發展的神話主題，尤其是從西元三世紀以降，有其長久且複雜的史前史：從獻祭的神或原始的存有者的血和身體，生長出神奇的植物。不過我們要強調的是，當基督教作家們重新詮釋這些古代的場景和意象時，其實在歐洲的民間宗教裡早已經非常普遍。許多民間的傳說和歌曲都提到，在十字架下或是耶穌墳墓上綻放出花朵和藥草。例如，在羅馬人流行的詩歌裡，從救世主的鮮血長出麥子、聖油和葡萄藤⑭：

而我的身體倒下。

在倒下之處

好麥子正初發。

他猛敲釘子。

我的鮮血湧出，

血染之處

好葡萄酒汩汩流出。

從他身旁流淌著

血與水。

從鮮血與水，到葡萄藤。

從葡萄藤，到水果。

從水果，到葡萄酒；

救世主為基督徒所流的血。

---

⑪　Eliade, *Traité d'Histoire des Religions*, §§99 sq.: *Images et Symboles*, pp. 213 sq..

⑫　*The Book of the Cave of Treasures*, p. 53.

⑬　"La Mandragore et les mythes de la naissance miraculeuse"中的參考資料，pp. 23 sq.。

⑭　"La Mandragore", pp. 24-26.

237. 朝向「宇宙的基督宗教」

　　在卷三後面的某個章節，我們會研究基督教作爲民間宗教的意義以及對於普遍宗教史的旨趣。但是我們必須指出，現在我們所說的基督教福音的「普世化」，是以神話爲工具，並且不斷吸收在基督教之前的宗教遺產。我們首先要記得，大部分的象徵（洗禮、生命之樹、同化爲生命樹的十字架、來自救世主的血的聖物：橄欖油、聖油、葡萄酒和小麥）都是某些象徵的延續和發展，而正統猶太教或是在二約之間的次經裡都曾提到它們。有時是古代的象徵（例如宇宙之樹或生命之樹），可以溯自新石器時代，而且在近東地區自蘇美文化以降就有清楚的意義。

（384）

　　還有些象徵是源自異教徒，也就是在希臘羅馬時期的猶太人借用外邦人的宗教習俗（例如葡萄酒的儀式用途、生命樹在猶太藝術裡的象徵）⑮。基督教作家們使用的神話意象、角色和主題（後來成爲歐洲民間作品和宗教喜愛的主題），是源自猶太人的次經。總之，基督教的神話想像所採借和發展的主題或場景，是宇宙性的宗教（自然宗教），不過在聖經裡已經有重新詮釋。除了其自身的意義以外，基督教神學和神話想像只是延續自征服迦南地以後開始的歷程（見第 60 節）。

　　以神學的語言去說，許多古代的傳說在融入基督教的場景之後，就得到了「救贖」。我們看到的其實是許多不同且多元形式的宗教世界的同質化現象。在某些神或神話英雄蛻變爲基督教聖人的現象裡，也可見到類似的過程（在古代末期，特別是在中世紀興盛期）。我們會進一步分析聖人崇拜儀式及其遺骸的重要性（卷三第三十二章）。不過我們應該記住這個儀式的影響：異教徒的宗教傳說的「基督教化」（他們因而殘留在基督教

---

⑮　E. Goodenough, *Jewish Symbols in the Greco-Roman Period*, VI, pp. 136 sq.; XII, pp. 123 sq.（葡萄酒的宗教用途）；VII, pp. 87 sq.; XII, pp. 126 sq.（生命樹）。但是猶太教所吸收的異教象徵數量相當多：公牛、獅子、勝利、鷹、貝殼、鳥、船等等；見 Goodenough, XII, pp.132-183（對於 7-11 冊的摘述）。

的經驗和想像的架構裡）也有助於人類世界的文化統一。例如，許多的屠龍英雄和神，從希臘到愛爾蘭、葡萄牙到俄羅斯，都變成同一個聖人：聖喬治。就是這個在所有宗教普世主義的特有使命，也就是走出褊狹的地域主義⑯。如同西元三世紀初，在羅馬帝國各地，我們看到各種獨裁和自治的趨勢，而威脅到羅馬世界的統一性⑰。在城市文明瓦解之後，前基督教宗教傳統的同質化和統一的過程，便注定要扮演重要的角色。 (385)

這個現象之所以重要，是因爲它是民間宗教特有的創造力，而宗教史學家還沒有注意到這點。這種創造力類似於神學家、神祕主義和藝術家的創造力。我們會說「宇宙的基督宗教」，是因爲基督論的奧祕被投射到整個自然上，而基督宗教的歷史元素則被人忽略；相反地，他們更強調世界萬物的儀式性向度。宇宙透過救世主的死亡和復活而得救，以及透過上帝、耶穌、聖母以及聖人的足跡而成聖，這些概念使人想要恢復那個沒有戰爭和憂患的歷史的、充滿德性和美好的世界⑱。

然而，必須附帶一提的是，基督教民間傳說多少也受到異端思想的啓發，而且有時忽略了在神學裡特別重要的神話、教義和場景。聖經的創世論從歐洲民間傳說裡銷聲匿跡，就是個很重要的現象。在東南歐，「民間」僅有的創世論有著二元論的結構：既有神也有魔鬼⑲。在那裡不曾有過這種創世論歐洲傳說裡，則是根本就沒有世界創造的神話⑳。

我們會在卷三册回到歐洲民間傳說裡殘存的角色和場景的問題，這些角色和場景是猶太人、基督徒以及異端的天啓和次經所熟悉的。到了二十世紀都還可以看到這類的古代傳說，這證明他們在鄉村的宗教世界裡有多麼重要。我們舉例而言，源自於蘇美、卻在曼底安教派和摩尼教思想裡經 (386)

⑯　類似的過程也出現在印度（土著神明的形像和儀式的印度化）、中國（尤其是民間的道教）、猶太教（在征服迦南時期以及中世紀）以及伊斯蘭教。

⑰　見 Roger Remondon, *La crise de l'Empire romain*（1970），p. 322。

⑱　關於「宇宙的基督宗教」，見 Eliade, *De Zalmoxis à Gengis-Khan*, ch. VII, spe'c. pp. 241 sq.以及本書卷三。

⑲　這個神話被某些學者認爲和「宇宙潛水」有關。*De Zalmoxis*, ch. III, pp. 81-130。

⑳　在法國更是如此；見 Paul Sebillot, *Folklore de France*(1905), p. 183。

常引用的神話，仍然是羅馬尼亞以及其他東歐民族的死亡神話和葬禮的重要角色。曼底安教派和摩尼教的書寫提到，在七重天的每一重天都有「海關」，也提到在靈魂的天堂之旅裡會有「海關官員」來檢查靈魂的「貨物」（例如靈魂的宗教貢獻及其價值）㉑。羅馬尼亞的宗教民間傳說和葬禮習俗裡，提到穿越七重「大氣層的海關」（vamile vazduhului）的「死亡之路」。

我們也會提到被同化為基督教的神學和神話的伊朗象徵和場景。伊朗的肉體復活的觀念被摻雜了猶太人的傳統。「把復活的身體比喻為天上的長袍，使我們想起瑪茲達宗教的神學裡經常出現的衣著象徵。而義人的身體會發光，這更可以透過波斯的光的宗教去解釋。」㉒耶穌誕生的比喻（星星或光柱在洞穴上方照耀）是承襲自伊朗（帕提亞王朝）世界的統治者和救世主誕生的故事。《雅各第一福音》（18:1 sq.）說當時有眩目的光充滿在伯利恆的洞穴裡；當光明漸漸移開時，聖嬰耶穌就出生了。也就是說，這道光是和耶穌聖體同在，或是他的顯神。

但是《馬太未完成作品》（*Opus imperfectum in Matthaeum*）的佚名作者為這個傳說加入新的元素。他說有 12 位智王住在維多利亞山附近。他們知道賽特（Seth）關於彌賽亞將臨的奧祕啟示，而且每年他們會爬上周圍有溫泉和樹木的洞穴的聖山。他們在那裡對神禱告三天，等待恆星的出現。他終於以小孩的形象出現，小孩叫他們要前往猶大。在恆星指引下，智王們旅行了 12 年。返家後，他們敘述自己的見聞，同時在使徒多馬（Thomas）抵達他們的國家時，請求他為他們施洗㉓。

這個傳說於附會某些暗示性的發展之後，再度出現在敘利亞的作品

(387)

㉑　Geo Widengren, *Mesopotamian Elements in Manicheism*, pp. 82 sq.（"The Customers and the Merchandise"）; R. Murray, *Symbols of Church and Kingdom*, pp. 174 sq., 247 sq..

㉒　J. Duchesne-Guillemin, *La religion de l'Iran ancien*, p. 265.

㉓　Patrologia Graeca, LVII, col. 637-38; Eliade, *Méphistophélès et l'Androgyne*, pp. 61 sq. (bibli.).

《蘇克寧歷代記》（la Chronique du Zuqnīn）。我們由此得知 12 位「智王」是來自於舒耳（Shyr，「Shyz」的訛用，瑣羅亞斯德的出生地）。「維多利亞山」相當於伊朗人的宇宙山（Hara Barzaiti），也就是連接天地的世界之軸（axis mundi）。賽特把關於彌賽亞來臨的預言書埋藏這個「世界的中心」，而恆星也是在這裡宣佈世界統治者和救世主的誕生。根據伊朗的傳說，在聖山上閃耀的聖火（xvarenah）就是救世主（Saoshyant）的預兆，這位救世主神奇地從瑣羅亞斯德的精液裡誕生㉔。

238. 神學的綻放

我們已經提過，在西元二世紀的諾斯替教派危機期間發展的基督教神學，其基本特色是忠於《舊約》。依雷內，這位最早而且也最重要的基督教神學家，把救贖（也就是耶穌基督的道成肉身）詮釋為延續且完成從亞當受造開始卻受墮落所阻的工作。基督總歸亞當的存在軌跡，是為了要救人類脫離罪的影響。亞當是人類墮落的原型，注定要死亡，而基督卻是也是新的人類的創造者和典範，被賜以永生的承諾。依雷內尋找（並且發現）亞當和基督兩者的對立之處：亞當是從處女地受造的，而基督則是處女所生；亞當吃了禁果而違背上帝，但是基督以被釘十字架而順從上帝。

「總歸論」（recapitulation）譯①可以從兩個層次來詮釋，它既要融合整個聖經的啟示，也要論證道成肉身是相同的啟示的完成。最初聖曆的結構，例如禮儀的時間，是延續猶太人的制度；不過總是有基督論的創新。儒斯丁稱星期天為「首日」，直接連接到**復活**以及世界的創造。 (388)

為了強調基督教福音的普世性，他既連結到以色列的神聖歷史（真正普世的歷史），也試著吸收希臘哲學。邏各斯（Logos）的神學（說得更精確些，是其道成肉身的奧祕）使得神學思想拓展到《舊約》的視域無法企

㉔　Méphistophélès et l'Androgyne, pp. 62-64.

譯①：把過去一切天主的啟示總歸到降生基督名下。

及的觀點。不過這個大膽的創新並不是沒有危險。幻影說（Docetism）譯②是最早的異端之一，在起源和結構上都屬於諾斯替教派，強烈拒絕道成肉身的觀念。幻影者（Docetist，源自希臘動詞 dokeo，「似乎、好像」）認爲，救世主不可能接受化爲人身的羞辱以及十字架苦刑。他們認爲，基督長得像人，是因爲他化現爲人的形貌。換言之，受難和死亡的是別人（耶穌或古利奈的西門）。

然而神父們激烈捍衛道成肉身的教義是正確的。從宗教史的觀點來看，道成肉身代表最後也是最完美的顯聖（hierophanie）：神完全化身成爲旣具體而又歷史性的人（也就是在有限而且無法逆轉的歷史時間裡活動），卻不因此受到身體的囚禁（因爲聖子和聖父是同性同體的）。我們甚至可以說，耶穌基督的虛己（kenosis）譯③不只是榮耀自太初以來完成的所有顯聖，而且也爲其稱義，亦即，證明這些顯聖的有效性。接受絕對者有可能化身爲歷史性的人，就是承認神聖者的普世辯證歷程的有效性；這也就是承認，基督教之前的無數世代在宣佈神聖者（也就是神）臨在於萬有以及宇宙律動時，並不是被幻想所矇騙。

(389)邏各斯的道成肉身教義所引起的問題，以更誇張的形式重現在三位一體的神學。誠然，神學的思辨是源自**基督教的經驗**。從教會開始之初，基督徒就知道神有三種形象：一、聖父，在《舊約》裡顯現爲造物主和審判者；二、主耶穌基督、復活的主；三、聖靈，有更新生命的力量並且使神的國實現。但是在四世紀初，亞歷山卓的祭司亞利烏（Arius, 250?-336?）對三位一體提出更爲一致且更哲學性的詮釋。亞利烏並不排斥三位一體，不過他認爲三個神的位格不是同性同體的。他認爲只有聖父是非受造的；聖子和聖靈都是後來由聖父所創造，所以低於他的位格。一方面，亞利烏重申基督即天使的教義，認爲基督就是天使長聖米迦勒（Saint Michael）

譯②：「西元一世紀末到二世紀初的學說。主張耶穌在地上的人性生活，尤其是痛苦和死亡，僅僅是幻象而已。」（《信理神學詞彙》，頁 74）

譯③：虛己（kenosis）或神性放棄，指「耶穌基督降生成人時，捨棄天主的光榮與尊威，而保有其本質和屬性的行爲。」（《信理神學詞彙》，頁 142）

（於二世紀初的羅馬有文獻可徵），另一方面，俄利根的幾篇文章都把聖子視爲次等的神。亞利烏的詮釋甚至受到主教們的支持，不過在西元 325 年的尼西亞會議（Council of Nicaea）卻否決了亞利烏的學說。然而，亞利烏的神學依然有其強大的辯護者，而且辯論持續半個世紀以上㉕。亞他拿修（Athanasius，卒於西元 373 年）敷陳聖父聖子的同性同體（to homoousion）教義，聖奧古斯汀歸結爲：「一體三位」（una substantia- tres personae）。這一切並不只是神學家之間的辯論；「三位一體」也是百姓最關心的教義。因爲如果耶穌基督只是個次等的神，要如何相信他有拯救世界的力量？

三位一體神學所引起的問題從未停止過：自文藝復興以降，理性主義的哲學家們首先宣告「反三位一體論」（antitrinitarianism）（見卷三）。然而，我們還是不得不讚美「三位一體」的神學大膽的創新思想，因爲他們必須要使基督徒拋棄日常經驗和一般邏輯的束縛㉖。

成聖（sanctification）的逐漸增加以及後來的馬利亞崇拜，是民間宗教信仰的主要成果。大約在一世紀末，〈約翰福音〉的時代，教會已經承認馬利亞在宗教的重要性。在十字架上，耶穌對他的母親說：「婦人，看，你的兒子……，」接著對那門徒說，「看，你的母親。」（〈約翰福音〉19:25 sq.）。馬利亞的重要性源於她的母親身分：她是「天主母」（Deipara），「她生了神」。這個名詞首先見於三世紀初；但是當基督一性論者（Monophysites）㉗把這個名詞附會到異端學說時，教會便以更明確的名詞「天主的母親」（Theotokos）取代之。但是這永遠都是個童貞的母親，而且有關馬利亞的終身童貞的教義，在以弗所會議㉘便已宣佈。 (390)

㉕ 亞利烏學說在西元 388 年澈底消失。

㉖ 從這個觀點來看，它可以和龍樹的形上學（見第 189 節）、卡巴拉（Cabala）以及禪師的方法（見卷三）相比。

㉗ 某個異端（第五世紀開始）的信徒認爲，在基督裡，人性和神性是同一個實體（physis）。

㉘ 然而，要到西元 1000 年左右，馬利亞童女懷孕的教義才在西方出現。

我們從這個例子也可以看到，在古代宗教觀念的遞嬗過程裡很普遍的同化和重新詮釋。事實上，馬利亞神學、聖母，取代且完成了古代亞洲和地中海的「單性生殖」概念，大地之母的自我生殖（例如希拉，見第 93 節）。從史前時代以來對女性宗教奧祕的崇拜，在馬利亞的神學裡得到最初且最重要的轉型。在西方基督宗教裡，聖母馬利亞等同於「神的智慧」的形象。反之，在東正教會，除了「天主的母親」的神學以外，他們也發展出「天國的智慧」（Sophia）的教義，在其中綻放出聖靈的女性形象。許多世紀以後，蘇菲亞學（sophianology）對東正教會學者的影響，就像是新多瑪斯主義在復興基督教哲學裡的角色。

239. 在太陽神與「汝可憑此徽號克敵」之間

我們知道，奧理略皇帝（西元 270-275 年）正確把握到有一神論結構的太陽神學的重要性，以確保羅馬帝國的統一。因此他重新把艾馬沙神引進帝國，不過也澈底改變了這個神的結構和儀式。他有計劃地剔除敘利亞的元素，對神的禮拜也限於羅馬元老們。太陽神索爾（Deus Sol Invictus）的週年慶典訂於 12 月 25 日，爲所有東方太陽神的「生日」。

(391) 希臘與羅馬的阿波羅（Apollo-Helios）信徒，承認或說預見太陽神崇拜神學的普世主義性質，密特拉神和敘利亞的巴力神的信徒亦然。此外，有許多哲學家和神學家都是一神論結構的太陽神信徒。其實，一神論和普世主義的傾向是西元三世紀末的特色，在四世紀則成爲主導的勢力。許多宗教融合（神祕宗教、邏各斯的基督教神學的興起、附會到皇帝和帝國的太陽象徵）都說明了「太一」的概念和「統一性」的神話的魅力。

君士坦丁大帝（西元 306-337 年）在改宗之前是太陽神信徒，認爲太陽神是他的帝國的基石。太陽的形象在紀念碑圖案、硬幣和刻文屢見不鮮。奧理略把太陽神視爲至高的神，但是君士坦丁大帝卻認爲太陽是上帝最完美的象徵。使太陽臣屬於最高神，可能是他改宗基督宗教之後的第一個結果；不過新柏拉圖主義者的波斐留斯（Porphyrius）已經表現過這個觀

念㉙。

種種證據均不支持君士坦丁在米爾微亞橋（pont Milius）的決定性戰役前所見到的記號：他的敵手馬森斯（Maxentius）要在這裡被殺。拉當濟伍士（Lactantius）說，君士坦丁「在夢中得到指示，要他把『天堂的記號』畫在軍隊的盾牌上，就這樣去打仗。他依此命令行事，在他們的盾牌畫上記號……基督的簡號。」（《論迫害教會者之死》〔De mortibus persecutorum〕44）但是該撒利亞（Caesarea）的主教優西比烏在《君士坦丁傳》（Vita Constantini）（1. 28-29）裡有不同的說法。根據他的敘述，君士坦丁說：

約正午時分，當陽光開始減弱的時候，他親眼見到天上有個十字光芒的勳章，在太陽上方，而且刻有「征服」的字眼。他與整個軍隊對這一幕都備感驚訝……。他心裡疑惑著這個顯靈可能有什麼意思；……然後在睡夢中他見到主基督，帶有他所見到在天上的相同記號，神命令他製作相同的記號，並且在和敵手交鋒時用它來作為保護。

這些解釋的真實性仍然有爭論，而且對於君士坦丁所見究竟是基督教亦或是異教的記號，也有所爭議㉚。無論事實為何，君士坦丁的改宗使得羅馬帝國正式基督教化。第一個基督教象徵出現在西元 315 年的硬幣上，最後一個異教圖像則是在西元 323 年消失。教會得到司法上的特權，亦即承認主教的判決具有法律效力，甚至非宗教事務也不例外。基督徒獲得最高的職位，並且嚴格限制異教徒人數的增加。在迪奧多西大帝（Theodosius the Great, 379-395 年）的統治下，基督宗教成為國教，並且明確禁止異教思想；原先的被迫害者如今成為迫害者。 (392)

其實，在君士坦丁改宗之前，基督宗教已證明其力量和重要性。西元 300 年左右，在安提阿和亞歷山卓地區，基督教團契是最大而且也最有組織性的宗教團體。基督教和羅馬帝國之間的對立逐漸消失。晚期的護教士拉克坦提烏斯（西元 240-320 年）和凱撒利亞的優西比烏（西元 263-339

㉙　見 F. Altheim, *Der unbesiegte Gott*, chap. 5。
㉚　研究的現況見 Benoit, *Le Judaïsme et le Christianisme antique*, pp. 308 sq.。

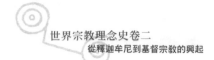

年）就宣告，基督宗教是拯救羅馬帝國的唯一希望。

　　基督教傳播最後獲勝的原因很複雜。首先就是基督徒的堅定信心和道德力量，他們在面對憂患和死亡時的勇氣，這種勇氣甚至博得其死敵薩姆沙特的盧西安（Lucien de Samosate）、奧理略（Marcus Aurelius）、格利安努斯（Galienus）、克爾索斯（Celsus）等人的讚佩。此外，基督徒有其非凡的凝聚力：團契會照顧寡婦、孤兒、老人，並贖回被盜匪擄掠的人。在瘟疫和圍困的期間，只有基督徒會看顧傷者並埋葬死者。對於羅馬帝國所有無家可歸的人們、許多孤苦的人們、文化和社會異化的犧牲者，教會是他們得到認同、發現或探索生命意義的唯一希望。由於並沒有任何社會、種族或知識程度的障礙，任何人都可以加入這個樂觀而弔詭的團體，在這個團體裡，最有影響力的市民，皇帝的近臣，在那曾是他的階下囚的主教面前，也要躬身行禮。幾乎可以肯定的是，古往今來還沒有任何社會曾經有過像最初四個世紀裡的基督教團契如此的平等、行善而友愛的生活。

(393)

　　對歐洲的宗教、文化和社會史來說，基督宗教最出人意表的創新，而且也是最重大的影響，就是隱修制度，其特色是與世隔絕以及極端的禁欲主義[31]。這個現象在西元三世紀出現，而且如近人所認為的，不但出現在埃及地區，也分別在巴勒斯坦、敘利亞以及美索不達米亞地區出現[32]。聖安東尼（Saint Anthony）建立埃及的隱修制度，帕科米烏（Pachomius）（西元290-347年）則是在西元320年於提比的沙漠地區組織隱修生活（大約四世紀末，這裡有7000位僧侶）。如彼得‧布朗（Petet Browm）所說，僧侶們自願選擇這種「反文化」，沙漠和洞穴[33]。他們有相當高的聲望，

---

[31]　A. J. Festugière, *Les monies d'Orient*, vol. 1, Culture et Sainteté; A. Vööbus, *History of Asceticism in the Syrian Orient*, vol. 1-2; J. Lacarriere, *Les hommes ivres de Dieu*.

[32]　事實上埃及的隱修制度發展迅速，而且由於其著名的文學作品而運用相當大的影響。

[33]　Peter Brown, *The World of Late Antiquity*, pp. 101 sq.; ibid., "The Rise and Function of the Holy Man in Late Antiquity".

既是因為他們勝了魔鬼，也則是因為他們使野獸馴服。於是出現了某個新的觀念：這些僧侶，真正的「聖人」，他們透過祈禱就足以命令魔鬼並且感動神的意志。也只有這些僧侶才有勇氣抵抗皇帝的某些決定。柱頭修士聖西門（Saint Simeon Stylites）棲息在他的柱頂，櫛風沐雨，為百姓排解紛爭、作預言、為人治病、訓誨高層的官員。

接近四世紀末時，僧侶們此起彼落的暴行從美索不達米亞席捲到北非：西元 388 年，他們燒毀幼發拉底河附近卡林尼孔（Callinicum）的猶太會堂，並且暴力威脅有異教神殿的敘利亞人村落；西元 391 年，亞歷山卓的主教長迪厄非羅（Theophilus）呼召僧侶們摧毀供奉西拉匹斯（Serapis）的大神殿西拉匹翁（Serapeum），以淨化這個城市。同時，他們也強行進入異教徒的住所去搜查偶像。西元 415 年，狂熱的僧侶犯下歷史上著名的醜惡罪行：他們對希帕蒂婭（Hypatia）刑求至死。這位高尚的亞歷山卓哲學家，她的學生西內修斯（Synesius）主教稱她為「母親，姐妹，老師，與恩人」（Ep. 16）。

在東方，主教們保護僧侶，是為了要鞏固他們自己的地位；主教和僧 (394)
侶們聯手，成為人民的領袖，並且支配輿論。如彼得・布朗所言，「這些怪人將基督宗教轉變成為大眾的宗教。」這點使得他們的後繼者，特別是在西方中世紀興盛期的僧侶們，展現出令人大為驚奇的成就（見卷三）。

240. 巴士停在埃勒烏西斯

沒有任何歷史事件會比西元 396 年哥德人（Goths）的領袖亞拉里克（Alaric）火燒埃勒烏西斯城（Eleusis）的聖壇，更能表現異教從「官方宗教」裡消失。然而，另一方面，也沒有其他例子更能說明異教徒的宗教所表現的祕傳和連續性的奧祕過程。在西元五世紀，加入埃勒烏西斯神祕宗教的歷史學家尤納皮烏斯（Eunapius）講述末代的合法祭司所作的預言。在尤納皮烏斯面前，這位祭司預言他的接班人將是非法而且瀆神的；他甚至不是雅典的公民；更悲慘的是，他會是「為其他的神獻祭」的人，他受

其詛咒所限，「只能主持他們的祭典」。因為這個瀆神的行為，聖壇將會毀滅，而對於兩個女神的崇拜也將會永遠消失。

尤納皮烏斯接著說，會有個居高位者接受密特拉神祕宗教的入會禮（長老級），而成為神祕宗教的祭司。他是埃勒烏西斯的末代祭司，因為，不久之後，亞拉里克率領的哥德人會穿越溫泉關（Thermopylae）隘口，後面跟著身穿黑衣的基督教僧侶；歐洲最古老也是最重要的宗教中心終於覆滅㉞。

然而，即使入會禮儀式在埃勒烏西斯消失，狄美特也並沒有放棄她最戲劇化的顯神。在希臘的其他地區，聖德米特里（Saint Demetrius）已經取代她的地位，因此成為農業的守護神。但是在埃勒烏西斯始終有個聖德米特拉（Saint Demetra），她在別處沒沒無聞，而且從未封聖。到了19世紀初，村民仍然在儀式裡用花朵覆蓋女神雕像，因為她庇佑著他們的豐收。接著，在西元1820年，儘管有居民的武裝抵抗，這座雕像還是被克拉克（E. D. Clarke）帶走，放在劍橋大學㉟。到了西元1860年，在埃勒烏西斯，有個教士對法國考古學家李諾曼（F. Lenormant）說了個關於聖德米特拉的故事：她是來自雅典的老婦人；她的女兒被土耳其人帶走，但是勇敢的獵人解救了她。在1928年，麥隆納斯（Mylonas）從90歲的埃勒烏西斯老婦人口中聽到相同的故事。㊱

(395)

狄美特在基督教神話裡最動人的故事，應該是在西元1940年2月初的某個事件，在雅典報刊中有詳盡的敘述和評論㊲。在雅典和科林斯（Corinth）之間的某個公車站，有個老婦人上了公車，「枯瘦的身軀卻有著大而銳利的眼睛」。由於她沒有錢付車資，司機便要她在下一站下車，那站

㉞　Eunapius, *Bioi sophiston*, pp. 42 sq.(éd. Boissade, 1822); cf. G. E. Mylonas, *Eleusis*, p. 8; C. Kerenyi, *Eleusis*, pp.17-18.

㉟　J. C. Lawson, *Modern Greek Folklore and Ancient Greek Religion*, pp. 80 sq..

㊱　F. Lenormant, *Monographie de la voie sacrée éleusinienne*, pp. 399 .sq; Lawson, *Modern Greek Folklore,* pp. 81 sq.; Mylonas, *Eleusis*, p. 12.

㊲　Hestia, 2. 7. 1940; C. Picard, "Demeter, puissance oraculaire," pp. 102-3.

正好就是埃勒烏西斯。但是司機卻無法發動車子的引擎；最後乘客們決定湊錢幫老婦人付車資。她上了車，這一次巴士竟啓動了。然後老婦人對他們說：「你們應該早點行動的，不過你們太自大了；既然我也是你們其中之一，讓我來告訴你們一件事：你們將因你們的生活之道而遭受懲罰，甚至你們還會被剝奪植物和飲水！」「她恫嚇的話語還未說完，」刊登在《海思帖》（Hestia）的這篇文章作者繼續說，「在她消失之前……沒有人看到她走出去。接著乘客們面面相覷，他們還查看票根，以確定真的開過一張車票。」

我們要引用查理斯·皮卡得（Charles Picard）的名言作個總結：「我相信即使是一般的古希臘人，在面對這個歷史時，也會想起著名的荷馬史詩；高萊（Korē）的母親，這位老婦人在埃勒烏西斯國王色列烏斯（Celeus）的宮殿裡受人鄙視，她也預言災難將降臨整個地區，並且憤怒地責備他們不敬的行為。」

略語表

ANET= J. B. Pritchard, Ancient Near Eastern Texts Relating to the Old Testament(Princeton, 1950; 2d ed., 1955)

AO= Acta Orientalia (Leiden)

ArAr= Archiv Orientálni (Prague)

ARW= Archiv für Religionswissenschaft (Freiburg and Leipzig)

BEFEO= Bulletin de l'Ecole française d'Extrême-Orient (Hanoi)

BJRL= Bulletin of the John Rylands Library (Manchester)

BMFEA== Bulletin of the Museum of Far Eastern Antiquities (Stockholm)

BSOAS= Bulletin of the School of Oriental and African Studies (London)

CA= Current Anthropology (Chicago)

ERE= Encyclopaedia of Religion and Ethics, ed. James Hastings

FFC= Folklore Fellows Communications (Hamica; later, Helsinki)

HJAS= Harvard Journal of Asiatic Studies (Cambridge, Mass.)

HR= History of Religions (Chicago)

HTR= Harvard Theological Review (Cambridge, Mass.)

IIJ= Indo-Iranian Journal (The Hague)

IPEK= Jahrbuch für prähistorische ethnographische Kunst (Berlin)

JA= Journal Asiatique (Paris)

JAFL= Journal of American Folklore (Boston and New York)

JAOS= Journal of the American Oriental Society (Baltimore)

JAS= Journal of the Asiatic Society, Bombay Branch

JIES= Journal of Indo-European Studies (Montana)

JNES= Journal of Near Eastern Studies (Chicago)

JRASB= Journal of the Royal Asiatic Society of Bengal (Calcutta)

JSS= Journal of Semitic Studies (Manchester)

NGWG= Nachrichten von der Königlichen Gesellschaft der Wissenschaften zu
     Göttingen (Göttingen)

OLZ= Orientalische Literaturzeitung (Berlin and Leipzig)

RB= Revue Bibilique (Paris)

RE= Pauly-Wissowa, Real-Encyclopädie der klassischen Altertumswissenschaft

REG= Revue des Etudes Grecques (Paris)

RHPR= Revue d'Histoire et de Philosophie religieuses (Strasbourg)

RHR= Revue de l'Histoire des Religions (Paris)

SBE= Sacred Books of the East,50 vols., ed. Max Müller (Oxford)

SMSR= Studi e Materiali di Storia delle Religioni (Rome)

VT= Vetus Testamentum (Leiden)

WdM= Wörterbuch der deutschen morgenländischen Gesellschaft (Leipzig)

問題研究和書評書目

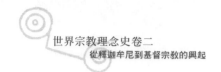
(399) *126.* 　在有關中國史前史的參考資料中，見 Willaim Watson, *Early Civilization in China* (London, 1966); Li Chi（李濟）, *The Beginnings of Chinese Civilization* (Seattle and London, 1957, 1968); Cheng Tê-k'un, *Archaeology in China*, vol. 1, *Prehistoric China* (Cambridge, 1959); William Watson, *Cultural Frontiers in Ancient East Asia* (Edinburgh, 1971)("Neolithic Frontiers in East Asia")pp. 9-37; Carl Hentze, *Funde in Alt-China: Das Welterleben im ältesten China* (Göttingen, 1967)（摘述作者早期論著）; Ping-ti Ho（何炳棣）, *The Cradle of the East: An Inquiry into the Indigenous Origins of Techniques and Ideas of Neolithic and Early Historic China, 5000-1000* B.C. (Hong Kong and Chicago, 1975)。

關於中國新石器時代（仰韶文化）的發現，見 J. G. Andersson, *Children of the Yellow Earth* (London, 1934)。在何炳棣近期的著作中，他依舊秉持一貫的觀點，認為中國的農業、冶金和書寫均起於固有的根源，見氏著 *Cradle of the East,* spéc. pp. 341 sq.。至於李濟，則根據其他考古學家的發現，說明安陽王塚出土的圖像其實受到西方相當的影響（*Beginnings of Chinese Civilization,* pp. 26 sq.）。如同其他各種文化，中國文化多多少少都受到西方、北歐或南歐的理念和技術的影響。另一方面，誠如許多學者時常提及的，中國是「通往太平洋地區的一扇窗戶」，而且，在婆羅洲、蘇門答臘、紐西蘭某些民族的宗教當中，都能輕易辨識出中國的宇宙象徵主義及其藝術表現手法的影響，同樣地，在美洲西北岸的部落中也有相同的情形。特別見兩個太平洋地區藝術的研究：Mino Badner, "The Protruding Tongue and Related Motifs in the Art Style of the American Northwestern Coast, New Zealand, and China," Robert Heine-Geldern, "A Note on Relations between the Art Style of the Maori and of Ancient China" (in: *Wiener Beiträge zur Kulturgeschichte und Linguistik* 15, Vienne, 1966); Douglas Fraser, *Early Chinese Art and the Pacific Basin: A Photographic Exhibition* (New York, 1968)。

關於宗教的概念，見 Hermann Koster, "Zur Religion in der chinesischen Vorgeschichte," *Monumenta Serica* 14 (1949-55): 188-214; Ping-ti Ho, *The Cra-*

dle, pp. 279 sq.; Bernhard Karlgren, "Some Fecundity Symbols in Ancient China," *Bulletin of the Museum of Far Eastern Antiquities,* no. 20 sq., 219 sq.; Hentze, *Bronzegerät, Kultbauten, und Religion im ältesten China der Shang-Zeit* (400)
(Antwerp, 1951); Hentze, *Das Haus als Weltort der Seele* (Stuttgart, 1961)。至
於「死亡的形式」，則見 Hanna Rydh, "Symbolism in Mortuary Ceramics,"
BMFEA, no. 1 (Stockholm, 1929), pp. 71-121。

127. 有關中國的青銅器時代文化，見 Cheng Tê-k'un, *Archaeology in China,* II, *Shang China* (Cambridge, 1960); Kwang Chih Chang（張光直）, *The Archaeology of Ancient China, pp. 185-225; Wastson, Cultural Frontiers in Ancient East Asia,* pp. 38 sq. (spéc. pp. 42 sq.)。

關於宗教概念，見 Herlee G. Creel, *The Birth of China: A Study of the Formative Period of Chinese Civilization* (New York, 1937), pp. 174-216; Chang, *The Archaeology of Ancient China,* pp. 251 sq.; Cheng Tê-k'un, *Archaeology in China,* II, pp. 213 sq.; Hentze, *Bronzegerät, Kultbauten, und Religion*; W. Eichhort, "Zur Religion im ältesten China," *Wiener Zeitschrift für indische Philosophie* 2 (1958): 33-56; F. Tiberi, "Der Ahnenkult in China," *Annali del Pontificio Museo Missionario Etnologico* 27 (1963): 283-475; Ping-to Ho, *Cradle,* pp. 289 sq.; Tsung-tung Chang, *Der Kult der Shang Dynastie im Spiegel der Orakelinschriften: Eine paläographische Studie zur Religion im archäischen China* (Wiesbaden, 1970)（見 Paul L. M. Serruys 的批評，"Studies in the Language of the Shang Oracle Inscriptions," *T'oung Pao* 60 [1974]: 12-120); M. Christian Deydier, *Les Jiaguwen: Essai bibliographique et synthèse des études* (Paris, 1976)（獸骨和龜殼的占卜文); David N. Keightley, "The Religious Commitment: Shang Theology and the Genesis of Chinese Political Culture," *HR* 17 (1978): 211-25。

關於根據獸骨在火烤後所呈現的占卜文，見 Eliade, *Le chamanisme,* p. 142, n. 1 (bibli.)。

至於饕餮面具所代表的象徵意義，見 Carl Hentze, *Bronzegerät ... der Shang-Zeit,* pp. 215 sq., *Funde in Alt-China,* pp. 171 sq., 195 sq., "Antithetische T'ao-t'ieh-motive," *IPEK* 23 (1970/73): 1-20。

具有同等重要性的還有「蟬」的象徵意義，因為它的幼蟲係在地底孵化（因此它是代表幽暗的符號），蟬是復活的象徵，這正是它之所以會被放在死者口中的原因；見 Carl Hentze, *Frühchinesischen Bronzen und Kult-darstellungen* (Antwerp, 1937), pp. 37 sq.。在象徵黑暗邪神的饕餮面具的舌上，刻有蟬的圖樣，意味著創造光與生命。（ibid., pp. 66 sq.)。

128. 關於周朝文化，見 Cheng Tê-k'un, *Archaeology in China,* vol. 3, *Chou China* (Cambridge, 1963); Kwang-Chih Chang, *The Archaeology of Ancient China,* pp. 256 sq., 263 sq.。

關於周朝時期的宗教，見 Ping-ti Ho, *Cradle,* pp. 322 sq.; Hentze, *Funde in Alt-China,* pp. 218 sq.(bibli.)。

(401) 在《論語》裡，有關至高神的稱謂有一、二十個，其中最有名的是「上帝」（天神）和「黃帝」，但是，所有的神名都建立在「帝」和「天」兩個通稱之上，這種至高神的神聖結構是顯而易見，「皇矣上帝，臨下有赫，監觀四方，求民之莫。」（《詩經》3.1.7.1）天監督著凡人，「天監在下、天命降監」（《書經》4.9.1.3），「明明天子，令聞不已。」（《詩經》3.3.2.11-12）他是永不犯錯的「不愆不忘」（書經 4.3.2.5），他明察秋毫（4.8.2.3）……等等。《書經》的翻譯見 James Legge, *The Chinese Classics,* III(London, 1861-72), Bernhard Karlgren, *Shu Ching: The Book of Documents* (Stockholm, 1950)。

關於至高神的儀式祭典，見 B. Schindler, "The Development of Chinese Conceptions of Supreme Beings," *Asia Major: Introductory Volume* (1923), pp. 298-366; H. H. Dubs, "The Archaic Royal Jou Religion," *T'oung Pao* 47 (1958): 217-59; J. Shih, "The Notion of God in the Ancient Chinese Religion," *Numen* 16 (1969): 99-138。根據 Joseph Shih 的說法，「帝」是至高神，而「天」

402

則是位格神，在周朝，這兩個神名是相同的神; 亦見氏著 "Il Dio Supremo" (in: "La religione della Cina"), *Storia delle Religioni* 5 (Turin, 1971): 539 sq.。

相反地，在中國宗教通史上，有關於其他宗教或經典的資料卻如鳳毛麟角，最具參考價值的是 L. Wieger, *Histoire des croyances religieuses et des opinions philosophiques en Chine depuis l'origine jusqu'à nos jours* (Hien-hien, 1917)，這是主觀意識相當強的作品，讀者必須慎思。Jan J. M. de Groot, *The Religious System of China,* 6 vols.（Leiden, 1892-1910; 1964 年在台北重印），該書具有無可取代的文獻價值; Marcel Granet, *La religion des Chinois* (Paris, 1922): Henri Maspéro, *Mélanges posthumes,* vol. 1: *Les religions chinoises* (Paris, 1950); C. K. Yang, *Religion in Chinese Society* (Berkeley, 1967)（儘管不是中國宗教通史，卻是相當重要的著作）; D. H. Smith, *Chinese Religions* (New York, 1968)（但須參考 Daniel Overmyer 的評論 *HR* 9 [1969-70]: 256-60）; Laurence G. Thompson, *Chinese Religion: An Introduction* (Belmont, 1969)（討論漢朝以降的宗教理念和儀式）; Werner Eichhorn, *Die Religionen Chinas* (Stuttgart, 1973)（出色的重新整理）; *Religion and Ritual in Chinese Society,* ed. Arthur P. Wolf (Stanford, 1974)。Max Kaltenmark 有簡要的闡述："La religion de la Chine antique" 以及 "Le taoïsme religieux," in: Henri-Charles Puech, *Histoire des religions,* I, 1970, pp. 927-57, 1216-48。

Marcel Granet 的著作，對於中國的宗教信仰與宗教組織有中肯的分析，見 *Fêtes et chansons anciennes de la Chine* (1919), *Danses et légendes de la Chine ancienne* (1926), *La pensée chinoise* (1934)。亦見 Henri Maspéro, *La Chine antique* (1927; new ed., 1955)。

關於大地之母，見 Berthold Laufer, *Jade: A Study of Chinese Archaeology and Religion* (Chicago: Field Museum, 1912), pp. 144 sq.（反對的看法，見 B. Karlgren, "Some Fecundity Symbols in Ancient China," pp. 14 sq.）; Marcel Granet, "Le dépôt de l'enfant sur le sol: Rites anciens et ordalies mythiques," *Revue archéologique*, 1922, pp. 159-202。Edouard Chavannes（*Le T'ai Chan. Essai de monographie d'un culte chinois*, Paris, 1910, spéc. pp. 520-25）認為大地

擬人化為偉大的大地女神，應該是晚出的現象；這似乎是在漢朝初期、約莫西元前二世紀出現的；在此之前，有關大地之神較具體的儀式，僅限於各地的地方祭典（p. 437）。不過，Granet 曾經提出，這些神取代了原先存在的遠古女神或「中性」神，而這是非常普遍的現象；見 Eliade, "La Terre-Mère et les hiérogamies cosmiques" (1953)。

至於針對各省文化或邊陲文化融入中國文化的詳盡分析，見 Wolfram Eberhard, *Kultur und Siedlung der Randvölker Chinas* (*T'oung Pao*, Leiden, 1942) XXXVI, Eberhard, *Lokalkulturen im alten China,* 2 vols.（本書第一卷係為 *T'oung Pao* [1943] 第三十七卷的補注；第二卷則是 *Monumenta Serica,* 的第三號專論 [Peking, 1943]）。至於訂正增補後的 *Lokalkulturen* 第二卷，則在更名為 *The Local Cultures of South and East China* (Leiden, 1968) 之後重新出版。

關於中國的巫術，見 Eberhard, *The Local Cultures,* pp. 77 sq., 304 sq., 468 sq.；也可比較於 Eliade, *Le chamanisme,* pp. 349 sq.; Joseph Thiel, "Schamanismus im alten China," *Sinologica* 10 (1968): 149-204; John S. Major, "Research Priorities in the Study of Ch'u Religion," *HR* 17 (1978); 226-43, spéc. pp. 236 sq.。

129. 最重要的宇宙論文獻曾由 Max Kaltenmark 翻譯為 "La naissance du monde en Chine"，收錄於 *Sources Orientales,* vol. 1: *La naissance du monde* (Paris, 1959), pp. 453-68。中國神話的問題，尤其是宇宙起源的神話，以下幾位作者曾在著作中就不同觀點進行討論：Henri Maspéro, "Légendes mythologiques dans le *Chou King*," *JA* 204 (1924): 1-100; Bernhard Karlgren, "Legends and Cults of Ancient China," *Bulletin of the Museum of Far Eastern Antiquities,* no. 18 (1946), pp. 199-365（書中蒐羅的豐富史料堪稱無可取代，但關於本書研究方法的評論，見 W. Eberhard, *Artibus Asiae* 9 [1946]: 355-64）; Derk Bodde, "Myths of Ancient China," 收錄於 S. N. Kramer 所編之 *Mythologies of the Ancient World* (New York, 1961), pp. 369-408; J. Shih, "The

Ancient Chinese Cosmogony," *Studia Missionalia* 18 (1969); 111-30; N. J. Girardot, "The Problem of Creation Mythology in the Study of Chinese Religion," *HR* 15 (1976): 289-318（對於晚近研究取向的批判分析）。

關於盤古開天的神話，見 Maspéro, "Légende mythologiques," pp. 47 sq.; Edouard Erkes, "Spuren chinesischer Weltschöpfungsmythen," *T'oung Pao* 28 (1931): 355-68; Eberhard, *The Local Cultures,* pp. 442-43; Bodde, "Myths of Ancient China," pp. 382 sq.; Girardot, "The Problem of Creation Mythology," pp. 298 sq.。

關於開天闢地的神話，見 Maspéro, "Légendes mythologiques," pp. 95-96; Maspéro, *Les religions chinoises,* pp. 186 sq.; Bodde, "Myths of Ancient China," pp. 389 sq.; Eliade, *Mythe, rêves et mystères,* pp. 80 sq.。

關於女媧補天，見 Bodde, pp. 386 sq.。關於大禹治水的神話，見 Marcel Granet, *Danses et légendes,* pp. 466 sq., 482 sq.。

關於中國城市的起源與祭典結構，見 Paul Wheatley, *The Pivot of the* (403) *Four Quarters: A Preliminary Inquiry into the Origins and Character of the Ancient Chinese City* (Chicago, 1971), pp. 30 sq., 411 sq., et passim; Werner Müller, *Die heilige Stadt* (Stuttgart, 1961), pp. 149 sq.。

關於宇宙論和空間的象徵意義，見 Granet, *La pensée chinoise,* pp. 342 sq.; Schuyler Camman, "Types of Symbols in Chinese Art," 收錄於 *Studies in Chinese Thought,* ed. Arthur F. Wright (Chicago, 1953), pp. 195-221; ibid., " Evolution of Magic Squares in China," *JAOS* 80 (1960): 116-24; ibibd., "The Magic Square of Three in Old Chinese Philosophy and Religion," *HR* 1 (1961): 37-80; Eliade, "Centre du monde, temple, maison," in: *Le Symbolisme cosmique des monuments religieux,* Série Orientale, no. 14 (Rome, 1957), pp. 57-82; Hermann Koster, *Symbolik des chinesischen Universismus* (Stuttgart, 1958), spéc. pp. 14 sq., 48 sq.; R. A. Stein, "Architecture et pensée religieuse en Extrême-Orient," *Arts asiatiques* 4 (1957): 163-86; Stein, "L'habitat, le monde et le corps humain en Extrême-Orient et en Haute-Asie," *JA* 245 (1957): 37-74。

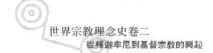

關於「明堂」，見 Granet, *La pensée chinoise,* pp. 102 sq., 178 sq., 250 sq.; Stein, "Architecture et pensée religieuse," pp. 164 sq.; Koster, *Symbolik,* pp. 34 sq., 48 sq.。

130. 關於兩極和交替的各種象徵意義之形態學，見 Eliade, "Remarques sur le dualisme religieux: dyades et polarités" (*La nostalgie des origines*, pp. 249-336。關於中國宇宙論中的陰陽交替，見 Granet, *La pensée chinoise,* pp. 86 sq., 149 sq.; Carl Hentze, *Bronzegerät,* pp. 192 sq.; Hentze, *Tod, Auferstehung, Weltordnung* (Zurich, 1955), pp. 150 sq.; Koster, *Symbolik,* pp. 17 sq.。

在 Marcel Granet 針對中國最早的經書《詩經》裡的情詩所做的分析中，他提出農民所舉行的節慶之結構，可能是源自於新石器時代（見氏著 *Fêtes et chansons anciennes de la Chine*）。根據 Kaltenmark 的說法：「這些祭典主要是和終身大事有關的年輕人的節慶；來自各個村落的紅男綠女，在異族通婚的原則下，透過詩歌傳遞情意，他們所吟詠的主題多半是祭典的景況，並且以景物為限定的主題進行詩歌比賽。那幾乎都是好山好水的描繪，所有元素都是神聖的，這慶典反映出農村生活的重要時刻，可能會改變他們的生活方式。春天他們下田工作，住在小茅屋，冬天他們回到家族的村落。村落的聖地和山、水和古代祭典的神聖樹林有關；他們都是祭祖的中心，是封建制度的主要聖地，祠堂、土地廟，都是古代聖地的分支。同樣的，王室的某些慶典也是農村的儀式的轉移。」（Max Kaltenmark, "Religion de la Chine antique," p. 952）

(404) 關於道家的思想，見 Grant, *La pensée,* pp. 300 sq.; Joseph Needham, *Science and Civilisation in China,* vol. 2 (1956), pp. 36 sq.（這部著作中的五卷曾由英國劍橋大學出版，但有兩卷以上尚未付梓）; Koster, *Symbolik,* pp. 16 sq., 51 sq.; Ellen Marie Chen, "Nothingness and the Mother Principle in Early Chinese Taoism," *International Philosophical Quarterly* 9 (1969): 391-405; Holmes Welch, *Taoism: The Parting of the Way* (Boston, 1957, 1965), pp. 50 sq.; Max Kaltenmark, *Lao tseu et le taoïsme* (Paris, 1965), pp. 30 sq.; Wang-tsit

Chan, *The Way of Lao Tzu* (New York, 1963), pp. 31 sq. 。

關於老子《道德經》裡的宇宙論斷簡，見 Norman J. Girardot, "Myth and Meaning in the *Tao te Ching*: Chapters 25 and 42," *HR* 16 (1977): 294-328，以及第 129 節所列之書評書目。

關於「谷神」和「玄牝」，見第 132 節。

131. 孔子是史上第一位把教育當作宗教和政治改革工具的人，他並未給學生一套正式的教學，而是單純地與他的學生進行對話。五十歲那年，孔子在朝廷裡獲得一個官職，但他旋即掛冠求去，因為他了解到自己根本毫無實權。失望之餘，他周遊列國逾十載；及至六十七歲，他在昔日門生的極力勸說下，方才回到祖國，之後在故鄉定居五年有餘。

後世向來認定孔子是數本論著的作者，尤其是《論語》，然而，《論語》卻極可能不是孔子親筆所著；後人甚至懷疑，這本書的編纂者也非孔子，而是他的門生在整理他的札記和對話後，將之冠上「論語」書名予以出版。較常被採用的英文版有：James Legge 所翻譯的 *The Analects of Confucius* (New York, 1966); L. Giles, *The Sayings of Confucius* (New York, 1961); W. E. Soothill, *The Analects* (London, 1958)。亦見 F. S. Couvreur, *Entretiens de Confucius et de ses disciples* (Paris, n.d.); James R. Ware, *The Sayings of Confucius* (New York, 1955)。

關於孔子，有相當豐富的文獻史料可資參考。我們提及的有： H. G. Creel, *Confucius and the Chinese Way* (New York, 1949; 1960); Lin Yutang, *The Wisdom of Confucius* (New York, 1938); Liu Wu-chi, *Confucius, His Life and Times* (New York, 1955); Etiemble, *Confucius* (Paris, 1956); Daniel Leslie, *Confucius* (Paris, 1962); J. Munro, *The Concept of Man in Early China* (Stanford, 1969), pp. 49-83 ("The Confucian Concept of Man"); Herbert Fingarette, *Confucius: The Secular as Sacred* (New York, 1972); 以及由 Arthur F. Wright 所編的評論研究選輯：*Confucianism and Chinese Civilization* (New York, 1967)。

132. 《道德經》的譯本很多，1868-1955 年間出版的英文版，就有 36
種之多。我們要提到 Marcel Granet 對於 Stanislas Julien（1842）譯本的評

(405) 論：「譯得相當認真負責，雖不至於不忠於原著，卻無法讓讀者得以了解
文中意涵。」（*La pensée chinoise,* p. 503, n. 1）我們依據的譯本：一是 Ar-
thur Waley 所翻譯的 *The Way and Its Power* (London, 1934)，這個版本譯筆
極佳；二是 Wing-tsit Chan 的譯本，其中的評論相當豐富、精采。但在這部
分，我們所引用的文字，卻出自於 Max Kaltenmark 在其令人歎為觀止的小
書 *Lao tseu et le taoïsme* (Paris, 1963)。

Waley 和 Chan 的譯著均包括了長篇導論，其中檢視了許多有關於文本
歷史的問題。亦見 Jan Yün-Hua, "Problems of Tao and the *Tao Te Ching*,"
Numen 22 (1975): 208-34 (作者提出了馮友蘭針對早期道家所做的最新研
究，及氏著 "The Silk Manuscripts on Taoism," *T'oung Pao* 63 (1977): 66-84 (晚
近所發現的老子帛書，時代約為西元 168 年)。河上公的老子注本由 Edouard
Erkes 譯注出版 *Ho-shang-kung's Commentary on Lao-tse, Translated and An-
notated* (Ascona, 1950)。

就通論而言，見 Henri Maspéro, *Mélanges posthumes,* vol. 2: *Le taoïsme*
(Paris, 1950); Fung Yu-lan, *History of Chinese Philosophy,* vol. 1 (Princenton,
1952), pp. 170 sq.; Max Kaltenmark, *Lao tseu et le taoïsme;* Holmes Welch, *Ta-
oism: The Parting of the Way;* Nicole Vandier-Nicolas, *Le taoïsme* (Paris, 1965);
Etiemble, "En relisant Lao-Tseu," *Nouvelle Revue Française* 171 (1967):
457-76; Herlee G. Creel, *What Is Taoism?* (Chicago, 1970)。

見 Colloquy on Taoism in Bellagio, September 7-14, 1968 的論文集 *His-
tory of Religions* 9 (1969-70): 107-255，特別是 Holmes H. Welch, "The Bella-
gio Conference on Taoist Studies," pp. 107-36; Arthur F. Wright, "A Historian's
Reflection on Taoist Tradition," pp. 248-55。關於當今老子研究的取向，見
Norman J. Girardot, "Part of the Way: Four Studies on Taoism," *HR* 11 (1972):
319-37。

最近的作品，見 Donald Munro, "The Taoist Concept of Man," dans: *The*

Concept of Man in Early China (Stanford, 1969), pp. 117-39; J.J. L. Duyvendak, "The Philosophy of Wu-Wei," *Asiatische Studien* 1(1947): 81-102; Walter Liebenthal, *The Immortality of the Soul in Chinese Thought," Monumenta Niponica* 8 (1952): 327-97; Max Kaltenmark, "Ling-pao: Note sur un terme du taoïsme religieux," *Bibliothèque de l'Institut des Hautes Etudes Chinoises* 14 (Paris, 1960): 551-88; Kimura Eiichi, "Taoism and Chinese Thought," *Acta Asiatica* 27 (1974): 1-8; Michel Strickmann, "The Longest Taoist Scripture," *HR* 17 (1978): 331-54。老子和莊子所表現的道家以及透過內外丹追求長生術的道教之間的關係仍然有爭議。若干學者（A. G. Graham、H. H. Welch、Fung Yu-lan）認為道家的黃金時代因為迷信（巫術和民間宗教）以及佛教的觀念和儀式而沒落。其結果就是新道家或道教的產生。特別見 Creel, *What Is Taoism?* (406) pp. 1-24, 37sq.; A. C. Graham, *The Book of Lieh-tzu* (London, 1960), pp. 10 sq., 16 sq.。見 K. Schipper 的批評：*T'oung Pao* n.s. 51 [1964]: 288-92。另一方面，法國的漢學家（Granet、Maspéro、Max Kaltenmark、C. Schipper、Anna Seidel, etc.）則比較道家和道教的相似處。最近的方法學研究，見 Norman Girardot, "Part of the Way: Four Studies on Taoism," pp. 320-24; N. Sivin, "On the Word 'Taoist' as a Source of Perplexity: With Special Reference to the Relations of Science and Religion in Traditional China," *HR* 17 (1978): 303-30, pp. 313 sq.,（Sivin 探討最近日本學者的詮釋。）。

關於中國的長生不死的觀念，見 Yang-shih Yu, "Life and Immortality in the Mind of Han China," *HJAS* 25 (1964-65): 82-82; Ellen Marie Chen, "Is There a Doctrine of Physical Immortality in the *Tao Te Ching?*" *HR* 12 (1973): 231-49。李約瑟曾經強調道教的「巫術、科學、民主和政治革命的特色」（*Science and Civilisation in China,* vol. 2, p. 35）；他認為道教不僅鄙視孔子，而且反對整個封建制度（p. 100; cf. pp.100-132）。然而，Sivin 對此存疑。我們無法證明道教的反封建態度，或是他們和最早的科學運動有關。見氏著 "On the Word 'Taoist,'" pp. 309 sq.。

《莊子》有多種英譯本。James Legge, *The Writings of Kwan-zze (SBE,*

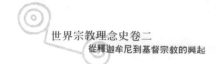

vols. 39 and 40, London, 1891) 是最著名的。另見 Burton Watson, *The Complete Works of Chuang Tzu* (New York, 1968)。

關於莊子，見 Arthur Waley, *Three Ways of Thought in Ancient China* (London, 1939, 1956), pp. 3-79; Yu-lan Fung, *Lao Tzu and Chuang Tzu: The Spirit of Chinese Philosophy*(London, 1947); A. C. Graham, "Chuang-tzu's Essay on Seeing Things as Equal," *HR* 9 (1967-70): 137-59。

133. 關於道教的長生術，見 Henri Maspéro, *Le taoïsme*, pp. 89-116; Holmes Welch, *Taoism*, pp. 97 sq.; Max Kaltenmark, *Lao tseu et le taoïsme*, pp. 146 sq.。

關於道教的仙人，見 Lionel Giles, *A Gallery of Chinese Immortals* (London, 1948); Max Kaltenmark, *Le Lie-sien Tchouan: Biographies légendaires des Immortels taoïstes de l'antiquité* (Peking, 1953)。

關於「屍解」，見 H. Maspéro, *Letaoïsme*, pp. 98 sq.; H. Welch, *Taoism*, pp. 108 sq.。

關於「羽化登仙」，見 Eliade, *Le Yoga, pp. 402 sq.; Eliade, Le chamanisme,* pp. 439 sq.; Eliade, *Forgerons et Alchimistes, pp. 169-70*。

關於在海的中央、凡人無法到達的三神山，見《史記》〈封禪書〉：
(407) 「自威、宣、燕昭使人入海求蓬萊、方丈、瀛洲。此三神山者，其傳在勃海中，去人不遠；患且至，則船風引而去。蓋嘗有至者，諸僊人及不死之藥皆在焉。其物禽獸盡白，而黃金銀為宮闕。未至，望之如雲；及到，三神山反居水下。臨之，風輒引去，終莫能至云。」這是神話地理學裡的國度，表現古代的出神經驗。比較印度的仙人（ṛṣis）御風飛行到北方Çvetadvïpa；阿那婆達多（Anavatapta）湖也可以透過神通到達，佛陀和阿羅漢可以在瞬間到阿那婆達多（Eliade, *Le Yoga,* pp. 397 sq.）。

仙鶴是仙界之鳥，人們相信他的壽命超過千年，「以頸背呼吸，而為道家所模仿。」（Kaltenmark, *Lao tseu,* p. 153）J. J. de Groot, *The Religious System of China,* vol. 4, pp. 232-33, 295, 395。關於鶴舞，見 Granet, *Danses et légendes,* pp. 216 sq.。

關於「丹田」和「三蟲」，見 Maspéro, *Le taoïsme,* pp. 91 sq.; Welch, *Taoism,* pp. 106-9,121, 130-32。

關於中國古代的吐納術，見 Hellmut Wilhelm, "Eine Chou-Inschrift über Atemtechnik," *Monumenta Sinica*13 (1948): 385-88。

關於「養生術」，見 Henri Maspéro, Les procédés de 'nourrir le principe vital' dans la religion taoïste ancienne," *JA*(1937): 177-252, 353-430; *Le taoïsme,* pp. 107-14。關於印度、伊斯蘭和基督宗教（稱為靜修派，hesychasm）的調息技術，見 Eliade, *Le Yoga,* pp. 71-78。

「胎息的重要在於人體是由氣構成的。太初之時，九氣渾成混沌；混沌四散，九氣也就分開，清氣上升，濁氣下降。氣結而生出太初之神。其後諸神也陸續誕生。後來黃帝在四方隆起土丘以造人，他讓人暴露於空氣中三百年，完全浸透之後，便能說話和行動，而繁殖後代。因此人體是由構成土地的濁氣所生，但是其構成其生元的氣息則是來自天上的清氣。人要得到長生不死，便必須以清氣取代體內濁氣。這便是胎息的目的。人吃五穀雜糧，但是道家卻是吸風飲露，以更純粹的物質維生。」（Maspéro, *Le taoïsme,* p. 114）

我們要注意這和奧斐斯的人類起源論和末世論的類似性，見第 181 節。

對於道家而言，整個人體充滿了神性和超越的存有，見 Maspéro, *Le* (408) *taoïsme,* pp. 116-37。人可以透過冥想和出神和神接觸。（ibid., pp. 137-47）

對於道教的房中術，見 Joseph Needham, *Science and Civilisation in China,* vol. 2, pp. 146-52; Akira Ishihara et Howard S. Levy, *The Tao of Sex: An Annotated Translation of the XXVIII Section of "The Essence of Medical Prescriptions"* (Tokyo, 1968, New York, 1970)。這不是道教獨有的技術。

見 Maspéro, "Les procédés," p. 385"：「還精補腦之道，交接、精大動欲出者，即以左手中央兩反映抑陰囊后大孔前，壯事抑之，長吐氣並叩齒數十遍，勿閉氣也，便施其精，精亦不得出，但從玉莖復回，上入於腦也。⋯⋯若欲御女取益而精大動者，仰頭張目左右上下視，縮下部閉氣，

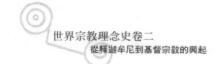

精自止。」（《玉房指要》）亦見 van Gulik, *Erotic Colour Prints of the Ming Period, with an Essay on Chinese Sex Life from the Han to the Ch'ing Dynasty, B.C. 206-A.D. 1644* (Tokyo, 1951), p. 78。

關於新的不死之身的「聖胎」，見 Welch, *Taoism,* pp. 108 sq., 120 sq.。

關於道教的技術和坦特羅教的瑜伽的關係，見 Eliade, *Le Yoga,* pp. 253 sq., 400 sq.; Needham, *Science and Civilisation,* vol. 2, pp. 425 sq.; R. H. van Gulik, *Sexual Life in Ancient China* (Leiden, 1961), pp. 339 sq.; J. Filliozat, "Taoïsme et Yoga," *JA* 257 (1969): 41-88。亦見 Lu K'uan Yu, *Taoist Yoga: Alchemy and Immortality* (London, 1970)。

(409) **134.**　關於中國的煉丹術，見 *Le Yoga,* pp. 404-406; ibid., *Forgeron et Alchimistes,* pp. 167-68; Josephy Needham, *Science and Civilisation in China,* vol. 5, pt. 2 (1974), pp. 2 sq., 381 sq.。最重要的作品，見 A. Waley, "Notes on Chinese Alchemy," *BSOAS* 6 (1930): 1-24; Homer H. Dubs, "The Beginnings of Alchemy," *Isis* 38 (1947): 62-86; Nathan Sivin, *Chinese Alchemy: Preliminary Studies* (Cambridge, Mass., 1968)（見 *HR* 10 [1970]:178-82 對該文的評論）; J. Needham, *Science and Civilisation,* vol. 5, pt. 3 (1976)。

根據 H. H. Dubs，最早的文獻溯自 144B.C.。當時敕令偽造黃金者斬首示眾（Dubs, "The Beginnings of Alchemy," p. 63）。但是李約瑟指出（*Science and Civilisation,* vol. 5, pt. 2, pp. 47 sq.），偽造黃金並不是真正的煉丹術。

Dubs 相信，煉丹術源自西元前四世紀的中國，他認為只有在黃金稀少且不知道提煉純金屬的方法的文明，才會發展煉金術。美索不達米亞的煉金術早在西元前四世紀便很流行，這使得關於地中海的煉金術的起源說變
(410) 得不可靠（Dubs, pp. 80 sq.）。但是煉金術的歷史學家並不接受這個意見（F. Sherwood Taylor, *The Alchemists*, NewYork 1949, p. 75）。Dubs（p. 84）認為煉金術是由中國商人帶到西方的。但是 Laufer 認為「科學的」煉金術不可能受到中國的影響（Laufer, *Isis*, 1929, pp. 330-31）。關於地中海

的觀念的傳入中國，見 Dubs, pp. 82-83, n. 122-23。關於中國的煉丹術觀念可能源自地中海，見 H. E. Stapleton, "The Antiquity of Alchemy," *Ambix* 5 (1953): 15 sq.。在討論中國煉丹術的起源時，Sivin（pp. 19-30）拒絕 Dubs 的假設。李約瑟（vol. 5, pt. 2, pp. 44sq.）有最激烈的批評，雖然他基於不同的理由，也認為煉丹術是中國的產物。根據李約瑟的說法，中國古代文化是唯一能夠產生長生不死藥的觀念的地方（pp. 71, 82, 114-15），而不死藥和黃金的提煉便首度融入西元前四世紀的中國（pp. 12 sq., etc.）。但是李約瑟承認，印度早在西元前六世紀就知道黃金和長生不死的關係（pp. 118 sq.）。

在最近的論文裡，N. Sivin 探討道家的技術和煉金術的「泛中國特色」，見氏著 "On the Word 'Taoist' as a Source of Perplexity," pp. 316 sq.。Sivin（pp. 323 sq.）也極力分析葛洪的重要性。大部分學者都認為他是「最偉大的煉金術作家」（李約瑟）。

最近的西方學者都認為，外丹是顯教，內丹則是祕教。即使這個二分法是正確的，在開始的時候，「外丹和內丹也都同樣是祕教的」（Sivin, *Chinese Alchemy,* p. 15, n. 18）。其實，西元七世紀最重要的化學家孫思邈，雖然代表外丹派，卻恪遵道教傳統。見 *Forgerons et Alchimistes,* p. 98。我們採用 Sivin 的翻譯，見氏著 *Chinese Alchemy,* pp. 146-48。

關於吐納和房中術的煉金術象徵，見 R. H. van Gulik, *Erotic Colour Prints,* pp. 115. sq.。

老子的死亡和誕生都可以從宇宙創造論去解釋。見 Kristofer Schipper, "The Taoist Body,"*HR* 17 (1978): 355-86, spéc. 361-74。

關於老子的神化，見 Anna K. Seidel, *La divinisation de Lao tseu dans le Taoïsme des Han* (Paris, 1969); ibid., "The Image of the Perfect Ruler in Early Taoist Messianism: Lao tzu and Li Hung," *HR* 9 (1969-70): 216-47。

關於道教的救世主結構，見 Paul Michaud, "The Yellow Turbans," *Monumenta Serica* 17 (1958): 47-127; Werner Eichhorn, "Description of the Rebellion of Sun En and Earlier Taoist Rebellions," *Mitteilungen des Institutes für Orien-* (411)

tforschung 2 (1954):325-52; Howard S. Levy, "Yellow Turban Religion and Rebellion at the End of the Han," *JAOS* 76 (1956): 214-27; R. A. Stein, "Remarques sur les mouvements du Taoïsme politico-religieux au IIe siècle ap. J.-C.," *T'oung Pao* 50 (1963): 1-78。亦見本書第 35 章書目。

135. 關於印度大陸的印度教化以及本土元素的融合，見 Eliade, *Le Yoga, pp. 120 sq., 377(bibli.); J. Gonda, Les religions de l'Inde,* vol. 1 (Paris,1962), pp. 236 sq., 268 (bibli.)。

關於印度教的形態學和歷史的研究甚豐，最實用者見 L. Renou et Jean Filliozat, *L'Inde classique,* I (1947), pp. 381-667; L. Renou, *L'Hindouisme,* Coll. "Que sais-je?" (1951); J. Gonda, *Les religions de l'Inde,* I, pp. 257-421; Anne-Marie Esnoul, "L'Hindouisme," in: H.-C. Puech, ed., *Histoire des religions,* vol. 1 (1970), pp. 996-1104; Esnoul, L'Hindouisme (1973)。

亦見 J. E. Carpenter, *Theism in Mediaeval India* (London, 1926); J. Gonda, *Aspects of Early Viṣṇuism* (Utrecht, 1954); Gonda, *Change and Continuity in Indian Religion* (La Haye, 1964); Gonda, *Viṣṇuism and Śivaism: A Comparison* (London, 1970); Arthur L. Herman, *The Problem of Evil and Indian Thought* (Delhi, Varanasi, Patna, 1976), pp. 146 sq.; Stella Kramrisch, "The Indian Great Goddess," *HR* 14 (1975): 235-65, spéc. pp. 258 sq.（雌雄同體和女神）, pp. 263 sq.（天神）; J. C. Heestermann, "Brahmin, Ritual, and Renouncer," *Wiener Zeitschrift zur Kunde des Süd- und Ostasien* 11 (1964): 1-37; V. S. Agrawala, *Śiva Mahādeva, The Great God* (Benares, 1966); Madeleine Biardeau, *Clcfs pour la pensée hindoue* (Paris, 1972); Wendell Charles Beane, *Myth, Cult, and Symbols in Śakta Hinduism: A Study of the Indian Mother Goddess* (Leiden, 1977), spéc. pp. 42 sq., 228 sq.; Wendy Doniger O'Flaherty, *Asceticism and Eroticism in the Mythology of Śiva*(London, 1973)。

另見第 24 章書目。

在第 31、32 章，我們會介紹濕婆崇拜和毘濕奴宗教的不同階段。

136. 　關於「離苦得樂」的主題，見 Eliade, *Le Yoga,* pp. 27 sq.。

　　關於印度的纏縛和解脫的象徵以及諾斯替神話的某些層面的類似性，見 Eliade, *Aspects du mythe, pp. 142 sq.*。

137. 　關於吠陀的觀念在奧義書裡的延續，見 F. Edgerton, "The Upanishads: What Do They Seek, and Why," *JAOS*49 (1929): 97-121, spéc. pp. 100 sq.。

　　印度宗教的一般性傳承問題，見 J. Gonda, *Continuity and Change* (spéc. pp. 38 sq., 315 sq.)。　　　　　　　　　　　　　　　　　　(412)

　　Ananda K. Coomaraswamy 多次指出印度形上學的「傳統」特色（依賴於歷史的連結），見氏著 *Selected Papers,* I-II, Princeton, 1977。

138. 　關於體系化時期之前的吠檀多，見 S. N. Dasgupta 和 S. Radhakrishnan 的印度哲學史各章；另見 H. von Glasenapp, *Die Philosophie der Inder* (Stuttgart, 1949), pp. 129sq.; William Beidler, *The Vision of Self in Early Vedānta*(Delhi, Patna, Benarcs, 1975), spéc. pp. 104 sq., 227 sq.。

　　我們曾探討過（第82節）在中期《奧義書》的「身體的」（會死的）梵和「非身體的」（不死的）梵；我們也提到在這形上學思想之前的神話（第68節）。在數論哲學裡也可見到類似的對立之統一，特別是推動宇宙實體（自性）完成「神我」的解脫的「目的性本能」。見第140節。此外，在許多神話裡，特別是和人類命運有關的神話，也可以看到梵的對立的統一。因此惡的化身（魔鬼、怪物）是出自神的身體（尤其是他的排泄物），換言之，惡和善一樣，都是源自神：惡是神性的一部分。見 W. D. O'Flaherty, *The Origins of Evil in Hindu Mythology* (Berkeley,1976), pp. 139 sq.。我們要補充一點，其他神話也有這樣的主題：魔鬼或死神是誕生自造物神的唾液、排泄物或影子。見 Eliade, *De Zalmoxis à Gengis Khan, pp. 87 sq.（保加利亞傳說）; p. 87（莫爾多瓦傳說）; p. 101（沃古爾傳說）*。

139. 關於數論文獻的翻譯和注釋的書目，見 *Le Yoga*, pp. 361-64。另見 Corrado Pensa, *Īśvarakṛṣṇa, Sāṃkhya-kārikā con commento di Gauḍapāda* (Turin, 1960); Anne-Marie Esnoul, *Les strophes de Sāṃkhya (Sāṃkhya-kārikā)* (Paris, 1964)。

關於書評，見 *Le Yoga,* p. 364。另見 J.A. B. van Buitenen, "Studies in Sāṃkhya," *JAOS* 80(1956): 153-157; 81 (1957): 15-25, 88-107; Pulinbihari Chakravarti, *Origin and Development of the Sāṃkhya System of Thought* (Calcutta, 1952); Gerald James Larson, *Classical Sāṃkhya: An Interpretation of Its History and Meaning* (Delhi, Varanasi, Patna,1969)。Larson 的作品評論從 Richard Garbe 到 S. Radhakrishnan 對於數論哲學的詮釋（pp.7-76）。

關於奧義書裡的數論觀念，見 Eliade, *Le Yoga,* pp. 227 sq.; E. H. Johnston, "Some Sāṃkhya and Yoga Conceptions of the Śvetāśvatara Upanishad," *JRAS* 30 (1930):855-78; Johnston, *Early Sāṃkhya* (London, 1937); J. A. B. van Buitenen, "Studies in Sāṃkhya," spéc pp. 88 sq., 100 sq.; Larson, *Classical Sāṃkhya,* pp. 99 sq.。

(413)

關於神我的存有學結構，見 *Le Yoga,* pp. 27 sq.; Larson, *Classical Sāṃkhya,* pp. 181 sq.。

我們知道，在奧義書裡經常讚美神祕知識的巫術力量（*vidyā*、*jñāna*）（見卷一第 80 節）。的確，仙人透過形上學的知識摧毀無明而得到解脫，也就是超越人類的限制。神祕知識的力量很像是透過儀式或瑜伽得到的神通（見第 76 節以下）。在這點上，數論是傳承自吠陀和奧義書的傳統。Edgerton 很強調奧義書裡知識的巫術力量，見氏著 *The Beginnings of Indian Philosophy* (London, 1965), pp. 22 sq.。另見 Corrado Pensa, "Some Internal and Comparative Problems in the Field of Indian Religions," in *Problems and Methods of the History of Religions* (Leiden, 1971), pp. 114 sq.。

數論的冥想類型，見 Gerhard Oberhammer, *Strukturen yogischer Meditation* (Vienne, 1977), pp.17-56。

140. 關於「自性」的模態和「發展」，見 Eliade, *Le Yoga,* pp. 30 sq.。

關於世界的誕生，我們要指出數論和瑜伽派的差別。瑜伽派認為世界是生自對於精神真實結構的無知（見《瑜伽經》2.23-24），但是數論派卻認為自性的「發展」是受到「神我的解脫」的「目的性本能」的推動（《數論頌》31, 42; cf. Eliade, *Le Yoga,* pp. 34 sq.）。數論哲學努力要超越神我和自性的二元論，類似奧義書（卡陀克、休外陀休瓦多羅、美特羅耶尼耶）的思想，也就是梵的雙重性質，精神性的和物質性的，絕對的和相對的（見第 82 節，另見 C. Pensa, "Some Internal and Comparative Problems," pp. 109 sq）。

141. 見 Eliade, *Le Yoga,* pp. 42 sq., 100 sq.。

142. 關於瑜伽修行的起源和歷史，見 Eliade, *Le Yoga,* pp. 57-108（自律的技術）；pp. 101-43（瑜伽和婆羅門教）；pp. 143-59（瑜伽和印度教）。關於巴丹闍梨和古典瑜伽的經文，見 ibid, pp. 370-73; ibid., p. 373（到 1954 為止關於瑜伽的文獻）。最重要的作品有 S. N. Dasgupta, *A Study of Patañjali* (Calcutta,1920); ibid., *Yoga as Philosophy and Religion* (London, 1924); ibid., *Yoga Philosophy in Relation to Other Systems of Indian Thought* (Calcutta, 1930); J. W. Hauer, *Die Anfänge der Yoga-Praxis*(Stuttgart, 1922); ibid, *Der Yoga als Heilweg* (Stuttgart, 1932); ibid., *Der Yoga: Ein indischer Weg zum Selbst* (Stuttgart, 1958); Alain Daniélou, *Yoga: The Method of Reintegration* (London, 1949); Jacques Masui, *Yoga, science de l'homme intégral* (Paris, 1953); P. Masson-Oursel, *Le Yoga* (Paris, 1954); T. Brosse, *Etudes expérimentales des techniques du Yoga*; JeanVarenne, *Le Yoga et la tradition hindoue* (Paris, 1973)。 (414)

《瑜伽經》及 Vyāsa 和 Vācaspatimiśra 注釋的翻譯，見 J. H. Woods, *The Yoga-System of Patañjali* (Combridge, Mass., 1914); Jean Varenne, *Huit Upanishads du yoga* (Paris, 1971); *Le Yoga et la tradition hindoue*, pp. 232-55（翻譯

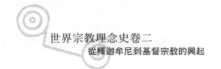
《瑜伽見奧義書》）。

《瑜伽經》有四章或四卷（*pādas*）。第一章51經，是關於「三昧」，第二章有55經，是關於「八種實修法」，第三章有55經，是關於「超人的知識和能力」（*vibhūti*），第四章有34經，是關於「獨存」，可以是後來增補的章節。

無論巴丹闍梨的年代為何（西元前2-5世紀），《瑜伽經》所闡述的苦行和冥想的技術確定是非常古老的。這些技術不是他或其同時代的人發明的；而是在他之前數個世紀的見證結果。而《瑜伽經》不可能經過多次的修改，以適應新的哲學情境。有許多作者對於原典加以注釋。這類作品有 Vyāsa 的 *YogaBhāṣya*（西元6-7世紀），後來有 Vācaspatimiśra 在其 *Tattvavaiśāradī* 的注解。這兩部作品是理解《瑜伽經》的重要文獻。見 Eliade, *Patañjali et le Yoga,* (Paris, 1962), pp. 10 sq.。

143. 關於瑜伽的技術，見 Eliade, *Le Yoga,* pp.57-108; *Patañjali et le Yoga,* pp. 53-101; J. Varenne, *Le Yoga et la tradition hindoue,* pp. 14-50。

關於制戒（*yamas*）和身心的訓練，見 Eliade, *Le Yoga,* pp. 58 sq.; Varenne, *Le Yoga,* pp. 121 sq.; Corrado Pensa, "On the Purification Concept in Indian Tradition, with Special Regard to Yoga," *East and West* n.s. 19(1969): 1-35, spéc. 11 sq.。

關於坐法（*āsanas*）和調息（*prāṇāyāma*），見 Eliade, *Le Yoga,* pp. 62-75, 374; *Patañjali et le Yoga,* pp. 5-7, 70; Varenne, *Le Yoga,* pp. 126-33。

關於總持（*dhāraṇa*）和靜慮（*dhyāna*），見 Eliade, *Le Yoga,* pp. 69-76, 384-85; Varenne, *Le Yoga,* pp. 141 sq.; Gerhard Oberhammer, "Strukturen yogischer Meditation," *Verl. der Österr. Akad. d. Wiss., Phil.-hist. Klasse* 322 (Vienne, 1977): 71 sq., 135 sq.。

(415) *144.* 關於自在天（Īśvara）在古典瑜伽時期的角色，見 Dasgupta, *Yoga as Philosophy and Religion,* pp. 85 sq.; Eliade *Le Yoga,* pp. 85 sq.。自在天在

《梨俱吠陀》、《夜柔吠陀》和《娑摩吠陀》都不曾出現，倒是《阿闥婆吠陀》有六次記載。尤其是在最早的《奧義書》和《婆伽梵歌》裡，自在天證明是所有追求解脫者的依歸。見 J. Gonda, *Change and Continuity in Indian Religion* (La Haye, 1965), pp. 139 sq. (《阿闥婆吠陀》裡的自在天)；pp. 144 sq. (奧義書和薄伽梵歌裡的自在天)；pp. 158 sq. (哲學和古典瑜伽裡的自在天)

145. 關於「悉地」(*siddhis*) 或成就，見 S. Lindquist, *Die Methoden des Yoga* (Lund, 1932), pp. 169-82; Lindquist, *Siddhi und Abhiññā: Eine Studie über die klassischen Wunder des Yoga* (Uppsals, 1935); J. W. Hauer, *Der Yoga,* pp. 326 sq.; Eliade, *Yoga,* pp. 84 sq., 384(bibli.); A. Janàček, "The Methodical Principle in Yoga according to Patañjali's Yogasūtra," *ArOr* 19 (1951):514-67, spéc. 551 sq.; C. Pensa, "On the Purification Concept in Indian Tradition," pp. 6 sq., 16 sq.。

關於「三昧」，見 Eliade, *Le Yoga,* pp. 100 sq.; Hauer, *Der Yoga,* pp. 336 sq., Varenne, *Le Yoga,* pp. 169 sq.; Oberhammer, *Strukturen yogischer Meditation,* pp. 135 sq.。

除了巴丹闍梨所描述的「瑜伽八支」(也就是從制戒和三昧的實修法)，印度傳統裡還有「六支瑜伽」(*ṣaḍaṅga-yoga*)。前三支 (*yama*、*niyaman*、*āsana*) 缺如，但是多了巴丹闍梨傳統所沒有的「思擇」(*tarka*)，見 A. Zigmund-Cerbu, "The ṣaḍaṅgayoga," *HR* 3 (1963): 128, 134; C. Pensa, "Osservazzioni e riferimenti per le studio dello *ṣaḍaṅga-yoga*," *Istituto Orientale di Napoli, Annali* 19 (1969): 521-28。這個六支瑜伽的體系在佛教和坦特羅教都扮演重要的角色。見卷三，另見 Günter Grönbold, *Ṣaḍaṅga-yoga* (München, 1969), spéc. pp. 118 sq. (時輪坦特羅)；pp. 122 sq. (六支瑜伽論師)。

146. 關於究竟解脫和生解脫 (*jīvan-mukta*)，見 Eliade, *Le Yoga,* pp. 100

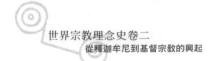

sq.; cf. Roger Godel, *Essai sur l'expérience libératrice* (Paris, 1951); Varenne, *Le Yoga*, pp. 162-63。「既然他們現在超越善惡,這些生解脫者就不再顧及世界的價值;他們可以為所欲為。因此有許多瑜祇宣稱(或是認真地相信)他們已經得到三昧,而在世間裡就像「生活在天界」一般。從形上學來看,他們的確可以這麼說,因為他們已經不再造業受果。因為生解脫者已經從所有欲望解脫(因為他已經除去所有習氣),所以他們不造業,因為已解脫的靈魂不再受到業感,因此不會受果。在這個境界裡的所有行為都是不受業果的,也就是說,生解脫者是在「獨存」的境界(Varenne, *Yoga*, p. 162)。

(416)

147. 關於佛陀生平的許多研究裡,我們僅舉其重要者:E. J. Thomas, *The Life of the Buddha as Legend and History* (London, 1927); A. Foucher, *La Vie du Bouddha d'après les textes et les monuments de l'Inde* (Paris, 1949); H. von Glasenapp, *Buddha: Geschichte und Legende* (Zurich, 1950)。關於傳說的歷史價值的分析,見 Ernst Waldschmidt, "Die Überlieferung vom Lebensende des Buddha," *Abhandlungen der Akademie der Wissenschaften in Göttingen, Phil.-hist. Klasse*, 3. ser. nos. 29, 30 (1944, 1948); E. Lamotte, "La légende du Bouddha," *RHR* 134 (1947): 37-71; Lamotte, *Histoire du Bouddhisme indien, des origines à l'ère Śaka* (Louvain, 1958), pp. 16 sq.; André Bareau, "La légende de la jeunesse du Bouddha dans les Vinayapiṭaka anciens," *Oriens Extremus* 9 (1962): 6-33; Bareau, *Recherches sur la biographie du Bouddha dans les Sūtrapiṭaka et les Vinayapiṭaka anciens, vol. 1: De la Quête de l'Eveilà la conversion de Śāriputra et de Maudgalāyana*(Paris, 1963); vol. 2: *Les derniers mois, le parinirvāṇa et les funérailles* (Paris: Ecole Française de l'Extrême-Orient, 1970); Bareau, "The Superhuman Personality of the Buddha and Its Symbolism in the Mahāparinirvāṇasūtra of the Dharmaguptaka" 收錄於 Joseph M. Kitagawa et Charles H. Long, eds., *Myths and Symbols: Studies in Honor of Mircea Eliade* (Chicago,1969), pp. 9-21; Bareau, "Le Parinirvāṇa du Bouddha et la naissance de la religion bouddhique," *BEFEO* 64 (1974): 275-99。對於最近的詮釋的分析，見 Frank E. Reynolds, "The Many Lives of Buddha: A Study of Sacred Biography and Theravāda Tradition" 收錄於 Frank E. Reynolds et Donald Capps, eds., *The Biographical Process* (La Haye, 1976), pp. 37-61。Reynolds 提到十九世紀末到二十世紀初的學者們各自的方法學立場，「神話取向」（E. Sénart、H. Kern、A. K. Coomaraswamy）和「歷史主義者」（H. Oldenberg、T. W. et Caroline A. F. Rhys-Davids），分析最近兩種立場的整合嘗試。

Benjamin I. Schwartz 中肯地提醒對於佛教以及救世運動的興起的社會學解釋的謬誤：「即使正如 Prof. Thapar 所説，佛教是興起於城市和貿易的環境，我們也不會認為那是什麼中產階級的哲學。儘管她強調原始佛教的政治和社會學説，但是我們不覺得那是佛教的重心。」（"The Age of Transcendence" 收錄於 "Wisdom, Revelation and Doubt: Perspectives on the First Millennium B.C.," *Daedalus,* 1975, p. 4）

關於巨人（*mahāpuruṣa*）的象徵，見 A. K. Coomarsawamy, "The Buddha's *cūḍā,* Hair, and *uṣṇīṣa*, Crown," *JRAS* 26 (1928): 815-40; Stella Kramrisch, "Emblems of the Universal Being," *Journal of the Indian Society for Oriental Art* 3 (Calcutta, 1935): 148-60; A. Wayman, "Contributions Regarding the Thirty-Two Characteristics of the Great Person," in the Liebenthal Festschrift, ed. K. Roy, *Sino-Indian Stuides* 5 (Santiniketan, 1957): 243-60。

「七步」的主題使我們想起馬利亞的童女生子，見〈雅各第一福音〉 (417) 第 6 章，以及 Henri de Lubac, *Aspects du Bouddhisme* (Paris, 1951), pp. 126-27。

菩薩出現在聖殿裡，也可以和〈偽馬太福音〉23 作比較：「當聖母馬利亞和小孩進入埃及聖殿，所有神像都倒在地上。」但是這兩個神話有個重大的差別，埃及神像倒地，是因為基督禁止崇拜假神，但是婆羅門的諸神拜倒，是頂禮未來的救主。見 Foucher, *La vie du Bouddha,* pp. 55 sq.。

關於阿私陀仙的故事，在《方廣大莊嚴經》（*Lalita Vistara*）裡有詳細的敘述。見 Foucher, *La vie du Bouddha,* pp. 61-63。Foucher 也附有 11 幅圖。

阿私陀仙的預言很類似西面抱著耶穌稱頌上帝的故事（「因為我的眼睛已經看見你的救恩。」）（〈路加福音〉2:8-20, 25-35）見 Foucher, pp. 63-64.; J. Brinktrine, "Die buddhistische Asita-Erzählung als sog. Parallele zum Darstellung Jesu im Tempel," *Zeitschrift für Missionswissenschaft und Religionswissenschaft* 38 (1954): 132-34; F. G. W. de Jong, "L'épisode d'Asita dans le Lalitavistara," *Asiatica: Festschrift E. Weller* (Leipzig, 1954), pp. 312-25; C. Regamey, " Encore àpropos du Lalitavistara et de l'épisode d'Asita," *Asiatische Studien* 27 (1973): 1-34。

148. 關於追求開悟，見 A. Foucher, *La vie du Bouddha,* pp. 112 sq.。

關於順世外道（*Lokāyatas*），見 Eliade, *Le Yoga,* pp. 366-67; Debiprasad Chattopadhyaya, *Lokāyata: A Study in Ancient Indian Materialism* (New Delhi. 1959)。關於魔羅的試煉，見 E. Windishch, *Māra und Buddha* (Leipzig, 1895), pp. 87 sq., pp. 214 sq.（比較耶穌的誘惑）。佛經裡關於魔羅的故事，見 J. Masson, *La religion populaire dans le Canon bouddhique pāli* (Louvain, 1942), p. 103-13; E. Lamotte, *L'Enseignement de Vimalakīrti* (Louvain, 1962), pp. 204-5, n. 121。亦見 J. Przyluski, "La place de Māra dans la mythologie bouddhique," *JA* 210 (1927): 115-23; A. Wayman, "Studies in Yama and Māra," *IIJ* 3 (1959): 44-73, 112-31; T. O. Ling, *Buddhism and the Mythology of Evil* (London, 1962); J. W. Boyd, *Satan and Māra: Christian and Buddhist Symbols of Evil* (Leiden, 1975)。G. Fussmann 最近證明，在某些地方，魔羅是他們的最高神，見氏著 "Pour une problématique nouvelle des religions indiennes anciennes," *JA* 265 (1977): 21-70, spéc. pp. 52 sq.。

149. 關於「正覺」的研究文獻，見 Foucher, *La vie du Bouddha,* pp. 363-64。菩提樹的比較象徵，見 H. de Lubac, *Aspects du Bouddhisme,* pp.55 (418) sq.。關於「天眼」（*divya-cakṣu*），見 E. Lamotte, *L'Enseignement de Vimalakīrti,* pp. 168-69, n. 57。在波羅奈的説法的巴利文和梵文經典，見 Lamotte, *Histoire,* vol. 1, p. 28, n. 1。關於佛陀使用的祕訣，見 Eliade, *Méphistoph-élès et l'Androgyne,* pp. 200 sq.。關於「悉地」（神通）以及佛陀如何告誡弟子慎用，見 Eliade, *Le Yoga,* pp. 181 sq., §159。

關於阿羅漢，見 A. Bareau, "Les controverses relatifs à la nature de l'Arhant dans le Bouddhisme ancien," *IIJ* 1 (1957): 241-50。

關於「轉輪聖王」（*cakravartin*），見 J. Auboyer, "The Symbolism of Sovereignty in India according to Iconography," *Indian Art and Letters* 12 (1938): 26-36; K. V. Soundara Rajan, "The Chakravarti Concept and the Chakra (Wheel)," *Journal of Oriental Research* (Madras) 27 (1962): 85-90。亦見 A. J. Prince, "The Concepts of Buddhahood in Earlier and Later Buddhism," *Journal of the Oriental Society of Australia* 7 (1970): 87-118。

關於最早的歸依，見 A. Foucher, *La vie du Bouddha,* pp. 211-40, 368-71。最早的教團（*saṃgha*）的歷史，見《巴利律大品》（*Mahāvagga*）（T. W. Rhys-Davids 和 Hermann Oldenberg 英譯，*Vinaya Texts,* vol. 1, Oxford, 1881）。

150. 佛陀各個階段的分析，見 Lamotte, *Histoire,* pp. 718-56。亦見第 147 節所引 E. Waldschmidt 的研究，以及 E. Burnouf, *Introduction à l'histoire du bouddhisme indien* (Paris, 1844)。關於提婆達多的破僧，見 A. M. Hocart, "Buddha and Devadatta," *Indian Antiquary* 52 (1923): 267-72; 54 (1925): 98-99; E. Waldschmidt, "Reste von Devadatta-Episoden," *ZDMG* 123 (1964): 552 sq.; B. Mukherjee, *Die Überlieferung von Devadatta, der Widersacher des Buddha, in den kanonischen Schriften* (München, 1966); E. Lamotte, "Le Bouddha insul-ta-t-il Devadatta?" *BSOAS* 33 (1970): 107-15。

關於佛陀最後的飲食，見 A. Bareau, "La nourriture offerte au Bouddha lors de son dernier repas" 收錄於 *Mélanges de l'Indianisme...Louis Renou* (Paris, 1968), pp. 61-71; cf. Bareau, "La transformation miraculeuse de la nourriture of-ferte au Bouddha par le Brahmane Kasibhāradvāja" 於 *Etudes tibétaines dédiées*

à Marcelle Lalou (Paris, 1971), pp. 1-10。

關於佛陀的葬禮，見 C. Vaudeville, "La légende de Sundara et les funérailles du Bouddha dans l'Avadānaśataka," *BEFEO* 53 (1964): 71-91。

關於佛陀的遺骨，見 J. Przyluski, "Le partage des reliques du Bouddha," *Mélanges Chinois et Bouddhiques* 4 (1935-34):341-67; B. C. Law, "An Account of the Six Hair Relics of the Buddha (Chakesadhātuvaṃsa)," *Journal of Indian History* 30(1952): 193-204; E. Waldschmidt, "Der Buddha preist die Verehrungs-würdigkeit seiner Reliquien" 重刊於 *Von Ceylon bis Turfan* (Göttingen, 1967), pp. 417-27。

(419) *151.* 關於和佛陀同時代的苦行以及教派，見 Eliade, *Le Yoga,* p. 388-89; J. Filliozat, *L'Inde classique,* vol. 2, pp. 511-16; E. Lamotte, *Histoire,* vol. 1, pp. 6 sq.。

152-53. 耆那教經典的最重要的翻譯，見 H. Jacobi, *Jaina Sūtras, SBE,* vols. 22, 45 (Oxford, 1887); W. Schubring, *Worte Mahāvīras* 收錄於 *Quellen zur Religionsgeschichte* (Göttingen, 1926) XIV; Schubring, *Die Jainas* 於 *Religion-sgeschichtliche Lesebuch*(Tübingen, 1927), VII。

關於參考文獻和通論，見 C. L. Jain, *Jaina Bibliography* (Calcutta, 1945); L. Alsdorf, *Les études jaïna: Etat présent et tâches futures* (Paris, 1965); Jozef Deleu, "Die Mythologie des Jainismus," in: *Wörterbuch der Mythologie,* vol. 2, pp. 207-84; ibid., pp. 212-13（關於耆那教聖典）。概論性研究，見 H. von Glasenapp, *Der Jainismus* (Berlin,1925); A. Guérinot, *La religion djaina* (Paris, 1926); E. Leumann, *Buddha und Mahāvīra* (München, 1926); W. Schubring, *Die Lehre der Jainas nach den alten Quellen dargestellt*(= *Grundriss der indoarischen Philologie und Altertumskunde,* III, 7, Berlin, 1935); C. della Casa, *Il Gianismo* (Turin, 1962); C. Caillat, *Les expiations dans le rituel ancien des religieux jaina* (Paris, 1965); Caillat, "Le Jainisme" (*Histoiredes religions,* I, 1970, pp.

1105-45)。亦見第 190 節所引書目。

大雄兩次受胎的神話是耆那教的藝術和造像常見的主題。見 W. N. Brown, *Miniature Paintings of the Jaina Kalpasūtra* (Washington, D.C.: Smith-sonian Institution, 1934); T. N. Ramachandran, *Tiruparuttikuṇṛam and Its Temples* (Madras: Government Press, 1934); Ananda K. Coomaraswamy, "The Conqueror's Life in Jaina Painting," *Journal of the Indian Society of Oriental Art*, III, Calcutta, 1935, 1-18。

關於大雄誕生時的夜明如晝，見 *Akārāṅga Sūtra* 2. 15. 7 (= *GainaSūtrars*, I, trad., H. Jacobi, *SBE*, XXII, Oxford, 1884, p. 191)。

關於巴溼伐那陀和「渡河者」的神化和造像，見 Heinrich Zimmer, *Philosophies of India*, Bollingen Series 26 (Princenton, 1969), pp. 181-234; Jozef Deleu, "Die Mythologie des Jainismus," pp. 252-53, 270-43。

154. 關於末迦利瞿舍梨（Makkhali Gośāla）以及阿時縛迦，見 Eliade, *Le Yoga,* p. 389。關於瞿舍梨最完整的文獻，是耆那教論典《薄伽梵提》（*Bhagavatī*）。最出色的論著是 A. L. Basham, *History and Doctrines of the Ājīvikas: A Vanished Indian Religion* (London, 1951)（使用坦米爾語的資料）。阿時縛迦（*ājīvika*）這個字的字根 *ājīva* 意為「生活方式或某類存有的業命」，但是也可能源自 *ā jīvāt*，意為「終身」，指在解脫前必須經歷數生。

155. 許多巴利文經典都有英譯，見 T. W. et C. A. Rhys-Davids 翻譯的 *Dialogues of the Buddha*(*Dīgha Nikāya*), I-III (*Sacred Books of the Buddhists,* II-IV)(Oxford, 1899-1921); *Further Dialogues of the Buddha* (*Majjhima Nikāya*), trad. Lord Chalmers, I-II (*Sacred Books of the Buddhists,* V-VI) (Oxford, 1926-27); *The Book of Kindred Sayings* (*Saṃyutta Nikāya*), trad. C. A. F. Rhys-Davids et F. L. Woodward (Pali Text Society, Translation Series, nos. 7,10, 13-14, 16) (London, 1917-30), *The Book of Gradual Sayings* (*Aṅguttara* (420)

Nikāya), trad., F. L. Woodward et E. M. Hare (P. T. S. Translation Series, nos. 22, 24-27) (London, 1932-36); *Minor Anthologies,* I, *Dhammapāda, Khuddakap-āṭha,* trad., T. W. Rhys-Davids (*Sacred Books of the Buddhists,* no. 7) (Oxford, 1931); *Minor Anthologies,* II: *Udāna,* "Verses o f Uplift," and Itivuttaka, "As It Was Said," trad., F. L. Woodward (*Sacred Books of the Buddhists,* no. 8) (Oxford, 1935)。

最實用的文選，見 H. C. Warren, *Buddhism in Translation* (Cambridge, Mass., 1896); Edward Conze, *Buddhist Texts through the Ages* (Oxford, 1954; New York: Harper Torchbooks, 1964); E. Conze, *Buddhist Scriptures*(Harmondsworth, 1959); E. J. Thomas, *Early Buddhist Scriptures* (London, 1935); Lilian Silburn, *Le Bouddhisme* (Paris, 1977)。

關於各種譯本的書目，見 André Bareau, "Le bouddhisme indien" 收錄於 *Les Religions de l'Inde,* III, Paris, 1966, pp. 240-43; ibid., pp. 227-34, "Histoire de l'étude du bouddhisme indien"。

156. 關於佛陀的基本教義的研究甚豐，最好的綜論是 E. Conze, *Buddhism: Its Essence and Development* (Oxford, 1951; New York: Harper Torchbooks, 1959), pp. 11-69; Walpola Rahula, *L'Enseignement du Bouddha d'après les textes les plus anciens* (Paris, 1961); A. Bareau, "Le bouddhisme indien," pp. 13-82。亦見 M. Walleser, *Die philosophische Grundlage des älteren Buddhismus* (Heidelberg, 1904); Hermann Oldenberg, *Buddha: Sein Leben, seine Lehre und seine Gemeinde* (Berlin, 1881, 1921); Oldenberg, *Die Lehre der Upanishaden und die Anfänge des Buddhismus* (Göttingen, 1915); E. Lamotte et J. Przyluski, "Bouddhisme et Upaniṣad," *BEFEO*32 (1932): 141-69; A. K. Warder, "On the Relationship between Early Buddhism and Other Contemporary Systems," *BSOAS* 18 (1965): 43-63。

157. 關於十二緣起的教義，見 Surendranath Dasugupta, *A History of In-*

dian Philosophy, vol. 1 (Cambridge,1922), pp. 84 sq.; A. Bareau, "Le bouddhisme indien," pp. 40 sq.; W. Rahula, *L'Enseignement du Bouddha,* pp. 79 sq.; B. C. Law, "The Formulation of the Pratītyasamutpāda," *JRAS* 104 (1937): 287-92; A. C. Banerjee, "Pratītyasamutpāda," *Indian Historical Quarterly* 32 (Calcutta, 1956): 261-64; Thera Narada, "Kamma, or the Buddhist Law of Causation," in D. R. Bhandarkar et al., eds., *B. C. Law Volume,* II (Poona, 1946), pp. 158-75。亦見 L. de la Vallée-Poussin, *Bouddhisme: Etudes et matériaux: Théorie des Douze Causes* (Ghent, 1931)。

關於無我（*anatta*）的教義，見 L. de la Vallée-Poussin, *Nirvāṇa* (Paris, 1925); E. Conze, *Le Bouddhisme,* pp. 16 sq.; Conze, *Buddhist Thought in India* (421) (London, 1962), pp. 34 sq.; W. Rahula, *L'Enseignement,* pp. 77 sq.。亦見 Maryla Falk, "Nairātmya and Karman" 收錄於 *Louis de la Vallée-Poussin Memorial Volume* (Calcutta, 1940), pp. 429-64。

關於原始佛教提出的問題，見 Frank Reynolds, "The Two Wheels of Dhamma: A Study of Early Buddhism" 收錄於 Bardwell L. Smeith, ed., *The Two Wheels of Dhamma* (Chambersburg, Pa., 1972), pp. 6-30; Reynold "A Bibliographical Essay on Words Related to Early Theravāda and Sinhalese Buddhism," ibid., pp. 107-21。

158. 西方學者對於涅槃的詮釋，見 Guy Richard Welbon, *The Buddhist Nirvāṇa and Its Western Interpreters* (Chicago and London, 1968)，特別是關於 Hermann Oldenberg（pp. 194-220）、T. W. et C. A. F. Rhys-Davids（pp. 221-48）以及 L. de la Vallée-Poussin 和 T. Stcherbatsky 的論戰（pp. 248-96）。關於 la Vallée-Poussins 最早的詮釋，見氏著 *The Way to Nirvāṇa: Six Lectures on Ancient Buddhism as a Discipline of Salvation* (Cambridge, 1917), *Nirvāṇa* (Paris,1925); "Nirvāṇa," in: *Indian Historical Quarterly* 4 (1928): 347-48。關於 Stcherbatsky 的見解，見氏著 *The Central Conception of Buddhism and the Meaning of the Word "Dharma"*(London, 1923); *The Conception of Buddhist Nirvāṇa* (Leningrad, 1927)。但是，在長期的論戰之後，他們都接受對方的立場，見 T. Stcherbatsky, "Die drei Richtungen in der Philosophie des Buddhismus," *Rocznik Orjentalistyczny* 10 (1934): 1-37; L. de la Vallée-Poussin, "Buddhica," *HJAS* 3 (1938): 137-60。

Friedrich Heiler 以宗教經驗的觀點去探討涅槃的觀念，見氏著 *Die buddhistische Versenkung* (München, 1981)。

關於「解脫道」和入會禮的象徵，見 Eliade, *Yoga: Immortality and Freedom,* trad.. Willard R. Trask, Bollingen Series 56 (Princenton, 1970), pp. 155 sq.。關於瑜伽和佛教的關係，見 L. de la Vallée-Poussin, "Le bouddhisme et le Yoga de Patañjali," *Mémories Chinois et Bouddhiques* 5 (Bruxelles, 1937): 223-42; Eliade, *Le Yoga,* pp. 169 sq.; ibid., pp. 382-83; Gerhard Oberhammer, *Strukturen yogischer Meditation* (Vienne, 1977), pp. 102sq.。

159. 關於佛教的禪法，見 Eliade, *Le Yoga,* pp. 173 sq., pp. 383 sq.; Grace Constant Lounsberry, *Buddhist Meditation in the Southern School* (London, 1950); E. Conze, *Buddhist Meditation* (London,1956)。

關於 jhāyins 和 dhammayogas 見 L. de la Vallée-Poussin, *Musīla et Nārada,"* *Mémoires Chinois et Bouddhiques* V (1937): 189-222。關於「神通」（*abhijñās*），見 L. de la Vallée-Poussin, "Le Bouddha et les Abhijñās," *Le Muséon* 44 (1931):335-42; Eliade, *Le Yoga,* pp. 183 sq., 384（關於神通的參考文獻）。

(422) *160.* 關於阿羅漢，見 Eliade, *Le Yoga,* pp. 178sq.; E. Conze, *Le Bouddhisme,* pp. 91 sq.; A. Bareau, "Le bouddhisme indien," pp. 60 ff,. 123 sq.; Isaline Horner, *The Early Buddhist Theory of Man Perfected: A Study of the Arhat* (London, 1936)。

關於無為法（asaṃskṛta），見 André Bareau, *L'Absolu en philosophie bouddhique: Evolution de la notion d'asaṃskṛta*（Paris, 1951）。

關於佛陀「破壞房子」的比喻，阿羅漢的「破屋頂」，見 Eliade, *Images et Symboles, pp. 100 sq.; ibid., "Briser le toit de la maison:Symbolisme architectonique et physiologie subtile," in: Studies in Mysticism and Religion, Presented to Gershom G. Scholem* (Jerusalem,1967), pp. 131-39。

161. 關於太初時期的義大利及羅馬的起源，為數龐雜的相關文獻，見 Jacques Heurgon, *Rome et la Méditerranée occidentale jusqu'aux guerres puniques* (1969), pp. 7-50; Pietro de Francisci, *Primordia civitatis* (Rome, 1959) pp. 197-405（針對古羅馬時期的社會結構和宗教概念進行討論）。這些文獻儘管有參考價值，但在閱讀時必須明辨慎思。（見 G. Dumézil 的評論：*Revue Belge de philologie et d'histoire* 39, 1961, 67 sq.; Pierangelo Catalano, *Contributi allo studio del diritto augurale*, I, Turin, 1960, pp. 402sq., 542sq.）

第一批懂得煉銅及行火葬儀式的雅利安語系民族，在兩千年前定居於義大利北部；他們也正是所謂的「護城河文明」的創建者（terramare civilization），這個詞源自於「*terra mar[n]a*，也就是肥沃土地的意思，由於土壤裡面含有豐富的有機物質，農民因而能豐收午午。」見 Heurgon, *Rome et la Méditerranée occidentale*, p. 64）。第二波移民，則於西元前十世紀初期，遷徙到波隆那的 Villanova，發展出 Villanovans 文化，他們使用鐵器，並將往生者的骨灰置於陶製的甕棺裡，埋在墓穴中；在西元前一千年左右，古拉丁人即由 Villanovan 文明所支配。

關於羅馬通史的作品當中，值得一提的有： A. Piganiol, *Histoire de Rome*, Paris, 1962; G. de Sanctis, *Storia dei Romani*, I-II, *La conquista del primato in Italia*, 2d ed. (Florence, 1956-60); L. Pareti, *Storia di Roma*, vol. 1(Turin, 1951); Robert E. A. Palmer, *The Archaic Community of the Romans* (Cambridge, 1970)（但本書作者在未讀過杜美夕作品的情況下，竟率而提筆批判。）

G. Wissowa, *Religion und Kultus der Römer*, München, 1912，在這部奠基的作品之後，還有數篇探討羅馬王朝與共和時期之宗教的研究問世，尤

其見：Cyril Bailey, *Phases in the Religion of Ancient Rome* (1932); Nicola Turchi, *La Religione di Roma antica* (1939); A. Grenier, *Les religions étrusque et romaine* (1948); Franz Altheim, *Römische Religionsgeschichte*, Baden-Baden, 1931; Jean Bayet, *Histoire psychologique et politique de la religion romaine* (1957, 1973); Kurt Latte, *Römische Religionsgeschichte (1960)*（但是要配合參考 A. Brelich, SMSR 32 [1961]: 311-54 的評論，以及 G. Dumézil 在下引書中所做的批注）；Georges Dumézil, *La religion romaine archaïque (1966, 1974); Pierre Boyancé, Etudes sur la religion romaine* (Rome, 1972)。

拉丁文史料的譯本選集，見 *Religionsgeschichtliches Lesebuch*; K. Latte, *Die Religion der Römer und der Synkretismus der Kaiserzeit* (Tübingen, 1927); Frederick C. Grant, *Ancient Roman Religion* (New York, 1957)。另見 J. G. Frazer 的翻譯和注解，*The Fasti of Ovid* (London, 1919)，堪稱難得一見的資料寶庫。

關於義大利、古威尼斯（Paleo-Venetian）、梅薩比人（Messapic）（羅馬時期之前居住在義大利東南方的印歐民族之一）以及古西西里的宗教，見 Aldo Luigi Prosdocimi 的通論，"Le religioni dell'Italia antica" 收錄於 *Storia delle religioni*，以 P. Tacchi Venturi 為基礎，由 Giuseppe Castellani 所編輯，第六版，第二冊 (Turin, 1971), pp. 673-724（書中有整理得很不錯的書目）。亦見 F. Altheim, *A History of Roman Religion*, pp. 18-33。

關於在義大利中部 Umbria（現今之 Gubbio）所發現的 Iguvine 青銅版，以及其中所描述神學院每年固定舉行之祭典（城市的潔淨禮和整個部族的滌淨禮）細節的文獻，見 J. W. Poultney, *The Bronze Tables of Iguvium* (Baltimore, 1959)（附有注釋的版本）；G. Devoto, *Tabulae Iguvinae*, Rome, 1962（內含文獻和注釋）；G. Dumézil, "Les trois grands dieux d'Iguvium," 收錄於 *Idées romaines* (1969), pp. 167-78（1955）；A. J. Pfiffig, *Religio Iguvina: Philologische und religionsgeschichtliche Studien zu den Tabulae Iguvinae* (Vienne, 1964)。

關於羅穆路斯（Romulus）和列姆斯（Remus）的神話，見 Michael

Grant, *Roman Myths* (London and New York, 1971), pp. 91 sq.; Jaan Puhvel, "Remus et Frater," *HR* 16 (1975): 146-57; Bruce Lincoln, "The Indo-European Myth of Creation," *HR* 16 (1975): 137 sq.。

　　除此之外，流傳最廣的版本是他的生命在暴風雨中被奪走；另一個傳說則是，因為羅穆路斯變成暴君，最後因而被元老院所殺，後來，暗殺他的刺客將他的屍首肢解，用衣服將屍塊包起來扔掉；見 Dionysius of Halicarnassus, *Rom. arch*. 2. 56; Plutarch, *Romulus* 27; Ovid, *Fasti* 2. 497。Puhvel 將這個版本拿來和 Puruṣa、Ymir 和 Gayōmart 的肢解情節相比較；在羅馬神話中，這個插曲以列姆斯來取代他的雙胞胎兄弟，「因為一個人只能被殺一次」("Remus et Frater," p. 155)。

　　關於建城的宇宙論意義，見 Eliade, *Le Mythe de l'éternel retour*, pp. 30 sq.; Werner Müller, *Die heilige Stadt (Stuttgart, 1961), spéc pp. 9-51 (Roma quadrata)。關於求神問卜所得預兆的象徵意義（羅穆路斯所見到的十二隻鷹），見 Jean Hubaux, Les grands mythes de Rome* (1949), pp. 1-26; Eliade, *Le Mythe de l'éternel retour*, pp. 157 sq.; Dumézil, *La rel. rom. arch., pp. 499-500*。

162.　　關於印歐的文化遺產，見 G. Dumézil, *L'héritage indoeuropéen à Rome* (1949)，以及最重要的 *Mythe et épopée* (1968), vol. 1, pp. 259-437，本書研究分析了最初四位國王的傳說。亦見 Dumézil, *Les dieux souverains des* (424) *Indo-Européens* (1977), pp. 158 sq.。於薩賓人戰爭的神話原型，見 *L'héritage*, pp. 127 sq.; *Mythe et épopée*, vol. 1, pp. 290 sq.; *La rel. rom. arch., pp. 82 sq.* 關於印歐神話主題偽裝成賀拉提烏斯（Horatius）和庫里阿提烏斯（Curiatii）的歷史，以及庫克洛斯（Cocles）和史卡弗拉（Scaevola）的歷史，見 *Dumézil, Horace et les Curiaces* (1942); *La rel. rom. arch.*, p. 90（其中詳列了作者早期的作品目錄）。庫克洛斯和史卡弗拉（「獨眼怪」和「左手怪」）這兩個身有殘疾的人，後來從 Lars Porsena 的手中成功地拯救了羅馬，「庫克洛斯眨了一下眼睛，就讓伊特拉斯坎軍隊為之癱瘓；史卡弗拉

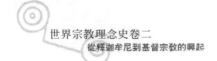
以犧牲自己的右手，來揭穿伊特拉斯坎國王所編出之英雄行徑的謊話。」
這則傳說和斯堪地那維亞神話中的獨眼神和獨臂神，歐丁和托爾，有著異
曲同工之妙；歐丁為了求取超自然的智慧，不惜獻祭自己的一隻眼睛作為
代價，托爾則是為拯救諸神免於危難，而被魔狼芬利爾咬斷右手。
（Dumézil, *La rel. rom. arch.*, p. 90）。

　　見 Dumézil 針對 H. J. Rose 的研究論文，尤其是那些和「神意」（num-
en）和「魔力」（mana）有關的論述，見 *HTR* 29 [1951]: 109-30），以及
H. Wagenwoort 的作品 *Roman Dynamism*, 1950 收錄於 *La rel. rom. arch.*, pp.
36 sq.（其中蒐集了早期的書目）。Dumézil 精闢地分析了一些羅馬宗教的
概念，如：*ius*、*credo*、*fides*、*augur*、*maiestas*、*gravitas*，這一系列的研
究重刊於 *Idées romaines* (1969), pp. 31-152。亦見 P. Grimal, "'Fides' et le se-
cret," *RHR* 185 (1974): 141-55。

163.　　關於羅馬人宗教經驗的特徵，見 Pierre Grimal, *La civilisation rom-
aine* (1960), pp. 85 sq.; Dario Sabbatucci, "Sacer," *SMSR* 23 (1951-52): 91-101;
H. Fugier, *Recherches sur l'expression du sacré dans la langue latine* (1963); R.
Schilling, "Magie et religion à Rome," *Annuaire de l'Ecole Pratique des Hautes
Etudes*, sec. 5 (1967-68), pp. 31-55。

　　關於災異的宗教功能，見 J. Bayet, "Présages figuratifs déterminants dans
l'antiquité gréco-latine" 收錄於 *Hommages à F. Cumont* (Bruxelles, 1936), I, pp.
27-51; R. Bloch, *Les prodiges dans l'antiquité classique* (1963); G. Dumézil, *La
rel. rom. arch.*, pp. 584 sq., p. 590, n. 1。李維（21.62）記載，這些異常之事
大抵發生在西元前 218 年冬天，其中最具戲劇性的是在第二次迦太基戰爭
所發生的事。在台伯河右岸的 Forum Boarium，有一隻牛自行爬上了第三
層，然後一躍而下；天空出現船隻燃燒的畫面；Spes 神廟被閃電打到；朱
諾的長矛竟然自己會動；在鄉下，人們遠遠地看見穿著白衣的幽靈；在 Pic-
enum，天還下起一陣石雨⋯⋯等等。經過占卜之後，《西卜林之書》顯示
要舉行九天的祭典。於是，整個城市為了預兆的解釋而忙得人仰馬翻：首

先，在祭典之前，要先舉行潔淨禮；接下來，他們將重達四十磅的黃金獻祭給朱諾神廟，並在阿溫提努斯丘豎立青銅女神像作為祭品……等等。更多相關資料，見 E. de Saint-Denis, "Les énumérations de prodiges dans l'œuvre de Tite-Live," *Revue de philologie* 16 (1942): 126-42。

在瓦羅所述古人列出支配不同農耕動作的諸神名單中：Vernactor（職 (425) 司翻土）、Imporcitor（犁田）、Institor（播種）、Oburator（埋肥）、Occator（耙地）、Sarritor（除草）、Subruncinator（二度施肥）、Messor（收割）、Connector（運送農作）、Conditor（儲存農作）、Promitor（把農作搬出倉庫）。這份名單出自於 Fabius Pictor 的 *Libri iuris pontificii*，由瓦羅報導，見收錄於 Servius (ad Vergil, *Georg.* 1. 21)的一篇作品；另見 J. Bayet, "Les feriae sementinae," *RHR* 137 (1950): 172-206，重印本收錄於 *Croyances et rites dans la Rome antique*, p. 184; Dumézil, *La rel. rom. arch.*, pp. 51 sq.。

164. 關於家祭，見 A. de Marchi, *Il culto privato di Roma antica*, 2 vols. (1896-1903); Dumézil, *La rel. rom. arch.*, pp. 600-610。亦見 Gordon Williams, "Some Aspects of Roman Marriage Ceremonies and Ideals," *Journal of Roman Studies* 48 (1958): 16-29; G. Piccaluga, "Penates e Lares," *SMSR* 32 (1961): 81-87; J. M. C. Toynbee, *Death and Burial in the Roman World* (1971)。關於馬內士（Manes），見 F. Bömer, *Ahnenkult und Ahnenglaube im alten Rom (ARW* Beiheft no. 1, 1943); Latte, *Römische Religionsgeschichte*, p. 100, n. 2 (bibli.)。

亡靈（lemures）可以在五月的渡亡節（*lemures*）返家探視，並不表示他們可以在任何時候回來騷擾還健在的親人；見 Dumézil, *La rel. rom. arch.*, p. 373。

在八月二十四日、十月五日及十一月八日，當世界（*mundus*）（通往冥府的溝渠）打開時，亡靈也能回家。「當『世界』開放時，冷酷的冥府諸神的大門也同時大開。」（引自 Varro，見 Macrobius, *Saturnalia* 1. 16.

18）。但是，羅穆路斯也曾把那「所有初收都拋到溝裡，以認可良善風俗和實際需要」，另外還有他的同伴的家鄉的泥土。（Plutarch, *Romulus* 11. 1-4; Ovid, *Fasti* 4. 821-24）見 Stefan Weinstock, "Mundus patet," *Rheinisches Museum* 45 (1930): 111-23; Henri Le Bonniec, *Le culte de Cérés à Rome* (1958), pp. 175-84; W. Müller, *Die heilige Stadt*, pp. 24-27, 33; Dumézil, *La rel. rom. arch.*, pp. 356-58。

關於獻身（*devotio*）的儀式（Livy, 8.9-10），見 Dumézil 的描述和注釋，*La rel. rom. arch.*, pp. 108 sq.。

165. 在羅馬，如同在每個傳統社會一樣，祭典節慶將時間給神聖化了，而這也說明了曆書的重要性。關於羅馬曆法，見 A. Grenier, *Rel. étrusque et romaine*, pp. 94 sq.; J. Bayet, *Histoire psychologique*, pp. 89 sq., p. 298 (bibli.); G. Dumézil, *Fêtes romaines d'été et d'automne* (1975)。

關於各種節慶及其守護神，見 L. Delatte, *Recherches sur quelques fêtes mobiles du calendrier romain* (Liège, 1957); Dumézil, *La rel. rom. arch.*, pp. 339 sq.; Giulia Piccaluga, *Elementi spettacolari nei rituali festivi romani* (Rome, 1965)。關於聖地「用牆圍起的地方」（*pomerium*）以及「主祭（*inauguratio*）獻神的地方」（*templum*），見 Pierangelo Catalano, *Contributi allo studio del diritto augurale*, vol. 1, pp. 292 sq.; vol. 248 sq., 305 sq.。

(426)

關於神職人員，見 J. Marquart und T. Mommsen, *Handbuch der römische Altertümer*, 2. ed. (7 vols., 1876-86), vol. 3, pp. 234-415; Wissowa, *Religion und Cultus der Römer*, pp. 479-549; K. Latte, *Römische Religionsgeschichtc*, pp. 195-212, 397-411; Dumézil, *La rel. rom. arch.*, pp. 567-83。關於國王以及他和祭司長們的關係，見 Dumézil, "Le *rex* et les *flamines maiores*" 收錄於 *The Sacred Kingship* (Leiden, 1959), pp. 407-17. 亦見 Dumézil, *La préhistoire des flamines majeurs," RHR* 118 (1938): 188-200。

關於祭司團及「祭司長」（*pontifex maximus*），見 G. Rohde, *Die Kultsatzungen der römischen Pontifices*, Religionsgeschichtliche Versuche und

Vorarbeiten, no. 25 (Giessen, 1936); J. Bleicken, "Oberpontifex und Pontifikal-Collegium," *Hermes* 85 (1957): 345-66。

關於女灶神的祭司（Vestals），見 T. C. Worsfold, *The History of the Vestal Virgins of Rome*, 2. ed. (1934); G. Giannelli, *Il Sacerdozio delle Vestali romane* (Florence, 1933); F. Guizzi, *Aspetti juridici del sacerdozio Romano; il sacerdozio di Vesta* (1968)。

關於卜徵師，見 A. Bouché-Leclercq, *Histoire de la divination dans l'anti-quité*, vol. 4 (1882), pp. 160 sq.; Pierangelo Catalano, *Contributi allo studio dello diritto augurale*, I, pp. 9-20（關於 *augurium* 和 *auspicium* 的差異的批判性討論，從 Mommsen 到 I. M. J. Valeton 和 U. Coli）; pp. 395-558（關於君王和占卜法）; pp. 559-74（關於拉丁人和薩賓人的 *reges augures* 以及伊特拉斯坎國王）。亦見 Dumézil, *La rel. rom. arch.*, pp. 584-89。

我們並不清楚《西卜林之書》（西卜林即女占卜師之意）的緣起及歷史。根據傳說，《西卜林之書》是羅馬最後一位國王塔爾規尼伍士（約西元前六世紀後期）獲得的，他將這些聖書藏在朱庇特神廟裡，並任命一個兩人委員會負責向《西卜林之書》問卜；不過，他們只能奉命占卜，而且只能就國家大事來問卦。約莫在西元前 367 年，一個常設性的十人小組成立（ *decemviri* ），其中包括五位貴族、五位平民。無論《西卜林之書》的起源是什麼，在第二次迦太基戰爭時，它都因希臘化文明而改變了。到了西元前 213 年左右，*carmina Marciana* 被加入《西卜林之書》。「在蘇拉（Sulla）時期，《西卜林之書》和朱庇特的神殿一起毀於祝融之災，重建委員會派人四處尋訪女占卜師，尤其是住在西土耳其 Erythrae 的女巫，請她們進行《西卜林之書》的修繕和復原工作；後來奧古斯都請人刪去書中不妥之處，並將藏書地點從朱庇特的神殿（Capitol），轉移到阿波羅的帕拉提（Palatine）神殿；到了凱撒當政時期，再度進行修訂，但是在西元五世紀初，史蒂麗歌女王（Stilicho）主政的基督宗教時期，《西卜林之書》再次燒毀，而曾經備受君王禮遇的祭司委員會，也就此在羅馬史上銷聲匿跡。」（Dumézil, *La rel. ro m. arch.*, p. 594）。關於《西卜林之書》的起

源，亦見 J. Gagé, *Apollon romain* (Paris, 1955), pp. 26-38, 196-204; cf. R. Bloch, "Les origines étrusques des Livres Sibyllins," *Mélanges A. Ernout* (1940), pp. 21-28。

關於祭司族，見 Wissowa, *Religion und Cultus*, 550-64; Dumézil, *La rel. rom. arch.*, pp. 579 sq.。使者祭司（*fetiales*），見 Jean Bayet, "Le rite du fécial et le cornouailler magique" (1935; 再版收錄於 *Croyances et rites dans la Rome antique* [1971], pp. 9-44)。關於「最高祭司團」（*ius fetiale*），見 Dumézil, *Idées romaines*, pp. 63-78. 關於馬爾斯和基林努斯的舞者沙利伊（Salii），見 R. Cirilli, *Les prêtres-danseurs de Rome: Etudes sur la corporation sacerdotale des Saliens* (1913); Dumézil, *La rel. rom. arch.*, pp. 285-87, 581-82。關於穀神祭司兄弟會（Fratres Arvales），見 G. Wissowa, "Zum Rituel der Arvalbrüder," *Hermes* 52 (1917): 321-47; E. Norden, *Aus römischen Priesterbüchern* (1939), pp. 109-268; A. Pasoli, *Acta fratrum Arualium* (1950)（內文和注釋）。

(427)

最高祭司團的主要祭典是以羅馬城之名要求戰敗國賠償，如果祭司不滿足，33 天後會回來，把長矛和山茱萸的枝擲在敵人的土地上，作儀式性的宣戰（Livy, 1. 32. 5-14; etc.）。

沙利伊「舞蹈祭司」，負責為三月一日的戰爭期祭典揭開序幕。他們跑步穿越城市，並在獻神的場地盡情地扭動身軀狂舞，口中同時唱著「卡曼歌」（*carmen*）（但是到了羅馬共和時期末期，這歌卻變得無人了解）來榮耀諸神。在每天的舞蹈儀式告一段落時，緊接而來的是一場盛宴。從三月九日開始，整個祭典變得更加熱鬧;有賽馬，武器和號角的潔淨禮……等等。到了十月，沙利伊則以潔淨武器來慶祝戰爭期的結束（以洗滌城市的血腥之氣）。L. Bayard 曾試圖重構「卡曼歌」（*carmen saliare*）的歌詞，見 "Le chant des Saliens, essai de restitution," *Mélanges des sciences rel. des Facultés Catholiques de Lille* 2 (1945): 45-58。

關於穀神祭司兄弟會（Fratres Arvales）的儀式中心，則是位於距離羅馬七十五公里處的「女神」（Dea Dia）聖林。每年的祭典在五月舉行，共

慶祝三天；其中第一天和最後一天的祭典，在羅馬舉行，第二天，也就是最重要的那場祭典，則在儀式中心慶祝。在聖林裡，參加祭典的成員以兩隻已受孕的母豬（*porciliae*，這是代表豐饒的相當重要象徵）作為祭品，再吃掉獻過祭的豬肉。然後，他們頭戴麥穗，臉覆面紗，朝著神廟遊行前進。到了神殿前，他們將麥穗一一傳遞下去，在用過一頓齋飯之後，他們靜默地進入神廟之中，然後唱詩向拉列斯（Lares）和馬爾斯祈願。（用古拉丁文寫成的「卡曼歌」內容很難解釋）祈願過後，接下來上場的是舞蹈和賽馬。見 Ileana Chirassi, "Dea Dia e Fratres Arvales," *SMSR* 39 (1968): 191-291。

關於逐狼節（Lupercalia），見 L. Deubner, "Lupcrcalia," *ARW* 13 (1910): 481 sq.; A. K. Michels, "The Topography and Interpretation of the Lupercalia," *Trans. Amer. Phil. Assoc.* 54 (1953): 35-39 （附有相當精采的書目）; M. P. Nilsson, "Les Luperques," *Latomus* 15 (1956): 133-36; Ugo Bianchi, "Luperci," *Dizionario Epigrafice di Antichità Romane*, vol. 4 (Rome, 1958), pp. 1-9; G. Dumézil, *La rel. rom. arch.*, pp. 352 sq.。團體的名稱都會包含狼的名字，但其組織卻很模糊; 見 Dumézil, *La rcl. rom. arch.*, p. 352, n. 2。J. Gruber 認為 *lupercus* 源自於 "luposequos," 也就是 "qui lupum sequitur" (*Glotta*, vol. 39, 1961)。這團體應該是承襲自史前時代的男人社群（*Männerbund*）。見 F. Altheim, *Römische Religionsgeschichte*, vol. 1, pp. 141 sq.。A. Alföldi 也認為逐狼兄弟會應該是「男人社群」這種團體的遺緒。實際上，逐狼兄弟會在羅馬建國過程中，扮演著相當重要的角色。見氏著 *Die trojanischen Urahnen der Römer* (Rektoratsprogr. d. Univ. Basel für das Jahr 1956)。對於 Kerényi 而言，逐狼兄弟會同時代表著狼（這是團體在北歐起源中的原始形式）和公羊（這則是受到南方的影響）；見氏著 "Wolf und Ziege am Fest der Lupercalia" 收錄於 *Mélanges Marouzeau* (1948), pp. 309-17。 (428)

普魯塔赫（*Romulus* 21.10）描述一個入會禮的儀式：在獻祭一隻公羊之後，會有兩名出身貴族的年輕人被帶到逐狼兄弟會的面前，「其中部分人用沾血的刀碰觸他們的前額，其他人在立刻用浸泡在牛奶裡的羊毛將血

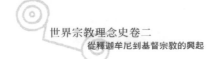

漬拭淨；至於兩兩名年輕貴族，則必須在他人拭淨其額頭時放聲大笑。」

　　G. Dumézil 曾研究過這種兄弟會入會禮的特徵，見氏著 *Le probléme des Centaures* (Paris, 1929), pp. 203-22。見 Gerhard Binder, *Die Aussetzung des Königskindes: Kyros und Romulus* (Meisenheim am Glan, 1964), pp. 90-115, spéc. pp. 98 sq.。

　　關於逐狼兄弟會兩大陣營的競賽，見 G. Piccaluga, "L'aspetto agnostico dei Lupercalia," *SMSR* 33 (1962): 51-62。

　　關於「淨化」（*februum*）、「淨化的月分」（Februarius，二月），以及古義大利的農村之神法努斯（Faunus），見 Dumézil, *Le problème des Centaures*, pp. 195 sq.; A. Brelich, *Tre variazioni romane sul tema delle origini* (Rome, 1956), pp. 95-123; Binder, *Die Aussetzung des Königskindes*, pp. 80 sq.; Dumézil, *La rel. rom. arch.*, pp. 353 sq.。

　　關於祭品，見 S. Eitrem, *Opferritus und Voropfer der Griechen und Römer* (1913); Wissowa, *Religion und Kultus*, pp. 380 sq.; Latte, *Römische Religionsgeschichte*, pp. 379-92。

　　Dumézil 曾指出太牢祭（*suovetaurilia*）（豬、羊、牛等祭品）、馬爾斯祭典特有的祭品，以及獻給因陀羅的祭品（*sautrāmaṇī*）三者之間的相似性；見氏著 *Tarpeia* (1947), pp. 117-58, *La rel. rom. arch.*, pp. 247-51。

　　關於把十月馬獻祭給馬爾斯的儀式，和印度吠陀祭典中留給戰士階級的「馬祠」（*aśvamedha*）有雷同之處（見第 73 節）；至於最新研究，見 Dumézil，*La rel. rom. arch.*, pp. 225-39; ibid., *Fêtes romaines d'été et d'automne*, pp. 179-219。

　　後來（約在西元五世紀末？），在伊特拉斯坎人的影響下（他們其實也是學希臘人的），羅馬人學到了「設神席位饗神」（*lectisternia*），這個宗教儀式的特徵是，在人們將祭品獻給神的時候，神就具體地出現在祭典上。「在祭壇上餵飽神，是每個祭品的目的；至於以肉品供養神，則是另外一回事。」（Dumézil, *La rel. rom. arch.*, p. 559）而且事實上，神（譬如祂的神像）就躺在祭奉祂的桌旁的床上，「*lectisternia* 原本是在神廟外面

供養神，如此一來，人們就能親眼瞻仰這些平常都深居在神廟之中
（*cella*）的守護神。」（ibid.）

166. 關於土著的神（*di indigetes*）和新來的神（*divi novensiles*），見
Wissowa, *Religion und Kultus*, pp. 18 sq., 43; A. Grenier, *Les religions étrusque
et romaine*, p. 152（所引文獻）。

　　關於「奉獻」（*devotio*）儀式的規則，由李維（8.9.6）流傳下來，但
和 Latte 所提出的史料相牴觸（因為 Latte 所見到的，其實是由祭司長偽造
的史料），見 Dumézil, *La rel. rom. arch.*, pp. 108 sq.。

　　關於古老的三聯神，見 Dumézil, *La rel. rom. arch.*, pp. 187-290; *Jupiter,
Mars, Quirinus* [1941]; *Naissance de Rome* [1944]; *L'héritage indo-européen à
Rome*, 1948; *Mythe et épopée*, vol. 1 [1968], pp. 259-437）。Wissowa 曾經注
意過朱庇特之前的三聯神的存在，見氏著 *Religion und Kultus*, pp. 23,
133-34。根據 Latte，這種三神聚集的情況是年代較晚且意外的事 (*Römische
Religionsgeschichte*, pp. 37, 195, etc.)。但是見 Dumézil 的評論（*La rel. rom.
Arch*., pp. 154 sq.）。 (429)

　　當朱庇特作為農神或戰神出現時，對於他的介入模式多少會有些折
扣。（Dumézil, *La rel. rom. arch.*, p. 193）「至於在理想上，政治、法律、
權力和正義在許多方面都得到統一。朱庇特的特權的其他元素，如宙斯、
印度的婆樓那和密特拉，是在私人和公眾的生活裡，在城邦和國家之間作
為見證者、保證人、以及誓言和條約的追償者角色。」（ibid., p. 190）。

　　關於馬爾斯，見 Dumézil, ibid., pp. 215-56。至於另一個截然不同的研
究取向，見 Udo W. Scholz, *Studien zum altitalischen und altrömischen Ma-
rskult und Marsmythos* (1970)。關於十月的的馬祭，見 H. J. Rose, *Some Prob-
lems of Classical Religion: Mars*, Oslo, 1958, pp. 1-17）; Dumézil, *La rel. rom.
arch.*, pp. 223-38。

　　關於基林努斯（Quirinus），見 Dumézil, *La rel. rom. arch.*, pp. 259-82;
A. Brelich, "Quirinus: una divinità romana alla luce della comparazione storica,"

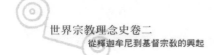

SMSR 36 (1965): 63-119。Carl Koch 曾經提出反駁杜美夕觀點的詮釋，見氏著 "Bemerkungen zum römischen Quirinuskult," *Zeitschrift für Rel. und Geistesgeschichte* 5(1953): 1-25。

關於羅馬城的保護者（女灶神）威斯塔（Vesta），見 O. Huth, *Vesta: Untersuchungen zum indo-germanischen Feuerkult* (1943); A. Brelich, *Geheime Schutzgottheit von Rom: Vesta (Albae Vigiliae* n.s. 7, Zurich, 1949); Dumézil, "Aedes Rotunda Vestae" 收錄於 *Rituels indo-européens à Rome* (1954), pp. 26-43。至於其他相關文獻的內容摘要，則收錄於 *La rel. rom. arch..*, pp. 319-32。

關於雅努斯（Janus），見 L. A. Lackay, "Janus," *University of California Publications in Classical Philology* 15 (1956): 157-82; R. Schilling, "Janus, le dieu introducteur," *Mélanges d'archéologie et d'histoire de l'Ecole Française de Rome*, 1960, pp. 89-100; G. Capdeville, "Les épithètes cultuelles de Janus," ibid., 1973, pp. 395-436; Dumézil, *La rel. rom. arch.*, pp. 333-39。

關於朱庇特神殿中的三聯神，見 Dumézil, *La rel. rom. arch.*, pp. 291-317; U. Bianchi, "Disegno storico del culto Capitolino nell'Italia romana e nelle provincie dell'Impero," *Monumenti antichi dei Lincei* 8 (1949): 347-415; Bianchi, "Questions sur les origines du culte capitolin," *Latomus* 10 (1951): 341-66。

關於朱諾（Juno），見 Dumézil, *La rel. rom. arch.*, pp. 299-310; ibid., "Junon et l'Aurore," *Mythe et épopée*, vol. 3 (1973), pp. 164-73。關於這個神名的語源研究，見 E. Benveniste, "Expression indoeuropéenne de l'éternité," *Bull. Soc. Linguistique* 38 (1937): 103-12; M. Renard, "Le nom de Junon," *Phoibos* 5 (1951): 131-43; Renard, "Juno Historia," *Latomus* 12 (1953): 137-54。

關於獻給朱諾的慶典，尤其是 Nonae Caprotinae（每年七月七日在 Campus Martius 野外無花果樹下舉行的祭典）以及 Matronalia 祭典（三月一日舉行的儀式），見 Dumézil, *La rel. rom. arch.*, pp. 301-13.; J. Gagé, *Matronalia: Essai sur les organisations cultuelles des femmes dans l'ancienne Rome*, Coll. Latomus, no. 60 (1963)。

關於密內發（Minerva）這個名字的起源，見 A. Meillet, *De i.-e. radice *men, "mente agitare" (1897), p. 47*。

167. 關於伊特拉斯坎人，重要的參考資料可見於晚近的出版品，如： (430)
M. Pallottino, *Etruscologia*, Milan, 1968; R. Bloch, *Les Etrusques*, 1954; J. Heurgon, *La vie quotidienne chez les Etrusques*, 1961; H. H. Scullard, *The Etruscan Cities and Rome* London, 1967; L. Banti, *Il mondo degli Etruschi*, Rome, 1969。

關於「伊斯特拉坎人的謎」，在 M. Pallottino 的兩篇論文中有所討論："Nuovi Studi sul problema delle origini etrusche," *Studi Etruschi* 29 (1961): 3-30; "What Do We Know Today about the Etruscan Language?" *Intern. Anthropological Linguistic Review* 1 (1955): 243-53。亦見 H. Hencken, *Tarquinia, Villanovans, and Early Etruscans* (Cambridge, Mass., 1968), vol. 2, pp. 601-46; ibid., *Tarquinia and Etruscan Origins* (London, 1968)。

關於伊斯特拉坎人的宗教，見 A. Grenier, "La religion étrusque" 收錄於 *Les religions étrusque et romaine* (Paris, 1948) (= *Mana*, II, 1948: 3-79); R. Herbig, *Götter und Dämonen der Etrusker* (Heidelberg, 1948); F. Altheim, *A History of Roman Religion*, pp. 46-92, 485-94; Dumézil, *La rel. rom. arch.*, pp. 611-80; G. C. Giglioli et G. Camporeale, "La religione degli Etruschi" 收錄於 G. Castellani, ed., *Storia delle Religioni*, II, 1971, pp. 539-672, pp. 655-61, 670-72 (bibli.)。對於古代作者的作品，Giglioli 詳列且分析於 pp. 544-52, 652-54。

關於伊斯特拉坎人的亞洲起源（Herodotus 1. 94），以及蘭諾斯島（Lemnos）出土的銘文，見 A. Piganiol, "Les Etrusques, peuple d'Orient," *Cahiers d'histoire mondiale* 1 (1953): 329-39, pp. 614-19。

關於伊斯特拉坎諸神以及「希臘人的詮釋」（*interpretatio graeca*），見 G. Devoto, "Nomi di divinità etrusche," *Studi Etruschi* 6 (1932): 243-80 (Fufluns); 7 (1933): 259-66 (Culśanś); 14 (1940): 275-80 (Vertumno)。亦見 L. Banti, "Il culto del cosidetto 'Tempio dell'Apollo' a Veii e il problema delle triadi etrusco-italiche," *Studi Etruschi* 17 (1943): 187 sq.; J. D. Beazley, "The World of

the Etruscan Mirror," *Journal of Hellenic Studies* 69 (1949): 1-17; F. Messer-schmidt, "Griechische und Etruskische Religion," *SMSR* 5 (1929: 21-32; Eva Fiesel, *Namen des griechischen Mythos im Etruskischen* (1928); Dumézil, ibid., pp. 658-76。

在皮爾吉的聖殿（Pyrgi，距羅馬城西北三十公里處 Caere 城的港口，在西元前三世紀時，為伊斯特拉坎人的商業中心），晚近發現一篇普匿克（Punic）銘文，以及用伊斯特拉坎文刻成的銘文，記載的時代約西元前五百年左右。這篇普匿克銘文的內容，包含伊斯特拉坎王對腓尼基女神阿什塔特（Astarte）（相當於 Uni，即朱諾）的崇敬。這是又證明伊斯特拉坎神學的可塑性；伊斯特拉坎神學隨時準備好去接受閃族世界的神話和祭典規則，並將之融入本國的神之中。比較 A. Dupont-Sommer, "L'inscription punique récemment découverte à Pyrgi (Italie)," *JA* 252 (1964): 289-302; J. Heurgon, "The Inscriptions of Pyrgi," *Journal of Roman Studies* 56 (1966): 1-14（晚近的資料）; G. Camporeale, in Castellani, ed., *Storia delle Religioni*, vol. 2 (1971), p. 671。

(431)　　關於占卜的技術，見 A. Bouché-Leclercq, *Histoire de la divination dans l'antiquité*, vol. 4 (Paris, 1882), pp. 3-115，這本著作至今仍有無可取代的價值。

各種「書」（*libri*）的目錄，見 C. O. Thulin, *Die etruskische Disziplin*, vol. 1: *Die Blitzlehre* (Göteborgs Högskolas Årsskrift, no. 11, 1905, pp. 1-xv, 1-128); vol. 2, *De Haruspicium* (ubud., no. 12, 1906, pp. 1-54; vol. 3, *Ritualbücher and Zur Geschichte und Organization der Haruspices* (ibid., no. 15, 1909, pp. 1-158)。

普利尼（Pliny）和西尼加（Seneca）有關雷電的相關作品，均根據相同的參考資料（即 Caecina）。朱庇特本身可以支配他所歸納之雷電類別中的三種，其他八種雷電中的五種由朱諾、密內發、弗爾肯（Vulcan）、馬爾斯、薩頓（Saturn）所用，至於支配另外三種雷電的神則無人知曉。見 Bouché-Leclercq, *Histoire de la divination*, vol. 4 pp. 32-61; Thulin, *Die Bli-*

tzlehre, pp. 47-68; A. Biedl, "Die Himmelsteilung nach der 'disciplina etrusca,'" *Philologus* n.s. 40 (1931): 199-214; A. Piganiol, "Sur le calendrier brontoscopi-que de Nigidius Figulus," *Studies······in Honor of A. C. Johnson* (1951), pp. 79-87; Piganiol, "Les Etrusques, peuple d'Orient," pp. 640-41; S. Weinstock, "Libri Fulgurales," *Papers of the Britsh School at Rome* 19 (1951): 122-42; R. B. Bloch, *Les prodiges dans l'antiquité classique* (1963), pp. 149 sq.; Dumézil, *La rel. rom. arch.*, pp. 624-35。關於雷電和東方宗教教義與技術的雷同之處，見 G. Furlani, *bidental* etrusco e un' inscrizion e di Tiglatpilesar I d'Assiria," *SMSR* 6 (1930): 9-49; ibid., "Fulmini mesopotamici, ittiti, greci ed etruschi," *Studi Etruschi 5* (1931): 203-31。

關於在義大利 Piacenza 省出土的《占卜書》（*libri haruspicini*）和青銅器，見 Bouché-Leclercq, *Histoire de la divination*, vol. 4, pp. 61-74; Thulin, *Ritualbücher*; C. Furlani, "Epatoscopia babilonese ed epatoscopia etrusca, *SMSR* 4 (1928): 243-85; Furlani, "Mantica babilonese ed etrusca," *Tyrrhenica, Saggi di studi etruschi* (1957), pp. 61-76; *La divination en Mésopotamie et dans les régions voisines*, 14th Meeting of the International Assyriologists Associ-ation, 1967（比較的研究）; J. Nougayrol, "Haruspicine étrusque et as-syrobabylonienne," *Comptes Rendus de l'Acad. Des Inscriptions*, 1955, pp. 508-17; Nougayrol, "Le foie d'orientation BM 50594," *Revue d'Assyriologie* 62 (1968): 31-50; E. Laroche, "Eléments d'haruspicine hittite," *Revue hittite et asi-anique* 12 (1952): 19-48; R. Bloch, "Liberté ct détermination dans la divination romaine," *Studi in onore di* uisa B anti (Rome, 1965), pp. 63 sq.; Bloch, "La div-ination en Etrurie et à Rome" 收錄於 *La Divination*, vol. 1 (Paris, 1968), pp. 297-232。

在義大利 Piacenza 出土的青銅器上所刻的四十個神名，可能根據某種規則依序排列，不過，這個規則目前還無法解讀出來、重新整理。此外，我們還有一組諸神的分類，其中的神名由 Martianus Minneus Felix Capella 在其論述中翻譯出來，見 *De nuptiis Philologiae et Mercurii* (1. 41-61)。稍後

出土的這份名單（年代約在西元五世紀），充斥著希臘和羅馬人的思想；但無論如何，這份將諸神分門別類地歸納成十六個領域的名單，還是有相當價值的（最主要的參考資料似乎是，由和西塞羅同時期的作者 Nigidius Figulus〔西元前一世紀人〕所翻譯之伊斯特拉坎祭典的版本）。杜林（Thulin）堅信，Piacenza 出土的十六類神，與 Martianus Capella 所發現的十六個領域，是相似的東西。（見氏著 *Die Götter des Martianus Capella und der Bronzeleber von Piacenza*, Berlin, 1906）。不過，Stefan Weinstock 卻根據希臘化時期的天文學，提出一篇重要的研究，見氏著 "Martianus Capella and the Cosmic System of the Etruscans," *Journal of Roman Studies* 36 (1946): 101-29。關於朱庇特最重要的三個「領域」（*regiones*）之研究，見 Dumézil, *La rel. rom. a rch.*, 672-76。

(432)

關於邪神（或魔鬼）研究及葬禮信仰，見 S. Weinstock, "Etruscan Demons," in *Studi in onore di Luisa Banti*, pp. 345-50; C. C. van Essen, *Did Orphic Influence on Etruscan Tomb Paintings Exist?* (Amsterdam, 1927); van Essen, "La Tomba del Cardinale," *Studi Etruschi* 2 (1928): 83-132; F. de Ruyt, *Charun, démon étrusque de la mort* (Bruxelles, 1934); M. Pallottino, "Il culto degli antenati in Etruria ed una probabile equivalenza lessicale etrusco-latino," *Studi Etruschi* 26 (1958): 49-83; J. M. Blásquez, "La Tomba del Cardinale y la influencia orfico-pitagorica en las creencias etruscas de ultratumba," *Latomus* 26 (1965): 3-39。

在某些墳墓繪畫上，邪神手上拿著書，或卷軸，或正在卷軸上寫東西。其中少數後人能夠解讀出來的特徵，指出死者的姓名與死亡時間。這意思或許是指：我們「擁有通往天堂的護照。」（F. de Ruyt, *Charun*, p. 160）。關於這和埃及宗教的相似點，見本書卷一第 33 節所列之書評書目。

168. 關於阿溫提努斯山（Aventine）的三聯神，見 H. Le Bonniec, *Le Culte de Cérès à Rome, des origines à la fin de la Republique* (Paris, 1958), and Dumézil, *La rel. rom. arch.*, pp. 379 sq.。「阿溫提努斯的儀式是平民階級勝

利的明證，是第一次妥協，逐漸地保證政治和宗教平等的社會階級。平民市政司在神殿外執行公務，彙整平民的檔案，公民投票的內容，謄寫元老院的決議，這些古典的形式在西元前五世紀便已經成形。」（Dumézil, p. 384）亦見 F. Altheim, *History fo Roman Religion*, p. 250。這可能和 Magna Graecia 的三位農業之神（兩位女神和一位男神）有關; 見 Dumézil, p. 448。

關於克瑞斯神祭（在四月十九日舉行），他們除了獻祭母豬之外，還要玩一種非常野蠻的「遊戲」，也就是把狐狸放進競技場中，「用火把去灼燒牠們的背」（Ovid, *Fasti 4. 679-82*）。*關於這個祭典的詮釋，眾說紛紜，爭論不休; 見 Dumézil, p. 380。*

關於「利貝爾」（Liber）名字的由來，見 E. Benveniste, "Liber et liberi," *Rev. etudes latines* 13 (1936): 52-58。關於利貝爾的祭典，見 A. Bruhl, *Liber pater, origine et expansion du culte dionysiaque à Rome et dans le monde romain* (Paris, 1953), spéc. pp. 13 sq.。關於酒神祭（Liberalia）（三月十七日）的資料，由聖奧古斯丁所提供，至於瓦羅（Varro）之後的部分，見 Bruhl, pp. 17 sq.。 Franz Altheim 認為利貝爾神源自於希臘，見氏著 *Terra Mater* (Giessen, 1931), pp. 15 sq.；見 Bruhl, pp. 23 sq. 的批評。關於克瑞斯節的希臘人詮釋，見 Jean Bayet, "Les 'Cerealia,' altération d'un culte latin par lc mythe grec," *Revue Belge de philologie et d'histoire* 29 (1951): 5-32, 341-66，重印收錄於 *Croyances et rites dans la Rome antique* (1971), pp. 89-129。

關於來自希臘的影響，見 Franz Altheim, *A History*, pp. 34 sq., 149 sq.; (433) Dumézil, *La rel. rom. arch.*, pp. 450 sq.。關於來自克爾特的影響，見 Altheim, *History*, pp. 282 sq., 353 sq.。

關於阿波羅，見 J. Gagé, *Apollon romain: Essai sur le culte d'Apollon et le développement du 'ritus graecus' à Rome, des origines à Auguste* (Paris, 1955)。

關於維納斯，見 R. Schilling, *La religion romaine de Vénus depuis les origines jusqu'au temps d'Auguste* (Paris, 1954)。至於 Schilling 後來針對 A. Ernout

和 P. Grimal 的評論所作的補充，見 "Lcs origines de la Vénus romaine," *Latomus* 17 (1958): 3-2。亦見 Dumézil, *La rel. rom. arch.*, pp. 422-24, 471-74。

關於「禱告」（*evocatio*）的特殊儀式，見 V. Basanoff, *Evocatio: Etude d'un rituel militaire romain* (Paris, 1947); R. Bloch, "Héera, Uni, Junon en Italie centrale," *Comptes rendus de l'Académie des Inscriptions* 117 (1972): 384-96。其他著名的相關例子有：約莫在西元前 264 年，從 Volsinii 城祈請 Vertumnus 神；以及在西元前 146 年，由 Scipio Aemilianus 從 Carthage 城祈請來最高女神 Punic Tanit（Macrobius, *Sat.* 3.9）。

關於西元前 207 年左右所發生的異象，李維曾條列下來，見 J. Cousin, "La crise religieuse de 207 avant J.-C.," *RHR* 126 (1943): 15-14。在第二次普匿克戰爭期間的宗教，Dumézil 曾有生動的描繪，見氏著 *La rel. rom. arch.*, pp. 457-87。關於西芭莉的「列隊檢閱」（*transvectio*），見 H. Graillot, *Le culte de Cybèle, mère des dieux, à Rome et dans l'empire romain* (Paris, 1912), pp. 38 sq.。關於女神的信徒團體及其政治重要性，見 ibid., pp. 90 sq.。關於女神在羅馬城和其他行省的祭典，見 F. Cumont, *Les religions orientales dans le paganisme romain* (1929), pp. 17 sq., 208 sq.。亦見 T. Köves, "Zum Empfang der Magna Mater in Rom," *Historia* 12 (1963): 321047; F. Bömer, "Kybele in Rom," *Rheinisches Museum* 71 (1964): 130-51。

關於酒神節祭典進行的相關資料和評論之書目，A. Bruhl 曾中肯地加以分析研究，見氏著 *Liber pater*, pp. 82-116。至於對 A. Bruhl 作品之評論，見 J. Bayet, "Le phénomène religieux dionysiaque" (= *Croyances et rites*, pp. 241-74)。亦見 J. Festugière, "Ceque Tite-Live nous apprend des mystères de Dionysos," *Mélanges d'archéologie et d'histoire de l'Ecole Française de Rome* 66 (1954): 79-99; Latte, *Römische Religionsgeschichte*, p. 270, n. 5 (bibli.); Dumézil, *La rel. rom. arch.*, pp. 511-16。

169.　關於克爾特族的史前史，見 M. E. Marien, "Où en est la question des champs d'urnes?" *L'antiquité classique* 17 (1948): 413-44; E. Sprockhoff, "Cen-

tral European Urnfield Culture and Celtic La Tène," *Proceedings of the Prehis-
toric Society*, 1955, pp. 257-81; P. Bosch-Gimpera, *Les Indo-Européens: Probl-
èmes archéologiques*, trad., R. Lantier (Paris, 1961), pp. 241 sq.; G. Devoto,
Origini indoeuropee (Florence, 1962), pp. 389 sq.; Stuart Piggott, *Ancient Euro-
pe* (Edinburgh, 1963), pp. 215 sq., pp. 261-66 (bibli.); Piggott, *The Druids* (Lon-
don, 1968), pp. 9-24; Richard Pittioni, "Das Mittel-Metallikum-- Die Frühzeit
der indogermanischen Einzelvölker Europas," *Anzeiger der Öst. Akad. der Wis-
senschaften, Phil.-hist. Klasse*, no 5 (1972), pp. 14-29。

有關於克爾特歷史和文化的重要文獻，我們所提及的有：H. Hubert, (434)
Les Celtes, I-II, 1932; A. Grenier, *Les Gaulois* (Paris, 1945); T. O'Rahilly, *Early
Irish History and Mythology* (Dublin, 1946); T. G. E. Powell, *The Celts* (London,
1958); Jan de Vries, *Kelten und Germanen* (Bern-München, 1960); J. Philip, *Cel-
tic Civilization and Its Heritage* (Prague and New York, 1962); C. F. C. Hawkes,
"The Celts: Report on the Study of Their Culture and Their Mediterranean Rela-
tions, 1942-1962." 收錄於 *Rapports et Commentaircs, VIII Congrès Interna-
tional d'Archéologie Classique* (Paris, 1963), pp. 3-23; Nora Chadwick, *The Cel-
ts* (Harmondsworth, 1966); Piggott, *The Druids*, p. 193; Anne Ross, *Pagan Celtic
Britain: Studies in Iconography and Tradition* (London, 1967); Helmut Birkhan,
Germanen und Kelten bis zum Ausgang der Römerzeit (Vienne, 1970), pp.
1-636; Jean-Jacques Hatt, *Les Celtes et les Gallo-Romains*, Series Archaeologia
Mundi (Genève, Paris, München, 1970)（有非常好的插圖）。

關於克爾特宗教的希臘和拉丁文獻，見 J. Zwicker ed., *Fontes historiae
religionis celticae*, I-III (Berlin, 1934-36); Wolfgang Krause, "Die Kelten" (in:
Religionsgeschichtliches Lesebuch, Tübingen, 1929); Paul-Marie Duval, *Les
dieux de la Gaule* (Paris, 1976), pp. 129-30（其他資料來源，高盧碑文、銅
雕、瓶子上裝飾的諸神圖案）。

關於克爾特宗教的通論作品，見 F M.-L. Sjoestedt, *Dieux et héros des
Celtes* (Paris, 1940); J. Vendryès, "La religion des Celtes," in: *Mana: Les re-*

ligions de l'Europe ancienne, vol. 3 (Paris, 1948), pp. 239-320（諸神的百寶箱）; A. Rees et B. Rees, *The Celtic Heritage: Ancient Tradition in Ireland and Wales* (London, 1961); J. de Vries, *Keltische Religion*, Stuttgart, 1961; Anne Ross, *Pagan Celtic Britain*, pp. 489-503（有完備的書目）; Françoise Le Roux, "La religion des Celtes," 收錄於 *Histoire des religions* (Encyclopédie de Pléiade), vol. 1 (1970), pp. 780-840; Paul-Marie Duval, *Les dieux de la Gaule* (1976)。

關於太初時期的聖殿和聖地的象徵意義，見 K. Schwarz, "Zum Stand der Ausgrabungen in der Spätkeltischen Viereckshanze von Holzhausen," *Jahresbericht d. Bayerische Bodendenkmalpfl.* (1962), pp. 21-77; Piggott, *Ancient Europe*, pp. 230 sq.。關於世界中心的象徵意義及中世紀愛爾蘭的「聖地地理」，見 A. Rees and B. Rees, *The Celtic Heritage*, pp. 146 sq.。

關於頭骨的儀式，見 P. Lambrechts, *L'Exaltation de la tête dans la pensée et dans l'art des Celtes* (Bruges, 1954)，尤其是 Anne Ross, *Pagan Celtic Britain*, pp. 94-171, figs. 25-86, pls. 1-23（關於改宗基督教之後的儀式傳承，見 pp. 155 sq.）。

170. 關於克爾特文化的悠久，及其與古印度文化的相似處，見 G. Dumézil, *Servius et la Fortune* (1942); Myles Dillon, "The Archaism of Irish Tradition," *Proceedings of the British Academy* 33 (1947): 245-64; Dillon, "The Hindu Act of Truth in Celtic Tradition," *Modern Philology* 44 (1947): 137-40; (435) Dillon, "Celt and Hindu," *Vishveshvaranand Indological Journal* 1 (1963): 1-21; J. E. Caerwyn Williams, "The Court Poet in Medieval Ireland," *Proc. Brit. Acad.* 57 (1971): 85-135。亦見 D. A. Binchy, "The Linguistic and Historical Value of the Irish Law Tracts," *Proc. Brit. Acad.* 29 (1943); C. Watkins, "Indo-European Metrics and Archaic Irish Verse," *Celtica* 6 (1963): 194 sq.; R. Schmidt, *Dichtung und Dichtersprache in indogermanischer Zeit* (Wiesbaden, 1967), pp. 61 sq.。在他的遺著 *Celts and Aryans* (Simla, 1975)之中，Myles Dillon 重新研

究整個問題：形態學和文法結構學（pp. 32 sq.）、宮廷詩集和英雄傳說
（pp. 52 sq.）、社會組織（pp. 95 sq.），以及宗教（125 sq.）。亦見 Hans
Hartmann, *Der Totenkult in Irland* (Heidelberg, 1952); K. H. Jackson, *The Oldest
Irish Tradition: A Window on the Iron Age* (Cambridge, 1964); H. Wagner, "Stu-
dies in the Origin of Early Celtic Tradition," *Eriu* 26 (1975): 1-26。

　　關於克爾特的三個社會階級，見 G. Dumézil, *L'idéologie tripartite des
Indo-Européens* (Bruxelles, 1958), p. 11：「假如把描述被凱撒征服的沒落異
教徒高盧社會狀況的文獻，和記載有關改宗基督教後不久的愛爾蘭的文獻
相整合，我們就會發現，在法官（*rīg，這個字在梵文是 *rāj-*、在拉丁文則
是 *rēg-*）的統治下，社會的組成有以下三部分：支配一切事物的德魯伊特
教徒，幾近於地位凌駕於國家的印度婆羅門，他們是「非常博學多聞的」
階級，是祭司、是法官，同時是傳統的保管人。緊接其後的是武士階級、
國家的擁有者，在愛爾蘭文裡稱為 *flaith*（在高盧是 *vlato*，在日耳曼為 *Ge-
walt* 等等），意思相當於「權力」，也等同於梵文裡的第二階級
「*kṣatra*」，即軍事功能的實體；位居階級之末的是「牧牛者（*bó airig*），
他們被界定為可以擁有牛群（*bo*）的自由人（*airig*）。」T. G. Powell 接受
Dumézil 的證明（*Jupiter, Mars, Quirinus*, pp. 110-23）見氏著 "Celtic Origins:
A Stage in the Enquiry," *Journal of the Royal Anthropological Institute* 78
(1948): 71-79; cf. Piggott, *The Druids*, p. 88。

　　而且，正如杜美夕在其他地方所指出的：「愛爾蘭人相信，他們這個
島的歷史就是一連串的侵略；『達努女神的部族』的倒數第二個侵略者，
其實是由異教的古老神祇所組成，尤其是那些由克爾特人從印歐祖先那兒
繼承而來的神。」「達努女神的子民」（Tuatha Dé Danann）的基本成員
包括下列各神：主神達哥達，專司德魯伊特教徒的魔法；奧格瑪，勝利之
神；呂克，執掌各種商業之神；狄安‧克特（Dian Cecht），醫神；以及
哥伊波尼烏（Goibniu），鐵匠。第三種功能最必要的一種：農業，也就是
糧食和財富的供應來源，根據島上的先民所傳述下來的說法，Fomörs 是
「一支被達努女神的子民所征服的邪惡民族，其中大多數人遭到消滅，剩

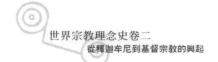

下的則受到達努人的統治。但是戰爭最後，他們在著名的 Mag Tuired 一役中，入侵的達努子民饒敵方統帥不死，以換取使愛爾蘭農牧豐收的祕密。」（G. Dumézil, *Mythe et épopée*, I, 1968, p. 289）Jan de Vries 也接受 Dumézil 的詮釋，見氏著 *La religion des Celtes*, pp. 157 sq.。亦見 Myles Dillon, *Celts and Aryans*, pp. 96 sq.。

(436)　　　至於其他與三功能結構有關的愛爾蘭史詩傳說的例子，見 *Mythe et épopée*, vol. 1, pp. 602-12 ("Le trio des Machas"); pp. 616-23 ("Les trois oppressions de l'île de Bretagne")。「梅德女王」（Medb）的後續神話，和印度神話中宇宙王 Yayāti 之女 Mādhavī 神話間的結構相似性，見 *Mythe et épopée*, vol. 2 (1971), pp. 331-53。亦見"The Well of Nechtan," *Mythe et épopée*, vol. 3 (1973), pp. 27-34。

　　　關於凱撒的見證，見 Michel Rambaud 所著有用但批判過度的作品：*L'Art de la déformation historique dans les Commentaires de César*, Paris, 1966, pp. 328-33。「經由這位地方總督、高盧的征服者，以及羅馬最高元首對高盧宗教的描繪，就不難想見他所採行的政策。」（p. 333）

　　　關於所謂的「巨大朱庇特」圓柱，見 Werner Müller, *Die Jupitergigantensäulen und ihre Verwandten* (Meisenheim am Glan, 1975), pp. 113-27 (bibli.)。關於輪子的象徵意義，見 ibid., pp. 46 sq.; A. Ross, *Pagan Celtic Britain*, pp. 347 sq., 475 sq.; R. Pettazzoni, "The Wheel in the Ritual Symbolism of Some Indo-European Peoples" 收錄於 *Essays on the History of Religions* (Leiden, 1954), pp. 95-109; J. J. Hatt, "Rota flammis circumsepta, à propos du symbole de la roue dans la religion gauloise," *Revue archéologique de l'Est* 2 (1951): 82-87。

　　　關於達哥達（Dagda），見 J. Vendryès, "La religion des Celtes," p. 263; F. Le Roux, "Notes sur le Mercure celtique," *Ogam* 4 (1952): 289 sq.; J. de Vries, *La religion des Celtes*, pp. 45 sq.。

　　　關於呂克（Lug），見 Vendryès, "La religion des Celtes," pp. 278, 313; de Vries, *La religion des Celtes*, pp. 58 sq.; P.-M. Duval, *Les dieux de la Gaule*, pp. 27 sq.; R. Pettazzoni, "Il dio gallico a tre teste" 收錄於 *L'onniscienza di Dio* (Turin, 1955), pp. 286-316; R. Lantier, *Wörterbuch der Mythologie*, II, pp. 132 sq., 141 sq.

關於高盧的馬爾斯，見 J. de Vries, *La religion des Celtes*, pp. 64 sq.; P. Lambrechts, *Contributions à l'étude des divinités celtiques* (Bruges, 1942), pp. 126 sq.; E. Thevenot, *Sur les traces des Mars celtiques entre Loire et Mont Blanc*, Dissertationes archaeologicae Gandenses (Bruges, 1955); F. Benoit, *Mars et Mercure: Nouvelles recherches sur l'interprétation gauloise des divinités roma-ines* (Aix-en-Provence, 1959)。

關於奧格米奧斯（Ogmios），見 François Le Roux, "Le dieu celtique aux liens: de l'Ogmios de Lucien à l'Ogmios de Dürer," *Ogam* 12 (1960): 209-34; J. de Vries, *La rel. des Celtes*, pp. 73-79; P.-M. Duval, *Les dieux de la Gaule*, pp. 79-82。根據 M. L. Sjoestedt 所說，Ogma 的名字「並不符合蓋爾文的語音原理，因此這必須被解釋為是從高盧的奧格米奧斯所借來的。」（"Légendes épiques irlandaises et monnaies gauloises," *Etudes Celtiques* I, 1936, 7）在另一方面，奧格米奧斯這個名字應該是借用自希臘文的 *ogmos*，意為「行、排、畦」；不過，這個神名的希臘根源也隱含著一個克爾特宗教事實。

「歐格瑪」神（Ogma）被稱為「歐甘文之父」，這種特別用在 360 篇墓誌銘中依字母排序的特徵，主要發現於愛爾蘭和威爾斯地區，年代約莫在西元五、六世紀；見 J. Vendryès, "L'écriture ogamique et ses origines," *Etudes Celtiques* 4 (1939): 83-116 (bibli.)。關於這些符號在算術上的使用，見 L. Gerschel, "Origine et premier usage des caractères ogamiques," *Ogam* 9 (1959): 151-73。最新的研究，見 James Carney, "The Invention of the Ogam Cipher," *Eriu* 26 (1975): 53-65。 (437)

關於「阿波羅」，見 J. Vendryès, "La religion des Celtes," pp. 261 sq., 287 （和阿波羅有關的神）；F. Le Roux, "Introduction à une étude de l'Apollon Celtique," *Ogam* 12 (1960): 59-72; J. de Vries, *La religion des Celtes*, pp. 79-86。

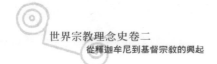
關於「密內發女神」（Minerva），見 J. Vendryès, "La religion des Celtes," pp. 261 sq.; J. de Vries, *La religion des Celtes*, pp. 86 sq.。

171.　關於魯肯（Lucan）所提及的高盧諸神，見 P.-M. Duval, "Teutates, Esus, Taranis," *Etudes Celtiques* 8 (1958-59): 41-58; Duval, "Le groupe de bas-reliefs des 'Nautae Parisiaci,'" *Monuments Piot* 48 (1956): 78-85; E. Thevenot, " La pendaison sanglante des victimes offertes à Esus-Mars" 收錄於 *Hommages à Waldemar Déonna* (Liège, 1957), pp. 442-49; J. de Vries, *La religion des Celtes*, pp. 53 sq., 105 sq.; Françoise Le Roux, "Les chaudrons celtiques à l'arbre d'Esus: Lucain et les scholies Bernoises," *Ogam* 7 (1955): 33-58; Le Roux, "Taranis, dieu celtique du Ciel et de l'orage," *Ogam* 10 (1958): 30-39; 11 (1959): 307-24; Anne Ross, "Esus et les trois 'grues,'" *Etudes Celtiques* 9 (1960-61): 405-38; J. J. Hatt, "Essai sur l'évolution de la religion gauloise," *Revue des études anciennes* 67 (1965): 80-125（有系統的重構，但並不足以說服人）。

收錄在 *Commenta Bernensia* 的中世紀評注，是互相矛盾的。在某個地方，特烏塔特斯（Teutates）被視為是墨丘利和馬爾斯；但艾蘇斯（Esus）也被拿來和馬爾斯及墨丘利相提並論，而特烏塔特斯則被等同於宙斯和朱庇特。

關於身陷著火房子的愛爾蘭國王，最後溺斃在水桶裡的故事，見 Clémence Ramnoux, "La mort sacrificielle du Roi," *Ogam* 6 (1954): 209-18。

對於塔拉尼斯（Taranis）所進行的語言學及歷史文化分析，見 H. Birkhan, *Germanen und Kelten*, pp. 311 sq.。

關於克努諾斯（Cernunnos），見 P. P. Bober, "Cernunnos: Origin and Transformation of a Celtic Divinity," *American Journal of Archaeology* 55 (1951): 13-51; J. de Vries, *La religion des Celtes*, pp. 112 sq.（有參考書目）; Anne Ross, *Pagan Celtic Britain*, pp. 180 sq.。關於法爾‧卡莫尼卡（Val Cammonica）的石雕，見 F. Altheim und E. Trautmann, "Keltische Felsbilder der Val Cammonica," *Mitteilungen des Deutschen Archaeologischen Instituts, röm.*

Abt., 54 (1939): 1 sq.。關於牡鹿的宗教象徵意義，見 Eliade, *De Zalmoxis à Gengis Khan*, pp. 146 sq.（書評書目）; Otto Höfler, *Siegfried, Arminius und die Symbolik* (Heidelberg, 1960), pp. 32 sq., n. 66-94; Helmut Birkhan, *Germanen und Kelten*, pp. 453-57。關於基督教歐洲時期有關牡鹿面具的儀式，見 Waldemar Liungman, *Traditionswanderungen: Euphrat-Rhein*, FFC no. 118 (Helsinki, 1937), p. 735 sq.。

關於聖母（matres）和貴婦（matronae），見 Vendryès, "La religion des Celtes," pp. 275 sq., 288, n. 9; de Vries, *La religion des Celtes*, pp. 122 sq.; P.-M. Duval, *Les dieux de la Gaule*, pp. 55sq.; Anne Ross, *Pagan Celtic Britain*, pp. 265 sq.。

M. L. Sjoestedt 強調，當「克爾特年再生」時，至高神和母神在新年舉行的儀式性婚禮的重要性（*Samain*）；這種「神族婚姻」是「部落生生不息的保證」（*Dieux et héros des Celtes*, p. 57）。關於愛爾蘭統治及領土女 (438) 神（地母的化身）之間的聖婚課題，克爾特學者先後做過翔實的研究，最新的研究結果，見 Proinsias Mac Cana, "Aspects of the Theme of King and Goddess in Irish Literature," *Etudes Celtiques* 7 (1956): 76 114, 356-413; 8 (1958): 59-65; Rachel Bromwich, "Celtic Dynastic Themes and the Breton Lays," *Etudes Celtiques* 9 (1960): 439-74; Ross, *Pagan Celtic Britain*, pp. 292 sq.。亦見 A. C. L. Brown 和 A. K. Coomaraswamy 於下文所引述的著作。

F. R. Schröder 率先注意到 Geraldus Cambrensis 的 *Topographia Hibernica* (約西元 1185 年)中，有段文字和愛爾蘭烏爾斯特省（Ulster）的部族 Kenelcunil 有關，其國王當著臣民的面前，和一匹白色牝馬交媾，完事後，牝馬隨即被宰殺、烹煮，鍋中煮好的湯物供國王沐浴之用，之後，國王將馬肉分給眾人，並喝下他所沐浴過的湯，見 Schröder, "Ein altirischer Krönungsritus und das indogermanischen Rossopfer," *Zeitschrift für keltische Philologie* 16 (1927): 310-12。 Schröder 將這個王室獻神祭典拿來和印度吠陀的慶典「馬祠」（見第 73 節）相比較。從杜美夕的觀點看來，這個問題在 Jaan Puhvel 所著的 "Aspects of Equine Functionality"（收錄於氏著 *Myth* and Law among the Indo-Europeans (1970), pp. 159-72）中，再度被提及（但見 Dumézil, Fêtes romaines d'été et d'automne, pp. 216-19）。

關於愛波娜（Epona）和麗亞努（Rhiannun），見 H. Hubert, "Le mythe d'Epona," Mélanges Vendryès (Paris, 1925), pp. 187 sq.; P. Lambrechts, "Epona et les Matres," L'Antiquité classique 19 (1950): 103 sq.; Jean Gricourt, "Epona-Rhiannon-Macha," Ogam 6 (1954): 25-40, 75-86, 165-88（在麗亞努的神話中，布雷頓即是愛波娜，這和愛爾蘭的瑪恰神話相互呼應）。如同 Gricourt，Puhvel 所主張的統治女神原本是馬身，見氏著 "Aspects," pp. 165 sq.。杜美夕承認瑪恰是集女占卜師、女戰士、及農人之母於一身的三聯神，換句話說，她們代表三項社會功能：祭司、戰士和農民，見氏著 "Le trio des Machas," Mythe et épopée, vol. 1, p. 603。

在「面目可憎的老嫗和年輕英雄」故事的某個版本中，仙女（女神）只要一個吻就可以變身：「第一眼看到的是醜陋無比，最後卻是絕色美女，正是所謂的王室規則。無役不克，而且每個故事的結局，總是以美女、俊男來收場。」（Ananda Coomaraswamy, "On the Loathly Bride," Speculum 20 [1945]: 391-404）A. C. L. Brown 曾鉅細靡遺地分析布雷頓聖杯神話中的這個「代表統治權的醜陋女神」課題，見氏著 The Origin of the Grail Legend (Cambridge, 1943), ch. 7。

關於女性在克爾特和古日耳曼人宗教中的重要性，見 Helmut Birkhan, Germanen und Kelten bis zum Ausgang der Römerzeit, pp. 487 sq.。

172. 關於高盧的德魯伊特的祭典和塑像，我們所掌握到的多數資料，都是出自於波塞多尼烏斯（Posidonius）的著作：History, 23。這部作品早已失佚，不過史特拉堡（Strabo）、迪奧多羅斯‧西庫路斯（Diodorus Siculus）、亞特納烏斯（Athenaeus，西元二世紀的希臘文法學者），以及凱撒大帝（但他也同時採用其他資料來源）等人，卻不約而同地大量引用、或摘錄他作品的內容。J. J. Tierney 曾在研究中，針對這些借用自波塞多尼烏斯的論述進行辨偽，見 "The Celtic Ethnography of Posidonius," *Proceed-*

(439)

ings of the Royal Irish Academy 60 (1959-60): 180-275, pp. 225-46。關於波塞多尼烏斯對克爾特人種起源的重要性，亦見 Arnaldo Momigliano, *Alien Wisdom: The Limits of Hellenization* (Cambridge, 1975), pp. 67 sq.。

我們也有些資料來自於普利尼的轉述（*Nat. Hist.* 16.249），有些評論則引述自年代較晚的作者（約西元一至四世紀），其中 Nora Chadwick 的說法，補足了有關「亞歷山大」的傳說，見氏著 *The Druids* (Cardiff et Connecticut, 1966); Stuart Piggot, *The Druids* (1968), pp.88 sq.。

但有部有關德魯伊特的巨著，卻無法派上用場。這是 T. D. Kendrick 所著的 *The Druids: A Study in Keltic Prehistory* (London,1927)，我們必須說明這是因為書中觀點過於樂觀所致；根據這位作者所言，德魯伊特是「巫師」（見 Françoise Le Roux 的精闢評論："Contribution à une définition des druides," *Ogam* 12, 1960, 475-86, spéc. pp. 476 sq.）。下列文獻或許可以參考：Jan de Vries, "Die Druiden," *Kairos* 2 (1960): 67-82; de Vries, *La religion des Celtes*, pp. 212 sq.; F. Le Roux, *Les Druides* (Paris, 1961); Nora Chadwick, *The Druids*; S.Piggott, *The Druids*（這些作品幾乎都列有完整的書目；其中 Piggott 的著作 pp. 123 sq.，還包含了有關德魯伊特的神話史，其年代約莫始於十七世紀）。

至於凱撒所提供的資料，堪稱是最具價值的，因為在他擔任高盧地方總督時，他個人對於德魯伊特的宗教權威和政治權力相當感興趣；此外，當時在羅馬，有許多人都對高盧有深入了解，因此，凱撒的言論如有過度渲染的部分，其他人的見解可供修正。

大不列顛和愛爾蘭的方言文學，對德魯伊特祭典的知識，提供了彌足珍貴的資料來源。見第 180 節所引述的 Myles Dillon、D. A. Binchy、J. E. C. Williams 及 K. H. Jackson 等人的作品，以及 Françoise Le Roux, *Les Druides*。但其他古代作者，如部分德魯伊特、吟遊詩人及高盧詩人作品中的相異處，並未見於島區克爾特人的文獻中（見 Le Roux, pp. 14 sq.）。

凱撒敘述說，德魯伊特的教義「是在不列顛發現後，再傳到高盧；因此，如今研究這個題材的人為了更精確地研究，都彷彿遵守規定似的，跋

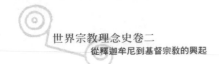

涉到不列顛去鑽研學問。」（ *De Bello Gal* 6.13.11 sq.）。這番評論引發了一些過度的假設（其中部分可見 de Vries, *La rel. des Celtes*, pp. 218-20）。但是，德魯伊特祭典是高盧克爾特人或大不列顛克爾特人，從他們所共有的歷史中繼承來的民族制度，de Vries 分析說，這似乎就是隱藏在凱撒之陳述背後的原因。

凱撒補充說，人們從四面八方來到「位於卡努特斯的世界中心點」，以便解決他們的紛爭，但是，既然德魯伊特平時是解決社會上個人糾紛的仲裁者，因此，凱撒在這兒所指涉的應該是各部族之間的政治紛爭，也就(440)是「聖地」（*locus consecratus*）的議會，是位階凌駕於國家之上的終審法庭；見 Hubert, *Les Celtes*, vol. 2, p. 227; de Vries, *La rel. des Celtes*, pp. 215-16。

關於嚴禁書寫神聖傳說的命令，見 M. Winternitz, *Geschichte der indischen Literatur*, vol. 1 (Leipzig, 1908), p. 31; G. Dumézil, "La tradition druidique et l'écriture,le Vivant et le Mort," *RHR* 122 (1940): 125-33; S. Gandz, "The Dawn of Literatre," *Osiris* 7 (1969): 261 sq.。關於愛爾蘭口傳的神話，見 D. A. Binchy, "The Background to Early Irish Literature," *Studia Hibernica* 1 (1961): 21 sq.; A. Rees and B. Rees, *The Celtic Heritage*, pp. 20 sq.。

關於「世界中心」和神廟，見 F. Le Roux, *Les Druides*, pp. 108 sq.; J. de Vries, *La rel. des Celtes*, pp. 201sq. (bibli.); R. Lantier, *Wörterbuch der Mythologie*, pt. 2, pp. 147 sq.。關於祭典儀式，見 de Vries, pp. 228 sq.（獻祭），pp. 233 sq.（慶典）; Lantier, pp. 151 sq.。

關於活人祭的不同意義，見 Eliade, *De Zalmoxis à Gengis Khan*, pp. 56 sq.。

關於克爾特人和蓋塔以及大夏的宗教概念的相似處，見第 178-79 節。

173.　關於斯堪地那維亞石雕的詮釋，見 O. Almgren, *Nordische Felszeichnungen als religiöse Urkunden*(Frankfort, 1934)（瑞典文出版於 1926 年); Peter Gelling et Hilda Ellis Davidson, *The Chariot of the Sun and Other Rit-*

es and Symbols of the Northern Bronze Age (New Your, 1969), pp. 9-116。

關於日耳曼宗教的主要資料來源,在 W. Baetke, *Die Religion der Germanen in Quellenzeugnissen* (1937),有完整的呈現。原始文獻,見 F. R. Schröder, *Quellenbuch zur germanischen Religionsgeschichte* (1933)。至於塔西佗論文注本的最佳版本,見 Rudolph Much, *Die "Germania" des Tacitus* (Heidelberg, 1937, 1959)。

關於中世紀的文獻,埃達和英雄故事,參見 Snorri Sturluson (1179-1241) 的著作 *Edda*,以及 Saxo Grammaticus(生於西元 1150 年)的 *Gesta Danorum*,收錄於 E. O. G. Turville-Petre, *Myth and Religion of the North* (London, 1964), pp.1-34, 287-90, 321-23, pp. 321-23(有關各種不同版本和譯本的書目資料)。

我們引用的譯本,見 F. Wagner, *Les poèmes héroïques de l'Edda* (Paris, 1929); *Les poèmes mythologiques de l'Edda* (Liège, 1936)。亦見 C. A. Mastrelli, *L'Edda*(附有詳細注釋的全譯本)(Florence,1952); Jean I. Young, *The Prose Edda of Snorri Sturluson: Tales from Norse Mythology* (Berkeley, 1964); Henry Adams Bellows, *The Poetic Edda* (New York, 1968)。

闡述得最精闢的概論有:Werner Bentz, "Die altgermanische Religion," 收錄於 W. Stammler, *Deutsche Philologie im Aufriss* (1957), cols. 2467-2556; Jan de Vries, *Altgermanische Religionsgeschichte*, 2 vols., 2d ed. (Berlin, 1956-57); Turville-Peter, *Myth and Religion of the North* (1964)。Helmut Birkhan 也有相當中肯的分析,見 *Germanen und Kelten bis zum Ausgang der Römerzeit*, spéc pp. 250-343(日耳曼人和克爾特人的至高神)。

Georges Dumézil 曾數度從印歐觀點來進行日耳曼宗教的比較研究,特別見氏著 *Les dieux des Germains* (1959); ibid., *Loki*(1948); ibid., *La Saga de Hadingus* (1953; 增訂後的新版本,書名改為 *Du mythe au roman*,於 1970 年發行; 本書德文版由 Derek Coltman 譯為英文,書名為 *From Myth to Fiction: The Saga of Hadingus*, Chicago, 1973); ibid., *Les dieux souverains des Indo-Européens* (1977), pp. 86 sq.。亦見 Edgar Polomé, "The Indo-European

(441)

457

Component in Germanic Religion"收錄於 Jaan Puhvel 主編之 *Myth and Law among the Indo-Europeans* (Berkeley, 1970), pp. 55-82; Uno Strutynski, "History and Structure in Germanic Mythology: Some Thoughts on Einar Haugen's Critique of Dumézil" 收錄於 C. G. Larson 所編，*Myth in Indo-European Antiquity* (Berkeley, 1974), pp. 29-50（cf. Edgar Polomé, "Approaches to Germanic Mythology," ibid., pp. 51-65）。

Karl Helm 以完全不同的取向進行研究，見 *Altgermanische Religionsgeschichte*, I (1913); II, 1, 2 (1937-53)。參考 Dumézil 有關方法論的論述（有關書目的簡述，見 *Les Dieux des Germains*, p. 38）。亦見 Peter Buchholz, "Perspectives for Historical Research in Germanic Religion," *HR* 8(1968): 111-38（反對 Dumézil 的進路，p. 114, n. 7）; W. Baetke, *Das Heilige im Germanischen* (1942); R. L. M. Derolez, *Les dieux et la religion des Germains*; H. R. Ellis Davidson, *Gods and Myths of Northern Europe* (Harmondsworth, 1964)。

在 Alois Closs 所進行的一系列研究中，他是從歷史人種學的角度來探討日耳曼宗教，見氏著 "Neue Problemstellungen in der germanischen Religionsgeschichte," *Anthropos* 29 (1934): 477-96; "Die Religion des Semnonenstammes," *Wiener Beiträge zur Kulturgeschichte und Linguistik* 4 (1936): 549-674; "Die Religion der Germanen in ethnologischer Sicht," dans: *Christus und die Religionen der Erde*, vol. 2 (Vienne, 1951), pp. 271-366; "Historische Ethnologie und Germanistik: Das Gestaltproblem in der Völkerkunde," *Anthropos* 51 (1956): 833-91。

關於宇宙創造論，見 F. R. Schröder, "Germanische Schöpfungsmythen," *Germanisch-Romanische Monatsschrift* 19(1931): 1-26, 81-99; Jan de Vries, *Altgermanische Religion*, vol. 2, pp. 359-71; de Vries, *"Ginnungagap,"* Acta Philologica Scandinavica 5 (1930-34): 41-66。亦見 Kurt Schier, "Die Erdschöpfung aus dem Urmeer und die Kosmogonie der Völospá" 收錄於 *Märchen, Mythos, Dichtung: Festschrift Friedrich von der Leyen* (München, 1963), pp. 303-34（這

是個比較研究，其中運用了相當豐富的文獻檔案）；Bruce Lincoln, "The Indo-European Myth of Creation," *HR* 15 (1976):121-45; 此外，見第 73、75、76 節的書目。

關於第一對人類夫妻的誕生，見 J. de Vries, *Altgermanische Religion*, vol. 1, pp. 268 sq.; K. Helm, "Weltwerden und Weltvergehen in altgermanischen Sage, Dichtung und Religion," *Hessische Blätter für Volkskunde* 38(1940): 1-35（有豐富的參考文獻）；Otto Höfler, "Abstammungstraditionen," 收錄於 *Reallexikon der germanischen Altertumskunde*, vol. 1, pp. 18-29。關於人類從樹的誕生，見 G. Bonfante, "Microcosmo e macrocosmmo nel mitoindoeuropeo," *Die Sprache* 5 (1959): 1-8。

174. 關於艾瑟族與法納族之戰的主要參考資料，見 *Völuspá* 21-24; (442) *Skâldskaparmâl*, chap. 4; *Ynglinga Saga* 1.2.405; Saxo Grammaticus, *Gesta Danorum* 1.7。Dumézil, *Tarpeia* (1947), pp. 253-69, *Les dieux des Germains*, pp. 10-14，均有德文翻譯及評注。這場戰爭被詮釋為印歐神話詩集的「歷史化」，見 Dumézil, *Tarpeia*, pp. 247-91; *Loki* (1948), pp.97-106; *L'Héritage indo-européen à Rome* (1949), pp. 125-42; *Les dieux des Germains*, pp. 3-37。這番詮釋也受到其他學者的認可，見 J. de Vries, *Altgermanische Religion*, vol. 2, pp. 208-14; W. Betz, *Die altgermanische Religion*, col. 2475。

關於「歐丁（沃登）」（Óðinn-Wodan），見 J. de Vries, *Altgermanische Religion*, vol. 2, pp. 27-106; W. Betz, cols. 2485-95; Dumézil, *Les dieux des Germains*, p. 40-64; Dumézil, *Les dieux souverains des Indo-Européens*, pp. 189-99; Turville-Petre, *Myth and Religion of the North*, pp. 35-74; Derolez, *Les dieux et les religions des Germains*, 70-91; Davidson, *Gods and Myths of Northern Europe*, pp. 48-72, 140-57。晚近，Richard L. Auld 提出一套心理學的詮釋，見氏著 "The Psychological and Mythic Unity of the God Odhinn," *Numen* 33 (1976):144-60。在 Jan de Vries 所著的 *Contribution to the Study of Odhin, Especially in His Relation to Agricultural Practices in Modern Popular Lore*, FF

Communications no. 94 (Helsinki, 1931)當中，de Vries 指出藉助民間傳說來
解釋古日耳曼宗教的危險（見 pp.62-63）。

羅馬人認為歐丁神相當於墨丘利，而日耳曼人則將「墨丘利日」（*dies
Mercurii*，星期三）翻譯成「歐丁日」。這種相似性的原因並不清楚，但曾
有人舉出一項事實：歐丁和墨丘利都是商業的守護神。除此之外，墨丘利
是至高的靈魂引渡神，而歐丁則具有死亡之神的功能。不過，這兩位神之
間最關鍵的相似處，是在於他們所擁有的「心靈」能力，尤其是他們都是
魔法力量的主宰，也都和特異功能的技術有所關聯。（見第 92 節）關於歐
丁吊在宇宙樹上一事，見 A. G. Hamel, "Odhinn Hanging on the Tree," *Acta
Philologica Scandinavica* 7 (1932): 260-88; Konstantin Reichardt, "Odin am
Galgen," 收錄於 *Wächter und Hüter: Festschrift für Hermann J. Weigand* (1957),
pp. 15-28。至於，歐丁以自己獻祭自己，以及他累積各種超自然智慧的做
法，見 Jere Fleck 的分析，"Odhinn's Self-Sacrifice-- A New Interpretation, I:
The Ritual Inversion," *Scandinavian Studies* 43 no. 2 (1971): 119-42; "II: The
Ritual Landscape," ibd., 43, no. 4 (1971): 385-413。

關於歐丁神的祭典，見 J. de Vries, *Altgermanische Religion*, vol. 2, pp.
48 sq.; Turville-Petre, *Myth and Religion of the North*, pp. 64 sq.。此外，關於
以活人祭來榮耀歐丁神，見 Turville-Petre, pp. 48 sq.; James L. Sauvé, "The
Divine Victim: Aspects of Human Sacrifice in Viking Scandinavia and Vedic In-
dia" 收錄於 *Myth and Law among the Indo-Europeans* (Berkeley,1970), pp.
173-91。

關於古日耳曼人的巫術，見 Eliade, *Le chamanisme, pp. 299-305*。補充
資料見：*Peter Buchholz, Schamanistische Züge in der altisländischen
Überlieferung* (Inaugural diss., Saarbrücken, 1968); Alois Closs, "Der Schama-
nismus bei den Indoeuropäern," *Gedenkschrift für Wilhelm Brandenstein* (In-
nsbruck, 1968), pp. 289-302, spéc. pp. 298 sq.; Karl Hauck, *Goldbrakteaten aus
(443) Sievern* (München, 1970), pp. 444 sq.。至於反對這套歐丁「巫術」詮釋的，
則見 Jere Fleck, "The Knowledge-Criterion in the *Grimnismál:* The Case against

'Shamanish,'" *Arkiv för nordisk filologi* 86 (1971):49-61。

關於歐丁的座騎八腳馬斯雷普尼爾（Sleipnir），以及兩隻會預言的大烏鴉的參考資料，見 de Vries, *Altgermanische Religion*, vol. 2, pp. 63sq.; Turville-Petre, *Myth and Religion of the North*, pp. 57sq.。亦見 Davidson, *Gods and Myths of Northern Europe*, pp. 145sq.。

關於希德（seiðr）這種祕技，見 Eliade, *Le chamanisme*, pp. 303 sq.; Peter Buchholz, *Schamanistische Züge*, pp. 43 sq.。

關於柯法瑟（Kvasir）神話的其他版本，見 Derolez, *Les dieux et les religions des Germains*, pp. 87 sq.; Turville-Petre, *Myth and Religion of the North*, pp. 45 sq.。

關於宇宙樹（Yggdrasill）及世界中心的象徵意義，見 de Vries, *Altgermanische Religion*, vol. 2, pp. 380 sq.; Eliade, *Le chamanisme*, pp. 211-225; Cf. Turville-Petre, *Myth and Religion of the North*, p. 279。

如同 Klōthes 或 Moirai（見第 87 節）、Norns，這三位女神負責「編織」凡人的命運（見 Eliade, *Traité d'Histoire des Religions*, 58）。這些和指向命運的名字（古北歐文的 urð、盎格魯撒克遜文的 *wyrd*，日耳曼文的 *wurd*）都和拉丁文裡「扭轉」（*vertere*）這個字的意思相當接近。關於命運、命運女神，以及命運三聯女神，見 J. de Vries, *Altgermanische Religion*, vol. 1, pp. 267 sq.。

175. 關於「忿怒」（*wut*）這個字，以及它的印歐文同義字：克爾特文的「*ferg*」或荷馬英雄裡的「*menos*」，見 G. Dumézil, *Horace et les Curiaces* (Paris, 1942),pp. 16 sq.。關於印歐社會裡的年輕戰士入會禮，見 Dumézil, ibid., pp. 34 sq.; cf. Eliade, *Naissances mystiques. Essai sur quelques types d'initiation (Paris, 1959), pp. 174 sq.*。關於熊皮戰士（*berserkir*），見 ibid., pp. 174-82, n. 1-11。補充資料見：Klaus von See, "Berserker,"*Zeitschrift für deutsche Wortforschung* n.s. 2 (1961): 129-35; A. Margaret Arendt, "The Heroic Pattern: Old Germanic Helmets" 收錄於 *From Old Norse Literature and Myth-*

ology: A Symposium, ed. Edgar C.Polomé (Austin, Tex., 1969), pp. 130-99; Eliade, "Le Daces et les Loups" 收錄於 *De Zalmoxis à Gengis Khan*, pp. 13-30; Mary R. Gerstein, "Germanic *Warg:* The Outlaw as Werwolf," in: *Myth in Indo-European Antiquity*, pp.131-56。

關於儀式性的「化身為狼」，見 *De Zalmoxis à Gengis Khan*, pp. 26 sq.。

關於熊皮獵人和美國印第安部族 Kwakiutl 的食人族中的年輕哈瑪他（*hamatsas*）之近似處，見 Dumézil, *Horace et les Curiaces*, pp. 42 sq.; Eliade, *De Zalmoxis à Gengis Khan*, pp. 26 sq.。

關於法基里斯（Valkyries）和英雄殿法哈拉（Valhalla），見 de Vries, *Altgermanische Religion*, vol. 2, pp. 58 sq.（史料及書目）; cf. H. R. Ellis Davidson, *Gods and Myths*, pp. 61 sq.。

176. 關於提爾（Týr, *Tiwaz, Ziu*），見 de Vries, *Altgermanische Religion*, vol. 2, pp. 13 sq.。日耳曼學家通常把提爾定位為戰神，見 Derolez, *Les dieux et les religions des Germains*, pp. 107 sq.; Davidson, *Gods and Myths*, pp. 57 sq.。關於提爾的司法面向，以及他和日耳曼的和平使者（*thinge*）的關係，見 de Vries, vol. 2, pp. 13 sq.; Dumézil, *Les dieux des Germains*, pp. 68 sq.; Dumézil, *Les dieux souverains*, pp. 196 sq.。

(444) 塔西佗（*Germania* 9）寫道：主神是墨丘利、馬爾斯和海克力斯，也就是歐丁、提爾（Tiwaz）和托爾（Donar）。在第39章，有關蘇比族（Suebi）最主要的一支 Semnoncs 的論述中，這位羅馬歷史學家提到了，在某個特定節日裡，蘇比人都會聚集到他們的聖林裡；在那兒，他們舉行活人祭來獻神，塔西佗說，這位神叫做 *regnator omnium deus*。百餘年來，學者們無不試圖證明提爾或歐丁是至高神，相關的論戰歷史，見 R. Pettazzoni, "Regnator omnium deus," *Essays on the History of Religion* (Leiden, 1954), pp. 136-50。相關義大利文獻，收錄於 *SMSR* 119-20 (1943-46): 137 sq.。比較 Hildebrecht Hommel, "Die Hauptgottheiten der Germanen bei Tacitus," *ARW* 37

(1941): 144-73; J. de Vries, *Altgermanische Religion*, vol. 2, pp. 32 sq.; Eliade, *Images et Symboles, pp. 136 sq.*。*Pettazzoni（p. 145）反駁這種將歐丁和提爾視為同一人的論點；對他而言，他所根據的參考資料是非關個人之神聖森林的「神意」（numen）*。無論如何，這必須要考慮到蘇比是 Herminones 印第安族最重要的一支的事實。（Herminones 這名稱源自於 Irmin-Hermin 這個名字，見 A. Closs, "Die Religion des Semnonenstammes," pp. 653 sq.）。Rudolf of Fulda（*Translatio S. Alexandri*）說，薩克遜人崇拜一根高大的木柱，以他們的語言來說，叫做 Irminsul，拉丁文則稱為 *universalis columna*，意思是撐起世界的圓柱。（其他有關 Irmin 和 Irminsul 的文獻，見 R. Meissmer, "Irminsul bei Widukind von Corvey," *Bonner Jahrbücher* 139 [1934]: 34-35; Heinz Löwe, "Die Irminsul und die Religion der Sachsen,"*Deutsches Archiv für Geschichte des Mittelalters* 5 [1942]:1-22.)。因此，Irmin 是一位至高神；事實上，有許多古代民族將他們所信奉的至高神，刻在一根代表擎起天空的圓柱上。H. Löwe（p. 15）在參酌其他作者的見解後認為，Irmin 相當於「統治一切的神」（*regnator omnium deus*）。這種說法是依據日耳曼人崇拜一位名為 Irmin 或 Tiwaz-Ziu 的神而來（cf. H. Hommel, "Die Hauptgottheiten," p. 151），這位神後來被歐丁神所取代。見 Werner Müller 的精采分析，*Die Jupitergigantensäulen und ihre Verwandtes* (Meisenheim am Glan, 1975)，尤其 O pp. 88 sq.。

關於托爾，見 de Vries, *Altgermanische Religion*, vol. 2, pp.107 sq.，以及 Dumézil, *Les dieux des Germains*, pp. 67 sq., *L'idéologie tripartite des Indo-Européens*, pp. 54 sq.，以及 *Heur et malheur: Aspects mythiques de la fonction guerrière chez les Indo-Européens* (1956), pp. 69 sq.。亦見 Turville-Petre,*Myth and Religion of the North*, 75sq.; F. R. Schröder, "Thor, Indra, Herakles," *Zeitschrift für deutsche Philologie* 76 (1957): 1 sq.; H. R. Ellis Davidson,"Thor's Hammer," *Folklore* 74 (1963)。

有關於巴爾達的參考資料非常多，首先見 J. de Vries, *Altgermanische Religion*, vol. 2, pp. 214-38; W. Betz, *Die Altgermanische Religion*, cols.

2502-8; G. Dumézil, *Les dieuxdes Germains*, pp. 93 sq.; Otto Höflcr, "Baldcrs Bestattung und die nordschen Felszeichnungen," *Anzeiger der Österreichischen Akademie der Wissenschaften, Phil.-hist. Klasse* 88 (1951): 343-72; Turville-Petre, *Myth and Religion of the North*, pp. 196 sq.。Mannhardt 與 Frazer 將巴爾達詮釋為豐饒之神的説法，後來為 F. R. Schröder 所修訂，見 "Balder und der zweite Merseburger Spruch," *Germanisch-Romanische Monatsschrift* 34 (1953): 166-83; J. de Vries 也曾評論過這個理論，見 "Der Mythos von Balders (445) Tod," *Arkiv för Nordisk Filologi* 70 (1955): 41-60（但是見 de Vries 的詮釋：巴爾達之死只是為了回應年輕戰士入會禮儀式的神話，並無法説服杜美夕，見 Dumézil, *Les dieux des Germains*, p. 104）。至於一項有關槲寄生（*mistilteinn*）主題鞭闢入裡的分析，見 Jonathan Z. Smith, "When the Bough Breaks," *HR* 12 (1973): 342-72, spéc. pp.350-70。在 S. Bugge 之後，有數位學者發現巴爾達和耶穌之間的相似性，見 Derolez, pp. 126 sq.; Turville-Petre, pp. 199 sq.。對於 Dumézil 而言，巴爾達接收了托爾的功能（「那貶低了斯堪地那維亞的密特拉」）；見氏著 *Les dieux des Germains*, p. 93。

關於艾瑟族的另一位神，海姆達爾（Heimdallr），可資參考的史料都是斷簡殘篇。他是諸神的斥候，也是個千里眼；他是由九位母親共同產下的，海姆達爾和羅奇宿怨極深，在末世大戰中，他們兩人在廝殺中同歸於盡。關於海姆達爾的史料，見 B. Pering, *Heimdall* (1941); cf. de Vries, *Altgermanische Religion*, vol. 2, pp. 238 sq.; de Vries, "Heimdallr, dieu énigmatique," *Etudes germaniques* 10 (1955): 257-68。Ake Ohlmarks, *Heimdall und das Horn* (Uppsala, 1937)，其中鉅細靡遺的史料，相當值得參考，但他自然主義的詮釋，（如 Heimdall 等於太陽、Horn 等於月亮）卻顯得太天真了。至於杜美夕，則將海姆達爾解釋為「第一位神」，類似於印度的風神伐由以及太初之神雅努斯，見氏著 "Remarques comparatives sur le dieu scandinave Heimdallr," *Etudes Celtiques* 8 (1959): 263083。

177. 關於法納諸神，見 J. de Vries, *Altgermanische Religion*, vol. 2, pp.

163-208, 307-13; W. Betz, *Die Altgermanische Religion* cols. 2508-20; Dumézil, *Les dieux des Germains*, pp. 117-27; Turville-Petre, *Myth and Religion of the North*, pp. 156-79, 325 (bibl.)。

關於「納土斯和約德」（Nerthus-Njörð），見 Helmut Birkhan, *Germanen und Kelten*, pp. 544 sq.; E. Polomé, "A propos de la déesse Nerthus," *Latomus* 13 (1954): 167 sq.; G. Dumézil, *La Saga de Hadingus, du mythe au roman* (1953)。在 *Du mythe au roman* (1970)中，作者指出哈丁哥斯（Hadingus）是從約德及其神話所剽竊來的史詩；亦見氏著 "Njördhr, Nerthus et le folklore scandinave des génies de la mer," *RHR* 147 (1955): 210-26; ibid., *Du mythe au roman*, pp. 185-96。

關於弗瑞和富麗格，見 J. de Vries (vol. 2, pp. 302 sq.), Derolez (pp. 139 sq.)，有關法納神的論述及書目，以及 Davidson（*Gods and Myths of Northern Europe*, pp. 92-127）。

關於羅奇有許多研究文獻，J. de Vries 探討過到 1930 年為止的研究，見氏著 *The Problem of Loki, FFC* no. 110 (Helsinki 1933), pp. 10-22; de Vries, *Altgermanische Religion*, pp. 2, pp. 255 sq.。De Vries 將羅奇拿來和北美神話裡的人物「騙子」相比較。F. Ström, *Loki: Ein mythologisches Problem* (Gothenburg, 1956)，認為這個神是「養兄」歐丁神的化身。在參酌斯堪地那維亞民間故事的史料下，A. B. Rooth 總結說，羅奇的原型是蜘蛛（瑞典地方語言為 *Locke*）；見氏著 *Loki in Scandinavian Mythology* (Lund, 1961)。亦見 de Vries, "Loki...und kein Ende," *Festschrift für F. R. Schröder* (Heidelberg, 1959), pp. 1 sq.; Alois Closs, "Loki und die germanische Frömmigkeit," *Kairos* 2 (1960): 89-100。Georges Dumézil, *Loki*(1948) 討論這個問題。亦見氏著 *Les dieux des Germains*, pp. 94 sq.。杜美夕曾舉出高加索有部戲劇和羅奇對付巴爾達的情節相當類似，劇情是：邪惡的 Syrdon 以看似無害的詭計，害死俊美英雄 Sozryko 的故事；見 *Loki*, pp. 169 sq.。 (446)

關於斯堪地那維亞的末世神話，丹麥學者 Axel Olrik, Die Sagen vom Weltuntergang，收錄很有價值的文獻。根據 Olrik 的說法，拉格納羅的概念

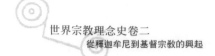
應該受到某些高加索神話、波斯和基督宗教末世論的影響；R. Reitzenstein 認為摩尼教對這概念具有舉足輕重的影響；見氏著 "Weltuntergangsvorstellungen" in: *Kyrkohistorisk Årsskrift* 24 (1924): 129-212; ibid., "Die nordischen, persischen und christlichen Vorstellungen vom Weltuntergang," in: *Vorträge der Bibliothek Warburg 1923-24* (Leipzig-Berlin, 1926): 149-69。不過，杜美夕指出，真正影響到拉格納羅的是印度史料中所記載的印歐末世神話（《摩訶婆羅多》），及伊朗和斯堪地那維亞的傳說，見氏著 *Les dieux des Germains*, pp. 212 sq.，比較 Stig Wikander, "Germanische und indo-iranische Eschatologie," *Kairos* 2 (1960): 83-88。關於拉格納羅，亦見 J. de Vries, *Altgermanische Religion*, vol. 2, pp. 397 sq.; J. S. Martin, *Ragnarök* (Assen, 1972)。

關於死後存在及死亡神話的相關概念，見 G. Neckel, *Walhall* 的分析：*Studien über germanischen Jenseitsglauben* (Dortmund, 1931); H. R. Ellis, *The Road to Hel* (Cambridge, 1943); R. T. Christiansen, *The Dead and the Living* (1946)。

關於戰士入會禮、英雄的命運，以及異教和基督教共生的精闢論證，見 H. Margaret Arendt 的研究："The Heroic Pattern: Old Germanic Helmets, Beowulf, and the Grettis Saga" 收錄於 *From Old Norse Literature and Mythology: A Symposium*, 1969, pp. 130-99。

關於高斯佛斯（Gosforth）的十字架，見 K. Berg, "The Gosforth Cross," *Journal of the Warburg and Courtauld Institutes* 21 (1951): 27 sq.（有精彩的照片）。

關於日耳曼的王權，見 Otto Höfler, *Germanische Sakralkönigtum*, vol. 1: *Der Runenstein von Rök und die germanische Individualweihe* (Tübingen, 1953); ibid., in: *The Sacral Kingship* (Leiden, 1959), pp. 644 sq.。見 J. de Vries 所著之評論 *Germanisch-Romanische Monatsschrift* 34 (1953): 183 sq.，及筆者在 *Critique* 83 (1954): 328 sq. 的評論。羅克紀念碑（Rök）上的北歐碑刻之重要性，其實在於它的作者法林（Varin）是聖殿的守護者，他以兒子獻

祭的對象並非神，而是哥德國王 Theodoric，這種做法與日耳曼傳說所記載
的相吻合。然而，在今天，法林的紀念碑立在瑞典，但 Theodoric 王所統
治的國家卻在義大利北部的維洛納（Verona），而且他在位的年代還比法
林的年代「早個好幾百年」。「但是，」這篇碑刻敘述說：Theodoric「仍
舊主宰著戰場的命運。」他會肩護盾牌、騎著戰馬，全副武裝地馳騁在沙
場上干預戰事。Theodoric 並非只是位光榮且神聖的國王，不管在生前或死
後；因為他在整個日耳曼世界中已經成為神話人物，後來，他以 Diederich
de Berne 的身分，活躍在十九及二十世紀。這些事實雖然眾所周知，但羅
克碑刻卻進一步證明了，它們不再只是「文學作品」或民間傳說中的故 (447)
事，而是「活生生」的宗教信仰；換句話說，當他立起了這座紀念碑時，
法林其實是在崇拜神化的國王。

關於日耳曼的王權，亦見 K. Hauck, "Herrschaftszeichnen eines Wodanis-
tischen Königtums," *Jahrbuch für fränkische Landesforschung* 14 (1954): 9-66;
J. de Vries, "Das Königtum bei den Germanen," *Saeculum* 7 (1956): 289-310。

178. 關於色雷斯人的原史和歷史，見 Joseph Wiesner, *Die Thraker* (Stut-
tgart, 1963)。W. Tomaschel, "Die alten Thraker," *Sitzungsberichte der Akad.
Wien* 130 (1893) 是必讀的作品。晚近所發現的以色雷斯文獻的作品，在關
於某些宗教理念的資料上，雖然零散但極為有用，其中最重要的，見 D.
Dečev, *Die thrakischen Sprachreste* (Vienne, 1957); I. I. Russu, *Limba Traco-
Dacilor*, 2d ed. (Bucharest, 1963); C. Poghirc, ed., *Thraco-dacica* (Bucharest,
1976); Poghirc, *Studii de tracologie* (1976)。

Raffaele Pettazzoni, "La religione dell'antica Tracia," 收錄於 *Serta Ka-
zaroviana* (= *Bulletin de l'Institut Archéologique Bulgare* 16 [Sofia, 1950]:
291-99，一篇譯成英文的研究論文，"The Religion of Ancient Thrace" 收錄於
Pettazzoni 所編之 *Essays on the History of Religions* [Leiden, 1954], pp.
81-94)。亦見 Furio Jesi, "Su Macrobe *Sat.* I. 18: Uno schizzo della religione
tracica antica," *Studii Clasice* 11 (Bucharest, 1969): 178-86。

關於色雷斯人的阿利斯（Arcs）祭典，見 Wiesner, *Die Thraker*, pp. 101 sq. 及注 36 sq.。關於色雷斯女神班迪斯（阿提密斯）（Bendis-Artemis），見 bibd., pp. 106 sq., n. 48 sq.（所引書目）。

關於扎貝爾蘇多斯（Zbelsurdos），見 G. Seure, "Les images thraces de Zeus Keraunos: Zbelsurdos, Gebeleïzis, De Zalmoxis à Gengis Khan," *REG* 26 (1913): 225-61; A. B. Cook, *Zeus*, vol. 2, pt. 1 (Cambridge, 1925), pp. 817-24。

關於色雷斯人的「戴奧尼索斯」，見 Erwin Rohde, *Psyche: Seelencult und Unsterblichkeitsglaube der Griechen*, 1894（無出其右的作品）; Wiesner, *Die Thraker*, pp. 102 sq.。

這個名為薩巴齊烏斯（Sabazius）的色雷斯「戴奧尼索斯」祭典，在西元前四世紀曾遠傳至非洲; 見 Charles Picard, "Sabazios, dieu thraco-phrygien: Expansion et aspects nouveaux de son culte," *Revue archéologique* 2 (1961): 129-76; M. Macrea, "Le culte de Sabazius en Dacie," *Dacia* n.s. 3 (1959): 325-39; E. Lozovan, "Dacia Sacra," *HR* 7 (1968): 215-19。

關於薩巴齊烏斯祭典（「薩巴齊烏斯的手」，相當於以色列人的雅威等等），見 W. O. E. Oesterley, "The Cult of Sabazios," in: *The Labyrinth*, ed. S. H. Hooke (London, 1925), pp. 115-58。

關於色雷斯和蓋塔人的苦行和冥想，見 Eliade, *De Zalmoxis à Gengis Khan*, pp. 50 sq.。

保加利亞的「馬背上的英雄」雕像，列舉於 Gavril I. Kazarow, *Die Denkmäler des thrakischen Reitergottes in Bulgarien*, I-II, Dissertationes Pannonicae (Budapest, 1938)。亦見氏著 "Zum Kult des thrakischen Reiters in Bulgarien," *Wissenschaftliche Zeitschrift der Karl Marx Universität* 3 (Leipzig, (448) 1953-54): 135-37; C. Picard, "Nouvelles observations sur diverses représentations du Héros-Cavalier des Balkans," *RHR* 150 (1956): 1-26; R. Pettazzoni, "The Religion of Ancient Thrace," pp. 84 sq.。

179. 蓋塔和大夏族，是在銅器時期由色雷斯人所衍生出來的部族，他

們的領土擴及現今的羅馬尼亞上方。根據晚近出土的文物中顯示，蓋塔大夏族分布的地理位置東及德尼斯特（Dniester），南到巴爾幹，西和北接匈牙利，東南則連斯拉夫和西伯利亞。西元前一世紀，在 Boerebista 國王的治理下，大夏王國的國力達到巔峰期。然而，積極將政治版圖擴張到巴爾幹半島的羅馬帝國，在西元三世紀末葉，在奧古斯都的征戰下，勢力延伸到達努貝河（Danube，即今天的多瑙河）。重要性僅次於 Boerebista 的大夏國王是 Decebalus，他在西元 89 年，打敗多密先（Domitian）領軍的羅馬軍隊，但卻在西元 101-2 年及 105-7 年的兩場慘烈戰爭中，敗給羅馬帝國的圖雷真，而飲恨自殺，從此以後，大夏成為羅馬帝國的行省。在汗牛充棟的大夏史前史及歷史相關文獻中，我們提及的有：Vasile Pârvan, *Getica* (Bucharest, 1926); Pârvan, *Dacia: An Outline of the Early Civilization of the Carpatho-Danubian Countries* (Cambridge, 1928; 亦見 Radu Vulpe 所翻譯的羅馬尼亞版第四版 [Bucharest, 1967]，書中包括由譯者所加注的重要增補，及相關評論的書目 [pp. 159-216]); Hadrian Daicoviciu, *Dacii* (Bucharest, 1965); H. Daicoviciu, *Dacia de la Buerebista la cucerirea romană* (Bucharest, 1972); R. Vulpe, *Aşezări geticc în Muntenia* (Bucharest, 1966); I. H. Crişan, *Burebista şi epoca sa* (1975)。關於色雷斯人的擴張及蓋塔大夏人和西西亞人的關係，見 M. Dušek, "Die Thraker im Karpatenbecken," *Slovenska Archaeologia* 22 (1974): 361-428.。

根據史特拉堡（7.3.12）的說法，大夏族原名 *daoi*，在 Hesychius 所流傳下來的一則傳說告訴我們，*daos* 原是小亞細亞古國弗里吉亞文的「狼」這個字，由此可知，早期的大夏人自稱為「狼」或「像狼的人」，及至今日，狼是戰士的典型象徵：在行為和外型上模仿狼，是戰士祕密團體的軍事入會禮的特徵，見 Eliade, "Le Daces et les Loups" 收錄於 *De Zalmoxis à Gengis Khan*, pp. 5-20。

關於蓋塔大夏人的宗教信仰，見 I. I. Russu, "Religia Geto-Dacilor: Zei, credinţe, practici religioase," *Annuarul Institutului de Studii Clasice* 5 (Cluj, 1947): 61-137; Eliade, *De Zalmoxis à Gengis Khan*, p. 22, n. 1 (bibli.)。

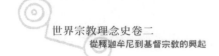

關於哥貝萊齊斯（Gebeleizis），見 *De Zalmoxis à Gengis Khan*, pp. 58-61, n. 87-97 (bibli.)。補充資料見 C. Poghirc, "Considérations philologiques et linguistiques sur Gebeleïzis," *Academia Litterarum Bulgarica*, vol. 2: *Thracia* (Serdicae, 1974), pp. 357-60。該文作者認為（p. 359）哥貝萊齊斯這個神名等同於內貝萊齊斯（**Nebeleizis*），這個字的字首部分近似於希臘文的*nephelē*、拉丁文的 *nebula*、英文的 *nifol*，意思是「雲、暴風雨時的天空」；該字的字尾部分是指「神」的意思。

關於扎爾莫西斯，見 *De Zalmoxis à Gengis Khan*, p. 32, n. 1 (bibli.)。至於希羅多德（4. 94-96）所探究的神話祭典景象，見 ibid., pp. 24 sq.。

(449)

關於希臘人的出神、巫醫和「巫師哲學家」，有許多學者曾將之與扎爾莫西斯相提並論，見 *De Zalmoxis à Gengis Khan*, pp. 42-52。

從 Jakob Grimm 到 Neckel 及 Jan de Vries，部分日耳曼學家將扎爾莫西斯消失的課題，拿來和豐收神弗瑞之死作比較，但這種比較卻未必是妥當的；見 *De Zalmoxis à Gengis Khan*, pp. 54-55。

Hippolytus（*Philosophoumena* 2.25）敘述一則傳說，有關於扎爾莫西斯傳承克爾特族的畢達哥拉斯教義的說法，這個故事再度證明了扎爾莫西斯宗教是信仰靈魂不滅的。H. Hubert 曾比較過德魯伊特和色雷斯人及蓋塔大夏人的的兄弟關係，見氏著 *Les Celtes depuis l'époque de la Tène*, p. 283.。其中最重要的是，德魯伊特的重要性、靈魂不滅的信仰，以及入會禮儀式的神聖科學。這說明了蓋塔大夏人的近似性。此外，某些克爾特族所造成的影響，也不能等閒視之，因為在歷史的某段時期，克爾特人曾定居在大夏領土的西半部，見 Parvân, *Getica*, pp. 461 sq.; Parvân, *Dacia, Civilizaţāriile antice din ţârile carpato-danubiene*, 4th ed. (Bucharest, 1967), pp. 103 sq., 183 sq.; H. Daicoviciu, *Dacii*, pp. 61 sq.。

關於致力於拉丁史的哥德民間學者 Jordanes 所著的 *Getica*，見 *Eliade, De Zalmoxis à Gengis Khan*, pp. 70 sq., n. 127; 補充資料見 Norbert Wagner, *Getica: Untersuchungen zum Leben des Jordanes und zur frühen Geschichte der Goten* (Berlin, 1967)。

關於薩米齊格圖撒（Sarmizegetuza）和寇斯特提斯（Costeşti）的「天文觀測神廟」，見 C. D. Daicoviciu, "Le problème de l'état et de la culture des Daces à la lumière des nouvelles recherches" 收錄於 *Nouvelles études d'histoire présentées au Xe Congrès de sciences historiques* (Bucharest, 1955), pp. 126 sq.; Hadrian Daicoviciu, "Il Tempio-Calendario dacico di Sarmizegetuza," *Dacia* n.s. 4 (Bucharest, 1960): 231-54; H. Daicoviciu, *Dacii*, pp. 194 sq., 210 sq. 。

關於中世紀神話史當中的扎爾莫西斯晚年史（在這個時期，蓋塔族經常被誤認為哥德族），見 Eliade, *De Zalmoxis à Gengis Khan*, pp. 75 sq. 。

180. 這些文獻曾的彙編，見 O. Kern, *Orphicorum Fragmenta* (Berlin, 1922); 其中部分作品的翻譯，收錄於 W. K. C. Guthrie, *Orpheus and Greek Religion* (London, 1935; 2d ed., 1952), pp. 59 sq., 137 sq., G. Arrighetti, *Rrammenti Orfici* (Turin, 1959)。關於奧斐斯的讚美詩，有本不錯的選輯，見 G. Quandt, *Orphei Hymni* (Berlin, 1941)。G. Faggin 曾經翻譯其中部分，並加注完整注釋，見 *Inni Orfici* (Florence, 1949)。亦見 G. Dottin, *Les "Argonautiques" d'Orphée* (Paris, 1930)。

關於這些資料來源，Guthrie 採取不同的角度進行批判分析，見氏著 *Orpheus,* pp. 29 sq. 。後來，I. M. Linforth, *The Arts of Orpheus* (Berkeley, 1941), passim.; R. Böhme, *Orpheus, der Sänger und seine Zeit* (Berne-München, 1970)，曾針對最早期的文獻資料，再度進行鉅細靡遺的檢視。亦見 K. Ziegler, "Orphische Dichtung," in the Pauly-Wissowa *Realencyklopädie*, vol. 28 (1942), cols. 1321-1417。

Kern 曾將 1922 年之前的現代相關作品，集結成一份完整的書目，見 (450) 氏著 *Orphicorum Fragmenta* (pp.345 sq.)，這份書目在 1941 年，由 Martin P. Nilsson 增補更新，收錄於 "Early Orphis and Kindred Religious Movements," *Opuscula Selecta,* vol. 2 (Lund, 1952), n. 1, pp. 628-30 （本文增修版收錄於 *HTR* 28 [1935]: 18-230）。至於近期的研究，見 K. Prümm, "Die Orphik in Spiegel der neueren Forschung," *Zeitschrift für Katholische Theologie* 78 (1956):

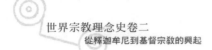

1-40。關於奧斐斯和奧斐斯祕教的參考資料中，我們提到：E. Mass, *Orpheus: Untersuchungen zur griechischen, römischen, altchristlichen Jenseitsdichtung und Religion* (München, 1895); Otto Kern, *Orpheus: Eine Religionsgeschichtliche Untersuchung* (Berlin, 1920); A. Boulanger, *Orphée: Rapports de l'orphisme et du christianisme* (Paris, 1925), spéc. pp. 17-67; Vittorio Macchioro, *Zagreus: Studi intorno all' orfismo* (Florence, 1930)（參考時須明辨慎思）; P. Boyancé, *Le culte des Muses* (1937), pp. 33-61; Nilsson, "Early Orphism", Nilsson, *Geschichte der griechischen Religion,* 3d ed., vol. 1 (1967), pp. 678-99; 2d ed., vol. 2 (1961), pp. 246-431; Guthrie, *Orpheus and Greek Religion;* Guthrie, *The Greeks and Their Gods* (Boston, 1968), pp. 307-32; Guthrie, *A History of Greek Philosophy,* 4 vols. (Cambridge, 1975); Linforth, *The Arts of Orpheus*; E. R. Dodds, *The Greeks and the Irrational* (Berkeley, 1951), pp. 146 sq.; R. Pattazzoni, *La religion dans la Grèce antique* (Paris, 1953), pp. 108-31; Louis Moulinier, *Orphée et l'orphisme à l'époque classique* (Paris, 1955); Dario Sabbatucci, *Saggio sul misticismo greco* (Rome, 1965), pp. 69-126; Walter Burkert, " Orpheus und die Vorsokratiker," *Antike und Abendland* 14 (1968): 93-114; Burkert, *Griechische Religion der archäischen und klassischen Epochen* (Stuttgart, 1977), pp. 440-47 ("Oprpheus and Pythagoras")。

史特拉堡和普魯塔赫提及之奧斐斯的色雷斯起源，受到下述學者的採信：E. Rohde（*Psyche*）、E. Mass（*Orpheus*），以及 P. Perdrizet（*Cultes et mythes du Pangée,* 1910）。但是，A. Boulanger 一針見血地批評說，「奧斐斯祕教的最大特徵，對罪惡的意識、對潔淨禮和救贖的需要、在陰間的懲罰，卻都不曾在色雷斯宗教中發現。」（*Orphée,* p. 47, n. 1）亦見 R. Böhme, in: *Annales Univ. Saraviensis* 6 (1956): 3 sq.。A. J. van Windeken 認為，「極北居民」在被界定為神話人物之前，原本是和奧斐斯傾向有關的宗教團體，見氏著 "Hyperboréens," *Rheinisches Museum* 100 (1957): 164-69。

M. Detienne 最近針對優里迪斯死亡的神話，提出一番新的詮釋，見 "

Orphée au miel," *Quaderni Unbinati di Cultura Chassica,* no. 12 (1971), pp. 17 sq. 。奧斐斯被殺的這個題材，深受西元前五世紀畫家的青睞；見 Guthrie *Orpheus,* pp. 64-65, fig. 4, pl. IV; Moulinier, *Orphée et l'orphisme,* p. 14, n. 2（書中所列的表，係根據 Sir John Beazley 的分類，見 *Attic Red-Figured Vase-Paintings,* Oxford, 1942）。

181.　關於柏拉圖學派有關靈魂的神話，也就是靈魂被囚禁在人類身體（*sōma* sēma），以及靈魂和奧斐斯祕教的關係，見下述各種角度的分析與評注：Guthrie, *Orpheus,* pp. 214 sq.; Guthrie, *The Greeks and Their Gods,* pp. 311 sq.; Linforth, *The Arts of Orpheus,* pp. 147 sq. et passim; Perceval Frutiger, *Les mythes de Platon* (Paris, 1930), pp. 259 sq.; F. Cumont, *Lux Perpetua* (Paris, 1949), pp. 245 sq.; Moulinier, *Orphée et l'orphisme,* pp. 24 sq. 。 (451)

關於「奧斐斯祕教生活」，見 Guthrie, *Orpheus,* 263-66; Dodds, *The Greeks and the Irrational,* pp. 149 sq. 。

關於奧斐斯祕教的神祕儀式，見 Dario Sabbatucci, *Saggio sul misticismo greco,* pp. 41 sq. 。關於奧斐斯教徒茹素的習俗，見 Guthrie, *Orpheus,* pp. 197 sq.; Sabbatucci, pp. 69 sq.; Marcel Detienne, "La cuisine de Pythagore," *Archives de sociologie des religions,* no. 29 (1970), pp. 141-62; Detienne, *Les jardins d'Adonis (Paris, 1972),* pp. 85 sq. 。

有關奧斐斯祕教神譜及宇宙論的文獻的翻譯和評注，見 Guthrie, *Orpheus,* ch. 4; Alderinck, *Crisis and Cosmogony; Post-Mortem Existence in the Eleusinian and Orphic Mysteries* (diss.. University of Chicago, 1974)，ch. 6; R. Mondolfo, "Intorno al contenuto dell'antica teogonia orfica," *Rivista di filologia classica* 59 (1931): 433-61; F. Dümmler, "Zu orphische Kosmologie," *Archiv f. Gesch. d. Phil.* 7 (1948)。

關於腓尼基人和埃及人宇宙論的相似性，見 Ugo Bianchi, "Protogonos," *SMSR* 28 (1957): 119 sq.; ibid., "Le dualisme en histoire des religions," *RHR* 159 (1961): 26 sq.; S. Morenz, *Die Aegypten und die altorphische Kosmogonie*

(1950)。

在 Willibald Staudacher 所著的 *Die Trennung von Himmel und Erde: Ein vorgriechischer Schöpfungsmythos bei Hesiod und den Orphiker* (Tübingen, 1942; Darmstadt, 1968), pp. 85 sq.，他釐清了兩種奧斐斯宇宙論的根源，第一個根源是以夜之女神為基礎（Eudemus 和 Plato，*Timaeus* 40c, 41a），另一個則以太初的蛋為發展主軸（Aristophanes, *The Birds* 650-731; Hieronymus, Hellanicus）；這兩個傳說融合成奧斐斯「狂想曲」（*Rhapsodies.*）中的宇宙論。發現於 1962 年的德維尼紙草抄本（Derveni Papyrus），揭露了一個獨立的理論，也就是賦予宙斯宇宙創造的權力和絕對的統治權。這份紙抄本曾由 S. C. Kapsomenos 編輯，並由 Walter Burkert 翻譯成德文，收錄在 "Orpheus und die Vorsokratiker: Bemerkungen zum Derveni-Papyrus und zum pythagoreischen Zahlenlehre," *Antike und Abendland* 13 (1967): 93-114，R. Merkelbach 也翻譯了另一個德文版，見 "Der orphische Papyrus von Derveni," *Zeitschrift für Papyrologie und Epigraphik* 1 (1967): 23-30。至於附有注釋的英譯本，見 Alderinck, *Crisis and Cosmogony,* ch. 6。

關於泰坦族被宙斯的金剛杵打敗的神話，見本書卷一第 124 節。關於人是從泰坦族灰燼中所誕生出來的說法，引起無數的論戰。Nilsson（*Geschichte der griechischen Religion,* vol. 1, pp. 686 sq.）認為這個神話相當古老；但另一方面，Linforth（*Arts,* p. 331）卻認為，我們並沒有令人信服的元素去決定這個傳說的年代。至於 Moulinier 吹毛求疵的批評，則產生一個極度負面的結果：「普魯塔赫是第一個將泰坦族吞食戴奧尼索斯的神話引申到人類起源的人：食肉的人將受到懲罰。」（p. 59）（cf. *De esu carne* 996e, Kern, *Orph. Frag.,* no. 210, p. 231）在另一方面，Dodds 在參酌這個神話「所有」的相關文獻後說，「我發現我們很難去反對這個由柏拉圖及其門徒所流傳下來的結論。」（*The Greeks and the Irrational,* p. 156; cf. p. 176，注 132 及 135）Dodds 承認贊諾克拉特斯的說詞有一定的重要性，關於這個部分的討論，見 P. Boyancé, "Xenocrates and the Orphics," *Rev. des études anciennes* 50 (1948): 218-25。J. C. G. Strachan（"Who Did Forbid Suicide at *Phaedo* 62b?" *Classical Quarterly* n.s. 20 [1970]: 216-20）則從奧斐斯祕教的資料來源中取得贊諾克拉特斯的斷簡。無論如何，奧林皮奧多勒斯（Olympiodorus）認為，柏拉圖的作品「充斥著對奧斐斯作品的共鳴」(ad *Phaed.* 70c; Kern, *Orph.* Frag., no 224)，亦見 H. Jeanmaire, *Dionysos,* pp. 391 sq.。Ugo Bianchi 解釋扎格列歐斯（Zagreus）神話和柏拉圖《法律篇》（701c-d）一書中有關「泰坦族的古老天性」是「原罪」的段落，以人類存在之前的諸神作為立論基礎，見氏著 "Péché originel et péché antécédent," *RHR* 170 (1966): 118 sq.。

182. 關於奧斐斯祕教的冥府，見 Kern, *RE,* s.v. "Mysterien," col. 1287; Cumont, *Lux Perpetua* (Paris, 1949), pp. 245 sq.; M. Treu, "Die neue 'orphische' Unterweltbeschreibung und Vergil," *Hermes* 82 (1954): 24-51。關於奧斐斯祕教的末世論，見 Guthrie, *Orpheus,* pp. 164 sq., 183 sq.; R. Turcan, "L'âme-oiseau et l'eschatologie orphique," *RHR* 155 (1959): 33-40; Walter Burkert, *Weisheit und Wissenschaft* [Nuremberg, 1962])。

關於柏拉圖學派的轉世理論，見 R. S. Bluck, "The *Phaedrus* and Reincarnation," *American Journal of Philology* 79 (1958): 156-64; "Plato, Pindar and Metempsychosis," ibid., pp. 405-14。

發現於義大利和克里特島的金盤的奧斐斯來源，之前被普遍接受，但到了 1930 年，U. von Wilamowitz-Moellendorff 提出異議，見 *Der Glaube der Hellenen,* 2 vols. (Berlin, 1931-32), vol. 2, pp. 202 sq.; A. Boulanger, "Le salut selon l'Orphisme," *Mémorial Lagrange* (Paris, 1940), p. 71; Boulanger, *Orphée et l'orphisme,* p. 23; C. Picard, "Remarques sur l'Apologue dit de Prodicos," *Revue archéologique* 6. ser. 42 (1953): 23; G. Zuntz, *Persephone: Three Essays on Religion and Thought in Magna Graecia* (Oxford, 1971), pp. 318 sq.（但見 R. Turcan 的批評，*RHR* 183 [1973]: 184）。現在，各界同意這些金盤應屬「奧斐斯和畢達哥拉斯」的遺產；尤其見 Konrad Ziegler, "Orphische Dichtung," *RE,* vol. 18, cols. 1386-88; Guthrie, *Orpheus,* pp. 171-82; Cumont, *Lux*

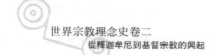

Perpetua, pp. 248, 406; Burkert, *Science and Lore in Ancient Pythagoreanism,* p. 113, n. 21 (bibli.)。

金盤上的銘文曾由兩位學者整理編輯，見 Diels Krantz, *Die Fragmente der Vorsokratiker,* vol. 1, sec. 1B, Frags. 17-21; Kern, *Orph. Frag.,* no. 32。英譯本見 Gilbert Murray, "Critical Appendix on the Orphic Tablets,"，收錄於 J. E. Harrison, *Prolegomena to the Study of Greek Religion* (Cambridge, 1903; 2d ed., 1922), pp. 664-66; Guthire, *Orpheus,* pp. 172 sq.。金盤銘文的最佳編輯版本（認為這應是畢達哥拉斯崇拜的遺物），以及最嚴謹的銘文研究，見 Günther Zuntz： *Persephone: Three Essays on Religion and Thought in Magna Graecia,* pp. 275-393。

關於「死者之渴」，見 André Parrot, *Le "Refrigerium" dans l'au-delà* (Paris, 1937); Eliade, "Locum refrigerii……," *De Zalmoxis à Gengis Khan* 1 (1938): 203-8; T. Gaster, *Thespis* (1961), pp. 204 sq.; Zuntz, *Persephone,* pp. 370 sq.。

(453)　　關於古希臘的「遺忘」和「記憶」，見 Eliade, *Aspects du mythe,* pp. 147 sq.; J. V. Vernant, "Aspects mythiques de la mémoire en Grèce," *Journal de psychologie* 56 (1959): 1-29; cf. Marcel Detienne, *Les maîtres de vérité dans la Grèce ancienne* (Paris, 1967), pp. 9-27 ("La mémoire du poète"), pp. 125 sq.（有豐富的書目）。

「一個被神意所放逐的流民與流浪者，」恩培多克勒斯（Empedocles）如此厭惡自己，「因為我曾經是個男孩，是個女孩，是棵小樹，是隻鳥，是條魚。」（frag. 117）談到畢達哥拉斯，恩培多克勒斯形容他「是個知識極為廣博的人」，因為「當他盡全力思考時，就能輕易地了解其他人必須窮十輩子，甚至二十輩子之力才能理解的所有事情。」（frag. 129）見 Ettore Bignones 的評注：*Empedocle* (Turin, 1926), pp. 483 sq.。印度的瑜祇和仙人記得他們前世的某些經歷，但只有佛陀能夠「全部」記住。換個說法，亦即只有佛陀是全知全能的; 見 Eliade, *Le Yoga,* pp. 186 sq.。至於薩滿也宣稱自己能夠記得前世種種的這個事實，則顯示出這種技術的古老

性；見 Eliade, *Mythe, rêves et mystères, pp. 21*。

關於普羅科諾塞斯（Proconnesus）的亞里斯提亞（Aristeas）的神話重點，係由希羅多德所傳述下來（Herodotus，4.14）。亞里斯提亞，西元前六世紀的希臘史詩家，早期希臘文學裡傳奇人物。希羅多德說他著有 Arimaspeia，描寫他遊歷不知名的民族的傳奇故事。相傳他在家鄉過世後，有人在前往基齊克斯（Cyzicus）的路上遇見他；七年後，據說他帶著記載親身遊歷的史詩再度現身在普羅科諾塞斯：「因為崇拜太陽神」，他遊歷遠至伊希多尼斯（Issidones），在那兒，他的鄰居獨眼族（Arimaspes）和極北居民談論著他，後來他二度消失，但希羅多德補充說，他在 240 年後又出現在義大利南部的美塔龐提（Metaponte），還命令當地居民興建阿波羅祭壇，並在祭壇旁邊立一座「刻有普羅科諾塞斯的亞里斯提亞之名的石碑」。他告訴他們，阿波羅有一回造訪普羅科諾塞斯時，他曾化身為一隻烏鴉伴隨著這個神，「這就是說，他消失了。」讓我們來注意一些很明確的巫術特徵：出神（很容易被誤以為是死亡）、分身（同時出現在兩個地方）、化身為烏鴉。關於亞里斯提亞，見 Eliade, *De Zalmoxis à Gengis Khan, the Vanishing God,*, p. 45, n. 44; Burkert, *Lore and Science,* pp. 147-49 (bibli.)。J. D. P. Bolton，在其著作 *Aristeas of Proconnesus* (Oxford, 1962) 中，對這個神話提出「歷史相對論」的詮釋，另一位神話人物，克拉佐美納的赫莫提穆斯（Hermotimus of Clazomenae）則擁有靈魂可以出竅多年的能力。他曾長期出神到遠方遊歷，還在歸來時預言未來。但是有一天，當他進入出神狀況時，敵人乘機燒了他躺在床上毫無氣息的肉體，從此之後，他的靈魂再也沒回來過了。（見 *De Zalmoxis à Gengis Khan* p. 45, n. 45）。

在克里特、佛米翁（Phormion）和雷歐尼莫斯（Leonymus）等地有關智者埃皮曼尼德斯（Epimenides）的神話裡，可以辨認出某些「巫術」特徵（見 *De Zalmoxis à Gengis Khan,* pp. 46; Burkert, *Lore and Science* p. 152）。部分學者曾把希臘哲學家巴曼尼德斯（Parmenides）和恩培多克勒斯（Empedocles）的名字補充進來。H. Diels 則在他的詩作中把巴曼尼德斯

的神祕遊歷，拿來和西伯利亞薩滿的出神遊歷做比較；後來這個題材在其他不同論述的伴隨下，再度被 Meuli、Morrison、Burkert 和 Guthrie 拿來討論（見 *De Zalmoxis a' Gengis Khan,* p. 46, n. 48-50）。至於恩培多克勒斯，

(454) Dodds 寫道，他的斷簡是「一手資料，我們仍舊可以從中形塑出希臘薩滿真正的面貌。」（*The Greeks and the Irrational,* p. 145）這番詮釋遭到 Charles H. Kahn 的反駁：「恩培多克勒斯的靈魂並未像赫莫提穆斯和埃皮曼尼德斯那樣離開身體，他也不像阿巴里斯會御箭飛行，或變身為一隻大烏鴉，也從來沒有人見過他同時在兩個地方出現過，而且，他也不像奧斐斯和畢達哥拉斯那般曾經遊過地府。」（"Religion and Natural Philosophy in Empedocles' Doctrine of the Soul," *Archiv für Geschichte der Philosophie* 42 [1962]: 3-35, spéc. pp. 30 sq.）無論如何，恩培多克勒斯以某些神奇的力量而聞名：他能夠呼風喚雨（frag. 111; in Burkert, *Lore and Science,* pp. 153-54），這些技術是土耳其、蒙古、冰島薩滿的特徵；見 John Andrew Boyle, "Turkish and Mongol Shamanism in the Middle Ages," *Folklore* 83 (1972): 184 sq.; Stefan Einarsson, "Harp Song, Heroic Poetry……," *Budklavlen* 42 (1965): 25-26。我們補充說明，這已經不只是狹義的薩滿巫術的領域。

關於畢達哥拉斯的「巫術」，見 Burkert, pp. 120 sq.（附有豐富的書目）; J. A. Philip, *Pythagoras and Early Pythagoreanism* (Toronto, 1966), pp. 159 sq.; M. Detienne, *La notion de Daimon dans le pythagorisme ancien* (Paris, 1963), pp. 60 sq.。

關於兩派畢達哥拉斯信徒，「聲聞」（*acousmatici*）（比較次等）和「入室弟子」（*mathematici*）（親證大師的祕義）的差異，見 Burkert, *Lore and Science,* pp. 166 sq., 192 sq.; M. Detienne, "Des confréries de guerriers à la société pythagoricienne," *RHR* 163 (1963): 127-31。

奧斐斯「祕教」或奧斐斯「祕密聚會」的存在，為 Guthrie（*Orpheus,* pp. 203 sq.）和 Cumont（*Lux Perpetua,* pp. 240, 244, 405-6）所接受，但卻遭到 Festugière 的批駁（Gruppe 和 Wilamowitz 也和他意見一致），見氏著 "L'Orphisme et la légende de Zagreus," *Revue Biblique* 44 (1935): 366-96。此

外，我們可以將奧斐斯祕教的「祕密團體」和坦特羅教的祕密組織作比較。

183. 在為數眾多的柏拉圖神話相關書目中，我們選出的有：Epimenides Karl Reinhardt, *Platons Mythen* (Bonn, 1927); Perceval Frutiger, *Les mythes de Platon* (Paris, 1930); P. M. Schuhl, *Etudes sur la fabulation platonicienne* (Paris, 1947); Ludwig Edelstein, "The Function of the Myth in Plato's Philosophy", *Journal of the History of Ideas* 10 (1949): 463 sq.; W. J. W. Koster, *Le mythe de Platon, de Zarathoustra et des Chaldéens* (Leiden, 1951); Paul Friedländer, *Plato,* vol. 1 (Princeton, 1958; 2d ed., 1969), pp. 171-212。

關於希羅斯（Syros）的菲勒塞德斯（Pherecydes），及其在宇宙論和考古學上可能受到的東方影響，見 M. L. West, *Early Greek Philosophy and the Orient* (Oxford, 1971), pp. 1-75。

關於天體不滅的信仰，Walter Burkert 曾針對相關的古代資料及現代的評論研究，進行精闢的分析，見氏著 *Lore and Science in Ancient Pythagoreanism,* pp. 358 sq.。Louis Rougier 認為這個概念不是源於宗教想像，而是「畢達哥拉斯的天文學革命」，見氏著 *L'Origine astronomique de la croyance pythagoricienne en l'immortalité céleste des âmes* (Cairo, 1935)，這個關懷受到 Burkert 的嚴格駁斥，見氏著 *Lore and Science,* p. 358, n. 41。 (455)

關於畢達哥拉斯哲學和柏拉圖哲學的相似處，見 Burkert, pp. 43 sq., 53 sq., 81 sq.。關於《提邁烏斯》（*Timacus*）被視為畢達哥拉斯宗教的文獻，見 ibid., pp. 64 sq., 84 sq.。關於柏拉圖可能受到的東方影響，見 Joseph Bidez, *Eos, ou Platon et l'Orient* (Bruxelles, 1945)，ch. 5, 9; Julia Kerschensteiner, *Platon und der Orient* (Stuttgart, 1945), pp. 147 sq.。

我們在前面討論了柏拉圖的「靈魂之翼」和印度思想的共通性。要補充說明的是，對於柏拉圖、對於數論瑜伽和吠檀多而言，所謂的「善行」，在相較於靈魂期待永恆的至高能力下，就失去了它們的價值（《理想國》IV, 428 sq.）。為了獲得解脫，完美智者的責任就是提升他的內在生

命，而智者的使命，就是讓他的內在生命達到完美，以期獲得解脫。從真神那裡得來的最高智慧引導人們獲得解脫；認識神就是變成神。

我們必須指出和記憶（*anamnēsis*）有關的意外相似點。就像柏拉圖一樣（《米諾篇》81），澳洲的土著亞蘭達人（Aranda）也相信「認識」就是「記憶」。在新信徒進行入會禮的期間，他學習到敘述太初時期祖先信仰活動的神話。緊接著，新信徒學習到自己是祖先投胎轉世的。在某個英雄的神話當中，他發現自己的神話傳記，以及自己在太初時期的豐功偉業，而某些物質（如岩石或木頭做成的神器，如丘林加〔*tjurungas*〕等等）證明了他在前世曾有過的輝煌存在。（對柏拉圖而言，外在的物品也能幫助靈魂發現它前世所擁有的智慧。）亞蘭達人的入會禮的最高儀軌以神啟為主，由新信徒的父親來揭示年輕人與丘林加之間的神祕一致性。「年輕人，看這個東西。這是你自己的身體啊，當你徘徊在前世之中時，這就是你的祖先，然後把它埋進聖穴附近。」（T. G. H. Strehlow，引述自 Eliade, *Religions Australienne, pp. 103 sq.*。

關於希臘神話的侵蝕過程，我們整理出另一個原因（*Aspects du mythe, pp. 152 sq.*），也引述了色諾芬尼（Xenophanes，生於西元前 565 年）作品的部分斷簡：「荷馬和赫西奧德說，諸神會做各種凡人認為不名譽的行為：通姦、偷竊、互相欺騙。」他言辭犀利地批評神人同形論：「如果牛、馬或獅子有手，或牠們能夠像人類一樣使喚他們的手，那麼馬就會造出長得像馬一樣的神，牛也能造個像牛一樣的神，這些神會有像他們一樣的身體。」

此外，荷馬和赫西奧德的神話學也持續引起整個希臘化時期學者的興趣，只不過，這些神話不再完全地被接受：現在，學者努力在神話當中尋找「言外之意」、「絃外之音」（*hyponoiai*；後來改用 allēgoria 這個詞）。藉著主要由斯多噶學派發展出的寓意方法，荷馬和赫西奧德得以在希臘菁英的眼中「存活」下來，而荷馬所傳述的萬神殿也得以保有高度的文化價值。另一種研究方法，「神話即歷史論」（Euhemerism），則在荷馬的萬神殿和擬人神論的保存上，厥功甚偉。在西元前 3 世紀初期，優海

(456)

莫路斯（Euhemerus）以哲學之旅的方式發表一部傳奇作品《神錄》（*Hiera anagraphē*），他的成就是很直接且重要的。優海莫路斯相信，自己已經發現諸神的起源：他們是被奉為神的古代君主。這套說法為保留荷馬的萬神殿提供了另一個「理性」的可能性。現在，他們有了個「真實性」：在本質上，它是可證諸歷史的（精確地說，應該是「史前史的」）；這個神話意味著一組混淆的記憶，或一組對遠古君主功績的幻想而改變外貌的記憶。

必須補充說明的是，由柏拉圖所敘述的「靈魂神話」從來不曾喪失它的吸引力，只是某些柏拉圖式神話的諷喻詮釋，僅能引起學者的興趣。

184. 關於亞歷山大的生平和功績的概論，見 W. W. Tarn, *Alexander the Great,* 2 vols.（Cambridge, 1948）（卷一於 1956 年重印，卷二收錄了一篇文獻探討和許多附錄）；A. R. Burn, *Alexander the Great and the Hellenistic World,* (New York, 1962); F. Schachermeyr, *Alexander der Grosse: Ingenium und Macht* (Vienne, 1949); F. Altheim, *Alexander und Asien: Geschichte eincs geistiges Erbc* (Tübingen, 1953); R. D. Milns, *Alexander the Grcat* (London, 1968); Peter Green, *Alexander the Great* (London, 1970)(= *Alexander of Macedon,* Harmondsworth, 1974); Robin Lane Fox, *Alexander the Great* (London, 1973)。Peter Green 和 R. L. Fox 的著作包含豐富的書評書目。C. T. Griffith ed., *Alexander the Great: The Main Problems* (Cambridge, 1966); C. A. Robinson, E. Badian et G. Walser, "Zur neueren Forschung über Alexander den Grossen," pp. 345-88; J. R. Hamilton, *Plutarch: Alexander-A Commentary* (Oxford, 1969)。

關於這個時期的通史，見 P. Jouguet, *L'Impérialisme macédonien et l'hellénisation de l'Orient* (Paris, 1926); G. Glotz, P. Roussel et R. Cohen, *Histoire grecque,* vol. 4: *Alexandre et l'hellénisation du monde antique* (Paris, 1938; 2d ed., 1945); M. Rostovtzeff, *Social and Economic History of the Hellenistic World,* vol. 3 (Oxford, 1941, 1953)。

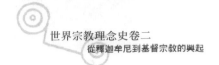

關於希臘化文明，見 W. W. Tarn, *Hellenistic Civilisation* (London, 1927, 1952); Moses Hadas, *Hellenistic Culture: Fusion and Diffusion* (New York, 1959); Hadas, "From Nationalism to Cosmopolitanism," *Journal of the History of Ideas* 4 (1943): 105-111; Carl Schneider, *Kulturgeschichte des Hellenismus,* vol. 2（München, 1969），這是一部不朽之作，書中還包括一份翔實的書評書目（pp. 989-1106）。Schneider 將希臘化歷史分為四個階段：西元前 280 年之前，這個階段的時代特徵是希臘化時期的第一位普世之神，西拉匹斯（Serapis），以及君主把諸神奉為王朝的守護神，開始奠下崇拜諸神的儀式等等。在西元前 280-220 年，希臘化文明發展到了巔峰。西元前 220-168 年，為末世論的趨勢和焦慮的年代，特徵是末世論文學、埃及和亞洲神祕儀式、以及戴奧尼索斯崇拜的興起。從西元前 168 至西元 30 年間，羅馬人征服時期，許多神廟慘遭劫掠或毀壞，神職人員也遭到驅逐，不過希臘化宗教的傳統卻留存在入會禮中心，埃勒烏西斯、薩莫色雷斯、安達尼亞、提洛斯島（pp. 770-72），亦見最終的融合 (pp. 963-88)。

關於希臘化時期近東地區的概況，見 Samuel K. Eddy, *The King Is Dead: Studies in the Near Eastern Resistance to Hellenism, 334-31* B.C. (Lincoln, 1961), F. E. Peters, *The Harvest of Hellenism: A History of the Near East from Alexander the Great to the Triumph of Christianity* (New York, 1970)。

關於統治權的神化，見第 205 節以下。

關於希臘教育的傳佈，見 H. I. Marrou, *Histoire de l'éducation dans l'antiquité* (Paris, 1948; 2d ed., 1965), pp. 139 sq.; W. W. Tarn, *Hellenistic Civilisation,* pp. 268 sq.; M. Hadas, *Hellenistic Culture,* pp. 59 sq.; C. Schneider, "Jugend und Erziehung," 收錄於氏著 *Kulturgeschichte des Hellenismus,* vol. 1。

關於舊約猶太教和希臘化「啟蒙」的衝突，將在第 25 章裡討論，尤其是第 202 節，亦見 Tarn, *Hellenistic Civilisation,* pp. 210 sq.; Hadas, *Hellenistic Culture,* pp. 30 sq., 72 sq.。

關於希臘化時期宗教的書評書目，見第 26 章第 205-10 節。

正如 W. W. Tarn 所說：「希臘化世界的哲學是斯多噶學派；至於其他

思想都是次要的。」（*Hell. Civ.,* p. 326）相關作品見 H. von Arnim, *Stoicorum veterum fragmenta,* I-IV (1903-5, 1924, 1968)，義大利文版有二種版本：N. Festa, *Frammenti degli Stoici antichi* (1932-35; Hildesheim, 1971 年再版); R. Anastasi, *I Frammenti morali di Crisippo* (Padua, 1962)。法文版見 E. Bréhier, *Les Stoïciens* (Paris, 1962)，亦見 M. Pohlenz, Stoa 和 Stoiker 合譯的德文版（Zurich, 1950）。

M. Pohlenz, *Die Stoa,* I-II (Göttingen, 1948-49, 1964, Florence, 1967)。亦見 J. M. Rist, *Stoic Philosophy* (Cambridge, 1969); C. Rodis-Lewis, *La morale stoïcienne* (Paris, 1970); R. Hoven, *Stoïcisme et stoïciens face au problème de l'au-delà* (Paris, 1970); Léon Robin, *La pensée grecque et les origines de l'esprit scientifique* (1973), pp. 477-78; P. M. Schuhl, ibid., pp. 501-3。

伊比鳩魯作品的斷簡曾由 Hermann Usener 蒐集整理為 *Epicurea* (1887; republished Rome, 1963)。亦見 C. Arrighetti, *Epicuro: Opere*（原始文本和義 (458) 大利文版) (Turin, 1960); A. J. Festugière, *Epicure et ses dieux* (1946; 2d ed., 1968)。

關於犬儒主義，見 L. Robin, *La pensée grecque,* pp. 464-65。

在希臘化文明時期，亞里斯多德哲學主要是以科學著稱，不過在中世紀，這個學派對基督教、伊斯蘭教、猶太教神學都有重大影響；亞里斯多德的形上學使我們想起數論和瑜伽派。人由肉體、靈魂和理性（nous）所構成，「靈魂透過理性來思考、判斷。」（*De anima 429a23*）。靈魂自永恆即存在，「必定是從外面以男性的形式存在。」（*De generatione animalium* 736b20）理性高於人體的感官，指揮感官但不受靈魂影響：是「更有神性且不動心的」（*De anima* 408b29）。其實，理性肖似上帝，對於亞里斯多德而言，上帝是指絕對、不動、永恆的存在。因為上帝是不動的，所以他的行動是純粹精神性的。（*Eth. Nic.* 1178b7-22; *De caelo,* 292b4 sq.）同樣的，理性的行動僅止於思考，人的性格不由理性決定，他對人格漠不關心。理性是無生無死的（*De caelo* 279b20）。當人死去時，理性即回到源初狀態。我們無法想像那是什麼狀態，因為理性不是推論或回憶的行

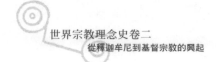
動。對於他的唯一謂語是「他存有」（*De anima* 408b18 sq.）。因此，在彼岸，人沒有必須解脫的欲望，不朽的觀念也是沒有意義的。這學説在中世紀引起很多爭論。

我們一方面將再次強調《奧義書》思想和吠檀多本質之間的近似處，另一方面，則要重申數論和瑜伽（見第 141 節）的神人（*puruṣa*）的結構和命運。無論如何，在亞里斯多德學説和印度形上學體系之間有著個顯著的差異；對後者而言，自我或神人的解脱意味著認識到自我和淨土（cf. *sāccitanānda*）。

關於亞歷山大和印度，見 H. G. Rawlinson, *Intercourse between India and the Western World*, 2. ed. (New York, 1972); A. K. Narain, "Alexander and India," *Greece and Rome* 12 (1965): 155-65; F.F. Schwartz, "Neue Perspective in den griechisch-indischen Beziehungen," *Orientalistische Literaturzeitung* 67 (1972): 18 sq.。

關於印度和西方早期的文化接觸，見 Eliade, *Le Yoga, pp. 419; F. F. Schwartz, "Candragupta-Sandrakottos: Eine historische Legende in Ost und West," Das Altertum* 18 (1972): 85-102; H. Scharff, "The Mauryz Dynasty and the Seleucids," *Zeitschrift für vergleichende sprachforschung* 85 (1971): 211-25.。F. F. Schwartz, "Arrian's *Indike* on India: Intention and Reality," *East and* West 25 (1975): 180-200 討論有關這個問題的最新研究論文。

(459)　　關於亞歷山大和婆羅門對話的傳説，見 Friedrich Pfister, "Das Nachleben der Überlieferung von Alexander und den Brahmanen,"*Hermes* 68 (1941): 143-69; Günther C. Hansen, "Alexander und die Brahmanen," *Klio* 43-45 (196): 351-80; J. D. M. Derrett, "Greece and India: The *Milindapañha,* the Alexander-Romance, and the Gospels," *Zeitschrift für Religions-und Geistesgeschichte* 19 (1967): 33-64; Derrett, "The History of 'Palladius' on the Races of India and the Brahmans," *Classica et Mediaevalia* 21 (1960): 64-135。

185.　關於佛教和部派佛教的歷史有許多研究文獻，基本的作品見 L. de

la Vallée-Poussin, *Le dogme et la philosophie du Bouddhisme* (Paris, 1930), *Nirvāṇa* (1925); ibid., *La morale bouddhique* (1927); E. Conze, *Buddhism: Its Essence and Development* (Oxford, 1951); ibid., *Buddhist Thought in India* (London, 1962); Sukumar Dutt, *The Buddha and Five After Centuries* (London, 1957); E. Frauwallner, *Die Philosophie des Buddhismus* (Berlin, 1956); E. Lamotte, *Histoire du bouddhisme indien,* vol. 1, *De l'origine à l'ère Śaka* (Louvain, 1958); A. Bareau, "Le Bouddhisme Indien," in: *Les religions de l'Inde,* vol. 3 (Paris, 1966), pp. 7-246, pp. 234-43 (bibli.)。

關於巴利文經典，見 J. Filliozat 在 L. Renou and J. Filliozat, *L'Inde classique* (1949), vol. 2, pp. 323-51 的解說。另見 A. Bareau, "Le Bouddhisme Indien," pp. 30-40。關於聖典的集成，見 Lamotte, *Histoire,* vol. 1, pp. 155-209。

在摩竭陀首都王舍城舉行的結集大會，由會眾合誦經藏和律藏。根據某些傳說，阿毘達磨藏也是如此結集的。據說當時就結集出三藏，但是這是不太可能的。（見 Bareau, "Le Bouddhisme Indien," p.27）

關於舍利弗的重要性，見 A. Migot, "Un grand disciple du Bouddha, Śāriputra," *BEFEO* 46 (1954): 405-54。

關於阿難，見 G. P. Malalasekera 著作中所引的參考資料，*Dictionary of Pāi Proper Names,* 2 vols. (London, 1937-38)，vol 1, pp. 249-68。

關於潛心研究教法的優波離（Upāli），見 E. Lamotte 所引述的文獻，*L'Enseignement de Vimalakī* (Louvain, 1962), pp. 170-71, n. 62。

關於結集大會，見 J. Przyluski, *Le concile de Rājagṛha* (Paris, 1926-28)，雖然他的某些假設（例如不許阿難參加是代罪羔羊的儀式餘緒）並不合理。另見 A. Bareau, *Les premiers conciles bouddhiques* (Paris, 1955); M. Hofinger, *Etude sur le concile de Vaiśāī* (Louvain, 1946); E. Lamotte, *Histoire du bouddhisme indien,* I, pp. 297-319; E. Frauwallner, *Die buddhistische Konzilien,* *ZDMG* 102 (1952): 240-61; Charles S. Prebish, "A Review of Scholarship on the Buddhist Councils," *Journal of Asian Studies* 23 (1974): 230-54; Janice J. Nattier

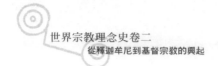

and Charles S. Prebish, "Mahāsāṃghika Origins: The Beginnings of Buddhist Sectarianism," *HR* 16 (1977): 237-72。

(460)　　關於聖典裡的差異，見 A. Bareau 於 *Les religions de l'Inde,* vol.3, pp. 84 sq.。

關於部派的分立，見 Lamotte, *Histoire,* vol. 1, pp. 571-602; A. Bareau, *Les sectes bouddhiques du Petit Véhicule* (Saigon, 1955); N. Dutt, *Early Monastic Buddhism,* vol. 2 (Calcutta, 1945), pp. 47-206; Prebish, "Mahāsāṃghika Origins"。亦見 T. O. Ling, *Buddhism and the Mythology of Evil: A Study in Theravāda Buddhism* (London, 1962)。

186. 　關於亞歷山大時期和孔雀王朝時期的印度，見 L. de la Vallée-Poussin, *L'Inde aux temps des Mauryas et des barbares* (Paris, 1930); E. Lamotte, "Alexandre et le Bouddhisme," *BEFEO* 44 (1945-50): 147-62; A. K. Narain, *The Indo-Greeks* (Oxford, 1957); W. W. Tarn, *The Greeks in Bactria and India,* 2d ed. (Cambridge, 1951)。

關於阿育王，見 J. Bloch, *Les inscriptions d'Aśoka* (Paris, 1950); Lamotte, *Histoire,* pp. 319-40; A. Bareau, *Les sectes bouddhiques,* pp. 35-55; Przyluski, *La légende de l'empereur Aśoka dans les textes indiens et chinois* (Paris, 1923) 有很好的經典翻譯。Filliozat 說：「阿育王權力的巔峰時期，是當時最偉大的國王，遠超過西元前三世紀中葉的羅馬帝國或是托勒密的埃及。塞流卡斯王國受到安息王朝的威脅，秦國正要統中國。他們之所以不知道阿育王，只是因為當時他們只知道自己而已。但是他的成就不只是在他的王國，很少統治者能像他那樣中庸地推展宗教。」（*L'Inde classique,* vol. 1, pp. 220-21）

關於在坎達哈（Kandaher）的希臘語和亞拉美語的雙語碑刻，見 D. Schlumberger, L. Robert, A. Dupont-Sommer, et E. Benveniste, "Une inscription bilingue gréco-araméenne d'Aśoka," *JA* 246 (1958): 1-48。關於近來出土的碑刻，見 D. Schlumberger, "Une nouvelle inscription grecque d'Aśoka," *Comptes*

rendus des séances de l'Académie des Inscriptions et Belles Lettres 109 (1964): 1-15; A. Dupont-Sommer, "Une nouvelle inscription araméenne d'Aśoka trouvée dans la vallée du Lagman (Afganistan)," ibid. 15 (1970): 15。

187. 關於佛塔和遺骨的崇拜，見 M. Benisti, "Etude sur le *stūpa* dans l'Inde ancienne," *BEFEO* 50 (1960): 37-116; A. Bareau, "La construction et le culte des *stūpa* d'après les Vinayapiṭaka," ibid., pp. 229-74; S. Paranavitana, "The *stūpa* in Ceylon," *Memoirs of the Archaeologial Survey of Ceylon,* vol. 5 (Colombo, 1946); Akira Hirakawa, "The Rise of Mahāyāna Buddhism and Its Relation to the Worship of Stūpas," *Memoirs of the Research Department of Toyo Bunko* 22 (1963): 57-106。John Irwin, "'Aśokan' Pillars: A Reassessment of the Evidence," *Burlington Magazine* 65 (1973): 706-20; 66 (1974): 712-27; 67 (1975): 631-43。 (461)

關於支提（*caitya,* ），見 V. R Ramchandra Dikshitar, "Origin and Early History of Caityas," *Indian Historical Quarterly* 14 (1938): 440-51, Eliade, Le *Yoga,* p. 412。

關於佛寺的象徵，Paul Mus, *Barbudur,* 2 vols. (Hanoi, 1935) 是非常重要的鉅著。

關於佛像的起源和發展，見 A. K. Coomaraswamy, "Indian Origin of the Buddha Image," *JAOS* 46 (1926): 165-70; ibid., "Origin of the Buddha Image," *Art Bulletin* 9 (1927): 1-42; P. Mus, "Le Bouddha paré. Son origine indienne. Śākyamuni dans le Mahāyānisme moyen," *BEFEO* 28 (1928): 153-280; O. C. Gangoly, "The Antiquity of the Buddha-Image, the Cult of the Buddha," *Ostasiatische Zeitschrift* n.s. 14 (1937-38): 41-59; E. Benda, *Der vedische Ursprung des symbolischen Buddhabildes* (Leipzig, 1940); B. Rowland, "Gandhāra and Late Antique Art: The Buddha Image," *American Journal of Archeology* 46 (1942): 223-36; Rowland, *The Evolution of the Buddha Image* (New York, 1963)。

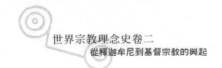

關於佛像的延續吠陀時期的象徵，見 Paul Mus, "Etudes indiennes et in-dochinoises," *BEFEO* 29 (1929): 92 sq.; A. Coomaraswamy, "Some Sources of Buddhist Iconography," in: *Dr. B. C. Law Volume* (1945), I, pp. 1-8; Coomara-swamy "The Nature of Buddhist Art," in: *Figures of Speech or Figures of Thought* (London, 1946), pp. 161-99, pp. 180 sq.。關於西元 1-5 世紀佛陀的形像和基督的形象的類似性，見 Benjamin Rowland, "Religious Art East and West," *HR* 2 (1962): 11-32。Rowland 認為，這是非常古老的共同象徵傳統。佛陀和基督都是以最初的教義所述的形象（如希臘演說者的寬袍），或是有太陽的象徵，以顯示其超越性。亦見 Rowland, "Buddha and the Sun God," *Zalmoxis* 1 (1938): 69-84。

關於教團的生活，見 Nalinaksha Dutt, *Early Monastic Buddhism,* rev. ed. (Calcutta, 1960); Charles Prebish, *Buddhist Monastic Discipline: The Sanskrit Prātimokṣa Sūtras of the Mahāsāṃghikas and the Mūlasarvāstivādins* (Pennsylvania, 1975)。

關於阿毘達磨藏，見 L. de la Vallée-Poussin, "Documents d'Abhidharma, traduits et annotés," I, *BEFEO* 30 (1930): 1-28, 247-98; II-V in: *Mélanges chinois et bouddhiques* 1 (1932): 65-125; 6 (1937): 7-187; Mahathera Nyanatiloka, *Guide through the Abhidharma-Piṭaka,* (Colombo, 1957); A. Bareau, "Le Bouddhisme Indien," pp. 93-106。亦見 H. V. Guenther, *Philosophy and Psychology in the Abhidharma* (Lucknow, 1967); *L'Abhidharmakośa de Vasubandhu,* trad., La Vallée-Poussin, 6 vols. (Paris, 1923-31)。

但是阿毘達磨並不是要創發新思想，而是要透過一致的哲學理論解惑。解脫才是其最終目的是。

₍₄₆₂₎ **188.** 關於般若經典的年代以及研究文獻，見 Edward Conze, *The Prajñāpāramitā Literature* (La Haye, 1960)。Conze 也有若干翻譯，見氏著 *Selected Sayings from the Perfection of Wisdom* (London, 1955)。

關於大乘佛教，見 E. Conze, *Buddhist Thought in India* (London, 1962), pp. 195-237; A. Bareau, "Le Bouddhisme Indien," in: *Les religions de l'Inde,* III, pp. 141-99; Bareau, *L'Absolu en philosophie bouddhique* (Paris, 1951); E. Lamotte, "Sur la formation du Mahāyāna," *Festschrift Friedrich Weller* (Leipzig, 1954), pp. 377-96。大乘經典翻譯為歐洲語言的重要作品書目,見 A. Bareau, "Le Bouddhisme Indien," pp. 242-43。

　　根據大乘傳說,世尊死後,徒眾在摩訶迦葉的主持下,於王舍城結集三藏,這時候,諸菩薩前來幫助阿難結集大乘經典,經典藏在帝釋天、龍宮和乾闥婆。佛滅五百年後,龍樹從龍宮取得七篋的大乘經典。關於這個傳說,見 Lamotte, *L'Enseignement de Vimalakīrti,* pp. 67-68。

　　關於菩薩的最近研究,見 W. Rahula, "L'Idéal du Bodhisattva dans le Theravāda et le Mahāyāna," *JA* 259 (1971): 63-70。在西元一世紀,大乘論師提出聲聞乘、緣覺乘和菩薩乘的差別。見 Rahula, pp. 65-66。

　　關於菩薩的各種分析,見 E. Conze, *Le bouddhisme,* pp. 123 sq.; A Bareau, "Le Bouddhisme Indien," pp. 169 sq.; J. Rahder, *Daśabhūmikasūtra et Boddhisatvabhūmi* (Paris, 1962); L de la Vallée-Poussin, *Vijñaptimāsiddhi,* vol. 1, pp. 721-42; Etinne Lamotte, *L'Enseignement de Vimalakīrti*。

　　關於彌勒菩薩,見 H. de Lubac, *Amida* (Paris, 1955), pp. 82 sq.; E. Lamotte, *L'Enseignement de Vimalakīrti,* pp. 189-92, n. 89。關於文殊菩薩,見 E. Lamotte, "Mañjuśrī" *T'oung Pao* 48 (1960): 1-96。

　　關於觀世音菩薩,見 M.-T. de Mallmann, *Introduction à l'étude d'Avalokiteśvara* (Paris, 1948); H. de Lubac, *Amida,* pp. 104 sq.。有些學者(Sylvain Lévi、Sir Charles Eliot、J. Przyluski、Paul Pelliot、Mlle de Mallmann)指出觀世音菩薩的伊朗元素,見 H. de Lubac, *Amida,* pp. 237 sq.。但是在印度無此先例,見 J. Filliozat 的評論,發表於 *JA* 239 (1951): 81; *RHR* 137 (1950): 44-58。

　　關於阿彌陀佛和淨土(Sukhāvatī),見 de Lubac, *Amida,* pp. 32-48, (463) 78-119, et passim。

　　沒有其他佛像阿彌陀佛這麼偉大和受歡迎。後來,這些佛菩薩四周都

489

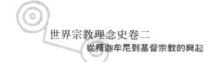

有諸神隨侍，特別是梵天和因陀羅，以及般若和救度的女性化身。這種佛身論承繼前大乘時期的佛的超越性理論。見 *Vijñaptimātratāsiddhi,* trans. L. de la Vallée-Poussin, vol. 2, pp. 762-813; Paul Demiéville, ed., *Hobogirin: Dictionnaire encyclopédique du Bouddhisme d'après les sources chinoises et japonaises* (Tokyo, 1929), fasc. 2, pp. 174-85。

「佛國是佛的悲願化現的無盡世界，有淨、不淨和淨不淨等等區分。我們娑婆世界是危險可憐的，但是釋迦牟尼就在這裡得正覺，無論是淨或不淨，所有佛國都是完全清淨的。淨與不淨的區分只是主觀的。佛可以隨意轉化。」（Lamotte, *L'Enseignement,* p. 399）亦見 *Butsudu, Hobogirin,* pp. 198-203。

諸佛的禮拜，見 Frank E. Reynolds, "The Several Bodies of the Buddha: Reflections on a Neglected Aspect of Theravāda Tradition," *HR* 16 (1977): 374-89。

189. 關於龍樹，見 Frederick J. Streng, *Emptiness: A Study in Religious Meaning* (Nashville, 1967). pp. 237-45; ibid., pp. 237-38; E. Lamotte, *Le Traité de la grande vertu de sagesse de Nāgārjuna (Mahāprajñāpāramitāśāstra),* I-II (Louvain, 1944, 1949), vol. 1, pp. xi-xiv。關於龍樹的作品，見 Streng, *Emptiness,* pp. 238-40。《中論》有梵文、藏文、和中文版本。

(464) 關於龍樹的哲學，見 F. I. Stcherbatsky, *The Conception of Buddhist Nirvāṇa* (Leningrad, 1927), pp. 1-68; La Vallée-Poussin, " Réflexions sur le Mādhyamaka," *Mélanges chinois et bouddhiques* 2 (1933): 1-59, 139-46; T. R. V. Murti, *Central Philosophy of Buddhism* (London, 1955); Richard H. Robinson, *Early Mādhyamika in India and China* (Madison and London, 1967), pp. 21-70; Streng, *Emptiness,* pp. 43-98, 139-52。

190. 耆那教經典和教團的歷史，見 L. Renou, *L'Inde classique,* vol. 2, pp. 609-39。關於耆那教哲學，見 O. Lacombe, ibid., pp. 639-62; Y. R. Padmarajiah, *A. Comparative Study of the Jaina Theories of Reality and Knowledge* (Bombay, 1963)。亦見 Mrs. S. Stevenson, *The Heart of Jainism* (Oxford, 1915); S. B. Deo, *A History of Jaina Monachism from Inscriptions and Literature* (Poona, 1956); R. Williams, *Jaina Yoga: A Survey of the Medieval Śrāvakācāras* (London, 1963); U. P. Shah, *Studies in Jaina Art* (Benares, 1955); V. A. Sangave, *The Jaina Community: A Social Survey* (Bombay, 1959)。

191. 《摩訶婆羅多》的經文，見 Vishnu S. Sukthamkar and S. K. Belvalkar: *The Mahābhārata: For the First Time Critically Edited* (Poona: Bhandarkar Oriental Research Institute, 1933-66)。

P. C. Roy (Calcutta, 1882-89) 和 M. N. Dutt (Calcutta, 1895-1905) 的英譯本仍然有用。van Buitenen 在去世前翻譯了《摩訶婆羅多》1-5 章（University of Chicago Press, 1973-78），以及《薄伽梵歌》全譯本。

關於詩集的詮釋歷史，見 Alf Hiltebeited, *Kṛṣṇa and the Mahābhārata: A Study in Indian and Indo-European Symbolism* (Ph.D. diss., University of Chicago, 1973), pp. 134-90。另見 Adolf Holtzmann, *Das Mahābhārata und seine Theile*, I-IV. (Kiel, 1892-93); E. W. Hopkins, *The Great Epic of India: Its Character and Origin* (1901); Joseph Dahlmann, *Die Genesis des Mahābhārata* (Berlin, 1899); G. J. Held, *(The Mahābhārata: An Ethnological Study* (London and Amsterdam, 1935); V. S. Sukkhamkar, *The Meaning of the Mahābhārata* (Bombay, 1957); Georges Dumézil, *Mythe et épopée*, I-II (Paris, 1968, 1971); Alf Hiltebeitel, *The Ritual of Battle: Krishna in the Mahābhārata* (Ithaca, N.Y., 1976); J. Bruce, *The Mahābhārata: A Select Annotated Bibliography,* South Asia Occasion Papers and Theses, no. 3 (Cornell University) (Ithaca, N.Y., 1974)。 (465)

於 1947 年，Stig Wikander 證明，般度兄弟的父親（諸神）有吠陀和前吠陀時期諸神的結構。見 "La légende des Pāṇḍava et la substructure mythique du Mahābhārata"，由 Georges Dumézil 翻譯收錄於 *Jupiter, Mars, Quirinus,* vol. 4 (Paris, 1948), pp. 37-53, 55-85。

192. 　關於《摩訶婆羅多》和斯堪地那維亞末世論的相似處，見 G. Dumézil, *Mythe et épopée,* vol. 1, pp. 218 sq.; Stig Wikander, "Germanische und Indo-Iranische Eschatologie," *Kairos* 2 (1960): 83-88。

　　Madeleine Biardeau 曾討論過 Dumézil 的相關研究，見 "Etudes de mythologie hindoue: Cosmogonies purāṇiques," *BEFEO* 55 (1969): 59-105, pp. 97-105。亦見 *Annuaire de l'Ecole des Hautes Etudes,* 5 (1969-70), pp. 168-72; Alf Hiltebeitel, *Krishna and the Mahābhārata* ch. 27; "The Mahābhārata and Hindu Eschatology," *HR* 12 (1972): 95-135; Hiltedbeitel, *The Ritual of Battle,* pp. 300-309。

　　關於史詩中的世界末日（*pralaya*），見 Biardeau, "Etudes," *BEFEO* 57 (1971): 17-89；關於信愛（*bhakti*）和阿跋多羅（ *avatāra*），見 ibid., 63 (1976): 111-263。

　　亦見 David Kinsley, "Through the Looking Glass: Divine Madness in the Hindu Religious Tradition," *HR* 13 (1974): 207-305。

193. 　關於《摩訶婆羅多》裡的數論和瑜伽派的觀念，見 Eliade, *Le Yoga, pp. 153 sq., p. 157, n. 1,, p. 379-80*。

194. 　《薄伽梵歌》的研究文獻甚豐，見 Eliade, *Le Yoga,* p. 380-81。亦見 J. Bruce Long, *The Mahābhārata: A Select Annotated Bibliography,* pp. 16-19。

　　關於《薄伽梵歌》裡的瑜伽技術，見 Eliade, *Le Yoga,* pp. 165 sq.。

(466) *195.* 　關於獻祭得到的天界本質的分離，見 G. Gnoli, "Lo stato di 'mago,'" *Annali dell' Istituto Orientale di Napoli* n.s. 15 (1965); 105-17。

　　關於對立原理的更迭，見 Eliade, *La nostalgie des origines*, Paris, 1971, pp. 249-336。

196. 關於被擄時期後的猶太人歷史有許多研究，見 K. Galling, *Studien zur Geschichte Israels im persischen Zeitalter* (Tübingen, 1964); E. Bickerman, *From Ezra to the Last of the Maccabees: Foundations of Post-Biblical Judaism* (New York, 1962); I. L. Myres, "Persia, Greece and Israel," *Palestine Exploration Quarterly* 85 (1953): 8-22。關於宗教史的通論，見 Georg Fohrer, *History of Israelite Religion* (Nashville and New York, 1972), pp. 330-90。

關於「第二以賽亞書」，見 P. E. Bonnard, *Le Second Isaïe, son disciple et leurs éditeurs (Isaï 40-66)* (Paris, 1972)。

「第二以賽亞書」某些段落裡可以看到伊朗的影響。見 David Winston, "The Iranian Component in the Bible, Apocrypha, and Qumran," *HR* 5 (1966): 187, n. 13; Morton Smith, "II Isaiah and the Persians,"*JAOS* 83-84 (1963): 415-21, and the bibliography cited by Winston, p. 189, n. 17。

關於「僕人之歌」，見 I. Engnell, "The 'Ebed Yahweh Songs and the Suffering Messiah in 'Deutero-Isaiah,'" *BJRL* 31 (1948): 54-96; C. Lindhagen, *The Servant Motif in the Old Testament* (Uppsala, 1950); J. Lindblom, *The Servant Songs in Deutero-Isaiah* (1951); C. R. North, *The Suffering Servant in Deutero-Isaiah* (1942; 2d ed., London, 1956)及其評論，*The Second Isaiah* (Oxford, 1965); H. A. Rowley, *The Servant of the Lord* (London, 1952); S. Mowinckel, *He That Cometh* (New York, 1955), pp. 187-260; W. Zimmerli and J. Jeremias, *The Servant of God,* 2d ed. (London, 1965)。

197. 關於先知哈該，見 Théophane Charry, O.F.M., *Agée-Zacharie-Malachie,* Coll. "Sources bibliques" (Paris, 1969); F. Hesse, "Haggai," in A. Kuschke, ed., *Verbannung und Heimkehr* (Rudolph Festschrift) (Tübingen, 1961), pp. 109-34; K. Koch, "Haggais unreines Volk," *Zeitschrift für die alttestamentliche Wissenschaft* 79 (1967): 52-66。

關於撒加利亞，見 T. Charry, *Agée-Zacharie-Malachie*; K. Galling, *Studi-*

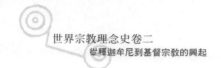
en, pp. 109-26; Otto Eissfeldt, *The Old Testament: An Introduction* (Oxford and New York, 1965), pp. 429-40, pp. 429, 762。

(467) 　　關於末世論的發展，見 G. Hölscher, *Der Ursprung der jüdischen Eschatologie* (Giessen, 1925); P. Volz, *Die Eschatologie der jüdischen Gemeinde in neutestamentlichen Zeitalter,* (Tübingen, 1934); G. Fohrer, "Die Strukter der alttestamentlichen Eschatologie," in: *Studien zur alttestamentlichen Prophetie* (Berlin, 1967), pp. 32-58.，亦見第 198 節所引用之書目。

198. 　關於聖經的彌賽亞觀念，見 H. Gressmann, *Der Messias* (Göttingen, 1929); A. Bentzen, *King and Messiah* (London, 1955); L. E. Browne, *The Messianic Hope in Its Historical Setting* (1951); H. Ringgren, "König und Messias," *Zeitschrift für die alttestamentliche Wissenschaft* 64 (1952): 120-47; T. W. Mason, *The Servant-Messiah* (Cambridge, 1952); S. Mowinckel, *He That Cometh,* pp. 280 sq.; Joseph Klausner, *The Messianic Idea in Israel from Its Beginning to the Completion of the Mishnah* (New York, 1955); G. Fohrer, *Messiasfrage und Bibelverständnis* (1957)。關於拉比的觀念，見 G. F. Moore, *Judaism in the First Centuries of the Christian Era* (Cambridge , Mass., 1927, 1930; 1971), vol. 2, pp. 349 sq.; Gershom Scholem, *The Messianic Idea in Judaism* (New York, 1971), pp. 1-78。

　　關於東方聖王和以色列的救主的關係，見 G. Widengren, "Early Hebrew Myths and Their Interpretation," in S. H. Hooke, ed., *Myth, Ritual and Kingship* (Oxford, 1958), pp. 168 sq.; Widengren, *Sakrales Königtum im Alten Testament und im Judentum* (Stuttgart, 1955), pp. 30 sq.。

199. 　《摩西五經》（Pentateuch）的書寫歷史相當複雜。關於目前的研究和書目，見 O. Eissfeldt, *The Old Testament,* pp. 155-240；至於有關早期史書（約書亞書、士師記、撒母耳記、列王紀）的文本分析，則見前引書 pp. 241-300。

關於以斯拉和尼希米的生平有相當多的問題，見 J. Wright, *The Date of Ezra's Coming to Jerusalem* (London, 1947); Wright, *The Building of the Second Temple* (London, 1958); A. Gelston, "The Foundations of the Second Temple," *VT* 16 (1966): 232 sq.; H. Rowley, "The Chronological Order of Ezra and Nehemiah," in *The Servant of the Lord* (London, 1952), pp. 131 sq.; Rowley, "Nehemiah's Mission and Its Historical Background," *BJRL* 37 (1955): 528 sq.; H. Cazelles, "La mission d'Esdras," *VT* 4 (1954): 113 sq.; S. Mowinckel, *Studien zu dem Buche Ezra-Nehemia,* 3 vols. (Oslo, 1964-65); F. Michaeli, *Les livres des Chroniques, d'Esdras et de Néhémie* (Neuchâtel, 1967)。Kellermann 承襲 Morton Smith 的觀點表示，以斯拉先於尼希米；見 U. Kellermann, *Nehemiah: Quellen, Üerlieferung und Geschichte, Zeitschrift für dic alttestamentliche* Wissenschaft (Berlin, 1967), 102; "Erwägungen zum Problem der Esra-datierung," *Zeitschr. für die alttest. Wiss.* 80 (1968): 55 sq.; Morton Smith, *Palestinian Parties and Politics That Shaped the Old Testament* (New York and London, 1971), pp. 120 sq.。關於文本的歷史，見 O. Eissfeldt, *The Old Testament,* pp. 541-59。

在以斯拉教會和尼希米教會期間，開始有普世主義和民族主義的對峙。

書寫於西元四世紀的〈約拿書〉，生動地描繪著「普世主義者」的特定傾向：上帝派先知到亞述帝國的尼尼微城（Nineveh），去昭告世人這個城市即將因當地居民的邪惡而毀滅。但後來因為尼尼微人痛改前非，耶和華因而打消懲罰他們的念頭。換句話說，「耶和華保守所有人」（某些作者也在〈路得記〉中看到相同的精神）。但「普世主義者」這個派別也同樣適用於「同化」的主張（包括宗教、文化、種族上的融合）。同化的傾向在君主專制時期已經流傳甚廣，但其發展在希臘化時期達到巔峰。 (468)

200. 關於希臘化時期的巴勒斯坦歷史，見 S. Lieberman, *Greek in Jewish Palestine* (New York, 1942); Lieberman, *Hellenism in Jewish Palestine* (New

York, 1950); F. M. Abel, *Histoire de la Palestine depuis la conquête d'Alexandre jusqu'à l'invasion arabe,* vol. 1: *De la conquête d'Alexandre jusqu'à la guerre juive* (1952)。 Victor Tcherikover 曾提出一套精采的概論，見 *Hellenistic Civilization and the Jews* (New York, 1970) （譯自希伯來文版。亦見 W. W. Tarn, *Hellenistic Civilisation,* 第三版（1952; New York, 1961 重印），第六章："Hellenism and the Jews" (pp. 210 sq.); Samuel K. Eddy, *The King Is Dead: Studies in the Near Eastern Resistance to Hellenism, 334-31* B.C. (Lincoln, Neb., 1961), spéc. pp. 183-256。

在宗教歷史方面，W. Bousset and H. Gressmann 的著作 *Die Religion des Judentums im späthellenistischen Zeitalter,* 3d ed. (Tübingen, 1926; 1966 年再版)，仍極具參考價值。這個問題在 Martin Hengel 的大作中有相當精闢的研究，見 *Judentum und Hellenismus* (1968; 2d ed., Tübingen, 1973); 我們引用 John Bowden 所翻譯的英文版 *Judaism and Hellenism: Studies in Their Encounter in Palestine during the Early Hellenistic Period,* 2 vols. (Philadelphia, 1974). Marcel Simon 和 André Benoit 也對這個問題做了極佳的綜合報告，還整理出一份完善書目來支持他們的立論，見 *Le Judaïsme et le Christianisme antique, d'Antionchus Epiphane à Constantin* (Paris, 1968)。

Morton Smith 曾經說明希臘文化對巴勒斯坦（包括耶路撒冷和其他鄉村）影響的悠久歷史與重要性（希臘軍隊曾於西元前 320-290 年及 218-199 年兩段時期駐紮在此處）；見氏著 *Palestinian Parties,* pp. 57 sq.。Martin Hengel 提供了補充資料，收錄於 *Judaism and Hellenism,* vol. 1, pp. 66-106; vol. 2, pp. 2-71 (chap. 1, "Early Hellenism as a Political and Economic Force"; chap. 2, "Hellenism in Palestine as a Cultural Force and Its Influence on the Jews")。

關於智慧的擬人化(*hokmā*)，以及它和東方智慧相關文獻的相似處，見 W. Schencke, *Die Chokma (Sophia) in der jüdischen Hypostasenspekulation* (Christiania, 1913); P. Humbert, *Recherches sur les sources égyptiennes de la littérature sapientiale d'Israël* (Neuchâtel, 1929); W. Baumgartner, "Die israelitische Weisheitsliteratur," *Theologische Rundschau* n.s. 5 (1933): 258-88; J. Fi-

(469)

chtner, *Die altorientalische Weisheit in ihrer israelitisch-jüdischen Ausprägung* (Giessen, 1933); H. Ringgren, *Word and Wisdom* (Lund, 1947); W. F. Albright, "Some Canaanite-Phoenician Sources of Hebrew Wisdom" 收錄於 *Wisdom in Israel and the Ancient Near East,* suppl. to *VT* 3 (1955): 1-15; G. von Rad, *Wisdom in Israel* (Nashville and New York, 1972); H. Conzelmann, "The Mother of Wisdom," 收錄於 *The Future of Our Religious Past,* ed. J. M. Robinson (London and New York, 1971), pp. 230-43; Hengel, *Judaism and Hellenism*, vol. 1, pp. 153 sq.; vol. 2, pp. 97 sq. 。

201. 關於《傳道書》見 J. Pederson, "Scepticisme israëlite," *RHPR* 10 (1930): 317-70; R. Gordis, *Koheleth: The Man and His World* (New York, 1951): K. Galling, *Die Krisis der Aufklärung in Israel* (Mainzer Universitätsreden, 1952); H. L. Ginsburg, *Studies in Koheleth* (New York, 1960); H. Gese, "Die Krisis der Weisheit bei Koheleth," in: *Les sagesses du Proche-Orient Ancien: Travaux du Centre d'histoire des religions de Strasbourg* (Paris, 1963), pp. 139-51; O. Loretz, *Qoheleth und der alte Orient* (Freiburg, 1964); M. Dahood, "Canaanite-Phoenician Influence in Qoheleth," *Biblica* 33 (1952): 30-52; Dahood, "Qoheleth and Recent Discoveries," ibid. 42 (1961): 359-66; David Winston, "The Book of Wisdom's Theory of Cosmogony," *HR* 11 (1971): 185-202; R. Braun, *Koheleth und sein Verhältnis zur literarischen Bildung und Populärphilosophie,* 收錄於 *Zeitschrift für die Alttestamentliche Wissenschaft* (Erlangen, 1973)附錄 130; M. Hengel, *Judaism und Hellenism,* vol. 1, pp. 115-29, in vol. 2, pp. 77-87, n. 51-162 (bibli.)。關於文獻的歷史分析，見 Eissfeldt, *The Old Testament,* pp. 491-99.

關於便西拉，見 G. H. Box 和 W. O. E. Oesterley 的翻譯，R. H. Charles, *Apocrypha and Pseudepigrapha of the Old Testament* (Oxford, 1913), vol. 1, 268-517。關係文獻分析及書目，見 Eissfeldt, *The Old Testament,* pp. 595-99。我們的詮釋是根據 Martin Hengel, *Judaism and Hellenism,* vol. 1. pp.

130-55; vol. 2. pp. 88-96。

　　便西拉的進路類似斯多噶的某些觀念；首先他確信世界和人類是根據神的預定計畫去發展（見第184節）。其次，便西拉和斯多噶都認為，世界充滿理性力量，也就是神性；見 M. Pohlenz, *Die Stoa,* 2d ed. (Göttingen, 1964), I, p. 72。芝諾也承襲閃族的宗教觀，和《舊約》思想有許多共同點（ibid., 108），斯多噶吸收猶太人的思想，從便西拉、亞里斯多布羅斯（Aristobulus）到斐羅，其實就是回歸東方傳統（Hengel, *Judaism and Hellenism,* vol. 1, pp. 149, 162）。然而我們也不能誇大希臘的影響。世人早已知道〈息辣書〉25 和艾西斯的德性頌（aretalogie）的類似性。W. L. Knox 提到「位格化的智慧同化為具有艾西斯特色的敘利亞的阿什塔特（"The Divine Wisdom," *Journal of Theological Studies* 38 [1937]: 230-37; p. 235）亦見 H. Ringgren, *Word and Wisdom,* pp. 144 sq.; H. Conzelmann, "The Mother of Wisdom," in J. M. Robinson, ed., *The Future of Our Religious Past,* pp. 230-43; Hengel, vol. 1, pp. 158 sq.; vol. 2, pp. 101 sq. (n. 331, bibli.)。耶路撒冷不無可能在西元前三世紀就知道艾西斯的宗教，智慧學派也把艾西斯和阿什塔特的德性頌轉換成智慧學；見 Hengel, vol. 1, p. 258。但是我們說過（p. 258），智慧不是神的助手（paredros），而是從他的口出來的，見 W. Schencke, *Die Chokma (Sophia) in der jüdischen Hypostasenspekulation;* J. Fichtner, *Die altorientalische Weisheit in ihrer israelitisch-jüdischen Ausprägung;* Fichtner, "Zum Problem Glaube und Geschichte in der israelitisch-jüdischen Weisheitsliteratur," *Theologische Literaturzeitung* 76 (1951): 145-50; J. M. Reese, *Hellenistic Influence on the Book of Wisdom and Its Consequences* (Rome, 1970); B. L. Mack, *Logos und Sophia: Untersuchungen zur Weisheitstheologie im hellenistischen Judentum* (Göttingen, 1973).

　　我們要注意，在西元 2-3 世紀，在東方和希臘化世界、在印度的佛教和印度教，都有類似觀念的記載；我們見證到「知識」（*prajñn, jñāna*）的人格化為解脫的最高工具。這個歷程持續到印度和基督教歐洲的中世紀（見卷三）。

(470)

《摩西五經》無比艱鉅的翻譯工作，使猶太人文學首次以希臘文表現，在 ca. 175-70，第一位猶太人哲學家亞里斯多布羅斯，為年輕的 Ptolemy VI Philometor 撰寫訓義作品。從片簡去判斷，作者有個很創新的理論：聖經裡的猶太教義才是真正的哲學；畢達哥拉斯、蘇格拉底、柏拉圖都知道且抄襲這個教義；希臘詩人提到宙斯時，他們指的就是上帝，「因為所有哲學家同意，關於上帝，我們應該心存敬意，對此，我們的體系可以提供最好的建議。」（Eusebius, *Praeparatio Evangelica* 13.12.7 sq.）然而，摩西的智慧據稱比希臘哲學殊勝許多，因為那是來自上帝。見 Hengel, vol. 1, pp. 163 sq., vol. 2, pp. 106-10, notes 375-406。

後來《亞里斯提亞書》的作者更明白地把聖經的觀念同化為希臘的神的觀念（普世主義的）。希臘人和猶太人「崇拜相同的神，世界的造物主……，雖然我們以不同名字稱呼他，如 Zeus 或 Dis。」（*Arist.* 15-16）許多希臘哲學家都是一神論者。他們得到結論說，猶太教和希臘哲學是殊途同歸。見 M. Hadas, *Aristeas to Philocrates: Jewish Apocryphal Literature* (New York, 1951); A. Pelletier, *Lettre d'Aristée à Philocrate*, Sources Chrétiennes, no 89 (Paris, 1962); cf. V. Tcherikover, " The Ideology of the Letter of Aristeas," *HTR* 51 (1958): 59-85; Hengel, vol. 1, p. 264; vol. 2, p. 176。

202. 關於巴勒斯坦在安提阿古四世伊皮法尼和龐培的統治期間的命運，(471) 見第 200 節所引書目。另見 E. Bickerman, "Un document relatif à la persécution d'Antiochus IV Epiphane,"*RHR* 115 (1937): 188-221, *Der Gott der Makkabäer* (Berlin, 1937), "Anonymous Gods," *Journal of the Warburg Institute* 1 (1937-38): 187-96; B. Nazar, "The Tobiada, " *Israel Exploration Journal* 7 (1957): 137-45, 229-38; J. A. Goldstein, "The Tales of the Tobiads," in *Christianity, Judaism, and Other Greco-Roman Cults: Studies for Morton Smith,* vol. 3 (Leiden, 1975), pp. 85-123。

關於安提阿古的迫害和解放戰爭，見注 31 所引書目。總之，受到親希臘者的鼓吹，安提阿古的「宗教改革」旨在把耶路撒冷改造為希臘城邦。

見 Hengel, vol. 1, p. 278。《馬加比書》最近的翻譯和注釋,見 F. M. Abel, *Les Livres des Maccabées* (Paris, 1949); S. Zeitlin, *The First Book of Maccabees* (New York, 1950); Zeitlin, *The Second Book of Maccabees* (1954); J. G. Bunge, *Untersuchungen zum zweiten Makkabäerbuch* (Bonn, 1971)。批判性的分析和書目,見 Eissfeldt, *The Old Testament,* pp. 576-82, 771.

關係耶和華和希臘諸神觀念的等同,見 Hengel, vol. 1, 261 sq.; Marcel Simon, "Jupiter-Yahvé: Sur un essai de théologie pagano-juive," *Numen* 23 (1976): 40-66。我們要注意,希臘最早的見證者,Hecataeus of Abdera、Theophrastus、Megasthenes、 Clearchus of Soli,都把猶太人描述為「哲學家」民族。見 Hengel, vol. 1, pp. 255 sq.。

O. Plöger 證明說,哈西第(虔敬派)歷史很久,在西元前三世紀便曾記載這個教派,我們可以推測他們受到波斯的影響;見氏著 *Theocracy and Eschatology* (Oxford, 1968), pp. 23 sq., 42-52。關於虔敬派,見 Hengel, vol. 1, pp. 175 sq.; vol. 2, 118 sq.。

關於猶太人的天啟文學和思想,見 W. Bousset, *Die jüdische Apokalyptik* (Berlin, 1903); P. Volz, *Die Eschatologie der jüdischen Gemeinde im neutesta-mentlichen Zeitalter,* 2. ed. (Tübingen, 1934); H. H. Rowley, *The Relevance of Apocalyptic,* 3. ed. (London, 1950); Rowley, *Jewisch Apocalyptic and the Dead Sea Scrolls* (London, 1957); S. B. Frost, *Old Testament Apocalyptic: Its Origins and Growth* (London, 1952); Rudolph Mayer, *Die biblische Vorstellung vom Weltentbrand* (Bonn, 1956); D. S. Russell, *The Method and Message of Jewish Apocalyptic* (London, 1964); H. D. Betz, "Zum Problem des religion-sgeschichtlichen Verständnisses der Apokalyptik," *Zeitschrift für Theologie und Kirche* 63 (1966): 391-409; Hengel, vol. 1, pp. 181 sq.。

關於〈但以理書〉,見 R. H. Charles, *A Critical and Exegetical Commen-tary on the Book of Daniel* (Oxford, 1929); W. Baumgartner, "Ein Viertel-jahrhundert Danielforschung," *Theologische Rundschau* n.s. 11 (1939): 59-83, 125-44, 201-28; L. S. Ginsburg, *Studies in Daniel* (New York, 1948); A. Bentzen,

Daniel, 2. ed. (Tübingen, 1952); O. Eissfeldt, *The Old Testament,* pp. 512-29
(bibli., pp. 512-13, 768-69); André Lacoque, *Le Livre de Daniel* (Neuchâtel and
Paris, 1976)。

關於「從事件去預言」的主題，見 E. Osswald, "Zum Problem der *vati-* (472)
cinia ex eventu," *Zeitschrift für die alttestamentliche Wissenschaft* 75 (1963):
27-44。

關於伊朗對於〈但以理書〉的影響，見 I. W. Swain, " The Theory of the
Four Monarchies: Opposition History under the Roman Empire," *Classical Phil-*
ology 35 (1940): 1-21; David Winston, "The Iranian Component in the Bible,
Apocrypha, and Qumran: A Review of the Evidence," *HR* 15 (1966): 189-92。
東方影響的問題的討論，見 Hengel, vol. 1, pp. 181 sq.。我們要強調，在先
知時期就已經有許多這類的主題。

關於「偉大的年代」，見 Eliade, *Le Mythe de l'éternel retour,* pp. 65 sq.;
B. L. von Waerden, "Das Grosse Jahr und die ewige Wiederkehr," *Hermes* 80
(1952): 129-55。

關於四個王國和四獸，見 H. H. Rowley, *Darius the Mede and the Four*
World Empires the the Book of Daniel (Cardiff, 1935), pp. 161 sq.; W. Baumgar-
tner, "Zu den vier Reichen von Daniel 2," *Theologische Zeitschrift* 1 (1945):
17-22; A. Caquot, "Sur les quatre Bêtes de Daniel VII," *Semitica* 5 (1955):
5-13。

203. 關於世界末日的症候群，見 Eliade, *Le Mythe de l'éternel retour,* pp.
133 sq.。亦見第 202 所引書目，另見 T. F. Glasson, *Greek Influence in Jewish*
Eschatology, with Special Reference to the Apocalypse and Pseudepigrapha
(London, 1961)。

關於身體的復活，見 R. H. Charles, *Eschatology* (1899, 1963), pp. 78 sq.,
129 sq., 133 sq.; P. Volz, *Eschatologie;* A. Nicolainen, *Der Auferstehungsglaube*
in der Bibel und ihrer Umwelt (1944); E. F. Sutcliffe, *The Old Testament and the*

Future Life (1946); R. Martin-Achar, *De la mort à la résurreciton d'après l'Ancien Testament* (1956); K. Schubert, "Die Entwicklung der Auferstehungslehre von der nachexilischen bis zur frührabbinischen Zeit," *Biblische Zeitschrift* n.s. 6 (1962): 177-214。

西元前四世紀，伊朗有復活的教義記載。見 Theopompus, Frag. 64, in F. Jacoby, *Fragmente der griechischen Historiker* (Berlin, 1929)；亦見卷一所引書目。

《舊約》的次經或偽經的翻譯，見 R. H. Charles, *Apocrypha and Pseudepigrapha* (Oxford, 1913)。另見 J. T. Milik, *The Books of Enoch* (1976); Pierre Bogaert, *L'Apocalypse syriaque de Baruch,* 2 vols. (1969); A. M. Denis, *Introduction aux Pseudépigraphes grecs de l'Ancien Testament* (Leiden, 1970)。

關於「人子」，見 E. Sjöberg, *Der Menschensohn im äthiopischen Henochbuch* (Lund, 1946), pp. 40 sq.; S. Mowinckel, *He That Cometh,* pp. 346-450; C. Colpe, in: *Theologisches Wörterbuch zum Neuen Testament,* vol. 8, pp. 418-25; J. Coppens, *Le Fils de l'Homme et les Saints du Très-Haut en Daniel VIII, dans les Apocryphes et dans le Nouveau Testament* (Bruges and Paris, 1961); F. H. Borsch, *The Son of Man in Myth and History* (Philadelphia, 1967)。

(473) 關於《新約》裡「人子」的意義，見第 221 節。

關於撒旦，見 Bousset and Gressmann, *Die Religion des Judentums im Späthellenistischen Zeitalter,* pp. 332 sq.; Ringgren, *Word and Wisdom,* pp. 169 sq. (bibli.); B. Reicke, *The Disobedient Spirits and Christian Baptism* (Copenhagen, 1948); B. L. Randelini, "Satana nell'Antico Testamento," *Bibbia e Oriente* 5 (1968): 127-32。

關於以諾的升天，見 G. Widengren, *The Ascension of the Apostle and the Heavenly Book* (Uppsala, 1950), pp. 36 sq.。

和新約有關的拉比文獻和聖經注解（*midrashim*）的翻譯及注釋，見 H. L. Strack et P. Billerbeck, *Kommentar zum Neuen Testament aus Talmud und Midrash,* I-VI, (München, 1922-61)。

關於伊朗對於次經和偽經的影響，見 D. Winston, "The Iranian Compo-nent in the Bible, Apocrypha, and Qumran," *HR* 5(1966): 192-200。

204. 關於抵抗歷史憂患的天啟，見 Eliade, *Le Mythe de l'éternel retour,* pp. 133 sq.。

關於以諾的傳說，見 P. Grelot, "La légende d'Hénoch dans les Apocryphes et dans la Bible," *Recherches de science religieuse* 46 (1958): 5-26, 181-210; ibid., "La géographie mythique d'Hénoch et ses sources orientales," *RB* 65 (1958): 33-69; ibid., "L'eschatologie des Esséniens et le Livre d'Hénoch," *Revue de Qumran* (1958-59): 113-31; J. T. Milik," Problèmes de la littérature hénochique à la lumière des fragments araméens de Qumran," *HTR* 64 (1971): 333-78。

關於法利賽人，見 W. L. Knox, *Pharisaism and Hellenism in Judaism and Christianity,* II: *The Contact of Pharisaism with Other Cultures* (London, 1937); L. Finkelstein, *The Pharisees,* I-II (1938, 1962); Hengel, vol. 1, pp. 169-75 (" Wisdom and Torah in Pharisaci and Rabbinic Judaism"); J. Neusner, *The Rabbi-nic Traditions about the Pharisees before 70,* 3 vols. (Leiden, 1971); W. B. Dav-ies, *Torah in the Messianic Age and for the Age to Come,* Journal of Biblical Lit-erature Monograph Series, no. 7 (1952)。

關於猶太人的改宗，見 W. Braude, *Jewish Proselytizing,* Brown Univer-sity Studies, no. 6 (Providence, 1940); Hengel, vol. 1, pp. 168 sq. (bibli.)。

Hengel 正確地指出，猶太教在希臘化和羅馬時期對歷史有重大的影響。「他們都是要掙脫塞流卡斯王朝（Seleucids）的統治，他們和羅馬的對抗是史無前例的。」（vol. 1, p. 309）他們的獨特之處，更是在於使原始基督宗教改信。但是「托拉的存有學」和法利賽人極端的律法主義，既阻礙傳教工作，也很悲劇性地誤解了基督宗教。猶太基督教的小團體，在巴勒斯坦艱苦地以托拉的訓義維繫。對於他們的宗教融合和希臘化的叛教指控，到我們的時代，仍然可以在猶太人對於保羅的詮釋裡看見。（Hengel, vol. 1, p. 309 提到 J. Klausner, L. Baeck 和 H. J. Schoeps，比較 Hengel, vol. 2, p. 205, n. 315）對於 H. J. Schoeps 來説，保羅是「放棄他的父祖的信仰的猶

(474) 太餘民。」（*Paul*, London, 1961, p. 261）Hengel 評論説（vol. 1, p. 309），對於《托拉》的嚴格護教學的理解完全不像先知們的信息，和《福音書》的普世末世論主張不相容，很可能被棄置不顧。為了要辯護《托拉》，他們把基督教徒當作猶太教叛教者，在 164-175 年間鼓吹他們改宗和同化（ibid., p. 314）。

205. 關於希臘化時代的宗教的出色闡述，見 Carl Schneider, *Kulturgeschichte des Hellenismus,* II (Mu'nchen, 1969), pp. 838 sq.（論外邦的神，以及詳盡的書目），翻譯和評論，見 F. C. Grant, *Hellenistic Religion: The Age of Syncretism* (New York, 1953)。Karl Prümm, *Religionsgeschichtliches Handbuch für den Raum der altchristlichen Umwelt* (Freiburg im Breisgau, 1943)（對於希臘化和羅馬時代的宗教有綜觀的研究，以及很有價值的書目）。另見 W. W. Tarn, *Hellenistic Civilisation*, London, 1927, 1952; A. D. Nock, *Conversion: The Old and the New in Religion from Alexander the Great to Augustine of Hippo* (Oxford, 1933); ibid., *Essays on Religion and the Ancient World,* 2 vols. (Oxford, 1972); Johannes Leipoldt et Walter Grundmann, *Umwelt des Urchristentums,* vol. 1 (Berlin, 1965), spéc. pp. 68 sq., 101 sq.; V. Cilento, *Trasposizioni dell'antico: Saggi su le forme della grecità al sou tramonto* (Milano et Napoli, 1961-66), *Comprensione della religion antica* (Naoli, 1967), *Studi di storia religiosa della tarda antichità* (Mcssina, 1968)。

關於宗教融合，見 R. Pettazzoni, "Sincretismo e conversione," in *Saggi di storia delle religioni e della mitologia* (Roma, 1946), pp. 143-51; Helmer Ringgren, "The Problem of Syncretism," in *Syncretism,* ed. Sven S. Hartman (Stockholm, 1969), pp. 7-14; A. S. Kapelurd, "Israel's Prophets and Their Confrontation with the Canaanite Religion," ibid., pp. 162-70; J. van Dijk, "Les contacts ethniques dans la Mésopotamie et les syncrétismes de la religion sumérienne," ibid., pp. 171-206; Jan Bergman, "Beitrag zur *Interpretatio Graeca:* Aegyptische Götter in griechischer Übertragung," ibid., pp. 207-27; *Le syncrétisme dans les religions grecque et romaine,* Travaux du Centre d'Etudes Supérieures spécialisé d'Histoire des Religions à Strasbourg (Paris, 1972); Geo Widengren, "Cultural Influence, Cultural Continuity, and Syncretism," in *Religious Syncretism in Antiquity: Essays in Conversation with Geo Widengren, ed. B. Pearson (Missoula, Mont., 1975), pp. 1-20; F. Dunand and P. Lévêque, eds., Les syncrétismes dans les religions de l'antiquité: Colloque de Besançon, 1973* (Leiden, 1975)。

關於占星術和宿命論，見 Karl Prümm, *Religionsgeschichtliches Handbuch für den Raum der altchristlichen Umwelt,* pp. 404 sq.（有早期文獻）; A. J. Festugière, *La Révélation d'Hermès Trismégiste,* vol. 1 (1944), pp. 89-122; Franz Cumont, *Astrology and Religion among the Greeks and the Romans* (New York, 1912), *L'Egypte des astrologues* (Bruxelles, 1973), *Lux Perpetua* (1949), pp. 303 sq.; H. Ringgren, ed., *Fatalistic Beliefs* (Stockholm, 1967)。特別是 Jan Bergman, "I Overcome Fate, Fate Harkens to Me," pp. 35-51; C. Schneider, (475) *Kulturgeschichte des Hellenismus,* vol. 2, pp. 907-19。

在羅馬時期，星象學在羅馬和帝國各地都非常普遍，奧古斯都有自己的星象學著作，錢幣上也鑄有他所屬的山羊座。

七大行星的的神話和神學可以見於一星期的七天、〈啟示錄〉的七大天使、七重天和七重地獄的觀念、密特拉儀式裡的七步台階。

關於國王的崇拜，見 E. Bickerman, "Die römische Kaiserapotheose," *ARW* 27 (1929): 1-24; Lily R. Taylor, *The Divinity of the Roman Emperor* (Middletown, 1931); Mac Evance, *The Oriental Origin of Hellenistic Kingship* (Chicage, 1934); D. M. Pippidi, *Recherches, sur le culte impérial* (Bucharest, 1939); Pippidi, "Apothéose impériale et apothéose de Pérégrinos," *SMSR* 20 (1947-48): 77-103; Karl Prümm, *Religionsgeschichtliches Handbuch,* pp. 54-66（有詳盡的書目）; L. Cerfaux et J. Tondriau, *Le culte des souverains dans la civilisation hellénistique* (Paris, 1958); *Le culte des souverains dans l'Empire romain,* Entre-

tiens sur l'antiquité classique, no. 19 (Vandoeuvres, Geneva, 1973)。

神祕宗教的文獻，見 N. Turchi, *Fontes mysteriorum aevi hellenistici* (Rome, 1923)。雖然有護教學的傾向，Karl Prümm, *Religionsgeschichtliches Handbuch,* pp. 215-356 ("Die Mysterienkulte in der antiken Welt") 的記載和文獻資料仍然是不可或缺的。關於遺跡圖像集，見 Ugo Bianchi, *The Greek Mysteries*, Leiden, 1976。

關於神祕宗教的比較研究，見 R. Reitzenstein, *Die hellenistischen Mysterienreligionen nach ihren Grundgedanken und Wirkungen,*, 1927; N. Turchi, *Le religioni misteriosofiche del mondo antico*, Rome, 1923; R. Pettazzoni, *I Misteri: Saggio di una teoria storico-religiosa*, Bologna, 1924; S. Angus, *The Mystery Religions and Christianity*, London, 1925; H. R. Willoughby, *Pagan Regeneration: A Study of Mystery Initiation in the Graeco-Roman World*, Chicago, 1929; F. Cumont, *Les religions orientales dans le paganisme romain*, 1929; A. Loisy, *Les Mystères Païens et le mystère chrétien,* Paris, 1930。

亦見 *The Mysteries: Papers from the Eranos Yearbooks*, New York, 1955; Eliade, *Naissances mystiques, Essai sur quelques types d'initiation (1959), pp. 230 sq.; A. D. Nock, "Hellenistic Mysteries and Christian Sacraments," Mnemosyne*, 1952, 117-213; R. Merkelbach, *Roman und Mysterium in der Antike* (München-Berlin, 1962); P. Lambrechts, "L'Importance de l'enfant dans les religions à mystères," *Latomus* 28 (1957): 322-33; G. Freymuth, "Zum Hieros Gamos in den antiken Mysterien," *Museum Helveticum* 21 (1964): 86-95; F. Cumont, *Lux Perpetua* (Paris, 1949), pp. 235 sq.; L. Bouyer, "Le salut dans les religions à Mystères," *Revue des sciences religieuses* 27 (1953): 1-16。亦見第 206-8 提供之書目。

(476) **206.** 關於在希臘化時期和希臘羅馬時代的氛圍下的戴奧尼索斯，見 U. von Wilamowitz-Moellendorff, *Der Glaube der Hellenen,* II, 1932, pp. 261 sq.; H. A. Jeanmaire, *Dionysos: Histoire du culte de Bacchus* (Paris, 1951), pp. 417

506

sq. (bibli., pp. 497 sq.); C. Schneider, *Kulturgeschichte des Hellenismus,* vol. 2, pp. 800-810, 1097 sq. (bibli.); M. P. Nilsson, *The Dionysiac Mysteries in the Hellenistic and Roman Age*, Lund, 1957; Nilsson, *Geschichte der griechischen Religion,* II, 1961, pp. 306-67; R. Turcan, *Les sarcophages romains à représentation dionysiaque: Essai de chronologie et d'histoire religieuse*, Paris, 1966。

關於聖嬰戴奧尼索斯，見 D. Costa, "Dionysos enfant, les bacchoi et les lions," *Revue archéologique* 39 (1952): 170-79; Turcan, *Les sarcophages, romains,* pp. 394 sq.。關於席美勒的神化，見 P. Boyanc , "Le disque de Brindisi et l'apothéose de Sémélé," *Revue des études anciennes* 44 (1942): 195-216; Nilsson, *The Dionysiac Mysteries,* pp. 4-14; P. Boyancé, "Dionysos et Sémélé,"*Atti della Pontificia Accademia Romana di Archeologia* 38 (1965-66): 79 sq.。

關於戴奧尼索斯神祕宗教的入會禮，見 Schneider, *Kulturgeschichte des Hellenismus,* p. 1101 (bibli.)。特 別 見 F. Matz, *Dionysiakē teletē: Archäologische Untersuchungen zum Dionysos-Kult in hellenistischer und römischer Zeit* (1964); G. Zuntz, "On the Dionysiac Fresco in the Villa dei Misteri at Pompeii," *Proceedings of the British Academy* 49 (1963): 177-202; Turcan, "Un rite controuvé de l'initiation dionysiaque," *RHR* 158 (1960); 140-43, " Du nouveau sur l'initiation dionysiaque," *Latomus* 24 (1965): 101-19, *Les sarcophages romains,* pp. 408 sq.; P. Boyancé, "Dionysiaca: A propos d'une étude récente sur l'initiation dionysiaque," *Revue des études anciennes* 68 (1966): 33-60。

關於戴奧尼索斯宗教裡洞穴的角色，見 P. Boyancé, "L'Antre dans les mystères de Dionysos," *Rendiconti della Pontificia Accademia di Archeologia* 33 (1962): 107-27; Claude Bérard, *Anodoi: Essai sur l'imagerie des passages chthoniens,* Bibliotheca Helvetica Romana no. 13, Institut Suisse de Rome (1947), pp. 58 sq., 144 sq.; Bérard, in *Mélanges d'histoire ancienne et d'archéologie offerts à Paul Collart* (Lausanne, 1976), pp. 61-65。

亦見 F. Cumont, *Etudes sur le symbolisme funéraire des Romains* (1942),

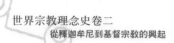
pp. 370 sq.; Cumont, *Lux Perpetua,* pp. 250 sq. 。

207.　對於弗里吉亞神祕宗教的短論，見 R. Pattazzoni, *I Misteri*, pp. 102-49; A. Loisy, *Les Mystères païens,* pp. 83-120; F. Cumont, *Les religions orientales,* pp. 43-68, 220-30; K. Prümm, *Religionsgeschichtliches Handbuch,* pp. 255-63（有早期文獻）; C. Schneider, *Kulturgeschichte des Hellenismus,* vol. 2, pp. 856 sq. 。

關於阿提斯崇拜的文字資料（文獻和銘文）的彙編和評論，見 H. Hepding, *Attis, seine Mythen und sein Kult* (Giessen, 1903)。H. Graillot, *Le culte de Cybèle, Mère des Dieux, à Rome et dans l'Emprie Romain* (Paris, 1912) 是必讀的作品。M. J. Vermaseren, *Corpus Cultus Cybelae Attisque,* I (1977); ibid., *The Legend of Attis in Greek and Roman Art* (Leiden, 1966); ibid., *Cybele and*
(477)　*Attis: The Myth and the Cult* (trad., A. M. H. Lemmers), London, 1977（有詳盡的書目）; P. Lambrechts, *Attis: Van herdersknaap tot god* (Bruxelles, 1962)。

關於西芭莉的原史，見 R. Eisler, "Kubaba-Kybele," *Philologus* 68 (1909): 118-51, 161-209; E. Laroche, "Koubab, déesse anatolienne, et le problème des origines de Cybèle," in *Eléments orientaux dans la religion grecque ancienne* (Paris, 1960), pp. 113-28; Vermaseren, *Cybele and Attis,* pp. 13-24; Dario M. Cosi, "La simbologia della porta nel Vicino Oriente: Per una interpretazione dei monumenti rupestri frigi," *Annali della Facoltà di lettere e Filososfia* 1 (Florence, 1976): 113-52, spéc. pp. 123 sq. 。

關於在羅馬時期西芭莉和阿提斯的崇拜，見 P. Boyancé, "Sur les mystères phrygiens:'J'ai mangé dans le tympanon, j'ai bu dans la cymbale,'" *Revue des études anciennes* 37 (1935): 161-64; J. Carcopino, "La réforme romaine du culte de Cybèle et d'Attis," in *Aspects mystiques de la Rome païenne* (Paris, 1942), pp. 49-171; P. Lambrechts, "Les fêtes 'phrygiennes' de Cybèle et d'Attis," *Bulletin de l'Institut d'Histoire Belge de Rome* 27 (1952): 141-70; E. van Doren, "L'Evolution des mystères phrygiens à Rome," *Antiquité classique* 22 (1953):

79-88; Charles Picard, "Les cultes de Cybèle et d'Attis," *Numen* 4 (1957): 1-23; P. Romanelli, "Magna Mater e Attis sul Palatino," *Hommages à Jean Bayet,* Coll. Latomus, no. 70 (Bruxelles, 1964), pp. 619-26; A. Brelich, "Offerte e interdizioni alimentari nel culto della Magna Mater a Roma,"*SMSR* 36 (1965): 26-42; D. Fishwick, "The Cannophori and the March Festival of Magna Mater," *Transactions and Proceedings of the American Philological Association* 97 (1966): 193-202; Dario M. Cosi, "Salvatore e salvezza nei Misteri di Attis," *Aevum* 50 (1976): 42-71。

關於洞房（*pastos*）的意義和儀式性功能的爭議，見 Vermaseren, *Cybele and Attis,* p. 117。

關於「公牛的血」（*taurobolium*），見 R. Duthoy, *The Taurobolium: Its Evolution and Terminology* (Leiden, 1969)（有早期的文獻）。

A. Loisy（*Mystères païens,* p. 110）探究克雷蒙所記錄的神話（*Protrept.* 2.15），注釋以下的咒語：「我已經從手鼓吃飽……；我進入這個密室。」宙斯誘姦大地女神西芭莉，然後「為了平撫西芭莉受辱後的憤怒，他把公羊的睪丸丟在她的膝下，彷彿他自宮以贖前愆。」阿諾庇烏斯（Arnobius）在敘述這段神話時，說宙斯化身為公牛和大地之母交媾。

關於西芭莉的祭司（Galloi），見 Vermaseren, *Cybele and Attis,* pp. 98 sq., pp. 200 sq.。關於去勢以和神合一，見 Michel Meslin, "Réalités psychiques et valeurs religieuses dans les cultes orientaux, Ier-IVe siècles," *Revue historique* 512 (1974): 295 sq.。

關於弗里吉亞神祕宗教和基督宗教的關係，見 M. J. Lagrange, "Attis et le christianisme," *RB* 16 (1919): 419-80; Lagrange, "Attis ressuscité," *RB* 36 (1927): 561-66; A. Loisy, *Les Mystères païnes,* pp. 108 sq.; Vermaseren, *Cybele and Attis,* pp. 180 sq.。

亦見 Hugo Rahner, "Christian Mysteries and Pagan Mysteries," in *Greek Myths and Christian Mystery* (London and New York, 1963), pp. 1-45。另見第 205 節所引書目。 (478)

208. 關於埃及的神祕宗教，見 F. Cumont, *Les religions orientales,* pp. 69-94, 231-48; A. Loisy, *Les Mystères païens,* pp. 121-56; K. Prümm, *Religionsgeschichtliches Handbuch,* pp. 268-80; Georges Nagel, "The 'Mysteries' of Osiris in Ancient Egypt," in Joseph Campbell, ed., *Pagan and Christian Mysteries: Papers from the Eranos Yearbooks,* tr. Ralph Manheim and R. F. C. Hull (New York, 1963), pp. 119-34（法譯本見 *Eranos-Jahrbuch,* 1944）; Curt Schneider, *Kulturgeschichte des Hellenismus,* vol. 2, pp. 840 sq.。

關於西拉匹斯，見 P. M. Fraser, "Two Studies on the Cult of Sarapis in the Hellenistic World," *Opuscula Atheniensia* III, 1960, 1-54; Fraser, "Current Problems Concerning the Early History of the Cult of Sarapis," ibid. 7 (1967): 23-45; Ruth Stiehl, "The Origin of the Cult of Sarapis," *HR* 3 (1963): 21-33; Ladislav Vidman, *Isis und Sarapis bei den Griechern und Römern* (Berlin 1970); J. E. Stambaugh, *Sarapis under the Early Ptolemies* (Leiden, 1972); W. Hornbostel, *Sarapis: Studien zum Überlieferungsgeschichte, den Erscheinungsformen und Wandlungen der Gestalt eines Gottes* (Leiden, 1973)。

關於希羅多德和埃及神祕宗教，見 A. B. Lloyd 的評論：*Herodotus, Book II,* 2 vols. (Leiden,1975-76)。

關於艾西斯崇拜在羅馬帝國的傳教，有豐富的研究，見 R. Merkelbach, *Isisfeste in Griechisch-römischer Zeit: Daten und Riten* (Meisenheim am Glan, 1963); M. Münster, *Untersuchungen zur Göttin Isis* (Berlin, 1968); R. E. Witt, *Isis in the Graeco-Roman World* (London and Ithaca, 1971)（整體而言，是很令人失望的作品）; S. K. Heyob, *The Cult of Isis among Women in the Graeco-Roman World* (Leiden, 1975)。另見 R. Harder, "Karpokrates von Chalkis und die memphitische Isispropaganda," *Abhandlungen der Preussischen Akademie der Wissenschaften, Phil.-Hist. Klasse* 1943: 14 (Berlin, 1944); D. Vandebeek, *De interpretation Graeca van de Isisfigur,* Studia hellenistica no. 4 (Louvain, 1946)。

關於這個宗教的傳播的近代研究，見 G. Grimm, *Zeugnisse aegyptischer Religion und Kunstelemente im römischen Deutschland* (Leiden, 1969); P. F. Tchudin, *Isis in Rom* (Aarau, 1962); Tam Tinh Tram, *Le culte d'Isis à Pompéi* (Paris, 1964); Françoise Dunand, *Le culte d'Isis dans le bassin oriental de la Méditerranée,* 3 vols. (Leiden, 1973); M. Malaise, *Les conditions de pénétration et de diffusion des cultes égyptiens en Italie* (Leiden, 1972)。

關於艾西斯的德性頌，見 D. Müller, "Aegypten und die griechischen Isis-Aretalogien," *Abhandlungen der Sächsischen Akademie der Wissenschaften, Phil.-hist. Klasse* 5:1 (1961); Jan Bergman, *Ich bin Isis: Studien zum memphitischen Hintergrund der griechischen Isisaretalogien* (Uppsala, 1968); Jonathan Smith, in: *HR* 11 (1971): 236 sq.。

關於艾西斯宗教的入會禮，見 M. Dibelius, "Die Isisweihe bei Apuleius und verwandte Initationsriten" (*Botschaft und Geschichte*, Tübingen, 1965) II, pp. 30-79; V. von Gonzenbach, *Untersuchung zu den Knabenweihung im Isiskult* (Bonn, 1957); J. Gwyn Griffiths, *Apuleius of Madauros: The Isis Book* (Leiden, 1975)。亦見 J. Baltrušaitis, *La Quête d'Isis: Introduction à l'égyptomanie: Essai sur la légende d'un mythe* (Paris, 1967)。 (479)

209. 赫美斯神祕宗教的文獻結集和翻譯，見 A. J. Festugière et A. D. Nock, *Hermès Trismégiste,* 4 vols. (Paris, 1945-54)。英譯見 W. Scott and A. S. Ferguson, *Hermetica,* 4 vols. (Oxford, 1924-36)，注釋和書目很有價值，但是對其論點應謹慎處理，因為作者所依據的資料很有限。

對於研究和問題的出色評論，見 Jean Doresse, "L'Hermétisme égyptianisant," *Histoire des religions,* vol. 2 (Paris, 1972), pp. 430-97。Festugière, *La Révélation d'Hermès Trismégisted,* I-IV(Paris, 1944-54) 是必讀的基本作品。另見氏著 "L'Hermétisme"(1948); "Hermetica"(1938)(in: *Hermétisme et mystique païenne*, 1967)。亦見 K. Prümm, *Religionsgeschichtliches Handbuch,* pp. 540-605; G. van Moorsel, *The Mysteries of Hermes Trismegistos* (Utrecht,

1955); Hugo Rahner, *Greek Myths and Christian Mystery* (London and New York, 1963), pp. 190 sq.。

民間赫美斯宗教的文獻的詳細分析、詮釋和部分翻譯，見 Festugière, *La Révélation d'Hermès Trismégiste,* vol. 1: *L'Astrologie et les sciences occultes*。關於《宇宙的女兒》（*Korē Kosmou*）裡的靈魂創造的煉金術結構，見 Festugière 的文章，於 *Pisciculi* (Münster, 1939), pp. 102-16，重刊為 *Hermétisme et mystique païenne,* pp. 230-48。

哲學赫美斯祕教作品有若干不同的文類。*Poimandres* 是德性頌，也就是描述神的神奇德性（*aretē*）（在這裡指的是神的理性），也有世界創造論和訓義的作品（*logoi*）（見 Festugière, *Révélation,* vol. 2, pp. 28 sq.）。《祕教集成》1、8 描述神化的經驗，特別是包括赫美斯的救恩的啟示（見 Festugière, *Hermétisme et mystique païenne,* pp. 34 sq., 38 sq.）。

《祕教集成》5、7、9 屬於樂觀主義的神學，而卷 1、4、6、8 則有悲觀主義色彩。但是有時候會同時存在這些不同的取向。關於《祕教集成》和埃及的類似性，見 R. Reitzenstein et H. H. Schaeder, *Studien zum antiken Synkretismus* (Leipzig-Berlin, 1926), pp. 43-44; Philippe Derchain, "L'authenticité de l'inspiration égyptienne dans le *Corpus Hermeticum,*" *RHR* 161 (1962): 172-98; Martin Krause, "Aegyptisches Gedankengut in der Apokalypse des Asclepius," *ZDMG,* supplement, 1 (1969): 48-57; Jean Doresse, "Hermès et la gnose: A propos de l'*Asclepius* copte"。最近的作品有 "L'Hermétisme égyptianisant," pp. 442-50。

學者也發現猶太教的某些影響。《祕教集成》卷一引用〈創世記〉。見 C. H. Dodd, *The Bible and the Greeks* (1935), pp. 99 sq.; Scott, *Hermetica,* vol. 1, pp. 54 sq.; Marc Philonenko, "Une allusion de l'*Asclepius* au livre d'Hénoch," in *Christianity, Judaism and Other Greco-Roman Cults: Studies for Morton Smith,* vol. 2 (Leiden, 1975), pp. 161-63。

(480)

《波以曼德勒斯》的研究，見 R. Reitzenstein, *Poimandres: Studien zur griechisch-ägyptischen und frühchristlichen Literatur* (Leipzig, 1904); Festugière, *Révélation,* vol. 4, pp. 40 sq.; Hans Jonas, *The Gnostic Religion* (1958; 2d rev. ed., 1963), pp. 147-73; E. Haenschen, *Gott und Mensch* (Tübingen, 1965), pp. 335-77。拿·哈馬地的諾斯替圖書館藏有以上埃及方言寫成的赫美斯祕教文集，其中有原始的 *Asclepius* 的斷簡，見 J. Doresse, "Hermès et la gnose; A propos de l'*Asclepius* copte," *Novum Testamentum* 1 (1956): 54-59; *Les livres secrets des gnostiques d'Egypte* (Paris, 1958), pp. 256 sq.; "L'Hermétisme égyptianisant," p. 434。

210. 主張赫美斯宗教兄弟會的存在，見 R. Reitzenstein, *Poimandres,* pp. 248 sq. ("Poimandres-Gemeinde"); Geffcken, *Der Ausgang des griechischrömischen Heidentums* (Heidelberg, 1920), pp. 20 sq.。對於這個假設的批評，見 Festugière, *La Révélation d'Hermès Trismégiste,* vol. 1, pp. 81-84; *Hermétisme et mystique païenne,* pp. 37-38。

關於神祕宗教的崇拜轉移為祕教文學，見 Festugière, *L'idéal religieux des Grecs et l'Evangile,* pp. 116-32; *La Révélation,* pp. 82 sq.; *Hermétisme et mystique païenne,* pp. 103 sq.。亦見 A. D. Nock, "The Question of Jewish Mysteries," *Gnomon* 13 (1937): 156-65，重刊於 *Essays on Religion and the Ancient World* (Oxford, 1972), I, 1, pp. 459-68。

關於赫美斯神祕宗教的「入會禮」，見 G. Sfameni Gasparro, "La gnosi ermetica come iniziazione e mistero," *SMSR* 36 (1965): 53-61; Henry and Renée Kahane, *The Krater and the Grail: Hermetic Sources of the Parzival* (Urbana, 1965), pp. 40 sq.。

關於赫美斯神祕宗教和艾塞尼教派的關係，見 F. M. Braun, "Essénisme et Hermétisme," *Revue Thomiste* 54 (1954): 523-58; ibid., "Hermétisme et Johannisme," ibid. 55 (1955): 22-212; 56 (1956): 259-99.

關於示巴人的赫美斯神祕宗教的分析，見 Scott, *Hermetica,* vol. 4, pp. 248-76; Festugière et Nock, *Hermès-Trismégiste,* IV, pp. 145-46; J. B. Segal, "The Sabian Mysteries"(in: E. Bacon, ed., *Vanished Civilizations,* New York-Lon-

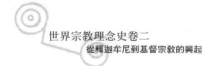

don, 1963) pp. 201-20。

關於阿拉伯世界的祕教文學，見 L. Massignon, *La Révélation d'Hermès Trismégiste,* pp. 384-99; Henry et Renée Kahane, *The Krater and the Grail,* pp. 116-22。

在 12 世紀，在阿拉伯人眾多的翻譯作品裡，祕教文學也傳入歐洲，見 H. et R. Kahane, pp. 130 sq.。祕教文學對於艾興巴哈的《帕西法》的影響以及 *graal*（聖杯）這個詞從 *kratēr* 的衍生，見 Kahane, *The Krater and the Grail,* passim.。亦見氏著 "Hermetism in the Alfonsine Tradition," *Mélanges offerts à (481) Rita Lejeune* (Gembloux, 1969), vol. 1, pp. 443-45。Corbin, *En Islam iranien,* vol. 2 (1971), pp. 143-54 接受 Kahane 的結論。

關於《祕教集成》的拉丁文翻譯及其對於文藝復興的重要性，見 Frances A. Yates, *Giordano Brunno and the Hermetic Tradition* (Chicago, 1946) 以及本書卷三。

211. 關於煉金術的通論，見 Eliade, *Forgerons et Alchimistes (1956, 1977)*。關於希臘化時期的煉金術，*見 ibid., pp. 122 sq., pp. 217-21(bibli.)。*就最近的作品而言，見 *A. J. Festugière, La Révé lation d'Hermès Trismégiste,* I, 1944, pp. 216-82; Sherwood Taylor, "A Survey of Greek Alchemy," *Journal of Hellenic Atudies* 50 (1930): 103-39, "The Origins of Greek Alchemy," *Ambix* 1 (1937):30-47; *The Alchimists* (New York, 1940); Robert P. Multhauf, *The Origins of Chemistry* (London, 1966), pp. 103-16; W. J. Wilson, "The Origins and Development of Greco-Egyptian Alchemy," *Ciba Symposia* 3 (1941): 926-60; J. Lindsay, *Hellenistic Alchemy* (London, 1970)。

關於冶金術的祕方和金匠的工藝，在西元前六世紀便已經提及（Ebers Papyrus），自然是在禮拜的背景下，因為在傳統社會裡，工藝很類似儀式。在底比斯的墳墓，除了巫術抄本（Magical Papyruses XII and XIII）以外，也發現萊登和斯德哥爾摩抄本，有純「化學」祕方（最近的作品見 Multhauf, *The Origins of Chemistry,* pp. 96 sq.，有參考書目）。R. G. Forbes

引述許多美索不達米亞製造玻璃、壁琉璃和醫學配方所使用的「祕密語言」（西元前七世紀），見氏著 *Studies in Ancient Technology,* vol. 1 (Leiden, 1955), p. 125。西元前七世紀的美索不達米亞經常重複的警語「知者只可說與知者知，知者不可說與不知者知」，這個警語早在十個世紀前的喀西特人那裡就看到，見 Forbes, p. 127。希臘化時期的煉金術文學充斥著訓斥和毒誓，禁止祕教流到世俗。奧斯塔內（Ostanes）「小心地隱藏神祕宗教，就像他保護眼睛的瞳孔般；他下令祕義不能讓無權得聞的信徒知道。其他例子見 J. Bidez et F. Cumont, *Les mages hellénisés*, Paris, 1938, II, pp. 315 sq.。《煉金術集成》的保密責任，從古至今皆是如此。此外，現代歷史學認為會有「職業祕密」的文字傳承，其實是個誤會。如果有所謂的「開示祕義」的文學，也只有坦特羅教派，但是在這汗牛充棟的文獻裡，我們決不會發現「成立」（*sadhana*）不可或缺的實修指導，在決定性的時刻，上師的加持是必要的，假如要證實經驗的真實性。

　　H. E. Stapleton 認為，亞歷山卓的煉金術不是源自希臘化時期的埃及，而是在美索不達米亞的哈蘭，西元前二世紀的 *Traité d'Agathodaimon* 的作者就是該地的人，比 *Physika kai Mystika* 更早出。見氏著 "The Antiquity of Alchemy," *Ambix* 5 (1953): 1-43。這個解釋阿拉伯煉金術之興起的假說仍有爭議。H. J. Shepard 最近的研究認為諾斯替教派是煉金術祕義的主要來源，見氏著 "Gnosticism and Alchemy," *Ambix* 6 (1957): 86-101; Eliade, *Forgerons et Alchimistes,* pp. 174-75(bibli.)。 (482)

　　C. G. Jung, Die Vision Zosimos (Von den Wurzeln des Bewusstsseins, Zurich, 1954)曾評述索西穆斯的異象。 關於「異象」的原始文獻，見 M. Berthelot, *Collection des anciens alchimistes grecs* (Paris, 1888), pp. 107-12, 115-18。*Separatio* 是煉金術的術語，指肢解人體。見 Jung, op. cit., p. 154, n. 27。關於元素的「受苦」，見 ibid., p. 211。

212.　關於帕提亞王朝的政治和文化史的出色作品，見 Franz Altheim, *Alexandre et l'Asie* (Paris, 1954), pp.275 sq.; R. Ghirshman, *Parthes et Sassani-*

des (Paris,1962); I. Wolski, "Les Achémenides et les Arascides," *Syria* 43 (1966): 65-89; Wolski, "Arsakiden und Sasaniden," *Festschrift für Franz Altheim* (Berlin, 1969), vol. 1, pp. 315-22。

伊朗宗教的概述，見本書卷一〈問題研究和書評書目〉第 100 節。亦見 J. Duchesne-Guillemin, *La religion de l'Iran ancien* (Paris, 1962), pp.224 sq.; G. Widengren, *Les religions de l'Iran* (Paris, 1968), pp. 201 sq.; *Iranisch-semitische Kultugbegegnung in parthischer Zeit* (Cologne-Opladen, 1960); "Juifs et Iraniens à l'époque des Parthes," *VT,* suppl., 4(1957): 197-240; "Iran and Israel in Parthian Times," *Temenos* 2 (1966): 137-77; Stig Wikander, *Feuerpriester in Kleinasien und Iran* (Lund, 1946)。

關於《希斯塔什巴的神諭》，見 Widengren, *Les religions de l'Iran,* pp. 228 sq.; J. Bidez et F. Cumont, *Les mages hellénisés* (Paris, 1934), vol. 1, pp. 228 sq.。John R. Hinnells 認為，這些神諭和瑣羅亞斯德的神學相符，見氏著 "The Zoroastrian Doctrine of Salvation in the Roman World" (*Man and His Salvation: Studies in Memory of S. C. F.Brandon*, Manchester, 1973), pp. 146 sq.; F. Cumont, "La fin du monde selon les mages occidentaux," *RHR 103 (1931): 64-96*。

關於安息王朝裡的王權，以及密特拉達特斯王的傳奇生平裡的入會禮象徵，見 Widengren, "La légende royale de l'Iran antique," *Hommages à Georges Dumézil* (Bruxelles,1960), pp. 225-37; ibid., *Les religions de l'Iran,* pp. 266 sq.。

213. 關於祖文教派的遠古結構，見 G. Widengren, *Hochgottglaube im alten Iran* (Uppsala, 1938), pp. 300 sq.; ibid., *Religions de l'Iran,* pp. 244 sq., 314 sq.。關於祖文的文獻的翻譯和注釋，見 R. C. Zaehner, *Zurvan, A Zoroastrian Dilemma* (Oxford, 1955); ibid., *The Teachings of the Magi* (London, 1956)。除了 Zaehner、Widengren 和 Duchesne-Guillemin 的作品，另見 M. Molé, "Le problème zurvanite,"*JA* 247 (1959): 431-70; Ugo Bianchi, *Zamān i Ohrmazd: Lo*

(483)

zoroastrismo nelle sue origini e nella sua essenza (Turin, 1958), pp.130-89; Gherardo Gnoli, "Problems and Prospects of the Studies on Persian Religion" (*Problems and Methods of the History of Religions*, Leiden, 1971), pp. 85 sq.。

關於從東歐到西伯利亞「由上帝的敵人創造世界」的宇宙創造論，見 Eliade, *De Zalmoxis à Gengis Khan, pp. 81-130 sq.*。

Eznik 在 *Contre le sectes* 所描述的神話後來說，奧瑪茲在創造世界以後，不知道怎麼造太陽和月亮，阿里曼知道方法，而告訴魔鬼：奧瑪茲必須和母親交媾才能創造太陽，和姐妹交合才能創造月亮。有個魔鬼趕緊去告訴奧瑪茲（Eliade, *De Zalmoxis à Gengis Khan,* pp. 109-110, n. 80-81）。Widengren 證明（*Religions de l'Iran,* p.321），穆護以亂倫俗著稱。Eznik 所轉述的神話裡有個矛盾，因為奧瑪茲自稱是「成功的創造者」（「奧瑪茲所造者皆善良且正直。」），卻突然告訴我們說他無法完成創造；這是退位神典型的「心靈疲憊」（*De Zalmoxis à Gengis Khan,* pp. 110 sq. et passim)。這可能是個病因學的神話，用以解釋帕提亞王朝的穆護的行為。

214. 我們會在卷三研究薩珊王朝的宗教（第216節），另見 Widengren, *Les religions de l'Iran,* pp. 273 sq.; Duchesne-Guillemin, *La religion de l'Iran ancien,* pp. 276 sq.。然而我們不要忘記，在晚出的文獻裡的若干觀念，要溯自阿契美尼德王朝；特別見 G. Widengren, "The Problem of the Sassanid Avesta" (*Holy Book and Holy Tradition,* ed. F. F. Bruce and E. G. Rupp, Manchester, 1968), pp. 36-53。

關於千年說和三個時代的教義（*aršōkara, frašokara, maršokara*），見 H. S. Nyberg, "Questions de cosmogonie et decosmologie mazdéennes," *JA* 214 (1929): 193-310; 219 (1931):89 sq.; Nyberg, *Die Religionen des alten Iran* (Leipzig, 1938), pp. 380 sq.。關於有限的時間和光的角色，見 M. Molé, *Culte, mythe et cosmologie dans l'Iran ancien* (Paris, 1963), pp.395 sq.。

215. 關於兩種受造物，見 Nyberg、Duchesne-Guillemin、Zaehner、

Widengren 關於靈魂（ *mēnōk*）和身體（*gētik,*）的作品。另見 G. Gnoli, "

(484) Osservazioni sulla dottrian mazdaica della creazione," *Annali dell'Istituto di Napoli* n.s. 13 (1963):180 sq.; S. Shaked, "Some Notes on Ahreman, the Evil Spirit, and His Creation," in *Studies in Mysticism and Religion Presented to Gershom G.Scholem* (Jerusalem, 1967), pp. 277-34; Shaked, "The Notions *mēnōg* and *gētīg* in the Pahlavi Texts and Their Relation to Eschatology," *Acta Orientalia* 32(1971): 59-107; Mary Boyce, *A History of Zoroastrianism,* vol. 1(Leiden, 1975), pp. 229 sq.; Henry Corbin, "Le Temps cyclique dans le mazdéisme et dans l'ismaëlisme," *Eranos-Jahrbuch 20(1955): 150-217; R. Zaehner, The Dawn and Twilight of Zoroastrianism*(London, 1961)。

216. 關於原人（Gayōmart）的神話文獻的部分翻譯和注釋，見 A. Christensen, *Les types du premier hommeet du premier roi dans l'histoire légendaire des Iraniens* (Leidenand Uppsala, 1971-74), I, pp. 19 sq.; S. S. Hartmann, *Gayōmart, étude sur le syncrétisme dans l'ancienIran* (Uppsala, 1953)（沒有説服力）; M. Molé, *Culte, mythe et cosmologie,* pp. 280 sq., 407 sq., 447 sq.。

關於原人的精彩討論，見 Duchesne-Guillemin, *La religion de l'Iran ancien,* pp. 208 sq., 324 sq.; Zaehner, *Dawn and Twilight,* pp. 180, 232, 262 sq.; M. Molé, *Culte, mythe etcosmologie,* pp. 484 sq.（批評 Hartmann 的見解）。K. Hoffmann 舉出和吠陀時期的半神 Mārtāṇḍa 的相似性。見氏著 "Mārtāṇḍa and Gayōmart," *Münchener Studien zur Sprachwissenschaft* 11 (1957): 85-103。

關於大宇宙和小宇宙的主題及其和宇宙創造論和原人的關係，見Anders Olerud, *L'idée de macrocosmos et de microcosmos dans le "Timée" de Platon* (Uppsala, 1951), pp. 144sq.; Ugo Bianchi, *Zamān i Ohrmazd,* pp. 190-221, pp. 194 sq.（批評 Olerud）。

關於亞當，猶太教也有類似的思想，西元 2-1 世紀的《西卜林神諭》

（3.24-26）把亞當的名字解釋為宇宙的象徵。A 是 *anatolē*,（東方）；D 是 *dysis*,（西方）；A 是 *arktos*,（北方）；M 是 *mesēmbria*,（南方），亦見《奴隸以諾之書》（R. H. Charles, *The Apocrypha*, Oxford, 1913, II, p. 449）。

關於「人和植物誕生自被犧牲或吊死的無辜者的精子」的神話，見 Eliade, "Gayōmart et la Mandragore," in: *Ex Orbe Religionum: Studia Geo Widengren Oblata,* II (Leiden,1972), pp. 65-74。

根據〈創世記〉所保存的早期傳說，原人強烈抵抗入侵者，在屈服之前，還造成他們重大傷亡。在摩尼教的神話裡，初人（Gēhmurd）也曾抵抗惡魔的攻擊；見 G. Widengren, "The Death of Gayōmart" (in J. M. Kitagawa and C. H. Long, eds., *Myths and Symbols: Studies in Honor of Mircea Eliade*, Chicago, 1969), p. 191; ibid., "Primordial Man and Prostitute: A Zervanite Motif in the Sassanid Avesta," *Studies in Mysticism and Religion Presented to Gershom G. Scholem,* pp. 337-52。

關於「原人是完美的人類」，見 M. Molé, *Culte, mythe etcosmologie,* (485) pp. 469 sq.。根據 Molé 的說法，瑪茲達宗教的巨人不是 Gayōmart，而是奧瑪茲的化身（p. 410）。

關於人類不滅的元素的不同語彙的分析，如(*ahū*、life、*urvan*、soul、*baodhah*、knowledge、*daēnā*、*fravahsi*，見 Duchesne-Guillemin, *La Religion de l'Iran ancien,* pp.327 sq.，其中也有基本的參考文獻。

關於將臨的救主和最後的更新，見 Duchesne-Guillemin, pp.343-54（簡短分析末世論裡的矛盾，見 pp. 352-53）；G. Widengren, *Les religions de l'Iran,* pp. 127 sq.; Molé, *Culte, mythe et cosmologie,* pp. 412 sq.。亦見本書卷一〈問題研究和書評書目〉第 111-12 節所引書目。

217. Franz Cumont, *Textes et monuments figurés relatifs aux Mystères de Mithra* (Bruxelles, 1896, 1898) 是必讀的作品。另見氏著 *Les Mystères de Mithra* (Bruxelles, 1900; 3ded., 1913); *Les religions orientales dans le paganisme-*

romain, 4. ed. (Paris, 1929), pp. 131 sq., 270 sq.。Cumont 關於密特拉宗教的晚期作品（1974），在他逝世前三個月完成，直接 1975 才出版 "The Dura Mithraeum," translated and edited by E. D. Francis in *Mithraic Studies,* ed. J. R. Hinnells (Manchester, 1975), pp.151-214。關於 Cumont 的詮釋的批評，見 R. L. Gordon, "Franz Cumont and the Doctrines of Mithraism," ibid., pp.215-48。Stig Wikander 曾批評 Cumont 的重構，見氏著 *Etudes sur les Mystères de Mithra* (Lund, 1950)。但是見 Widengren 的評論，*Stand und Aufgaben der iranischen Religionsgeschichte* (Leiden,1955), pp. 114 sq.。

銘文和碑刻的集成，見 M. I. Vermaseren, *Corpus Inscriptionum et Monumentorum Religionis Mithriacae,* I-II (Le Haye, 1956, 1960); ibid., *Mithras, the Secret God* (London and New York, 1963)（譯自荷蘭文）。

A. Loisy, *Les Mystères païens et le mystère chrétien,* 2d ed. (1930), pp. 157-98 有簡短的評論。另見 R.Pettazzoni, *I Misteri* (Bologna, 1924), pp. 220-81; J. Duchesne-Guillemin, *La religion de l'Iran ancien,* pp. 248-56; G. Widengren, "The Mithraic Mysteries in the Greco-Roman World, with Special Regard to Their Iranian Background," in *La Persia e il mondo greco-romano* (Academia Nazionale dei Lincei, 1966), pp. 433-55（引述作者早期作品）; R. C. Zaehner, *The Dawn and Twilight of Zoroastrianism,* pp. 128 sq.。K. Prümm, *Religionsgeschichtliches Handbuch für den Raum der altchristlichen Umwelt* (Freiburg im Breisgau, 1943), pp. 281 sq.。

第一屆「國際密特拉宗教研究會議」在 1971 於 Manchester 舉行，文集見 John R. Hinnells(ed.) *Mithraic Studies* (Manchester, 1971)。第二屆在 1975 於 Teheran 舉行。另見 *The Journal of Mithraic Studies for the years* 1975 sq.。

(486)　　G. Widengren 在其作品裡曾指出密特拉神祕宗教的伊朗元素。見 "The Mithraic Mysteries," passim.。R. Merkelbach 也曾辨識出其他源自伊朗的元素。見氏著 "Zwei Vermutungen zur Mithrasreligion," *Numen* 6 (1959): 154-56。關於帕提亞王朝的國王登基以及亞美尼亞關於美黑爾的傳說，見

G. Widengren, *Iranisch-semitische Kulturbegegnung in parthischer Zeit,* pp. 65 sq.; S. Hartmann,*Gayōmart,* p. 60, n. 2, p. 180, n. 6.。比較 Eliade, *De Zalmoxis à Gengis Khan,* pp. 37 sq.。

Carsten Colpe, "Mithra-Verehrung, Mithras-Kult, und die Existenz iranischer Mysterien" (*Mithraic Studies,* pp. 378-405) 把神祕宗教的起源限縮到邦都和科馬吉尼，他認為其崇拜是以政治為取向的宗教融合，而且相當晚出（西元二世紀）。

關於密特拉和公牛在獻祭前的故事，見 Duchesne-Guillemin, *La religion de l'Iran ancien,* p.250; M. I. Vermaseren, *Mithras, the Secret God,* pp. 79 sq.。關於這些冒險故事，幾乎只在中歐的紀念碑裡，特別是萊茵河和多惱河之間。

關於考特斯（Cautes）和考托帕特斯（Cautopates），見 Leroy A. Campbell, *Mithraic Iconography and Ideology* (Leiden, 1968), pp. 29 sq.; Martin Schwartz, "Cautes and Cautopates, the Mithraic Torch Bearers," in *Mithraic Studies,* pp. 406-23。這兩部作品都引述早期文獻的重要部分。

在演出公牛的獻祭時，密特拉轉過頭去，「彷彿朝後看，表情出奇的悲傷，烏鴉依偎在他左側，太陽的形象經常是在左手邊，右邊則是月亮，底部有狗撲向從傷口流出的血，另外還有蛇；蠍子夾住將死野獸的睪丸，以尾巴螫他，有時候也會有螞蟻；如果沒有，在公牛底下會畫著酒罈，有獅子守護著或是在啜飲，……公牛尾巴末端有一束麥穗，有些碑刻沒有畫血，而是從公牛的傷口長出麥穗。」（Loisy, *Les Mystères païens,* pp. 185-86，摘述 Cumont 的見解）

關於屠牛者密特拉的重要文獻，見 Vermaseren, *Mithras, the Secret God,* pp. 67 sq.; ibid., "A Unique Representation of Mithras," *Vigiliae Christianae*, IV, 1950, 142-256; L. A. Campbell, *Mithraic Iconography,* pp. 247 sq.; John R. Hinnells, "Reflections on the Bull-slaying Scene," in: *Mithraic Studies,* pp. 290-312（作者拒絕 Cumont 的解釋，他認為在公牛祭裡出現的動物，狗、蛇和蠍子，是象徵神和邪惡的衝突。）

關於在伊朗的瑣羅亞斯德宗教時代的密特拉大型祭典的牲祭，見 Mary
Boyce, "*Mihragan* among the Irani Zoroastrians," in: *Mithraic Studies,* pp.
106-18。

關於密特拉的入會禮的七個等級，見 F. Cumont, *Textes et monuments
figurés,* I, pp. 314 sq.; G. Widengren, "The Mithraic Mysteries," pp. 448 sq.;
Campbell, *Mithraic Iconography,* pp. 303 sq.。長久以來，第二階段都稱為
cryphius 而不是 *nymphus*。但是儘管哲羅姆的抄本（*Ep. ad Laetam* 107.10）

(487) 沒有 *cryphius*，這個詞卻在 San Silvestro 的密特拉銘文裡有記載，見 M.
Metzger, "The Second Grade of Mithraic Initiation," in: *Historical and Literary
Studies: Pagan, Jewish, and Christian* (1968), pp. 25-33。亦見 W. Vollgraff, "
Les cryfii des inscriptions mithraïques,"*Hommage à Waldemar Deonna* (Bru-
xelllles, 1957), pp. 517-30。

至於西世紀作者所描述的入會禮（Pseudo-Augustine, *Quaest. vet. et novi
Test.* 114.12），有些學者懷疑其真實性，見 F. Saxl,*Mithras: Typengeschichtli-
che Untersuchungen* Berlin, 1931, p. 67, n. 2。但是 Prümm（*Handbuch,* p.
290）和 J. Leipold（J. Leipold et W. Gundmann, *Die Umwelt des Christentums,*
III, Berlin, 1967, p. 35）同意 Loisy 的見解（*Les Mystères païens,* p. 183），
認為這些文獻是描述真實的入會禮考驗。

在 Capua 的密特拉神廟的壁畫，收錄於 M. I. Vermaseren, *Mithriaca,* I:
The Mithraeum at Sa. Maria Capua Vetere (Leiden, 1971)。亦見氏著 *Mithriaca,*
II: *The Mithraeum at Ponza*(1974)。

218. 關於密特拉神祕宗教在羅馬帝國的傳佈有許多文獻，見 F. Cumont,
Textes et monuments figurés; M. I. Vermaseren, *Corpus Inscriptionum*。亦見
Vermaseren, *Mithraica;* W. Blawatsky et G. Kochelenko, *Le culte de Mithra sur
la côte septentrionale de la Mer Noire* (Leiden, 1966); V. J. Walters, *The Cult of
Mithras in the Roman Provinces of Gaul* (Leiden, 1974); G. Ristow, *Mithras in
römischen Köln* (Leiden, 1974); C. M. Daniels, "The Role of the Roman Army

in the Spread of the Practice of Mithraism," *Mithraic Studies,* pp. 249-74; Nicol-ae Mitru, "Mithraismul în Dacia," *Studii Teologice* (Bucharest) 2. ser. 23 (1971): 261-73。

R. Merkelbach 認為，密特拉宗教的創世論是啟發自柏拉圖的《提邁烏斯篇》，見氏著 "Die Kosmogonie der Mithra-Mysterien," *Eranos-Jahrbuch* 34 (1966): 249 sq.。另 見 R. Trucan, *Mithras Platonicus: Recherches sur l'hellénisation philosophique de Mithra*(Leiden, 1975)。

古代儀式饗宴的比較研究，見 J. P. Kane, "The Mithraic Cult Meal in Its Greek and Roman Environment," *Mithraic Studies,* pp. 313-51 (spéc. pp. 341 sq.)。另見 A. D. Nock, "Hellenistic Mysteries and Christian Sacraments," *Mne-mosyne* ,4. ser. 5 (1952): 177-213 (= Nock, *Essays on Religion and the Ancient World*, Oxford, 1972, pp. 791-820)，以及第 220 節所引書目。

關於基督教護教者的見證，見 Carsten Colpe, "Die Mithrasmysterien und die Kirchenväter," in: *Romanitas und Christianitas: Studia I. H. Waszink* (Am-sterdam-London), pp. 29-43。

219. 關於拿撒勒的耶穌的作品，自從十九世紀初便如雨後春筍般的迅速增加，主要的價值都在作者們個人的觀點和方法學。關於從 Hermann E. Reimarus (1779) 到 Wilhelm Wrede (1901)的作品的批評性歷史介紹，見 Al-bert Schweitzer, *Von Reimarus zu Wrede: Eine Geschichte der Leben-Jesu-For-schung (Tübingen, 1906, 1951)*。 (488)

我們要提及最近的作品：G. Bornkamm, *Jesus von Nazareth*(Stuttgart, 1956; Ethelbert Stauffer, *Jesus: Gestalt und Geschichte* (Bern, 1957); J. Jeremias, *Das Problem des historischen Jesus* (Stuttgart,1960); H. Conzelmann, G. Ebeling, E. Fuchs, *Die Frage nach dem historischen Jesus* (Tübingen, 1959); V. Taylor, *The Life and Ministry of Jesus* (London, 1954); C. H. Dodd, *The Founder of Christianity* (London and New York, 1970)。亦見 J. Moreau, *Les plus anciens témoignages profanes sur Jésus* (Bruxelles, 1944); E. Trocmé, *Jésus de Nazareth*

vu par les témoins de savie (Paris, 1971); F. Trotter, ed. *Jesus and the Historians* (Colwell Festchrift) (Philadelphia, 1968); W. Kümmel, "Jesusforschung seit 1950," *Theologische Rundschau* 31 (1966): 15 sq., 289 sq.。

從福音書和俄利根的最早的「耶穌傳」的分析，見 Robert M. Grant, *The Earliest Lives of Jesus* (New York, 1961)。關於福音書以外所傳的資料，見 Roderic Dunkerley, *Beyond the Gospels* (Harmondsworth, 1957)。Joseph Klausner 從猶太教的觀點去探討這個問題；見氏著 *Jesus of Nazareth*, London, 1925（譯自希伯來文）; ibid., *From Jesus to Paul*, New York, 1943。關於耶穌和基督宗教的誕生的優秀作品，以及書目和研究現況，見 Marcel Simon, in: M. Simon and A.Benoit, *Le Judaïsme et le Christianisme antique* (Paris, 1968),pp. 33 sq., 81 sq., 199 sq.。亦見 Robert M. Grant, *Augustus to Constantine* (New York, 1970), pp. 40 sq.; Norman Perrin, *The New Testament: An Introduction* (New York, 1974), pp. 277 sq.。

施洗者約翰的門徒自立門戶，成為基督教團契的敵人，見 M. Goguel, *Jean-Baptiste* (Paris,1928); J. Steinmann, *St. Jean Baptiste et la spiritualité du désert* (Paris, 1955); J. Daniélou, *Jean-Baptiste,témoin de l'Agneau* (Paris, 1964); J. A. Sint, "Die Eschatologie des Täufers, die Täufergruppen und die Polemik der Evangelien," in K. Schubert, ed., *Von Messias zum Christos* (Vienne, 1964), pp. 55-163。

關於耶穌的神蹟及其與希臘化時期的巫術和邪術的關係，見 L. Bieler, *Theios aner,* I-II (Vienne, 1935, 1936); H. van der Loos, *The Miracles of Jesus* (Leiden, 1965); O. Böcher, *Christus Exorcista* (Stuttgart, 1972); G. Petzke, *Die Traditionen über Apollonius von Tyana und das Neue Teatament* (Leiden, 1970); Morton Smith, "Prolegomena to a Discussion of Aretalogies, Divine Men, the Gospels, and Jesus," *Journal of Biblical Literature* 40 (1971): 173-99; J. Hull, *Hellenistic Magic and the Synoptic Tradition* (Naperville, Ill., 1974); Johathan Z. Smith, "Good News Is No News: Aretalogy and Gospel," in Jacob Neusner, ed., *Christianity, Judaism and Other Greco-Roman Cults: Studies for Morton Smith,* vol. 1 (Leiden, 1974), pp. 21-38。

關於耶穌和法利賽人的關係的希臘和閃族文獻的翻譯和注釋,見 John Bowker, *Jesus and the Pharisees* (1973)。

關於希律王的統治,見 H. Hoehner, *Herod Antipas*(Cambridge, 1972)。 (489) 關於奮銳黨以及他們和耶穌以及猶太基督宗教的關係,見 S. C. F. Brandon, *Jesus and the Zealots* (Manchester, 1967)(有啟發性也頗具爭議性)。根據 Marcel Simon,奮銳黨的理想是「神的統治,其創設無疑地必須符合彌賽亞的時代或在那之前。……他們的宗教信仰堅不可摧。這也是他們的民族主義的動力。」(Simon et Benoit, *Le Judaïsme et le Christianisme antique,* p. 214)。

關於耶穌的審判,見 *The Trial of Jesus: Cambridge Studies in Honour of C. F. D. Moule,* ed. E. Bammel (London, 1970)。亦見 A. Jaubert, "Les séances de sanhédrin et les récits de la passion," *RHR* 166 (1964): 143-63; 167 (1965): 1-33。對於復活的精闢且具原創性的分析,見 A. Ammassari, *La Risurrezione, nell'insegnamento, nelle profezie, nelle apparizioni di Gesù,* 2 vols. (Rome, 1967, 1976)。

220. 關於耶穌的「神的國將臨」的講道,見 T. W. Manson, *The Teaching of Jesus* (Cambridge, 1931, 1937); N. Perrin, *The Kingdom of God in the Teaching of Jesus*(London, 1963); Perrin, *Rediscovering the Teaching of Jesus* (New York, 1967), pp. 54-108, 249 sq.。

關於已經臨到的王國,見 E. Käsemann, "The Problem of the Historical Jesus," in *Essays on New Testament Themes*(London, 1964), pp. 15-47, N. Perrin, *Rediscovering the Teaching of Jesus,* pp. 85 sq.; J. Simon, *Judaïsme et Christianisme,* pp. 85 sq.。

關於聖餐禮,見 Oscar Cullmann, *Le culte dans l'Eglise primitive* (Paris, 1945), pp. 12 sq.; K. G. Kuhn, "Repas cultuel essénien et Cène chrétienne," in: *Les manuscrits de la Mer Morte: Colloque de Strasbourg* (1957), pp. 85 sq.; Jean

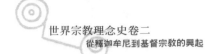
Daniélou, *Théologie du Judéo-Christianisme*(Tournai, 1958), pp. 387 sq.; M. Simon, in: *Judaïsme et Christianisme,* pp. 184 sq.。關於比較研究，見 A. D. Nock, *Early Gentile Christianity and Its Hellenistic Background* (New York, 1964), pp. 109-46; Nock, "Hellenistic Mysteries and Christian Sacraments," *Mnemosyne* 4. ser. 5 (1952): 177-214。

　　耶穌所行的治病、驅邪和神蹟，與希臘化時期（例如 Apollonius of Tyana）以及猶太教傳說（Perrin, *Rediscovering the Teaching of Jesus,* p. 135 引述巴比倫的《塔木德》的例子）裡的類似事蹟有著重大的差異。耶穌始終強調「信心的拯救」（〈馬可福音〉5:34, 10:52、〈路加福音〉7:50, 17:19, etc.）。在治癒附魔的孩子後，門徒問耶穌：「我們為什麼不能趕出那鬼呢？」耶穌說：「是因為你們的信心，我實在告訴你們，你們若有信心像一粒芥菜種，就是對這座山說，你從這裡挪到那裡，他也必挪去，並且你們沒有一件不能作的事了。」（〈馬太福音〉17:19-20；〈路加福音〉17:6）我們說過，這種信心的解釋在希臘化時期的文獻裡是完全缺如，而且是收集在巴比倫的《塔木德》，見 Perrin, *Rediscovering the Teaching of Jesus,* pp. 130-42。

(490)　***221.*** 　關於教會的誕生和作為史料的〈使徒行傳〉，見 J. Dupont, *Les problèmes du Livre des Actes d'après les travaux récents* (Louvain, 1950); E.Haenchen, *Die Apostelgeschichte* (Göttingen, 1956); E.Trocmé, *Le Livre des Actes et l'histoire* (Paris, 1957)。

　　關於耶路撒冷的團契，見 L. Cerfaux, *Recueil Lucien Cerfaux,* vol. 2 (Gembloux, 1954), pp. 63-315; P. Gaechter, *Petrus und seine Zeit* (Innsbruck, 1957); O. Cullmann, *Peter: Disciple, Apostle, Martyr* (1962)。關於原始教會與正統猶太教派的關係，見 E. Peterson, *Frühkirche, Judentum, und Gnosis* (Vienne,1959); H. Kosmalas, *Hebräer, Essener, Christen* (Leiden, 1959); M. Simon, *Verus Israel* (Paris, 1948; 2d ed., 1964)。

　　〈使徒行傳〉很少提到耶路撒冷最早的基督教團契的領導者。雅各，

「主的兄弟」（〈加拉太書〉1:9）。他和猶太拉比的關係很明顯（他不喝酒、不刮鬍子、終身待在聖殿裡）。雅各最後在猶太人的起義（66-70）裡消失，人們也就淡忘他了。但是其他的文獻（〈希伯來書〉、〈多瑪斯福音〉、偽名克雷蒙等）把雅各描述為教會最重要的人物，見 S. G. F. Brandon, *The Fall of Jerusalem and the Christian Church* (London, 1951), pp. 126-54; J. Daniélou, *Nouvelle histoire de l'Eglise,* vol. 1 (Paris, 1963), pp. 37-38。

關於猶太基督宗教，見 H. J. Schoeps, *Theologie und Geschichte des Judenchristentums* (Tübingen, 1949); Jean Daniélou, *Théologie du Judéo-Christianisme,* spéc. pp. 17-101; M. Simon et al., *Aspects du Judéo-Christianisme: Colloque de Strasbourg* (Paris, 1965); M.Simon et A. Benoit, *Le Judaïsme et le Christianisme antique,*pp. 258-74（有很精采的闡述）。另見 M. Simon, "Réflexions sur le judéo-christianisme," *Christianity, Judaism...: Studies for Morton Smith,* vol. 2 (Leiden, 1975), pp. 53-76（對於某些近代作品的批判性研究）。猶太基督宗教恪遵猶太律法，這種忠誠，以 M. Simon 的話說，表現為「某種化石作用。某些猶太基督宗教成為異端，只因為他們遠離大教會的教義演變，不接受或只是忽視基督教教義相對於原始的講道的自我膨脹，特別是當他們從希臘汲取架構和概念時。……他們之所以嫌惡保羅，自然是因為保羅對於律法的態度使然。他們也反對基督論的發展，其中以保羅的思想為出發點。在關於儀式的教義上，他們固守原始團契的思想。他們是所謂的消極性的異端，是拒絕有所作為的異端。」（Marcel Simon, *Le Judaïsme et le Christianisme antique,* p. 270）

猶太人拒絕的基督宗教的理由，見 D. R. A. Hare, *The Theme of Jewish Persecution of Christianity in the Gospel according to St. Matthew* (Cambridge, 1967), pp. 1-18。 (491)

222. 兩個世代以來，對於保羅的改宗和神學的詮釋，一方面太過強調巴勒斯坦和希臘化時期的猶太教的區分，而另一方面又強調這兩種猶太教形式的個人評價。因此，Albert Schweitzer 把聖保羅（他認為他堅守巴勒斯

坦的宗教結構）和聖約翰（他完全融入希臘化的猶太教的傳統）作對比，
見 A. Schweitzer, *Die Mystik des Apostel Paulus* (Tübingen, 1930)。然而，猶
太教解經學者 C. J. G. Montefiore 認為保羅是猶太流亡餘民，如果他認識純
粹且殊勝的巴勒斯坦的猶太教，他就不會接受福音。（*Judaism and St. Paul*,
London, 1914）。類似的立場見 Joseph Klausner, *From Jesus to Paul*; S. Sand-
mel, *A Jewish Understanding of the New Testament* (New York, 1956), pp.
37-51; H. J. Schoeps, *Paulus* (Tübingen,1959)。

但是最近的研究顯示，希臘化世界對於拉比的意識型態和語彙有深刻
的影響，而閃族的概念也出現在希臘化世界的作品裡。過去巴勒斯坦猶太
教和希臘猶太教的區分已經不再站得住腳。同樣的 A. Schweitzer 所區分的
保羅和約翰的基督教也消失了。見 W. D. Davies, *Paul and Rabbinic Judaism:
Some Elements in Pauline Theology* (London, 1948, 1967, pp. vii-xv)。在遵從
復活的基督的召喚時，保羅並不認為自己是個使徒。但是他以一個發現耶
穌基督就是彌賽亞的猶太人的觀點，重新定義以色列和律法的真正本質。
對於保羅而言，往後的「上帝的子民」不再是恪遵律法，而是相信基督。
在某個意義下，這是猶太人的宗教普世主義的實現。因為透過「基督（彌
賽亞）」，「上帝的子民」可以成就普世的和解（「不是希臘人，不是猶
太人，不是男人或女人。」）而為新天新地作準備。

在近代的研究裡，見 M. Dibelius et W. G. Kümmel, *Paulus,* (Berlin,
1956); J. Dupont, *Gnosis: La connaissance religieuse dans les Epîtres de Saint
Paul* (Louvain,1949); A. D. Nock, *St. Paul,* (London, 1948); L. Cerfaux, *La
théologic dc l'Eglise suivant Saint Paul,* 2. ed. (Paris, 1948); W. C. Van Unnik,
Tarsus or Jerusalem (London, 1952); E. Earle Ellis, *Paul and His Recent Inter-
preters* (Grand Rapids, Mich., 1961); Ellis, "Paul and His Opponents: Trends in
the Research," *Christianity, Judaism ...: Studies for Morton Smith,* vol. 1, pp.
264-98, spéc. pp. 284sq.; J. W. Drane, *Paul, Libertine or Legalist: A Study in the
Theology of the Major Pauline Epistles* (London, 1975); K. Stendhal, *Paul am-
ong Jews and Gentiles* (Philadelphia, 1976); E. P. Sanders, *Paul and Palestinian*

(492)

Judaism (Philadelphia, 1977); W. D. Davies, "Paul and the People of Israel," *New Testament Studies* 24 (1977): 4-39; G. Bornkamm, *Paulus*, Stuttgart, 1969。

223. 死海古卷的翻譯，見 T. H. Gaster, *The Dead Sea Scriptures in English Translation*(New York, 1956); G. Vermes, *The Dead Sea Scrolls in English* (Harmondsworth, 1962); J. Carmignac et al., *Les textes de Qumran traduits et annotés,* 2 vols. (Paris, 1961, 1963); A. S. van der Ploeg, *Le Rouleau de la Guerre: Traduit et annoté avec une introduction* (Leiden, 1969); Y. Yadin and C. Rabin, *The Scroll of the War of the Sons of Light against the Sons of Darkness* (London-New York, 1962)。J. M. Allegro、F. M. Cross、A. Dupont-Sommer 等人的作品有許多翻譯和注釋。

概論性的介紹，見 J. M. Allegro, *The Dead Sea Scrolls* (Harmondsworth, 1956); Y. Yadin, *The Message of the Scrolls* (London, 1957); H. Bardtke, *Die Sekte von Qumran*(Berlin, 1958, 1961); F. M. Cross, Jr., *The Ancient Library of Qumran and Modern Biblical Studies* (New York, 1958; 2d rev. ed., 191); O. Cullmann, J. Daniélou, et al., *Les manuscrites de la Mer Morte: Colloque de Strasbourg* (Paris, 1958); R. K. Harrison, *The Dead Sea Scrolls: An Introduction* (New York, 1961); A. Dupont-Sommer, *Les écrits esséniens découverts près de la Mer Morte*(Paris, 1959, 1965); E. F. Sutcliffe, *The Monks of Qumran as Depicted in the Dead Sea Scrolls* (London, 1960); H. Ringgren, *The Faith of Qumran: Theology of the Dead Sea Scrolls* (Philadelphia,1963)。

關於昆蘭古卷至 1957 的研究，見 C. Burchard, *Bibliographie zu den Handschriften vom Toten Meer* (Berlin, 1957); ibid., *Revue de Qumran*。 A. Dupont-Sommer, *Les écrits esséniens,* 2. ed., pp. 442-44（選列 1951-64 年的研究書目）；另見 R. K. Harrison, *The Dead Sea Scrolls,* pp. 151-58。

關於昆蘭和基督宗教的關係，見 J. Daniélou, *Les manuscrits de la Mer Morte et les origines du christianisme* (Paris, 1956); K. Stendhal, ed., *The Scrolls*

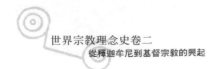

and the New Testament (New York, 1957); H. Kosmala, *Hebräer, Essenen, Christen* (Leiden, 1959); L. Mowry, *The Dead Sea Scrolls and the Early Church* (Chicago, 1962); J. van der Ploeg et al., *La secte de Qumran et les origines du Christianisme* (Bruges et Paris, 1959); M. Black, *The Scrolls and Christian Origins* (Edinburgh et New York, 1961); Black, *The Scrolls and Christianity* (London, 1969); J. H. Charlesworth, ed., *John and Qumran* (London, 1972)。亦見 F. Nötscher, *Zur theologischen Terminologie der Qumranischen Texte* (Bonn, 1956); W. D. Davies, "'Knowledge' in the Dead Sea Scrolls and Matthew 11: 25-30,"in: *Christian Origins and Judaism* (Philadelphia, 1962), pp. 31-66; J. Jeremias, *Die Abendmahlsworte Jesu,* 2d ed. (Göttingen, 1949),pp. 58 sq.。

關於昆蘭和伊朗的關係，見 K. G. Kuhn, "Die Sektenschrift und die iranische Religion," *Zeitschrift für Theologie und Kirche* 49 (1952): 296-316; H. Michaud, "Un mythe zervanite dans un desmanuscrits de Qumran," *VT* 5 (1955): 137-47; David Winston, "The Iranian Component in the Bible: Apocrypha and Qumran—A Review of the Evidence," *HR* 5 (1966): 183-216; S. Shaked, "Qumran and Iran: Further Considerations," *Israel Oriental Studies* 2 (1972): 433-46; Richard N. Frye, "Qumran and Iran: The State of Studies," *Christianity, Judaism ...: Studies for Morton Smith,* vol. 3 (Leiden, 1975), pp. 167-73（對於 David Winston 和其他學者的論證頗多質疑，卻接受 Shaked 的説法，見 pp. 172-73）。

關於「注釋」（*pesher*）的詮釋方式，見 Cross, *The Ancient Library of Qumran,* p. 218, n. 38 (bibli.); Lawrence H. Schiffman, *The Halakha at Qumran* (Leiden, 1975)。關於兩個靈之間的戰爭，見 Y. Yadin et C. Robin, *The Scroll of the War,* pp. 29 sq. et passim; H. S. van der Ploeg, *Le Rouleau de la Guerre;* Cross, *The Ancient Library,* pp. 210 sq. (n. 25, bibli.); S. Shaked, "Qumran et Iran," pp. 437 sq.。

關於保惠師的角色，見 O.Betz, *Der Paraklet: Fürsprecher im häretischen Spätjudentum, im Johannes-Evangelium, und in neugefundenen gnostischen*

(493)

Schriften (Leiden et Cologne, 1963)。

224. 關於約翰嫩・本・撒該（Rabbi Johanan ben Zakkai），見 Jacob Neusner, *Life of Rabbin Yohanan ben Zakkai* (Leiden, 1962); ibid., *Development of a Legend: Studies in the Traditions concerning Yohanan ben Zakkai* (Leiden, 1970); N. Sed, "Les traditions secrètes et les disciples de Rabbin Yohanan ben Zakkai," *RHR* 184 (1973): 49-66。

關於聖殿毀滅的影響，見 G. F. Moore, *Judaism in the First Centuries of the Christian Era,* 2 vols.(Cambridge, Mass., 1927, 1930), vol. 1, pp. 93 sq.; vol. 2, pp. 3 sq., 116 sq.; Judah Goldin, "On Change and Adaptation in Judaism," *HR* 4 (1965): 269-94; Jacob Neusner, *From Politics to Piety: The Emergence of Pharisaic Judaism* (Englewood Cliffs, N. J., 1973); Sheldon R. Isenberg, "Power through Temple and Torah in the Greco-Roman Period," *Christianity, Judaism ...: Studies for Morton Smith,* vol. 3, pp.24-52。

關於西元 70 年的災難對於基督宗教的影響，見 L. Gaston, *No Stone on Another: Studies in the Significance of the Fall of Jerusalem in the Synoptic Gospels* (Leiden, 1970); N. Perrin, *The New Testament,* pp. 40 sq., 136 sq.。

關於基督信徒和猶太人的關係，見 Robert Λ. Kraft, "The Multiform Jewish Heritage of Early Christianity," *Christianity, Judaism...: Studies for Morton Smith,* vol. 3, pp. 174-99; Wayne A. Meeks, "'Am I a Jew?' Johannine Christianity and Judaism," ibid., vol. 1, pp.163-86; G. W. Buchanan, "The Present State of Scholarship on Hebrews," ibid., pp. 299-330。關於基督信徒和猶太人在羅馬帝國裡的關係，見 Marcel Simon, *Verus Israel*。

關於「臨現」（parousia）的遙遙無期，見 Norman Perrin, *The New Testament: An Introduction,* pp. 40-51, 197-98; A. L. Moore, *The Parousia in the New Testament* (Leiden, 1966)。

關於基督論的起源，見 R. H. Fuller, *The Foundation of New Testament Christology* (London, 1965); Martin Hengel, *Der Sohn Gottes: Die Entstehung*

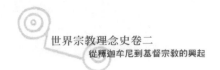

(494) dcr *Christologie und die jüdisch-hellenistische Religionsgeschichte*, 2. ed. (Tübingen, 1977); C. F. D. Moule, *The Origin of Christology* (New York, 1977)。

新約神學的研究非常豐富，見 N. Perrin, *The New Testament* (pp. 353-59, bibli.); Rudolf Bultmann, *Theology of the New Testament*, 2 vols. (New York, 1951, 1955)（非常深刻且具個人色彩的作品，但是包括很好的書評），vol. 1, pp. 357-68; vol. 2, pp. 253-60。

關於本章研究的主題，見 Gerhard Dellinget al., *Bibliographie zur jüdisch-hellenistischen und intertestamentarischen Literatur: 1900-1970*, (Berlin, 1975)。

225. 關於東方宗教傳入羅馬和羅馬帝國，見 F. Cumont, *Les religions orientales dans le paganisme romain* (Paris, 1929); A. D. Nock, *Conversion: The Old and the New in Religion from Alexander the Great to Augustine of Hippo* (Oxford, 1933, 1961), pp. 66 sq., 99 sq., 122 sq.。另見第 205-8 所引書目。

關於西卜林神諭，見第 165 節所引書目，另見 A. Peretti, *La Sibilla babilonese nella propaganda ellenistica* (Florence, 1942); A. Kurfess, *Die Sibyllinische Weissagungen*(München, 1951); V. Nikiprowetski, *La Troisième Sibylle* (Parisand The Hague, 1970), spéc. chap. 6, "La Doctrine," pp. 71 sq.; John J.Collins, *The Sibylline Oracles of Egyptian Judaism* (Missoula, Mont.,1974), spe'c. pp. 101 sq.（關於希臘化世界的偉大年代的學說）。關於天啟和智慧學派的關係，見第 202-4 所引書目，另見 J. Z. Smith, "Wisdom and Apocalyptic," in: *Religious Syncretism in Antiquity: Essays in Conversation with Geo Widengren* (Missoula, Mont., 1975), pp. 131-56; John J. Collins, "Cosmos and Salvation: Jewish Wisdom and Apocalyptic in the Hellenistic Age," *HR* 17 (1977): 121-42。

關於《第四篇田園詩》，見 E. Norden, *Die Geburt des Kindes* (Berlin, 1924); J. Carcopino, *Virgile et le mystère dela IVᵉ Eglogue* (Paris, 1930; rev. ed.,

1943); Henri Jeanmaire, *La Sibylle et le retour de l'âge d'or* (Paris, 1939)。

關於羅馬的命運的兩個神話的研究,見 Jean Hubaux, *Les grands mythes de Rome* (Paris, 1945); Eliade, *Le Mythe de l'éternel retour, pp. 157 sq.*。

關於「奧古斯都的和平」(Pax Augusta),見 Charles Norris Cochrane, *Christianity and Classical Culture* (Oxford-New York, 1940, 1944), pp. 1-26。

關於奧古斯都的宗教改革,見 Franz Altheim, *Römische Religionsgeschichte,* Baden-Baden, 1931。

226. 關於帝國時期的精采綜述,見 Robert M. Grant, *Augustus to Constantine: The Thrust of the Christian Movement into the Roman World* (New York, 1970)。

關於統治者的崇拜,見第 205 節所引書目。

關於教會和帝國的關係,見 E. Peterson, *Der Monotheismus als poli-* (495) *tisches Problem* (Leipzig, 1935); G. Kittel, *Christus und Imperator* (Stuttgart et Berlin, 1939); E. Stauffer, *Christus und die Cäsaren,* (Hamburg, 1952); J. M. Hornus, *Evangile et Labarum: Etude sur l'attitude du christianisme primitif devant les problèmes de l'Etat, de la guerre, et de la violence* (Geneva, 1960)。

關於基督宗教和古典時期傳統的遭遇,見 C. N. Cochrane, *Christianity and Classical Culture,* (1944); H. Chadwick, *Early Christian Thought and the Classical Tradition* (Oxford, 1966); W. Jaeger, *Early Christianity and Greek Paideia* (Cambridge, Mass., 1962); J. Carcopino, *De Pythagore aux Apôtres* (Paris, 1956); Pierre de Labriolle, *La réaction païenne,* 5. ed. (Paris, 1942)。

關於歸依基督宗教,見 A. D. Nock, *Conversion,* pp.187sq., 297 sq. (bibli.); Gustave Bardy, *La conversion au christianisme durant les premiers siècles* (Paris, 1949); A. Tuck, *Evangélisation et catéchèse aux deux premiers siècles* (Paris, 1962); Paul Aubin, *Le Problème de la "conversion": Etude sur un thème commun à l'hellénisme et au christianisme des trois premiers siècles* (Paris, 1963)。

關於基督宗教的擴張，最重要的作品是 A. von Harnack, *Mission und Ausbreitung in der ersten drei Jahrhunderten,* 4. ed. (Leipzig,1924)。另見 R. Liechtenhan, *Die urchristliche Mission* (Zurich, 1946); Jean Daniélou et Henri Marrou, *Nouvelle histoire de l'Eglise,* vol. 1: *Des origines à Grégoire le Grand* (1963), pp. 112-340。

關於宗教迫害，見 P. Allard, *Histoire des persécutions,* I-V (Paris, 1903-8)（過時但是仍然有用）; H. C. Babut, *L'Adoration des empereurs et les originesde la persécutiion de Dioclétien* (Paris, 1916); H. Grégoire, *Les persécutions dans l'Empire romain*(Bruxelles, 1951, 1964); J. Moreau, *Les persécutions du christianisme dans l'Empire romain* (1956); W. H. C. Frend, *Martyrdom and Persecution in the Early Church* (Oxford, 1965); G. E. M. de Ste. Croix, "Why Were the Early Christians Persecuted?" *Past and Present* 26 (1961): 6-31。另見 N. H. Baynes, "The Great Persecution," *Cambridge Ancient History,* XII (1939), pp. 646-77; G. E. M. de Ste. Croix, "Aspects of the Great Persecution," *HTR* 47 (1954): 75-113。

最重要的護教學者是 Theophilus of Antioch（ca. 180），他著有 *To Autolycus;*，以及敍利亞人達提安（Tatian, ca. 165）；德奧都良（Tertullian）著有 *Apologeticum*（197）; Minucius Felix 著有 *Octavius*；特別是殉道者儒斯丁（Justin Martyr）。

關於護教學者，見 M. Pellegrino, *Gli Apologetici del IIº secolo,* (Brescia, 1943); Pellegrino, *Studi sull'antica Apologetica* (Rome, 1947); E. R. Goodenough, *The Theology of Justin Martyr* (Jena, 1923); W. H. Shotwell, *The Exegesis of Justin*(Chicago, 1955); P. Prigent, *Justin et l'Ancien Testament* (1964)。

在關於使徒傳統的豐富研究當中，我們要提到 R. P. C. Hanson, *Tradition in the Early Church* (London, 1963)。天主教的觀點特別見 A. Deneppe, *Der Traditionsbegriff* (Münster, 1947); Yves Congar, *La tradition et les traditions* (Paris, 1960)。基督新教的觀點，見 O. Cullmann, *La Tradition* (Neuchâtel et Paris,1953); E. Flessemann van Leer, *Tradition and Scripture in the Early Church*

(496)

534

(Assen, 1954); G. G. Blum, *Tradition und Sukzession: Studien zum Normbegriff des apostolischen von Paulus bis Irenâus*(Berlin, 1963); A. Ehrhardt, *The Apostolic Succession in the First Two Centuries of the Church* (London, 1953)（英國聖公會的觀點）。

Georg Kümmel 曾回顧新約研究的歷史，見氏著 *Das Neue Testament: Geschichte der Erforschungseiner Probleme* (1970)。另見 R. M. Grant, *The Formation of the New Testament* (London, 1965); ibid., *Historical Introduction to the New Testament* (New York et Evanston, 1963); A. Riesenfeld, *The Gospel Tradition and Its Beginnings* (London, 1957)。見第 221 節以下所引書目。

227. 在正統猶太教和教派（艾塞尼、撒馬利亞、和法利賽）裡的祕教（祕密教義和儀式）的文獻，見 Morton Smith, *Clement of Alexandria and a Secret Gospel of Mark* (Cambridge, Mass., 1973), pp. 197-99，這部書的優點在於資料豐富，但是作者的觀點（耶穌所行的入會禮式的洗禮，以及訴諸祕密傳統權威的邪術）不被一般的解經學者接受，見 ibid., pp. 199 sq.（分析耶穌的祕密教義的文獻）。

關於猶太教的祕義，見 G. Scholem, *Jewish Gnosticism, Merkabah Mysticism, and Talmudic Tradition* (New York, 1966); ibid., "Jaldabaoth Reconsidered," *Mélanges H.-C. Puech,* pp.405-21; Jean Daniélou, *Théologie du Judéochristianisme*(Paris, 1957), pp. 121 sq.; Morton Smith, "Observations on *Hekhalot Rabbati,*" in: *Biblical and Other Studies,* ed. A. Altmann (Cambridge, Mass., 1963), pp. 142-60; James M. Robinson, ed., *Jewish Gnostic Nag Hammadi Texts* (Berkeley, 1975)。

Jean Daniélou 神父探討關於基督教祕義的文獻，見氏著 "Les traditions secrètes des Apôtres," *Eranos-Jahrbuch* 31 (1962): 199-215。他認為「使徒的祕教傳統是延續當時猶太教的祕教傳統，是關於天國的祕密。」（p.211）另見 G. Quispel, "Gnosis and the New Sayings of Jesus," *Eranos-Jahrbuch* 38 (1969):261-95。

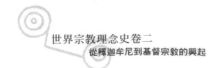
關於基督教的靈知，見 J. Dupont, *Gnosis: La connaissance religieuse dans les Epîtres de Saint Paul* (Louvain, 1949); Stanislas Lyonnet, "Saint Paul et le gnosticisme: L'Epître aux Colossiens," in *Leorigini dello Gnosticismo*（發表於 Messina Colloquium）, Leiden, 1967, pp. 531-38; H. J. Schoeps, *Aus frühchristlicher Zeit* (Tübingen, 1950); Schoeps, *Urgemeinde, Judenchristentum, Gnosis* (Tübingen, 1956); H. B. Bartsch, *Gnostisches Gut und Gemeindetradition bei Ignatius von Antiochen* (Gütersloh, 1940)。另見 M. Simonetti, *Testi gnostici cristiani* (Bari, 1970)以及第 221 節以下所引書目。

(497) **228.** 過去四十年的靈知和諾斯替教派的研究有長足的進展，但是「諾斯替教派」的起源問題仍然未解決。對於 Adolf Harnack 而言，西元二世紀出現的諾斯替教派，代表著基督教的極端希臘化（eine akute Hellenisierung des Christentums）。這也是基督教神學家的主題，如 Irenaeus of Lyons 和 Hippolytus of Rome，他們認為諾斯替教派是窮凶極惡的異端，會使基督教教義在希臘哲學的影響之下腐化。但是 Wilhelm Bousset（*Hauptprobleme der Gnosis*, Göttingen, 1907）則提出完成相反的解釋：他從比較的觀點去分析諾斯替教派特別的主題（二元論、救主的觀念、靈魂的出神之旅），認為該主題源自伊朗。Bousset 於是認為，諾斯替教派是在基督宗教之前的宗教現象，後來傳入基督宗教。R. Reitzenstein 發展且釐清這個假說，見氏著 *Das iranische Erlösungsmysterium* (Leipzig, 1921)。Reitzenstein 重構伊朗的救世主神話，最明白的表現是在〈多瑪斯行傳〉裡的「珍珠讚美詩」（見第 230 節）。靈知的伊朗起源被東方主義的宗教學者批評，但是 G. Widengren 卻接受這個假說，見氏著 "Les origines du gnosticisme et l'histoire des religions" (*Le origini dello Gnostic ismo,* pp.28-60。

Hans Jonas, *The Gnostic Religion: The Message of the Alien God and the Beginnings of Christianity* (Boston, 1958, 1963) 對於諾斯替現象有深入的分析。Jonas 是在 H. Leisegang 和 Simone Pétrement 之後第一個研究諾斯替教派的哲學史家，但是 Leisegang 的 *Die Gnosis* (Leipzig, 1924, 1941)的引經據

典還是很有幫助，另見 Simone Pétrement, *Le dualisme chez Platon, les gnostiques, et les manichéens* (Paris, 1947)。關於諾斯替教派的起源，Jonas 區分兩種源自不同文化背景的靈知：敘利亞和埃及的靈知以及伊朗的靈知（Widengren 在 "Les origines du gnosticisme," pp. 38 sq. 批評這個假説）。

Robert M. Grant, *Gnosticism and Early Christianity*(New York, 1959) 是非常出色的導論，中肯地分析若干諾斯替的體系。Grant 以在西元 70 年教難以後的猶太教天啟思想的危機去解釋諾斯替教派的出現。Jean Daniélou 和其他學者接受這個假設，但是 Jacob Neusner, "Judaism in Late Antiquity," *Judaism* 15 (1966): 236 sq. 則提出批評。

對於 For Gilles Quispel 而言，諾斯替是個世界宗教（*Gnosis als Weltreligion*, Zurich, 1951），但是在二世紀的各種諾斯替體系，則是源自猶太教以及猶太基督宗教的天啟思想（*Gnostic Studies,* 2 vols., Leiden, 1973）。 (498) Henri-Charles Puech, *En quête de la Gnose,* vol. 1: *La Gnose et le Temps;* vol. 2: *Sur l'Evangile selon Thomas* (Paris, 1978) 對於諾斯替教派的宗教現象學研究貢獻卓著。其中尤以普羅丁、諾斯替現象學以及靈知和時間的研究著稱（vol. 1, pp. 55-116, 185-124, 215-70）。

R. McL. Wilson, *The Gnostic Problem* (London, 1958) 特別分析各種諾斯替學派裡包含的猶太教和基督宗教的元素。另見他在 Messina Colloquium 發表的 "Gnosis, Gnosticism, and the New Testament" (*Le origini dello Gnosticismo,* pp. 511-27)。

在 Messina Colloquium 討論諾斯替教派的起源的學者們，謹慎地界定靈知（*Gnosis*）和諾斯替教派（*Gnosticism*）的意義。諾斯替教派是指「西元二世紀的某種體系群，大家習以以稱之」，而「靈知」則是指「對於神性奧祕的知識，僅限於特定人士的。」（*Le origini dello Gnosticismo,* p. xxiii）。在 Messina Colloquium 裡，我們看到關於諾斯替的起源的假設可謂眾説紛紜。Ugo Bianchi, "Perspectives de la recherche sur les origines du gnosticisme" (ibid., pp. 716-46) 勾勒出諾斯替教派的形態學，又分析其地理分佈及其可能的歷史關係。另見氏著 "Le problème des origines du gnost-

icisme" (ibid., pp. 1-27)。

在 Messina Colloquium 多次的討論，我們要提到 H. Jonas, "Delimitation of the Gnostic Phenomenon- Typological and Historical" (ibid., pp. 90-108); A. Bausani, "Lettere iraniche per l'originee la definizione tipologica di Gnosi" (pp. 251-64); G. Gnoli, "La gnosiiranica: Per un impostazione del problema" (pp. 28-190)（主要是探討摩尼教）; R. Grahay, "Eléments d'une mythopée gnostique dans la Grèce classique" (pp. 323-39); M. Simon, "Eléments gnostiques chez Philon" (pp. 359-76); H. Ringgren, "Qumran and Gnosticism" (pp. 379-88); H. J. Schoeps, "Judenchristentum und Gnosis"(pp. 528-37); G. Quispel, "Makarius und das Lied von der Perle" (pp.625-44)。

關於普羅丁和靈知，見 H.-C. Puech, *En quête dela Gnose,* vol. 1, pp. 55-116。關於柏拉圖的二元論（特別是經過普羅丁的詮釋）和諾斯替的二元論，見 E. R. Dodds, *Pagan and Christian in an Age of Anxiety: Some Aspects of Religious Experience from Marcus Aurelius to Constantine* (Cambridge, 1965), pp. 24sq., 83 sq.。

在上埃及的拿·哈馬地的甕裡發現的諾斯替教派抄本，以及關於這些抄本的取得、解讀和出版的歷史，見 Jean Doresse, *Les livres secrets des gnostiques d'Egypte,* vol. 1: *Introduction aux écrits gnostiques coptes découverts à Khenoboskion* (Paris, 1958), pp. 133 sq.; John Dart, *The Laughing Savior* (New York, 1976)（有新的資料）。另見 James R. Robinson, "The Jung Codex: The Rise and Fall of a Monopoly," *Religious Studies Review* 3(1977): 17-30。*The Facsimile Edition of the Nag Hammadi Codices* 於 1976 完成。1956 後陸續出版翻譯和評注，但是唯一完整的翻譯（可惜沒有注釋），見 James M. Robinson, *The Nag Hammadi Library* (New York, 1977)。

(499)

在 Nag Hammadi 發現的文獻寶藏引起許多研究，見 David M. Scholer, *Nag Hammadi Bibliography, 1948-1969* (Leiden,1971)以及研究發展的年報 *Novum Testamentum*。對於最新文獻的分析，見 Carten Colpe, "Heidnische, jüdische, und christliche Überlieferung in den Schriften aus Nag Hammadi," *Ja-*

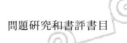

hrbuch für Antike und Christentum 16 (1973): 106-26; 17 (1974): 109-25; 18 (1975): 144-65; 19(1976): 120-38。

對於新的文獻的分析和詮釋裡，我們要提到 W. C. van Unnik, *Newly Discovered Gnostic Writings*(Naperville, Ill., 1960); Alexander Böhlig, *Mysterion und Wahrheit* (Leiden, 1968), pp. 80-111, 119-61; Martin Krause, ed., *Essays on the Nag Hammadi Texts in Honour of Alexander Böhlig*(Leiden, 1972); M. Tardieu, *Trois mythes gnostiques: Adam, Eve, et les animaux d'Egypte dans un écrit de Nag Hammadi* (Paris, 1974)。亦見 Henri-Charles Puech, *Enquête de la Gnose,* vol. 2: *Sur l'Evangile selon Thomas*，書中（pp. 11-32）包括根據多瑪斯福音的翻譯（1959 第一次問世，有參考資料和評注）。其他譯本，見 Jean Doresse, *L'Evangilc sclon Thomas, ou les Paroles Secrètes de Jésus* (Paris, 1959); J. E. Ménard, *L'Evangile selon Thomas* (Leiden, 1975)（有詳盡的注釋）。關於這重要的文獻，另見 Robert M. Grant, *The Secret Sayings of Jesus* (New York, 1960); R. McL. Wilson, *Studies in the Gospel of Thomas* (Londo n, 1960); B. Gartner, *The Theology of the Gospel of Thomas*。

學者最常討論的文獻，也被翻譯多次，是〈真理福音〉，見 W. W. Isenberg, in: R. M.Grant, *Gnosticism,* pp. 146-61; George W. MacRae in: J. M. Robinson, *The Nag Hammadi Library,* pp. 37-49。

關於〈腓立比福音〉（= *Nag Hammadi Library,* pp. 131-51, trad., W. W. Isenberg），見 R. McL. Wilson, *The Gospel of Philip* (London,1962); J. E. Ménard, *L'Evangile selon Philippe* (Paris,1967)。

諾斯替經文的選集的翻譯和注釋，在過去十五年有許多版本，見 Robert M. Grant, *Gnosticism: A. Source Book of Heretical Writings from the Early Christian Period* (New York, 1961); Werner Foerster, *Die Gnosis,* 2 vols. (Zurich, 1969, 1971)。

229. 關於行邪術的西門，見 Grant, *Gnosticism and Early Christianity,* pp. 70-96; H. Leisegang, *La Gnose,* pp. 48-80; L. Cerfaux, "Simon le Magicien à

(500) Samarie," *Recherches de science religieuse* 27 (1937): 615 sq.; L. H. Vincent, " Le culte d'Hélène à Samarie," *Revue Biblique* 45 (1936): 221 sq.; H. Jonas, *The Gnostic Religion*, pp. 103-111, 346(bibli.)。

關於浮士德博士的起源，見 E. M. Butler, *The Myth of the Magus* (Cambridge, 1948); Gilles Quispel, "Faust: Symbol of Western Man." *Eranos-Jahrbuch* 35 (1966): 241-65 (in: *Gnostic Studies,* vol. 2, Leiden-Constantinople, 1973, pp.288-307)。

Marcion 的 *Antitheses,* 已經失佚，但是我們從德奧都良的論述（*Adversus Marcionem*）裡得知其要旨。許多正統派的作者批評馬吉安教派，例如儒斯丁、伊雷內、哥林多的戴奧尼修斯。

Adolph von Harnack, *Marcion: Das Evangelium vom fremden Gott,* (Leipzig, 1924) 是登峰造極之作。另見 E. G. Blackmann, *Marcion and His Influence* (London, 1948); H. Leisegang, *La Gnose,* pp. 185-91; Hans Jonas, *The Gnostic Religion,* pp. 130-46; Grant, *Gnosticism and Early Christianity,* pp. 121 sq.。

關於異端的猶太基督宗教，見 J. Daniélou, *Théologie du Judéo-Christianisme* (Tournai, 1958), pp.68-98。關於采林都斯，見 ibid., pp. 80-81。關於卡波克拉提斯，見 Leisegang, *La Gnose,* pp. 136-75; Wilson, *The Gnostic Problem,* pp.123 sq.; Grant, *Gnosticism and Early Christianity,* pp. 142sq.。

關於瓦倫丁及其學派，見 F. M. Sagnard, *La gnose valentinienne et le témoignage de saint Irénée* (Paris, 1947); A. Orbe, *Estudios valentinianos,* 4 vols. (Rome, 1955-61)（是關於諾斯替和基督教神學最著名的比較研究）; H. Jonas, *The Gnostic Religion,* pp. 174-205。亦見前述關於〈真理福音〉所引書目，關於瓦倫丁學派的著作，見 *De Resurrectione (Epistula ad Rheginum)*。我們採用以下翻譯 Malcolm Lee Peel, *The Epistle to Rheginos: A Valentinian Letter on the Resurrection* (Philadelphia, 1969)。這篇短文（不到八頁）非常重要，因為那是拿·哈馬地最早提到個人的末世論（也就是個人的死亡和死後生命）的文獻。

在所有的教師裡，只有瓦倫丁的門徒的名字有傳下來。其中的 Heracleon 在西元一世紀著有約翰福音注釋；俄利根以自己的評注回應他。其實，這些門徒隨意解釋瓦倫丁的體系，使我們無法辨識原來的教義梗概。關於瓦倫丁神學各種表現，見 R. Grant, *Gnosticism and Early Christianity,* pp. 134 sq.。

關於諾斯替邪教，尤其是腓比翁教派（Phibionites）（Epiphanius, *Panarion,* 26.1.1 sq. 曾描述其淫亂的儀式），見 Stephen Benko, "The Libertine Gnostic Sect of the Phibionites according to Epiphanius," *Vigiliae Christianae* 2 (1967): 103-19; Alfonso M. de Nola, *Parole segrete di Gesù,* p. 80-90; Eliade, *Occultism, Witchcraft, and Cultural Fashions* (Chicago, 1976), pp.109 sq. 139-40。

曼底安的諾斯替教派，在伊拉克南部始終維持有 13,000-14,000 人的小團體。他們的名字源自 *mandāyē*（即諾斯替教徒）。我們有許多文獻，兩部〈金薩〉（寶藏）、〈約翰書〉、以及正典以外的祈禱書和其他儀式文，歸功於 Lady E. S. Drower 的熱心整理。他們的宗教儀式（尤其是洗禮和安魂彌撒）以及曼底安派的神學，都要溯自遠古，早在耶穌基督的傳道之前。然而我們還是不知道確切的歷史起源。或許是猶太教的某個異端教派，受到諾斯替教派以及伊朗觀念的影響，和正統猶太教對立。Kurt Rudolph 說：「那是敘利亞猶太教的諾斯替思潮的分支，以洗禮教派的形式組成，在生活和語言上構成封閉性團體，保存了許多已經失傳的寶貴觀念。」對此有許多文獻（翻譯和研究），見 E. S. Drower, *The Mandaeans of Irak and Iran* (Oxford, 1937; Leiden, 1962); K. Rudolph, "Mandäische Quellen," in: W. Foerster, ed., *Die Gnosis,* vol.2 (Zurich, 1971), pp. 171-418; Rudolph, *Die Mandäer,* 2 vols.(Göttingen, 1960-61)。另見 Rudolph 的概論： "La religion mandéenne," in: H.-C. Puech, ed., *Histoire des religions,* vol. 2 (Paris, 1972), pp. 498-522. (501)

230. 「珍珠讚美詩」引起長期的爭議。R. Reitzenstein, *Das iranische*

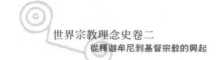

Erlösungsmysterium (Bonn,1921), pp. 72 sq.（認為這個神話源自伊朗）; G. Widengren, "Der iranische Hintergrund der Gnosis,"*Zeitschrift für Religions- und Geistesgeschichte* 4 (1952): 105sq.; Widengren, *Religionsphänomenologie* (Berlin, 1969), pp. 506 sq.。Jonas, *The Gnostic Religion,* pp. 116 sq.（有深入的分析）; Erik Peterson, *Frühkirche, Judentum und Gnosis* (Rome-Freiburg, 1959), pp. 204 sq.; Alfred Adam, *Die Psalmen des Thomas und das Perlenlied als Zeugnisse vorchristlicher Gnosis* (Berlin, 1959); H.-C. Puech, *En quête de la Gnose,* vol. 2, pp. 118 sq., 231 sq.。另見 A. T. J. Klijn, "The So-Called Hymn of the Pearl," *Vigiliae Christianae* 14 (1960): 154-64; G. Quispel, *Makarius, das Thomasevangelium, und das Lied von der Perle* (Leiden,1967)。

關於珍珠在古代和東方文化裡的象徵，見 Eliade, *Images et Symboles, pp.164-198; M. Mokri, "Les symboles de la Perle," JA* 248 (1960): 463-81。至於基督教神學家把珍珠等同於基督，見 C. M. Edsman, *Le baptême de feu* (Leipzig et Uppsala, 1940), pp. 190 sq.; Eliade *Images et Symboles,* pp. 195 sq.。

摩闍衍陀羅那陀（Matsyendranath）及其回憶傳說，見 Eliade, Le Yoga, pp. 308 sq., pp. 421-22 (bibli.)。放逐且被擄到外邦、喚醒囚犯並促使他返回的主題，也見於 Suhrawardi, *Recital of Occidental Exile*，在 Henry Corbin, *En Islam iranien,* II (1971), pp. 270-94 對此有所分析。

(502)　　關於「救世主的神話」，見 R. Reitzenstein 和 G. Widengren 前揭作品，另見 C. Colpe, *Die religionsgeschichtliche Schule* (Göttingen, 1961)。

關於諾斯替教派特有的形象和象徵，見 Hans Jonas, *The Gnostic Religion,* pp. 48-99; G. MacRae, "Sleep and Awakening in Gnostic Texts," in *Origini dello Gnosticismo,* pp. 496-510; H.-C. Puech, *En quête de la Gnose,* vol. 2, pp. 116 sq.。另見 Eliade, *Aspects du mythe (Paris, 1963), pp. 142 sq.* 。

231.　　摩尼教研究的歷史是歐洲思想史裡很重要的課題，*Histoire critique de Manichée et du Manichéisme,* I-II (Amsterdam, 1734-39)、Isaak de Beausobre 以及 Bayle, *Dictionnaire* 曾經引起哲學的興趣和激烈的爭論。見 J. Ries, "Introduction aux études manichéennes: Quatre siècles de recherches," *Ephemerides Theologicae Lovanienses* 33 (1957): 453-82; 35 (1959): 362-409。關於 二時世紀出版的作品，見 H. S. Nyberg, "Forschungen über den Manichäismus," *Zeitschrift für neutestamentliche Wissenschaft* 34 (1935): 70-91; Raoul Manselli, *L'eresia del male* (Naples, 1963), pp. 11-27。概論性的陳述，見 H.-C. Puech, *Le Manichéisme: Son fondateur, sa doctrine* (Paris, 1949), pp. 98-105; ibid., in: H.-C. Puech, ed., *Histoire des religions,* vol. 2 (1972), pp. 523-645。亦 見 G. Widengren, *Mani und der Manichäismus* (Stuttgart, 1962); O. Klima, *Manis Zeit und Leben* (Prague, 1962); François Decret, *Mani et la tradition manichéenne* (Paris, 1974)。另外可以參考 A. V. W. Jackson, *Researches in Manichaeism, with Special Reference to the Turfan Fragments* (New York, 1932); A. H. Schaeder, "Urform und Fortbildungen des manichäischen Systems," *Vorträge der Bibliothek Warburg 1924-25* (Leipzig, 1927), pp.65-157; U. Pestalozza, "Appunti sulla vita di Mani," *Reale Istituto Lombardo di Scienze e Lettere* 2. ser. 67 (1934): 417-79。最近的作品，見 L. J. R. Ort, *Mani: A Religio-Historical Description of His Personality* (diss., Leiden, 1967), pp. 261-77; Puech, "Le Manichéisme," pp. 637-45。

　　帕蒂克聽到聲音的插曲，見 Ibnan-Nadîm（*Fihrist,* pp. 83-84, trad. Flügel）的傳述。關於帕蒂克所歸信的洗禮教派，見 Puech, *Le Manichéisme,* pp. 40-42, n. 146-56; G. Widengren, *Mani,* pp. 24-26。

　　最近發現希臘的抄本源自西元五世紀的敘利亞，使我們辨識出洗禮教派，也就是艾卻斯提教派，由艾卻（Elchai）在圖雷真的統治下所創的猶太基督宗教的諾斯替教派。見 A. Heinrichs et L. Koenen, "Ein griechischer Mani-Copdex," *Zeitschrift für Papyrologie und Epigraphik* 5(1970): 97-216; Hans J. W. Drijvers, "Die Bedeutung des Kölner Mani-Codex für die Manichäismusforschung," in: *Mélanges...Henri-Charles Puech* (1974), pp. 471-86; Gilles Quispel, "Mani the Apostle of Jesus Christ," *Epektasis:Mélanges……Cardi-*

(503) *nal Jean Daniélou* (1972), pp. 667-72; R. N. Frye, "The Cologne Greek Codex about Mani," *Ex Orbe Religionum* (Festschrift for G. Widengren), vol. 1, pp. 424-29; F. Decret, *Mani,* pp. 48 sq. 。

摩尼在《娑布羅乾》留下兩個天啟（見 al-Bîrûni, *Chronology of Ancient Nations,* trad. Edward Sachau, London, 1879, p. 190）。根據哥普特人的 *Kephalaion* 的見證，摩尼在 12 歲時得到第一個天啟，耶穌所應許的聖靈降世且對他啟示潛藏許久的奧祕，也就是光明和黑暗的衝突、世界的起源以及亞當的創造，簡單的説，就是後來的摩尼教的基本教義，見 *Kephalaia* (= H. J. Polotsky, *Manichäische Handschriften,* I, Stuttgart, 1934, chap. 1, pp. 14-15)。

關於沙普爾一世的歸依日期，見 Puech, *Le Manichéisme,* p. 46, n. 197-84; S. H. Taqizadeh 推算為四月九日。關於摩尼最後的旅程，見 W. B. Henning, "Mani's Last Journey," *BSOAS* 10 (1942): 941-53。至於摩尼慘死的細節（他被活活剝皮等），其真實性存疑；見 Puech, pp. 54-56。

232. 摩尼的作品的分析，見 P. Alfaric, *Les écritures manichéennes,* I-II, Paris, 1918-19。關於後來的發現以及 F. W. K. Müller、E. Chavannes、P. Pelliot、W. B. Henning 等人的作品，見 Puech, *Le Manichéisme,* pp.144 sq. (n. 240 sq.); Puech, *Histoire des religions,* vol. 2, pp.547 sq.; Widengren, *Mani und der Manichäismus,* pp. 151-53; 亦見 Ort, *Mani,* pp. 32 sq. 。除了獻給沙普爾以及中帕提亞王朝的《娑布羅乾》以外，摩尼還以敘利亞文或東亞拉美語著有《永生的福音》、《奧祕之書》、《論述》（Pragmateia）、《生命的寶藏》、《巨人之書》、以及《書信集》（Puech, *Le Manichéisme,* p. 67, n. 262）。在據稱為先知所著的作品裡，最重要的是《克弗來亞》（Kephalaia）。經文的翻譯和部分的注釋，見 A. Adam, *Texte zum Manichäismus* (Berlin, 1954); C. R. C. Allberry, *A Manichaean Psalm-Book* (Oxford, 1954); H. J. Polotsky, *Manichäische Homilien* (Stuttgart, 1934); H. J. Polotsky et A. Böhlig, *Kephalaia* (Stuttgart, 1940); F. Decret, *Mani,* pp. 58sq. et passim。

233. 　關於這個神話，見 Puech, *Le Manichéisme,* pp. 74-85; Widengren, *Mani,* pp. 43-69; Hans Jonas, *The Gnostic Religion,* 2. ed. (Boston, 1963), pp. 209-31。G. Widengren 雖然堅持摩尼教源自伊朗（*Les religions de l'Iran,* pp. 331-41），卻中肯地分析説，神話裡某些人物和情節是來自美索不達米亞，見氏著 *Mesopotamian Elements in Manichaeism* (Uppsala, 1946), pp.14-21, 25, 53 （大地之母），pp. 31 sq.（黑暗魔王），pp. 74 sq.（使者）。另見 W. B. Henning, "Ein manichäischer kosmogonischer Hymnus," *NGWG* 10 (1932): 214-28; Henning, "A Sogdian Fragment of the Manichaean Cosmogony," *BSOAS* 12 (1948): 306-18; A. V. W. Jackson, "The Doctrine of the *Bolos* in Manichaean Eschatology," *JAOS* 58 (1938): 225-34; Hans W. Drijvers, "Mani （504） und Bardaisan: Ein Beitrag zur Vorgeschichte des Manichäismus," *Mélanges... Henri-Charles Puech,* pp.459-69。

　　關於「黑暗魔王」，見 H.-C. Puech, "Le Prince des Ténèbres et son Royaume," in: *Satan* (Paris,1948), pp. 136-74。關於「衆暗魔的誘惑」的主題，見 F. Cumont, *Recherches sur le Manichéisme,* I, Bruxelles, 1908, pp. 54-68; Puech, *Le Manichéisme,* p. 172(n. 324)。關於光明、靈魂和男精的等義，見 Eliade, "Spirit, Light, and Seed," *HR* 11 (1971): 1-30。關於從源初的生命的精液裡誕生出植物來的神話，見 Eliade, "La Mandragore et les mythes de la 'naissance miraculeuse,'" *De Zalmoxis à Gengis Khan* 3 (1940-42): 3-48; Eliade, "Gayōmart et la Mandragore," *Ex Orbe Religionum,* vol. 2, pp. 65-74; Eliade, "Adam, le Christ et la Mandragore," *Mélanges...H.-C. Puech,* pp.611-16。

234. 　關於「受苦的耶穌」的形象，特別是「製造麵包是個罪，因為那是在折磨穀物」的觀念（Puech, *Le Manichéisme,* p. 96），是重複遠古農業宗教的重要信仰（見第 11 節以下）。

　　關於摩尼教的傳佈，見 U. Pestalozza, "Il manicheismo presso i Turchi occidentali ed orientali," *Reale Istitute Lombardo di Scienze e Lettere* 2. ser. 57 (1934): 417-79（重刊於 *Nuovi Saggi di Religione Mediterranea,* pp. 402-75）；

G. Messina, *Cristianesimo, Buddhismo, Manicheismo nell'Asia Antica* (Rome, 1947); H. S. Nyberg, "Zum Kampf zwischen Islam und Manichäismus," *OLZ* 32 (1929): 425-41; O. Maenchen-Helfen, "Manichaeans in Siberia," *University of California Publications in Semitic Philology* 11 (1951): 311-26; M. Guidi, *La lotta tra l'Islam ed il Manicheismo* (Rome, 1927); W. B. Henning, "Zum zentralasiatischen Manichäismus," *OLZ* 37 (1934): 1-11; Henning, "Neue Materielen zur Geschichte des Manichäismus," *ZDMG* 40 (1931):1-18。E. de Stoop, *Essai sur la diffusion dumanichéisme dans l'Empire Romain* (Ghent, 1909) 已經過時；見 Puech, *Le Manichéisme,* p.148, n. 257; Widengren, *Mani, pp. 155-57* 更新的書目。另見 P. Brown, "The Diffusion of Manicheism in the Roman Empire," *Journal of Roman Studies* 59 (1969): 92-103; F. Decret, *Aspects du manichéismedans l'Afrique romaine* (Paris, 1970)。關於所謂「新摩尼教」運動的參考文獻，見本書卷三第 36 章。

235. 關於希伯來的宗教思想，見 Claude Tresmontant, *Essai sur la pensée hébraïque* (Paris, 1953)；關於基督宗教神學的聖經結構，見 ibid., *La métaphysique du christianisme et la naissance de la philosophie chrétienne* (Paris, 1961), pp. 21 sq.。關於「以神的形象」的主題，見 J. Jervell, *Imago Dei, Gen, I, 26f., im Spätjudentum, in der Gnosis, und in den paulinischen Briefen* (Göttingen, 1960)。

關於「正統」的定義的論爭，見 Walter Bauer, *Rechtglaubigkeit und* (505) *Ketzerei im ältesten Christentum* (Tübingen, 1939, 1964; E. H. W. Turner, *The Pattern of the Christian Truth* (London, 1954); A. Benoit, dans: M. Simon et A. Benoit, *Le Judaïsme et le Christianisme antique* (Paris, 1968), pp. 289-90。在這本書中，Benoit 説（ p. 300 ）：「因此我們必須拒絕關於基督宗教的起源的過度簡單化的觀點。雖然基督宗教總是呼籲要信基督，但是方式不盡相同：我們有理由相信，在新約就有不同的神學：保羅的神學、約翰的神學……。」

236. 關於水的象徵和神話，見 Eliade, *Traité d'Histoire des Religions,* §§64, 65; *Images et Symboles,* pp.199 sq.。關於基督宗教的洗禮的象徵，見 J. Daniélou, *Sacramentum futuri* (Paris, 1950), pp. 13-20, 55-85; Daniélou, *Bible et liturgie* (1951), pp. 29-173; Hugo Rahner, *Greek Myth and Christian Mystery* (London, 1963), pp. 69-88。

關於原始基督教和諾斯替教派的雌雄同體的象徵，見 Eliade, *Méphistophélès et l'Androgyne, pp. 1258 sq.; A. di Nola, Parole segrete di Gesù* (Turin, 1964), pp. 60 sq.; Wayne A. Meeks, "The Image of the Androgyne: Some Uses of a Symbol in Earliest Christianity," *HR* 13(1974): 165-208 (bibli.); Derwood Smith, "The Two Made One: Some Observations on Eph. 2:14-18," *Ohio Journal of Religious Studies* 1 (1973): 34-54; Robert Murray, *Symbols of Church and Kingdom: A Study in Early Syriac Tradition* (Cambridge, 1975), pp. 301 sq.。Ernst Benz, *Adam: Der Mythus des Urmenschen* (München, 1955)是很好的選集。在當代作家裡，我們要提到天主教神學家 Georg Koepgen, *Die Gnosis des Christentums*(Salzburg, 1939)，他認為不只是基督，連教會和教士都是雌雄同體（ pp. 316 sq. ）。對於 Nicholas Berdyaev 而言，未來的完美的人也是雌雄同體的，就像基督一樣，見氏著 *The Meaning of the Creative Act* (1955), p. 187。

關於宇宙樹以及世界中心的象徵，見 Eliade, *Traité d'Histoire des Religions,* §§99 sq.; *Images et Symboles,* pp. 55 sq.。關於十字架作為宇宙樹和生命之樹的象徵，見 ibid., *Images et Symboles,* pp. 213 sq.; H. Rahner, *Greek Myth and Christian Mystery,* pp. 46-68 ("The Mystery of the Cross")。

關於埋在各各他的「亞當的頭」以及以救主的血洗禮，見 *The Book of the Cave of Treasures,* trad., E. A. W. Budge (London, 1927), p. 53。

關於從十字架下長出的神奇的樹，見 Eliade, "La Mandragore et les mythes de la 'naissance miraculeuse,'" *De Zalmoxis à Gengis Khan* 3 (1940-42): 3-48 (bibliographical notes, pp. 44-45); Eliade, "Adam, le Christ et la Mandragore," *Mélanges...H.-Ch.Puech* (Paris, 1974), pp. 611-16。

關於從救主的血長出葡萄藤的傳說，見 Eliade, "La Mandragore," pp. 24 sq.; N. Cartojan, *Cǎrtile populare in literatura romǎneascǎ*, 2. ed., vol. 2 (1973), pp. 113 sq.。

(506)　　　關於在敘利亞、曼底安派和摩尼教的文獻裡的聖油（生命之藥）的傳說，見 G. Widengren, *Mesopotamian Elements in Manichaeism* (Uppsala, 1946), pp. 123 sq.; Robert Murray, *Symbols of Church and Kingdom*, pp. 95 sq., 320sq.。

關於類似傳說（賽特和十字架、尋求聖油等等）在西方世界的流傳，見 Esther Casier Quinn, *The Quest of Seth for the Oil of Life* (Chicago, 1962)。

237.　　猶太教在希臘化時期和羅馬時期漫長而複雜的吸收異教宗教圖像的歷程，見 Edwin R. Goodenough 的 12 卷鉅著 *Jewish Symbols in the Greco-Roman Period*(New York, 1953-65)。另見 Morton Smith, "The Image of God: Notes on the Hellenization of Judaism, with Especial Reference to Goodenough's Work on Jewish Symbolism," *BJRL* 40 (1958): 473-512。

關於「宇宙的基督宗教」，見 Eliade, *De Zalmoxis à Gengis Khan*, ch. 7。

關於東歐民謠裡的二元論的宇宙創造說，見 *De Zalmoxis à Gengis Khan*, chap. 3。

伊朗對基督教的影響的問題，見 J. Duchesne-Guillemin, *La religion de l'Iran ancien*(Paris, 1962), pp. 264 sq., p. 264, n. 2-3 (bibli.)。

早期基督教文獻描述耶穌在洞穴裡誕生的故事，見〈雅各第一福音〉（18:1 sq.）、殉道者儒斯丁和俄利根。儒斯丁抨擊密特拉神祕宗教的入會禮，「他們受到魔鬼的煽動，在他們稱為洞穴（*spelaeum*）的地方舉行入會禮。」（*Dialogue with Tryphon*, chap. 78）這個批評證明早在西元二世紀，基督教就知道密特拉的聖洞和伯利恆的洞穴的類比。

關於《馬太未完成作品》（*Opus imperfectum in Mattaeum*）以及《蘇克寧歷代紀》（*Chronicle of Zuqnin*），見 Ugo Monneret de Villard, *Le leg-*

gende orientali sui Magievangelici (Rome, 1952), pp. 62 sq.; G. Widengren, *Iranisch-semitische Kulturbegegnung in parthischer Zeit* (Cologne et Opladen, 1960), pp. 70 sq.; Eliade, *Méphistophélès et l'Androgyne,* pp. 60 sq. 。

238. 關於早期基督教神學的興起有許多文獻，見 J. Daniélou et H. Marrou, *Nouvelle histoire de l'Eglise,* vol. 1, pp. 544-55; J. Daniélou, *Message évangélique et culture hellénistique aux IIe et IIIe siècles* (Tournai, 1961); M. Werner, *Die Entstehung des christlichen Dogmas problemgeschichtlich dargestellt,* 2. ed. (Tübingen, 1954); H. A. Wolfson, *The Philosophy of the Church Fathers* (Cambridge, Mass., 1956); E. F. Osborn, *The Philosophy of Clement of Alexandria* (Cambridge, 1957); J. Daniélou, *Origène* (Paris, 1950); H. de Lubac, *Histoire et Esprit: L'intelligence de l'Ecriture d'après Origène* (Paris, 1950); H. Crouzel, *Théologie de l'image de Dieu chez Origène* (Paris, 1956); A. Houssiau, *La Christologie de saint Irénée* (Louvain, 1955); A. Benoit, *Saint Irénée: Introduction à l'étude de sa théologie* (Paris, 1960); R. P. C. Hanson, *Origen's Doctrine of Tradition* (London, 1954); C. Tresmontant, *La métaphysique du christianisme et la naissance de la philosophie chrétienne* (Paris,1961) 。 (507)

關於亞利烏和尼西亞大公會議，見 H. Marrou, *Histoire de l'Eglise,* vol. 1, pp. 290 sq., 551-53 (bibli.); W. Telfer, "When Did the Arian Controversy Begin?" *Journal of Theological Studies*(London) 47 (1946): 129-42; 48 (1949): 187-91 。

關於聖母馬利亞研究，見 F. Braun, *La mère des fidèles: Essai de théologie johannique* (Paris, 1953); J. Galot, *Mary in the Gospel* (1964); Karl Rahner, *Mary, Mother of the Lord* (1958); E. Schillebeeckx, *Mary, Mother of the Redemption* (1964); H. C. Graef, *Mary: A History of Doctrine and Devotion,* 2 vols. (1963, 1966) 。

239. 關於太陽神「不敗的索爾」（Sol Invictus）和太陽神宗教，見 F.

Altheim, *La religion romaine antique,* 1955, pp. 466 sq.; Altheim, *Der unbesiegte Gott* (Hamburg, 1957), spéc. chaps.5-7; G. H. Halsberghe, *The Cult of Sol Invictus* (Leiden, 1972)。

關於君士坦丁的改宗及其宗教政策，見 A. Piganiol, *L'empereur Constantin* (Paris, 1932)（作者認為君士坦丁主張宗教融合）；A. Alföldi, *The Conversion of Constantine and Pagan Rome* (Oxford, 1948); W. Seston, *Dioclétien et la Tétrarchie* (Paris, 1946); H. Kraft, *Konstantins religiöse Entwicklung* (Tübingen, 1955)。另見 F. Altheim, *Der unbesiegte Gott,* ch. 7; M. Simon et A. Benoit, *Le Judaïsme et le Christianisme antique,* pp. 308-34, p. 328，在書中，Benoit 有出色的總結，他説：「無論君士坦丁所見到的記號的意義和起源為何，史家顯然會就君士坦丁的歸信時間問題去解釋它。那些認定君士坦丁在西元 312 年確定歸向基督教的人，這個記號只會是基督教的（如 Alföldi 和 Vogt），而不認為君士坦丁在那時候就歸信基督教的人，會認為這個記號可能是異教或基督教的，只是用來鼓舞信徒（見 Grégoire）。最後，那些認為君士坦丁在西元 312 年推動宗教融合的人，認為這個記號是模稜兩可的、多義的，既可以是異教也可以是基督教。」。

關於西元四世紀的基督宗教歷史，見 J. Daniélou et H. Marrou, *Nouvelle histoire de l'Eglise,* vol. 1: *Des origines à Saint Grégoire le Grand* (Paris, 1963), pp. 263-72, 547-59 (bibl.)。

關於基督宗教和異教的關係，見 P. de Labriolle, *La réaction païenne,* 5. ed. (Paris, 1942); E. R. Dodds, *Pagan and Christian in an Age of Anxiety: Some Aspects of Religious Experience from Marcus Aurelius to Constantine* (1965)。另見 A. Momigliano, ed., *The Conflict between Paganism and Christianity in the Fourth Century* (Oxford, 1963)；其中特別見 H. I. Marrou, "Synesius of Cyrene and Alexandrian Neoplatonism" (pp. 125-50), by H. Bloch, "The Pagan Revival in the West at the End of the Fourth Century" (pp.193-218); Peter Brown, *The World of Late Antiquity: From Marcus Aurelius to Muhammad* (London, 1971), pp. 34 sq.。

關於修院制度的起源和早期發展，見 Daniélou et Marrou, *Nouvelle his-* (508)
toire de l'Eglise, vol. 1, pp. 310-20, pp. 553-55); A. Vööbus, *A History of Asceti-*
cism in the Syrian Orient, vol. 1: *The Origin of Asceticism: Early Monasticism*
in Persia; vol. 2: *Early Monasticism in Mesopotamia and Syria* (Louvain, 1958,
1960); D. Chitty, *The Desert a City* (Oxford, 1966); Peter Brown, "The Rise and
Function of the Holy Man in Late Antiquity," *Journal of Roman Studies* 61
(1971): 80-101: ibid., *The World of Late Antiquity*, ch. 8。亦見 A. J. Festugière,
Lesmoines d'Orient, 4 vols. (Paris, 1961-66); Jacques Lacarrière, *Les hommes*
ivres de Dieu (Paris,1961)。

240. Eunapius 的斷簡 *Bioi sophistōn* 關於最後的合法祭司的預言，見 C.
Kerényi, *Eleusis* (New York, 1967), pp. 17-18（翻譯和注釋）; George E. My-
lonas, *Eleusis and the Eleusinian Mysteries* (Princeton, 1961), p. 8。

關於在埃勒烏西斯殘存的異教，見 F. Lenormant, *Monographie de la voie*
sacrée eleusinienne (Paris, 1864), vol. 1, pp. 398 sq.。Lenormant 所傳述的聖狄
美特拉的故事由 A. B. Cook 英譯并附參考文獻；見 Cook, *Zeus,* I, 1914, pp.
173-75。另見 John Cuthbert Lawson, *Modern Greek Folklore and Ancient Gre-*
ek Religion: A Study of Survivals (Cambridge, 1910, New York, 1964), pp. 79
sq.。關於 1940 年 2 月 7 日的故事，見 Charles Picar, "Déméter, puissance ora-
culaire," *RHR* 122(1940); 102-24。

索 引

索 引

（所附頁碼爲法文版頁碼，列於本書頁邊。）

國家圖書館出版品預行編目資料

世界宗教理念史 卷二
默西亞·埃里亞德（Mircea Eliade）著 廖素霞、陳淑娟 譯
三版. -- 臺北市：商周出版：家庭傳媒城邦分公司發行

2023.5 面； 公分
譯自：Histoire des croyances et des idées religieuses II

ISBN 978-626-318-691-0（平裝）

1.CST: 宗教史

209   112006590

世界宗教理念史 卷二

原 著 書 名／Histoire des croyances et des idées religieuses II
作　　　者／默西亞·埃里亞德（Mircea Eliade）
譯　　　者／廖素霞、陳淑娟
編 輯 顧 問／林宏濤
責 任 編 輯／陳玳妮
版　　　權／林易萱

行 銷 業 務／周丹蘋、賴正祐
總 編 輯／楊如玉
總 經 理／彭之琬
事業群總經理／黃淑貞
發 行 人／何飛鵬
法 律 顧 問／元禾法律事務所 王子文律師
出　　　版／商周出版
　　　　　　城邦文化事業股份有限公司
　　　　　　台北市中山區民生東路二段 141 號 4 樓
　　　　　　電話：(02) 25007008　傳眞：(02) 25007759
　　　　　　E-mail：bwp.service@cite.com.tw
發　　　行／英屬蓋曼群島商家庭傳媒股份有限公司城邦分公司
　　　　　　台北市中山區民生東路二段 141 號 2 樓
　　　　　　書虫客服務專線：(02)25007718；(02)25007719
　　　　　　服務時間：週一至週五上午 09:30-12:00；下午 13:30-17:00
　　　　　　24 小時傳眞專線：(02)25001990；(02)25001991
　　　　　　劃撥帳號：19863813；戶名：書虫股份有限公司
　　　　　　讀者服務信箱：service@readingclub.com.tw
　　　　　　歡迎光臨城邦讀書花園 網址：www.cite.com.tw
香港發行所／城邦（香港）出版集團有限公司
　　　　　　香港灣仔駱克道 193 號東超商業中心 1 樓
　　　　　　E-mail：hkcite@biznetvigator.com
　　　　　　電話：(852) 25086231　傳眞：(852) 25789337
馬新發行所／城邦（馬新）出版集團【Cite (M) Sdn. Bhd.】
　　　　　　41, Jalan Radin Anum, Bandar Baru Sri Petaling,
　　　　　　57000 Kuala Lumpur, Malaysia.
　　　　　　Tel: (603) 90563833 Fax: (603) 90576622
　　　　　　Email: cite@cite.com.my

封 面 設 計／李東記
排　　　版／辰皓企業有限公司
印　　　刷／韋懋實業有限公司
經 銷 商／聯合發行股份有限公司
　　　　　　電話：(02)2917-8022　傳眞：(02)2911-0053
　　　　　　地址：新北市 231 新店區寶橋路 235 巷 6 弄 6 號 2F

2001 年 11 月 15 日初版　　　　　　　　　　　　Printed in Taiwan
2015 年 6 月 2 日二版
2023 年 5 月 30 日三版

定價 650 元

城邦讀書花園
www.cite.com.tw